# 윤승중 구술집

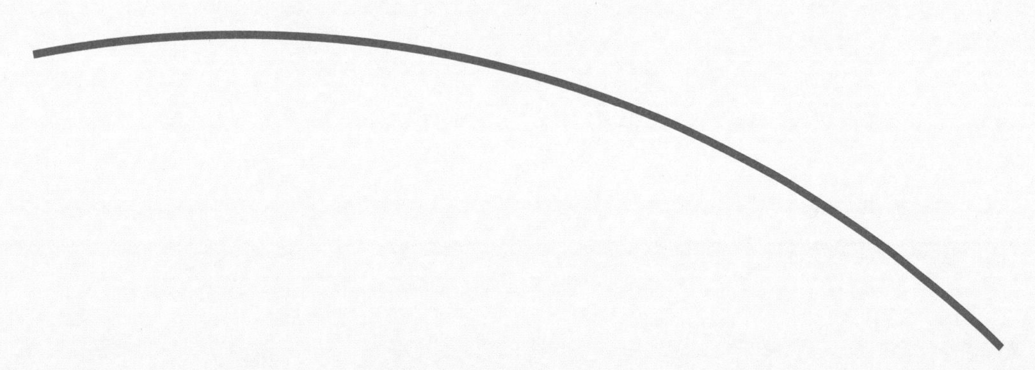

## 목천건축아카이브 운영위원회

**위원장** 배형민(서울시립대학교 건축학부 교수)

**위원** 전봉희(서울대학교 공과대학 건축공학과 교수)

조준배((주)앤드(aandd)건축사무소 소장 및 영주시 디자인관리단장)

우동선(한국예술종합학교 건축과 교수)

최원준(숭실대학교 건축학부 교수)

김미현(목천김정식문화재단 사무국장)

목천건축아카이브
한국현대건축의 기록 4

# 윤승중 구술집

채록연구: 전봉희, 우동선, 최원준

마티

목천건축아카이브

한국현대건축의 기록 04

# 윤승중 구술집

## 구술 및 채록 작업일지

**제1차 구술** 2012년 1월 9일 — 강남구 삼성동 목천문화재단
전봉희, 우동선, 최원준, 김미현

**제2차 구술** 2012년 1월 16일 — 강남구 삼성동 목천문화재단
전봉희, 우동선, 최원준, 김미현

**제3차 구술** 2012년 1월 31일 — 강남구 삼성동 목천문화재단
전봉희, 우동선, 최원준, 김미현

**제4차 구술** 2012년 2월 14일 — 강남구 삼성동 목천문화재단
전봉희, 우동선

**제5차 구술** 2012년 2월 21일 — 강남구 삼성동 목천문화재단
전봉희, 우동선, 최원준, 김미현

**제6차 구술** 2012년 3월 6일 — 강남구 삼성동 목천문화재단
전봉희, 우동선, 최원준, 김미현

**제7차 구술** 2012년 3월 12일 — 강남구 삼성동 목천문화재단
전봉희, 우동선, 김미현

**제8차 구술** 2012년 3월 22일 — 강남구 삼성동 목천문화재단
전봉희, 우동선, 최원준, 김미현

**제9차 구술** 2012년 4월 3일 — 강남구 삼성동 목천문화재단
전봉희, 우동선, 최원준, 김미현

**제10차 구술** 2012년 5월 15일 — 강남구 삼성동 목천문화재단
전봉희, 우동선, 최원준, 김미현

1차 채록 및 교정
2012. 01. - 2013. 09. 허유진

교열 및 검토
2013. 12. - 2014. 02. 전봉희, 우동선, 최원준

각주작업
2014. 03. - 2014. 05. 김하나

교열 및 검토
2014. 06. - 2014. 08. 전봉희, 우동선, 최원준

도판 삽입
2014. 08. - 2014. 11. 김태형

총괄 검토
2014. 10. - 2014. 11. 전봉희, 우동선, 최원준

# 차례

## 살아 있는 역사, 현대건축가 구술집 시리즈를 시작하며

우리는 이제야 비로소 전 세대의 건축가를 갖게 되었다. 1945년 제2차 세계대전의 종전과 함께 해방을 맞이하였지만, 해방 공간의 어수선함과 곧이어 터진 한국전쟁으로 인해 본격적인 새 국가의 틀 짜기는 1950년대 중반으로 미루어졌다. 건축계도 예외는 아니어서, 1946년 서울대학교에 건축공학과가 설치된 이래 1950년대 중반에 이르러서야 비로소 전국의 주요 대학에 건축과가 설립되어 전문 인력의 배출 구조를 갖출 수 있었다. 1950년대에 대학을 졸업하고 사회로 진출한 세대는 한국의 전후 사회체제가 배출한 첫 번째 세대이며, 지향점의 혼란 없이 이후 이어지는 고도 경제 성장기에 새로운 체제의 리더로서 왕성하고 풍요로운 건축 활동을 할 수 있었던 행운의 세대라고 할 수 있다. 이들이 은퇴기로 접어들면서, 우리의 건축계는 학생부터 은퇴 세대까지 전 세대가 현 체제 속에서 경험과 인식을 공유하는 긴 당대를 갖게 되었다. 실제 나이와 무관하게 그 앞선 세대에 속했던 소수의 인물들은 이미 살아서 전설이 된 것에 반하여, 이들은 은퇴를 한 지금까지 아무런 역사적 조명도 받지 못하고 있다. 단지 당대라는 이유, 또는 여전히 현역이라는 이유로 그들은 관심의 대상에서 벗어나 있다. 우리의 건축사가 늘 전통의 시대에, 좀 더 나아가더라도 근대의 시기에서 그치고 마는 것도 바로 이 때문이다.



빈약한 우리나라 현대 건축사를 구성하기 위해서는 이들 전후 세대에서 출발하여야 한다. 무엇보다 이들은 현재의 한국 건축계의 바탕을 만든 조성자들이다. 이들은 수많은 새로운 근대 시설들을 이 땅에 처음으로 만들어 본 선구자이며, 외부의 정보가 제한된 고립된 병영 같았던 한국 사회에서 스스로 배워나가지 않으면 안 되었던 창업의 세대이다. 또한 설계와 구조, 시공과 설비 등 건축의 전 분야가 함께 했던 미분화의 시대에 교육을 받았고, 비슷한 환경 속에서 활동한 건축일반가의 세대이기도 하다. 이들 세대 중에는 대학을 졸업한 후 건축설계에 종사하다가 건설회사의 대표가 된 이도 있고, 거꾸로 시공회사에 근무하다가 구조전문가를 거쳐 설계자로 전신한 이도 있다. 그렇기 때문에 건축가의 직능에 대한 오랜 역사를 가지고 있는 서구사회의 기준으로 이 시기의 건축가를 재단하는 일은 서구의 대학교수에서 우리의 옛 선비 모습을 찾는 일만큼이나 어려운 일이다. 따라서 이들 세대의 건축가에 대한 범주화는 좀 더 느슨한 경계를 갖고 접근하지 않으면 안 되고, 기록 대상 작업 역시 예술적 건축작품에 한정할 수 없다.

구술 채록은 살아 있는 사람의 이야기를 그대로 채록한다는 점에서 구체적이고 생생하다. 하지만 구술의 바탕이 되는 기억은 언제나 개인적이고 불완전하기 때문에 감정적이거나 편파적일 위험성도 아울러 가지고 있다. 이런 위험에도 불구하고, 현대 역사학에서 구술사를 중시하는 것은 다음과 같은 이유 때문이다.

우선, 기존의 역사학이 주된 근거로 삼고 있는 문자적 기록 역시 엄밀한 의미에서 편향적이고 불완전하다는 반성과 자각에 근거한다. 즉 20세기 중반까지의 모든 역사학은 기본적으로 문자기록을 기본 자료로 삼고 있는데, 이러한 방법은 문자에 대한 접근도에 따라 뚜렷한 차별적 요소를 내재하고 있다. 그러므로 역사는 당대 사람들이 합의한 과거 사건의 기록이라는 나폴레옹의 비아냥거림이나, 대부분의 역사에서 익명은 여성이었다는 버지니아 울프의 통찰을 굳이 인용하지 않더라도, 패자, 여성, 노예, 하층민의 의견은 정식 역사에 제대로 반영되기 힘들었다. 이 지점에서 구술채록이 처음으로 학문적 방법으로 사용된 분야가 19세기말의 식민지 인류학이었다는 사실은 자연스럽다.

하지만 단순히 소외된 계층에 대한 접근의 형평성 때문에 구술채록이 본격적인 역사학에서 중요한 수단으로 간주된 것은 아니다. 모리스 알박스(Maurice Halbwachs, 1877-1945)의 집단기억 이론에 따르면, 모든 개인의 기억은 그가 속한 사회 내 집단이 규정한 틀에 의존하며, 따라서 개인의 기억은 개인의 것에 그치지 않고 가족이나 마을, 국가의 의식을 반영하고 있다. 따라서 개인의 기억에 근거한 구술채록은 개인적인 차원에 그치지 않고 그가 속한 시대적 집단으로 접근하는 유효한 수단이 될 수 있는 것이다. 이에 더하여, 프랑스의 아날 학파 이래 등장한 생활사, 일상사, 미시사의 관점은 전통적인 역사학이 지나치게 영웅서사 중심의 정치사에 함몰되어 있는 것에 대한 비판을 가하고 있다. 그러므로 역사적 당위나 법칙성을 소구하는 거대 담론에 매몰된 개인을 복권하고, 개인의 모든 행동과 생각은 크건 작건 그가 겪어온 온 생애의 경험 속에서 주관적으로 이해되어야 한다는 생애사의 방법론이 등장하게 되었다.

이러한 구술채록의 방법은 처음에는 전직 대통령이나 유명인들의 은퇴 후 기록의 형식으로 시작되었으나 영상매체 등의 저장기술이 발달하면서 작품이나 작업의 모습을 함께 보여주는 것이 보다 효과적인 예술인들에 대한 것으로 확산되었다. 이번 시리즈의 기획자들이 함께 방문한 시애틀의 EMP/SFM에서는 미국 서부에서 활동한 대중가수들의 인상 깊은 인터뷰 영상들을 볼 수 있었다. 그 내부의 영상자료실에서는 각 대중가수가 자신의 생애를 이야기하며 자연스럽게 각각의 곡들이 어떻게 만들어지게 되었는지, 그것이 자신의 경험과 어떠한 관련이 있는지를 편안한 자세로 말하고 노래하는 인터뷰 자료를 보고 들을 수 있다. 건축가를 대상으로 한 것 중에는, 시카고 아트 인스티튜트에서 운영하는 건축가 구술사 프로젝트(Chicago Architects Oral History Project, http://digital-libraries.saic.edu/cdm4/index_caohp.php?CISOROOT=/caohp)가 대표적인 사례이다. 이미 1983년에 시작하여 30년에 가까운 역사를 가지고 있는 대규모의 자료관으로 성장하였다. 처음에는 시카고에 연고를 둔 건축가로부터 시작하였으나 최근에는 전 세계의 건축가로 그 대상을 확대하여, 작게는 하나의 프로젝트에 대한 인터뷰에서부터 크게는 전 생애사에 이르는 장편의 것까지 모두 포괄하고 있고, 공개 형식 역시 녹취문서와 음성파일, 동영상 등 여러 매체를 다양하게 이용하고 있다.

우리나라에서 구술채록의 활동이 본격화된 것은 2000년 이후의 일이라고 생각된다. 아카이브에 대한 관심이 높아지면서, 그리고 아카이브가 도서를 중심으로 하는 도서관의 성격을 벗어나 모든 원천자료를 대상으로 한다는 점에서 구술사도 더불어 관심을 끌게 되었다. 대표적인 사례가 2003년에 시작된 국립문화예술자료관(한국문화예술위원회에서 2009년 독립)에서 진행하고 있는 문화예술인들에 대한 구술채록 작업이다. 건축가도 일부 이 사업에 포함되어 이제까지 박춘명, 송민구, 엄덕문, 이광노, 장기인 선생 등의 구술채록 작업이 완료되었다.

목천건축문화재단은 정림건축의 창업자인 김정식 dmp건축 회장이 사재를 출연하여 설립한 민간 비영리 재단법인이다. 공공 기관이나 민간 기업이 다루지 못하는 중간 영역의 특색 있는 건축문화사업을 목표로 하고 있다. 2006년 재단 설립 이후 첫 번째 사업으로 친환경건축의 기술보급과 문화진흥을 위한 사업을 수행한 바 있다. 현대건축에 대한 아카이브 작업은 2010년 봄 시범사업을 진행하면서 구체화되기 시작하여, 2011년 7월 16일 정식으로 목천건축아카이브의 발족식을 가게 되었다. 설립시의 운영위원회는 배형민을 위원장으로 하여, 전봉희, 조준배, 우동선, 최원준, 김미현 등이 운영위원으로 참여하였다.

역사는 자료를 생성하고 끊임없이 재해석 하는 과정이다. 자료를 만드는 일도 해석하는 일도 역사가의 본령으로 게을리 할 수 없다. 구술채록은 공중에 흩뿌려 날아가는 말들을 거두어 모아 자료화하는 일이다. 왜 소중하지 않겠는가. 목천건축아카이브의 이번 작업이 보다 풍부하고 생생한 우리 현대건축사의 구축에 밑받침이 되기를 기대한다.

목천건축아카이브 운영위원

전봉희

## 『윤승중 구술집』을 펴내며

이 책은 윤승중 선생의 구술집이다. 목천건축아카이브 운영위원회는 2010년에 김정식 회장과 2011년에 안영배 선생에 대한 구술채록작업을 진행한 뒤에, 2012년의 원로건축가 구술채록 대상자로 윤승중 선생을 모시기로 의견을 모았다. 2011년 12월 27일에 킥오프(kickoff) 모임을 가졌고, 2012년 1월 9일, 1월 16일, 1월 31일, 2월 14일, 2월 21일, 3월 6일, 3월 12일, 3월 22일, 4월 3일, 5월 15일에 10차례의 구술채록을 진행하였다. 장소는 모두 선릉역 부근의 구(舊) 목천문화재단 2층 회의실이었다. 킥오프 모임에서 채록한 내용은 그 후의 작업과 중복되기에 이 책에는 수록하지 않았다.

윤승중 선생은 1937년에 출생하여 1960년 봄에 대학을 졸업한 뒤, 지금까지 반세기 넘게 설계에 종사해온 한국 현대건축의 생생한 목격자이다. 1960년대부터는 한국 경제가 대지를 박차고 이륙하며 도약을 꾀한 시기이며, 그에 따라서 새로운 장르와 기능의 건축물들이 속속 필요해졌다. 윤승중 선생은 국회의사당 설계사무소, 김수근건축연구소, 한국종합기술개발공사, 환경계획연구소, 원도시건축연구소, (주)원도시건축과 같은 설계 '팀'을 계기적으로 이끌면서 새로운 장르와 기능의 건축물들에 도전해왔다. 그리하여 윤승중 선생은 한국현대건축의 발생 현장을 증언해줄 수 있을 뿐만 아니라, 김중업 선생, 이천승 선생, 김수근 선생 등과 같은 선배 세대들에 대한 지근(至近)한 말씀을 전해줄 수 있었으며, 한국건축가협회, 목구회 등 설계 '팀' 바깥의 건축계에 대한 생생한 말씀을 들려줄 수 있었다. 이렇게 1960년대부터 지금까지 50여 년간 한국현대건축의 핵심을 일관되게 목격할 수 있는 입장을 가진 분을 우리는 달리 알지 못한다.

윤승중 선생 자신은 대학 3학년 2학기인 1958년에 "대법원 청사 및 원장공관 공모"에 응모하여 당선하였던 경험을 살려서, 1989년의 대법원청사 공모전에 당선하였다. 그의 말씀을 빌면, "이번 일을 하면서 대학 3학년 때인가요. 대법원 청사와 대법원장 공관 현상공모가 있었을 때 1등한 일이 기억납니다. 그때 생각했던 법과 평등에 대한 생각들, 그것을 나타내기 위한 건축적 개념과 디자인 어휘에 대해 회고되는군요." 일국의 대법원 청사를 설계한다는 영예를 누릴 수 있는 건축가가 과연 몇이나 될 것인가.

대법원 청사는 새로운 권위와 상징을 격조 있게 표현했다는 평을 받았다. 윤승중 선생은, 김수근건축연구소의 치프 디자이너로서 남산음악당(계획), 자유센터, 오양빌딩, 우석대학병원 신관, 남산 맨션, 한국일보사, 부여박물관, 몬트리올 엑스포 한국관 등의 설계를 주관하였고, 한국종합기술개발공사의 도시계획부장으로서 불광동 전화국, KIST 본관, 김포공항 마스터 플랜, 종로 3가 재개발계획, 여의도 마스터 플랜, 오사카 만박 한국관 등의 설계를 주관하였다. 원도시건축연구소를 1969년에 개소하면서부터는 한일은행 본점 계획안, 단국대학교 신 캠퍼스 마스터 플랜을 주관하였다. 원도시건축연구소가 1973년에 새롭게 출발하면서부터는 부산 휘닉스 호텔, 태평양건설 본사, 부산 백병원, 대한화재 본사, 한일은행 본점, 한일은행 연수원, 성균관대학교 자연과학 캠퍼스, 대법원장공관, 삼천리 본사 사옥, 울산 오우션 호텔, 백암관광호텔, 안세병원, 제일은행 본점, 한일투자 본사, 동아투자 본사 등을 설계하였고, 1985년에 (주)원도시건축으로 법인화하면서부터는 조선일보 정동신사옥, 무역 센터, 포철중앙연구소, 숭실대 과학관, 포항공대 체육관, 일신방직 본사, 대법원, 청주국제공항, 국토개발연구원, 대구 대동은행 본점, 인천지방 부천지원, 중랑구청, 경남실버타운 등을 설계하였다. 이후의 작업들과 계획안들은 도저히 일일이 다 열거할 겨를이 없다.

윤승중 선생을 일러, 장응재 선생은 "우리 시대의 주도적 엘리트 건축가"라고 평(評)하였고, 민현식 선생은 "건축의 본성을 끊임없이 탐색하는 심미적 이중주의자"라고 표제(標題)한 바가 있다. 이 "엘리트 건축가의 본성탐구"는 구술채록 과정에서도 유감없이 발휘되었다. 윤승중 선생은 매번의 구술채록마다 2-3 페이지 분량의 메모와 관련 사진들을 가지고 오셨다. 메모에는 인명, 연도, 사건, 주제어 등이 빼곡히 적혀 있었다. 게다가 살았던 집들의 평면 스케치들도 있었다. 정확한 기억과 흐트러짐 없는 말씀은 이 구술집의 자료적 가치를 한층 더 할 것이다.

구술채록 작업을 통해서 우리는 윤승중 선생이 "논리"로 건축을 설계하며, 또 "논리"를 통해서 한국건축을 세계건축의 궤도에 올리려고 시도했다고 짐작한다. 이는 김중업 선생과 김수근 선생이 "형태"로서 한국건축의 세계화를 꾀하였던 것과 다른 길이며, 보다 보편성을 갖는 접근법이었다. 이는 모더니즘의 "형태"와 "논리" 중에서 무엇을 중시하여 취하는가의 차이에서 비롯하는 것이라고도 볼 수 있을 것이다. 윤 선생의 말씀을 빌면, "저는 논리가 없는 형태란 거부적인 것으로 생각되었고, 모든 것에 의미부여와 질서가 있게 하는 작업이 매우 중요하다고 생각했"다고 한다.

그 "논리"는 뜻있는 동료들과의 토론을 통해서 달성되는 것인 바, 윤 선생은 "김수근 팀", "안국동 팀"과 같은 표현을 즐겨 썼고, 독립하면서부터는 최강의 "팀"을 꾸리는데 힘을 쏟았다. 김환 선생, 김원석 선생, 김원 선생 등이 원도시건축연구소가 궤도에 오를 때까지 윤승중 선생의 파트너를 거쳤으며, 변용 선생과 오랫동안 공동 작품 활동을 진행하다가, 우리나라 최초로 "파트너쉽 체제"를 도입하면서부터는 장응재 선생, 민현식 선생, 김석주 선생, 정현화 선생 등이 파트너로 추가되었다. 팀 작업에 대한 강조는, 동시대의 "팀 텐(Team X)"이나 "단게 겐조(丹下健三)와 동대(東大) 출신 팀"의 메타볼리즘(Metabolism)에 대한 의식도 작용한 것 같다. 윤 선생은, 단게 겐조 팀의 보고서에서 팀원들의 이름이 모두 같은 크기였음을 기억해내면서 "단게 겐조와 동대 출신 팀의 관계"를 말씀하였다. 다시 장응재 선생의 말씀을 빌면, "항상 낮은 톤으로 차근차근 자기주장을 이야기하곤 하지만, 그의 논리적 사고는 빈틈이 없고 개념과 전제의 설정에서부터 최후의 결정까지 단계별로 상대의 동의를 얻어가며 자기 생각을 이식시켜 왔다." 건축의 낮은 톤의 통주저음(通奏低音)일 논리에서 그의 오른편에 설 자는 거의 없었다고 보아도 좋으리라.

아울러 원도시건축연구소(原都市建築研究所)라는 명칭에서 알 수 있듯이, 윤승중 선생은 건축과 도시의 밀접한 관련을 처음부터 강조하고 있다. 에세이 모음집의 제목도 『건축되는 도시, 도시같은 건축』(1997)이라고 하면서, 그 이유를 "건축은 물론 그 자체로서도 사회적 기능과 문화적 가치를 만들어

내지만 개개의 건축이 집적하여 만들어지는 도시는, 도시로서의 생명력과 유기체적 질서를 가져야 되므로, 도시와 건축을 분리하여 생각할 수 없으며, 오히려 '건축되는 도시'라는 인식이 제기된다"라고 설명하였다.

윤승중 선생은, 대학 졸업 직후에 『현대건축』(1960-1961)의 발간에 관여하였고, 『김수근건축연구소』(1966) 브로슈어와 『원도시건축연구소』(1969/ 1973) 브로슈어의 발간을 주도하였으며, 한국건축가협회의 회장을 역임하면서 『한국의 현대건축 1876-1990』(1994)을 발행하였을 만큼, 자료 정리와 역사에 대한 관심이 남다른 분이다. 그렇기에 윤승중 선생은 이 구술집의 발간취지를 선뜻 이해하고 적극 협력하였으며, 그 결과 이 구술집은 장장 10회의 대화록으로 구성될 수 있었다. 햇수로 3년에 걸친, 길고 지루한 편집과 검토의 작업을 거쳐 나온 이 구술집이, 선생의 각별한 기대에 조금이라도 부응할 수 있기를 기대하는 차제이다. 앞으로 이 구술집이 1960년대 이후 한국현대건축의 핵심을 일관되게 간접 목격할 수 있는 유효한 통로(通路)가 될 것이라고 자부한다.

이 구술집의 생산과 편집·제작을 위해 시간과 노력을 아끼지 않은 관계자들 모두에게 감사하며, 출간의 기쁨을 함께 나누고 싶다. 독자들께서는 이제 본문을 읽어주시기를 바란다. "논리"로 만든 건축과 "건축되는 도시"를 통해서 한국건축을 세계건축의 궤도에 올려놓았던 주도적 엘리트 건축가의 일대기와 그를 둘러싼 건축가들의 성좌(星座)가 눈앞에서 생생히 펼쳐질 것이다.

2014년 11월

목천건축아카이브 운영위원

우동선

# 01

# 성장기와 해방 전후

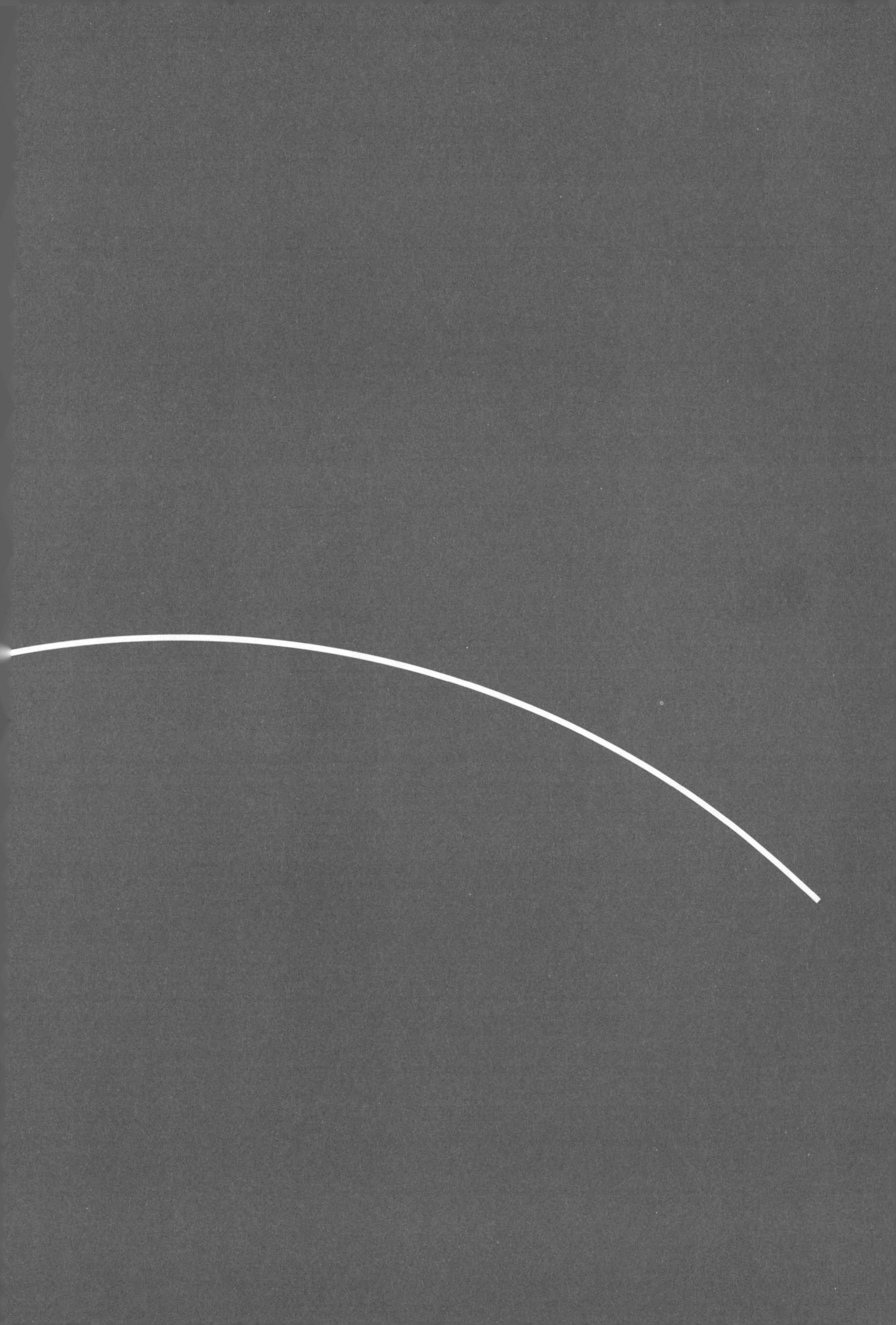

**일시** 2012년 1월 9일 (월) 14:00 – 18:00

**장소** 서울특별시 강남구 삼성2동 142-22 2층 목천문화재단

**진행** 구술: 윤승중

채록연구: 전봉희, 우동선, 최원준, 김미현

촬영: 하지은

기록: 허유진

초벌 원고 수정 및 각주 작업: 김하나

**전봉희:** 2012년 1월 9일. 오후 두시 십오분 지났습니다. 목천문화재단 이사장실에서 윤승중 선생님 모시고 구술 채록을 시작하도록 하겠습니다. 저희들이 대개 5회 정도 예상을 하고 있고요. 선생님 보내주신 자료를 검토했는데, 우선 저희들이 5회 정도로 구분한 것에 대해서 괜찮으신지요? 안 그러면 조정을….

**윤승중:** 얘기 하다보면, 일단 그렇게 시작을 해보죠. 그렇게 보면 거기서 1편에 해당하는 내용을 다 얘기해야 하는 거지요? (웃음)

**전봉희:** 예, 김수근 선생님 만나신 게 1960년이라 오늘은 그때 만나기 직전까지 말씀해주시고 그 다음에 60년대 말씀, 7,80년대 말씀을 해 주십시오. 편마다 말씀하시는 중심이 조금 달라질 것 같습니다. 시기만 나눠지는 것이 아니라 건축 수학기인 초반에는 아직 건축을 그렇게 많이 하셨다기 보다는 그 전에 건축에 가깝게 된 계기랄까 그런 것들 얘기를. 집, 가족들, 주변 가까운 분들의 예기치 않았던 영향 같은 것들도 있었을 것 같아요. 어렸을 때부터 건축가가 되라 이렇게 가르친 건 아닐 테니까요. 다방면으로 하시다가 어느 틈에 자신도 모르게 서서히 그 쪽 길로 접어들게 되셨을 거 같은데 그런 말씀을 좀 듣고 싶습니다. 우선 기억을 죽 순서대로 보자면 아주 유년기부터 말씀을 좀 해주셨으면 좋겠습니다.

**윤승중:** 우선 이렇게 자리를 만들어주신 데 감사를 드립니다. 그리고 미리 이야기를 좀 하자면 김정식 선생님 것을 대강 보니까요, 말씀하신 걸 그대로 채록하게 되어 있지 않습니까? 그런데 나중에 다른 사람들이 보고 그러려면 조금 편집을 해서 없앨 것은 없애고, 가감을 해서 구성을 할 필요가 있겠다란 생각이 들어요. 지금 잘 이야기하려 해도 질서정연하게 되진 않지 않습니까. 그건 여기 진행하시는 쪽에서 수고스러우시더라도 조금 편집을 해주시면 좋겠다는 부탁을 드리고요, {**전봉희:** 네}

우선 그동안 이렇게 뚜렷하게 해온 것 없이 살아온 사람의 얘기를 본인이 스스로 계속 말 한다는 것이 좀 쑥스럽기도 하고 그렇긴 합니다만, 내가 건축을 전공을 했으니까 건축과 관련을 시켜서 진행시켜 보겠습니다.

요즘 젊은이하고는 차이가 있어서 우리 세대 사람들은 굉장히 여러 가지 다양한 기복이 있는 시대를 살아왔지요. 1937년에 태어나서 1945년까지 일제강점기 시대, 우린 옛날엔 일제시대라 했는데, 일제 강점기로 정정을 하지요, 일제 강점기 시대를 잠시 살았고. 또 해방 이후 6.25 올 때 까지 혼란기를 거쳤고. 또 6.25전쟁이라는 엄청난 재난을 겪은 후에 이제 우리나라가 개발되는 시기를 거쳐서 지금은 세계적으로 상당한 수준이 되었고, 꽤 긴 시간 평화를 유지하고 있는 거죠. 좋은 시대라고 볼 수 있을 거 같습니다. 저는 참 복잡하고 다양한 시대를 살아왔는데 여기 계신 분들은 그중에서 후반부만, 해피하고 좋은 시절에 태어나셔서 좋은 교육을 받고 그래서 부럽기도 합니다. 그런데 한편으로는 그만큼 또 많은 기회가 있었다고도 볼 수 있을 거 같아요. 다행히도 우리보다 한 30년 전에 태어나신 분들보다는 우리가 조금 나은 게 그분들은 조선 말기에 겪으셨고 또 그, 뭐라 할까요, 일본강제조약을 뭐라 용어를 바꾸었죠?

**전봉희:** 병합이라 이야기를 합니다만.

**윤승중:** 병합이라는 그런 과정도 거쳤고, 우리보다는 더 많은 고난을 거치셨는데 불행하게도 1980년 이후에 우리나라가 비교적 잘 살게 된 시절을 못보고 돌아가신 분들 보다는 우리가 좀 더 낫죠. 우리는 지금까지 살아있으니까. 그래서 여러분들한테는 조금 생소하겠지만 지금으로부터 75년 전 1937년에 태어나서.



**전봉희:** 몇 월 며칠이세요?

**윤승중:** 생일? 6월 29일입니다. 서울에서 태어나서. 1945년까지 일본강점기 시대를 거쳤죠. 정확히 얘기하면 중구 다동 103번지라는 집에서 태어났어요. 그런데 더 정확하게 얘기하면은 동대문에 가면 이화대학교 부속 병원[1]이 있어요. 지금도 아마 있을 텐데, 목동으로 옮겼지만은. 경성부민병원[2]이라고요. 그 당시에 서울을 경성부라고 했기 때문에 지금으로 치면 시민 병원이죠. 거기서 태어났기 때문에 고향은 거기가 되었지. 그래도 비교적 그 당시에 비교적 유복하게 살았던 거 같아요. 아버님께서 비즈니스 하시고 계셨고. 또 외숙께서는 금강제약사라는 제약회사를 하셨는데 사업이

1_
1887년에 이화학당의 창설자인 스크랜턴(Scranton, M.F.)이 미국 감리교 외국선교회에 부인병원의 설립기금을 요청함으로써 설립된 보구여관(保救女館 : 우리 나라 최초의 부인병원)이 전신이다. 1892년에 동대문 분원이 설치되었으며 이는 1930년경부터 동대문부인병원으로 알려지게 되었다. 1945년 이화여자대학교에 행림원(杏林院) 의학부가 창설됨에 따라 이화여자대학교 부속병원이 되었고, 2008년 목동병원(1993년 신설)에 흡수되어 사라졌다.

2_
경성부민병원(京城府民病院): 1934년 훈련원 터에 지어졌다. 해방 후 시민병원으로 불리다가 1958년에 국립의료원이 들어섰다.

꽤 잘 되어서 가회동에다 굉장히 큰 저택도 지으시고, 뭐 그 당시로서는 어렵게 살진 않으셨던 거 같아요. 어릴 때였으니까 잘 기억은 안 납니다만, 다동 103번지라는 곳에 살았고 거기에 지금은 한일투자빌딩이란 건물을 지었어요. 지금은 국제빌딩. 어디냐면 남대문로 있으면 시청으로 통하는 길의 코너에 있는 집인데, 우연히 우리가 그 집을 설계하게 되면서 그 땅이 포함되어서 그 자리에서 했기 때문에요.

여러분들은 어렸을 때 얼마나 주변에 놀 거리도 많고 좋은 환경에서 살았습니까. 근데 그 당시만 해도 어린 아이들이 같이 즐기면서 놀 수 있는 환경이 별로 없었죠. 기껏해야 나무블록이나 있었고. 밖에 나가서 주로 뭐 애들끼리 자치기, 이렇게 놀거나 그렇지 않으면 주변을 돌아다니면서 그런 것들이었는데요. 창경원에 동물원이 있었거든요. 그런 곳 정도 갔어요. 특별히 얘기하고 싶은 거는 일본 강점기 시대에 서울에 살았던 경우가 많지 않은 것 같아요. 우리가 살던 곳이 서울의 바로 중심부였기 때문에 여러분들이 잘 아시는 근대건축 초기의 건물들이 대개가 거기 모여 있어서 거의 다 우리들 놀이터가 되었었죠. 그 점을 말씀드리면, 우선 백화점이 꽤 많이 있었는데, 화신 백화점이 초창기에는 그 당시에는 그 화(和)자 에다가 믿을 신(信)자를 썼었어요. 해방 후에 새 신(新)자로 바꿨는데 박흥식[3]이란 분께서 그 당시 우리나라 최고의 상사, 상업 자본가였죠. 그분이 화신상회(和信商會)라는 것을 시작하셨다가 근사한 건물을 지었습니다.

우리나라 근대건축들을 대개 일본 사람들이 설계해서 지었었는데 그나마 일부러 우리나라 대표적인 건축가였던 박길룡[4] 사무실이 그 쪽 조계사 앞에 있었는데, 그 분한테 설계를 의뢰해서 꽤 이쁘고 아름다운 걸 지었던 거 같애. 화신백화점은 당시로서는 규모가 상당히 컸어요. 사진에서 보실 수 있는 것처럼 집을 지었는데, 보면은 6층 정도였기 때문에 완벽한 복합 백화점이었습니다. 쇼케이스(showcase)를 가진 샵(shop)도 있었고, 유럽식 식당가도 있고, 극장도 있고. 사람들이 잘 가는 그런 곳으로 기억되는데.

3_
박흥식(朴興植, 1903-1994): 화신백화점의 소유자. 당시 한국 최대의 부호 중의 한 사람.

4_
박길룡(朴吉龍, 1898-1943): 1919년 경성공업전문학교 졸업. 조선총독부 근무. 1932년 박길룡건축사무소 개설. 최초로 서구식 건축술의 전문교육을 받은 건축가.

거기하고 조지아(丁子屋) 백화점[5]하고 두 군데에는 에스컬레이터가 있었어요. 엘리베이터도 물론 있었고. 물론 엘리베이터는 구식 엘리베이터입니다만은. 요즘 백화점은 디자인이 엄청 화려하고 디스플레이 방법들이 다양하지. 근데 그 당시엔 전 세계적으로 마찬가지였겠지만은 대개 허리부분까지는 시커먼 나무 벽을 치고 그 위에는 회반죽으로 한 굉장히 단순한 디자인이었고. 천장이 높았던 거 같아요. 난방은 라디에이터가 있었지만은 냉방은 없었고. 천장에 큰 날개 달린 선풍기들이 돌아가는 분위기였죠. 그렇지만 서울에서 굉장히 좋은 장소였던 거 같애. 조금 더 남쪽으로 가면 또 정자옥(丁子屋), 일본말로 조지아(ちょうじや). 그건 아마 일본 백화점 체인이 아니라, 일본사람 개인이 돈을 벌어서 지은 백화점이라고 하는데 거기도 화신처럼 여러 가지 문화시설이 있었고 아마 거기도 에스컬레이터가 있었을 겁니다. 그 집이 해방 후에 미도파 백화점으로 됐다가, 지금은 아마 롯데 별관인가로 흡수가 되었지요. 그리고 또 조금 더 가면 일본 백화점 한국 지점들이 서넛 있었는데 미쓰코시(三越) 백화점이 있었던 게 지금 신세계 백화점 본점 되었고. 또 퇴계로 쪽으로 조금 가면은 미나카이 백화점[6], 삼중정(三中井)이라고 있었어요. **{우동선: 네}** 백화점으로는 건물규모가 꽤 컸는데, 그 당시 백화점 중에서는 제일 컸던 것 같아요. 광복 후에 해군 본부로 쓰이다가, 또 5.16 후에는 그것이 혁명 본부가 되었다가 지금은 아마 헐리고 다른 건물이 되었겠죠. 한 500미터 부근 안에 그렇게 자주 갈 수 있었던 곳이 있었던 거죠.

여기를 우리가 어렸을 때 놀이터로 생각했던 것이, 전차가 다녔거든요. 전차가 있으면 전차 타는 플랫폼이 있고. 거기서 놀다가 누군가가 쇠붙이를 갔다가 레일에다 놓으면 납작해지잖아요? 그게 자석이 된다는 뭐 그런 게 있어가지고. (웃음) 차장한테 걸리면 도망가기도 했고.

또 바로 앞에 보면 나중에 상업은행 지점으로 쓰인 벽돌로 된 2층집이 있었는데 거기는 계단 옆이 미끄럼처럼 되어 있어요. 그 미끄럼도 타고. 그 옆에 1963년쯤인가 불나서 없어진 조흥은행 본점. 그건 아주 굉장히 아까운 집이었던 거 같아요. 한국 자본으로 만들어진 최초의 은행이었고 은행 본사 사옥이었는데, 그것이 불이 나서 사라졌죠. 근데 그 자리에 또 한국



5_
조지아 백화점(丁子屋)百貨店. 코바야시 겐로쿠(小林源六)가 창립한 백화점으로 경성에 지점을 두었다.

6_
미나카이 백화점(三中井)百貨店. 1919년 경성에 포목점 경성본점을 개점하여 1933년 지하 1층 지상 6층 규모의 백화점을 신·증축하였다.

근대건축의 조흥은행 신본점이 들어갔기 때문에 그렇습니다만. 역사는 흘러갑니다만은 그 집이 남아 있었더라면 거리 풍경에 도움이 되었을 거 같아요. 그 밖에 그 당시의 것들 중 사라진 집들이 굉장히 많은데, 식산은행 본점이라든지, 그건 나중에 산업은행이 되었다가 지금은 롯데 신관으로 바뀌게 되고. 또 지금 외환은행이 있는 자리에는 동양척식회사라는 한국에 가장 나쁜 짓을 많이 한 회사가 있었어요. 측량을 해서 토지를 일본인 소유로 바꾸는 그런 역할을 한 동양척식주식회사라는 그런 회사가 있었고. 그런데 그것이 나중에는 내무부로 쓰였는데 지금은 외환은행 본점이 있는 자리입니다. 일제시대 때 서울의 가장 중심지 모습들, 그런 것들이 그 당시의 시각으로 기억이 나고.

그런데 서울을 보면 20세기 이후에, 일본 사람들이 도시를 만드는 과정에서 많은 집을 짓지 않았습니까? 근데 그것들이 6.25때 거의 다 사라지고 남아 있던 것들은 불나서 없어지고 또 재개발해서 사라지고. 건축 역사하시는 여러분들 입장에선 아까운 일인 거 같아요. 나는 물론 나중에 건축을 하게 될 줄은 몰랐지만, 당시에 그런 집들을 보면서 놀았지요.

청진유치원

또 하나는 일곱 살 되었을 때 유치원을 다녔어요. 아마 그 당시에 유치원에 다니는 사람이 많지 않았었는데 집에서 가까워서. 수송 초등학교가 지금 종로구청 앞 청진동에 있었어요. 문 앞에 2층집이 있었는데 해방 후에는 한글학회가 사용을 했습니다. 그 집에 유치원이 있었는데 경성보육학교의 부설 유치원이었고 이름이 청진유치원 이라고 하는데 거기 1년 동안 다녔죠. 교육 과정은 요즘과 비슷했던 거 같아요. 보통 일반적인 생활을 배우고 무용, 노래, 율동도 하고 꽤 재밌게 지냈는데, 특히 재밌었던 것은 여학생들하고 같이 공부했다는 것인데 그때만 해도 우리가 형제가 남자들만 있어가지고, 여동생도 없고 누나고 없고 해서 주변에 여자들과 놀 기회가 없었어요. 유치원에 여학생들이 많이 있었기 때문에 같이 놀 수 있어 상당히 좋았고, 서로 좋아하는 사이도 생기고 그런 거 있었죠. (웃음) 그 여학생 중에 나보다 한살 밑이고 같이 다닌 애가 있는데, 나는 졸업하는데 걔는 졸업 못하니까 울면서 같이 졸업하자고. (웃음) 그렇게 유치원을 다녔고 대체로 그리 특별한 것이 별로 없네요.

그리고 1941년에 태평양 전쟁이 나지 않았습니까? 태평양 전쟁 막바지로 갈수록 분위기가 억압적이고 그리고 물자가 제한되고 대부분 중요한 것들은 배급제였어요. 그런 어두운 분위기였던 거 같아요. 다만 우리가 직접적으로 전쟁을 경험하진 않았던 것이, 그렇지만 일본 사람들이 8월에 항복할 줄 몰랐기 때문에 연합군이 상륙하면 서울까지 침범할 것에 대비한 시가전 준비를 하고 그랬습니다. 제주도에다가 방어진 구축을 했고 서울에는 소개(疏開)라고 해서 시가전을 대비해 50m 정도의 큰 길들을 만들어 두었어요. 세운상가를 짓게 된 것도 그 때 만들어진 소개터에 지은 것인데 종로에서부터 대한 극장까지 50미터 폭의 집을 헐어낸 것이죠. 그런 식으로 전쟁 준비를 한편 했고. 또 여러 가지 금속이 부족했기 때문에 모든 집을 다니면서 심지어 냄비까지 걷어가는 그런 것도 있었고. 또 여기저기 불려 다니면서 부역, 동원도 당했고. 아무튼 그런 분위기가 있었어요. 그렇지만 직접적인 전쟁은 경험하지 않은 거 같아요. 왜냐하면 거리가 멀었기 때문에요. 텔레비전을 통해서 전쟁 상황을 볼 수 있던 건 아니었죠. 일본 사람이 만들어서 보여주는 전쟁 영화, 자기들이 이기고 왔다 그런 것 본 것 이외에는 전쟁을 직접 느끼지는 못했던 거죠. 신문 같은 것 보면은 항상 다 이기고 있고 대본영(大本營) 발표하고 그러는데 거기서 몇 명 죽였다 하는 식으로. 근데 딱 한번  전쟁의 느낌을 받은 것은, 일본은 동경 같은 데가 폭격을 받았지만 한국까지는 안 왔는데 1944년. 그러니까 그날이 내 생일이었어요. 6월 29일 날이었는데, 학교에서 공습경보가 울렸었어요. 연습 삼아서 공습경보 훈련을 하곤 했었거든요. 근데 갑자기 다들 집으로 가라고 그러더라고. 그러니까 이것은 연습이 아니고 진짜 공습경보라고 그랬어요. 그게 처음이었는데, 그때 사실 비행기를 본 적도 없었고 뭔가 공습경보가 진짜라고 하는 순간에 몸이 뜨거워지고 하여튼 그런 느낌을 받았다고요. 갑자기 공포가 생기고. 일단 집으로 왔어요. 오다보니까 하늘에 하얀 줄이 이렇게 쫙 지나가는 걸 봤어요. 저게 뭔가 하고 봤더니 B29였는데, 나중에 역사책에서 보니까 B29를 처음 만들어서 일본을 폭격하고 다시 돌아가지는 못하고 중국으로 가는. 그것이 그날 일본 도쿄를 처음 폭격하고 중국으로 가는 거였어요. 그 당시 항속 거리가 그거밖에 안 되었던 것 같아. 그때 동경을 폭격하고 지나가는 비행기였던 겁니다. 그거 밖에는 실제로 전쟁의 경험을 해본 게 없거든요. 그렇지만 그런 분위기였고.

또 한 가지 얘기하고 싶은 것은 그 당시에 우리나라의 비극인 것이, 지금도 친일파, 친일 문제가 거론되고 있습니다만, 물론 적극적으로 독립운동을 하시는 위대한 열사 분들도 꽤 있었죠. 근데 전체 인구로 보면 극히 소수였거든요. 나머지 분들은 한국에 살면서 강점기가 길었기 때문에 1910년 그때서부터 36년이니 한세대를 살아오면서 그게 일상생활이 되어서 뭐 일본 사람들하고 가깝다거나 이러지 않고도 살았던 거지요. 때문에 그 당시에 살았다는 사실, 거기서 뭔가 열심히 해서 여러 가지 꿈도 성공도

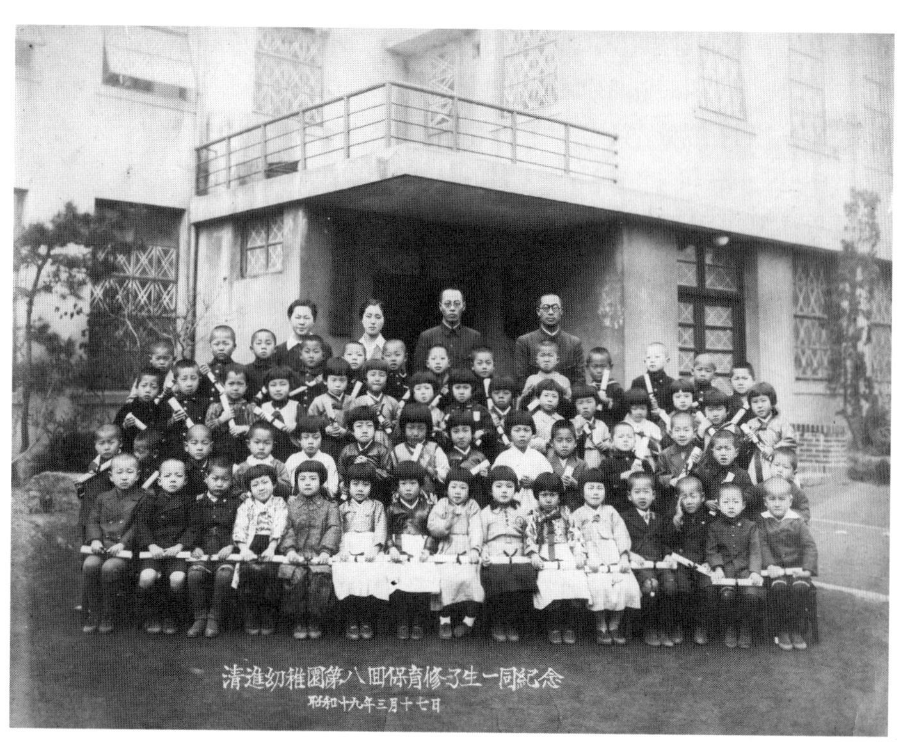


**그림1 _**

청진유치원졸업. 1944년 3월17일. 첫번째 줄 맨 왼쪽.
윤승중 제공.

했다는 사실을 전부 친일파라고 얘기하는 건 곤란한 거 같아요. 그 당시 내 기억으로는 아버지도 일제시대에 비즈니스 하시고 그래서 어떻게 보면 독립운동을 하시진 않았습니다. 그렇지만 친일했다고 얘기할 순 없는 거죠. 그리고 우리도 그냥 의식적으로 일본학교, 일본 사람들 그렇게만 봤죠. 학교에 갔을 때 명동 쪽에서 온 학생들이 3명 정도 있었어요. 명동에 일본 사람들이 주로 살았거든요. 일본 말을 굉장히 잘하고 평상시에도 일본말로만 하고 일본사람처럼 생각하는 그런 애들이 있었는데 다른 애들이 굉장히 미워했다고요. 그런 식으로 아주 의식적으로는 적어도 우리는 일본하고는 다르다, 그런 식의 생각은 조금씩 있었던 거 같아요. 그렇게 일상생활을 보낸 거죠.

**전봉희:** 저, 초등학교를, 소학교 재동을 가셨는지?

**윤승중:** 아닙니다. 그게, 1947년까지 다동에 살다가 47년에 경기고등학교하고 아까 말씀드렸던 윤보선선생의 저택 사이에 집이 있었어요. 거기에 10년 쯤 살았는데 그리로 와가지고 나중에 6학년만 재동 초등학교를 다닌 거죠.

**전봉희:** 입학은?

**윤승중:** 입학은 길 건너에 청계 국민학교라고 있어요. 지금 없어졌어요. 지금은 동국제강이 쓰는데.

**전봉희:** 청…

**윤승중:** 청계초등학교. 그 당시에는 청계공립국민학교.

**전봉희:** 개성상회 말씀인거죠? 없어져버린. 학교 사진 본 일이 있습니다.

**윤승중:** 처음에 5학년까지 다니다가 나중에 재동국민학교로 갔죠. 그 이야기는 조금 있다 하고, 하여튼 그 시대에 국민학교를 갔어요. 근데 그 때만 해도 국민학교에 나는 시험을 보고 들어갔어요. 그 당시는 의무교육이 아니었기 때문에 시험을 봤습니다. 시험을 어떻게 봤냐면 어머니 아버지, 부모님 이름하고 생년월일을 써라. 또 여러 가지 그림을 맞춰서 연결시킨다든지 이런 몇 가지 시험을 보고 들어갔는데요. 근데 나는 2년 위에 형이 있었거든. 형이 일본말, 가타카나 배우고 할 때 덩달아 배우고 가타카나도 읽고 한글도 할 수 있었기 때문에 시험에 붙고 들어갔죠. 학교 들어가서는, 이상하게 요즘 일들은 기억을 잘 못하는데 당시 것들은 아직도 기억을 해요. 첫 번째 시간에 선생님이, 왜 그랬는지 모르겠는데 초등학교 선생님들 전부 다 군복 비슷한 옷을 입었었어요. 어떤 학교에서는 칼도

찼다 그랬는데, 우리 선생님은 그러진 않았고. 그분은 한국 사람이었는데, 창씨개명이라 해서 일본 이름으로 바꿨죠. 첫 번째 시간에 기억하기를 칠판에 이렇게 '산본영일'(山本英一)이라 써주고 읽어보라 해요. 이제 일본 시대니까. 그렇게 2학년 1학기까지 청계 국민학교 다니다가. 아까 얘기했던 일본 애들은 아닌데 일본 애들처럼 하고 다니는 애들도 있었지만, 대부분은 한국 애들이었어요. 우리끼리는 한국말을 쓰고 학교에서는 공식적으로는 일본말을 쓰게 하니까 일본말을 좀 배웠었죠. 근데 이제 우리보다 2,3년 쯤 위에 분들은 그때 꽤 일본말을 잘해서 해방 후에도 일본책들 다 보시고 그랬는데 우린 애매하게 2학년 1학기까지만 배웠기 때문에 해방 후 완전히 다 잊어 버려서 그건 좀 아까워요. 조금만 더했으면 일본말 마스터가 되었을 텐데. 그렇게 초등학교 다니다가 아까 얘기한 대로 일본이 시가전 준비로 너무 인구가 많으면 안 되니까 능력이 되는 사람들은 시골로 피신하라 그래서. 소개(疏開)라는 말을 썼었어요. {**전봉희:** 비운다는 뜻…} 수도를 비우겠다는 뜻이겠죠. 소개령(疏開令)을 내렸어요. 그렇게 자꾸 강요하니까 집을 누구한테 맡겨 놓고. 그 때 배천(白川)이라고 혹시 아시나요? 황해도 백천. 우리말로 '배천'인데. 지금은 살짝 이북인데. 개성 지나서 토성이라고 있어요. 거기서부터 지선으로 작은 기차를 타고 가는. 거기가 온천이었거든요. 그런데 나중에 기록을 보니 전국에서 가장 뜨거운 물이 나오는 온천이었어요. 굉장히 좋은 온천이었던 거죠. 거기 어떤 분이 별장을 가지고 있었는데 온천 목욕 하는 그런 집을 빌려줘 가지고 1945년 3월쯤에 그리로 소개를 했습니다. 왜 그 얘길 하냐면 거기가 온천장이었기 때문에 동네마을이 아니었어요. 조금 가면 시골 백천 온천장 마을이 옆에 있고, 20분 쯤 거리에 읍이 있는데 거기서 초등학교를 다녔어요. 사실은 그 때 처음 논이라는 걸 봤고. (웃음) 벼가 자라는 걸 봤고 또 시골 애들이 신발도 안 신고 맨발로 학교 다니고 또 보자기에다 책을 싸서 배에다 매고 다니고. 그때는 잘 몰랐지. 한 학기 정도 생활을 했죠. 그 때 운동화를 '개명화(開明靴)'라고 그랬어요. 문화, 신식 신발이라는 뜻이겠죠. 애들이 개명화를 왜 아껴두지, 왜 그렇게 신고 다니냐고 흉을 보더라고. 애들이 그런 식으로 이상하게 생각할 정도로 문화가 달랐던 거지요. 거기서 한 학기 쯤 지내다가 여름 방학이 되었는데 방학 중에 해방이 되었어요. 그때 옆집에 일본 사람 할아버지가 살았는데 그 집 손녀딸이 일본에서 학교 다니다가 여름 방학이라 놀러와 있었어요. 나보다 한 살 밑이었는데 꽤 예뻐서, 진짜로 여자로 좋아하기 시작한 첫 번째.(웃음) 하루는 놀다가 그 집의 목욕탕이 꽤 크거든요. 둘이 같이 목욕을 했어요. 그러다가 할아버지한테 걸려서 출입금지 당하고.(웃음) 해방되고 조금만 우리가 여유를 부렸으면 잘못했으면 이북에 남아있을 뻔했어요. 왜냐하면 10월 달 쯤 소문이 나기를 소련군이 부녀자를 다 폭행을 하고 약탈하고 뭐 이런다 해서 빠져나왔습니다. 38선 막히기 직전이었죠.

**전봉희:** 10월 경?

**윤승중:** 9월, 10월. 그러고 나니 금방 38선 막히고. 벗어났습니다만 나로서는, 김 회장님이 김정일 말씀하셨지만, 북한에서 한자리 했을 지도 모르지만 생리적으로 안 맞았을 거 같아요. 그 때 돌아와서 다시 청계국민학교로 복귀했는데, 해방이 되어가지고 처음 학교를 갔죠. 다른 학교는 잘 모르겠는데 우린 아주 특수한 경험을 했어요. 청계국민학교가 그 때는 미국식 제도를 받아들여서 학기를 봄에서 가을로 옮겼습니다. 9월이 첫 학기가 되고 분단 제도란 걸 만들었어요. 미국식으로 학교 교육 제도를 들여오는데 선생님이 일방적으로 강의하는 것이 아니라 자발적으로 학습을 해서 세미나하고 발표를 하고 교사는 이것을 평가해주고 이런 제도를 우리가 3학년 때부터 했어요. 다섯 명 씩 분단을 만들어가지고 국사건 과학이건 선생님이 과제를 내줍니다. 그럼 그 과제에 따라 분단별로 재주껏 조사를 해요. '재주껏'이라는 말이 참 어려운 것이 지금처럼 정보를 얻을 수 있는 것이 아니기 때문에요. 우리 때 도서관이 어딨어요? 롯데 백화점 자리에 있던 국립 도서관, 과제를 받으면 분단을 나누고 거기 가서 책을 가지고 조사를 해가지고 고구려가 뭐, 삼국이 통일되고 이런 과정을 설명을 하고. 그렇게 조사를 해서 분단별 발표를 합니다. 그러면 선생님은 듣고서 평가를 하는 거죠. 다른 학교도 그랬는지 모르겠는데 청계초등학교는 한 2-3년간 그랬어요. 그 때 꽤 훈련을 받았어요. 분단장이 꽤 큰 책임을 갖는 거예요. 분단을 지도해가지고. 또 한 가지, 교과서도 보면 그 당시 우리가 배운 역사책은 한자까지 섞여 있었고 지금의 고등학교 교과서보다 충실한 걸 배웠거든요. 자연과학도 전부다 발표를 하기 때문에 괘도에 그림을 그려서 붙여 발표하고, 붙여 놓고 전시하고, 또 반끼리 경쟁도 하고 그런 식의 교육을 받았어요.

그러다가 47년 집이 화동으로 이사 갔는데 청계국민학교에 조금 더 다니다가 나중에 6학년 때 재동초등학교로 옮기게 되었죠. 옮기게 된 이유가 사실은 5학년 때 몸이 약해가지고 잠깐 입원을 했다가 한 학기를 쉬었거든요. 쉬니까 잘못하면 유급을 하게 됐어요. 그래도 공부를 잘해서 그렇게 안 됐을 수도 있는데 걱정이 되니까 다시 그 학교(청계초등학교)로는 안 가겠다고, 재동국민학교로 가겠다 해서. 또 재동은 집에서 가까우니까. 재동국민학교는 얼마나 가까웠냐면 아침에 10분이면 가거든요. 학교의 예비령을 듣고 집에서 출발하면은 늦지 않게 갈 수 있을 만큼 가까운 거리였습니다. 10분 만에. 그래서 편하니까 거기로 옮기겠다 했어요.

근데 문제가 된 것이 5학년 2학기를 의사가 쉬라 하니까 공부를 진짜 쉬었다고요. 다른 만화책, 동화책, 이런 거 보고 학교 공부를 전혀 안하고. 그때는 중학교 시험이라는 게 있었기 때문에 중요한 시기였거든요. 무슨 배짱 이었는지 하여튼 전혀 공부 안하고 그런 스타일이었어요. 그러다 편입을 했거든요. 재동학교가 또 얼마나, 거기서 경기중학교를 많이 갔기 때문에 명문이라는 그런 식의 프라이드가 좀 있었어요. 소위 말해서 텃세가 있었던 거죠. 처음에 가니까 청계에서 전학 왔다고 무시하는 태도도 있고 텃세가 있었는데 좀 지나고 보니까 다섯 명 정도가 소위 짱 그룹이 있더라고요.(웃음) 1등에서부터 5등까지 왔다 갔다 하는. 그 팀에 끼어들게 되었는데 어떻게 그렇게 되었냐면 그 때는 중학교 입학시험을 봐야 했기 때문에 거의 매일 시험을 봤어요. 매일 두 과목 씩 시험을 봐가지고 한 달 동안 총점을 만들어서 한 달 성적을 나눠주고 그렇게 되어 있었어요. 근데 그 한 달이 지나서 성적표를 받았는데 지들끼리 모여서 1,2등을 다투었었는데 1등이 없거든? 이상하다 그랬는데 그게 나였어요, 쑥스럽지만. 그렇게 해서 뭐 우리 그룹에 들어와라. 그거는 주먹 쓰는 그룹이 아니라 그 때는 조직이 주먹 쓰는 건 없었고 분위기가 달랐던 거 같아요. 초등학교 때 그렇게 잘 했고 또 담임선생님께서 어떻게 예뻐하셨는지. 그렇게 시험을 매일 보니까 선생님이 시험 보자마자 바로 걷고 즉석에서 채점을 하는데 선생님이 문제를 내놓고 답을 풀기 귀찮으니까 내 시험지 놓고 답을 불러요. 그러면 딱 오엑스(OX)가 나와요. 내가 틀리면 사람들이 '와'들고 일어나가지고. (웃음) 그럼 그 때가서 선생님이 풀어보고서 너가 틀렸구나, 이런 식으로 진행했거든. 한번은 무슨 수학 문제가 있었는데 선생님하고 전원이 나하고 반대로 답을 했어요. 내가 꼼짝 못하게 아무리 주장해도 소용이 없었어요. 나중에는 막 그냥 울면서 대들었는데도 안 통하더라고요. 속으로 억울해했는데, 담임선생님 옆에 중학교 수학 선생님이 있었어요. 그 분한테 슬쩍 물어봤어요. 이게 어떠냐 했더니 풀어보시니까 내 대답이 맞았거든. 진짜 60대 1로 해서 이긴 적이 있어요. 하여튼 그렇게 해서 보냈어요.

**전봉희:** 여전히 학기는 9월에 시작했고요?

서울중학교

**윤승중:** 예, 그때는 과도기였고. 다음에 1950년에 중학교에 갔는데 원래는 9월 달에 시작해야 하는 거였는데 3월로 옮기는 것을 한꺼번에 옮길 수

없으니까 1950년에는 6월에 첫 학기를 두는 그런 중간 과도기를 줬었거든. 딱 그때 걸린 거지. 중학교를 4월에 시험을 보고 6월 5일에 개학을 했습니다. 근데 또 한가지 얘기하고 싶은 것은 여러분들은 잘 실감 안 나시겠지만 옛날부터 경기중학교, 경복 등, 그 중에서 경기가 제일 명문이었죠. 해방 전에 서울중학교는 경성중학교라고 일본 사람들만 가는 특수한 학교였었는데 시설이 아마 전국에서 제일 좋았을 거예요. 그 당시에 실험실도 있었고. 김원규 선생이란 분이 경기여고 선생님 하시다가 해방 후에 교장 선생님이 되어서 학교를 인수했고, 명문을 만들겠다는 생각으로 이북에서 내려오신 좋은 선생님들 모으고, 또 학교 시설은 그대로 유지하고 그렇게 명문을 만들려고 상당히 애를 쓰셨어요. 사실 우리가 초등학교 6학년 때 서울중학교 주최로 산수 경연대회라는 걸 했는데 그 목적이 김원규 선생님께서 서울 중학교를 잘 모르니까 홍보도 할 겸해서 산수 경연대회라는 걸 처음 열었어요. 서울에서 한학교의 다섯 명씩 대표로 산수 시험을 보고 나서 상을 주는 경연대회였는데 그건 핑계였고, 학교 교육을 홍보했던 거죠. 학교 시설이 좋았기 때문에. 산수를 잘하는 다섯 명은 대개 공부를 잘 하는 애들이었기 때문에 그들을 전부 모아놓고 시험을 잠깐 보고 나서 학교 구경을 시켜 주는데 학교 실험실에 현미경을 30대 쫙. 전부다 직접 볼 수 있게 하고 브라스밴드(brass band)도 보여주고 학교 자랑을 하는 거죠. 우리가 초등학교 6학년 때 중학교를 가야하는데 그 때 고민이 생겼어요. 재동국민학교에서는 중간 정도만 하면 경기중학교에 지원을 했고 또 많이 합격을 해요. 근데 나는 우리 형이 서울중학교를 갔어요. 왜냐하면 김원규 교장하고 아버지하고 동갑이시고 후원회 이사도 하셔서 친분이 있었기 때문에 우리 집에서는 당연히 서울중학교로 가는 걸로 되어 있었는데요. 그 당시 경기중학교가 해방 후에 좌익 학생들이 많아서 서로 선생님, 교장 선생님을 매년 쫓아내고 거의 매일 스트라이크 하고 상당히 혼란스러웠어요. 사람들이 생각하기에 경기는 이제 지는 해고 서울 중학교는 앞으로 떠오르는 신생학교다 그런 식의 소문이 돌았거든요. 그래서 서울중학교를 갔는데 재동에서는 상당히 특이한 경우였던 거지요. 나는 서울중학교를 갔어요. 그리고 사실 우리가 고등학교 졸업하고 서울대학을 갈 때, 그때 딱 한 번 서울중학교가 경기를 이겼습니다. 이를 테면 공과대학도 우리가 47명이고 경기는 한 35명 들어왔고. 그렇게 학생들을 모았기 때문에 그랬던 거지요. 근데 그건 잠시 동안이었고 부산에 피난가고 이러면서 보니까 경기중학교는 우러러 보는데 서울중학교는 아무도 알아보는 사람이 없고. 서울의 어느 중학교냐? 하는 거지. 아, 이거 잘못 갔구나, 이런 생각이 들고 나도 졸업해서 보니까 확실히 경기중학교를 갔으면 동창회니 이런 것들이 훨씬 달랐었겠죠. 그 때 우리 형제가 5명이었는데 위에 3명은 서울을 갔고 둘은 경기를 갔어요. 우리 넷째가 처음 경기를 갈 때 울고불고 그랬어요. 왜 나만 경기를 보내느냐고. 근데 요즘와선 자랑하고. (웃음) 그런데 또 이상하게 김원규 교장 선생님이 그 때 즘 경기로 가셨어요. 그래서 5명이 전부 다 김원규 교장 선생님 아래에 있었는데 참 특이한 경우였죠.

근데 문제였던 것이 중간에 과도기로 6월 초에 신학기를 시작했거든요? 근데 1950년이 무슨 해입니까? 학교를 갔는데 학교가 얼마나 좋은지. 왜냐면 우리가 4월 달에 입학시험을 봤는데 벚꽃이 가득차서 완전히 공원 같은 느낌이었거든요. 좋은 학교를 처음 가서 여러 가지 특별 교실들이 있어서 음악, 미술, 생물, 화학 이런 특별 교실에서 공부하고 초등학교하곤 완전히 차원이 다른 그런 곳이었습니다. 그런데 수업을 한지 20일 만에 비행기가 날아오고 그래가지고 6.25가 납니다. 1950년 6월 25일이 학교 들어간 지 딱 20일 만이거든요. 25일이 일요일이었어요. 우리나라 군인들이 다 흩어지고 뭔가 전혀 준비가 안 된 상태에서 갑자기 쳐들어왔잖아요? 근데 첫날이 일요일이었는데 야크기라고 소련제 비행기가 막 돌아다니는데, 그때는 총은 안 쏘았지만 비행기들이 낮게 막 돌아다니니 사람들이 놀랐죠. 그 전에도 몇 번씩 교전이 있었다는 얘기가 있었기 때문에 그런 일들 중에 하나일 것이다 했는데 비행기가 보이고 그러니까. 그 다음날 학교에 갔더니 오전 수업만하고 방송으로 다들 집으로 돌아가라 그러고 이제 당분간 휴교한다고 해요. 그래서 놀래가지고 다들 집으로 왔지요. 잠깐, 근데 이런 식으로 길게 나가도 괜찮아요?



**전봉희:** 상관없습니다.

**윤승중:** 그 때 상황을 잘 모를 테니까. 그 다음날이 되니까 길거리에 트럭들이 왔다갔다하고 심상치 않은 분위기인데 방송에서는 계속 별문제 아니니까 안심을 해라, 뭐 이런 식의 방송은 계속 나오고. 참 우리나라 정부가 잘못했던 것 중 하나가, 하지만 그렇게 안 했으면 더 혼란스러웠을 수도 있어요. 그런데 일단 자꾸 안심을 시켰던 거예요. 곧 회복 될 테니까 동요하지 말아라, 이런 식의 방송을 했거든요. 이승만 대통령까지 그런 방송을 했어요. 근데 그렇게 26일 지나고 27일 되니까 도저히 안 되겠다, 그러면서 피난을 갈 것이냐 말 것이냐 얘기를 하게 되었는데. 우리 외숙께서는 사업에 성공하셔서 그 당시 꽤 부자였었거든요. 이승만 박사 지원을 많이 하고 우리나라 상공회의소 회장 하시고 이랬기 때문에 그냥 계시면 도저히 안 될 분이었죠. 27일 날

오후에 큰아들, 비서 둘 하고 세 분이 같이 서울을 떠났어요. 그리고 우리 집에 전화를 하셔서 안 되겠으니 아버지도 피신하라고. 집에 '윌리스'라는 민간용 지프차가 있었거든요. 거기다가 짐을 실어놓고 떠나려고 하다가 오후가 되었는데 비가 무지하게 내리고 해서 오늘 하룻밤만 자고 내일 아침 날이 밝으면 피난 가시겠다하고 밤을 샜지요. 그런데 화동에 있는 그 집이 규모가 꽤 컸어요. 방이 10개 쯤 되고. 그 집은 나중에 기회가 있으면 또 한 번 얘기할게요. 재밌는 집이어서. 마당 지하에 벽돌로 방공호를 만들었어요. 일제시대에 무슨 은행 중역이 지었던 집인데 시가전에 대비해서 방공호를 둔거 같아요. 콘크리트 벽이 있고 1층에는 간단한 취사시설이 있었고 지하에 큰 방이 있고. 탱크 지나가는 소리, 폭격소리가 다 들리고 하는데 전부다 거기 들어가서 밤을 지냈죠. 근데 그 사이에 비는 계속 심하게 왔고 그 사이에 서울에 어떤 일이 일어났는지 몰랐어요. 밤에 이승만 대통령이 후퇴하고 육군 본부도 후퇴하고 한강 철교 끊어놓고서 수뇌부가 일단 후퇴를 했던 거죠. 일반 시민들은 전혀 모르고 있었고. 우리도 모르고 기다리고 있었는데 다음날 아침에 새벽에 나와서 보니까 벌써 인민군들이 들어와 있더라고요. 깜짝 놀라서 보니까 인민군들이 왔다 갔다 하고 있고. 한 아홉 시쯤 되니까 붉은 완장을 찬 몇 사람이 왔는데 앞장선 사람이 동사무소 서기로 있었던 직원이었는데 평상시에 도와줬기 때문에 잘 아는 사이였거든요. 그 친구가 나타나가지고 전쟁 물자가 필요하니까 이렇게 몰수하겠다고. 근데 다행히 그 친구가 안면이 있어서 그랬는지 그렇게 험악하게는 안했어요. 고분고분하게. 지프차가 있었는데 지프차 가져가고 밀가루 한 포대하고 쌀 이만큼 놓고는 이것만 너네 먹고 나머진 다 가져가겠다 하더라고요. 그냥 가져가는 게 아니라 종이를 꺼내더니 차용증이라 해가지고 써주고 싸인하고 이름 써서 딱 주면서 인민군이 빌려가는 것이다 그러고요. 첫날 9시, 28일 9시에 그렇게 다 몰수당하고. 그러다가 또 얼마 지나니까 군인들이 왔어요. 이 사람들은 아마 특수부대, 정보부대였던 거 같아. 방도 많고 그러니까 이 집을 우리가 접수하겠다고. 벽돌로 된 방 하나 있었거든요, 거기서 너희가 살고 안채를 우리가 쓰겠다면서 집을 또 다 접수를 했어요. 집을 특수부대가 쓰고 그런 식으로 3개월 동안 인민군하고 이렇게 저렇게 같이 지내다가, 마지막 9.28 서울수복 이틀 전에, 특수부대에 대장이라는 사람이 그 당시 소좌였던 거 같은데 꽤 인텔리였던 거 같아요. 평상시에는 대화도 잘 통하고 보통 사람들하고는 달랐던 그런 사람이었는데 사실은 친하게 지냈어요. 한번은 그 사람이 없을 때 아버지가 갑자기 끌려갔다고요. 근데 그 때 한번 끌려 가면은 나중에 전부다 납치되어서 어디로 갔는지 모르고. 그래서 아버지도 어디로 갔는지 모르고.

**전봉희:** 소좌가 모시고 간 거예요?

**윤승중:** 아니, 그 소좌가 없을 때. 진짜 큰일 난거지. 그때 소문으로 막바지라는 걸 알고 있었으니까. 그 사람에게 부탁했더니 자기가 알아보겠다고 하고 가서는 얼마 만에 모시고 왔어요. 얼마 안 남았으니까 이틀만 숨어 계셔라, 절대로 나오면 안 된다고. 그 사람 얘기를 들으니까 동사무소에서 동네별로 데려갈 사람들 명단을 만들었다고 해요. 근데 거기 1번으로 있었던 거지요. 당연히 끌려가실 거였는데 그 사람이 권력이 있었던지 아버지를 빼온 거죠. 그런 일이 있어서 그 사람한테 꽤 도움을 받았어요. 나중에 그 사람을 만났다는 사람이 있어서 물어보니까 이 사람은 북쪽으로 돌아가지 않았던 거 같아요.

우리 집에 피해도 상당히 많았던 것이 아버지가 위스키 공장을 하셨었는데, 공장이 왕십리에 있었거든요. 공장이 폭격으로 부서졌고, 집도 아래채 하나가 인천에서 쏜 포탄에 이상하게 그 한 채만 폭삭 무너지고.

**전봉희:** 어디에 있던 거죠?

**윤승중:** 집안에 본채가 있고 앞에 방이 2개짜리 아래채가 있었는데 9.28때 포탄 하나 날아와서 {**전봉희:** 서울까지 와요?} 서울까지. 그때 집이 폭삭 무너졌어요. 지붕을 뚫고, 그게 기와집 이니까, 마루를 뚫고 땅속에 박혀서 터졌던가 봐요. 집만 무너지고 불이 안 난 거지. 그런 피해를 봤죠.

**전봉희:** 형제들이 있다고 그러셨잖아요. 형님이 한 분 있는 거예요? 두 분 있는 거예요?

**윤승중:** 잠깐만, 조금 쉬었다 할까요?

**전봉희:** 아, 예.

**윤승중:** 얘기가 좀 두서없이 되는 거 같아서.

**전봉희:** 아닙니다, 굉장히 순조롭게 가고 있습니다. 저희가 중간에 여러 가지 여쭤 봐도 되겠네요.

**윤승중:** 그렇게 좀 챙겨 주셔야지.

**전봉희:** 계속 순서대로 말씀을 잘 해주셔서.

**허유진:** 혹시 외숙 분 성함을 여쭤 봐도 될까요?

**윤승중:** 전용순[7] 이란 분인데요. 알아요?

**허유진:** 가회동에 집이 있으셨죠? 책에 나오는 집인 거 같은데요.

**윤승중:** 건축역사 하시나? 나중에 기회가 있으면 얘기 하겠는데. 그 집 설계자가 전창일 씨라고 아시나요? 박길룡 선생님 사무실에 계셨던 분. 한옥으로 된 안채는 전창일이란 분이 설계하시고 양옥 별채는 박길룡 선생님이 설계하시고. 한 천여 평 되는 굉장히 큰 땅이었어요. 지금은 경남빌라가 있는데. 가회동에 제일 끝에.

**전봉희:** 그게 사우디아라비아 대사관저로 쓰는 곳 아니에요?

**윤승중:** 그 건너편에.



**전봉희:** 경남빌라. 나중에 이회창 씨 들어가고. 그 집이 정말 큰 집인데 길을 넓히면서 조금 잘려 나가고.

**윤승중:** 박길룡 선생님이 설계. 그때 주남철 교수한테 좀 감정을 해달라고 그랬거든. 그랬더니 주남철 교수가 보고 와서 한옥이 보존할 정도는 아니라고 해서 헐렸어요. 내가 보기에는 조금 아까운데.

(휴식)

**전봉희:** 아까 제가 형님 여쭈어 봤던 거는 김수근 선생님은 인민군으로 징용돼서 끌려갈까봐 전전긍긍하고 도망 다녔다고 해서. 선생님 나이를 봐서는 형님은 걸리지 않았을까 해서요.

**윤승중:** 충분히 끌려갈 수 있는 나이였는데. 내가 14살이고 형이 16살이었거든. 2살 위지. 형님은 충분히 끌려 나갈 수 있는 나이였죠. 나도 운이 나빴으면 아마. 잠시 동안 시골에 피해 있었어요. 강화도에 큰댁이 있어서. 위험했지요. 거기 없었으면 그냥 인민군한테 끌려갔을 수도 있고.

그리고 수복을 했죠. 아버지께서 사업을 하시는데 큰 타격을 받았었고. 또 수복하고 나서는 우리 집 만의 문제가 아니라 전반적인 이야기인데, 특별히 소수이기는 하지만 부산으로 피신했다가 환도한 그룹이 있고 또 서울에 남아있었던 그룹이 있었어요. 도강(渡江)이라는 게 특별한 정보를 가졌던

7_
전용순(全用淳): 최초의 근대적 제약회사인 금강제약사를 설립했다.

소수의 사람들만 도강을 했었거든요. 또 우리 아버지처럼 하려고 하다가 못한 사람들이 있었고. 그런데 돌아와서 도강파들이 상당히 세도를 부리기 시작했어요. 왜냐하면 (잔류파들이) 남아 있는 기간이 3개월 동안이나 되니까 그 안에 문제가 생겼을 수도 있다고. 실제로 세 가지 부류가 있었는데 첫째는 실질적으로 사회주의 사상을 갖고 있거나 숨어있었던 사람이 그런 시대가 되니까 들고 일어나 실질적으로 활동을 했고 나중에 북한으로 가버린 사람들. 수가 많진 않았을 거예요. 두 번째 그룹은 세상이 달라지니까 행세해보려고 나서서 협력을 하고 활동을 한 그런 그룹, 세 번째는 살아야 하니까 열심히 살아남은 그런 일상적인 삶을 살았던 사람들이 있었고. 그런데 도강파라는 분들은 와가지고 그런 문제가 있는 사람들 하나씩 드러내고 처벌도 하고. 그래서 좀 심했던 거 같아요. 그것 때문에 전국적으로 문제가 생기고 그랬어요. 근데 우리는 그것 때문에 특별히 무슨 일은 없었어요. 우리는 하여튼 별채 쪽에서 살고 본채에 인민군들이 있었는데 사람들이 그런 부대가 있는 줄도 잘 몰랐을 정도로 조용한 특수부대였기 때문에 뭐 하는 사람들인지도 몰랐었는데. 대장이 특수한 사람이어서 우리가 좀 덕을 본 셈이지. 그렇게 6.25를 지내고 수복 후에 학교도 좀 다니려고 그랬는데 또 3개월 쯤 지나고 1.4후퇴 때는 어쩔 수 없이 피난할 수밖에 없었는데. 부산 피난
그때는 여유가 되는 사람들은 다 일단 피난을 했을 거예요. 12월 중순 쯤 부산가는 기차를 탔는데, 아버지께서 마련하신 돈을 좀 써서 했었나 봐요. 부산으로 장정들을 피신시키는, 예비 병력이 될 수 있는 장정을 소집해가지고 화물열차로 피신시키는 프로젝트가 있었거든요. 장교들은 객차 하나 있는 거 타고 나머지는 화물열차에 타고. 맨 뒤 칸에 그 사람들 먹일 쌀 싣고 가니까 그 화물칸이 공간이 남잖아요? 그걸 인솔자가 팔아먹은 거지. 돈을 받고 수십 명을 거기다 태웠어요. 그 때가 12월 달이었으니까 추울 때여서 냉방이지만 쌀이 있으니까 조금 낫죠. 대부분 사람들이 지붕 위에서 눈 맞으면서 갔는데 우리는 비록 화물차지만 그 안에 탔어요. 문제는 그 당시 교통편이라는 게 지금은 몇 시간이면 부산에 가지만 그 때는 기관차가 많지 않았기 때문에 기관차가 계속 왔다갔다, 또 돌아와서 기차를 끌고 가면서 수송을 했어요. 부산까지 가는데 닷새가 걸렸어요. 그것도 빨리 간 거라고. 좀 가다가 중간에 1시간 쯤 섰다 갔다 이런 식으로 부산까지 갔죠. 아까 말씀드린 대로 아버지가 위스키 공장을 하셔서 부산 지역 대리점이 부산시청 앞에 있었어요. 급한 대로 거기로 가서 살았는데 집이 꽤 컸어요. 2층이고. 2층에 들어가서 피난 생활을 했는데 처음에는 그래도 서울 본사에서 오셨다고 대접도 해주고. 그러다 시간이 지나니까 몇 달 쯤 지나서 어쩔 수 없이 보수동에 있던 USIS[8],

미국 공보부가 있고 바로 앞 1층에 라디오 전파상을 하는 숍이 있고 윗 층에 방이 두개 있는 집을 얻어서 한 2년 반 정도 부산에서 살았어요.

**전봉희:** 2년 반.

**윤승중:** 거기서 그냥 산 게 아니라 학교에 다녀야 하니까. 서울의 큰 메이저 스쿨들은 부산에 피난 학교를 만들었어요. 경기는 동대신동에다가 만들었고, 서울중학교는 송도 해수욕장에 봄, 여름에는 천막을 치고 오픈 강의실로 하다가 가을 되니까 조금 아래 해변가에 무슨 연구소인가에 큰 마당을 빌려가지고 거기다가 천막지붕을 치고 벽은 판자로 만드는 간이 교사를 몇 개 지어서 부산까지 온 학생들이 부산피난학교를 다닌 거죠. 아마 전체 학생의 4분의 1정도 되었을 거예요. 그런데 공부는 열심히 했어요. 그 당시에 김원규 교장 선생님께서 교육감으로 들어가게 되었어요. 학교 교장을 겸해서 교육감. 그 때 중학교와 고등학교를 분리하는 정책을 만들어서 그때 처음으로 3년씩 나누어지는 거지요. 그래서 서울중학교는 서대문중학교로 이름을 바꾸고 고등학교는 서울고등학교로 이렇게 만들어 졌다가 몇 년 후에 중학교는 완전히 떼어 버리고 몇몇 고등학교를 명문고등학교로 만든 거죠. 고등학교 규모를 늘려서요, 중, 고 두개에 삼백 명이었던 것을 고등학교만 오백으로. 지금은 고등학교만 있게 된 거죠. 부산 피난 시절에 그런 제도가 만들어졌고.

근데 부산에 있으면서도 그나마 문화생활도 좀 했던 거 같아요. 어렵게만 산 게 아니라. 그렇게 여러 가지 다양하게 할 수 있는 게 없었기 때문에 개인적으로 클래식 음악을 듣고 좋아하게 되었어요. 좀 더 거슬러 올라가보면 초등학교 4학년 때인가 우리 집에 고종 사촌 되시는 분이 의과대학 재학생이 있었는데 그 분이 문학, 음악, 미술, 이런 데 관심이 많으셨어요. 내가 4학년이고, 형이 6학년일 땐데, 시공관(市公館)이라고 있었죠. 일제시대 명치좌(明治座)였던 시공관. 나중에 국립극장이 되었다가 증권회사로 바뀌었다가 최근에 다시 복원된 그런 집이 있어요. 꽤 좋은 집이었어요. 거기서 고려교향악단이라는 교향악단이 콘서트를 했었는데 4학년 때 처음 클래식 음악을 듣게 되었거든. 그 당시 기회가 많지 않았기 때문에. 그 때 천재 바이올리니스트인 안병소[9]라는 분, 약간 한 다리가 불편했던 분인데



**8_**
미국공보원(USIS: United States Information Service).

그 분이 지휘를 했고 기억으로는 베토벤의 교향곡 5번, 제일 연주 많이 하는 그 곡을 하고. 그 당시 안병소 씨가 지휘하던 게 생각이 나는데 기괴한 춤을 추면서 지휘하던 기억이 납니다. 또 바흐의 더블 콘체르토 같은 것을 했는데 확실하진 않아요. 그 공연을 봤는데 그 이후로도 찬스가 있어서 음악을 듣게 되었어요. 그러가다 부산으로 피난 가서 중학교 2학년 때 해군에 해군정훈음악대[10]라고 있었는데 지금 서울시립교향악단의 전신이에요. 김생려[11] 씨라는 아주 뛰어난 지휘자가 있었어요. 해군정훈음악대였다가 해군교향악단이 되었다가 나중에 해체하고 지금의 서울시립교향악단이 되었는데, 꽤 열심히 연주를 해서 전쟁 중에도 부산에서 1년에 한 대여섯 번 정도 정기공연을 했거든요. 관객을 확보하기 위해서 학생들한테는 몇 만원 내면 1년 정기 회원권을 줘가지고 부산극장이라고 있는데 거기로 공연 보러 열심히 다녔고. 그런 식으로 음악회가 있을 때마다 열심히 다녔어요. 지금도 기억에 나는 게 한 연주회 때 버버리 코트를 입은 분을 소개하면서 이번 공연에서는 한국 작곡가의 음악을 연주하겠다면서 그 분을 소개했다고요. 그 당시 볼 때 근사하게, 스마트하게 보이지 않는 분이었는데 그 때 마산인가 어딘가 고등학교 선생님이었던 거 같아. 그 분의 작품을 연주했는데 그 당시에는 그렇게 잘 이해했던 것 같지 않아요. 그 분이 윤이상[12] 씨였어요. 그 분이 유럽 가기 전에 작품을 연주한 거죠. 그런 식으로 하다가 나중에 서울에 와서도 음악을 듣게 되었고.

또 그때만 해도 중학생이었으니까 부산이라는 데를 여행을 하려고 전차타고 동래도 가보고 해운대도 가보고 그런 지역적인 경험도 하고. 한 번은 그 당시만 해도 지도 같은 것이 별로 없었기 때문에 시청 앞에서 바라보면

**9 _**
안병소(安柄昭, 1910-1979): 바이올리니스트, 지휘자. 1938년 백림(伯林)음악학교 제금과(提琴科) 졸업. 고려교향악단, 대한교향악단, 한국교향악단 등의 지휘자로 활동.

**10 _**
해군정훈음악대(海軍政訓音樂隊): 1950년 10월 해군문화선무대(海軍文化宣撫隊) 소속 대원 120명 전원을 해군 문관(文官)으로 임명하여 해군정훈음악대로 개편하면서 만들어졌으며, 1957년 발전적으로 해산하면서 서울시에 편입되었다.

**11 _**
김생려(金生麗, 1912-1995): 바이올린 연주가. 지휘자. 서울시립교향악단 상임지휘자로 활동.

**12 _**
윤이상(尹伊桑, 1917-1995): 1937년 오사카음악대학 졸업. 파리음악원, 베를린국립음악대학에서 수학하고 베를린예술대학교 작곡과 교수로 활동.

영도가 보이거든요. 영도가 조그만 산 하나처럼 보였어요. 저거 한 바퀴 도는데 얼마 안 될 것처럼 보였어요. 부산에 대해 혹시 아시나요?

**전봉희:** 우 선생은 부산이 근무처였죠.

**윤승중:** 그래요. 형이랑 둘이서 출발해서 가는데 아무리 가도 끝이 없어요. 나중에 지도 보니까 영도가 남쪽으로 이렇게 길더라고요. 한 바퀴 돌려면 40리가 되거든요. 반만 가도 20리가 되지요. 가다가 길을 물어보니까 조금만 더 가면 된다고. 계속 가다보니까 거제도가 보이고 태종대까지 갔어요. 난 금방 돌아올 줄 알았는데 저녁이 되고 반절 올라갔더니 거기는 산 가운데 미군부대가 있어서 통행금지라서 다시 돌아왔던 기억이 나네요. 그런 식으로 부산 공부를 좀 하고, 그런 식으로 2년 동안 지내다가 서울로 왔지요.



**최원준:** 부산에 계실 때요, 예전에 쓰신 선생님 글 보면 미국 공보원 도서실에서 가셨다고.

**윤승중:** 두 번째로 간 집이 옆에 국제시장이 있고 건너편에 USIS가 있어서 굉장히 자주 갔어요. 거기 가면 미국을 선전하는 책도 있었고. 몇 가지 굉장히 재밌는 걸 발견했는데 어렸을 때부터 자동차 모양에 대해서 흥미가 많아서 신문에 난걸 다 오려서 컬렉션하고 그랬었는데요. 하루는 거기서『라이프』인가 하는 잡지를 보니까 그 당시 미국에 10개의 자동차 회사가 있고 차종이 한 스무 가지가 있었어요. 펼치면 4페이지에 걸쳐 사진이 근사하게 나와 있다고. 얼마나 좋아요. 그냥 보고 오면 아깝고, 당시 복사기가 없었으니까 몰래 떼었지.(웃음) 또 이렇게 펼치니까 백악관 플랜하고 퍼스펙티브(perspective)해서 실내까지 다 보여주는 그런 식의 내용도 있었고. 그건 좀 미안하지만 하여튼 시효가 지났겠지.(웃음)

**전봉희:** 가지고 계신가요, 아직?

**윤승중:** 아니요. (웃음) 그것을 접어서 주머니에 넣고 다니고. 건축 책 그런 것들도 있고. 어렸을 때부터 건축 책이 집에 굉장히 많이 있어서 자주 보고 그랬기 때문에 그런 책도 보고. USIS가 상당히 큰 도움이 되었던 거 같아요. 또 새로 이사한 집에 갔을 때 그 집 1층에 라디오숍이 있고 그 위에 방이 있었는데, 거기서 밤에 올라갈 때 보면 아래서 스위치 켜고 올라가서 위에서 끄잖아요? 근데 또 아래서 켜면 안 켜져요. 그 당시만 해도 3단 스위치라는 것이 보급되기 전이었어요. 서울 집에는 3단 스위치가 있어서 올라가서 끄고 아래서 다시 켜면 켤 수 있게 됐었어요. 그런데 그게 안 돼요. 라디오 상이 전기 기술자니까 물어봤어요. 어떻게 그렇게 할 수 없겠냐 했더니 그게

어떻게 가능하냐 펄쩍 뛰면서 말도 안 된다, 그러면서 나보고 니가 그렇게 만들어오면 내가 고물 라디오 하나 주겠다. 그래서 좋다고 얘기해가지고 그 때부터 시장에 가서 스위치를 몇 개를 사와서. 조금만 개조하면 가능하겠더라고요. 보통 두 선을 꽂는데 세 선을 꽂아서 회로를 만들었어요. 중학교 2학년 때인데, 그렇게 개조해서 만들어서 개통을 해서 보라고, 되지 않냐? 했더니 놀라가지고 하여튼 뭐 그랬던 경우도 있고. 그렇게 부산 생활을 했죠. 서울로 또 돌아와야겠지?

**전봉희:** 거기서 중학교를 졸업하신 건 아니죠?

**윤승중:** 중학교 한 3학년 1학기 때 돌아왔어요. 서울에 와서 이제 고등학생이 됐죠. 그 때는 이제 중학교 고등학교가 나눠졌기 때문에 외부에서 학생들을 20퍼센트 정도 받게 되었습니다. 타학생이라고 했는데. 본교생 중에서 탈락한 사람들도 있고. 서울로 돌아왔는데 아까 그 근사한 중학교 캠퍼스를 캐나다 군이 점령을 했었어요. 본관하고 전체를 캐나다 군이 쓰고 우리는 구석에 조그만 별동이 하나 있었는데 그쪽에 오전 오후로 나눠서 공부를 했어요. 이런 식으로 뒤에 강당하고 체육관에 칸막이 해가지고 셋방살이를 한 거지. 고등학교 2학년 때까지 그런 식으로 셋방살이 하다가 고등학교 3학년 때 1년간 전체를 다 써서 비로소 그때. 말하자면 좋은 캠퍼스를 처음 20일하고, 마지막에 1년 쓴 셈이죠. (웃음)

서울 환도

김원규 교장선생님이 무서운 분이기도 했는데, 굉장히 파격적인 분이었어요. 점심시간 지나고 굉장히 졸리잖아요? 다들. 점심시간을 한 시간 반을 주고 꼭 낮잠을 자라, 계절 좋을 때는 야외에서 자게 만들고. 그런 게 있으시고. 또 고3 때였는데 특이하게도 그때 유럽 시찰 여행을 하고 오셔서 학교 공부만 하면 되냐, 고3 학생들조차도 여름방학에 학교에서 과외를 하지 말라, 또 머리를 다 길러라, 그래서 우리는 과외도 안하고 머리도 기르면서 고등학교 생활을 했지요. 사실 학교 다닐 때는 그렇게 뛰어나게 뭘 하진 않았고 다만 평상시에 공부를 좀 잘하기는 했어요. 좀 손해를 봤던 것은 그때도 운동에는 소질이 없고 별로 좋아하지 않아서 체육 선생님하고 트러블이 있어서 굉장히 미움을 받았어요. 보통은 공부 잘하는 애들은 대접을 해주는데 이 선생님은 철저하게 하셔서 항상 체육을 60점. 다른 라이벌 친구들은 뭐 95점도 받고 하니까 평균에서 2점 차이가 나잖아요?

근데 고등학교 때 과외활동 이런 걸 할 수 있는 기회가 지금처럼 많지 않았지만 그 때 영어서클이 있었어요. 대개 교회 다니는 친구 중심이 되어서 선교사들하고 하고. 또 음악을 열심히 듣는 서클이 있었는데요. 영어서클을 택할 걸, 영어서클 했으면 기초가 상당히 잘 되었을 텐데 난 음악 서클을 했어요. 어렸을 때부터 음악을 듣고 그랬던 거 때문인지. 해군정훈음악회 학생 멤버를 했기 때문에 그때도 계속해서 음악을 들었거든요. 그러고 한 친구의 형님이 의과 대학생들이 하는 스튜던트 뮤직 클럽(SMC)에 있었는데 친구 형님이 주관을 했었어요. 그 친구가 같이 한번 가보자 해서. 우리는 거기 후보 멤버죠. 아르바이트 비슷하게 여러 가지 준비도 하고 좀 도와주고 그랬어요. 그래서 거기 멤버가 되었죠. 그 서클이 꽤 열심히 했던 것이 서울 USIS가 반도호텔 건너편에 미국대사관 옆에 있었거든요. 거기에 꽤 괜찮은 홀이 있었어요. 거기에 한 달에 한 번씩 목요일날 빌려서 레코드 감상을 하게 하는데, 거기서 처음에 USIS가 제공하는 음악 영화가 있었어요. 스토코프스키[13]나 이런 분들이 지휘하는 교향악단 연주회 음악 감상을 하고 그것도 해설을 통해서 보고. 또 미리 공부를 좀 해오고 그렇게 에스엠씨(SMC)라는 클럽에서 우리는 보조 요원으로 심부름을 했었죠. 겁도 없이 고3 때까지도 계속 해서 한 달에 한번, 목요일에 그런 활동을 했고. 또 열심히 다니고. 그렇게 해서 음악을 접할 기회가 많이 있었는데요. 가장 잊을 수 없는 기억은 내 생각에 고등학교 2학년 때로 기억이 되는데 그때 토스카니니[14]란 세계적으로 유명한 지휘자가 있잖아요? 그 분이 미국의 NBC교향악단 지휘를 했었는데 은퇴를 했어요. NBC교향악단에서 당분간 지휘자를 안 두고 연주회를 했었는데 그때 심포니 오브 디 에어[15]라는 순회공연(1955년)을 했거든요. 그 사람들이 일본을 거쳐 동남아시아 순회를 하면서 한국도 들르게 되었어요. 들르게 된 이유가 한국에 미8군이 꽤 주둔하고 있었기 때문에 거기서 요청해서. 대개 외국 연예인들이 그렇게 해서 많이들 왔었죠. 한국에 그 당시 오면은 연주할 만한 장소가 별로 없었거든요. 오케스트라가 공연할 수 있는 곳이 없어서 그 때 중앙청 옆에 큰 마당에다가 미8군에서 나무 가지고 오케스트라 쉘(orchestra shell)을 임시로 만들었어요.



13 _
레오폴드 스토코프스키(Leopold Stokovski, 1882-1977): 주로 미국에서 활동한 런던 출생 지휘자.

14 _
아르투로 토스카니니(Arturo Toscanini, 1867-1957): 이탈리아의 지휘자. 20세기 전반을 대표하는 거장의 한 사람. 1937년에 NBC 교향악단을 창단해 세계 굴지의 악단으로 육성하고, 87세 때인 1954년에 은퇴했다.

15 _
1954년 토스카니니의 은퇴를 계기로 NBC가 교향악단과의 계약을 해소하자 악단원들이 악단명을 'The Symphony of the Air'로 개칭하고 자주적으로 악단을 운영했다. 후원조직, 수석지휘자의 부재 등으로 1963년에 해산하였다. 1955년 5월, 세계일주 연주여행 중 내한하여 옛 중앙청 광장의 특설 야외무대에서 공연했다.

무대를 만들고, 꽤 근사하게 만들어서 십 년쯤 유지가 되었는데. 혹시 보신 적 없어요?

**전봉희:** 중앙청 옆 마당에요? 바로 오른쪽?

**윤승중:** 지금 현재 박물관 주차장으로 쓰던 곳. 오케스트라 쉘을 만들고 밑에는 가마니 깔아서 임시 공연장을 만들어서 연주 했거든요. 세계적인 오케스트라라 꽤 비쌌을 거예요. 지금 돈으로 입장료가 한 20만 원정도 되지 않았을까. 학생이고 하니까 가고 싶긴 한데 돈이 없잖아요. 못 사고 있다가 토요일 날 3시부턴가 공연이었는데 학교가 끝나고 도저히 그냥 넘길 수가 없는 거예요. 이번 기회 넘기면. 그럴 필요는 없었는데 친구들이 갖고 있는 용돈을 다 걷어가지고 입장료를 만들어서 쫓아갔더니 마지막 남은 입석을 팔고 있더라고. 자리라고 해 봤자 의자는 몇 개 없고 나머지는 다 가마니고. 그래도 하여튼 거기 들어가서 진짜 처음으로 외국의 풀 오케스트라가 하는 연주를 들었죠. 야외이고 환경은 별로 안 좋았지만은 나중에 늦게 들어갔기 때문에 맨 뒤에서 서서 듣게 되었거든요. 지금도 기억나는 것은 브람스의 심포니 1번을 연주했었어요. 4악장 멜로디를 AFKN에서 클래식 음악 방송할 때 시그널 뮤직으로 항상 쓰던 건데 그거를 실제 풀 오케스트라로 들었단 말이죠. 잘 기억은 안 나는데 멀리서 들었어요. 그때까지는 그냥 직접 들었다는 정도의 감동이었는데 끝나고 사람들이 가고 뒤에 있던 사람들이 죽 앞으로 가서 무대에 턱을 대고서 계속해서 박수를 치니까 감동을 해가지고 다시 나와 앉아서 연주를 시작했는데 그 바그너의 로엔글린 서곡이 두개가 있어요. 1막 서곡하고 3막 전주곡. 그것이 무지하게 화려한 곡이거든요. 그거를 무대에다 턱을 대고 들었는데 그 소리에 감동이. 참 진짜 그거는 음악을 실감나게 들은 게 처음이라 아직도 기억이 나요.

또 한 가지 기독교 방송국이 개국을 해서 하루에 두 세 시간 정도 클래식 음악만 계속 틀어주는 그런 시간이 있었어요. 그때 만 해도 클래식을 듣는 기회가 적은데. 방송 프로그램을 종로2가에 있는 기독교 회관(YMCA)에 가면 무료로 나눠 줬거든요. 학교 끝나자마자 거기 가서 받아가지고 집에 가서 라디오로 들었던. 혹시 그, 음악 감상실 '르네상스'라는 걸 들어보신 적이 있나요?

**전봉희:** 제목만 들어봤죠.

**윤승중:** 박용찬[16] 씨란 분이 있는데 그 분이 동경 유학할 때 판을 모으기 시작해가지고. 초창기에는 SP판이었어요. SP 본 적 없죠? 짧으면 3분, 길면

5분. 그러니까 교향곡을 하나 들으려고 하면 열장 ,열두 장짜리. 진짜 앨범이죠. 음악을 모아놓은 걸 앨범이라고 하는 게 아마 거기서 비롯되었을 거예요. 앨범 교향곡. 두꺼운 그런 거부터 시작해서 1955년인가 그때쯤 LP라는 것이 나왔고. 57-58년쯤 되어서는 그것이 스테레오로 되었는데. 어쨌든 그 분이 그 때부터 모으기 시작해서 인사동에 가면 반 지하로 된 곳에서 커피도 주고 음악을 듣는데, 굉장히 좋은 스피커, 제이비엘(JBL) 파라곤이라는 이렇게 큰 스피커가 있었고. 그때부터 자주 다녔는데 고3때까지 다녔어요. 나만 그런 게 아니라 우리 고등학교에서 7, 8명 정도가 그랬어요. 어떤 친구는 아주 그냥 옷까지 싸가지고 다닌 친구가 있었고. 그렇게 음악을 틀어놓고서 박용찬 씨가 칠판에 곡 이름을 써주십니다. 쓰기 전에 맞추기, 뭐 그런 거 하고. 열심히, 진짜 열심히 들었었어요. 이렇게 생각해보니 고등학교 때 특별히 한 일이 그거 밖에 없던 거 같은데.



**최원준:** 다루시는 악기도?

**윤승중:** 아, 근데 내가 음악적인 소질은 없는 거 같아요. 열심히 했으면 가능성 있었을까?

**전봉희:** 그 분들과는 그 이후로도 계속 만나시나요?

**윤승중:** 음악 같이 들은 친구? 뭐 보지는 못하고 다 각자가 잘 있겠죠 뭐. 얘기하다보니 목이 좀.

**전봉희:** 그러시죠. 거의 대학 들어가실 때가 되었는데요?

**윤승중:** 너무 빨리 들어가는 거 같은데. (웃음)

**최원준:** 고등학교 때는 건축보다는 음악 쪽이 가장….

**윤승중:** 그렇진 않았지. 음악은 전공할 생각은 없었고, 그런 소질도 없었고. 그냥 즐기는 거고. 이제 대학교에 관한 얘기도 좀 해야 하겠네. 그 전에 다동에서 살던 집하고 가회동에서 살던 집을 건축적인 기억을 더듬어서

**16 _**
박용찬(朴容贊, 1915-1994): 1951년 1.4후퇴 때 대구로 내려와 클래식 음악 감상실 '르네상스'를 오픈. 1954년 인사동에서 '르네상스'를 운영, 1960년 12월부터 영안빌딩 4층으로 옮겨 1987년까지 영업. 문을 닫으면서 1만3천여 종에 달하는 각종 음반과 오디오 기기 등을 문예진흥원 예술정보관에 기증하였다.

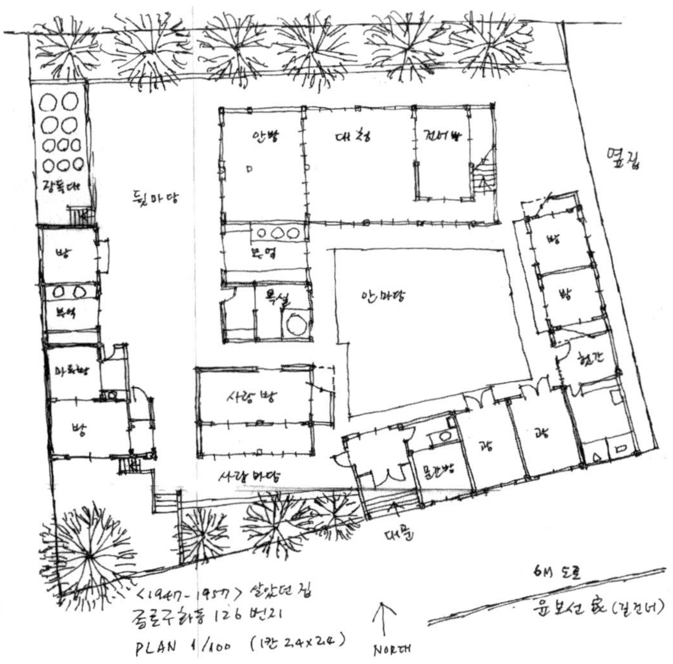


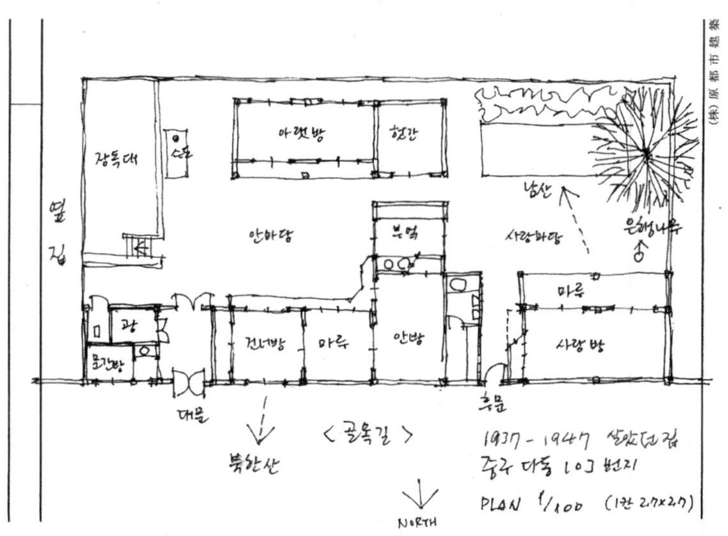


**그림2 _**
종로구 화동 126번지 주택 스케치. 윤승중 제공.

**그림3 _**
중구 다동 103번지 주택 스케치. 윤승중 제공.

조금만 얘기를 할게요.

**전봉희:** 스케치를 해주셔도 좋고요.

**윤승중:** 나중에 플랜이 떠오르면. 왜 특징이 있다고 그러냐면, 다동에 있던 집은 규모가 크지도 않고 방이 한 다섯 개 정도 있던 집인데, 전형적인 도시형 한옥인데 특이하게 사랑공간이라는 게 별도로 되어 있었다고. 보통은 그런 작은 집에 사랑공간이라는 게, 사랑채라는 게 따로 없었잖아요? 안방과 건너방 있고, 주방, 아랫방, 장독대 이렇게 ㄷ자로. 그런데 특이하게도 별도로 구획된 방 하나와 마루가 있는 사랑채가 따로 있었어요. 독립적으로 별도로 마당이 있고 그 앞에 연못도 있고 또 출입문도 따로 있었어요. 그 당시엔 몰랐지만, 나중에 생각해보니까 작은 집 규모이긴 하지만 서재가 있는, 사랑채가 있는 곳에서 살고 싶었던 분이 집을 지은 것 같다, 그런 생각이 들더라고요. 왜냐하면 조그만 집에 그런 게 없거든요. 가회동에 1930년대 지은 집에는 그런 구조가 거의 없어요. 거의 ㄷ자, ㅁ자 그런 식으로 되어 있지요. 별채가 있는, 그렇다고 썩 고급은 아니었지만.. 또 그 집의 특징이 뭐냐면 사랑방에 앉아서 보면, 세 칸쯤 되는 방 앞에 마루가 있었어요. 그렇게 마루가 있는 사랑채는 양반집에서 있는 형식이죠. 거기서 앉아서 보면 앞에 절 마당이 있었는데 그걸 지나서 남산이 보여요. 집은 작지만 남산이 보이는 아주 괜찮은 집이었고.

건넌방에 북쪽으로 창이 아주 조그만 게 있었는데 북악산, 북한산이 정면에 딱 보여요. 북한산을 보면 어렸을 때의 느낌으로는 봉우리 이름은 잘 몰랐지만 세 개의 봉우리가 크게 보이는데 점점 커지는 봉우리가 있어가지고 세 개가 딱 정면으로 보였어요. 가본 적은 없었지만 그랬었습니다. 왜 그런 얘기 하냐면은 거기에 대한 나쁜 기억이 있는데 그 집에 어렸을 때부터 열한 살까지 살았거든요. 유치원 다니기 전부터, 그때부터 불면증이 생겼어요, 그 집에서 살면서요. 3-4년 동안 밤을 지내는 게 무서워서 불면증이 생겼는데 그 이유를 생각해보니까 방에서 보이는 큰 세 개 봉우리가.. 그게 꿈에서 어떻게 나오냐 하면 호랑이가 세 마리가 가족인데 제일 큰게 아버지 호랑이고 가운데가 어머니 호랑이고 새끼 호랑이가 앉아 있는 그런 꿈을 꾸는. 그런데 갑자기 그 중 하나의 골짜기가 없어져 버려요. 그러면 어떤 생각이 들었냐면 지금 날 잡으러 오는 중이다, 그런 생각이 드는 거예요. 얼른 나가서 대문을 잠그려고 하는데, 한옥 대문은 들면 떨어지게 되어 있잖아요? 대문이 무거운데 누가 떼어서 옆에 놔둔다고, 밤에. 혼자서 아무리 낑낑대며 다시 달아놓으려고 해도 안 되는 거죠. 근데 매일 그런 꿈을 반복해서 꾸고 그것이 공포가 생겨서 불면증이 걸리고 그런 거죠. 몇 년 동안을. 지금이라도 왜 그랬는지 심리학자한테 상담 받아보고 싶은데. 생각해보면 어머니가 태몽을 꾸시잖아요. 이런 태몽을 꾸셨다고 그래요. 그 얘길 들어서 그런지 모르겠는데… 어머니가 낮에 혼자 집에 앉아 계신데 조그만 호랑이 새끼 한마리가 들어와서 첨에는 좀 겁이 났지만, 점점 다가오더니 여기저기 깨물고 애무같이 하는데 그게 기분이 싫지 않더래요. 내가 아마 전생에 호랑이였던 거 같아요. 어렸을 때 죽은 호랑이가 아닐까. 그래서 호랑이 부모가 날 데리고 가려고 했다는 것이 꿈으로 나타난 게 아닐까 그런 생각을 하는데. 나중에 그 집을 떠난다고 했을 때 굉장히 좋았어요. 실제로 이사를 갔잖아요? 거기서는 그런 일이 없었다고. 왜냐하면 북한산이 안보여요. 더 가까이 갔지만 안 보이는 거지요.

그러다가 화동으로 이사 갔는데 그 당시에 아버지께서 위스키 공장을 했어요. 그때 위스키는 지금 스카치위스키 같이 정식으로 그렇게 발효해서 만드는 거라기보다 알코올에다가 여러 가지 향료를 넣고 2-3개월 쯤 탱크 안에 넣어서 숙성시키는 방식으로 만든 짝퉁 위스키죠. 정식 위스키를 구할 수 없으니까 꽤 매상이 생겼고 6.25전까지는 괜찮았죠. 지프차도 구입하고 그렇게 잘 지냈어요. 그러다가 집이 좁으니까 집을 키워서 가신 곳이 화동의 집이예요. 그 집이 그렇게 큰 집은 아니었지만 땅이 150평 정도는 되었었어요. 방이 열 개가 되는 집이었으니까 다동에 있던 집보다 엄청나게 커진 거죠. 그렇지만 그것보다 더 큰 집을 알고 있었기 때문에, 아까 얘기했던 외숙의 집이죠. 어려서 봤을 때는 전체를 동시에 이해할 수 없는 크기의 집이었는데, 언덕에 지었기 때문에 한참 계단도 올라가고 그래가지고. 또 본채에서 양옥으로 가려면 긴 복도를 지나가는데 거기 막 조각도 있었고요. 거기에 비 할 바는 못 되지만 그래도 새로 이사한 집이 어려서 볼 때는 굉장히 큰집이었고 집이 좋았어요. 집주인이 무슨 은행 중역이었던 일본사람이라고 그래요, 그 사람이 설계해서 지었다고 하는데, 이사람 취미가 독특해서 집의 형식은 한옥을 택하고 안방, 건넌방, 대청이 있고 또 사랑채가 있고 아래채가 있고, 바깥에 별채 두고, 이런 식으로 땅에다가 몇 개 구획을 해서 마당을 만들고. 이렇게 한옥 형식을 택해서 집 평면을 만들었는데 반면에 집의 소재라든가 집 디자인은 완전 일식이었다고. 2층에 방 2개가 있었고. 그런 식으로 평면 형식은 한식인데 집의 건축 양식은 일본식인, 기와도 디자인도 일본식이고 아주 특이한 집이었어요. 그것이 아직까지 남아있었으면 꽤 연구대상이 되었을 텐데요. 일본사람들이 한식의 장점을 어떻게 취했을까 하는 점에서.

그 집에서 아버지께서 한 가지 불만이 있었던 거는 한옥에 보면은 이렇게 대청마루가 있고 대들보가 있잖아요? 대들보의 크기가 그 집의 지위를 보여주는 그런 거여서 집에다가 굉장히 큰 좋은 나무를 하나 갖다놓으셨어요. 왜냐하면 2층 집이기 때문에 대들보를 걸칠 수 없는데도 대들보가 있다 이런 식으로. 이상하게 젊었을 때부터 전혀 건축과 관련이 없으신 분인데 내가 직접 구상해 내 집을 짓겠다는 그런 욕심을 갖고 계셨어요. 그래서 『주택』[17] 이라는 일본 잡지하고 『건축설계』인가? 『건축계획』 두 가지 잡지가 있었는데 정기구독 하셔가지고 매달 우편으로 받아봤고. 그러고 또 다동에 있던 집에서도 직접 증축을 해서 현대식 목욕탕을 만드시고, 그런 식으로 건축에 관심이 많으셨거든요. 그래서 어떻게 좀 해보려고 그러셨는데 그런 기회가 없었어요. 아버지께서 아까 얘기한 위스키 공장을 하시다가 6.25때 큰 타격을 한번 받고 그 다음도 계속 진행 하셨지만 여러분들은 전혀 상상할 수 없을 정도의 어려움이 그 당시에 사업하는 사람들한테 있었어요. 보통 사업을 하면 은행 융자를 받잖아요? 그런데 그때만 해도 은행 융자를 받으려면 1억 받는데 한 3,4천만 원 돈을 써야 해요. 그것도 몇 달 후에 겨우 받게 되는데 그때 쯤 되면 인플레이션이 생겨서 가치가 또 몇 분의 일로 떨어지고 해서 실제로 1억의 돈을 받고 나서 보면은 그 가치가 몇 분의 일 정도 밖에 안 되는 그런 일이 반복되니까 자꾸 빚만 생기고 실제로 사업에는 도움이 안 되는 거죠. 그렇게 몇 년을 하시다가 결국은 은행에서 경매를 하고 집을 경매에 빼앗겼어요. 그래서 대학교 1학년 때인가 부도가 나고 집안이 망하게 된 거지. 그 집이 지금까지 있었으면 좋았을 거 같은데 그 집을 사신 분이, 언제인지 모르지만 근래에 가보면 그 집을 헐고 새로 지었거든. 집이 겉에 담만 남아있고 바깥에 석축이 있고. 그거는 아직도 남아있는데 집은 다시 지었어요. 잘 실측해서 해놓았으면 좋았을 텐데.

**전봉희:** 몇 번지죠?

**윤승중:** 종로구 화동 126번지. 그 집에 살 땐 재동국민학교를 다녔고요. 재동국민학교가 지금은 수송국민학교, 재동국민학교, 삼청국민학교를 합쳐서 합병을 했어요. 우리가 다닐 때는 한 학년에 65명씩 여덟 반이 있었거든. 지금은 한 30명 씩 2반인가 3반인가. 그렇게 합쳤는데도. 그만큼 가회동, 북촌의 인구가 줄어든 거죠. 재동국민학교가 사실은 교동국민학교하고



17_
『住宅』: 1916년에서 1943년에 걸쳐 주택개량회의 기관지로 발행된 잡지이다.

우리나라에서 역사가 가장 긴 초등학교예요. 그러니까 조선 말기에 민황후가 도네이션(donation) 해가지고 그 자금으로 학교 세 개를 만들었는데, 재동, 교동, 미동. 그 세 학교를 만들었어요. 세 학교가 다 지금 100년이 넘었죠. 이러다가는 대학을 못가겠는데? (웃음)

**전봉희:** 관계없습니다. 다음시간에 하셔도 됩니다. {**우동선:** 네} 재수했다고 치죠 뭐. (웃음)

**윤승중:** 너무 길게 했나요? {**전봉희:** 아닙니다, 좋습니다.} 나중에 실제로 할 땐 편집하세요. 그때는 경회루가 그냥 우리 놀이터였거든. 숨바꼭질 하고. 기둥이 있고 이러니까 어디 숨었는지 안보이거든. 나가면 한옥들이, 관아들이 죽 있었고. 6.25 1.4후퇴 때 피난 다녀오니까 다 부서졌는데. 아까운 것이 을지로에서 종로까지 서울다운게 다 부서졌거든요, 6.25때. 그때 누가 큰 뜻을 가지고 서울의 흐름을 좀 유지했으면, 괜찮은 계획을 갖고 했으면 좋았겠지만 급한 대로 하다보니까. 사실 이거는 정확한 정보는 아닌데, 일본 사람들이 경성을 점령하고 난 후에 몇 가지 전략을 세웠잖아요? 경복궁 일부를 총독부로 만들고 또 집들을 짓고. 청계천 남쪽은 자기들의 거주로 쓰고 한편으로는 용산 쪽에다가 신도시를 만들 계획을 했다고 해요. 들으신 적이 있으세요? 그런 플랜이 있었다고 하는데 그게 만약 실행되었으면 서울을 좀 덜 훼손했을 수도 있었을 거 같아요. 의도적으로 서울을 완전히 바꾸려고 했던, 물론 자연 발생적으로 생길 수도 있었지만. 성벽을 헐어내고 대로를 만들고 건물들을 짓고 그러면서 서울이 완전히 달라졌는데, 그것이 좋은지 나쁜지 반반인 것 같은 것이, 1900년대 초반 외국 사람들이 찍은 사진을 보면 서울이 사실 그렇게 도시다운 풍경은 별로 아니었거든요. 그러니까 경복궁하고 궁궐 몇 개와 또 북촌의 양반가들 몇 개 빼놓고는 사실 그렇게 보존할 만한 가치가 있는 집들이 거의 없었던 거 같아요. 동대문 남대문 주변 보면 거의 초가로 되어 있었고. 서울이 지금 수도로서 역사가 가장 긴 도시 중에 하나지요? 근데 처음 도시를 만들 때 궁궐이나 사직단 배치는 중국 고전 형식을 따라서 했다지만 나머지는. 북경은 상당히 기하학적인 계획을 했잖아요? 굉장히 의도적인 계획을 가지고 주거지까지 완벽하게 인공적으로 조성한데 비해서 조선은 아마 국력이 없어서 그런지, 아니면 철학 때문에 그런지 궁궐과 몇 개만 해놓고 나머지는 아주 자연에 순응하는 소극적인 방식으로 만들었어요. 좋게 얘기하자면 자연 환경에 순응했다 하지만 서양식 개념으로는 도시적 형식을 갖추지 못한 걸로 볼 수 있지요. 청계천도 이름은 청계천인데, 조선시대부터 그랬을 거예요. 청계, 맑고 맑은

개천인데 실제로 북한산에서 내려오는 거지요. 물도 그렇게 많지 않았어요. 홍수 때 이외에는 물이 별로 없었거든요. 거기다 하수를 연결해서 하수로가 되어 버렸지. 그 다음에, 지금은 있었는지도 모르게 다 헐어버렸지만 청계천 고가도로를 만들었을 때 하수로를 덮고 도로를, 트래픽을 만들던 것이 그 당시는 굉장히 찬사를 받을 만한 일이었어요. 일본의 도쿄처럼. 그래도 당시 하여튼 획기적인 사건이었던 거지. 근데 시간이 지나고 나서 보니까 퇴물이 되고 지금은 청계천을 되살리는 것을 칭송할 만큼. 사실 의미를 생각해보면 지금 만들어진 것은 완전 인공적인 하천이죠. 주변 경관을 만들고. 시대가 변했으니 그렇게 되었다고 볼 수 있지만. 청계천은 복원이라는 말보다는 도시에 그런 오픈 스페이스를 새로 만들었다, 라고 하는 것이 오히려 맞는 거 같아요. 근데 옛날 청계천을 어떻게 봐야 할 지 그게 우리나라의 철학인가요, 그게? 그렇게 자연을 그대로 내버려 두는 거? (웃음) 왜냐하면 조금은 손 볼 수도 있었거든요.



**전봉희:** 청계천 말씀이신가요?

**윤승중:** 둑을 쌓은 채로 그대로 만들어 두었던 건데.

**전봉희:** 옛날에는 오염 물질이 그렇게 많이 나오지가 않았을 것 같아요. 하수로를 따로 만들지 않았죠. 하수로를 따로 만든 건 다른 나라에서도 쉬운 일은 아니죠.

**윤승중:** 아니, 그렇진 않아요. 유럽에서는 특히 저, 파리는 17세기인가, 18세기인가?

**우동선:** 19세기 오스망 때(나폴레옹3세 때 오스망 남작 때) 들어와서.

**최원준:** 더 이전에도 했었죠.

**전봉희:** 로마에 이르고 있죠.

**윤승중:** 중국은 어땠을까?

**전봉희:** 중국도 하수도 개착하는 건 20세기에 들어서…

**윤승중:** 옛날 시골마을 가보면 집이 있고 길이 있죠. 길이라는 게 그냥 집 바깥이에요. 그래서 나와는 관계없는 것이라고 생각하는 게 아직도 그렇거든요. 양지마을이니 이런 데도 보면 남의 집 하수가 자기 마당에 지나가도 내버려 두고. 퍼블릭 스페이스는 나하고 상관이 없는 곳이라는 그런 철학이, 공공구역을 깨끗하게 관리하는 생각이 없었던 거 아닌가. 그것이

청계천도, 한양을 만들 때도 좋게 얘기하면 자연이라는 것에 대해서 존중하고 자연의 물 흐름을 지켰기 때문에 좋게 얘기할 수 있지만 상당히 무신경하게 내버려 두었다고 봐야 한다고.

**전봉희:** 그렇죠. 도시화가 덜되었다고 보는 것이 정확할 거예요.

**윤승중:** 서양의 제후들이 만든 계획된 도시와도 다르고. 그렇다고 자연발생적으로 만들어진 것도 아닌 것이, 서울은 독특한 도시였던 거 같아. 근데 그것이 근대화 되면서 문제가 될 수밖에 없던 이유가 길 때문에 그랬던 거 같아요. 서양의 도시에는 마차가 있었기 때문에 자동차가 들어왔을 때, 자동차라는 게 마차를 개조한 거거든요. 포장된 길이 있었고 폭도 있었고. 그래서 지금까지도 옛날 길도 그냥 불편함을 견디고 갈수 있는데 반해서, 우리나라 한양이란 곳은 변변한 길이라는 게 없었다고요. 그러니까 종로 길하고 보신각에서 남대문으로 가는 길, 또 세종로 정도만. 그 길도 포장이 안 된 채로 흙길. 도로 폭만 확보가 된 거죠. 나머지는 사실 진짜 마차도 다니기 어려운 좁은 길이지. 무슨 방어적인 개념으로 그랬다고 하는 이론도 있지만은, 도시라는 것을 전혀 다른 개념으로 만들었는데 20세기 들어와서 근대화가 되는 과정에서 서양식 건물이 들어오면서 교통수단도 들어오게 되고 도시에서 수용할 수 없었던 거예요. 그러니까 일본 사람들도 의도적으로 그러기도 했지만은 어쩔 수 없이 길을 내고 포장을 하고 건물도 짓고 막 이렇게 될 수밖에 없지 않았을까. 상당히 로맨틱하게 얘기할 때는 한양하면 아름다운 풍경을 가진 도시였을 것이다라고 얘기하지만 실제로 생각해보면 어떨까 해요. 우리가 지나가면서 옛날 초가집 풍경을 보면 보기에 아름답다고 하지만 실제로 사는 사람들은 불편한, 그런 거 아닌가. 역사학자들한테는 어떨지 모르지만 그랬던 거 같아. 그래서 해방 전에는 막 바뀌는 그런 시대를 우리가 살았던 거지요. 그런 시대가 되지.

**전봉희:** 유치원까지가 댁에서 꽤 거리가 되잖아요?

**윤승중:** 뭐, 걸어서 한 10분.

**전봉희:** 누가 데려다 주었어요?

**윤승중:** 혼자 다녔지 .우리는 다 혼자 다녔어요. 초등학교 첫날 소집하는 날만 어머니랑 가고 그 다음날부터는 다 혼자 다녔지. 옛날엔 다 그랬는데 요즘은 너무 보호하고 그래가지고 애기들이 다 혼자 못살 거라고 생각하는데.

**전봉희:** 차가 많아서.

**윤승중:** 그렇기도 하지만, 다 혼자 했어요. 그것뿐만 아니라 아까 얘기한 백화점들 있잖아요? 한 30분 거리에 있었는데 다 혼자 다녔어요.

**최원준:** 유치원 때에요?

**윤승중:** 아마 그랬던 거 같아요. 동네 애들이랑 같이.

**전봉희:** 유치원, 초등학교에 일본인 학생은 없었고요?

**윤승중:** 우리 학교에는 없었어요. 그냥 일본 동네에 사는 애들만 있었지. 일본 동네 사는 애들은 좀 달랐어요.

**전봉희:** 옷도 다르게 입고 오나요?

**윤승중:** 옷은 잘 모르겠고 말을 완전히 일본말로 하고 풍습이 좀 달랐던 거 같아요. 큰 차이는 없었겠지만 애들이 좀… 자, 궁금한 거 있으면 또 물어보세요.



**전봉희:** 혹시 중고등학교 동창 동기 중에 건축 하시는 분이 있으신가요?

**윤승중:** 아, 많죠. 서울 공대를 7명이 들어갔어요. 건축과를.

**전봉희:** 건축과만요?

**윤승중:** 47명 들어갔다 했잖아요? 건축과가 7명이었어요. 경기는 홍성부[18] 회장 한 사람 있었고. 그 중에서 설계 하는 사람은 공일곤[19]이라고 아세요? 그 친구가 끝까지 했고.

**전봉희:** 아, 공일곤 선생님과 동기세요?

**윤승중:** 네. 그 다음에는 대개 설계보다는 시공 쪽으로 갔어요. 한숙원[20]이라고 또 있어요. 그 친구가 또 주택공사 설계부에 있다가 시공 쪽으로 갔고.

**우동선:** 공 선생님하고 음악 들으러 같이 다니셨어요?

**18 _**
홍성부(洪性夫, 1937-): 1960년 서울대학교 공과대학 건축공학과 졸업. 대우건설 사장을 거쳐 현재 부영산업(주) 회장.

**19 _**
공일곤 (公日坤, 1937-): 1960년 서울대학교 공과대학 건축공학과 졸업. 1969년 공일곤건축연구소를 개설하여 현재 향건축사사무소 대표.

**20 _**
한숙원 (韓淑元, 1937-2013): 1961년 서울대학교 공과대학 건축공학과 졸업. (주)부림건축사사무소 소장 역임했다.

**윤승중:** 아, 그 친구는 고등학교 때는 반이 서로 달랐어요. 대학교 가서 같은 과이고 하니까. 나는 주로 밖에서 다니면서 음악을 듣고 했는데 공 선생은 집이 상도동이었는데 일본식이었어요. 아버지가 높은 군인이셨는데 주로 밖에 계셔서 큰방을 형 하고 두 분이서 썼거든. 거기다가 중학교 때부터 음악실을 차려 놓아가지고 그때, 그 당시 고등학교 때에 개인적으로 이미 음반 콜렉션을 하고 그 때도 맥킨토시, JBL같은 고급 오디오 기기들을 갖추고.

**전봉희:** 앰프라 스피커랑.

**윤승중:** 대학교 때는 영국에서 LEAK Pointone이란 앰프를 수입해올 정도로 아버지께서 잘 서포트 해주셔서 집에다가 그런 장치 만들어 놓고 있었어요. 그 대신 다른 건 돈 일체 안 쓰고 양복도 한 벌 안 할 정도로 그렇게 하면서 음악에만 돈을 들이고. 두 형제가 음악을 열심히 듣는데 자기가 좋아하는 사람들만 가끔 초대해서 거기에 자주 갔었지. 어떻게 음악을 듣냐 하면 우리가 모이는 날이 되면 저녁을 일찌감치 먹고, 왜냐하면 다른 방해 받으면 안 되거든. 음료수도 마시고 커피도 마시고 다 미리 끝내고 6시부터 문 잠그고 음악을 듣습니다. 단, 통행금지가 있었기 때문에 열시 반까지 끝내야 했거든요. 그 때까지 그냥 크게 소리 내고 집에서 음악을 듣는 거예요. 르네상스에서 듣던 식으로. 그런 경험이 있습니다. 두 분이 지금까지 그런 쪽으로 칭송 받지요.

**최원준:** 그때도 음악관련 잡지가 있었나요?

**윤승중:** 내 기억에는 생각나는 게 별로 없는데 가끔 보니까 단행본 같은 게 있었고요. 대학교 처음 들어가서 그때 좀 시간 여유가 나니까, 나운영 선생님이라고 아시나요? 작곡하시는 분인데 음악을 굉장히 이론적으로 잘 해설하세요. 신세계 백화점에서 해설을 했어요. 일주일에 한두 번씩 음악 형식을 배우는 거지요. 소나타 형식, 가곡 형식, 대위법이니 그런 강의를 여러 번 들으러 갔었고. 그런 찬스는 있었는데 잡지는 별로 없었던 거 같아요. 음악회는 꽤 있었고. 사람이 문화적인 활동을 한다는 게 그렇게. 전쟁 중 그런 어려운 시절에도 음악가들은 활동을 하고 음악 듣던 사람은 듣고 화가들도 그림을 그리고 문인들은 또 방안에서 작품 쓰고 그 어려운 시절에도 활동을 했어요. 그 중에서 가장 타격 받는 데가 건축. (웃음) 건축은 전쟁이 나면 집을 못 지으니까. 전쟁 지나고 나면 또 황무지가 되니까 넓은 시장이 또 생길 수 있지만요.

**최원준:** 미국 공보원 도서관은 어느 정도 규모였는데 건축 잡지들이 따로

있었나요?

**윤승중:** 홍보물 중에 뉴욕의 건축을 소개하는 자료가 가끔 있었어요. AIA[21) 어워드 화보 같은 거. 공보원이 원래 공부시키는 데가 아니고 미국 문화를 세계에 알리는 곳이잖아요. 그런 책들이 꽤 있었어요. 무슨 서고 같은 게 있는 게 아니라 큰 홀에 책이 있고. 그 대신 그걸 이용하는 사람이 많지 않아서 알고 가는 사람들은 상당히 좋았던 거 같아요. 꽤 많이 이용을 했어요. 서울에 와서는 아까 SMC…

**전봉희:** 백천 온천, 이상(李箱)도 거기로 가죠? 이상이 죽기 전에 폐병 걸려서 요양을 백천 온천에서.

**윤승중:** 한 몇 년 정도 되지?



**전봉희:** 해방 전쯤. 41년쯤이 아닐까요?[22) 거기서 회복 못하고 결국 돌아와서 죽는데….

**윤승중:** 어렸을 때 기억으로 우리는 백천 온천마을에 있는 집이었기 때문에 따로 큰 목욕탕이 있었죠. 노천물을 받아가지고. 큰 탱크가 몇 개 있는데 거기서 식혀요. 90몇도 정도 되는 물을 받아가지고 이틀 동안 식혀야 70도 정도 된다 그래요. 그 물로 닭을 죽여서 껍질 벗길 수 있는 정도야. 물을 받아서 찬물을 또 타야 쓰거든. 바로 옆에는 일본식 온천 호텔이 있었는데 거기는 아주 전통적인 일본식이었어요. 가운데 마당이 있고. 거기다가 목욕탕이 풀장 같았어요. 목욕탕이 얼마나 컸는지요. 전쟁 중이니까 사람은 많지 않았죠. 거기서 잘 놀았죠.

또 한 가지 경우는 기차에요. 기차는 흔히 볼 수 없잖아요. 아침에 기차가 지나다니고 했는데 근데 그거는 지선이어서 협궤(挾軌)라고 있어요. 인천, 수원 가는 기차와 같은 거였는데 어렸을 때 보기에 무시무시하게 컸지. 하루에 한 다섯 번쯤 가는데 너무 심심하니까 기차 지나간다는 것이 사건이에요. 기차 지나간다 하면 시계보고 그런 식으로 살았어요.

**전봉희:** 그 일본인 할아버지랑 손녀딸은 해방되고 바로 돌아갔나요?

**윤승중:** 글쎄 연락이 두절 돼서.

**21_**
AIA(American institute of Architects): 미국 건축가 협회.

**22_**
이상이 폐결핵 진단을 받고 총독부를 나와 백천 온천으로 가서 기생 금홍을 만난 것은 1933년이다. 황해도 연백군 배천은 한자로는 白川이지만, 배천이라고 읽는다.

**전봉희:** 아, 선생님이 먼저 서울에 올라가셨나요?

**윤승중:** 아마 그 분들이 먼저 갔을 거예요. 꽤 지식인이었던 할아버지였는데 아마 무슨 일을 하다가 은퇴하고 거기서 손수 농사짓고 아주 겸손하게 살았어요.

**전봉희:** 민심을 잃지 않았던 모양이네요. 안 그러면 테러를 당하기도 하는데.

**윤승중:** 동네사람들한테도 잘해줘서 해방 방송 소식도 아침에 중대방송이 있다고 예보가 있고 그랬는데 집에 라디오가 마침 고장이 나서 못 들었거든요. 근데 그 분이 불러가지고 아버지한테 가르쳐 주셨어요. 천황이 이런 식으로 방송을 했다. 앞으로 당신 할 일이 뭔가 봐라. 그렇게 도움을 주고 괜찮은 분이었던 거 같아. 난 지금 이름도 모르지만 할아버지한테 혼나던 생각만 나고. 출입금지를 당해서. (웃음)

**전봉희:** 오늘은 대개 예정된 시간은 된 거 같은데요.

**윤승중:** 그럼 어떡하지? 대학을 못가서?

**전봉희:** 대학은 다음에 가야겠습니다. 고등학교 시절로 가자면, 고등학교에서 건축과로 오신 분들 중 미술반 활동한 분들이 꽤 있잖아요?

**윤승중:** 사실은 나도 초등학교 때는 그림을 꽤 잘 그렸는데 중·고등학교 때는 이상하게 미술반에 들지를 않았어요. 물론 전쟁 중이어서 1학년 때 활동을 거의 못했고. 돌아와서도 활동을 활발하게 못했고. 그보다 좀 후배들은 활동을 활발하게 했죠. 건축과는 대개 미술반 출신들이 많죠. 세 분들은 다 미술반 출신들이신가요?

**전봉희:** 저희들은 과외반 출신이에요. (웃음)

**윤승중:** 대학 가기 전까지만 얘기를 하면, 교수님들은 평준화시대 이후잖아요? 전혀 상상이 안 가실 텐데, 학교 차이가 얼마나 났었냐 하면, 시험보고 들어갔던 서울중학교는 그때 졸업생이 340명이었는데 240명이 서울대학을 지원했고 180명이 서울대학에 들어갔죠. 공과대학은 55명이 지원해서 47명이 들어갔죠. 같은 해 경기(경기고등학교)는 그보다 한 100명이 적고 한 2/3밖에 안됐었다고 그러는데. 생각해보세요, 340명 중에서 240명이 서울대 지원을 하고 연세대학교에서는 학생들 데려오기 위해서 우등생 무시험으로 하는 일도 있고. 처음에 우등생들이 꽤 많이 가서 연세대학교에 30-40명이 갔고. 또 육사가 꽤 인기가 있어서 육사에 20명쯤 갔어요. 나머지가 30-40명밖에

안되거든? 그 30-40명이 고대나 이런데 갈 정도니까. 요즘 보면 상상이 안 가는 거죠. 거기다 대부분 많이 합격을 했고. 1차에 떨어져도 2차에 붙었고. 몇 년이 지난 다음에 경기가 더 심했어요. 서울대의 1할 이상이 경기 출신이었어요. 여기 경기 출신 없어요?

**전봉희:** 저희들은 다 뺑뺑이라.

**윤승중:** 그렇게 하다 보니까 평준화를 할 수 밖에 없었다고. 편차가 심해가지고. 그런 자신감 때문에 그런지 대학에 가는 시험공부를 해야 하는데 교장 선생이 여름방학 때 과외하지 말라하면 안 하고 서클도 다니고. 아마 겨울방학 때는 열심히 공부했죠. 그래도 그때도 기독교 방송 음악 프로를 들으면서 공부를 했어요.



그 때는 건축과라는 것이 참으로 형편이 없었어요. 서울 공대 안에서 중간 이하 정도. 왜냐하면 건축가란 개념이 거의 없었을 때거든요. 집을 짓는 기술자 정도로 하니까. 그러고 6.25난 직후니까 건축이 활발한 때도 아니고, 나중에 80년대 이후에 이렇게 건축가가 인기를 끌었던 거 하고는 전혀 다른 시대였죠. 어렸을 때부터 건축을 접했고 건축과를 가야겠다는 생각은 했었지만 막상 고3 때 지원하려 하다보니까 제일 좋은 과에 가야한다는 그런 욕심이 있었고 집에서도 그렇게 생각했죠. 가장 인기 있는 데가 공대에서는 화공과가 압도적이었어요. 그렇지 않으면 의과대학이나 법과대학. 지금도 마찬가지죠.  법과대학은 형이 다녔기 때문에 중복해서 가는 건 좀 그렇겠다 생각해서. 의과대학은 지원하면 갈 수 있다는 전제가 있었지만 의과대학은 그때 어떤 생각이 들었냐 하면은 사회적인 사명감을 느끼고 의사가 되면 밤새우고 이머전시(emergency)에도 뭔가 봉사하고 그래야하는 책임이 있는 사람이다, 라는 생각이 있었어요. 항상 환자들의 생명을 다루기 때문에 책임감이 있어야 한다. 직업적인 부담이 되었죠. 다들 의과대학을 많이 갔어요. 한 30명쯤 갔던 거 같아. 그러던 중에 고등학교 2학년 2학기 때 문과, 이과 정하고 고3 지원하게 되는데 문과를 버리고 이과로 갔죠.

화공과가 그 당시에 꽤 인기가 있었고 전체 이공계 중에서 제일 상위권에 있을 정도로 그랬어요. 그래서 일차로 화공과 지원을 했는데. 근데 이건 나중 얘깁니다만, 공과대학에서 그 때 이상하게 좋은 정책을 썼어요. 1학년 때 지원한 과를 다 없애고 백지화 시켜서 기초과목 공부를 한 다음에 2학년 올라가면 다시 한번 과를 정했어요. 그 제도가 나중엔 없어졌지만 상당히 좋은 제도인 게 다녀보면서 분위기를 알 수 있게 되니까. 근데 화학공학과를 보니까 실험 같은 게 재밌기도 한데. 그 당시 생각에 잘못 생각한 게 화공과를 가면 다 공장으로 가게 되지 않느냐, 또 공장이 다 시골에 있어서 지방에서 근무하게 되는 것도 좀 걱정도 되고. 또 본래 건축과, 건축을 하고 싶기도 했었고. 그래서 2학년 올라오면서 건축과로 바꾼 거지요. 근데 나중에 보니까 화공과 간 사람들이 전부 다 미국유학을 갔다 와서 CEO들 됐더라고요. 공장을 가지 않고.(웃음) 화공과 갔으면 어떤, 큰 CEO가 되었을 텐데 그런 선택을 했던 거 같아요. 공부는 상당히 재밌게 했어요.



**전봉희:** 아까 다섯 형제가 있다 그러셨잖아요?

**윤승중:** 예.

**전봉희:** 그런 식으로 다 과를 나누어 가셨나요?

**윤승중:** 꼭 그런 건 아닌데 다 갔어요. 두 살 위 형님만 서울 법대를 갔고, 그 다음은 공과대학을 갔고, 셋째는 육사를 갔고. 넷째, 다섯째는 공과대학에 갔지만 과는 다르게 갔어요. 하여튼 그렇게 갔어요. 그때만 해도 일류학교를 다니면 가고 싶으면 갈 수 있었기 때문에. 그래서 거기를 다닌 사람한텐 상당히 장점이 되는데 전체적으로 볼 때는 문제가 많았겠죠. 그래서 평준화된 정책을 쓴 거는 잘 한 거 같아요.

**최원준:** 총 5형제셨나요?

**윤승중:** 총 5형제. 여자가 없어서. 상당히 불리했던 게 고등학교 때도 벌써 여학생이랑도 같이 다니는 사람들이 꽤 있었거든요. 나한테는 그런 찬스가 참 없었던 거 같아. 여자 형제들이 있었다면 동생 친구, 누나 친구 해가지고 기회가 있었을 거 같은데. 또 교회를 다녔으면 교회 누나라도 있었을 텐데 교회도 안다녀가지고. 그래서 고등학교 때는 일체 에피소드가 없었던 거 같아. 지나가는 여학생들 보면 부럽고. 집에서 학교 가는 과정에 덕성여고 지나서, 풍문여고 지나서, 숙명여고 지나서, 경기여고 지나서 가면서 네 학교를 지나가는데, 풍문여고 혹시 기억하세요? 그 당시에 꽤 멋쟁이 학교였어요. 풍문여고가 교복이 세련되고. 풍문여고가 노는 학교라면, 경기여고는 얼마나, 경기여고니까 또 매력 있잖아요. 이화여고는 가깝고 전반적으로 서울고등학교하고 친했었어요. 두 번째라는 의식 때문인지 경기는 경기끼리 서로 친구고 우리는 이화하고 친구고. 그래서 보긴 많이 봤는데 같이 합석하는 기회는 없었죠. 아깝게 생각을 합니다, 그래서. (웃음)

**전봉희:** 밑의 동생 두 분은 공대에서 무슨 과를 가셨어요?

**윤승중:** 넷째는 금속공학과. 다섯째는 화학공학과를 갔어요. 그럭저럭 다 잘 지냈어요. 특별나게 활동했다기보다. 아마 좀 투쟁적이 아니어서 그랬던 거 같아. 좀 소극적이어서 아마… 대개 출세한 사람들 보면 굉장히 투쟁적이고 저돌적이고 염치도 없어야 하고. 그런데 좀 지킬 거 지키고 지냈기 때문에 평범하게 이렇게.

**전봉희:** 어렸을 때, 자라면서 성장과정이 유복했다는 것도 관계가 있을까요?

**윤승중:** 비교적 그렇다는 거지, 아주 높은 건 아니지. 유치원이 가까운데 있었으니 다녔겠죠.

**전봉희:** 비교적 수준이 아니었을 거 같은데요. 유치원을 다닌 것이 그 당시에 1프로도 안되었을 거 같은데요.



**윤승중:** 가까우니 다닌 거죠.

**전봉희:** 집이 시내에 있고. 집이 시골이면 안됐죠.

**윤승중:** 요즘으로 치면 강남에 살았던 거죠. (웃음)

**전봉희:** 그렇죠. 백화점도 있고. (웃음)

**윤승중:** 백화점 많은 건 경험이었어요. 그 당시에 이미 엘레베이터, 에스컬레이터도 있고, 큰 사진관에서 사진도 찍고 식당가도 있고 이러니까. 광복직후 경험 중의 하나인데 만 열 살 생일날 아버지께서 큰 선물을 주셨어요. "미장 그릴" 이라고 해방 전에 경성역 2층에 그릴이 있었거든요. 그 당시에 유명했는데. 거기 있던 주방장이 독립해서 하는 본격적인 그릴이었어요. 지금 생각해도 프랑스식으로 제대로 된 식당인거 같은데. 아버지가 외국을 왔다 갔다 하셨기 때문에 그런 경험이 있으셔서. 또 나를 특별하게 생각해 주셨던 거 같아. 그래서 열 살 때 생일날 큰 선물을 하셨는데 그릴에 가족들이 가서 축하 파티를, 축하 디너를 했죠. 그 때만해도 풀코스의 디너라는 게 참 없죠. 근데 우리가 못하니까 와인만 빼고 나머진 다 풀코스로 해서, 내 기억에는 한 코스에 열개 쯤 나왔던 거 같아요. 애피타이저부터 시작해서 메인 디쉬를 3개를 주는데 처음에 피쉬, 발이 없는 고기, 그 다음에 닭, 발 두 개짜리, 그리고 소, 발이 4개인 순서대로 나온다고 아버지가 설명해줘서 그걸 들었어요. 앉아서 팔을 탁 붙이고 포크, 나이프 들고, 포크 나이프 순서대로 놓고 지도도 받고 풀코스 디너를 먹었죠. 그 당시 감동이죠. 그 기억이 남네요. 얘들한테 생일날 그렇게 해 주려고 그랬는데 생각해보세요. 만 열 살 때 생일날. 요즘은 풀코스로는 안 되지 이제. 잘못하면 유럽 여행

그런 게 되지. 시대가 다르니까. 그렇지만 그 당시로서는 그것이 굉장한 선물이었던 거죠.

**전봉희:** 특별히 부친께서 선생님을 아끼셨던 이유가 뭘까요?

**윤승중:** 잘 모르겠는데. 평생에 형제들이 단체로 기합 받느라고 팔을 들고 벌을 선 게 딱 두 번 있었고. 싸움을 해서 손들고 벌 선 적은 있었어요. 그 밖에는 꾸중을 들은 적이 한 번도 없어요. 다른 형제들은 안 그런 경우도 있는데. 또 보통 장남은 상당히 대접을 받고 두 번째는 대접을 덜 받게 되잖아요? 두 번째 동생의 설움이 뭐냐면 옷을 물려받는 거라고. 요즘 같은 풍족한 시대는 안 그럴지도 모르지만 그 당시만 해도 옷은 물려받아 입고 그랬었는데. 우리는 어떻게 했냐면 둘씩 둘씩이야. 처음에 두 사람을 큰 거, 작은 거 사 준거죠. 그래서 이렇게 물려 준거지. 그래서 나는 항상 새 옷을 입었고. 새 옷이라는 게 그 당시 꽤 좋은 조지아(丁子屋)나 이런데 가서 사 입고. 어머니가 그런 식을 좋아하셔서 그랬는지 애들은 잘 가꾸어 주겠다, 그래서 옷을 열심히 사주셔서 양복에다가 모자 쓰고 유치원 다니고 그런 대우를 받았어요. 그래서 형하고 똑같이 대우를 받아서 둘째의 불이익을 한 번도 당한 적이 없었어요.

**전봉희:** 어머님께서 신여성이셨나요?

**윤승중:** 아까 말했던 외숙이, 외숙께서 개성 출신이거든요. 그 당시에 개성에서 상업학교 다니시고 서울 오셔서 자수성가해서 사업을 이루셨는데, 혼자서 독학으로 의사시험 공부해서 의사 면허도 따시고 변호사 공부해서 변호사 면허도 따시고 그런 식으로 특별한 분이셨어요. 사업으로 성공도 하시고. 어머니께서는 개성에 '호스턴'[23]이란 학교가 있었어요. {**전봉희:** 네.} 우리나라 3대 미션 스쿨 중 하나인데. 이화여고하고 원산에 있는 '수피아'인가[24] 이 3개가 그 당시 대표적인 미션 스쿨이었는데, 선생님들 중에는 서양 사람들도 있고 그랬었더라고요. 앨범 보면은. 거기 나오시고 서울에 와서 이화여전이라고 있지요? 거기를 졸업했으니까 그 당시로서는 교육을 받으신 거죠. 그 후에 좀 활동을 하셨으면 좋았을 텐데, 그냥 집안에서 내조만

**23 _**
호수돈(Holston): 1899년 개성에서 갈월 선교사가 주일학교로 시작한 학교로 1938년에 호수돈고등여학교로 개칭하였다. 한국전쟁 때 대전으로 이전, 1954년에 호수돈여자중학교, 호수돈여자고등학교로 개칭하여 현재에 이른다.

**24 _**
원산에 있던 미션계 여학교는 1903년 미국인 선교사 루씨(Lucy)가 설립한 루씨여학교(樓氏女學校)이며, 수피아여학교는 1908년 미국 남장로교 선교사가 광주에 설립한 여학교.

하시느라고 사회적인 활동은 거의 안하셨죠.

**전봉희:** 아버님은 그러면 학교를 어디서 공부하셨어요?

**윤승중:** 아버지 본래 고향은 강화도인데, 젊었을 때 서울로 오셔서 선린상고, 상고라고 하지만 사실 상업 중학교이지요. 거기 졸업하고 사업을 하시고, 중간에 오토바이 회사 서울 지사를 하시다가 결혼하신 다음에 외숙께서 크게 제약회사를 하시는데 그 당시 상하이 지점을 냈어요. 거기 지점장을 맡아달라 해서 상하이를 한 7,8년쯤 왔다 갔다 하시면서 그 때 외국 활동을 좀 하셨죠. 독일 조차지에 계셨는데, 그런데 해방 직전에 소개를 해야 하기 때문에 일단 귀국을 하셨어요. 그런데 혹시 인력거, 인력거라는 거 본 적 있어요?

**전봉희:** 영화에서만 봤죠.

**윤승중:** 바퀴가 크고 두꺼운 건데, 일본 거는 헝겊이거든. 그거는 바퀴가 굉장히 컸어요. 그런데 중국에서 타던 걸 가지고 오셨어요. (웃음) 그거는 바퀴가 작고 지붕을 가죽으로 했고 모양이 좀 다르죠. 중국에서 가지고 오셔가지고 해방 전에, 6.25 전까지 탔었죠. 사실 인력거라는 게 타보지 않았을 테지만 그게 굉장히 비인도적인 거예요. 왜냐면 동력이 사람이거든. 그런데 바퀴가 크고 베어링이 잘되어 있어서 실제로 끌어보면 그렇게 무겁지는 않지만 사람을 태우고 뛰어서 가잖아요. 뒤에 타는 사람은 여간 심장이 튼튼하지 않으면 미안하죠. 근데 6.25전에는 인력거 기사가 있었고 지프차가 있어서 지프차 기사가 있었고. 해방 후에는 어쩌다가 위스키 공장을 하셔서. 그거 가지고 결국은 사업을 끝내셨지만 그렇게 지내셨어요. 그렇게 오래 살진 못하시고 59세에 암으로 돌아가셨어요. 처음 말씀드렸던 것처럼 우리보다 30세 정도 위에 사신 분들은 우리나라 잘 되는 거, 좋은 거 못 보시고 돌아가셨으니 우리보다 불행했다고 볼 수가 있죠.

**전봉희:** 그러면, 오늘 저희가 처음 목적대로 윤선생님의 성장과정하고 조금 개인적인 것들 말씀하셨고.

**윤승중:** 너무 길게 얘기한 것 같네.

**전봉희:** 아닙니다. 다음에는 본격적으로 건축 동네로 옮겨서 말씀을, 아마 갈수록 작품 이야기가 많아질 것 같아요.

**윤승중:** 학교 때 활동하고 이어서 김수근 선생님 얘길 같이 하죠.

**전봉희:** 예, 거기 정도까지.

**윤승중:** 김수근 선생님 일은 짧게 할 수도 있고 길게 하면 할 수도 있는데. 왜냐면 아까 보신 것처럼 세운상가 가지고도 두 시간 반을 이야기 했잖아요? 그런 식으로 이야기하면 굉장히 길어지고.

**전봉희:** 그런 말씀 필요하기도 하죠.

**최원준:** 이 내용을 저희가 정리를 해서 이 이후의 얘기를 추가로 듣는 식으로 하죠?

**전봉희:** 그럴까요? 이 작업 자체의 완결성을 위해서 앞에서 말씀하셨더라도.

**윤승중:** 세운상가 일은 사회적 이슈가 있었기 때문에. 그 정도 볼륨은 너무 길잖아.

**전봉희:** 상관없습니다. 녹취는 그렇게 하고 책을 낼 때는 줄여서 할 수도 있습니다.

**윤승중:** 그것도 실제로 녹취한 거거든요, 허락을 받는다면 소유권이 그쪽에 있기 때문에 거기다가 에디션으로 해도 되죠. 별도로. 그 부분은 따로. 그것도 거의 녹취록이지.

**전봉희:** 그럼 조금 줄여보도록 하겠습니다.

**윤승중:** 그 밖에도 기록하고 싶은 게 〈부여 박물관〉 {**전봉희:** 예, 예} 김수근 선생님의 중대한 〈부여박물관〉 이야기하고 〈한국 엑스포〉 그렇게 이야기하든지. 또 JP(김종필)하고의 인연이라든지 〈워커힐〉도 우리나라에선 굉장히 중요한 프로젝트인데. 김수근 연구소 이야기를 길게 하려면 몇 시간도 할 수 있는데 그렇게 이야기 할 필요는 없겠지. 자세한 게 좋을까?

**전봉희:** 자세한 게 좋습니다. 선생님, 목이 그러시니까 한 시간 반마다 쉬든지 하면서 하고, 필요하면 중간에 저녁도 잡수시고.

**윤승중:** 나이가 먹어서 그런지. 편도선이요, 아직도 의문인 것이 하나님께서 인체를 정교하게 잘 만드셨는데 내가 보기엔 딱 두 가지 실수를 하신 거 같아. 그 중 하나가 목구멍이 하나여서 숨 쉬는 기도와 식도가 붙어있어서 잘못하면 사래가 들리고 고통을 주고. 그것이 무슨 의도가 있어서 그런지 모르겠지만 그건 좀 디자인이 잘못된 거 같고. (웃음) 또 한 가지는 배설하고 생식하고 두 가지 통로를 왜 합쳐 놓으셨을까 하는 것이.

**전봉희:** 다음 시간까지 다들 답안지를 하나씩…. (웃음)

**김미현:** 식도랑 기도가 연결되어 있는 것에 생각해봤는데 너무 과하지 않게 하려고, 연세 들어서 기도가 막혀서 돌아가시는 분들이 의외로 굉장히 많으세요. 어떻게 보면 사람이 편히 갈 수 있게 하는 방법의 한 가지가 아닐까 그렇게 까지는 생각해 본적이 있어요.

**윤승중:** 그것도 이상하지. 꼭 그럴 필요 있었을까. 이런 거 같아요. 옛날에 한 국제 모임에서 들었는데, 하나님께서 우주 만물을 창조하실 때 순서대로 만들다 엿새째 날 사람을 만들었다 그랬지요. 처음엔 이렇게까지 잘 만들 생각은 안 하셨는데 하다 보니 욕심이 생기셔 가지고 사람을 너무 정교하게 잘 만드느라 신경을 다 써서 제 7일 날 사람들이 편하게 살도록 집과 도시를 만들어 주리라 구상을 했었는데 사람을 만드느라 진을 다 빼셔서 이제 난 모르겠다 건축가란 놈들한테 맡기자, 하고 쉬셨답니다. 건축가란 놈들이 세상을 망치고 있다. 이런 식으로 어떤 지리학자가 조크를 했는데요. 사람을 그렇게 어렵게 만든 거죠. 근데 좀 잘못 만드셨어요. (웃음) 학생들이 조크로 건축이라는 것은 신이 하는 일이다. 어떤 천직이고 사명감이 있어야 한다고 하는 거에 도움이 됩니다.



**전봉희:** 적어 놨다가 써먹어야겠네요. 제 7일이 왜 쉬게 되었는지에 대해서.

**윤승중:** 왜 쉬게 되었는지가 아니라 건축이 왜 신의 영역인가.

**전봉희:** 설계가, 하나님이 하는 일이라서 설계비가 싼 거 아닐까요? 하나님은 원래 안 받으시니까.

**최원준:** 병도 신이 고치지만 돈은 의사가 받잖아요.

**윤승중:** 의사하고 건축가의 차이는 의사들은 다 이머전시, 급해요. 병원에 가면 보통 급해서 가니까 의사 얘기를 안 들을 수가 없거든. 의사한테 감히 어디다 대고 못 그러니까 의사들이 부르는 게 값이 되는 거고 건축은 그렇게 급하지 않아요. 다 한참 생각하고 건축가 알아볼 거 알아보고 비교해보고 하기 때문에 건축주 어떤 분은 건축가보다 더 많이 알고 건축가들이 꼼짝 못할 때가 있거든요. 싫으면 딴데 간다, 슬로우 서비스죠. 그렇기 때문에 경쟁이 안 되는 거예요. 변호사도 마찬가지로 당장 감옥에서 빼 내야하니까 급한데. 건축은 전혀 안 그렇죠. 그래서 보수가 쌀 수밖에 없다. 그 대신 좋은 점도 있어요. 변호사들은 밤낮 죄인을 보고 의사는 밤낮 환자들만 보는데, 건축가들은 집을 지을 만큼 돈을 준비한 해피한 사람들만 보니까 같이 해피해 질 수가 있는 거지요. 변호사는 기껏 잘해봤자 얼마 전에 있었던 일에 접근하는 것이 최선이고 의사들은 고작 병이 나기 전 상태로 돌려주는 것이

최선인데 건축은 없던 데다 새로운 것을 만드는 거잖아요. 10년 동안 욕먹을 일이 생겨도, 좋은 해피한 일이죠. 여러 가지로.

# 02

# 대학 시절과 1950년대 한국건축계

**일시** 2012년 1월 16일 (월) 14:00 – 18:00

**장소** 서울특별시 강남구 삼성2동 142-22 2층 목천문화재단

**진행** 구술: 윤승중

참여: 김정식

채록연구: 전봉희, 우동선, 최원준, 김미현

촬영: 하지은

기록: 허유진

**초벌 원고 수정 및 각주 작업:** 김하나

**전봉희:** 지난번에 이어서 2012년 1월 16일 오늘, 윤승중 선생님 모시고 말씀 듣겠습니다. 지난번에 대개 고등학교 시절까지 들었고 대학을 진학할 무렵부터 대개 60년대까지의 상황을 청해서 듣는 것으로 목적을 잡아보고 있습니다. 맨 처음에 대학 입학 지원하신, 입학시험이랄까요, 그 말씀을 해주시죠. 그때도 요즘처럼 전국적인 일제고사가 있었나요, 대학 들어갈 때?

**윤승중:** 어떤 면에서 볼 때는 요즘보다도 치열했다고 볼 수 있는 것이 우선 우리가 서울 공대를 지원했었을 때 5점 몇 대 1[1] 정도 되었던 거 같아요.

서울 공대

**전봉희:** 공대가요?

**윤승중:** 예, 공대가. 서울대학교가 전반적으로 다 그랬었는데. 그리고 연세대만 일부 무시험으로 했고 거의 다 시험을 봤죠. 직접 시험을 보는데 요즘하고 다르게 전체 중에 한 20퍼센트 정도만 객관식 선택이고 나머지 한 80퍼센트는 거의 주관식으로 수학문제를 직접 풀고 또 역사문제 직접 기술하고, 이런 주관식 방법으로 시험을 봤어요. 대학을 지원 하는 얘기는 지난번에 조금 했지만, {**전봉희:** 예} 누구나 마찬가지로 고등학교에서 대학을 어떻게 지원할 것이냐는 상당히 중요한 고민이지 않습니까? 나는 어렸을 때부터 건축가라는 걸 막연하게 갖고 있어서 속으로는 생각하고 있었지만은 막상 이렇게 고등학교 2학년 정도 되니까 당시 사회적인 환경도 있고 여러 분들 의견도 있고 또 혼자 스스로 고민한 것도 있고 해서 꽤 많이 생각을 하게 됐죠. 그러다가 3학년 초에 문과와 이과로 일단 나누어지는데 {**전봉희:** 네.} 그 때도 문과를 가면 법과대학 같은 게 있었고 이과는 공과대학하고 의과대학 있었는데, 일단 이과를 택했어요. 그 때까지 과는 정하지 않은 상태로 이과를 택했고. 그 경우는 전공, 수학하고 선택과목들이 차이가 있기 때문에 그때부터 나누어집니다. 이과 쪽으로 간 사람들은 공과대학하고 의과대학, 농과대학, 문리과대학 중 이과. 육군사관학교, 해군, 공군사관학교 같은 선택이 있었어요. 보통 고3 되면 전부다 시험이라는 것 때문에 굉장히 괴팍해지는데 우리는 운좋게도 김원규 그 당시 교장 선생님께서 세계일주 여행 하고 돌아오셔서, 대학 가는 게 꼭 중요한 게 아니다, 하여튼 공부 말고 다른 장래의 설계하는 방식의 공부도 하고 책도 보고 그래서, 여름방학 때도 과외 수업 같은 걸 일체 못하게 하고 각자가 자기 공부해라, 이런 식의

1_
실제 경쟁률은 5.5:1로 알려져 있다.

이상한 정책을 쓰셔가지고 학교에서 입시를 위한 프로그램이 그렇게 강하지 않았어요. 보통 같으면 밤에 늦게까지 시험공부하고 전념을 했을 텐데 조금 편하게 지낸 셈이죠. 또 놀라고 그래서 곧이곧대로 놀고, 그것이 초등학교 6학년 때도 중학교 선택이 요즘하고 달라서 굉장히 중요한 선택이었죠. 대학을 가는 것의 선택이 사실 중학교 때 되는 것이기 때문에 그때도 마찬가지로 문교부에서 입시에 너무 과중되지 않도록 학교장에게 5시 이후 학교에 남지 말고 전부 집에 일찍 보내고 그랬어요. 중학교 때도 비교적 쉽게 과중하지 않게 했는데 고등학교도 마찬가지가 되었죠. 여름방학 때 여러 가지 고민도 하고 책도 보고 지방에 절도 찾아가고 이런 식으로. 사실은 공과대학을 의식했었기 때문에 공과대학 캠퍼스를 한번 여름방학 때 가서 봤어요. 당시는 공과대학 가는 교통편이 쉽지 않았거든요. 그래서 물어물어 해가지고 갔는데, 고등학교 3학년 때. 와서 보고 대단히 놀란 것이 벌판에 반도호텔[2] 만한 건물 2개가 탁 서 있는데 대학의 건물이 저렇게 크리라고는 생각을 하지 못했어요. 잘 아시겠지만 일본 사람들이 경성제국대학을 처음에 문과, 법과를 만들었고 의과대학을 만들고 이공학부는 조금 나중에 1941년인가 만들면서 공릉에다가 큰 캠퍼스를, 한 20만평 되었던 거 같아요. 큰 터를 잡고 건물 두개를 짓고 당초 마스터플랜에는 그런 건물 다섯 개를 지을 생각이었대요. 경성제국대학을 다 그리로 옮길 생각으로. 일본이 전쟁에 이겼다면 그렇게 됐을지 모르죠. 크게 건물을 지었는데 설계는 어느 분이 했는지는 모르지만, 물론 전쟁 때였고 아주 그냥 간결하게, 독일의 20세기 초반의 건축 같은 분위기의 아주 기능적으로 간결한, 소박한 디자인의 두 개의 건물이죠. 그렇게 큰 동을, 밖에서 볼 때는 그 안에 중정이 있는 걸 잘 모르잖아요. 그래서 지나가다 보면은 전체가 그냥 건물 덩어리인, 그런 게 탁 나타났어요. 가운데 중정이 있고 내용은 소박하지만, 건물이 규모가 크고 실험실이 갖추어져 있고. 그 당시에 아마 여름방학 때니까 안 계셨겠지만, 김정식 선생님은 그때 건축과에 계실 때였겠지요? 그런데 사실은 공과대학에서 그 집을 쓰게 된 것이 그때부터 2년 전 정도 밖에 안 된 거 같아요, 6.25 전에 쓰다가 아마 미군이 있었죠?

**김정식:** 미군이 썼어요.



2_
반도호텔: 1936년에서 1974년까지 을지로 1가 현 롯데 호텔 자리에 있던 당시 최고의 8층짜리 호텔. 광복 후 미대사관 숙소, 미8군 사령부, 2호 총리공관 등으로 사용되었다.

**윤승중:** 1954년 정도에 인수받아가지고 그 때 쓰게 됐는데, 1955년. 내가 1956년에 입학했는데 김 회장님 기억하실지 모르겠지만, 그 집이 육사에 넘어갈 뻔한 일이 있었어요.

**김정식:** 네.

**윤승중:** 지금은 육사 캠퍼스가 좋지만은 그 당시엔 벽돌집 몇 개만 있는 빈약한 캠퍼스였거든요. 육군사관학교에 가기 위해 이승만 대통령께서 기차 타고 지나가다가 저 건물 무슨 건물이냐. 저걸 육사 주지. 이렇게 되었다고 해요. 육사에 가서 그 얘길 아마 했나 봐요. 그랬더니 당장 육사에서 이 건물 접수하겠다고 쳐들어 왔어요. 학생들이 방어벽 치고 이렇게 못 들어오게 막고 이랬단 얘기를 나중에 얘길 들었습니다. 혹시 기억 안나세요?

**김정식:** 그건 기억 안 나는데요.

**윤승중:** 혹시 4호관이라고 있지요?

**김정식:** 4호관 있죠.

**윤승중:** 거기가 마지막 보루라고 지키고 합숙을 하면서 지켜냈다고 하더라고요.

**김정식:** 5호관도 있지요.

**윤승중:** 5호관은 옛날에 광산전문학교 있던 자리였고요. 그런 에피소드가 있었고 1955년부터, 내가 들어가기 1년 전에 공과대학이 쓰게 된 거죠. 그러고 그 당시 서울 시내버스가 대개 중랑교에서 스탑했기 때문에 거기서부터 아마 따로 특별히 한 시간에 한두 번 버스가 다닐 정도로 그런 식의….

**김정식:** 중랑교가 아니고 우리 때는 청량리라고요.

**윤승중:** 아마 그때는 처음에. 청량리에 조그만 마이크로 버스가….

**김정식:** 예, 노란 버스가 한 대 다니는데 그거 한 번 놓치면 한 시간 수업 못 들어요.

**윤승중:** 56년에 제가 들어갔을 때 처음으로 중랑교까지 연장 되었고 거기에서 버스가 한 시간에 2번씩 다녔습니다. 주로 육사하고 서울공대 두 학교가 이용했거든요. 버스에 육사생도가 많이 탄 날은 육사 먼저 가요, 막 그냥… (웃음) 원래는 공과대학 들렀다가 육사 갔었는데. 육사 학생들 많으면 먼저 가기도 하고. 아무튼 이런 식으로 굉장히 소박한, 서울에서 멀고, 외진

곳이었죠. 그렇지만 캠퍼스 자체는 상당히 좋았어요.

**김정식:** 좋았어요. 잔디도 좋았고…

**윤승중:** 경성제국대학 이공학과가 들어가려고 지었던 집이고, 또 그 앞에 있던 것은 광산전문학교라고 있었어요. 건물이 같이 있었는데 그것이 5호관이 되고. 그 건물은 좀 초라했던 거 같아요.

**김정식:** 5호관은 초라했어요.

**윤승중:** 그래서 캠퍼스 구경을 하고 공과대학 가겠다, 이런 식의 결심을 했죠. 입학원서 쓸 때가 되니까 그렇게 막연하게 건축과라고 생각했었는데, 주변에 전부들 해방, 6.25 후에는 아키텍트 개념 자체가 없었어요. 그냥 현장 기술자정도.

**김정식:** 목수.

**윤승중:** 그랬기 때문에 선택이 쉽지가 않았죠. 아버지께서 사실은 건축 잡지를 보실 정도로 건축에 애정을 가지셨어도 굉장히 말리셨어요. 근데 그 때 생각하면 요즘 고3들 보다는 조금 자립정신 같은 것이 강했던 거 같아요. 혼자서 결정하고. 그래서 한참 고민을 하다가 화학공학과가 전국에서 1등이었으니까 화학공학과로 일단 입학시험을 봤습니다. 그 때 지금 생각하면 조금 미안한 생각이 드는게, 우리학교 지원자가 쉰다섯 명 쯤 됐거든요. 교통편이 나쁘기 때문에 버스를 대절해가기로 하고, 나하고 친구 하나하고 둘이서 서대문에 서울교통이라는 버스 회사에 직접 가서 계약을 하고 버스 두 대를 대절한거죠. 버스 옆에다 플랜카드를 서울고등학교라고 붙이고 버스타고 시험 보러 왔거든요. 그 당시에 아마 메이저 스쿨 대여섯 군데가 그렇게 했어요. 지방에서는 경남고등학교만 버스 하나 빌려서 왔었고. 경남고등학교가 꽤 많이 왔었어요.

**전봉희:** 부산에서부터 버스 대절해서요?

**윤승중:** 아니, 서울 와서 서울역에서. 근데 우리하고 경기하고 두 학교만 버스가 두 대였고. 다른 데는 한 대 그렇게 해서 왔는데, 가면서 보니까 상당히 미안한 생각이 드는 것이 지방에서 오는 학생들이라든지 조금씩 지원한 학생들은 전부 어렵게들 오지 않습니까? 그런데 그 사이에 쫙 들어간다는 것이 사실 굉장히 미안했어요. 생각해보니까. 그래서 아마 기를 죽이는 그런 기분이 들었겠죠. (웃음)

**우동선:** 거기서부터 밀릴 것 같은….

**윤승중:** 그래서 시험을 봤는데, 요즘 여러분들은 발표를 인터넷으로 보든지, 전화로 메세지를 듣든지 하죠. 그 때만해도 백지에다가요, 쭉 붙여서 두루마리 만들어서 붓으로 번호를 적습니다. 두시에 발표 한다, 그러면 전부 거기서 기다리고 있으면 두루마리 탁 놔가지고 벽에 붙이기 시작합니다. 중학교 때도 그렇고 발표난걸 여러 번 봤는데 1번이 붙은 경우가 참 드물어요. 1번은 잘 안 붙더라고요. 그때 내가 번호가 1225번이었는데.

**우동선:** 와, 기억하세요?

**윤승중:** 네, 또 한 가지 미션이 있었는데 우리학교가 쉰다섯 명이 지원했잖아요? 근데 합격자를 써서 학교로 리포트를 내야해서 기록을 했어요. 신났던 것이 경쟁률이 5대1 이상이었는데 55명중에 47명 붙었거든요. 얼추 다 됐다는 그런 분위기였었어요. 거기 발표하면서 제일 처음 수석 합격자 이름 쓰거든요? 수석은 못했던 거 같애. 몇 명이 들어갔느냐 하고 수석이 어느 학교인가가 굉장한 관심사였는데. 결국은 합격자명단을 가지고 학교에 갔더니 서울고등학교에서 상과대학 수석, 그게 서울대학교 전체 수석이었고, 사범대학하고 미술대학까지 세 군데 수석을 했는데 공과대학은 못했던 거죠. 그게 미안할 정도의 그런 분위기였어요. 그렇게 대학교를 갔어요. 대학교가서 처음에 제일 놀란 것이 게시판에 이렇게 수업 스케줄 시간표가 있었는데 그것이 플랜1부터 10까지 있었어요. 플랜1은 첫 번째 시간이 오전에 3시간을 하는데 9시 10분부터 시작해서 죽 있고, 오후 시간 있고, 두 번째 플랜은 9시 20분부터 있고. 첫 번째 시작한 시간이 10분씩 차이가 있어서 몇 가지 플랜이 있고. 그리고 이제 오전 시간이 처음에는 50분이었다가 나중엔 30분이 단축되는 플랜이 있어서 저것이 뭔가 했더니 교통편이 두 가지 방법이 있는데 하나는 통학 열차가 있었고, 또 한 시간에 두 번씩 다니는 버스가 있었고. 그런데 한 80퍼센트는 기차타고 왔었어요. 신촌에서 출발해서 태릉까지 가는 통학 열차가 있었는데 8시 50분 도착이 정상인데 이 기차가 도착하는 시간이 마음대로예요. 심지어 한 시간까지 늦게 오기도 했기 때문에 기차가 도착 안 하면 80퍼센트가 안 오니까 수업이 안 되잖아요? 수업시간이 기차 도착하는 시간에 맞춰가지고. (웃음) 운 좋게 제 시간에 도착하면 9시 10분부터 시작을 하고 어떤 날은 한 시간 늦게 도착하면.. 저기서 기차가 도착하면 보이거든요. 10분 정도 되는 거리라 보이기 때문에 기차가 기적을 울리며 들어오면은 그때부터 플랜을 가동을 하는 거죠. 오늘은 몇 시에 시작한다, 그런 식으로 수업을 했고. 내가 화학공학과를 지원했지만은 그 때 제도가 그걸 다 백지로

돌리고 1년 동안 전부 섞어서 교양과목 수업을 들은 다음에 2학년 올라갈 때 다시 한번 전공을 고르게 했던…

**김정식:** 그 때부터 그랬어요?

**윤승중:** 예, 제가 처음이었던 거 같아요. 두세 번쯤 하다가 2차 지원 때 과간 경쟁이 심해지고 격차가 생기니까 아마 반대를 했는지 오래 안 갔었는데 한참 뒤에 계열 모집을 한 다음에 부분적으로 있었죠.

**김정식:** 그 땐 있었다고요.

**윤승중:** 예, 상당히 좋은 제도였던 거 같아요. 처음에 지원할 당시에는 잘 모르고 하는데 1년 동안 수업을 들으면서 상당히 자기 장래에 대해서 생각하고 자기가 좋아할 수 있는 일을 할 수 있고.

**김정식:** 한 가지 내가 조금만 보태서 이야기 해드릴게요. 청량리에서 학교까지 가는 노란 버스, 마이크로 버스가 한 대인데, 그거를 놓치면 한 시간을 놓친다고요. 왕복에 30분이라 한 시간 놓친다고요. 공대생들은 버스 타는데 넘버원이에요. 창문으로 올라탔다고요. 매달리고 말이에요. 하여튼 별의별 짓 해가지고 시내버스 타는 건 1등이야, 공대생들은. 난리치면서 학교 가고 그랬는데 나는 기차는 별로 안 타고 버스만 주로 타고 다녔는데, 옛날에 청량리까지 전차가 다녔거든요. 그거 타고 나서 그 다음에 버스 타고 가는데 그거 놓치면 1시간 늦으니까 말이야, 필사로 버스를 탔지요.

**윤승중:** 내가 그 말씀을 언제 들었냐면요, 고등학교 3학년 때 선배들이 학교에 와서 학교 프레젠테이션을 합니다. 브리핑처럼 캠퍼스가 어떻고 좋은 얘기하는데 버스는 니들이 그렇게 타야한다. 그래서 그때 노란 마이크로 버스가 있었는데 어떤 부자가 운전했다고요, 아버지와 아들이 교대로. 그거 타고 가는데 경쟁이 보통이 아니다. 그런데 내년부터는 다를 거다, 그런 식으로 얘기를 했죠. 마침 우리가 들어갔을 땐 학교에선 학생 버스 두 대를 샀습니다. 두 대가 시내를 순환하며 다니는데 계속 타기만 하잖아요? 중간에 내리질 않으니까 앞문으로 타면 뒷문까지 차곡차곡 밀고 들어가면은 뒤에 가서는 뭐, 완전히 숨을 못 쉬게 되는 거죠. 한 번은 공과대학에 도착해서 세 봤더니 지금 버스보다 조금 작은 사이즈였어요. 정원이 40명 되는 버스였을 텐데 120명이 탔더라고요. (웃음) 또 그 당시에는 학교 책가방이 이만한 가죽가방 큰 거를 다 들고 다녔거든요. 그걸 뒤에 안고 뭐 이렇게 밀려 들어오면은 뒤는 완전 그냥… 그래도 김 회장님 다녔던 때보다 조금 {**김정식:** 우린 그거 없었다고…} 56년서부터 훨씬 좋아져서 시내버스가

청량리에서 중랑교까지 연장이 되었고요, 버스 종점에 기다리고 있으면 30분에 한 번씩 공릉으로 가는 버스가 들어오곤 했죠.

**김정식:** 교수를 태우기 위해서 버스가 처음에 동원이 되었다고요.

**윤승중:** 교수 버스가 2개 있었고 학생 버스가 2대가 있었어요. 저는 그 두 대를 다 타봤는데 그렇게 다녔죠.

**전봉희:** 공대 입학 정원이 몇 명 쯤 되었죠?

**윤승중:** 내 기억으로는 전체 정원이 1,500명이었고 4학년까지. 1학년이 375명. 열 개 과가 있었어요. 원자력공학과라든가 이건 나중에 생겼고, 건축교육과 이런 것도 나중에…

**김정식:** 과?

**윤승중:** 예, 우리가 들어갔을 땐 10개과가 있었어요.

**김정식:** 나 때도 10개였어요.

**윤승중:** 그 10개과 중에서 상위가 화공과, 기계과, 전기과. 그 정도가 상위였고 중간이 건축과, 섬유과. 그 다음에 전자과가. 그 당시에 인기 별로 없어서…

**김정식:** 꽤 옛날엔 통신과라 그랬어요.

**윤승중:** 아, 통신공학과라 그랬죠. 통신공학과, 광산과, 항공조선학과, 그리고 토목과. 또 하나 뭔가…

**김정식:** 토목과가 상당히 그것도 위였다고요.

**전봉희:** 금속이 있었을까요?

**윤승중:** 아, 금속공학과가 있었죠. 얼마 뒤에 원자력공학과 생겼고, 또 화공과가 2개로 나누어져서 화학공학과, 공업화학과 두 개로 나누어지고 이런 식으로 자꾸 늘어났던 거 같아요.

**최원준:** 입학하실 때 1학년에 일단 입학하고 2학년 때 다시 그걸 백지화하고서 올라가는 거면은 처음에 지원할 때 높은 과를 할 이유가…

**윤승중:** 지원할 때는 몰랐어요.

**최원준:** 아예 몇 년간 시행한 게 아니고 딱 그 해만…

**윤승중:** 예, 우리가 들어가서 학교에서 그런 방침을 정해가지고 처음

들어가자마자 알았기 때문에 갈 때는 몰랐죠. 그래서…

**전봉희:** 학생들 반발이 굉장히 심하지 않았어요?

**윤승중:** 근데 오히려 그렇지 않았어요. 들어가자마자 처음에 섞어서 반을 만들더라고요. 화공과를 들어갔기 때문에 그 당시에 그 누구지? 면접시험을 보는데 이재성 교수, 화학과 주임 교수셨는데, 단둘이 인터뷰를 했거든요. 재밌는 분인 것이, 입학원서에다가 취미란 있잖아요? 거기에 음악, 고전음악, 독서 이런 걸 썼더니 "책을 많이 보나?" 이러시더니 베토벤을 발음을 해보라고 하시더라고요. "베트호벤" 이랬더니, "독일어는 V가 F로 발음되는데 베트호휀이지, 왜 베트호벤이냐. 루드비히 판 베트호휀." 그러시더라고요. 외국방송에서 듣고 보니까 그렇게 발음하지 않던 거 같더라 이런 식으로 얘기를 할 정도로… 그래서 이재성 교수님 생각이 납니다. 근데 건축과로 안 가고, 그냥 갔으면 더 친해졌을 텐데 건축과로 갔어요. 마침 이상하게도 시험감독 하신 분이 이균상 교수님이었어요. 그 때는 몰랐죠. 건축과 왕교수님인지 몰랐는데… 이균상 교수님이 보면 짱구라고 하나요….

**김정식:** 머리가….

**윤승중:** 머리가 앞뒤로 길어요. 진짜 독특한 인상이셨는데 저분은 참 어렵겠다, 그렇게 생각했죠. 근데 나중에 보니 건축과 주임교수님이시고 진짜로 어려운 분이시더라고요. 상당히 기대하고 대학을 갔는데 조금 시간적으로 자유롭게 됐었죠, 고등학교 보다는. 그렇지만 수업방식은 고등학교랑 별 차이가 없었던 거 같아요. 특히 처음에 수강신청이라는 걸 하는데 수강신청이 자기가 좋아하는 걸 좀 섞어서 신청을 할 수 있어야 하잖아요? 근데 수강신청 안이 딱 나와 있어요. 그대로 선택의 여지가 없는 수업이었어요. 화학 실험하고 두세 가지 실험과목 빼 놓고는 거의 다 지정된 교실에서 수업을 받았기 때문에 고등학교와 똑같은 방식의 수업을, 그러니까 대학에 가면 뭔가 왔다 갔다 하고 그럴 줄 알았더니 그랬고. 옛날에는 고등학교가 전부 남녀가 따로따로 있었기 때문에 대학에 가면 문리과대학처럼 여학생도 많고 좀 풍경이 좋을 걸 기대했는데, 공과대학은 전체 여학생이 한 10명도 안되었던 거 같아요. 우리가 들어갔을 때 두 명, 아니 여학생 네 명 있었고. 그게 상당히 실망이었죠.(웃음) 게다가 공과대학 가면은 태릉의 육사하고 둘 밖에 없기 때문에 그쪽으로 가는 버스에는 여학생을 찾아볼 수가 없어요. 좀 여학생들을 좋아하시는 선배들은 하숙을 이화대학교 앞에다 정합니다. (웃음) 그러면 기차가 거기서 출발하거든요. 기차타고 통학하는 거죠. 그런 선배들이 꽤 몇

명 있었어요. 그런 식으로 여학생을 만나거나… 그래서 학교 수업 자체는 뭐 고등학교와 별 차이 없는 듯한…

**김정식:** 내가 조금만 보충하면요, 공과대학이란 거는 생긴 지가 몇 년 안 되었습니다. 옛날에 없었지요. 근데 그걸 만들어서 하기 때문에 교수 방법이나 교수들이나 다 낯설고 말이에요, 서로 초보 단계들이야. 그러니까 학제도 공동으로 모집했다가 그 다음에 이렇게도 하고 저렇게도 하고 실험을 하는 거예요. 그래서 그 내가 학교 다닐 때는 대학교 들어갔을 때는 사범대학 있잖소?

**윤승중:** 서울 성동역[3] 옆에.

**김정식:** 성동역, 거기에서 1년 공부하다가 그러고 거의 2학년 되어가지고 신공릉동으로 갔다고. 그때까지 미군이 쓰다가 내어주는 바람에 여기로 옮겼다고. 또 한 가지 태릉에는 육사생들이 있는데 거긴 그 주말만 되면 여학생들이 다 거기로 가는 거야.

**윤승중:** 태릉으로요?

**김정식:** 예, 태릉으로. 육사 쪽으로. 공과대학 쪽으로는 오는 사람이 없어. 여자가 말이에요. 그래서 참, 육사 갈 걸 잘 못된 거 아닌가라는 생각까지도 해봤는데… (웃음)

**윤승중:** 저희 때도 가끔 미팅은 했어요. 여자 대학이나 와가지고. 또 그런 걸 잘 주선하는 친구들이 있다고요. 그러면 어디가면은, 태릉에 가면 배나무가 굉장히 많아서…

**김정식:** 그렇지. 먹골배라고 해서 그랬지.

**윤승중:** 하여튼, 여학생 보기가 상당히 기근이었어요. 기대했던 대학생활이라는 것이 상당히 재미없는 것이 되었습니다. 다만 고등학교하고 큰 차이가 뭐냐면, 선생님들은 전부다 본인이 만능이어서 학생들 앞에서 자기가 모르는 것을 노출되면 안 된다고 생각을 하잖아요? 잘 몰라도 아는 척하는 분위기였는데 대학교 교수님은 확실히 여유가 있었던 거 같아요. 건축과 졸업하신 선배 중에 길정천[4] 교수님이라고 있었어요. 그분이 그 당시에 서울대 출신 중에서 3대 천재 중 한 분이신데 나중에 동국대로 가시고…

**전봉희:** 예, 동국대에 계시죠.

**윤승중:** 그 당시에는 수학을 강의하셨거든요. 굉장히 어려운 문제를 푸시다가 끝가지 가보니까 답이 틀리게 나왔거든요. 한참 보시더니 아, 내가 오늘 틀렸다, 다음에 다시 하겠다. 그러면서 마무릴 짓고 나가시더라고요. 아주 당당하게 그러시더라고. 그런 걸 보고 확실히 고등학교와는 다르구나. 어떤 분은 누가 질문을 했더니 내가 잘 모르겠으니까 내가 알아가지고 다음번에 얘기하겠다. 그렇게 할 수 있는 것이 자신이 있기 때문에 그런 거죠. 확실히 대학 교수하고 고등학교 선생하고는 차이가 있구나 그랬어요. 그렇게 해서 대학을 다니는데 우선 캠퍼스가 아주, 좀 거리는 멀지만, 앞의 그 잔디밭이 멋있고.

**김정식:** 잔디가 정말 좋았어요.



**윤승중:** 외국 도시에나 있는 듯한 잔디밭이 있어서 거기서 누워서 얘기도 하고. 이런 식의 좋은 캠퍼스였던 거 같아요.

**김정식:** 우리 때도 그랬지만 1호관에 탑 있잖소? 거기서 점심때면 음악을 틀어준다고. 음악이 참… 여러 가지 좋은 음악들을..

**윤승중:** 방송반이 있어서 그랬죠.

**김정식:** 예, 맞아요.

**윤승중:** 그때도 처음 입학시험 보러 가는 날, 도착해서 보니까 1호관에서 굉장히 좋은 스피커로 방송하는데 베토벤 9번 4악장 '환희의 송가' 있잖아요? 그걸 틀어줘서 굉장히 아침에 상쾌하게, 시험 보러 온 사람들 긴장하고 있는데 북돋아 주는 그런 분위기였더라고요. 방송반이 꽤 열심히 했어요. 클래식 음악을 굉장히 많이 틀어 주었던 거 같아요.

**김정식:** 더군다나 테너 아리아라고 있죠?

**윤승중:** 예, 10테너 아주 명반이 있었는데.

**김정식:** '남몰래 흘리는 눈물' 뭐 이런 거. (웃음)

**윤승중:** 대표적인 테너 가수 열 명을, 유명 아리아 한 곡씩 해서 10곡이 들어가 있는 판이 있었거든요. 그게 아주 명반이었어요.

**3_**
성동역: 제기동에 있는 경춘선 출발역. 1971년에 폐쇄됨.

**4_**
길정천(吉正天): 1952년 서울대학교 공과대학 건축공학과 졸업. 동국대학교 건축공학과 교수를 역임했다.

**김정식:** 내가 자꾸 껴서 안 됐지만, 한 가지 더 얘기하면은 우리 때는 입학할 때 여학생하고 사회군인한테 가산점을 주었어요. 5점씩. 그래서 우리 때 말이에요, 여자들이 10명인가 됐었다고.

**윤승중:** 저희 때는 4명 밖에 안 들어왔었어요.

**김정식:** 건축과에 두 명, 뭐 뭐 해서 거의 10명 가까이 된다고. 화공과도 있고. 가산점 때문에 그랬는데 그 이후에는 아마 없어졌는지…

**윤승중:** 저 입학할 때는 공업고등학교 출신들한테 가산점 줬어요. 그건 어떻게 줬냐면 과학 시험을 A, B로 나누어서 A는 일반 고등학교고 B는 조금 난이도 낮추어가지고 공업고등학교. 왜냐하면 실습을 하고 학력은 좀 떨어진다고 봐서 편의를 봐줬던 거 같아요.

**김정식:** 좋은 점이네.

**윤승중:** 실제 수석도 서울공고 출신 학생이 입학 수석이었고. 그런, 일종의 하나의 좋은 방법이었던 거 같아요. 입학하고 한 달 쯤 지났을 때 갑자기 학생과에서 호출이 왔어요. 그때만 해도 학생과에서 호출 받으면 별로 기분이 좋지 않아서, 왜 그러냐고 갔더니 학생이 여덟 명 있더라고요. 근데 사실 좋은 일이었던 것이 입학 성적을 봐서 1번에서 8번까지 사람들한테 국비 장학금이란 걸 주겠다고 그러더라고요. 그 때는 몰랐고 나중에 알았지만 아마 입학시험 성적이 3등이었던 거 같아요. 한 달에 만원씩을 받았거든요. 4년 동안. 그런데 그 당시에 우리 등록금이 한 학기 등록금이 4만원이었으니까. 만원인지. 10만원인지… 화폐 개념이 바뀌어가지고 잘 모르겠지만 아무튼 그래서 등록금의 4분의 1정도 되는 금액을 받았어요. 요즘은 장학금들이 굉장히 많지만은 그때는 장학금이 거의 없었던 거 같아요. 그러다가 2학년에 갔는데 또 하나 고민을 한 것이 과를 어떻게 할 것인가, 사실 제가 화학공학과를 갔지만은 두 가지 생각이 있었어요. 하나는 화학 실험이 재미는 있는데 그게 정성분석이라는 걸 했어요. 요즘은 교양과목에서 안 하죠, 그걸?

**전봉희:** 있습니다. 화학 있고 실험도 있습니다.

**윤승중:** 튜브에다가 여러 가지 서로 다른 용액을 섞어가지고 그 속에 어떤 성분이 있는지 알아내는 그런 실험을 하는데 제일 어려운 게 황산을 섞어서 하잖아요. 그걸 드라이업(dry up), 다 증발시켜서 찌꺼기를 압축해서 그걸 가지고 다시 테스트를 해야 하는데. 드라이업을 요즘은 그렇게 안 하죠. 좋은

기계들이 많이 있어가지고. 그때는 알코올램프에다가 증발 시키는 거예요. 그러면 가스가 나오고 굉장히 기분 좋지 않다고요. 하다가 잘못하면 튜브가 터져 버리죠. 가열되면. 그러면 90퍼센트까지 했던 것을 다시 처음부터 해야 하고 그런 실험이 굉장히 싫었어요. 그래서 화학이라는 게 잘 안 맞겠다 싶어서… 또 화학공학과 가면은 그 당시 공장이 지방에 몇 군데 있었는데 지방에 공장으로 가야되는 거 아닌가. 근데 그걸 조금 잘못 생각했던 거 같아요. 그 당시에 화공과 출신들이 졸업하고 나서 다들 유학하고 돌아와서 CEO들이 되었더라고요. 그 때는 순진하게 생각을 했죠. 또 좋아했던 과목이 건축이었기 때문에 결단을 해가지고 건축과를 택했죠. 그렇게 건축과를 선택하고 처음 찾아갔더니 학과장 선생님께서 당시에 시험 감독하셨던 아까 그, 이균상 선생님이었어요. 혹시 뵌 적이 있나요?



**전봉희:** 아닙니다.

**윤승중:** 여러분들은 잘 모르시죠. 우리나라에 아주 전설적인 분이세요, 건축과 전공 중에서. 왜냐하면 옛날에 경성고공이라고 있었어요. 경성고등공업학교. 지금으로 치면 뭐, 전문학교 정도, 초급 정도의 수준이었는데. 거기에 아마 제일 선배였죠? 해방 후에는 대한건축학회를 만드셔서 학회장을 십몇 년 동안 계속 역임 하셨고 서울공대 학과장님을 십몇 년 하시고….

**김정식:** 학장.

**윤승중:** 나중에 학장까지 가셨죠. 정말 고지식하시고 고집이 있으셔서 딴 사람하고 대화가 잘 안 될 만큼, 그런 식으로 강직하신 분이었다고요. 소위 불통이라 그러죠, 불통. (웃음) 머리가 하얘서 꽤 할아버지인 줄 알았는데 요즘 계산해보니까 그 당시에 쉰둘인가 셋이었어요. 사실 내가 대학원생들하고 일흔 살까지 수업을 했거든? 그 때 생각하니 그 당시 학생들이 날 어떻게 봤을까, 이런 생각이 드는데… 그 당시에 내가 저렇게 할아버지하고 어떻게 대화가 될까? 그런 생각이 나는 거죠. 어떻게 보면 실제보다 연세가 들어 보이셨을 수도 있는데 여하여튼, 그 당시에 쉰 초반이었던 거 같아요. 그 다음에 그때 학교 상황을 얘기를 하면은, 그 당시에 이균상 교수님이 학과장이셨고, 구조 김형걸[5] 교수님, 김희춘[6] 교수님, 윤장섭[7], 윤정섭[8], 김정수[9] 교수님이 계시다가 우리가 4학년 때 연세대학교를 창설하면서 거기로 가셨고…

**김정식:** 누구요? 김정수 교수님. 그렇죠.

**윤승중:** 그리고 막내 선생님이 이광노[10] 교수님이었어요. 지금 여러분 아마 이광노 교수님 정도면 아실 것 같은데.

**전봉희:** 네, 김형걸 교수님부터는 뵈었죠.

**윤승중:** 아, 그랬던가요. 다른 두 분은 못 뵈었나요?

**최원준:** 윤장섭 교수님.

**전봉희:** 김희춘 선생님께 수업을 들었고.

**윤승중:** 이광노 교수님은 또 어떻게 뵈었냐면 1학년 때 우리가 버스를 타고 가잖아요? 학생버스 타고 가면은 가끔 이 교수님이 버스를 타시는데 문 옆에 꼭 자리를 잡으시고 그분이 키는 별로 안 크신데, 동그란 청색으로 된 동그란 중절모 쓰시고 청색 코트를, 곤색 코트를 딱 입으시고 앉아계시면 동그랗게 달마 같은… 아주 멋쟁이로 눈에 띄는 그런 분이었어요. 저분은 대체 누구실까. 그랬더니한 20대 중반 정도 밖에 안 되는 젊은 분인 줄 알았더니 나중에 보니 건축과 교수님이더라고요.

**김정식:** 전임강사로 시작을 했지.

**윤승중:** 그 당시에 막내 교수님이셨어요.

**우동선:** 막내요?

**5_**

김형걸(金亨杰, 1915-2009): 1938년 경성고등공업학교 건축공학과 졸업. 1943년 동경공업대학 졸업. 1946년부터 서울대학교 공과대학 건축공학과 교수를, 이후 명예교수를 역임했다.

**6_**

김희춘(金熙春, 1915-1993): 1937년 경성고등공업학교 건축공학과 졸업. 졸업 후 조선총독부 관방회계과 영선계 기수 등을 거쳐 해방 후 미군정청 건축서 설계과장 등을 역임했다. 1947년 서울대학교 공과대학 건축공학과 교수를, 1957년 김희춘건축연구소를 설립했다.

**7_**

윤장섭(尹張燮, 1925-): 1950년 서울대학교 공과대학 건축공학과 졸업. 1959년 M.I.T 석사. 1974년 서울대학교 공학박사학위 취득. 1956년부터 서울대 건축공학과 교수를 역임했다.

**8_**

윤정섭(尹正燮,, 1930-2004): 1953년 서울대학교 대학원 석사 졸업, 서울시 도시계획위원회 연구원, 대한 국토계획학회 회장을 지냈다. 서울대학교 도시공학과 교수를 역임했다.

**9_**

김정수(金正秀, 1919-1985): 건축가. 1941년 경성고등공업학교 건축공학과를 졸업, 1953년 이천승과 종합건축사사무소 개소. 1961년 연세대학교 건축학과 교수를 역임했다.

**10_**

이광노(李光魯, 1928-): 1951년 서울대학교 공과대학 건축공학과 졸업. 무애건축연구소를 운영하였고, 1956년부터 서울대학교 공과대학 건축공학과 교수를 역임했다. 현재 명예교수. 대한민국 예술원 회원.

**윤승중:** 예. 근데 지금은 건축과의 원로 교수님이 되었죠.

**김정식:** 원로지.

**윤승중:** 내가 옛날 얘기를 하는 구나. (웃음) 근데 사실은 지난번에도 좀 생각했지만은 얘기를 하는 것이 과연 무슨 도움이 될까하는 생각을 하는데, 이거 별로 사람들이 잘 읽어보진 않을 거 같으니까 우리 아이들한테 하는 기분으로 얘기할게요. 진짜 옛날이야기 하는 거예요.

사실은 나는 처음부터 건축과를 가고 싶었기 때문에 기분이 좋았어요. 제도하고 실습도 하고 또 건축사도… 물론 건축사 수업이 충실하진 않았지만, 두 가지를 했는데 하나는 김희춘 교수님이 서양 건축사. 탈버트 햄린(Talbot F. Hamlin)[11] 책을 텍스트로 삼으셨는데 진도가 잘 안 나가고, 대충 그냥… 사실 우리나라의 건축 교육 중에서 가장 부족한 게 내가 보기엔 건축사 교육인거 같아요. 건축사라는 게 사실 역사적 사실을 배우는 것이 아니라 건축 이론 발전 과정을 배우는 거지 않습니까. 건축사 중에서 건축 이론 발전 과정을 가르쳐주는 건데 외국 건축대학들에 비해서 질이, 내가 보면 너무 건축사가 약한 거 같아요. 그런 불만을 속으로 했고. 이광노 교수님이 현대건축이라는 강의를 해서 20세기 이후의 건축을 하셨고, 이런 식으로 수업을 하는데 그것이 화공과보다 훨씬 재미있었던 거예요, 건축 공부가. 그렇게 1학기를 보내고 여름방학 되었는데 그 때 우리끼리 모여서 의논하다 보니까 학교 수업이 좀 생각보다 그렇게 충실하지가 못하다. 그 때만해도 뭔가 사명감 같은 게 있었던 거 같아요, 대학생들이. 우리끼리만 해도 따로 공부를 하자 그래서 여러 가지 서클들을 만들었어요. 그중에서 한 서클은, 혹시 홍성부 회장 아시죠? {**전봉희:** 예.} 그 분이 주동이 되어가지고. 그 분의 누님이 이화대학교 학생이었는데 주택 기반 설문조사하는 그런 연구였던가 봐요. 거기에 아르바이트를 해서 그거를 도와주었고. 또 어떤 팀은, 나도 그 팀으로 갔지만은, 우리가 건축 제도시간에 제도를 배우는데 실제로 샘플이 없어서 실물을 볼 수 없으니까 나무라든지 뭐 여러 가지 설명을 들었는데도 잘 실감이 안 나잖아요. 우리가 한번 나서가지고 샘플들을 수집해서 학교에다가 샘플 전시실을 하나 만들자. 그런 실제 작업을 했었다고요. 많이는 못했지만. 또 우리가 건축가들에 대해서 공부해야 하니까 그 당시에 제일 우리한테 인상적이었던 책이 지그프리트 기디온(Sigfried Giedion)이라는 분의 『스페이스, 타임 앤드 아키텍쳐』(Space, Time and Architecture, 1941) 이런 책이 있었어요. 요즘에는 그 책이 어떻게 평가하는지 모르겠는데 그 당시에는 거진 건축계 바이블이었어요.

**김정식:** 바이블이었지요.

**윤승중:** 그거를 어찌어찌 해서 구했어요. 사실은 국내에서 구하기 어려운 걸 어떻게 외국에서 주문해서 그 당시 한 30불정도 되었던 거 같아요. 굉장히 비싼 거였지. 그걸 입수했는데 거기에 기디온이 얘기했던 소위 모던아키텍처(modern architecture)의 마스터(master), 소위 거장으로 꼽는 사람이 다섯 분이 있었잖아요? 다섯 명하고 주변의 몇 명에 대해서 일곱 명이서 세미나를 하자, 방학 동안에 한 명 씩 나눠서 공부해서 발표하자. 서로 각자 공부한 걸 공유하니까 그만큼 효과적이지 않겠느냐, 해서 일곱 명이서 그런 그룹을 만들었어요. 일본말 하는 사람들은 일본 책도 보고 각자가 책을 구해가지고 했어요. 거기에 거론됐던 분들이, 참고로 얘기를 하면, 그 당시에 근대 건축의 모태가 되었던 루이스 설리반(Louis Sullivan), 브루노 타우트(Bruno Taut), 독일의 근대건축 초기에 굉장히 큰 영향을 주었던 분이죠. 그리고 기디온이 이야기했던 마스터 파이브(master five)하고 이제, 이건 조금 예외인데 프랭크 로이드 라이트(Frank Lloyd Wright)를 포함시켰어요. 유럽건축가들하고는 조금 다른 계보인데. 발터 그로피우스(Walter Gropius)하고 르 코르뷔지에(Le Corbusier), 미스 반 데어 로에(Mies van der Rohe), 알바 알토(Alvar Aalto), 다섯 분을 5대 거장이라고 했지요. 처음에 얘기했던 설리반하고 브루노 타우트하고 일곱 분을 나누어 가지고 공부를 하게 되었어요. 요즘처럼 책도 많지 않고 정보 얻기가 어렵기 때문에 쉬운 일이 아니었지만 시도했던 거지요. 나는 미스를 맡았는데, 그래서 우선 아까 얘기한 『스페이스, 타임 앤드 아키텍처』책하고 그밖에 일본책 몇 개를 구해가지고 공부를 했죠. 영어로 된 책을 보기가 쉽진 않았지만 굉장히 열심히 미스를 공부를 했는데, 두세 번 쯤 같이 모여서 발표하고 그게 꽤 도움이 되었던 거 같아요.

**전봉희:** 어떤 분들이 참가하셨죠? 동기생들이신 거죠, 다?

**윤승중:** 다 동기들이죠.

**전봉희:** 기억나는 분 있으세요?

**윤승중:** 기억나는 친구는… 혹시 이문보[12] 교수라고 아세요? {**전봉희:** 네}

**11_**
탈버트 햄린(Talbot F. Hamlin, 1889-1956): 컬럼비아대학교 건축학과 교수.

**12_**
이문보(李文輔, 1935-): 1960년 서울대학교 공과대학 건축공학과 졸업. 현재 동국대학교 공과대학 명예교수.

미국으로 간 박해영이라고 있었고. 잘 생각 안 나는데.

**전봉희:** 그런 분들.

**윤승중:** 이문보 교수하고 박해영 씨 같은 경우는 그분들이 나보다 몇 살 위라서 일본말을 잘했어요. 일본책을 잘 보셨죠. 그 뒤에 이어서, 아까 얘기한 기디온이 소위 '서드 제너레이션'(third generation)이라 해서 다섯 거장을 이어가는 그런 분들이 있었죠. 그 당시 유명한 분들이 에어로 사리넨(Eero Saarinen), 마르셀 브로이어(Marcel Breuer)[13], 오스카 니마이어(Oscar Niemeyer)[14], 또 루이스 칸(Louis Kahn), 일본에 단게 겐조(丹下健三)[15]. 이런 분들을 기디온이 서드 제너레이션이라 해서 페터 베렌스(Peter Behrens)[16]부터 시작해서 파이브 거장을 거쳐서 세 번째 세대라고. 그게 아마 1960년대 한창 활동하던 분들이었을 거예요. 거기서 알게 된 것이 미스에 대해서, 그때는 물론 우리가 건축에 대해서 처음 접하는 거였으니까 전반적인 얘기를 했죠. 이집트부터 시작해서 19세기까지 건축이 온 과정을 사실은 잘 모른 채로 갑자기 20세기 건축가 공부를 하려니 무리가 있긴 했지만 역시 그 당시는 모더니즘 건축이었고 그렇기 때문에 미스란 분이 참 대단한 분이라는 것을 그때 알게 되었죠. 요즘은 어떻게 평가될지 모르지만은 사실은 1920년 전후해서 일어났던 모더니즘 건축의 큰 역할을 했던 분들이, 아주 우연하게도 미스하고 코르뷔지에하고 그로피우스 전부 피터 베런스 사무실에 모여서 셋이 서로 교류가 되었던 거예요. 그것이 아마 굉장히 큰 영향을 미쳤던 것이 소위 CIAM[17]이라는 걸 만들잖아요. 국제 건축가연맹. 그게 건축이라는 것을 국제화시키는, 나라 간에 국경을 없애는 그런 계기가 된 거 같아요. 거기에 미스가 굉장히 중요한 역할을 했고. 그런 것들을 봤고요. 그리고 미스가 1920년대 초반에 구상했던 몇 가지 생각들이 나중에 50년대 이후에



**13 _**
마르셀 브로이어(Marcel Lajos Breuer, 1902-1981): 헝가리 출신의 미국의 건축가, 가구 디자이너.

**14 _**
오스카 니마이어(Oscar Niemeyer, 1907-2012): 브라질의 건축가. 루시오 코스타, 르 코르뷔지에 등과 함께 브라질정부의 도시현대화 프로젝트에서 주도적 역할을 했다.

**15 _**
단게 겐조(丹下健三, 1913-2005): 일본의 건축가, 도시계획가. 2차 대전 후 일본의 주요 국가 프로젝트에 관여.

**16 _**
페터 베렌스(Peter Behrens, 1868-1940): 독일의 건축가, 디자이너. 근대건축의 설립에 영향을 미쳤다.

**17 _**
CIAM(Congress International d'Architecture Moderne, 근대건축국제회의): 건축가들이 모여 도시、건축의 미래에 대해 논의한 국제회의. 모더니즘 건축 전개에 큰 역할을 하였다. 1928년부터 1959년까지 여러 나라에서 11차례 개최되었음.

미국에 와서 활동할 때까지 기본적인 컨셉이 거의 변하지 않았던 거죠. 우선 크게 내가 생각되는 것은, 2개인데 하나는 '공간의 한정'이랄지, 아주 무한한 공간속에서 건축의 여러 가지 요소들, 예를 들면 바닥, 벽, 천정 이런 것들을, 휴먼스케일을 만드는 '공간의 한정' 속에서 그걸 갖다가 전체 매스로서가 아니라 분해해서 생각하는, 뭐랄까 휴먼스케일라이즈하는 요소로 썼다는 거하고. 그분에게는 벽이라는 것이 보통 그 이전까지의 베어링 월(bearing wall)[18] 하고는 전혀 다른 의미로 쓰였어요. 그것이 나중에 〈시그램 빌딩〉까지 거의 같은 원리로 갔다고요. 〈시그램 빌딩〉에서도 이렇게 바닥을 낮추고 천정을 끌어올려서 실내에 앉아 있으면 바깥의 시야가 다 보이게끔 유리 커튼월(curtain wall)이란 개념을 다르게 해석한다던지. 또 한 가지는, 건축의 형태가 완벽성. 뭐랄까. 말하자면 통합해서, 물론 아주 기본적인 건축의 디테일에서부터 모든 공간을 한 가지의 원리로 통합해서 만들었다, 그것이 아마 강력한 생각이었던 거 같아요. 하여튼 그 이후에 20세기 초반에 일어났던 근대건축 운동들이 2차 대전 때문에 흥하지 않다가 2차 대전 후에, 전 세계를 복구하는 과정에서 인터내셔널 스타일, 국제 건축, 국제 양식, 그런 형식으로 굉장히 크게 보급이 되지 않습니까? 확산이 되는데 가장 대표적인 것이 미스 스타일인 거죠. 2차 대전 이후에 미국에서 SOM[19] 에서 설계한 〈레버 하우스〉(Lever House)라고 하는 집하고 〈UN 헤드쿼터 빌딩〉(UN Headquarter Building)[20]. 두 가지가 대표적인 거 같아요. 미스가 하진 않았지만 미스의 생각의 원리를 차용해서 20세기 산업 구조에 맞는 그런 건축을 만들어 낸 스타일이니까. 거기에 여러 가지 건축 거장들 중에서 미스의 영향이 가장 컸지 않을까 그런 생각을 합니다. 본인 작품보다도 더 많이 확산시켰다는 거지요. 사실 어떻게 보면 코르뷔지에하고 미스가 가장 영향력이 큰 거 같은데. 전혀 다른 각도에서. 그래서 그런 것들을 세미나를 통해서 비록 깊이 알진 못했지만, 그래도 조금 맛을 봤다는 것이 그 다음에도 도움이 되지 않았을까, 이런 생각을 합니다.

**전봉희:** 그게 여름방학 세미나지요?

**윤승중:** 예.

**18_**
베어링 월(bearing wall): 내력벽

**19_**
SOM(Skidmore, Owings and Merrill LLP): 1936년 창립. 미국 시카고에 본사를 둔 건축 설계 및 엔지니어링 회사.

**20_**
오스카 니마이어, 르코르뷔지에, 해리슨 앤 아브라모비츠(Harrison & Abramovitz)가 설계했다.

**전봉희:** 그러면은 홍성부 회장이 하셨다는 주택 조사 거기에는 참가 안하시고요?

**윤승중:** 그건 또 다른 팀이 있었어요. 그것도 그 당시에 꽤 괜찮은 팀이었어요. 여러 집을 직접 방문해서 통계를 내고… 요즘 같으면 통계를 내는 건 컴퓨터로 쉽게 할 수 있지만 그 때는 전부다 수작업해서 했기 때문에 특별한 노력이 필요했어요. 근데 그 팀들이 꽤 잘 되어서 나중에 계속 컴페티션도 같이하고 그랬죠.

**전봉희:** 제도 실습은 누가 담당하셨죠? 1학기 처음에?

**윤승중:** 제도 실습은 지금, 김봉우 선생님 같은데요? 요즘은 여러분들 잘 안 쓰겠지만은, 그때는 티자(T자)하고 삼각자 그리고 또 오구(烏口). 오구라는 게 있어요. 드로잉 펜인데. 이렇게 까마귀 입처럼 생겼다고 일본말로 카라스구치(からすぐち) 라고 그러고. 근데 그것이 얼마나 어려우냐면 거기다 먹물을 채워가지고 소위 잉킹(inking)을 하잖아요? 컴페티션을 하면 전부다 그걸로 잉킹을 해서 하는데 잘 아시겠지만 그리다가 망치기도 하고 너무 굳어 버리니까 또 다시하고 하여튼 그래서 굉장히 힘들었지요. 그걸로 잉킹하고. 잉킹도 그냥 이렇게 하면 맥이 빠지니까 어떤 그 안에 힘이 들어가게, 힘이 느껴지게 그런 식을 그리는 걸 연습 시키고. 아마 테스트할 때는 선긋기 하다가 나중에는 벽돌 쌓기. 벽돌 갖다가 벽을 죽 그리게 하고 또 하나는 건축의 평면이라든지 이런 것들을 카피(copy)하는. 1학기 땐 주로 그런 드로잉(drawing), 설계는 안 하고 그것만 했던 거 같아요.

**김정식:** 그러고 김봉우 교수는 김일성대학 교수로 있다가 넘어오신 분이에요. 그러고 우리가 봉은사 실측하고 그 그림을 그리는데 그분이 와서 여러 가지 지도를 많이 해주셨어요. 특히 칼럼. 둥그런 칼럼을 그릴 때 어디다 음영을 넣어야 하느냐. 반대쪽만 아니고 이쪽에도 조금 넣고 어쩌고 저쩌고 하신 말씀은 지금도 기억이 나고…

**윤승중:** 그 분이 사실 연배가 꽤 되셨고요, 굉장히 실력을 갖춘 분인데, 김일성대학 출신이라는 것 때문에 불이익을 당하셔서 정식 교수가 안 되고 대우 교수가 되었어요. 굉장히 인격적으로도 훌륭한 분이었어요.

**최원준:** 서양건축사하고 현대건축은 다 한 학기에 동시에 하신 건가요?

**윤승중:** 확실히 기억은 안 나는데, 아마 현대건축은 좀 뒤에 했을 거예요.

**김정식:** 우리 때는 교과서이고 뭐고 아무것도 없었어요. 우리가 모르는 거나

선생님 모르는 거나 비슷했다고.

**윤승중:** 2학기 들어서 처음 기대하던 설계라는 것을 하게 되었는데 과제가 많지도 않고 좀 여유 있게 했던 거 같아요. 첫 번째 과제가 주택. 한 15평정도 되는 조그만 주택을 계획하는 거였어요. 평면, 입면, 일반 단면까지. 처음에 연필로 그리고 그걸 갖다 잉킹을 해야 하는데, 그러고 스케일은 50분의 1이었어요. 아주 간단하게 그렸던 거 같아요. 난 좀 건방지게 옛날에 건축 잡지 봤었다는 거 때문에 스케일을 30분의 1 스케일로 평면도 엘레베이션(elevation)을 전부다 프리핸드(free hand)로 그리고. 내가 여러 가지 기호들을 잘 써서 만들고, 그러다가 엘레베이션에다가 프리핸드로 그린 다음에 수채화로 채색해서 제출을 했어요. 그랬더니 이균상 교수님이 보시더니 "무슨 실습 같은 거 했나?" 그러시더라고요. "전혀 없습니다." 했더니, "잘 했네, 근데 말이야..", 삼각 스케일을 가져오시더니, 현관이 있으면 패턴을 넣고 별 생각 없이 핸드레일(handrail) 그려 넣었거든요? 다른 건 다 재서 했는데 그건 그냥 그려 넣었어요. 근데 그걸 재시더라고요.  동그란 걸 "이게 30분의 1이면 확대하면 이만하네. 이렇게 여는 건가?" 그러시더라고. (웃음) 아, 이게 적당히 하는 게 아니구나. 아마 교훈이었던 거 같아요. 그런 식으로 일단 설계시간이 재미가 있었어요. 왜냐하면 전에부터 하고 싶었던 것이었기 때문에…

3학년 건축전시회

그러고 이제 3학년이 되었는데, 건축과가 다른 학과하고 다른 것은, 전시회라는 것을 하잖아요? 전시회가 건축과에서는 굉장히 큰 행사이고 또 축제 같은 거죠. 요새도 그렇지만 그거 때문에 두어 달씩 준비하고 그러다 보니까 전 학년이 전부다 함께 만나서 교류도 생기고. 2학년은 4학년한테 불려가서 소위 시다. 일본 말로 시다(下)인데 '하'자를 쓰는 거지요. 서포트 해주는 역할하고. 3학년, 4학년은 작품을 만드는데 우리가 2학년 때는 불행하게도 전시회가 없었어요. 왜 없었냐면은 바로 윗 학년(13회)의 몇 분이 이균상 교수님 퇴진 운동을 벌였대요. 이균상 교수님이 너무 독불장군으로 독단적으로 하시니까 이균상 선생님이 계시면 건축과가 발전 할 수 없겠다, 해서 하극상, 퇴진운동을 벌인 거죠. 그래서 이균상 교수님한테 찍혀가지고 이놈들, 그래서 이제 전시회도 없다, 다 금지시키고 그래서 4학년 때는, 김 회장님이 4학년이실 때, 우리는 원래 전시회 했으면 불려가서 좀 도와드리고 배웠을 텐데, 그럴 수 없었던 거죠.

그러다가 3학년 때 첫 전시회를 했어요. 처음 4학년의 장영수[21] 회장. 혹시 아시나요? {**전봉희:** 예.} 대우 회장하셨던. 그분이 굉장히 활동적이었는데 그

분이 회장을 맡아서 이균상 교수님 앞에서 농담도 하고 하여튼 잘 이끌어 갔어요. 대외적으로 거창하게 전시회를 합시다, 그것이 학교의 이름을 알리고 그런 거다, 이런 식으로 설득을 해가지고 꽤 보조금도 많이 받고요. 그 때 내 기억으로는, 지금은 불타서 없어졌지만은 지금 광화문에 가면 체신부가 있지요? 우체국. {**전봉희:** 예.} 그 자리에 반공회관이라고 있었어요. 나중에 4.19때 불이 났던 곳인데 거기에 전시장에서 전시하고 그랬어요. 3학년은 거의 1학기 동안 내내 그 작업만 했던 거 같아요.

**김정식:** 조흥은행. 예전엔 조흥은행 자리에서 한번 한 적이 있는데.

**윤승중:** 그건 아마 전일 거예요. 근데 그 때는 3학년하고 4학년이 섞어서 한 팀이 보통 한 다섯 명에서 일곱 명 이렇게 팀을 만들어서 작품을 만드는데, 우리 방은 아까 얘기한 장영수 회장이 자기가 직접 일을 못할 거 같으니까 이제 3학년 중에서 나를 지목해서 그 팀으로 스카웃이 되어서 공일곤 아시죠? 또 그 다음에 한성일[22]이라고 지금 미국 가 있는 친구 있어요. 셋이서 같이 다녔었기 때문에 그 3명을 같이 하겠다 해서 그렇게 팀을 짰는데 그 4학년 선배들이 장영수 씨까지 세 분인데 세 분 다 별로 설계에 별로 관심이 없는 분들이었어요. 우리는 제목을 거창하게 '국회의사당'이라고 지었습니다. 그 때는 중앙청 옆에 지금 정부종합청사 있잖아요? 꽤 큰 땅을 만들어서, 그땐 중앙청이 정부청사였으니까. 국회의사당으로 정하고 프로그램도 직접 만들고 그 당시 3학년으로서는 꽤 거창한 작업을 했어요. 내가 국회의사당 본관을 맡고 4학년 선배들은 도서관, 경비대를 맡고 해서 출품했는데 그래도 평이 좋아서 총장상을 받았거든요.

**전봉희:** 사이트를 어디로 하셨다고요?

**윤승중:** 지금 경복궁 옆에. 그 당시에 중앙청이라는 것이 정부청사 옆이지요. 그 옆에 현재 종합청사가 있는 땅.

**전봉희:** 네. 옛날 경비대 있던 자리군요. 지금 청사 있는 자리요.

**윤승중:** 지금 종합청사 자리. 그래가지고 그때만 해도 상·하 양원과 합동회의장, 이렇게 큰 회의장 3개가 있고, 사무국 있고, 분과위원회 있고,



**21 _**

장영수(張永壽): 1959년 서울대학교 공과대학 건축공학과 졸업. 대우건설 사장, 한국건설문화원 이사장 등을 역임했다.

**22 _**

한성일(韓聖一): 1961년 서울대학교 공과대학 건축공학과 졸업. 김수근건축연구소 근무.

이런 식의 프로그램을 만들어가지고, 일단 전시회를 했어요. 한 학기동안 거의 그 작업만 했던 거 같아요. 진행되는 과정이 굉장히 어렵거든요. 요즘 같이 캐드로 쉽게 하는 것도 아니고 모델도 직접 다 만들고… 공일곤 씨가 모델을 꽤 잘 만들었는데 몇 가지 창작을 한 게 있었어요. 그 전까지만 해도 건축모형 보면은, 유리는 엑스레이 필름을 사다가 삶아서, 염화수은만 떨어지면 맑은 필름이 되어서 유리처럼 되거든요. 자른 다음에 흰 테이프로 새시를 만들고. 벽은 석고로 판을 만들어 가지고. 이거 석고로 하면 깨지기 쉽고 그러기 때문에 자꾸 실패도 하고 그러죠. 그런데 그 당시에 미군부대에서 나오는 굉장히 두꺼운 하드보드지가 있었어요. 전시 패널을 만드는데 좋은 보드가 있어가지고. 꽤 여러 두께의 보드가 있었는데 종이보드를 잘라서 직접 그걸로 매스를 만들고 2밀리미터 유리판에 잉킹을 해서 새시를 그린 다음에 거기다 락카칠을 하게 되면 지워지지 않으니까. 유리판하고 하드보드지로 만드니까 굉장히 편하죠. 하드보드로 하니까 굉장히 여러 칼라들이 있었기 때문에 상당히 컬러풀하게 화려한 모델을 만들었죠. 그리고 그 다음부터 전부 퍼졌던 거 같아요. 그 전에도 물론 그런 게 있었겠지만, 처음 만들었어요. 쉽게 만들었던 거죠. 그렇게 해서 3학년 1학기를 보내고…

**전봉희:** 그 때, 저, 국회의사당을 새로 지어야 한다는 논의들이 사회적으로 있었던 거지요?

**윤승중:** 있었죠, 당연히 있었죠. 왜냐하면 국회의사당이 처음 개원할 때는 중앙청, 옛날 총독부 자리, 거기서 처음 개원했거든요. 거기서 헌법 만들고 그 과정을 다 거기서 했어요.

**전봉희:** 이승만 대통령도 거기서 취임을 하고…

**윤승중:** 1948년 5월 30일 날 국회를 개원을 했는데 사실 그것도 역사적인 기록인데, 왜냐면 청계국민학교 다녔다고 했잖아요? {**전봉희:** 예.} 근데 이상하게 청계국민학교의 합창단이 국회 개원식에 참석을 해서 애국가를 불렀어요. 4개 초등학교가 참석했는데 중앙청 중앙홀 전면 양쪽에 큰 계단이 있었거든. 거기서 그런 기억이 납니다. 거기에 있다가 그 '부민관'이라고 아시나요? 태평로에 있는. 그것이 국회의사당이 되었죠. 거기에 있었거든요. 워낙 조그마한 집인데다가 시민 공회당으로 지어진 것이기 때문에 국회의사당으로 쓰기엔 약간… 그래서 국회가 점점 힘들어 지니까 그런 공론이 생기고 그러다가 1959년에. 나중에 이야기하겠지만, 1959년에 남산에다가 국회의사당 지으려고 해서 대단했던 사건이 생깁니다.

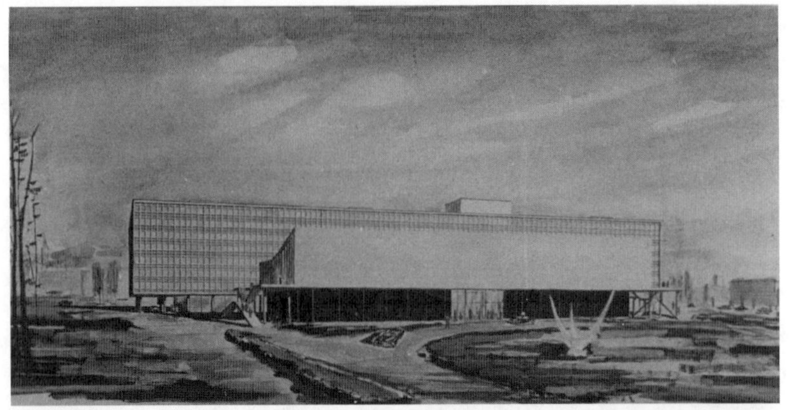

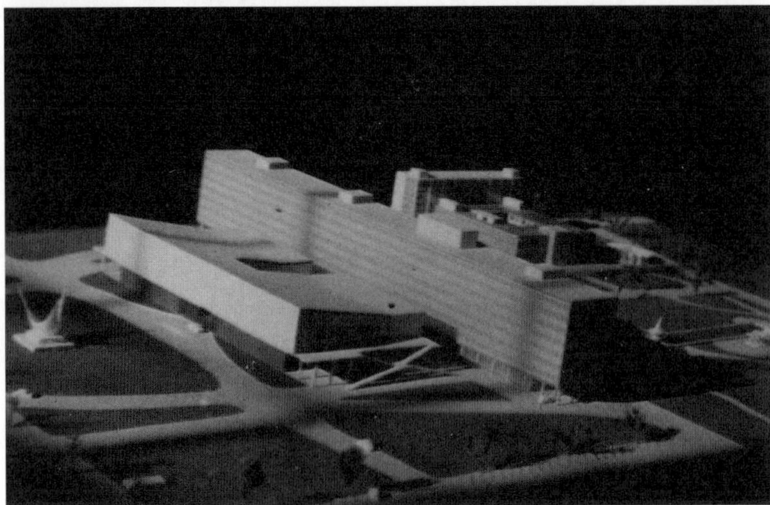



**그림1, 2 _**

국회의사당계획 투시도와 모형 2회 학내작품전 출품.
윤승중 제공.

**전봉희:** 그렇죠. 자료 보니까 그 전에도 종묘 얘기도 나오고 국회를 여기다 해보자, 저기다 해보자, 얘기는 계속 있었던 것 같더라고요.

**윤승중:** 장소 때문에 얘기가 많이 있었어요. 그러고 2학년 때 방학 동안에 있었던 일 중에 또 한 가지 재미있는 사실이 있어요. 나한텐 중요한 건데, 여러 번 얘기 했었지만은, 2학년 여름방학이 되자마자 친구 하나하고 김중업 선생님 사무실을 찾아갔어요. 여름방학 동안 실습을 좀 해보고 싶어서. 그때 여러가지 욕심이 꽤 많았던 같아요. 김중업 선생님이 1956년에 창립하셔가지고 인사동 태화관 건너편에 위치가 좋은 집이 있어요. 거기 사무실에 찾아갔더니 김중업 선생님은 안계시고, 안병의[23] 선생님이 그 당시에 김중업 선생님하고 처남·매부 지간이었어요. 뭐 그때까진 아니었을 지도 몰라요. 어쨌든 사무실의 치프(chief)였는데 나오셔가지고 우리 선배님께 처음 인사드리고 "실습을 좀 하러 왔습니다." 이랬더니 문 열어 보여주면서 한 스무 명 정도 있었는데, "마지막 자리가 있었는데 어저께 한 놈이 와서 채웠다, 자리가 없으니 내년에 와야 하겠다", 라고 그러시더라고요. 그 한 놈이 누구냐면 얼마 전에 작고한 장석웅. {**전봉희:** 아…} 장석웅 회장은 또 나하고 재동국민학교 동창이에요. 장석웅 회장 때문에 김중업 선생님하고 인연이 안 되었거든요. 만약에 그때 한 자리가 비어 있어가지고 실습을 갔었으면 김중업 패밀리로 되어서 조금 다른 스타일을 가졌을 지도 모르죠. 그런데 지나고 생각해보니까 김중업 선생님하고 나하고는 잘 안 맞았을 거 같애. 그 양반 뺑이 세시고 전 그런 거 굉장히 싫어해서, 김중업 선생님하고 아마 잘 안 맞았을 것 같아요. 하여튼 그 당시로는 우리나라 제일의, 선망의 대상이었기 때문에. 프랑스 코르뷔지에 사무실에서 공부하시고 돌아오셔 가지고 전시회를 했거든요? 근데 그 전시회가 그 당시 획기적인 전시회였어요. 그 당시에 작업하셨던 거 하고 한국을 위해서 스케치 몇 개 하신 게 있었어요. 기억나는 게, 〈명보극장〉을 프랑스에 계실 때 부탁을 받아가지고 스케치 하신 거 같아요. 그래서 지었는데, 〈명보극장〉이 꽤 괜찮은 집이었어요. 김중업 선생님에 대해서는 사실 긍정적인 쪽과 부정적인 쪽의 이야기가 굉장히 많아요. 하여튼 일단 그 당시에는 가장 각광을 받는 건축가였고, 가고 싶었죠.

**23 _**
안병의(安秉義, 1927-2005): 1952년 서울대학교 공과대학 건축공학과 졸업. 대한주택공사 건축연구실장, 향건축 대표, 김중업건축연구소 대표이사 등 역임했다.

그 다음에 전시회를 할 때 김중업 선생님이 오셔서 처음 인사할 때 그 말씀을 드렸더니 "아, 진작에 나한테 오지 그랬어. 이번에 와." 그러시더라고요. 갔으면 또 되었을 텐데… 3학년 방학이 되었는데 또 무슨 일 생겼냐면 그때 김희춘 교수님도 와서 좀 도와줬으면 좋겠다고 그러셨고. 또 선배 4학년, 내가 3학년 때 4학년 선배 두 분이 보자고 그래서 만났더니 "좋은 기획이 하나 있는데 니가 좀 참가해라.", "뭡니까?" 그랬더니 대법원 청사를 컴페티션을 하는데 대법원 본관하고 대법원장 공관 컴페티션을 하는데 우리가 팀을 만들어서 공모하려 그러는데 니가 좀 와서 같이 하자.

**김정식:** 누가 그랬어요?

**윤승중:** 그 당시에 나주연[24] 이라고 혹시 아세요? 나주연이라고 있었고요, 박창선[25] 이라고 있었어요. 김회장님의 1년 후배가 되었을 거예요. {김: 예?} 박창선. 박창선 씨는 나보다 서울고등학교 1년 선배이시고 해서 아는데 나주연 선배는 그 당시 조폐공사 사장 하시던 분이 아버지인데 그런 인연으로 이천승[26] 선생님과 집안 끼리 인연이 있었던 거 같아요. 나주연 선배가, 왜 이 말씀 드리냐면은, '이천승 선생님이 일주일에 한 번씩 오셔서 개인적으로 지도해주겠다, 너희들이 그런 식의 작업팀을 만들어라,' 그러셨대요. 근데 또 나는 혼자가 아니고 공일곤하고 한성일하고 셋이 가야 합니다, 그렇게 해서 일곱 명이 모였어요. 그것 때문에 김중업 선생님한테 "죄송합니다" 하고 못가고. 을지로 입구에 대성 빌딩이라고 있는데 '흥사단[27] 있었죠? 흥사단 단체의 본부가 있던 집인데, 아까 박창선 선배의 아버지께서 거기 임원이고 집을 관리하시던 책임자였어요. 그래서 거기 안 쓰는 방을 내주어서 거기를 근거지로 해가지고… 그 당시에는 작업실이라는 개념이 별로 없었거든요. 요즘은 학교 밖에서 작업실을 많이 하지만 당시에는 학교 밖에서 작업실 하는 경우는 거의 없었어요. 우리가 작업실 만들어서 그 때부터 한 2년 반

24 _
나주연(羅宙淵): 1959년 서울대학교 공과대학 건축공학과 졸업.

25 _
박창선(朴昌善): 1960년 서울대학교 공과대학 건축공학과 졸업.

26 _
이천승(李天承, 1910-1992): 건축가. 1932년 경성고등공업학교 건축과 졸업. 남만주철도주식회사를 거쳐 서울대학교 공과대학에서 강의. 1953년 건축가 김정수와 종합건축연구소를 설립했다.

27 _
흥사단(興士團): 1913년 도산 안창호가 미국 샌프란시스코에서 창립한 민족운동단체. 1949년 본부를 국내로 이전하고 미국본부를 미주위원회로 개칭.

동안 작업실을 운영했어요. 나중에 국회의사당 응모도 하고. 방학 때서부터 대법원청사 공모설계를 했죠. 그때 프로그램이 있었는데, 대지가 없어요. 왜 그렇게 했는지 도무지 모르겠는데 아마 정부청사 이런 것들 계획을 할 때기 때문에 대법원도 우리도 뭔가 해야 하겠다 해서… {김: 대법원?} 대법원. 아마 거기서 백지계획을 세우고 정식으로 공개 컴페티션을 했다고 그래요. 요건 또 나중에 얘기하겠지만 우연히, 그게 1958년이었는데 그로부터 32, 3년 지나가지고 진짜로 사이트가 있는, 집을 짓는 리얼 프로젝트 컴페티션에 참가를 해서 당선이 되어서 그 집을 설계를 하였죠. 그러니까 30년 만에 대법원의 설계를 실행한 거죠.

**김정식:** 예행 연습한 거구만. 좋았구만.

**윤승중:** 그렇습니다. 실제로 하다보니깐 대법관이라는 자리가요, 일주일에 한번 정도 또는 두 주일에 한번 정도 재판하고 나머지는 방에서 계속 공부만 하더라고요. 연구를 하는… 법관들이 전부다 아파트 한 채 같은 정도의 방을 갖고 있어요. 방에 사무실도 있고 침실도 있고 접객실도 있고. 왜냐면 그것이 대법관 한 사람마다 유닛이 아파트와 같은 거거든요. 그때도 그런 생각했어요. 유닛이 십자로 모여 있는 타워를 만들고, 법정을 붙이고 이런 식의 안을 만들었던 거죠. 그게 당선이 되었어요.

**전봉희:** 언제, 여름 방학 때 시작하셨다고 하셨는데…

**윤승중:** 가을, 9월이나 10월쯤. 대법원장상을 받고 상금도 받고 했는데, 지어지지 않았었고. 그게 아마 어디 공식 기록에도 별로 없을 거예요.

**김정식:** 찾으면 나오지 않겠어? 대법원에 가가지고…

**윤승중:** 예. 그렇게 해가지고 학생으로서는 굉장한 타이틀을 하나 얻은 거지요. 대법원청사 현상설계 1등 당선, 이런 식의 한 줄 타이틀을 넣어주는…

**전봉희:** 프로도 응모를 했습니까?

**윤승중:** 아, 그럼요. 그때 이천승 선생님께서 우리 작업실에 일주일에 한번 오시다가, 그 양반이 특징이 직접 그리거나 하시는 걸 한 번도 본 적이 없어요. 우리가 직접 한 걸 보고서 몇 가지 코멘트를 하시는데 굉장히 조금 막연하게 코멘트를 하시고 디벨롭(develop) 시키고 하는데 근데 워낙 빠르셔서 생각을, 도면을 보면은 금방 생각을 캐치하시고 핵심을 찔러주시거든요. 굉장히 와 닿죠.

**김정식:** 머리가 좋으신 분이라고.

**윤승중:** 예. 아까 얘기한 경성고공 출신 중에서 가장 대표적으로 머리가 좋으신 분들 중 한 분이신데, 본인께서 이렇게 말씀하세요. 한국을 대표하는 여러 분야의 건축가들 중에서 계획, 디자인 이러면 김중업, 시공 그러면 김순하[28]. 또 구조 그러면 김창집[29]. 이런 식으로, 그리고 또 투시도 하면 엄덕문[30]. 이렇게 다 1인자를 꼽으시면서 '나는 그들을 합친 것과 같다.' (웃음) 모든 분야에서 다 1등을 하신다는 거죠. 그런 식의 자부심을 갖고 계신 거죠. 근데 너무 그렇게 하시다보니 오히려 어떤 고정적인 조직을 잘 안 만드셨어요. 50년대 초반에 김정수 선생님하고 종합건축연구소를 파트너쉽으로 창설하셨는데, 결국 김정수 선생님이 운영을 전담하시고 이 선생님은 밖에서 여러 팀을 지도하면서 고정적인 조직을 안 만드신 거죠. 하지만 그 당시에 누가 봐도 자타가 공인하는 일인자였습니다. 그분께 직접 지도 받았던 게 실제 도움 되었고요. 나하고 생각의 차이가 있던 것은 그분은 철저하게 합리주의, 기능주의여서 그것이 너무 직설적으로 경제적인 쪽으로 자꾸 몰아가시는 거 같았어요. 편하고 가깝고 작고… 근데 이제 난 그것보다 조금 다른게 있지 않을까 해서. 어쨌든 그게 그렇게 해서 이루어진 거죠. 그것이 아마 우리나라 그 당시에 소위 기능주의에 대한 전문가의 해석일 수도 있어요.

**김정식:** 나는 거기에 자주 갔다고요. 종합을 많이 다니고. 하는 건 시다밖에 못했지만…

**윤승중:** 또 데리고 다니시는 팀이 있어서 베테랑급의… 디테일러들. 지도 해주신 분들이 굉장히 많아요. 사실 안영배 선생님도 종합건축을 통해 지도를 받으셨을 거고, 또 김정철 회장님도 종합과 외환은행 시절 지도를 받으셨고… 아무튼 사적으로 꽤 많은데 그런 분의 문하가 되었으니까



**28 _**
김순하(金舜河, 1901-1966): 1924년 경성고등공업학교 건축과 졸업. 전라남도청 기수, 조선총독부, 조선주택영단 등에서 근무하였고, 광복 후에도 정부 여러 부처의 기술자문역을 맡았다. 대표작으로 〈전라남도청사〉(1932), 〈전라남도평의원회의실〉(1932) 등이 있음.

**29 _**
김창집(金昌集, 1917-1990): 1941년 일본 후쿠이(福井)관립고등공업학교 건축과 졸업. 조선군 경리부 기술고원을 지냈다. 1955년부터 홍익대학교 교수로 재직하였으며 김창집구조연구소 대표를 겸함.

**30 _**
엄덕문(嚴德紋, 1919-2012): 일본 와세다대 부속 고등공업학교 건축과 졸업. 엄덕문건축사사무소를 거쳐 1977년 이희태와 엄이건축 창립. 대표작으로 〈마포아파트〉, 〈세종문화회관〉(1973), 〈롯데호텔〉(1974), 〈롯데백화점〉(1988) 등이 있음.

영광스러운 거지요. 3학년을, 2학기를 꽤 활발하게 보냈죠. 아마 건축과를 다니면서 그만큼 열심히 작업했던 게 드물 거예요. 일단 설계 진행을 쭉 맡아 했으니…

그리고 4학년이 되었어요. 그때도 이천승 선생님과의 인연 때문에 사실 구조사(構造社)하고도 관계를 맺게 되었는데, 배기형[31] 선생님이라고 아시나요? 그 당시에 종합 건축이 가장 대표적인, 일 많이 하시는 사무실이고, 그 다음이 배기형 선생님이 하시는 구조사… 그 양반은 약간 디자이너라기보다 엔지니어에 가까우신 분이죠.

**김정식:** 엔지니어가 강하죠.

**윤승중:** 근데 디테일을 보면 상당히, 작품은 상당히 좋았어요. 그 구조사가 있었고. 이광노 선생님 하셨던 무애건축에서 활발하게 작업하셨고. 그밖에 또 엄덕문, 정인국[32], 강명구[33] 이런 분들…

**김정식:** 나상진.

**윤승중:** 나상진[34]. 이희태[35], 김태식, 송민구[36]. 이런 분들이 사무실을 가지고 활동하셨는데, 그때만 해도 1950년대 후반이니까 그렇게 일거리가 많거나

**31 _**
배기형(裵基瀅, 1917-1979): 1935년 부산공립공업학교 건축과를 졸업한 후 일본으로 건너가 건축 실무를 배우고 익혔다. 1946년 구조사(構造社)를 설립. 1968년 한국건축가협회 제6대회장. 1953년부터 공장건축을 중심으로 건축활동을 시작했으며, 장스팬이 요구되는 극장건물들을 맡아 구조전문가로서의 능력을 보여주었다. 대표작으로는 〈서소문동 중앙빌딩〉(1965), 〈명동 유네스코회관〉(1966) 등이 있음.

**32 _**
정인국(鄭寅國, 1916-1975): 1942년 일본 와세다대학(早稻田大學) 이공학부 건축학과 졸업. 홍익대학교의 건축과장·공학부장·대학원장 및 한국건축가협회 창립위원 및 이사·서울특별시 문화재보존위원(1961) 등을 역임했다.

**33 _**
강명구(姜明求, 1917-2000): 1940년 일본 와세다대학(早稻田大學) 부속공업학교 건축과 졸업. 조선주택영단 설계부 기사재직. 1961년 국회의사당 건설위원 및 대한주택영단 주택건설위원 역임했다.

**34 _**
나상진(羅相振, 1923-1973): 건축가. 전북 김제 출생. 1940년 전주공업학교 건축과를 졸업한 후, 일본에서 건축실무를 익혔다. 1952년에 설계사무소를 개설. 대표작으로 〈새나라 부평공장〉, 〈경기도청사〉, 〈서울컨트리클럽하우스〉 등이 있음.

**35 _**
이희태(李喜泰,1925-1981): 1943년 경기공립공업학교 졸업 후 조선주택영단 건축과 근무. 1976년 건축가 엄덕문과 건축설계사무소 엄이건축 개설하여 대표를 역임했다.

**36 _**
송민구(宋旼求, 1920-2010): 1941년 경성고등공업학교 건축과 졸업. 1947년 사회부 주택국 건축과장을 거쳐 송건축 대표 역임했다.

뭐 그런 건 아니었던 거 같아요. 잠깐 그, 1950년대라는 것이 또한 어떤 시츄에이션인가, 조금 말씀드릴 필요가 있을 거 같아요. {**전봉희:** 네.} 아까 이야기했던 것처럼 1920년대 초반에 시작되었던 새로운 건축운동, 모더니즘 운동이 그렇게 활발하지 않다가 2차 대전 끝난 다음에 전 세계적으로 꽤 활발하게 들어오는 과정에서 1955년서부터 1960년, 그 사이가 사실 건축에서 상당히 중요한 모멘트가 되어요. 그 당시에 모더니즘 초기의 거장들. 그 분들이 초기에 만들었던 여러 가지 이론들을 그대로 완성시킨 단계예요. 거진. 그 분들이 60년대에 거의 작고하셨잖아요? 우선 미스는 미국으로 와서 〈레이크 쇼우 아파트〉하고, 또 〈시그램 빌딩〉은 60년 조금 지나서 했을지 몰라요. 그러고 전에 〈IIT 캠퍼스〉 뭐 이런 작품들을 만들었는데 그 원리가 20세기 초반에 생각했던, 발표했던 원리를 구현한 작품들이고. 조금 더 지나서 〈시그램 빌딩〉하고 또 저, 토론토에….



**전봉희:** 정부 건물이요?

**윤승중:** 아니오. 은행건물인데 〈도미니언센터〉인가요?[37] 그게 마지막 작품이 되는. 미스의 결정판이 된 거죠. 그랬고. 또 코르뷔지에는 조금 다르게 충격적인 작품을 두개 발표하는데 하나는 〈롱샹 성당〉 기억나시죠? 〈라투레트〉 두 가지 작품인데 1950년대 중반에 나옵니다. 코르뷔지에의 20세기 초반의 주장하고 상당히 다른… 20세기 초반에는 굉장히 '모듈러(modulor)'란 개념하고 그리고 합리적인 '도미노 시스템'(Domino system)으로. 현대건축의 이론적 단초를 제공했던 분인데, 50년대 들어와서는 작품은 굉장히 다른 소위 브루털(brutal)하고 굉장히 자연주의적이고 뭔가 조소적인 그런 식의 디자인을 가지는 상당히 충격적인 작품들이었어요. 하여튼 코르뷔지에의 마지막 완성품이 지어지는 시기였고. 또 라이트는 〈구겐하임〉을 비롯해서 라이트의, 결정적인 마스터피스(masterpiece)를 발표하고 세계적 거장들이 거의 결정판 작품들을 발표하던 시기였던 거죠. 그러면서 한편으로는 모더니즘이 그땐 저항이 또 한 번 일어난 것은, 그 당시에는 우리나라에선 사실 잘 못 느끼는 이야기인데 CIAM의 10차 회의가 1956년인가 있었는데 그때 논쟁이 있었다고 해요. 20세기 초반에

**37_**
토론토 도미니언센터(Toronto-Dominion Centre, 1967): 토론토 도미니언 은행의 의뢰로 미스가 설계한 건물로 6개의 빌딩과 1개의 파빌리온으로 이루어져 있다.

했던 모더니즘의 모든 것들이 상당히 완벽한 이론 체계를 가진 것으로 주장되었던 것에 비해서 새로운 젊은 건축가들은 굉장히 그것을 확장시켜서, 모든 것을 다 받아들일 수 있는 다양한 그런 게 되는데 그런 충격들이 있어가지고 CIAM이 끝이 나고 팀텐[38]이라는 것이 나오잖아요? 그것이 바로 또 1950년대 중반에 한 세기가 끝나고 다음에 준비가 되니 결국 1920년 초반에 있었던 일들이 1950년에 다시 한 번 시작이 된 걸로 봐야 하겠죠. 근데 그런 운동들이, 정보들이 한국, 우리한테까지는 그렇게 실감나게 다가오진 않았었어요. 그래도 정보를 계속 가졌던 것은 건축잡지들을 읽는데 미국 걸로는 『아키텍추럴 포럼』(Architectural Forum)이 있고 『아키텍추럴 레코드』(Architectural Record), 그리고 또 『프로그레시브 아키텍처』(Progressive Architecture) 세 가지가 대표적인 거였는데. 『포럼』은 지금 없어진 거 같아요. 그 중에서 『레코드』가 비교적 굉장히 좋은 작품을 많이 실어 소개해주던 잡지였었어요. 그것도 또 어떻게 부탁을 해서 한 3년간 정기구독을 했었거든요?

1950년대 건축잡지

**전봉희:** 아, 선생님 개인적으로요?

**윤승중:** 예, 그것도 꽤 비쌌는데. 한 20몇 불 쯤 되었는데 1년만 하면 12불이고, 3년이면 24불이고 그랬어요. 근데 항공편으로 오는 게 아니라 배타고 오기 때문에 한두 달 지나야지 오곤 했죠. 근데 그것도 이제, 뭐죠? 충무로 같은데 가면은 미군부대에서 흘러나온 잡지들이 있어서 거기서 드문드문 잡지도 볼 수가 있었고… 그런 잡지들 꽤 구해서 봤어요. 또 일본 잡지 중에서는 『신건축』[39], 『건축문화』[40] 나중에 없어졌지만 상당히 좋은 잡지 중의 하나가『국제건축』이란 잡지가 있었어요. 건축과 도시를 접합 시켜서 어바니즘(urbanism)이란 걸 강조하는 그런 잡지가 있었는데 그것이 너무 순수하게 나가다가 결국엔 망했어요. 그런 잡지가 있었고… 또 드물게 프랑스에 『라키텍투허 도죠두이』(L'Architecture d'aujourd'hui)[41] 이런 잡지가. 이건 프랑스어라서 볼 수가 없으니까 그림이나 사진이 엄청나게 많아요.

**38_**
팀텐(Team 10): 1953년 CIAM의 9차 회의 때 결성된 건축가 그룹. CIAM의 어버니즘에 대한 생각에 대항하여 분파를 형성했다.

**39_**
『신건축(新建築)』: 일본 신건축사에서 1925년부터 발행된 건축월간지.

**40_**
『건축문화(建築文化)』: 일본 쇼코쿠샤(彰国社)에서 1946년부터 발행된 건축월간지. 2004년 12월호를 마지막으로 휴간.

**41_**
『라키텍투허 도죠두이(L'Architecture d'aujourd'hui)』: 1930년부터 현재까지 발간되고 있는 프랑스의 건축잡지.

굉장히 두꺼운 잡진데 프로젝트가 꽉 차있는. 정보를 볼 수 있었기 때문에 그렇게 체감을 하진 못했지만 어느 정도까지는 알 수가 있었죠. 그렇게 몇 가지 충격을 받고 또, 요른 웃존(Jorn Utzon)[42]의 시드니 오페라 하우스가 그 당시에 컴페티션이 발표가 되었거든요, 잡지에. 그때 그걸 보고 기절을 했어요. 이런 집이 가능하느냐. 그 다음에 후속 것이 일본 잡지를 통해서 나왔는데 쉘(shell)이잖아요? 전부다 프리패브[43]로 했어요. 굉장히 자세한 글이 나왔는데, 그걸 보고 굉장히 감탄했어요. 1950년대에 유럽에서는 콘크리트를 전부 프리패브로 해서 공장생산화 되는 게 꽤 많이 되고 있었거든요. 모듈 시스템으로… 그 엄청난 조형에 그 집을 전부다 프리패브로 할 생각을 했다는 것이 대단한 거죠. 그 당시는 거의 무명이었던 건축가인데. 그런데 문제는 뒤에 들은 얘기입니다만은, 그 집을 완성할 때까지 한 10몇 년 걸렸대요. 처음엔 초청을 받아 진행하다가 잘 성사가 안 되거든요. 개념적으로만 되지 않으니까 하다가 자기가 포기하고 가버리고, 나중에 그, 구조 회사 있죠?



**우동선:** 오브 아럽(Ove Arup)[44]

**윤승중:** 오브 아럽. 그래서 그걸 전혀 다른 방법으로 당초의 콘크리트 쉘 대신에 철골을 이용해서 한다 해서 처음 당선안 보다 지금은 굉장히 둔해졌어요. 쉘 모양도 그렇고. 하여튼 굉장히 획기적인 작품이 나오고. 또 하나는 사리넨. 〈예일 대학 기숙사〉인가? 그걸 설계하였는데.

**전봉희:** 하키 경기장….

**윤승중:** 하키 경기장 있고 그 다음에 이어서… 사리넨일 거예요. 또 충격이었던 것이 뭐냐면 사리넨도 모더니스트이잖아요. 상당히 기술이 앞서 있는. 그, 〈TWA 터미널〉. 물론 굉장히 기술지향적인 그런 집인데 그것을 사리넨이 갑자기 유럽 시골에 있는 돌집 모양으로 이렇게 굉장히 로맨틱한 안을 만들었다고요. 그 플랜도 보면 굉장히 그런 흐름이… 그래서 뭔가 건축이 변하고 있구나. 지금까지 배웠던 그런 간결한 모더니즘 건축과는

42 _
요른 웃존(Jorn Utzon, 1918-2008): 덴마크 건축가. 대표작으로 〈시드니 오페라하우스〉가 있다.

43 _
프리패브리케이션(prefabrication) 공법: 미리 부재를 공장에서 생산·가공하여 건축현장에서 조립하는 공법.

44 _
Ove Arup & Partners: 세계적으로 유명한 영국의 구조설계회사. 덴마크계 영국인 구조설계가 Ove Arup(1895-1988)이 창설하였으며, 1963년에 Arup Associates가 결성. 현재는 세계 37개국에 거점을 두는 구조·설계사무소이다.

1950년대 한국 · 건축 · 건축가

다른 걸 할 수 있구나 하는 걸 볼 수 있었고. 한국에도 1950년대에 아마 6.25 전쟁 끝난 지 얼마 안 되었을 때 제일 처음에 가장 인상적이었던 집이 강명구 선생님 하셨던 〈계영빌딩〉이라고 혹시 기억나시나요? 그게 종로 2가에 있었는데. 종로 2가에 불이 나서 거의 다 백지가 되었을 때 제일 처음 생겼던 집이 〈계영빌딩〉이에요. 그 집 자체는 좋은 집은 아닌데 뭐가 특징이었냐면, 정면을 완전히 그래픽, 몬드리안 같은 그래픽으로 했어요. 근데 컬러가 없이 흑색 시멘트를 써서 몬드리안 같은 그래픽을 만들어서. 그때까지는 집이라는 게 보통 벽돌 쌓고 창문 내고 그런 거잖아요? 근데 그런 파사드라는 것을 디자인하는 그런 집이었고. 두 번째로 그 미도파 백화점 바로 옆에 〈미우만 백화점〉이란 것이 조그맣게 생겼어요. 근데 그거는 전면 폭이 좁고 안으로 깊은 그런 백화점인데, 그게 또 왜 의미가 있냐면, 겉에서는 집 전체의 극히 일부 밖에 안보이거든요? 폭이 좁기 때문에. 한 5,6층 되는 집인데 폭이 높이의 반 정도 밖에 안 되는 비율로 된 파사드를 가진 집인데 아까 〈계영빌딩〉은 시멘트를 가지고 그래픽을 했는데 이거는 알미늄을 가지고 그래픽 했어요. 커튼월인데 그래픽. 내가 알기로는 정인국 선생님이 설계를 하신 집 같아요. 1954년 정도나 되었는데. 우리나라가 커튼월 파사드를 전혀 내용하고 관계없이 스킨으로, 커튼월로 알미늄이란 메탈을 가지고. 근데 그때의 알미늄이라는 것은 요즘같이 소위 뽑아내는 사출된 것이 아니라 알미늄 판을 갖다가 두들겨서 만들어내는 그런 식의 것이죠. 그걸 커튼월 그래픽을 만들었어요, 유리 커튼월만 가지고. 거기서 1954년인가, 아마 내가 고등학교 2학년 때인데, 종합건축에서 당선한 공군본부청사 컴페가 있었거든요. 그때 처음 건축 전시를 했어요. 컴페 가지고 건축전시회 거의 처음이었던 거 같아요. 김정수 선생의 종합건축이 당선이었고…

**김정식:** 종합이죠.

**윤승중:** 종합. 2등이 정인국. 종합 안보다 정인국 선생님이 훨씬 모던한, 유리 커튼월로 된 거였거든요. 종합 안이 당선 되었고 그래서 그걸 짓기로 합니다. 조금 지나서 김중업 선생님이 돌아오셔 가지고 아까 얘기한 〈명보극장〉이라든지, 〈서강대학교 본관〉. 그 〈서강대학교 본관〉은 김중업 선생님의 대표작 중의 하나에요. 코르뷔지에를 계승하는 건축 원리가 꽤 많이 쓰였거든요. 지붕 위에다가 '공간의 한정'이라는 장치도 있고 유보도(遊步道) 같은 개념의 복도도 있고. 또 엔트런스가 재밌어요. 굉장히 문이 큰데 중간에 힌지 넣어서 큰 문이 무겁게 싹 열리는 문. 그리고 물을 끌어들여가지고… 그래서 굉장히 디자인이 좋은 집이에요. 혹시 가보신적 있나요?

**전봉희:** 예, 가봤습니다.

**윤승중:** 복도나 이런 것들도 보면은 상당히 좋은 집이죠. 유럽풍의 그런 집이죠. 그런 것들이 다 1950년대에 이루어졌거든요. 우리 건축가들이 굉장히 어려운 시기에, 그 당시에 우리 국민 소득이 1000불도 안되었던, 아니, 100불도 안되었던 그런 시기였고, 전쟁 후에는 건설기술도 백지였는데 건축가들이 쉬지 않고 활동을 했던 거죠. 또 종합건축하고 이천승 선생님 같은 경우는 〈시민회관〉, 몇 개의 고층 건물들, 〈국제 극장〉. 그건 처음으로 스테디움(stadium) 식으로 된 굉장히 좋은 극장이었어요. 거기에 커튼월 있었고. 이것 또 없어졌지만은 〈신신 백화점〉 혹시 기억하시나요?

**김정식:** 김정수 선생이 설계했지.

**전봉희:** 네, 아케이드?

**윤승중:** 네. 쇼핑몰, 아케이드를 처음 시도한 거예요. 규모도 작고 시장을 조금 바꾼 것 같지만 상당히 세련된 아케이드였죠.

**김정식:** 그것도 커튼월 이래요.

**윤승중:** 복합 상업시설? 그게 처음이었어요. 근데 그렇게 화신백화점 건너편에 그 2층짜리 집을 지었을까, 지금은 제일은행이 쓰고 있죠. 우리가 설계한 제일은행 때문에 그 집을 헐었거든요? 아마 기록을 잘 해두었을 텐데, 어딘가 있을 테고. 그 당시부터 도시 계획을 하고 있어서 거기가 용도지구가 되어 있었기 때문에 임시건물, 간이건물 허가밖에 못 받았어요. 그래서 2층으로 짓고…

**전봉희:** 그 자리가 예전에 법원 자리더라고요? 재판소 자리?

**윤승중:** 아, 거기가요?

**전봉희:** 일제 때. 서소문으로 다 모이기 전에…

**윤승중:** 그건 잘 모르겠는데. 나중에 그거를 아깝지만 헐고 지금 제일은행이 들어간 거죠. 하여튼 그런 식으로 1950년대, 1955년대부터 60년 사이, 내가 대학을 다니던 그 기간 동안에 한국 건축계는 그렇게 쉬지 않고 그래도 뭔가 활동을 했어요. 지금 보면 그것도 다 우스운 집들일 수도 있지만은, 그 당시로는 대단한 의지를 가지고, 굉장히 어려운 시기였을 텐데 그런 것들을 만들었다는 것이 사실에 경의를 표해야 될 일인 것 같습니다. 이런 얘기를 내가 자세히 남기는 것은 그런 식의 숨은 노력들을 남기기 위해서 얘기를

하는거죠.

**전봉희:** 신신 백화점도 화신 소유였나요? 같은 박홍식[45] 씨..

**윤승중:** 예, 박홍식, 화신.

**김정식:** 그때만 해도 건축 자재라는 게 거의 없어요. 시멘트도 귀하고 철근도 귀하고 모든 게 다 귀하던 때고 알미늄, 그 한참 나중에 알게 되어서 늦게 들어와 수입해서 알게 되었지 알미늄도 없고…

**윤승중:** 알미늄 판을 갖다가 철공소에서 전부 두들겨서…

**김정식:** 글쎄 말이에요, 거기에 김정수 선생, 그거를 하나 보내자면 프리캐스트 콘크리트. 거기 안국동에 있는 학교가 뭐있죠? 여학교?

**윤승중:** 풍문.

**김정식:** 풍문. 거기에 그거를 김정수 선생이 했다고. 제일 처음에.

**전봉희:** 아, 한옥지붕 쪽 올라가는 것 말씀이시죠?

**김정식:** 아니, 아니.

**윤승중:** 학교 정면에 했다고.

**전봉희:** 아, 그런가요?

**김정식:** 네모난 프리패브릭 만들어 가지고 창문을 깎아 붙인 거예요.

**전봉희:** 볼 때마다 선이 참 잘나왔다 생각했었는데…

**김정식:** 처음에 김정수 선생님이, 그 다음에 연대, 연대 학생회관이니…

**윤승중:** 1950년대 YMCA 있잖아요? 그 안에 굉장히 많은 엔지니어 기술들이 들어가 있어요. 겉에는 비록 철근으로 만든 거긴 하지만은 콘크리트 리브에다가 알미늄 판을 붙여서 커튼월을 만들었고 뒤에 가면 큰 홀이 있는데 I빔, 콘크리트 I빔에다가 블록을 끼워서 바닥을 만들었어요. 그런 것도 있고. 또 하여튼 기술이 굉장히 많이 들어간 집이에요. 어떻게 보면 굉장히 평범해

45 _
박홍식(朴興植, 1903-1994): 화신백화점의 소유자.
당시 한국 최대의 부호 중의 한 사람.

보이는 집인데 그것도 종합에서 했어요.

(휴식)

**전봉희:** 쉬는 시간이 끝났나요? (웃음) 좀 쉬셨어야 되는데.

**윤승중:** 너무 상세하게 길게 얘기한 거 아닌가?

**전봉희:** 아닙니다.

**김정식:** 아주 기억력이 참 좋으셔.

**윤승중:** 그 당시에 상황을 여러분들이… 물론 공부하시는 분들이니까 잘 아시겠지만, 그래도 좀 산 사람들 통해서 알 수도 있죠.



**전봉희:** 서울역에서 남대문으로 올라가는 길에 보면 좌우로 이렇게 같은 층의 건물이 쭉 있고 그 다음에 을지로에도 보면 같은 층의 건물들이 있는데, 그게 전후 복구사업이라 그렇습니까?

**윤승중:** 을지로는 제일 먼저 복구가 됐거든요? 원래 1층 밑에 건축자재상들이 {**전봉희:** 그렇죠.} 보여 지고 근데 그것이 과거의 을지로의 모습. 그런 것이 없어진 것이, 일제시기 때 일본사람들 본거지였거든요, 을지로(黃金町), 명동(明治町), 충무로(本町). 그리고 일본사람들이 간 다음에 좀 성격이 애매해졌어요. 종로는 옛날부터 있던 종로대로가 있어서… 주로 상가들이 있었는데 을지로가 조금 애매해졌었다가 6.25 이후 폭격으로 거의 파괴된 것이 제일 먼저 복구하는데 굉장히 싸게, 시멘트 블록 쌓고 그 위에 슬라브 얹고 또 쭉 쌓고 그 다음에 이층 슬라브에 지붕을 얹고, 그다음 타일 붙이고, 창문내고. 그렇게 가장 원시적인 방법으로 집들 지어서 장사를 하거든요. 그것도 꽤 오랫동안 남아있었고 지금도 남아 있는 게 있을 거 같은데요.

**전봉희:** 그전에 그러면 저 전쟁 전에는 일본 사람들의 목조 이층상가들이 있었나요?

**윤승중:** 아 네. 대체적으로 그런 집들이 있었습니다. 저 일본사람들이 만든 것은 목조이층상가들인데 우리나라에 없는 타입이거든? 종로에는 몇 개 있었어요. 드문드문 있었고, 대부분 다 나무판으로 이렇게 (비닐판벽인 듯) 만들어진 집들이 있었죠.

**전봉희:** 지금도 서울역에서 남대문으로 올라가는 길에 좌우에 보면 이렇게 4층, 띠창이. 4층 건물인데, 지금 보면 대개 증축을 해서 5층이거나

부분적으로 6층으로 올라간 집도 있고, 가로변을 타고 쭉 같은 이미지니까…

**윤승중:** 그때 이승만 대통령의 특명으로 육군공병대가 지원을 해가지고 지은 집이 남대문 사거리에 하나 있어요. 커브를 따라 있는 집인데. {네.}

**김정식:** 내가… 대한빌딩하고 남대문이 있으면은 돌아서 시청으로 가면 {동북쪽}

**전봉희:** 아. 지금도 거기에 뭐… {**김정식:** 있어요, 있어요.}

**윤승중:** 지금은 완전히 다른 집이 되었는데. {네.} 푸르스름한 타일로 이렇게 된 아주 간단하게 지은 집이 하나 있어요. 궁금했는데 (김정식이사장을 가리키며) 그걸 직접 지으셨군요.

**김정식:** 그거 할 때 내가 7-8개월 거기에 있었어요.

**윤승중:** 그 주변에 그렇게 공병대를 동원해 가지고 전후복구를 도와줬을 가능성이 있어요. 왜냐하면 그게 간선도로이기 때문에.

**우동선:** 루버(louver)가 많이 나오고 창문 메운 것도…

**전봉희:** 루버가 많이 나오는 거는 지금 상공회의소 자리에 있었던 옛날 상공. 물산장려관 아닌가요?

**윤승중:** 〈조선물산장려관〉이 굉장히 심플한 집인데.

**전봉희:** 그 집은 어디에 있었어요? 그게 지금 '상공회의소' 자리 아닌가요?

**윤승중:** '상공회의소' 자리죠. 근데 아까 얘기한 건너편, 남대문의 서북쪽. {**전봉희:** 그렇죠. 그렇죠.} 그게 한 이층인가 삼층인가 아주 얌전한 집이었는데. {**전봉희:** 그 집이 꽤 있었던 거죠?} 일제 강점기 때부터 있었던 집이죠. 5.16이후에 무역진흥공사 사옥으로 사용했어요.

**전봉희:** 배기형 선생에 대해서 조금 아시는 게 있으세요?

**윤승중:** 배기형 선생은 1950년대 중반서부터 70년대까지 하여튼 우리나라 건축계에 크게 기여를 하신분이예요. 건축을 공학적으로 정교하게 설계하시는 경향이었는데, 당시 삼성의 이병철 회장과 친분이 있어서 삼성본관, 중앙일보 등 상당이 일을 많이 하셨어요. 또 1959년 경인가 한동안 이천승선생과 손을 잡고 명동의 유네스코(UNESCO)빌딩 컴페에 당선돼서 완성하기도 했어요. 가령 대표적인 예가 남대문에서 신세계백화점 쪽으로 가다보면 북쪽에 조흥은행 지점이 하나있어요. 한 6층 정도 되는데. 여기에

집들이 좀 단순했었는데, 단순했던 이유가 대체로 경제적인 이유 때문에 그랬어요. 그런데 배기형 선생 그 작품은 입면의 변화가 있는… 지금까지도 아마 있을 거예요. 조흥은행 남대문로지점이 있었고요, 유네스코 회관, 여러 가지 건축적 요소가 수직요소, 수평요소, 루버, 굉장히 다양한 그런 구성을 가지는 집이고.

**전봉희:** 교육은 어디서 받으신 거예요? 고공출신은 아니신 거죠?

**윤승중:** 고공출신은 아니에요. {**김정식:** 일본에서 받았죠?} 일본에서 무슨 기술학교정도를 아마…

**김정식:** 자세히 모르겠는데 내가 볼 때는 말이에요, 원정수씨가 거기가 좀 있었다고. {네.}



**윤승중:** 저도 가끔 불려갔었거든요. 아르바이트라기보다 그냥 도와드렸는데 한번은 저녁때 놀러갔다가 붙잡혔어요. "너 밤에 할 일 있으니 남아라." 그래서 다른 사람들 다 퇴근하고 그때가 1월 달 굉장히 추운 날이었는데 갑자기 주택을 하나 계획을 해봐 이러셔요. 내일까지 갖다 보여줘야 하니까 혼자 남아서. 배 선생님은 딴방에 계시고. 갑자기 뭘 하나 하게 됐어요. 근데 밤이 되니까 갑자기 추워지기 시작하는 거예요. 이만한 통에다가 조개탄 태워갖고 난로로 쓰던 그런 때였는데. 난로가 꺼지기 시작하는데 석탄이 없어요. (웃음) 한 12시쯤 되니까 또 통행금지네. 집에 못가. 불이 꺼지고 그러니까 방이 갑자기 추워지더니 뭐. 그런데 나중에 기록을 보니까 영하 20도쯤 되더라고요. (웃음) 배기형 선생님이 딴방에 계시다가 춥다고 오셔가지고 같이 밤을 새우고 새벽에 집을 가는데 학생 때니까 돈이 없으니까 택시 값이라도 줬으면 좋겠는데… 집이 종로구 화동이었으니까 꽤 시간이 걸리죠. 힘들다 이러시면서 그냥 보내시더라고요. (웃음)

**전봉희:** 배기형 선생님 사무실은 그때 어디…?

**윤승중:** 을지로 2가. {을지로 2가에서} 근데 가끔가다 그렇게 일을 시키시고, 이것도 나중얘기지만 출입금지를 한번 당했던 적이 있어요. 그때 재미있는 것은 그 사무실에 가면은 전실이 하나 있는데 사무실에 들어가기 전에, 조그마한 미팅룸이 하나 있어요. 조그마한 표 파는 창문 있잖아요? 비서실이 따로 있지 않았기 때문에 안에 근무하다가 누가 방문을 하면 내다보고 그때서야 사람이 나오고.

**김정식:** 우리 동기에 김일진[46] 교수라고 영남대학에 계셨는데 그분이

구조사에 오래 계셨어요.

**윤승중:** 그리고 구조사는 또 그 당시만 해도 물자가 귀할 때라 그랬는지 연필을 깎아서 쓰는데, 연필을 다 쓰고 몽땅 연필을 가져가면 그 개수만큼 새 연필을 교환하는 그런 식이었죠. 몽땅 연필 종이를 말아 꽂아가지고 진짜 없어질 때까지 쓰고 그랬었는데 김일진 선배가 그게 좀 마음에 안 든거지요. 하루는 미제 연필 좋은 거 한 다스 사가지고 길게 쫙 깎아서 열두 자루를 쫙 펼쳐놨어요. 배 선생님이 지나가시다 보시는 거지. 이 사람 이거 왜이래, 하면서 약간 민망하시게. 또 공일곤이란 친구는 어땠는데. 그 친구는 다섯 시만 되면 무조건 퇴근하는 주의였어요. 그때는 설계사무실이 일이 없어도 괜히 자리를 지켜야.

**김정식:** 아침부터 저녁까지….

**윤승중:** 보스가 계시면 뭐, 또….

**김정식:** 나가지도 못하고.

**윤승중:** 또 어떤 보스는 낮엔 밖에 하루 종일 계시다가 다섯 시쯤 들어와서 못 가게 하는 거죠. 못 가게. 그런 시대였는데 공일곤 선생은 뭐, 배 선생님이 아무리 뭐라 그러셔도 저는 갑니다 하고 갑니다. 그래서 그 후 그것이 약간 제도화가 되었다고요. 일 없으면 가라.

**김정식:** 옛날에 제가 정림 시작할 때도 아침에 일찍 가서 그날 밤 열한시 반까지 딱 지키고 있으니까는 죽으려고 들 하더라고요.

**윤승중:** 제일, 곤란한 게 보스가 다섯 시에 들어와서 앉아 있는 모습.

**김정식:** 글쎄 말이야.

**윤승중:** 그때만 해도 사실 시다, 맨 밑에 말단들은 꼼짝도 못할 때고 말도 잘 못하고 그럴 때죠. 도제 시스템이라 그러나. 선배한테 배운다, 그런 개념이 쭉 있었기 때문에 그런 분위기였었어요.



김일진(金一鎭, 1935-): 1958년 서울대학교 공과대학 건축공학과 졸업. 구조사건축연구소를 거쳐 김일진건축설계연구소를 운영하였다. 영남대학교 건축공학과 교수를 역임하고 현재 명예교수.

**전봉희:** 자, 이제 그럼 4학년으로 넘어가셔도 되나요?

**우동선:** 예, 됩니다. 근데, 도제 시스템에 충실히 하느라고, 수업이 많지 않으셨나 봐요? 시간이 많으셨나요? (웃음) 아르바이트를….

**윤승중:** 아, 나요? 학교 수업은 굉장히 많이 빠졌죠. 그래도 3학년 때까지는 간간히 갔어요. (웃음) 중요한 시간은 갔었어요. 사실 4학년 2학기 때는 진짜 학교를 못 갔어요. 그 때만해도 그렇게 출석이 좀 엄격하진 않았고, 학교 자체가 썩 수업에 충실하지 않았기 때문에, 또 봐주는 것도 있었고 하여튼… 그래서 설명을 드리면 되고 그랬죠.

4학년이 되었죠. 4학년 때는 또 전시회를 해서 4학년 1학기는 거의 전시회에 시간을 썼던 거 같아요. 그때는 전시회를 신세계 백화점을 빌려서 했거든요. 그때는, 또 전에는 팀으로 했었잖아요? 그때는 전부다 단독 작품으로. 그때는 공과대학 도서관. 그런 작품을 했던 기억이 나고….

**김정식:** 나중에 김수근 선생이 했지?

**윤승중:** 아, 공과대학 도서관이요? 예, 저는 학교 과제로. 1학기는 오히려 그런 식으로 보냈고, 전시회하면서. 그 당시에 전시회라 하면 거의 24시간 학교에서 보내고 그런, 상당히 재미가 있었어요. 요즘도 그렇게 하나요?

**전봉희:** 네.

**윤승중:** 건축과의 특징 중 하나이지요. 다른 과에서 굉장히 부러워했던 거거든요. 야식 사서 먹기도 하고 가끔 또 파티도 하고 그러니깐… 그렇게 4학년 1학기를 보냈고. 이제, 4학년 여름방학이 있었는데 또 일이 생겼어요. 아까 얘기했던 국회의사당이 워낙 컴페티션이 예고가 돼있었어요. 한번 예고가 되었다가 연기되었는데, 먼저 대법원할 때 했던 팀이 작업실을 운영하고 있었기 때문에 거기서 가끔 아르바이트도 하고 그 누가 또 모델 같은 거 만들어 달라하면 만들어서 돈도 벌고 그렇게 하면서 작업실을 계속 운영을 했었거든요. 그게 규모가 한 5,6만평 되었던 거 같아요. 국회의사당 본관이 있고 국회 도서관, 부속 건물들, 거기다가 의원 회관, 각종… 전부다 합치면 한 6만평 이정도 되었던 것 같아요. 그만한 규모의 프로젝트가 없었기 때문에 국회의사당이란 타이틀부터가 그랬고, 또 규모도 규모고, 그랬기 때문에 전국이 동원되었을 거예요. 심지어는 학기 시작하고 9월 초에 학교에 왔더니 딱 네 명이 앉아있어요. 40명 중에서. 교수님은 김형걸 교수님. 구조 시간이었으니까. 오셔서 이렇게 보시더니 '다들 어디 갔나?' 사실은 선생님도

다 알고 계셨죠. 학생들이 우리가 직접 하는 팀도 한두 팀 있었고, 다른 팀에 가서 도와주고 하는 팀이 있었고. 어쨌든 다 불려갔거든요. 교수님들도 김희춘 교수님, 이광노 교수님 다들 작업을 하셨으니까. 그래서 거기에 안 낀, 그날 출석한 사람이 4명이랑, 나는 미안해서 학교에 갔더니 그렇게, 그런 상황이었던 거지요. 김형걸 교수님이 한참 보시더니 할 수 없지, 뭐 '자네들은 다 쭉정이들이구만.' (웃음)

**김정식:** 불려가지도 못했다 그 말이지.

**윤승중:** 그래서 할 수 없이 끝날 때까지 두 달쯤인데 '휴강을 하자. 학생 수가 이거밖에 안되어서 어떻게 수업을 하냐.' 그래서 몇 가지 책을 소개해주시고 그때부터 휴강을 했어요. 그 다음부터 건축과가 전부다 휴강을 했어요.(웃음) 건축과가 거의 폐쇄가 되었어요, 10월 중순까지. 교수님들도 다 김희춘 교수님, 이광노 교수님 이렇게 팀 작업 하셨고. 김정식 선배님은 어느 팀이셨어요? 종합 팀이셨나요?

**김정식:** 아마 종합일 거예요. 난 종합 밖에 다니지 않았어요.

**윤승중:** 우리나라 그 당시 한다는 사무실이 거의 다 했고. 우리 같이 진짜 학생 팀, 학생 공모전 팀이 있었거든요. 그런 팀도 한두 팀 있었고. 그렇게 해서 하여튼 참가했죠. 국회의사당이 여러 번 거론이 되다가 갑자기 남산에다가 국회의사당 짓겠다, 그런데 남산이란 산은 서울사람들한테는 굉장히 애정의 대상이고, 그러니까 사람들이 집에서 남산이 보이는 집을 최고로 삼았어요. 예전에 이야기했는데, 다동에 살던 집이 마당에서 남산이 보였거든요? 그런 집을 굉장히 좋아했던 것처럼, 배산임수로 볼 때 앞에 한강이 있고 뒤에 남산이 있고 그래서 서울 사람들한테는 굉장히 애정의 대상이었던 것 같아요. 그런데 남산을 갖다가 허리를 잘라내고 거기다 국회의사당을 짓겠다 해서 굉장히 많은 반대가 있었어요. 그것도 이승만 대통령이 워낙 강경하게 추진해가지고 일단 컴페티션에까지 간 거지. 근데 남산이란 데가 그런 걸 알고 이미 일본 사람들이 지금 어린이회관이 있는 자리, 세 단으로 되어 있으면 제일 높은 자린데 거기는 깎아서 경성신궁[47]을 만들었죠. 곧바로 앞에다 총독 공관도 지었었고. 그래서 이미 남산을 훼손해버렸었거든요. 그런데다가 이제 이승만 대통령이 그 밑에다가 두 단 더 만들어가지고 깎기 시작했어요.

**전봉희:** 그 자리가 지금 식물원 자리입니까?

**윤승중:** 아, 어린이회관이라고 건물이 있는 자리가 신궁이 있던 자리고, 두 번째 넓은 자리가 국회의사당이 중지가 되는 바람에 갑자기 오케스트라 쉘을

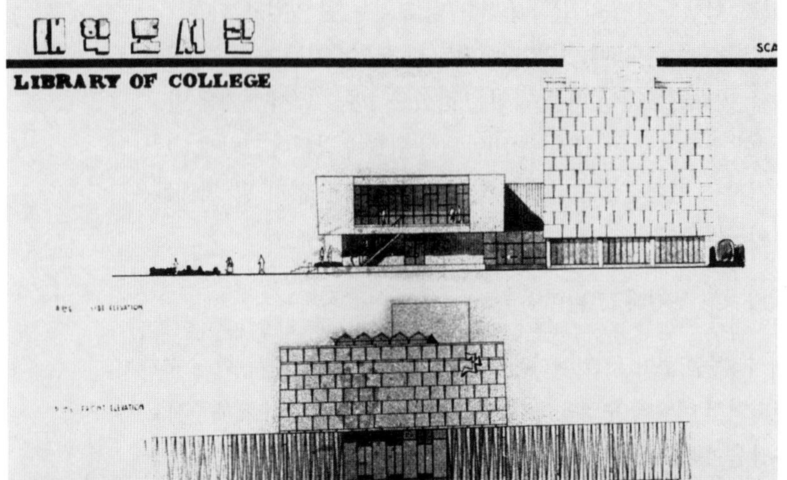


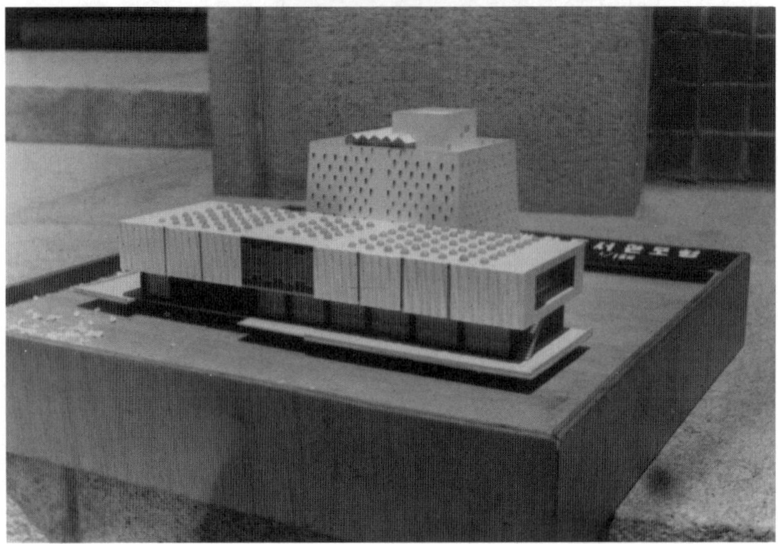



**그림3, 4 _**

대학4년 1학기 전시회 공대도서관 계획 입면도와 모형(1959). 윤승중 제공.

만들었어요.

**전봉희:** 그러니까요, 음악당.

**윤승중:** 음악당. 그거는 안병의 선생님이 당선해가지고… 지금은 어떻게 되었는지 모르겠는데. 식물원인가?

**우동선:** 식물원이 신궁 자리고요.

**전봉희:** 그렇죠. 그 밑에 쉘 있고 이렇게, 마당 넓은 자리가 국회의사당 자리로 그때 그러면 깎았다고요?

**윤승중:** 그렇죠.

**전봉희:** 신궁 때는 그렇게까지 넓게 안 깎았다는 건가요, 그러면?

**윤승중:** 신궁은 맨 꼭대기에 깎고 거기다가 숲을 만들어서… 그렇게 만들어 놓으니까 남산의 경치가 굉장히 나빠졌잖아요? 좀 컴플레인을 받았죠. 그래서 논란이 있었지만 국회의사당이 중요한 것이니까 그렇게 컴페티션을 했는데, 건축계에서는 그렇다고 보이콧트 할 수는 없어서 일단 다들 응모하게 되었어요. 우리는 7인 팀으로 응모했는데 그 때 그 프로그램이 어마어마한 프로그램이었어요, 규모적으로. 그래도 우리 일곱 명이 일단 완성 시켰거든요. 그때 어떤 훈련을 했냐면, 특히 나는 그때부터 설계를 암산으로 하는 훈련이 되었는데 구조가 복잡하기 때문에 그걸 갖다가 분석을 해서 몇 개 블록으로 만들고 어떤 관계들을 만들고, 숫자 대입해서 시각적인 유니트를 만들고 그런 유니트를 많이 갖고 있으면서 그걸 머리에다 기억해서 밤에 잘 때나 어디 갈 때 그걸 풀어서 어떤 안을 만들고… 그렇게 한 달쯤 하다보니까 그것이 훈련이 되었어요. 그래서 나쁜 버릇이 든 것이 나중에도 실제로 작업할 때 보면 그런 식으로 프로그램 분석을 해가지고 여러 가지 스케치로 하지 않고 그냥 안을 만들어버리는 버릇이 생겼어요. 생각해보면 나쁜 버릇이에요, 상당히. 프로세스를 생략하게 되는…

**김정식:** 좋은 버릇이지 뭐가 나쁜 버릇이에요.(웃음)

**윤승중:** 문제는 나쁜 버릇인 것이, 사무실 친구들이 자꾸 그렇게 작업하려고 그래. 그래서 절대로 안 된다, 흔적을 남겨라, 과정을 남겨라, 그랬던 거지요.

**47_**
경성신궁: 조선 신궁(朝鮮神宮)을 말함.

그런 큰 규모의 안을 만드는데 3학년 전시회 때 국회의사당 했잖아요? 그때 것이 많은 도움이 되었어요. 기본적으로는 거의 비슷했어요. 사무실 건물들 두고, 분과위원회 두고… 그래서 국회의사당 특징이 국회의원들과 사무처직원, 또 방청객, 이 세 가지 동선들이 서로 잘 안 섞이죠. 그런 거가 굉장히 어려운 과제죠. 요즘 보면 법원이 그런건데. 법원이 방청객하고 법관하고 부딪히면 문제가 생기잖아요. 그때 국회의사당도 그런 시스템을 만드는 것이 굉장히 어려웠어요. 그리고 안을 만들어 놓으면 일주일쯤 지나 이천승 선생님이 오셔서 코멘트 해주시고 받고, 자꾸 디벨롭 시켜서 안을 만들었거든요? 근데, 그 당시에 학생들끼리 만들었던 거 치고는 꽤 훌륭하게 만들었던 거 같애. 물론, 지금 보면 아주 그렇지만. 거기에 이천승 선생님의 영향이 좀 있었던 것이 소위 아까 말씀드린 이 선생님의 기능주의라는 굉장히 편리하고 경제적이고 모든 게 합리적이고 그런 것에 너무 집착하다 보니까 국회의사당이 가져야 하는 어떤 형식이랄지, 이미지, 이런 걸 만드는 점에서는 조금. 딱 보았을 때 '이것이 국회다,' 라는 느낌 보다… 그것이 아마 예를 들면 〈유엔 해드쿼터 빌딩〉 때문에 그랬을 수도 있어요. 그렇게 세 가지 전혀 다른 펑션(function)들이 분리해서 있잖아요? 그것이 UN이라는 이미지를 아무도 미리 갖고 있지 않았기 때문에 괜찮았죠. 그런데 대한민국 국회의사당 그러면 국회라는 것이 우리나라에는 없었지만 세계적으로 국회의사당이라는 것들이 있단 말이에요. 국회의사당이라면 좀 뭔가 격식을 갖춘 형식이 있으면 좋았을텐데 그렇게 못한 거지요. 그래서 나중에 김수근 선생님 팀이 만든 안하고 비교해봤을 때 그것이 가장 핸디캡이었던 거 같아요. 또 반대로 김수근 선생안은, 나중에 보면은 너무 또 그런 형식에 맞추어서 실제로 내용상으로 전혀 말도 안 되는 평면구성이 굉장히 많았던, 허점이 많았던 안이었거든요. 두 가지 매스가 대립, 대위적이었는데 근데 아마 국내에서 만든 안들은 대부분 그 당시에 우리나라 분위기가 좀 그랬기 때문에, 기능주의란 해석을 너무 직설적으로 했던 거죠. 그래서 기능을 그대로 잘 드러내는 그런 형식의 집들이 대개 구상이 되었었죠. 그렇게 종합건축, 안영배 선생님 팀 등 쟁쟁한 팀들이 다 내고 국내가 거의 총동원되다시피 해서 냈는데 그때 소문 듣기를 동경대학 팀이 참가한다. 근데 그게 무섭다, 이런 소문이 좀 났었거든요. 그때까지도 김수근, 박춘명[48]에 대해서는 잘 몰랐고 다만 동경에서 누가 응모를 한다더라 이런 정도만 얘길 들었었는데. 국회의사당 하면서도 국회 사무처에 가끔 가서 직원하나 친해가지고 좀 정보도 얻고 뭐 그랬는데, 나중에 그분의 도움을 얻어가지고 일본에서 만들어온 팀이 만든 안을 훔쳐봤다고.  그 때 우리가 학생들이었기 때문에 물불 안 가리고 막 그런 게 있었거든. 그게 원래는 박스 딱 만들어서 못 보게 되어 있었거든요? 출품된 건데 이상하게 비행기에 싣고 와서 그런지 조그만 창구멍이 있었다고. 합판 박스를 만들어 덮었는데 거기 조그만 구멍이… 아마 공항을 통과시키기 위해서 그랬던 거 같애. 그걸 들여다보는 순간에 깜짝 놀랐어요. 형태가 완전했던 것이, 여태까지 국내에서 봤던 그런 작품들하고 전혀 다른 강렬한 작품이었어요. 모형을 일본 사람들이 석고로 만들었다고 그러는데, 이건 뭐 아주 완벽하게 요즘 그, 3D프린터로 만든 모델 있지요? 그런 정도로 정교한. 루버들이 있는데 그걸 굉장히 얇은 판으로 다 만들었어요. 또 랜드스케이프 이런 것들이 굉장히 세련되게 만들어져 있어서 그 모델을 보는 순간 약간… 좀 주눅 든 거죠. 그런 경험이 있었어요. 그러고 그 사무처 직원을 통해서 심사에 대해 매일매일 얘기를 들을 수 있었거든요? 그땐 굉장한 프로젝트였기 때문에 심사위원도 한 20여명 정도 있었고, 또 굉장히 오랫동안 했던 거 같아요. 처음에 한 이틀 정도는 채점표를 봤는데, 김수근 선생님 팀 안은 보통 처음에 O·X로 하지 않습니까? 떨어뜨리는 작업을 하는데 그것이 엑스가 영이고, 그리고 우리 안이 엑스가 하나였었다고. 그래서 굉장히 성적이 좋았었다고 그래요. 그러다가 이틀이 지나고 갑자기 직원분이 불러서 갔어, 알고 보니까 또 한 가지 소문이 그때 이천승 선생님께서 국회전문위원이셔서 국회의사당 프로그램 만들고 하는 데 중심에 계셨는데 이천승 선생님이 두 팀을 밀어주고 있다 소문이 났었어요. 그 중에 한 팀이 우리였고, 또 한 팀이 안영배 선생님 팀이었던 거 같아요. 그때 안영배 선생님이 종합 계시다가 나오셔서 어디 학교에 계셨는지 하여튼 따로 하셨어요.

**김정식:** 그게 몇 년도?

**윤승중:** 1959년도요. 그런 식으로 소문이 났는데, 그 중에서 우리 게 찍혔다 그래요. (웃음) 이게 이 선생님이 숨겨놓은 자식이다, 이런 소문이 나가지고 그 날로 다 엑스 해가지고 떨어졌어요. 소문이 안 났으면 꽤 높이까지 갔을 텐데… 우리도 조금 억울한 거는 물론 도와주신 건 사실이고 계속 쭉 봐주시고 했지만 직접 해주신 거는 하나도 없었어요. 그래서 자부심을 갖고 있었는데 도움을 좀 받았으니 아니다, 밖에서 볼 때는 이천승 선생님이 우리를 시켜서 직접 한 거다, 이런 식으로 소문이 난거죠. 왜냐하면 우리가



박춘명 (朴春鳴, 1924-): 1951년 도쿄대학 건축학과 졸업, 현재 예종합건축사사무소 운영.

무명이었던 때니까… 그것 때문에 급추락을 해서 탈락했습니다.

**김정식:** 국회의사당은, 우남회관이라고 했지요?

**윤승중:** 아니요, 우남회관은 따로 있었어요. 시민회관. 지금 세종문화회관 자리에.

우남회관(시민회관) 실내설계

**김정식:** 타이틀을 우남회관이라고 해서 나왔었다고요.

**윤승중:** 아니요, 우남회관은 그게 아니라 세종문화회관 자리에 시민회관이라고 있었는데요, 그거를 종합에서 당선해서 이천승 선생님이 주관을 하셨어요. 그 당시에 우리도 관여를 하게 되었는데 우남회관이 그 당시에 제일 큰 뮤직홀이었거든요. 그때까지 음악홀인데 오디오, 음향 설계가 하나도 안 되어 있었던 거 같아요. 어느 정도 완성되어 가는데. 결국 대홀 인테리어가 안 되어 있었어요. 그래서 이 선생님이 가끔 오실 때, 저보고 인테리어 디자인 좀 해봐라, 음향 설계도 해라, 그래서 공일곤 씨하고 같이 둘 다 음악도 좋아하고 그랬기 때문에 음향책을 사가지고 그때부터 공부를 했어요. 꽤 유명한 책이 있었는데 그거 사가지고 며칠 공부해서 주로 공일곤 씨가 잔향시간체크 등 음향계산을 맡아 열심히 그 방식대로 음향 설계를 했어요. 나는 주로 천장디자인을 해가지고 시공을 했거든요? 근데 한 가지 문제가 있었는데 다른 사람들은 모르는데 우린 아니까. 그래서 개관하는 날 가서 열심히 들었어요. 난 걱정이 되니까 여기저기 다니면서 귀로 체크를 했죠. 상당히 평이 좋았어요. 왜냐하면 굉장히 홀이 컸는데, 그때 그 사람 이론이 초기 반사를 잘 시켜서 뒤까지 들리게 하고, 커브를 잘 만들어서 앞과 뒷자리의 소리 크기 차를 줄이는 것이다, 이런 논리로 하다 보니까 천장에 반사판을 썼다고요. 그래서 포마이카(formica) 합판 가지고 곡면을 만들어서 반사판 만들고 이렇게 해서 뒤에 가서 소리가 크게 들렸다는 건 좋았는데 반사판의 성능중 하나가, 주파수가 높을수록 직진합니다. 중저음은 퍼져서 괜찮은데 고음은 직진하기 때문에 소리가 직접 전달되는데 무대의 직접음(直接音)이 많이 흡수되고 천정 반사음이 더 크게 들리는 거예요. 그때 개막작품으로 베토벤의 합창 교향곡을 연주했는데, 2층 뒷좌석에서 들으니까 소프라노 솔로의 고음 부분의 소리, 이런 것들이 내가 듣기에는 천정에서 들리는 거 같아요. 소리는 꽤 크게 들리는데 그 소스가 천정 반사판이어서 야, 이거 큰일 났구나, 했는데 남들은 끝까지 몰랐어요. 그런 작업도 했고… 그 집이 시작을 우남회관으로 컴페를 해가지고 짓다가, 나중에 '우남'이란 말이 없어지고 시민회관으로 바뀌었단 말이에요. 그러고 나서 화재가 나서

없어지고 세종문화회관이 되었어요.

**김정식:** 포마이카 합판도 그 당시에 겨우 나왔을 거라고.

**윤승중:** 예, 처음 나왔을 때지요. 광택이 나고 이렇게 해 놓은 포마이카는, 옛날의 단스 같은 옷장, 포마이카 단스하면 최고급이죠. 요즘은 천대 받지만… 그걸로 천정을 만들었으니까 얼마나 반사가 심했겠어요. 사운드 레벨을 높이는 것까진 좋았는데 고음을 천정반사로 듣게 만드는 단점이 있었어요. 근데 그거는 아주 고음에서만 들렸기 때문에 사람들 잘 몰랐던 거 같아요. 그리고 국회의사당은…

**전봉희:** 몇 팀이나 참가하셨던 거예요?

**윤승중:** 잘 기억은 안 나는데 한 30팀 정도 되었던 거 같은데. 사실 좋은 자료가 있어요. 끝난 다음에 국회 의사당에서 그걸 도록으로 만들었거든요. 혹시 본 적 있어요?

**우동선:** 안영배 선생님 댁에서 봤었어요.

**윤승중:** 아, 그 도록을 나도 갖고 있어가지고 얼마 전에 안창모 교수. 그분이랑 무슨 미팅 있었거든요. 그 때 참고로 보여줬더니, 역사하는 사람이다 보니 '내가 좀 빌려다가 복사를 하고 돌려드리겠습니다.' 하고 가져갔는데 1년이 다 지나는데 아직…(웃음) 거기에 기록이 다 있어요. 기억은 안 나는데.

**전봉희:** 선생님, 연락하셔서 여기 목천 재단에 기부하시죠. 제가 전화를 할까요? (웃음)

**윤승중:** 안창모 교수가 굉장히 욕심을 내는데 핑계는 뭐냐하면 그거를 복사하겠다고 가져갔거든요? 그런데 펼치면 책이 훼손될 것 같아서 못하고 있습니다, 그러면서 계속 안주더라고요. 몇 권 없을 거 같아요. 안영배 선생님 댁에 있어요? 다 봤겠네.

**우동선:** 네, 근데 많이 떨어져서 자세히 잘 못 봤어요. 오래되어서…

**윤승중:** 그건 복사할 수 있겠구만. 이건 아주 깨끗해요, 잘 보존했기 때문에. 그런 식으로 국회의사당이 기억이 납니다. 그 당시에 거 보면 참 재미있어요. 그 당시 그림들이. 지금 여러분들 수준에서 보면 웃기는 것들이지만 열심히들 했고. 한국 건축의 총량이 그런 식으로… 보여집니다.

**전봉희:** 그게 4학년 2학기네요, 그죠?

**윤승중:** 그거 끝나고 시간이 조금 남아서 한 달 쯤 있었는데, 졸업설계를 해야 되잖아요? 그때까지는 공일곤 씨랑 팀을 만들었기 때문에 내가 안을 만들면 공일곤 씨가 모델을 만들어 주고 해서 내가 처음부터 끝까지 만들어 본적이 별로 없었어요. 그래서 이건 졸업설계니까 내가 처음부터 끝까지 다 내손으로 만들어 보겠다. 그 때 호텔인가? 조그만 규모의 호텔을 만들겠다고 계획을 세워놨는데 학교에 왔더니 벌써 졸업 성적이 나와 있더라고. (웃음) 이미 졸업 설계할 가능성이 없어 보이니까 교수님들이 성적을 전부 내버렸어요. 그냥 에이플러스 나왔어요. 그래서, 그래도 해볼까 하다가 못했죠. 마지막으로 처음부터 끝까지 직접 해보고 싶었는데 그만 그걸 놓쳤어요.

**우동선:** 어느 교수님이 담당하셨어요?

**윤승중:** 왜 고발하려고? (웃음) 지금 시효가 지나서…. 그때 어느 교수님이셨을까, 아마 김희춘 교수님이었던가, 그랬던 거 같은데.

**전봉희:** 봄에 하셨던 전시회가 졸업전이 아니네요, 그러니까?

**윤승중:** 그건 그냥 학교 전시회였어요. 요즘은 대개 1학기 때 전시회하고 졸업하잖아요? 그 당시는 안 그랬어요.

**전봉희:** 그 전시회 했던 걸로 1학기 성적을 반영했던 거네요?

**윤승중:** 그게 2학기 까지 갔나 봐요.

**전봉희:** 그런 모양이네요.

**우동선:** 괜찮네요.

**최원준:** 작품 전시회 같은 데는 일반 시민들도 많이 와서 보고 그랬었나요? 아니면 대개 건축과 학생들이…

**윤승중:** 요즘과 마찬가지로 그때도 와서 보면 이게 뭔가 이러고. 그래도 신문에도 나고 그랬던 거 같은데.. 그래도 거의 여자 친구들이지. 그런데 요즘처럼 그렇게 다들 여자 친구 있는 때가 아니었어요. 많진 않았던 거 같은데. 그래도 공과대학 중에서 비교적 재밌게 보내는 데가 건축과였고, 근데 건축과의 애매함 때문에 아직까지도 좀 애매하죠. 공과대학에서 끼지 못하고 이런 게.

**우동선:** 아까 저기, 이천승 선생님의 지원을 받고 있다는 그 소문 때문에 떨어지셨잖아요? 그러면 이천승 선생님이 실력이 출중하셨지만 시기하는

사람들도 많았나보죠?

**윤승중:** 아, 그렇죠. 아마 공적 1호였을 거예요. 왜냐면 파워를 많이 행사하셨거든요. 여러 가지 컴페티션 심사위원장 한 것도 있으셨고 관 쪽에도 영향 있으셔서 자기가 직접 하시진 않으면서도 굉장히 큰 역할을 많이 하셨어요. 전에 종합건축 시작하실 때 같이 하시다가 또 배기형 선생님을 도와주다가 이런 식으로 이상하게 본인이 직접 사무실을 하지 않았던 거지요. 그러면서 공식 타이틀은 국회 전문위원이었어요. 국회 전문위원이라는 것은 국회에서 건축 관계 전문위원이죠. 그래서 전문위원님은 그 당시 지프차도 하나 있었고 그런 식으로 꽤 세력이 있었던 거 같아요. 그 당시 권태문[49] 교수 아시나요?

**전봉희:** 네.

**윤승중:** 그 당시에 이천승 선생님께서 재혼을 하셨는데 재혼하신 부인의 동생이 권태문 교수였거든요. 아마 고등학생이었을 거예요. 이천승 선생님 때문에 건축과에 들어왔다 그래요.

**전봉희:** 원래 건축과 입학도 아니시잖아요? 수학과인가…

**윤승중:** 아니, 원래 건축과예요. 한양대학교 건축과.

**전봉희:** 아, 그런가요?

**윤승중:** 한양대학교 건축과 나오시고, 박학재[50] 교수님 있을 때 다니시고 건축수업을 미학쪽으로 공부를 많이 했죠.

**김정식:** 내가 이천승 선생님 자료를 구하려고 아들하고도 만나서 얘기해보고, 또 권태문 씨도 만나서 얘기를 했는데.

**윤승중:** 권 교수님 별로 안가지고 있죠?

**김정식:** 예, 없어요.

**49 _**

권태문(權泰文, 1940-): 1962년 한양대학교 건축공학과 졸업. 김중업건축연구소 등을 거쳐 1981년부터 1994년까지 인천대학교 건축공학과 교수를 역임했다.

**50 _**

박학재(朴學在, 1917-1981): 1942년 일본 오사카 칸사이(關西)고등고업학교 졸업. 조선주택영단에서 근무. 1946년 '국제건축연구소' 설립. 한양대학교 교수 역임했다. 주요작품으로는 〈한양대학교 중앙도서관〉(1960), 〈한양대학교 대강당〉(1960) 등이 있음.

**윤승중:** 또 한 가지 건축가협회에서 이천승 선생님 말씀을 들은 적이 있거든요? 생전에 나하고 김정동 교수가 인터뷰를 했어요. 그때 녹취록은 김정동 교수가 갖고 있을 거 같아요. 그때 건축가협회에서 원로들 몇 분 인터뷰를 했어요. 그래서 아마 강명구 선생님도…

**우동선:** 가협회 잡지에서 본 것 같아요.

**전봉희:** 예, 저도 봤습니다. 신무성 선생님[51])도 하셨고.

**윤승중:** 보면 전부다 기억으로만 말씀하시니까, 보통 2배, 3배를 과장해서 얘기를 해요. 예를 들면 강명구 선생님 같은 분도 그렇고 엄덕문 선생님도 보면 홍익대를 당신이 만들었다, 그러시더라고요. 나중에 조사해보면 여러 분들 중 한분이었지만, 엄덕문 선생님 주관은 아니었던 거 같아요. 근데 홍대 건축과를 내가 만들었다, 라든지 전부다 그런 식의 표현으로 과장이 되는 경우가 많아요.



**김정식:** 내 이광노 선생님 만나서 엄덕문 씨가 옛날 얘기를 좀 했다고 했더니 아, 그 양반 아니라고…

**윤승중:** 뻥튀기 하신 내용들이 있을 거예요.

**김정식:** 인정을 안 하시지….

**윤승중:** 난 지금 상당히 정직하게 이야기하는 거예요. 한 101프로쯤? (웃음)

**전봉희:** 입학하실 때는 이미 3월 입학으로 제도가 바뀐 거지요? 대학 들어갔을 때가요?

서울 공대 졸업

**윤승중:** 대학교 3월 입학이고 또 한 가지는 졸업도 3월 졸업이었어요. 요즘은 2월 말인데, 그때는 전통적으로 3월 26일 날 졸업이었거든요. 그래서 우리는 3월 26일 날 졸업했어요. 한 가지 기억나는 것은 3월 26일 날 졸업하는데 그날 눈이 어마어마하게 와가지고 40센티가 쌓였어요. 그것 때문에 참석 못한 친구들도 있었고. 그때는 동숭동 문리과 대학 교정에서 했는데 눈 속에서 졸업식을 했어요.

**김정식:** 이승만 대통령이 나와서 연설하셨지.

**우동선:** 아, 대통령이 와요? 오….

**김정식:** 그때 대학원 졸업하느라고 졸업식에 참석했는데 눈이 펄펄 내리고 추워가지고 말이야 혼났어.

**윤승중:** 그것이 3월 26일이었어요. 그걸 마지막으로 그 다음부턴 2월달로 옮겼어요. 우리 때 뭐 역사를 여러 가지 많이 만들었네. 이렇게 하면 공과대학은 무사히 졸업한 걸로.

**전봉희:** 네, 성적은 에이플러스.. (웃음)

**김정식:** 졸업했어요?

**윤승중:** 예, 졸업했습니다. 재미있는 것은 우리 동기 중에 강기세 회장이 있죠. 졸업생 전체 대표로 졸업장을 받은 겁니다. 가, 나, 다 순으로 공과대학 건축과 강기세[52]라 학번이 전교 1번이어서 받은 건데, 아마 집에서는 전체 1등이라고 했겠죠.

**전봉희:** 신기한 게 아닌 게 아니라, 저희 때는 수석 졸업생이 졸업장을 대표로 받았는데 학번이 1번이 받았다는 게 좀….

**윤승중:** 순서가 가, 나, 다 순이니까 공과대학 1번이고 건축과 1번이고 강 씨라 1번이고. 그러니까 성씨가 강 씨가 좋은 거예요.

**김미현:** 공과대학 건축과는 다 기역 순이라 다 1번이군요.

**전봉희:** 그렇죠. 공대에서는 학번이 저희가 제일 빠른데…

**윤승중:** 순서가 다 가나다 순서이니까 공과대학이 01인가 그래요.

**우동선:** 그렇죠, 근데 가정대학이 더 빨라요.

**김미현:** 아 그래요?

**전봉희:** 나중에 생겼으니까…

**김정식:** 졸업생 중에 강홍식 이라고, 2번이라고 말이야 항상 잰다고..

**윤승중:** 나중에 우리가 건축가협회에 가니까 강기세보다 빠른 사람이 있더라고. 강건희 라고. 건축가 협회 회원명부에 보면은 항상 맨 위에 나오는

51 _
신무성(愼武晟, 1914-1990): 1938년 경성고등공업학교 건축과 졸업, 교통부 시설국 건축과장을 거쳐 1978년 대한건축학회 회장을 역임했다.

52 _
강기세(姜基世, 1935-): 건축가. 1960년 서울대학교 공과대학 건축공학과 졸업. 현 (주)종합건축사사무소 범건축 회장.

이름이 강건희야. 강 씨가 또 좋고 이름도 기억자고… 이제 졸업했으니까 뭐하죠?

**전봉희:** 예, 졸업하고 취직은 하셨나요? 바로?

**윤승중:** 취직한 이야기부터 해야 하나.. 그때 겨울방학부터 아까 말한 대성 빌딩에서의 작업실을 계속 유지를 했어요. 아르바이트도 하면서 아무튼 유지를 했는데, 취직할 사람 있으면 가고. 보통 취직할 데가 관공서, 서울시 교육위원회 같은 데가 있었고 또 교통부 건축과 같은 데 있었고. 그 다음에 건설사도 가고. 설계사무소에서는 모집하는 데가 별로 없었어요. 나는 사실 구조사에 가겠다 하면 아마 수월했을 텐데 그때 이천승 선생님께서 니가 좀 써먹을 데가 있으니 좀 기다려라, 그러셔서 취직하는 걸 유보하고 있었어요. 그 다음에… 아까 얘기한 이문보 교수라고 있었어요. 이문보가 나하고 동기인데 학교 다닐 때 이균상 선생님 부탁을 받아가지고 건축 학회 잡지, 그때는 계간으로 나와서 1년에 네 번 조그만 팜플렛으로 나오는 책이었는데, 그걸 도맡아서 인쇄소 직접 가서 하고 이런 식으로 책을 만드는 경험이 생겼거든요. 근데 그 당시에 건축 전문 서적이라는 것은 건축 학회에서 나오는 팜플렛 같은 잡지, 계간지가 있었고, 또 드문드문 나오는 『주택영단』이라는 잡지가 있었어요. 그것이 아마 일 년에 한 두 권쯤 나올 거예요. 그것도 책 내용이 아주 빈약한 거지요. 글들은 괜찮을 수 있어요. 그런 시점에서 우리가 제대로 된 잡지를 한번 만들어보자 그래서 우리 동기 중에서 이민섭[53] 교수라고 동국대학교 교수를 하다가 지금은 은퇴하셨지만, 이민섭 교수의 부친께서 당시에 경남도지사 하셨거든요. 꽤 경제적으로 도움을 주셔가지고… 집에서 얘기를 해가지고 얼마간의 지원을 해줄 테니까 한번 시도해보라, 이런 식의 허락을 받았어요. 그래서 이민섭 교수가 대표이사를 하고 대표지, 이사가 아니라… 주로 이문보 교수가 주관해서 책을 만들고 그리고 내가 도와줘서 책을 만들 준비를 함께했죠. 그때 막 쟁쟁한 건축가 분들 일부러 찾아가 만나기도 하고 말씀도 듣고, 또 한양대학교 이해성[54] 교수님, 그 당시 아마 강사? 서울대학교 이광노 교수님 같은 대학교수들, 대표 청년 건축가들인 거지. 그 분들 찾아뵙고 말씀 듣고 그런 식으로 예비 작업을 했고, 또 광고를 건축 재료 회사에서 받고, 또 외국 잡지들 몇 개를 보고 이런 식으로 아주



『현대 건축』 창간

53_
이민섭(李珉燮): 1960년 서울대학교 공과대학 건축공학과 졸업. 동국대학교 명예교수.

54_
이해성(李海成, 1928-2008): 한양대학교 건축공학과 졸업. 한양대학교 교수를 지냈고 총장을 역임했다.

준비를 많이 했어요. 그때부터 준비해서 첫 번째 책이 11월달 나왔을 텐데.

**전봉희:** 60년 11월?

**윤승중:** 60년 11월말. 11월 달 처음 나왔습니다. 그때 얼마나 어렵게 직접 다… 그때 당시에는 거의 이문보 교수하고 나하고 둘이서 만들었어요. 나는 작업실에 있었기 때문에 거기서 도와주고 이 교수는 명동에 있는 학회 사무실에서 만들고 그렇게 해서 책을 만드는데 몇 군데 광고를 받았어요. 광고를 그쪽에서 디자인해서 오는 게 아니라 지금 돈 몇 십만 원 받고 내준 거죠. 또 어떨 때는 정책적으로 일부러 그냥 내준 것도 있었고. 가져와서 그 회사 광고 디자인을 우리가 직접 그려서 광고 디자인도 하고. 또 표지도 사진 찍어다가 사진을 쓰고. 게다가 타이틀을 넣어야지 되는데, 『현대건축』이라는 타이틀을 내가 직접 고딕활자체를 그렸어요. 그 활자 보고. 근데 활자를 이쁘게 그리는 게 어렵더라고요. 그냥 보면 쉬워 보이는데 그 조금의 차이 가지고 느낌이 아주 다르게 되어서, 그렇게 잡지 타이틀도 만들고… 아마 지금 보면 우습지만 그 당시는 굉장히 격식을 갖춘 그런 잡지를 만들었어요. 표지사진은 내가 직접 찍었는데, 이희태 선생님의 혜화동에 있는 성당. {**우동선:** 네, 혜화동 성당} 그 집이 상당히 괜찮은 집이었던 거 같아요. 그걸 첫 번째 작품으로 싣는데 표지사진을 전면 타워를 클로즈업해서 밑에서 촬영해서 그래가지고 구성했죠. 그렇게 『현대건축』 책을 만들었는데 그때 뭐 팔았는지 어쨌는지 기억은 안 나고. 2호를 준비할 때에는 그래도 꽤 여러 군데의 지원을 받았어요.

**김정식:** 어디서요?

**윤승중:** 여러 군데에서 지원을 받았어요. 나는 그때 다른 일이 있었기 때문에 나는 빠지고. 김태수[55] 선생님도 조금 와서 도와주시고 조영무[56] 선생이라고 아나? 조영무. {**전봉희:** 네, 네} 그 분이 많이 도와주시고. 또 철학하는 교수님 있어서… 편집팀을 구성을 해서 그때는 본격적으로 작업을 했죠. 그렇게 해서 2호를 아마 3월인가 4월에 내고, 그리고 3호를 준비했어요. 3호때는 사실 원고를 다 만들어 놓고 인쇄까지 다 내서 최종 교정까지 다 봤는데 그

**55_**
김태수(金泰修, 1936-): 1959년 서울대학교 공과대학 건축공학과 졸업. 1962년 예일대학 건축공학과 석사. 필립존슨 건축사무실 등을 거쳐 현재 Tai Soo Kim Partners를 운영.

**56_**
조영무(趙英武, 1932-): 1961년 홍익대학교 건축공학과 졸업. 조영무도시건축연구실 명동서재 대표.

사이에 5.16이 나 버렸어요. 그러고 나니까 5.16 주체 측에서 잡지를 전부다 새로 등록을 시켰어요. 그러면서 자본력이나 조직이 불투명한 것들은 '불량 잡지', '불량 출판' 해가지고 폐간을 하는 바람에 2호로 단절이 되었죠. 거기는 상당히 재밌는 기사를 실을 뻔했는데 이문보 하고 나하고 둘이 기획을 해서 건축가 대담. 그때 초청된 분이 김정수, 김중업 두 분이었어요. {**전봉희**: 아…} 두 분은 굉장히 극단적인 서로 다른, 한국을 대표하는 두 분의 건축가였거든요. 우리나라 건축계의 가장 대표적인 분, 소위 스타플레이어들이셨는데…

**전봉희**: 연배가 어떻게 되죠? 두 분의…

**윤승중**: 나도 잘 몰랐는데 그때 만나셔서 비교해보니까 두 분 다 평양 출신에… {**전봉희**: 평양 고보 출신이죠.} 김정수 선생님이 3년쯤 선배더라고요. {**김**: 김정수가 선배였나?} 그랬던 거 같아요.[57] 그래서 대담하시는데 김정수 선생님 선배시니까 먼저 순서를 드렸더니, 인사말 잠깐 하시면서 끝을 내시고 김중업 선생님께 넘겨드렸거든? 그랬더니 김중업 선생님께서는 한 시간 반 쯤 (웃음) 이야기하시는데, 이 양반이 말씀을 하시면 릴케 시인부터 시작해서 공부하시던 얘기 프랑스에서 돈 번 얘기, 그래가지고 혼자서 끝없이 이야기 하시는데 그때만 해도 이렇게 기록하는 매체가 있는 게 아니라 큰 릴 테이프, 이거 하나가 한 40분인가 그랬어요. 그렇게 준비를 해두었는데, 한 두 시간 분 준비했는데 혼자서 다 쓰신 거야. 얼른 나가서 구해 와서 하고…

**김정식**: 김중업 씨가 그랬다고요?

**윤승중**: 예.

**김정식**: 그 분 말씀을 잘해.

**윤승중**: 김정수 선생님은 나설 수 없으니 속으로 아마 내 괜히 양보했다, 했을 겁니다.(웃음) 결정적으로 재밌는 게 뭐냐면 김중업 선생님이 먼저 김정수 선생님을 공격을 하셨어요. 신부들 아는 사람들 꽤 많은데 어저께 만났더니 명동에서 무슨 현대 귀신이 나타났다고 그러더라, 그런 얘길 들었다는 거지. 무슨 말씀이냐면 명동 성당이 있고 그 옆에 {**전봉희**: 성모병원…} 성모병원을 세우셨잖아요? 그래서 현대 귀신이라는 거죠. 그렇게 공격을 하시니까 되받아



**57**_
김정수(金正秀, 1919-1985), 김중업(金重業, 1922-1988)

치시기를 서강대학인가 뭔가 갔더니 현관에 구정물이 흐르데, (웃음) 거기에 물이 이렇게 흐르거든요, 그 물이 깨끗할 리 없죠. 서로 막 맞받아치고. 그게 나왔으면 참 좋았을 텐데 찾지 못하겠네요, 기록을.

**최원준:** 공개 '심포지움'이라고 알고 있는데요, 맞습니까?

**윤승중:** 공개 '심포지움'이 아니고 명동에 일식당에서 나하고 이문보가 둘이서 녹취한 거죠. 나중에 교정을 받아서 인쇄까지 됐었거든. 그것이 두 분들이 터놓고 대담한 것은, 그때만 해도 서로 공개적으로 이야기 못할 때지요. 특히 우리나라 교수님들이 서로 공격 안하잖아요. 두 분은 서로 만만하게 재미있게 했던 게 있어서 조금 더 지나서 각각 서강대학교하고 명동 성당 계획을 설명하시고 꽤 재밌게 됐었는데 그게 공개가 안 되었어요.

**김정식:** 공개가 안 되었다고요?

**윤승중:** 그거는 『현대건축』이라는 잡지 3번째 호에 나왔어야 하는데 제가 원고 정리까지 해서 교정을 다 봤거든요? 그것이 인쇄 직전에 5.16이 나는 바람에 현대건축사가 불량 잡지사로 걸려서 폐쇄가 되었죠. 그 당시에 두 분께서도 모르겠다고 하더라고요. 그래서 못 찾았어요. 그때 인쇄소에서 보내준 초안 원고 하나 있었는데 그걸 못 찾았어요. 그게 있었으면 상당히 좋은 재밌는 기록이 되었을 텐데.

**우동선:** 그거 가지고 논문 쓰고 그랬겠죠.

**전봉희:** 김정수 선생님이 언제 서울대학에서 연대로 가신 거예요?

**윤승중:** 내가 알기론 대학교 4학년 때였던 거 같은데?

**전봉희:** 선생님 4학년 때요.

**윤승중:** 네, 아마 1959년도 정도 되었던 거 같아요.

**전봉희:** 네, 입학할 때는 계셨었는데.

**윤승중:** 네, 입학할 때는 조교수로 계셔서 설계 지도도 하고 그러셨어요. 상당히 명쾌하신 생각을 가지고 계신 분이라 그분 말씀 중에서 집이라는 것은 두부모 만들듯 싹둑 썰어야 돼, 하고 복잡한 거 만들면 굉장히 싫어하셨다고요. 딱딱 떨어지게 정확하게 만들고…

**김정식:** 그 당시만 해도 미스 반 데어 로에처럼 레스이즈모어(Less is more). 그것이 굉장히 건축계를 크게 지배했다고. 복잡한 게 아니라 단순하고

깨끗하고. 그런 걸 많이 찾았다고.

**윤승중:** 연세대로 가시고서도 서울대에 나오셨어요. 4학년 때 기억나는 것은 그분이 인솔을 하셔가지고 지금 미국 대사관하고 그 문화관광부 있는 건물 있잖아요? {**전봉희:** 네,네} 그것이 그때 미국에서 아마 우리나라 원조 기관의 청사, USOM[58] 빌딩을 지으면서 우리만 지을 수 없으니까 너희 정부도 똑같은 거 하자해서 두개 지어줬던 거죠. 미국에 주로 군대 일을 하는 그런 설계회사에서…

**김정식:** 헤스필드인가 뭐…

**윤승중:** 아마 킹 어소시에이션(King Association)? 그래서 설계를 해서 그 집을 지었는데, 그 집이 어떻게 보면 모양은 별로 없지만은 굉장히 합리적인 집이에요. 그걸 견학을 갔었거든요? 그때 굉장히 새로운 걸 몇 가지 봤어요. 우선 삼풍 백화점처럼 빔레스(Beamless)에, 평판 슬라브를 썼죠. 그 백화점하고 차이가 있는 것은 주두에 꽤 큰 캐피털이 있었어요. 소위 평판 슬라브의 형식이죠. 근데 삼풍에선 그게 생략이 되어 있었거든요. 펀칭(punching)으로 문제가 커진 거죠. 그 집이 처음 전관 에어컨을 했고요. 그러고 근데 그 전관 에어컨을 하니까 위에 덕트(duct)가 들어가잖아요? 근데 빔(beam)이 없으니깐 슬라브가 얕아서 층고가 굉장히 얕았어요, 한층 높이가… 그리고 파티션들을 전부 건식으로 했어요. 메탈, 망을 뭐라 그러지? {**전봉희:** 메쉬요.} 메탈 메쉬(mesh)를 총을 쏴서 고정 시키고 양쪽에 스터코(stucco)를 뿌린 다음에 그냥 칠을 했거든요. 그러니까 그 당시에 벽돌이나 블록을 쌓는 거에 비해서는 얼마나 간편합니까. 그런 거라든지. 또 겉에도 보면 차양을 붙여서 선쉐이드(sun shade)를 만들고 집 디자인이 재미없지만 그런 식으로 소위 건축의 원리 같은 거를 잘 만들었던 거죠. 거의 완성 되어가는 단계에 갔었는데 상당히 좋은 경험이 되었던 거 같아요. 그걸 김정수 교수님이 주선해서 갔어요. 그땐 이미 아마 연세대학교 교수였던 거 같아요.

**김미현:** 김정수 선생님이 61년부터 연세대학교이시네요.

**전봉희:** 아, 공식 자료에는요?

**김미현:** 예, 1961년.

**윤승중:** 공식자료도 사실 믿을 수가 없을 때도 있어요. 왜 건축가협회에서 『건축가총람』이란 책을 만드느라고 옛날 인쇄물을 거의 다 추적하다시피 했거든요. 근데 그게 다 틀려. 다 달라요. 그래서 아주 중요한 사항은

편집위원이 모여가지고 결의를 했어요. 여러 가지 다른 이거, 이걸 맞는 걸로 보자. 물론 고증을 해서겠지만 앞으로 그런 혼란을 없애기 위해서 그런 식으로 사실은 인쇄된 것들도 보면 굉장히 좀 안 맞는 것들이 많더라고요

**전봉희:** 그럼요. 그리고 아마 이 시절에는… 최근까지 있었지만 학교를 옮기는 것은 전임 대학의 승인을 받아야 되는데 전임 대학들에서 대개 승인을 쉽게 안 놔주죠. 몸은 저기 가있어도 발령이 안 나서…

**김정식:** 옛날에는 그런 게 없었어요. 그러고 승인이 어디 있어요.

**윤승중:** 이럴 수도 있어요. 연세대학교 시작하면서 모셔갔는데 정식으로 발령을 늦게 내고, 연세대학교 언제 학생을 모집했는지를 오히려 알아보는 게…

**우동선:** 주남철[59] 선생님이 1회니까는….

**김정식:** 이경회[60] 씨가 거기 아닌가?

**전봉희:** 거기가 동기들이예요. 1회일 거예요.

**윤승중:** 그분이 1939년생이신데, 더 먼저 생겼을 수도 있겠어요.

**우동선:** 1학년만 뽑아놓고 2학년 때 가셨을 수도 있는 거니까…

**윤승중:** 뭐, 그건 내가 확실하게 얘기 못하겠는데, 4학년 때 그런 현장 실습하는데 그 당시에 연세대학교에 교수님으로 가셨다고 기억이 나니깐, 정확한 건 잘 모르겠어요. 그래도 꽤 많이 기억하지요?

**전봉희:** 네, 그렇죠.

**김정식:** 아, 대단하지.

**전봉희:** 그런데 이천승 선생님은 그렇게 기다리라고만 하셔 놓고는 안 부르신 모양이에요?

**58 _**
〈유솜청사〉(1961): USOM(United States Operations Mission)이란 미국대외원조기관이다. 현 문화관광부, 미국대사관 건물.

**59 _**
주남철(朱南哲, 1939-): 한국건축사 연구자. 1962년 연세대학교 건축공학과 졸업. 고려대학교 교수를 역임하였고 현재 명예교수. 대표 저서에 『한국건축사』등이 있음.

**60 _**
이경회(李璟會, 1939-): 1962년 연세대학교 건축공학과 졸업. 현재 연세대학교 명예교수.

**윤승중:** 그러고 나서는 3,4개월 쯤 지나 5월인가 되었을 거예요. 드디어 부름을 받아서 갈 곳을 정해주셔서. 거기가 '한국 국회의사당 설계사무소'라는 곳이었어요. 당선작이 결정된 다음에 본격적으로 설계용역을 하고 설계를 시작하는 데에요. 1960년. 아마 5월 정도 되었을 거 같아요. 박춘명 선생님이 그 당시 대표였기 때문에 그분이 설계 회사 사장이시고 을지로 3가에 사무실이 있었죠. 설계 위원이 그 당시에 현상 팀이 다섯 분이 공동 응모했거든요. 다 아시겠지만 박춘명, 김수근, 강병기[61], 정경, 정종태. 다섯 분인데 그 중에서 정경, 정종태 두 분은 구조하시는 분이에요. 다들 동경대학교 학생들이셨고, 대학원 학생들이셨고. 근데 그 다섯 분들이 설계 위원이고 그러고 그 위에 이제 설계 자문위원이 계셨는데 쟁쟁하신 분들 다 모여 있었어요. 내가 5월 하순에 갔는데 30명 정도 있었어요. 그러다가 한 달 사이에 거의 60명으로 늘어납니다. 뭐, 그때 당시에 굉장한 사건 이어가지고 여기저기 국회의원 추천서 받아서 오고, 박춘명 선생께서는 할 수 없이 받아주고 하여튼 직원이 한 60명이 됐어요. 설계위원이셨던 분들이 지금 생각나는 게, 이것도 백퍼센트 정확하진 않은데, 김정수, 김중업, 엄덕문, 이런 분들 계셨고요, 그러고 구조설계 쪽에도 있었어요. 또 그 위에 국회 사무처 안에 '국회의사당건설위원회'라는 게 있었어요. 거기는 이제 이천승, 김순하, 김창집, 김효경[62], 지철근[63] 이런 분들. 김순하 선생님은 시공 쪽이시고 지철근 선생님은 전기설계, 김호경 교수는 설비. 그러고 아마 한두 분 더 계셨던 거 같은데 잘 기억이 안 나네요. 단계가 여러 가지 있는 거지요. 거쳐야하는 단계가… 설계실에서는 뜻밖에도 박학재라는 분이 설계 실장 격이었죠. 근데 박학재 교수는 소문이 굉장히 무섭게 났는데 사실 그래요. 좀 엄격하고… 이분이 어떻게 좀 특이하셨냐면, 상세도를 한 30분정도면 프리핸드로 그리세요. 엄청 잘 그리시는데, 스케일 없이 그냥 그리시는데 나중에 스케일로 재보면 거의 정확하게 맞아요. 그렇게 드로잉을 하시는 분이었고. 또 건축사, 건축연구에 정통하셔서 아주 말씀나누기가 어려운 분이었어요. 그분이 무섭게 좀 보였어요.

**김정식:** 책도 발간하고 그랬죠?

**61_**

강병기(康炳基, 1932-2007): 1958년 도쿄대학 건축학과 졸업, 한양대 도시공학과 교수, 대한국토계획학회 회장을 역임했다.

**62_**

김효경(金孝經): 서울대학교 기계과 교수를 역임했다.

**63_**

지철근(池哲根, 1927-): 1951년 서울대학교 전기공학과 졸업. 동대학원 공학박사. 서울대학교 전기공학과 교수를 역임했다.

**윤승중:** 예, 책을 발간하셨죠, 건축사 하고…[64] 그 당시 한양대학교 교수셨는데 어떻게 보면 거기 설계 실장으로 오신 거예요. 우리 일하는 거 돌아다니면서 감독하시는 분이고. 그렇게 어려운 분한테 내가 얼마쯤 지난 다음에 칭찬을 들어서 지금 말씀드리는데, 메인 빌딩 가운데 중앙 부분 섹션을 그렸었거든. 기본 계획인데 그릴 게 많지 않다 말이죠. 거기다 심심해서 벽에다가 저쪽에 보이는 엘레베이션을 다 그려 넣었어요. 사람도 그려 넣고 그려놨더니 지나가다 보시고선 '자네는 섹션을 재밌게 그리는구만. 그렇게 하니 훨씬 더 분위기도 실감 난다' 하시면서. 제가 나무도 그려 넣고 그랬거든요. 그런 칭찬을 들은 적이 있어요. 그분이 설계 실장인 정도이니까 그 당시 국회의사당 설계가 어땠는지 알 수 있죠. 그렇게 한 두 달 쯤 진행을 했는데 어떤 일이 있었냐하면, 현상설계 안을 다시 발전시켜서 기본 설계안을 만들어야 되잖아요? 근데 그걸 만드는데 엄청난 어려움에 봉착을 했어요. 왜냐하면 전에 주어진 프로그램 보다 응모안이 한 50퍼센트 더 규모가 커요, 1.5배쯤 되어요, 면적이. 그리고 워낙 규모가 큰 집이기 때문에 사실 현상안 당시에서는 그렇게 정교하게 검토되지 않아서 분과위원회 사무실 같은 것들은 비례가 막 1대 4 이런 식의 방도 생기고… 근데 그건 왜냐하면 가운데 로툰다(rotunda)하고 정사각형으로 갖추어서 만들었기 때문에 사실은 설계상으로는 무리가 있었던 거지. 그런 것들을 다시 현실적으로 만들어야하기 때문에 조금 어려운 점이 있었고. 또 한 가지는 전반적인 평가가 이분들이 일본에서 공부하신 분들이어서 그런 얘기를 좀 들었지만은, 너무 일본풍이다, 그 당시 일본 건축계가 코르뷔지에의 후예들, 몇 분들이 주도를 하셨어요. 김수근 선생의 선생이신 요시무라 준조[65] 이런 분들[66]. 또 마에카와 쿠니오[67], 요시자카[68] 뭐 그렇게…. 그 세 분이 코르뷔지에 사무실 있다 오신 분들이고 또 그분의 제자가 단게 겐조라고 있어요. 단게

**64 _**
박학재, 『서양건축사정론』, 경학사, 1972

**65 _**
요시무라 준조(吉村 順三, 1908-1997): 일본의 저명 건축가. 1931년 동경미술학교(현 동경예술대학) 졸업 후 재일중이던 체코 출신 건축가 안토닌 레이몬드(Antonin Raymond)에게 사사했다. 1941년 설계사무소 개설.

**66 _**
요시무라 준조는 코르뷔지에를 사사하지는 않았다. 실제 코르뷔지에 제자 중 한 명은 사카쿠라 준조(坂倉準三, 1901-1969)이다.

**67 _**
마에카와 쿠니오(前川 國男, 1905-1986): 일본에서 모더니즘 건축을 옹호하였다. 르 코르뷔지에에게 사사했음.

**68 _**
요시자카 타카마사(吉阪 隆正, 1917-1980): 일본의 저명 건축가. 1941년 와세다대학(早稲田大学) 건축학과 졸업, 동 대학원 수료. 1950년 제1회 프랑스정부 급비유학생으로 프랑스로 건너가 1952년까지 르코르뷔지에 사무실에서 근무함. 와세다대학 교수 등을 역임했다.

겐조는 코르뷔지에 제자는 아닌데 코르뷔지에 영향을 받았다 할 수 있겠죠. 그분들이 주도를 해가지고 소위 일본 전통목조건축을 콘크리트로 표현한, 현대건축으로 표현한 그런 작품들이 꽤 많이 좀 유입되어서 그 당시 일본 건축이 꽤 세계적으로 알려져 있던 때였죠. 주목 받았을 때가 있었어요. 그래서 일본 건축의 특징은 굉장히 직선적이고 굉장히 정교하고 섬세하고. 그런데 그걸 콘크리트로 만드는데 그래요. 그래서 소위 그 코르뷔지에 류의 브루털(brutal)한 콘크리트와 전혀 다른 개념의 콘크리트로 목골조를 재구성을 하는 그런 건축들이 꽤 많이 있었는데 그중에 대표적인 것 중 하나가 단게 겐조의 〈카가와 현청사〉[69] 인가? {**우동선:** 가가와, 네.} 그것이 크게 높지는 않은데 수평으로 선이 가 있고.. 굉장히 심플한. 그것이 국회의사당의 그 타워 빌딩, 사무실하고 상당히 이미지가 유사하단 평을 들었고, 또 본관도 직선적으로 섬세하게 디자인되어 있어서 기둥도 살아있고 이러니까 일본적이다 그런 평을 들었고. 이걸 좀 어떻게 한국적으로 만들어보라, 이것이 또 당시 풍조 아닙니까. 한국 국회의사당이기 때문에 한국적인 것을 드러내보도록 해보라, 그런 주문을 계속 받고 있었던 것이죠. 규모도 바뀌고 디자인도 좀 바꾸고. 쉬운 일이 아니었죠. 그래서 사실, 한편으로는 원작을 디벨롭(develop)을 하고. 또 조금 바꾸어서 될 순 없으니 뭔가 다른 스킴(scheme)을 만들어보자, 그래서 그 안에 국회 태스크포스팀(Task Force Team)을 하나 새로 만들었어요. 설계위원들하고 60명 쯤 되는 직원 중에서 5명 뽑아서 새로운 프로젝트를 스터디하는 팀을 만들게 되었는데, 거기에 제가 뽑혔어요. 그 당시에 들어가는 첫 해니까 제일 말단 시다였는데, 한두 달 쯤 새로운, 전혀 다르게 디벨롭하는 그런 작업을 했었죠.



민의원 사무처
국회의사당 건설과

그러다가 또 이천승 선생님의 다른 부름을 받았는데, 그건 사실 제가 좋아한 건 아니었어요. 근데 어쩔 수 없이, 왜냐면 거역할 수가 없으니까… 그것이 뭐였냐면 국회 건설위원이 있었다고 했잖아요? 설계 도면을 만들어 가면 그것을 검토해서 승인해주는 그런 절차가 있는 거죠. 건설 위원들하고 그것을 운영할 수 있는 중심이 필요하다, 국회에서 건설과를 새로 만들고 건축직 공무원이라기보다 소위 초빙되는 그런 기술직을 새로 만들어가지고 촉탁을 총 다섯 명 쯤 뽑는데 거기 가서 해야 되겠다, 이천승 선생님을 보조해 달라, 그런 말씀이었는데 거역할 수가 없어서 형식적으로 시험을 보고 공개채용을

**69_**
카가와현청사(香川県庁舎, 1958년). 단게겐조가 설계한 것은 현재 동관 건물임

해서 촉탁을 하게 되었습니다. 과장님까지 일곱 명으로 구성된… 그 당시 과장님이 민장식이란 분인데 건설 시공 쪽에 계신 분이에요. 그 분이 과장이시고 국회의사당 건설과라는 것이 생겼어요. 지금 저, 정동 골목에 가면 이광노 교수님 사무실 있는데 아시나요?

**전봉희:** 광화문에요?

**윤승중:** 아, 광화문. 조선일보 뒤쪽에. {**우동선:** 광안빌딩.} 네, 광안빌딩. 그 근처 자리였던 거 같아. 거기에 국회의사당 사무처가 있었거든요. 거기로 출근하게 되었죠. 거기는 선배님 중에 안선구[70], 남궁종[71] 유영근[72], 또 김일진, 제 동기 중에 김현기[73]라고 있어요. 김현기. 그렇게 거기로 갔죠. 도면이 오면은 검토하고 평가해주고 그런 작업을 한 3,4개월 쯤 했는데 그때까지 진전이 별로 없었어요. 그래서 난 별로 재미가 없었어요. 여러 가지 설계 기준 같은 거 조금 만들고. 좀 생리에 안 맞는 일을 했었죠. 사실은 설계사무실에 있으면 더 좋았을 텐데, 그랬어요. 그러니까 장면 정부의 반 공무원이죠. 촉탁이니까. 진짜 공무원은 아니고. 그러니까 공직에 있은 셈이지.

그러다가 5.16이 났어요. 5.16이 나니까 그 날로 일단 업무정지 되고 그러고 2,3일 쯤 지나서 국회 사무처가 해체되고. 그러고 또 며칠 지나니까 그때 혁명위원회(국가재건최고회의)가 지난번에 얘기했던 퇴계로의 〈미나까이 빌딩〉. 거기가 해군 본부였는데, 거길 혁명 정부가 접수했어요. 2차 대전 영화 보면 독일군사령부 있잖아요? 거기 가면 정복 입은 장교가 왔다 갔다 하고 분위기 엄숙하잖아요. 독일군의 프랑스 점령사령부, 뭐 이런 걸 본 느낌이에요. 그 건물 자체가 옛날식이고 층고도 높고, 그런 건물이었는데 거기 이제 정복 군인들이 왔다갔다, 전부다 야전복 입고 왔다 갔다 하니까 완전 혁명사령부답죠. 거기에 출두해서 그동안의 봉급과 퇴직금을 받았는데 그때 처음 알았어요. 봉급이 7만원인가 했었는데 그게 당시 국장급과 같았답니다. 왜 이렇게 많으냐, 했더니 3개월 분이래요. 상당히 후하게 받았어요. 그렇게 해서 목돈이 좀 생겼어요. 아마 이전 공무원들한테는 소홀치 않게 해줬던 것 같아요. 퇴직시키고 해체시키는데, 공무원을 다 퇴직시키는 건 아니고 몇

5.16

**70 _**

안선구(安先求): 1956년 서울대학교 공과대학 건축공학과 졸업. 한국콘크리트학회 부회장 역임했다.

**71 _**

남궁종(南宮琮): 1956년 서울대학교 공과대학 건축공학과 졸업.

**72 _**

유영근(兪英根, 1935-): 대전 출생. 1957년 서울대학교 공과대학 건축공학과 졸업. 건우사 종합건축사사무소 고문.

**73 _**

김현기(金賢基, 1938-): 1960년 서울대학교 공과대학 건축공학과 졸업. 근화엔지니어링(주) 대표.

가지 부서만… 국회 사무처는 해산되었으니까 이제 퇴직이 된 거죠. 그래서 준공무원 생활이 끝이 나고 진짜 백수가 된 거지요. 5월 하순 쯤 되었는데 그때부터 몇 군데 아는 사무실, 구조사라든지 뭐, 무애건축이나 몇 군데 가보면 제도판이 다 비어 있지요. 왜냐하면 일들이 갑자기 다 스톱이 되고 건축계가 완전히 전멸했어요, 몇 년 동안. 그래서 이제 우리가 어떻게 살 거냐, 이런 식의 얘기도 하고 그 때 어떠셨어요? 5.16 직후에.

**김정식:** 저는 말이에요, 59년도에 충주비료에 가 있었다고.

**윤승중:** 거긴 많이 안전했겠네요.

**김정식:** 굉장히 안전하고, 생산 공장이니까. 미국 사람들이 전체 매니징(managing)을 했기 때문에 그 당시 내가 월급을 7만원 받았다고. 굉장히 높았어요. 그러고 5.16 났을 때도 충주에 있었고, 65년, 66년까지 충주에 있었으니까 서울에 돌아가는 소식을 몰랐지.

**윤승중:** 그렇게 지내고 있었는데 기쁜 소식을 들은 게 있었어요. 지난번 이야기 했던 외숙께서 당시는 별로 하는 일이 없으셨는데 그때 마침 길음동에 길음 시장이라고 있어요. {**전봉희:** 길음동에…} 그 시장 터에 땅이 있는데 거길 사람들이 점령하고 있어서 하코방[74], 판잣집 같은 게 있고, 시장이 되었었거든요. 그냥 놔두면 땅도 활용 못하기 때문에 뭔가 사업체가 되게 하고 싶으신 생각에 절 부르셔가지고 '니가 건축 공부했으니까 계획을 한번 해봐.' 그러셨어요. 그때는 시장 판자촌이 꽉 들어찼을 때니까. 그러다가 아주 미래지향적인 시장을 만들어 보고 싶다, 시장이라는 게 보면 그 당시만 해도 주인이 없을 때였는데, 주인이 있는, 멀티 펑션(multi function)의 좋은 시장을 만들어 보고 싶다. 그때가 내가 졸업한지 1년 차였고. 실제로 실무경험이 거의 없었잖아요. 그래서 전 아직 그런 능력은 안 되고, 제가 좋은 건축가를 소개를 하겠다, 그래서 김수근 선생을 소개했어요. 근데 김수근 선생이랑 제 외사촌 형들이 1년 선·후배로 있었기 때문에 왔다 갔다 하면서 꽤 잘 아는 사이였어요, 학교 때부터. 아, 그 김수근이 말이냐, 그러셔가지고 잘 통했죠. 보게 해 달라. 김수근 선생님을 찾아가니까 이미 국회의사당 사무실에 있어서 얼굴은 알고 있었으니까. 아, 그러냐 해서 사촌형들을 알고 얘기가 통했어요.



74 _
하코방: 일본어로 상자를 의미하는 하코(箱)와 방의 합성어로 허름하고 작은 집을 지칭한다.

그걸 얘기했더니 좋아하시지.

**김정식:** 프로젝트 물고 왔는데… (웃음)

**윤승중:** 모시고 와서 면접을 하고 착수하자. 길음 시장이 그래서 첫 프로젝트가 되었어요. 당연히 나도 조인을 했고. 그러니까 취직을 쉽게 한 거지. 그리고 또 안선구 선배님이라고 아시나? 김수근선생이랑 동창이거든요. 유영근도 그 분 후배지만 친했다고. 그래서 끌어들여가지고 길음 시장 설계를 시작했어요. 그게 지어지지는 못했는데 그 당시 꽤 괜찮은 시장이었던 거 같아요. 멀티 펑션으로 백화점 형식이 하나 있고, 메인 빌딩 두 개를 이어주는 아케이드가 있고, 가운데는 크게 돔을 씌워서 진짜 시장이 있고. 여러 가지 형식을 갖춘 2층 높이의 시장을 만들었죠. 그것을 브리핑을 하고 잘 진행이 되는 중이었는데 문제가 생겼어요. 뭐냐면 시장을 점유하고 있던 쪽에서 쫓겨나게 되니까… 도저히 설득이, 시장 사람들 워낙 세잖아요. 설계한다고 소문이 나니까 데모하고 그러니 결국은 포기하셨죠. 그 바람에 기본설계까지만 하고는 진행이 안 되었죠. 그게 되었으면 꽤 좋은 작품이 되었을 거 같은데. 시장의 새로운 형식을 하나 제안한 거죠. 그러다가 그 두 분 선배님은 조흥은행으로 가시고, 나는 김수근 선생님이 부르시더니 너 설계실 치프를 해라. 근데 그 당시에 설계실에 두 분이 가시고 나면 친구가 하난가, 후배 둘 있었고, 뭐 이렇게 두세 명 밖에 없었어요. {**김정식:** 공일곤 씨는…} 공일곤 씨는 나중에 갔어요. 치프를 하라고 그러는데 그때까지는 설계사무실 경험이 없었기 때문에 설계실 치프가 뭐하는 겁니까? 할 정도였죠. 그래서 설계실 전체를 리드해서 자기를 대신해서, "소위 오케스트라로 치면 악장 같은 거다.", "제가 어떻게 합니까?", "넌 할 수 있어. 해보자." 그 때부터 조금씩 프로젝트가 생기고 그렇게 해서 일이 된 거죠. 그때부터 김수근 팀에서 만 9년 동안. {**김:** 몇 년?} 만 9년. 요즘은 10년, 20년 보통이잖아요? 그 당시만 해도 그렇게 한곳에 오래 있는 건 참 드물었어요. 그렇게 해서 김수근 사무실의 설계실 치프로 한 5년 쯤 있었고 그러다가 기술공사를 다니던 도중에…

**김정식:** 왜 나가게 되었어?

**윤승중:** 그건 벌써 말씀드리면 안 되죠. (웃음)

**전봉희:** 예, 그건 다음에… 벌써 6시가 넘었는데 조금 쉬셔야 할 것 같아요.

**김정식:** 식사하러 가야겠네요.

**윤승중:** 벌써 그렇게 되었어요? 내가 너무 길게 얘기했나.

**전봉희:** 아닙니다, 저희 커피 있으시면 더 주실 수 있으신가요?

**김미현:** 예, 근데 저희가 저녁 식사를 예약을 해놓았는데. 그건 늦추면 되고요. 커피를 더…

**전봉희:** 벌써 4시간을 했네요.

**윤승중:** 김수근 선생님 얘기를 어떻게 할까요? 굉장히 길게 할 수도 있고 이번 기회에 김수근 선생님을 소개하는 의미에서 할 수도 있고, 간단히 할 수도 있어요. 어떤 게 좋을까요? 만약 그렇게 하려면 지난번에 보신 것처럼 세운상가만 가지고도 세 시간 정도 됐잖아요. 그런 인터뷰 얘기라면…



**전봉희:** 근데 60년대의 김수근에 대해서는 선생님 말고 증언을 해 주실 수 있는 분이 별로 없지 않나요? 물론 있겠지만 있긴 해도, 그런 생각이 들거든요. 60년대 이후는 누가 있을 거 같아요, 70년대 이후는 얘기를 할 수 있을 텐데.

**윤승중:** 김수근 선생님 얘기를 하더라도 분명히 전체를 얘기는 못해요. 왜냐하면 그분이 워낙 다양하게 복잡하게 살아오신 분이기 때문에. {**전봉희:** 그렇죠.} 보통 사람의 몇 배 만큼의 것이기 때문에 전부 얘기는 못하지만 안국동에서 일어났던 일들이라든가… {**전봉희:** 그러니까요.} 김수근 선생의 이야기를 조금 더 상세하게 해줄 필요가 있나 하는 거죠.

**전봉희:** 있겠죠. 있죠, 제 생각에는.

**윤승중:** 돌아가셨기 때문에…

**전봉희:** 네, 돌아가셨고 이후 세대는 젊은 사람들이 조금 기억을 하고 얘기는 하지만 60년대에 데뷔할 때의 그분은 참 여러 가지가 있는 거 같아요.

**윤승중:** 70년 이후의 김수근하고 60년대의 김수근은 다르시거든. 그것이 아마 시대적인 영향일 수도 있지만 김수근 선생님이, 60년대라는 것은 김수근 선생님이 1931년생이거든요. 60년대는 그분의 딱 30대이고. 지금 몇이시지?

**최원준:** 마흔 되었습니다.

**전봉희:** 그래서 결국은 김수근 선생님의 60년대를 조금 더 길게…

**윤승중:** 우리 인생에서 40세라는 것이 하나의 터닝포인트가 되는 거예요. 40이 넘어가면 자기가 책임지는 시기가 되어서 뭔가 성찰하게 되고 옛날에 저,

사십을 말하는 말이 뭐지?

**전봉희:** 사십이 미혹, 아니, 불혹이죠, 불혹. 흔들리지 말아야 한다고…

**윤승중:** 김수근 선생도 마찬가지로 30대에는 진짜 왕성하게 활동하시다가 70년대 이후에는 자기의 건축, 그런 것을 실천하신 게 있어요. 그래서 그 후에 기록에 남겨져 있는 김수근 선생은 대개 70년대 이후일 거예요.

**전봉희:** 그렇죠.

**윤승중:** 60년대는, 김수근 선생님께서도 나중에 가서 보면, 내가 젊었을 때였으니까 실수도 있을 수도 있다, 그러셨을 거예요. 그런데 내 생각에는 김수근 선생님의 60년대는 상당히 가치가 있는 시대였고 또 어떤 면에서 볼 때 다른 관점에서 그거를 그냥 지나버리기 아까워요.

**전봉희:** 그렇습니다, 저희들도… 1960년대는 다 숙지를 해서라도 더 깊은 내용을 끄집어내서 기록을 좀 남겨놔야 할 것 같아요.

**윤승중:** 김수근 씨는 다음 시간에 할까요?

**전봉희:** 그래야 되겠죠? 예.

**윤승중:** 지금하면 끝이 안날 거 같아요. 그러면, 지금까지 했던 것 중에서 궁금한 것 있으면 질문을 하십시오.

건축 잡지

**전봉희:** 아까 잡지를 구독하셨다고 하셨잖아요? 그게 그 당시 서울 공대 도서관에도 있었습니까?

**윤승중:** 서울공대 도서관에는 대개 다 있었어요.

**전봉희:** 도서관에는 있었고. 개인적으로 구독하는 경우는 선생님 외에는 잘 없었죠?

**윤승중:** 아니, 있었어요. 개인적으로 구독하는 건 있었어요. 개인적으로 기회가 되면. 근데 여기서 돈을 보낼 수 없으니까 어떻게 돈을 보낼 수만 있으면 살 수 있는 거죠. 그땐 아마 항공편으로 오진 않고 배편으로 와서 시간이 걸렸죠.

**전봉희:** 그런 말씀은 좀 들었거든요. 중국 대사관 옆에 가면, 저희 때까지도 있었는데 미국, 용산에서 나온 잡지들이…

**윤승중:** 거기서도 많이 샀어요. 나도 이외의 책들은 거기 가서 주로 봤죠.

**우동선:** 명동에?

**전봉희:** 경사진데 길…

**우동선:** 지금도 있어요.

**윤승중:** 직접 구입한 것은 아까 얘기한 기디온의 『스페이스, 타임, 앤드 아키텍처』 말고 『그래픽 스탠다드(Graphic Standard)』하고 우리 설계시간에 보는 굉장히 두꺼운 책인데, 또 건축 『아키텍추럴 레코드』하고. 『아키텍추럴 레코드』가 재밌는 것은 3년이 다 되고 나니까 한 6개월 전부터 노티스(notice)가 오는 거예요. 이제 끝난다, 5개월이다, 4개월이다 그러다가 마지막이 되면 진짜 마지막이다, 우리 스톱한다. 그 계속 그런 노티스가 오면서 6개월이 지날 때까지 계속 특별히 하나 더 보내준다, (웃음) 6개월까지 보내주더라고요, 연장시키려고. 그렇게 어렵게 구했죠.



**전봉희:** 방학 세미나 때 기디온 책을 보셨다고 그러는데, 같이 세미나 하는 사람들도 그 책은 있었던 거예요?

**윤승중:** 어떻게 구해서 보고 와서 그랬을 거예요, 아마.

**전봉희:** 복사가 없었잖아요?

**윤승중:** 복사는 못했어요. 복사기 나오기 전이었으니까… 아마 각자 어떻게 구해서 봤는지. 몇 분은 일본책을 봤어요.

**전봉희:** 아, 번역본.

**윤승중:** 번역본으로. 다 이렇게 노력을 하면 다 돼요, 다 의지가 있었던 거지. 사실은 굉장히 황무지 같은 시대였지만 아까도 얘기했듯이 그 당시 건축가들이, 선배들이나 그렇게 작업들 하셨고 헛되이 보내진 않았던 거 같아요. 사실 학교 나가보면 학생들한테 가장 부러운 것이 요즘 얼마나 편합니까? 그런 자료 많고. 또 제일 부러운 거는 하다가 무슨 좋은 텍스트가 있으면 갔다 온단 말이야, 여행도 갔다 오고. 근데 그 당시에는 생각도 못한 일이야. 요즘 대학생들 치고 외국 안 다녀 온 사람 별로 없죠? 거의 다 한 두 번씩, 두어 번씩 가니까. 유럽 학생들에 비해서 우리가 비교적 불리한데 요즘 세대는 그런 점에서 훨씬 낫고. 가지 않더라도 뭐, 인터넷으로 아주 충분히 정보가 많으니까, 해피하지요.

**우동선:** 열정은 없는 거 같아요, 선생님 때만큼의…

**윤승중:** 사실은 학생들 뿐 아니라 건축가도 마찬가지인데, 아까 이야기했던 그 당시에 거장들, 그분들의 작품들 가서 보면 진짜 뭔가 노력을 해서 만든 흔적이 보이거든요. 또 다 그걸 통해서 항상 새로운 이론들도 만들고 도전도 하고 그랬었는데. 그에 비해서, 요즘 건축가들은 너무 눈에 보이는 뭐… 어떻게든 눈에 뜨이게 만드는 정도만 하지 그렇게 깊은 고민은 없는 거 같아요. 어떻게 사람들한테 잘 보일 것인가, 좀 그런 경향이 있어 보이는 것 같아요. 특히 요즘 대가들, 이상하게 전 세계의 유명한 큰 프로젝트는 거의 다 열 개 정도 회사들이… 어쩌면 경제 쪽에서 신자유주의, 무한 경쟁. 마찬가지로 그런 파워 게임… 이런 것들이 좀 문제가 있어요. 오히려 옛날 대가들의 작품들이 훨씬 더 열정적이고 배울 만한 자세였다란 생각이 좀 들어요. 학생들도 마찬가지로 별로 노력을 안 하거든, 쉽게 자료를 얻어올 수 있기 때문에. 리포트 같은 것도 전에는 다 도서관에 가서 서베이(survey)하고 했었는데 그것도 한 10년 사이에도 변했어요. 10년 사이에 처음에 하고 나중하고 다르더라고요. 충실하게 복사도 해오던 리포트들이 나중엔, 그니깐, 2000년도 후반에 들어와서는 다 쉽게 앉아서… 근데 그것도 보면 구글 첫 번째 앞에 뜬, 잘 보이는 그런 자료들을 가져오게 되는데 읽어보지도 않고 그냥 가져와요. 잘 몰라요, 자기가 뭘 베끼는지, 내용을 다 보고 나서 리포트 하는데 그냥 패스만 해주는 거지. 나중에 확인해보면 전혀 내용은 모르더라고. 쉽게 공부하게 되면서 오히려 큰 문제가 되지 않을까.

**전봉희:** 대성 빌딩에 사무실을 갖고 계셨던, 작업실로 사용하셨던 것은 계속 무료로 사용하셨어요? 아니면 일을 하셔서 임대료를 좀 내시면서…

**윤승중:** 그냥 눌러 있었던 거 같아요. 아마 무료로… 큰 사무실은 아니고 구석에 있는 조그만 방.

**전봉희:** 선생님은 일할 때 왔다 갔다 사무실 들르시고, 그러면 누구는 쭉 계시고 그러셨나요?

**윤승중:** 아니요, 그렇지도 않았어요. 그냥 빈 방이고. 그때는 키를 하나씩 다 만들어 가지고 아무 때나 생각나면 들려서 책도 보고…

**전봉희:** 그러다가 일 생기면 모여서…

**윤승중:** 그래서 집들이 다 여기 있으니까. 근데 명동에 사무실 있었던게 얼마나 좋은지. 계속 일하다 보면 먹는 거가 문제죠. 합숙하고 돈이 부족하니까 싸고 많이 주는 거 찾아다니고 그랬거든요. (웃음) 어떤 일식집에 갔었는데 그때 모밀국수를 처음 봤어요. 모밀국수를 이만한 나무판에다가

이렇게 수북하게 주더라고요. 내가 저거 한번 시켜보자, 별로 비싸지도 않아 시켰는데 이렇게 생긴 판에 위에만 쌓여 있더라구요. 그래가지고 실패한 적이 있었어요.

**최원준:** 혹시 김희춘 교수님 서양 건축사 과목 같은 경우에 구체적으로 수업 진행방식에 말씀해 주실 수 있나요? 어떻게, 강독식이었나요?

**윤승중:** 그건 구체적으론 어려워요. (웃음) 정말 오랫동안 해 오셨기 때문에 본인이 만드신 강의 노트가 있었고, 텍스트는 있었는데 그걸 다 할 수 없으니까 몇 군데 적어서… 대체로 내 기억으로는 역사적인 사실들을 전해주시는. 왜 그런가 라기보다 그 당시에 이런 것들이 있었다라는 식의 말씀을 들었던 거 같아요. 조금 불만이었던 거지.



**최원준:** 시각 자료라는 건 전혀 없었던 건가요?

**윤승중:** 그땐 시각 자료는 쓸 수가 없었고, 그런 도구가 하나도 없었고. 책을 놓고 보고…

**최원준:** 학생들은 책을 다 가지고 있는 건가요?

**윤승중:** 그거는 어떻게 구해서 샀을 거예요. 옛날 책을 구해가지고. 나도 헌 책을 하나 샀는데. 근데 복사는 못했을 거예요.

**전봉희:** 복사도 못했는데, 그게 사기도 쉽지 않을 텐데.

**우동선:** 청사진을 떴다고 제가 얼핏 들었는데… 예, 민 선생님 시절에는.

**전봉희:** 왜냐면 저희 때도 마찬가진데, 저희 때는 그 책은 아니고 페브스너[75) ]책이었는데요, 페브스너 책을 다 구할 방법이 없으니까, {**윤승중:** 건축사가?} 예, 김희춘 교수님 건축사가, 페브스너 책에서 각 챕터의 앞부분 아우트라인 정리해놓은 것들을, 그것만 딱 빼서 페브스너 책을 얇은 복사본을 만드셨어요. 그래, 그걸 하나씩 제본해서 들고 그 책으로…

**윤승중:** 페브스너 말고도 또 건축사가 유명한 사람 또 있지요?

**75_**
니콜라우스 페브스너(Nikolaus Pevsner, 1902-1983): 독일 태생으로 영국에서 활동한 건축사가. 근대 건축운동을 옹호하는 여러 저술을 남겼다.

**우동선:** 민 교수님 때는 플래처[76] 책이었다고.

**전봉희:** 아참, 플레처. 페브스너가 아니고.

**윤승중:** 아, 저 책이 굉장히 귀해서 그 당시에 못 구해가지고, 그것이 아마 건축 이론을 도와주는 책으로…

**우동선:** 열심히 하면 그 책을 주신다고 약속 해놓고 안 주셨다고 민 교수님이… 김희춘 선생님이요. (웃음)

**윤승중:** 그 유명한 책 있었지. 하여튼 요즘은 얼마나 좋아졌어. 책도 쉽게 얻고. 복사도 만들 수 있고.

**최원준:** OHP나 슬라이드는 언제부터이지요?

**우동선:** OHP는 나중이지. OHP가 복사기에 필름 넣는 거잖아요. 제록스가 나오는.

**윤승중:** 제록스도 아마 60년대 초반쯤 되어서 나왔을 거예요. {**전봉희:** 나왔을 거예요.}아까 그 얘기는 국회의사당 설계사무소 갔더니 놀랄만한 것들이 있었는데, 매직, 그 잉크 있죠? 매직 그리는 거.

**전봉희:** 유성펜이요, 유성펜. 마커.

**윤승중:** 아, 마커. 그 당시에 처음 보는 거였거든. 이 양반들이 그림을 스케치하고 신나게 막 그리더라고요. 그러고 보니 그런 도구가 있었고.

**전봉희:** 국회 설계사무소를 갔더니 마커가 있었다…

**윤승중:** 일본에서 오신 분들이니까. '이토야' 라고 굉장히 유명한 문방구 백화점이 있는데. 거기에 나중에 한번 가보고는 이렇게 좋은 도구들이 많구나, 그랬죠. 그리고 또 한 가지 신기한 것이 글씨 쓰는 거 뭐라 하지? {**우동선:** 레트라세트(letraset).} 레트라세트. 그런 것도 있었고.

**우동선:** 판박이처럼. 그때도 다 있긴 있었네요.

**76 _**
배니스터 플레처(Sir Banister Fletcher, 1866-1953): 영국의 건축가이자 건축사가. 같은 이름의 아버지(1833-1899)와 함께 A History of Architecture를 집필했다.

**윤승중:** 컴페 경쟁이 안 되죠. 그때 한국에 소개가 되기 전이라서… 조금 지나면 물론 다 들어 왔었지만.

**우동선:** 거기서 밀렸군요.

**최원준:** 굉장히 신식 재료나 기법들로 많이, 설계도 물론 뛰어나셨지만 그런 걸로 압도하셨다고…

**윤승중:** 김수근 선생님의 가장 큰 재능 중의 하나가 어떤 사람들은 책 열권 읽으면 그 중에서 십분의 일도 잘 활용을 못하거든요. 대개 출력이 조금밖에 안 되는 분들이 많아요. 근데 김수근 선생님은 10을 읽으면 한 13정도 나와서 머릿속에서 뭔가 재창조가 되는 그런 능력을 가지고 있는데, 그것이 창의력이고. 그런데다가 또 일본서 공부하면서 선진 경험을 했고 또 외국도 자주 나가고. 말하자면 인풋이 많이 된 거지. 그러니까 경쟁력이 생겼던 거죠. 인풋만 되고 출력이 안 되면 소용없는데 이분은 출력을 더 확대해서 사람을 설득시키는 능력이 좀 대단했던 거 같아요. 그것 때문에 다들 한마디도 못하고 설득이 되고. 만나 뵌 적이 없죠?

**전봉희:** 그렇죠. 개인적으로 만나 뵌 적이 없죠.

**윤승중:** 아깝게 1986년에 돌아가셨죠. 한국 나이로 치면 쉰 일곱 살. 그렇게 치면 여러분도 얼마 안 남으셨네요. (웃음)

**전봉희:** 더 험한 말씀이 나오시기 전에… (웃음) 이동을 해야 할 것 같아요.

**윤승중:** 그동안에 사람들이 80세까지 산다고 했을 때의 것을 다 누리셨다고 생각해서 후회가 없으실 거예요. 참, 내가 저녁을 사야하는데…

**전봉희:** 아닙니다, 무슨, 예.

**김미현:** 저녁, 평가옥에 예약을 했는데요.

**윤승중:** 가까운 데인가?

**김미현:** 예.

**우동선:** 다음 번 날짜를 잡을까요?

# 03

# 김수근건축연구소 초기작업 : 워커힐, 자유센터

**일시** 2012년 1월 31일 (화) 14:00 – 18:30

**장소** 서울특별시 강남구 삼성2동 142-22 2층 목천문화재단

**진행** 구술: 윤승중

채록연구: 전봉희, 우동선, 최원준, 김미현

촬영: 하지은

기록: 허유진

초벌 원고 수정 및 각주 작업: 김하나

**전봉희:** 자, 오늘이 말일이죠? 2012년 1월 31일 오후 2시 15분입니다. 오늘 역시 윤승중 선생님 모시고 말씀을 좀 청해 듣겠습니다. 지난번에 61년 5.16 이후에 길음 시장 건 때문에 김수근 선생님과 처음, 말하자면 가깝게 만나게 되신 부분까지 말씀을 해주셨고, 오늘은 아마도 주로 김수근 선생님과 같이 하셨던 기간 동안의 말씀을 듣지 않을까 싶습니다. 들으면서 저희들이 중간 중간에 필요한 부분들을 여쭙고. 네.

김수근 건축연구소

**윤승중:** 그렇게 해주시면 오히려 매듭을 끊을 수 있을 거 같아요. 지난번까지는 거의 개인적인 성장과정이었기 때문에 별 부담 없이 자유롭게 얘기할 수 있는 내용이었는데 오늘은 사실 조금 부담이 됩니다. 왜냐하면 본격적인 건축 작업 얘기는 처음이고, 또 김수근 선생님하고 보낸 10년, 정확히는 만 9년 정도가 굉장히 중요한 시기였으니까요. 그러고 우리나라 현대건축에서 굉장히 중요한 역할을 하신 김수근 선생님하고 같이 했던 작업을 얘기하는 거기 때문에요. 그 이후에 그 당시 같이 있었던 동료들, 공일곤, 유걸, 김환, 김원, 또 김석철 이런 분들이 나중에 건축가로 활발히 활동하지 않습니까? 그런 쪽과 다 같이 관련이 되는 얘기이기 때문에 조심스럽게 할 수 밖에 없을 거 같아요. 일단 정확하게 기록이 되어야 하고. 또 한편으로는 지금부터 한 50년 쯤 전의 얘기이기 때문에 제가 그 당시의 상황을 여러분들한테 잘 전해 드릴 수 있을지, 또 실제로 잘 기억이 될지, 이런 걱정들로 오늘은 부담이 되네요.

이 부분은 자세하게 이야기할 필요가 있는데 그것은 한국의 현대건축이 한참 시간이 지난 뒤에 재평가 되고 이런 과정을 거치는 중에요, 대개 요즘 연구하시는 분들 보면은 지금 나타난 결과만을 가지고 피상적으로 크리티컬하게 접근하시는 분들이 꽤 많이 있어서 볼 때마다 좀 안타깝게 생각이 되요. 왜냐하면 건축이라는 것이 시대적인 영향이라든지 역할, 조건, 이런 것들과 관계되는 것인데 그런 것들에 대한 배려 없이 결과만 가지고 평가한다는 건 좀 문제가 있다고 생각이 됩니다. 그 당시를 증언으로 남겨 두었으면 연구에 도움이 될 수 있을지 없을지 모르지만. 그래도 그 당시의 상황을 가급적이면 이해할 수 있게 해 보려고 그러는데요.

특히 그 시기가, 6.25가 끝난 지 얼마 안 되었고 또 5.16이라는 굉장히 큰 변화가 바로 시작되는 시점이었기 때문에, 그 후에 10년간은 굉장히 빠르게 모든 것이 변하고 실제로 나중에 사람들이 평가하기가 상당히 어려운, 그런 시간들이었잖습니까? 그 현장에서 작업을 했었던 일이고요. 그래서 후에 김수근 선생님의 작업들이 상당히 높이 평가되기도 하지만 한편으로는,

크게 두 가지 관점에서, 상당히 크리티컬하게 보여지는 그런 점들이 있거든요. 하나는 한국의 현대건축, 또는 근대건축이라는 것을 만들어나가는 과정에서 김수근 선생의 역할이 무엇이었을까 하는 관점에서 볼 때 너무 일본적이라는 점. 어차피 김수근 선생님이 일본에서 대학을 나왔고 요시무라 준조(吉村順三)라는 교수하고 꽤 밀접한 관계도 있고. 그래서 거기다가 너무 연결 시켜가지고 김수근 선생을 일본, 요시무라 준조의, 뭐랄까요, 그 표현이 참, 너무 영향을 받아서 재현시키는, 그런 식으로까지 얘기 되는 것도 있고. 그렇게 김수근 선생님의 초창기 건축을 일본적인 영향을 받았다고 보는 관점이 하나가 있고요. 또 한 가지는 그 시기가 5.16 직후인데 우연히도 그 당시에 주체였던 분들하고 인연이 생겨서 후견 받아 여러 가지 기회를 갖게 된 거죠. 5.16 세력이라는 것이 정당하게 평가 되지 않은 면도 있기 때문에 그 세력을 도와주는 나쁜 일을 했다, 말하자면 부적절한 사람들을 도와주는 역할을 했다는 식으로 평가가 되는 일이 많이 있는 거 같아요.



**전봉희:** 두 가지 부정적인 평가에 대한 말씀이시죠?

**윤승중:** 그렇죠. 물론 그런 측면이 전혀 없지 않았겠지요. 우선 첫 번째 관점은 우선 김수근 선생님은 아까 말씀 드렸듯이 일본에서 대학과정과 대학원 교육을 받았죠. 그때 요시무라 준조(吉村順三)라는 건축가가 일본에서 굉장히 좋은 평가를 받고 있었어요. 근데 요시무라 준조의 건축에 영향을 받았다기 보다는 그 분의 철저한 완벽성이랄지 이걸 늘 칭찬했습니다. 아주 섬세한 디자인으로 클리어한 이런 점들을 상당히 높게 평가했던 거 같아요. 그리고 한편으로는 이미 일본은 우리나라보다 훨씬 일찍이 서양건축을 받아들여서 그때 한창 세계에 대해서 일본 건축이 발언하고 주장을 할 때였거든요. 사실 일본 근대 건축에 크게 영향을 미친 두 분이 있는데 하나는 안토닌 레이몬드(Antonin Raymond)[1]라는 미국 건축가인데, 아마 내가 알기로는 프랭크 로이드 라이트가 도쿄에 〈제국 호텔〉을 지을 때 현장에 책임자로 같이 와서 작업을 했다가 일본 건축에 매료가 되어서 일본에 사무실을 내고 거기에 자리를 잡은 건축가로 알고 있습니다. 일본의 그 당시에 중견 건축가들이 레이몬드 사무실에서 있었다던가, 거기에 영향을 받은 사람들이

1_
안토닌 레이몬드(Antonin Raymond, 1888-1976): 체코 출신 건축가. 프랭크 로이드 라이트에 사사했고 일본에 체류하면서 모더니즘 건축 작품을 많이 남겼다.

꽤 있었습니다. 마에카와 쿠니오(前川國男)도 그렇고 요시무라 준조도 사실 그 사무실에 있었고. 그런 영향으로 서양 건축에 직접적으로 영향을 받은 거죠. 그러고 또 마에카와 쿠니오하고 사카쿠라 준조(坂倉準三), 요시자카(吉阪).

**우동선:** 요시다케.

**윤승중:** 요시자카. 길판융정(吉阪隆正)

**우동선:** 요시자카.

**윤승중:** 요시자카, 융정(隆正)이라고 썼는데 그 분은 아마 김중업 선생님하고 비슷한 시기에 코르뷔지에 사무실에서 근무했던 거 같아요. 내가 알기론 요시무라 준조도 관계있는 거 같아요. 잘 모르겠어요.

**우동선:** 직접 제자는 아니죠.

**전봉희:** 아, 그런가요?

**윤승중:** 하여튼 코르뷔지에의 영향을 받은 결과가 사실은 1950년대 후반서부터 60년대 이르기까지 굉장히 일본에 큰 영향을 주었다고 생각이 됩니다. 익스포즈드 콘크리트(exposed concrete, 노출 콘크리트) 이런 소재를 활용한다든지 매스를 만들어가는 방법이라든지 이런 것들이 코르뷔지에적인 것들이 꽤 많이 있거든요. 그렇게 일본의 근대 건축이 전성기를 이루면서 그 당시에 세계적으로 꽤 발언권을 갖고 있었어요. 실제로 코르뷔지에의 직접적인 영향을 받은 건 아니지만, 아까 얘기했던 마에카와 쿠니오를 통해서 영향을 받은 단게 겐조라는 걸출한 건축가가 있었죠. 단게 겐조는 세계적인 반열에 오른 건축가인데 이렇게 일본의 현대건축, 또는 근대건축이 그 당시 발전했었고 활발했던 시기가 아닌가 생각이 됩니다. 그런 일본 건축이 서양 건축과 차별되게 일본화 되는 과정에서 일본의 목조건축 기법들을 콘크리트로 재현시키는 그런 것이 생기죠. 그래서 같은 익스포즈드 콘크리트를 쓰면서도 코르뷔지에는 북아프리카나 지중해 강렬한 태양 아래서 조형을 강하게 표현하기 위해서 깊은 음영도 만들어지고 브루털하게 거친 표현을 위해 오히려 좋은 소재로 생각되었던데 비해 일본은 풍토, 구조, 어떤 문화가 있었기 때문에 익스포즈드 콘크리트를 가지고도 굉장히 섬세하게 디테일을 만들어가는, 일본의 목조건축을 오히려 그렇게 표현하는 식으로 된 거 같아요. 그래서 그런 일본의 건축들이 한국에 여러 가지 영향을 주게 되는데 그건 뭐 김수근 선생님 뿐만 아니라 일본 잡지들이 굉장히 많이 보급이 되어서 매달 소개가 되었고, 일본은 또 가까우니까 가끔씩 가서 볼

수도 있고. 어떻게 보면 서양보다는 일본의 여러 가지 생활이라든지 생활감각, 목조건축 감각이라든지 이런 것들이 우리한테 조금 더 익숙하다고 볼 수 있죠. 그래서 한국의 그 당시의 건축이 알게 모르게 일본 건축의 영향을 받았을 거 같아요. 김수근 선생님께서, 나중에 어떤 분과 대담하는 과정에서 들은 얘깁니다만, 자기는 요시무라 준조라는 교수를 통해서 레이몬드하고 연결이 되고 레이몬드는 라이트와 연결이 되기 때문에 자신은 본래 그 뿌리를 아마 라이트로부터 감성에 영향을 받았을지 모른다고, 이런 식의 표현을 하셨는데요. 실제로 그런지는 잘 드러나지 않지만 그렇게 본인이 생각하시고, 한편 작품들에서 익스포즈드 콘크리트로 만들어지는 강렬한 조화를 이루는 작품을 보면 코르뷔지에의 어떤 시각적인 이미지에 좀 영향을 받았다고 볼 수 있을 것도 같아요. 근데 나는 일본 건축을 직접 수입했다든지, 일본 건축을, 나쁘게 말하면 베꼈다, 이런 식의 것은, 그건 전혀 아니라고 생각하는데. 그분께서 전혀 그런 의식이 없었는데 자기 건축을 만들어가는 과정에서 그렇게 감각적인 것들이 자연스럽게 있을 수는 있었다고 생각이 되요. 그 얘기를 왜 하냐면 지나고 나서 〈부여박물관〉 논쟁이 있을 때도 결국 결론은 그것을 좋게 얘기하는 쪽에서 낸 결론이 일본의 신사를 수입한 것이 아니라 자연스럽게 몸에 배어서 일본적인 표현이 되었을 것이다, 라는 쪽으로 마무리를 짓거든요. 그게 나로서는 불만인거죠. 김수근 선생님께서 일본건축에 직접적인 영향을 받아서 자기 작품, 자기 건축을 만들어 왔다 라고는 별로 생각을 하지 않았어요. 왜냐하면 나하고 작업하는 과정에서 그런 느낌을 받은 적이 전혀 없고. 고민하고 이런 것들이요. 그리고 60년대 초반 박물관에 김재원[2] 관장이 계셨고, 또 최순우[3] 실장이 계셨는데, 미술 실장인가 하여튼 그런 타이틀로. 그분하고 친하게 지내셔서 가끔 같이 가서 뵙고 했습니다. 근데 그런 과정에서 한국의  목기라든지 도자기. 그런 것에 관심이 있었고 본인에게 그런 식의 노력이 있었다고 봅니다. 그리고 우리나라 한옥의 작은 스케일이 주는 매력을 느껴서 이런 것들이 몸에 배어서, 어렸을 때부터. 나는 일본 건축에 직접적인 영향을 받았다고 생각을 안 하고요, 물론 그 당시 분위기로 봤을 때는 전혀 동떨어질 수는 없는 거라 그렇게 생각이 듭니다.



2_
김재원(金載元, 1909-1990): 1934년 독일 뮌헨대학교 졸업, 1945년-1970년까지 국립박물관장을 역임했다.

3_
최순우(崔淳雨, 1916-1984): 고고미술학자·미술평론가. 국립중앙박물관 관장을 역임했다.

그러고 두 번째로는 어떤 정권의 하수인인양 그런 식으로까지 얘기되는 걸 봤는데 건축가는 다른 작가나 화가하고는 달리 작업이라는 것이 어차피 어떤 권력이나 경제적인 힘을 가진 사람과 밀접한 관계를 갖지 않으면 안 되게 되어 있습니다. 클라이언트라는 것이 있어서 자연스럽게 관계를 갖게 되고 그래야 기회를 갖게 되죠. 또 실현이 될 수가 있고. 다만 거기서 우리가 구분해서 봐야할 것은, 그런 경우에 누구를 위해서 작업을 하는가를 잘 봐야할 거 같아요. 더구나 그런 능력, 경제력를 가진 쪽의 주문을 받았다 하더라도 그 사람을 위해서 집을 만들어 준다고 생각하고 작품하는 것이 아니라 결국 그 집을 이용하게 될 지역, 도시의 사용자들을 위해서 작품을 만드는 태도를 가진 것을 구분 지을 필요가 있다는 거죠. 그래서 그게 누구야, 히틀러의….

**전봉희:** 슈페어[4)]

**윤승중:** 슈페어. 슈페어는 사실 뛰어난 건축적인 재능을 갖고 있는 사람이었는데 진짜 히틀러를 위해서. 그런데 히틀러를 위한 것은 히틀러 개인이라기보다는 명분이 있긴 있어요. 당시 유럽에서 독일이라는 데가 조금, 콤플렉스가 있었는데 그것을 뛰어넘는 그걸 히틀러가 보여줬기 때문에 슈페어 본인은 그런 신념을 가지고 했던 거 같긴 한데. 그렇지만 여하여튼 나치를 위해서 일을 했잖습니까? 나치를 위한 그런 작업들하고 그 당시에 김수근 선생이 했던 일들은 그런 관계에 있다고 해도 다르게 봐야하는 거죠. 그런 식으로 평가를 받는 것은 옳지 않다고 봐야죠. 다만 요즘 한 가지가, 남영동에 있는….

**전봉희:** 대공분실.

**윤승중:** 대공분실 얘기가 가끔 나올 때가 있는데 그거는 나는 전혀 모르는 얘기였어요.[5)] 그거는 70년대 후반에.

**최원준:** 77년 정도.

**4_**
알베르트 슈페어(Albert Speer, 1905-1981): 독일의 건축가, 정치가. 히틀러의 총애를 받아 당주임 건축가로 활동했으며 2차 세계대전 발발과 함께 군수장관을 맡았다. 뉘른베르크 전범 재판에서 20년 형을 선고 받았다.

**5_**
2012년 박종철고문치사사건을 다룬 영화 「남영동 1985」이 개봉되고 일부잡지 등에서 이 건물의 설계자인 김수근을 비난했다.

**윤승중:** 그것이 어떤 과정으로 어떻게 설계가 되었고 처음서부터 고문을 위한 장소로 되었는지 그런 부분에 대해 전혀 아는 바가 없어서 거기에 대해서는 노코멘트를 하겠습니다. 그러나 그것도 결과적으로 보면 김수근 선생이 그런 상황이 될 것을 알고 하진 않았다고 봅니다. 그렇게 쓰였다는 게 문제가 된다는 것은 글쎄요, 좀 악의적인 비판이라는 생각이 듭니다. 하여튼 김수근 선생님이란 분이 1960년 초반에 본격적으로 활동을 시작해서, 그분이 1931년생이시거든요, 딱 30대 10년간이죠. 그동안 나하고 같이 쭉 작업을 했고 그거를 오늘 얘기해야하기 때문에 접근이 좀 조심스러운 거 같아요.

**전봉희:** 네, 그래서 김수근 선생이 귀국하시는 과정을 조금 확인 해보면, 처음에는 어찌되었든 김수근 선생님이 밀항자의 신분이죠? 자유롭게 돌아오실 수 없는 상황 아닌가요?



**윤승중:** 글쎄, 나도 그거는 무슨 설명도 들은 일이 없는데?

**전봉희:** 처음에는 작품만 내신 거죠?

**윤승중:** 6.25가 난 것이 나 고등학교[6] 들어가서 학교 시작한지 20일 만에 났어요. 아마 대학도 마찬가지였을 거예요. 김 선생이 서울대학에 합격을 했는데 그리고 20일 만에 6.25가 난거죠. 그래가지고 서울대 학생이라고 생각하기도 전에 전쟁이 나서 그 과정에서 아마 통역장교였는지 무슨 군속인지 미군 통역하는 역할을 좀 하셨다고 합니다. 1951년에 일본으로 갔거든요? 그 과정은 나도 잘 모르겠어요. 정상적으로 가긴 어려웠을 때니까 밀항이라 보여 지는데, 가서 정식으로 동경 예술대학, 국립대학이에요. 상당히 좋은 대학이죠. 거기 정식으로 입학을 해서 나중에 동경대 대학원까지 갔으니까요. 그런 과정을 거치고 했지만 전혀 문제가 없었던 걸로 알거든요? 그때 당선자들이 국내 신문에 소개되고 그럴 때 일본 유학생으로 소개가 되었고 전혀 그런 거에 대한 걱정이 없었던 걸로. 밀항했다는 것은 나중에 얘기를 듣고 알게 된 것이지 어떻게 해서 합법적으로 되었는지 모르겠는데. 하여튼 그렇게 해서 당선자가 되어서.

**전봉희:** 한국에 돌아오신 게 언제죠? 그러니까 작품이 먼저, 일본 유학생 신분으로 작품을 내신 거고.

**윤승중:** 출품을 할 때 그분이 가지고 왔어요. 공항에 실제로. 난 못 봤는데 우리 멤버들 중 하나가 공항에 가서 봤어요. 모자 쓰고 멋진 차림으로 직접 갖고 왔거든요. 그랬기 때문에 귀국할 때 전혀 문제가 없었어요.

**전봉희:** 동료 중에 한 분이시라는 게?

**윤승중:** 우리 팀. 우리 팀이 같이 응모했기 때문에 굉장히 관심사였었죠. 왜냐면 정보를 듣기로 국내에서도 교수님 포함해서 알려진 분들은 거의 다 응모하는 상황이었고, 우리들은 그 당시에 학생 신분이었으니까. 그때 소문에 들리기로는 동경대학 유학생들 다섯 명이서 뭔가 엄청난 걸 만들고 있다, 이런 소문이 났죠. 마지막 마감 날 출품을 했는데 그걸 알아보려고 김포공항인가, 아마 김포공항일 거예요. 가서 정탐을 해가지고 김수근이란 분을 처음 봤죠. 이런 분이 왔는데 나중에 보니까 그 분이 김수근. 하여튼 귀국하면서 문제없었고 또 오자마자 홍익대학교 강사가 됐거든요.

**우동선:** 그게 1960년대죠?

**윤승중:** 1959년 말.

**우동선:** 1959년 말. 그러니까 5.16 나기 전이라서 그렇게까지는 까다롭지는 않았던.

**전봉희:** 아니죠. 5.16 나고 오히려 풀어졌죠. 김종필이 일본 유학생을 많이. 김정기[7] 선생님을 모시고 들어오고.

**우동선:** 근데 5.16 나고서는 제대증이 없으면 거리를 다니지 못했다가.

**전봉희:** 아.

**윤승중:** 어떻게 된 것인지는 난 잘 모르겠습니다. 그런데 전혀 문제가 없었고요, 정당하게 유학을 마치고 귀국했고 또 그 후에도 자유롭게 왕래하셨으니까.

**전봉희:** 59년 말에 처음, 그러니까 모델을 가지고 들어오셨다고요.

**윤승중:** 네, 그러고 나서 홍익대학 강사로 잘 계셨고. 그러니까 국내에서 활동하시는데 전혀 지장 없었던 거죠.

**6_**
실제로는 중학교이다.

**7_**
김정기(金正基, 1930-): 일본 메이지(明治)대학 건축학과 졸업. 도쿄대학 박사. 남대문 중수공사사무소 감독관, 경주고분발굴조사단장, 국립문화재연구소장, 한림대 사학과 교수 등을 역임했다.

**전봉희:** 그러고 선생님이 5.16 이후에, 61년 이후에 길음 시장하면서 찾아가서 해주시면 좋겠다 라고 얘기를 했다고 그러셨잖아요? 그 판단을 하신 거는 선생님 보시기에, 김수근이 이미 제일 훌륭한 건축가라는 판단을 하신 거잖아요?

**윤승중:** 그렇죠. 물론 김수근 선생님 작품을 보거나 한 것은 아니었기 때문에. 다만 국회의사당 당선안만 가지고. 김수근 선생님을 처음 본 것은 1960년, 국회의사당 설계 사무소라는 곳에서 였어요. 그 전에 작업실을 만들어서 있었지만 나한테 설계사무실이라는 것이 그곳이 처음인데요. 정확히 그것이 5월인지 6월인지 잘 기억이 안 나는데 초여름이었던 거 같은데, 거기 가서 처음 뵀죠.

그때 팀에 다섯 분이 있었다고 했잖아요? 그분들 얘기를 조금 더 하면, 기록이 잘 없기 때문에. 그분들이 전부 동경대학을 졸업했거나 재학 중이거나 이런 분들이었어요. 아마 박춘명 선생님은 졸업하셨을 거 같아요. 연배가 있으시니까. 다섯 중에서 박춘명 선생을 제일 먼저 뵀어요, 59년 말쯤에. 아직은 국회의사당 설계사무실 생기기 전이었죠. 진행만 되고 있을 땐데 그때 안병의 선생하고 꽤 친했거든요? 안병의 선생님이 자리를 만드셔서 박춘명 선생님을 한번 뵌 적이 있어요. 그분을 만나서 놀란 것이 그때 내가 음악을 좋아해서 많이 듣고 했는데 이 양반이 처음서부터 음악 얘기만 하셨어요. 고등학교 때, 그 당시는 중학교죠. 경기중학교 때 시공관(市公館. 후에 국립극장으로 사용)에서 베토벤 아파쇼나타(Appassionata), 열정 소나타를. 베토벤 소타나 중에서 제일 어려운 거예요. 그걸 마스터하면은 거의 피아노는 프로경지에 이르는 그런 곡인데 그걸 연주하셨다고 그래요. 본인 말씀이.

**전봉희:** 들은 게 아니고 연주를 하셨다고요?

**윤승중:** 그때 학생들 콘서트가 있었거든요. 23번 열정 소나타를 직접 연주를 하셨다고 하니까 그 정도면 완전 피아노 프로죠. 화제가 그 당시 생소했던 쇤베르크(Arnold Sch nberg)라던가 쇼스타코비치(Shostakovich)라던가 20세기 음악가들 이야기만 한참 했어요. 굉장히 멋있는 분이구나, 생각했는데 그 분이 나중에 보면은 두 가지 양면성이 있어요. 하나는 굉장히 호쾌하고 호탕하고 큰 스케일을 가진 캐릭터고 반면에 굉장히 섬세하고 여성적인, 두 가지를 가지신 분이죠. 그분이 국회의사당 설계사무소 할 때 대표셨고. 그리고 5.16 후에 해산 된 다음에 운 좋게도 삼성의 이병철 회장과 연이 닿으셔서 남대문 앞에 있는 삼성 본관, 호암 미술관 이런 것들을 설계 하십니다. 그리고

KBS본관. '예건축'이라는 이름으로 굉장히 많이 활동을 하셨죠.

그 다음에 강병기 선생은 그때 현상설계사무소에서 처음 뵈었는데, 뭐랄까 자기 생각을 표현하는 디자인 스케치는 김수근 선생보다도 오히려 좋았던 거 같았어요. 굉장히 대담하고. 팀 중에서 유일하게 단게 겐조 연구실 멤버였거든요. 나중에 도쿄만 계획 60년[8]이라는 프로젝트가 있잖아요. 그 프로젝트 리포트를 보면은 단게 겐조 팀 30명 쯤 이름이 나오는데 거기에 강병기 씨 이름이 들어가 있습니다. 실제로 동경대학 안의 단게 겐조 연구실 팀은 김수근 팀을 만들어보겠다는 꿈을 가진 나에게는 굉장한 부러움의 대상이었는데, 그 출신들 중에 나중에 일본을 리드하는 건축가들이 꽤 많이 나왔거든요. 예를 들면 이소자키 아라타(磯崎新)[9], 쿠로가와 기쇼(黒川紀章)[10], 오오타니(大谷幸夫)[11], 오오타카 마사토(大高正人)[12], 이런 아주 쟁쟁한 사람들이었어요. 그런 분들이 다 졸업하고 독립해서 활동을 하더라도 어떤 프로젝트가 있으면 소집을 해서 모이는 이런 좋은 팀을 갖고 있었어요. 나중에 〈동경만 계획〉[13]하고 〈스코피에〉[14]라는 계획이 있었어요. 다 독립해서 활동 하다가 모여서는 같이 공동 작업하고, 컴페 하기도 하고, 거기 팀의 멤버였던 거죠. 거기서 쭉 활동을 하시다가 2년쯤 지나 귀국을 하셨는데 그때 그 좋은 사무실 관두고 왜 귀국하셨느냐 했더니, 일본은 그 당시에 도제 제도 그런 것들이 철저해서 유명한 마스터 아키텍트 사무실에서는 월급이란 걸 주지 않는다고 그래요. 배운 거 갖고 나가야하기 때문에 교통비도 없이 버텨야했고 강병기 선생님 말씀이 그런 사무실에 있으려면 자기 집이 부자여야 한다, 나는 도저히 버틸 수 없어서 할 수 없이 돌아왔다, 이런 식의

8 _
도쿄만 마스터플랜(Plan for Tokyo Bay Plan by Kenzo Tange, 1960)

9 _
이소자키 아라타(磯崎新, 1931-): 일본 건축가. 도쿄대학 건축학과 졸업, 1963년 단게겐조연구실(도시건축설계연구소)를 퇴직 후 이소자키아라타 아틀리에를 설립했다.

10 _
쿠로가와 기쇼(黒川紀章, 1934-2007): 일본 건축가. 쿄토대학 건축학과 졸업. 동경대학 대학원 박사과정 수료. 1969년 주식회사 어번디자인 컨설턴트와 사회공학연구소 설립. 메타볼리즘 그룹에 참여.

11 _
오오타니 사치오(大谷幸夫, 1924-2013): 일본 건축가, 도시계획과. 도쿄대학 건축학과 졸업 후 단게 겐조 사무실에서 근무. 동경대학 도시공학과 명예교수를 역임했다.

12 _
오오타카 마사토(大高正人, 1923-2010): 일본 건축가, 도시계획가. 1947년 도쿄대학 건축학과 졸업. 1949년 동 대학원 수료 후 마에카와 쿠니오 건축사무소에서 실무를 익혔다. 메타볼리즘 그룹의 창립 멤버 중 한명이다.

13 _
〈도쿄계획1960〉(東京計画1960)을 말하는 것으로 보인다.

14 _
〈스코피에 계획〉(1966): 유고슬라비아(현 마케도니아공화국) 스코피에의 진재부흥도시계획.

말씀을 들었어요. 일본이 좀 그런 분위기였는데, 거기에 아마 쭉 계셨으면 좀 다른 활동을 하셨을 텐데, 한양대학으로 가서는 도시설계 쪽으로, 건축을 거의 안하셨죠. 근데 굉장히 탤런트가 좋으셨던 분이었어요. 도시설계 쪽으로 완전히 전환하셔서 좀 그렇게 생각이 되는.

그리고 정경이란 분은. 단게 겐조를 있게 한 구조가가 있어요. 올림픽 체육관[15] 이런 것들의 구조설계를 하셨던 분인데 츠보이(坪井)[16] 박사. 그 분 풀네임은 지금 생각이 잘 안 나는데, 코르뷔지에하고 유명한 구조가하고 같이 작업했던 것 같은 방식으로, 단게 겐조를 빛나게 해준 구조가였죠. 물론 서스펜션(suspension) 구조는 그 전에 이미 사리넨에서 이미 벌써 나오기는 했지만 그보다 훨씬 세련된 그런 구조를 만들었죠. 그런 츠보이 박사 연구실에 있었는데 국내에서 왔다 갔다 하시면서 활동을 하셨어요. 그러다가 일찍 작고하셨고.



정종태 씨란 분은 제일 막내였었는데 그 당시에 도쿄 대학교 재학생이었고, 구조였고, 거의 일본에서 활동하셨기 때문에 나중의 뒷얘긴 잘 모르겠어요. 정종태 씬 잘 모릅니다. 그렇게 다섯 분들. 일단 기록을 위해서 말씀을 드립니다.

그렇게 해서 국회의사당 설계사무소에서 첨 만났죠. 운이 좋게 내가 제일 막내였었는데, 지난번 잠깐 말씀드렸듯이 국회의사당에 대해서 비판적인 시각이 있어서 대안을 하나 준비하라는 의뢰를 받았거든요. 대안을 만드는 태스크포스 팀으로 다섯 명을 뽑았어요. 그런데 거기에 내가 끼게 되어서 설계위원 다섯 분들하고 얘기할 기회는 꽤 많이 가졌어요. 김수근 선생하고도 많이. 근데 그 분이 그 뭐랄까 생각들이 그 당시에 내가 알고 있던 한국의 건축가들 하고는 상당히 분위기가 다르고 뭐랄까요, 뭔가 더 미래 지향적인, 이런 비전을 보여주시는 게 많았기 때문에 좀 개인적으로 가깝게 같이 일해 봤으면 좋겠다는 생각 갖고 있었고. 그때 이미 그런 생각을 했던 거죠. 게다가 우리 외숙의 외사촌 형님네 집이 가회동이었고 그분들이 다 경기 중학교 선후배 관계여서 집에도 자주 가시고 그런 연이 있다보니까 특별한 관계가 생긴 거죠. 그러던 차에 나중에 그런 찬스가 생긴 겁니다.

15 _
국립요요기경기장(国立代々木競技場, 1964): 1964년 동경올림픽을 위하여 지어진 경기장.

16 _
츠보이 요시카츠(坪井善勝, 1907-1990): 일본의 건축구조학자, 구조 디자이너. 도쿄대학 건축학과 졸업. 동경대학 명예교수를 역임했다.

**전봉희:** 김수근 선생님이랑 외사촌 분 중에 한분이 동기거나 해서 서로 알게 되었단 말씀이신가요?

**윤승중:** 1년 차이로. 아마 같은 사진반 클럽이고 집에도 서로 자주 가시고 그런 얘기를 들었어요. 그때도 그런 얘기가 나왔기 때문에 뭔가 특별한 관계로 생각이 된 거죠. 그때만 해도 한 두 다리 거치면 인연이 있었던 거 같아요. 그러다가 안국동으로 가게 됐는데요. 그 길음 시장은 지난번에 잠깐 말씀드렸는데 결국 불법으로 차지하고 있던 상인들이 크게 반대를 해서 그걸 보상을 할 수 있는 능력이 안됐기 때문에 일단 중지가 되고 실행이 안 되었습니다. 그러다가 갑자기 치프 디자이너(chief designer) 제안을 받게 되는데, 그때는 잘 몰랐지만 해 봅시다 해서. 내겐 좋은 기회였던 거지요. 한편으로 겁났던 것은 그 때까지 설계사무실 경력이라는 것이 국회의사당 설계사무소에서 한 4개월 쯤, 그것도 아주 기초적인 작업을 했던 것밖에 없을 때예요. 그러다 역할을 맡은 것이 오케스트라의 콘서트 마스터(concert master)라고 있지요? 그런 거를 했어요. 콘서트 마스터라는 게 어떤 입장이냐 하면 오케스트라 멤버 중에서 바이올린을 제일 잘하는 사람이 콘서트 마스터가 되지요. 그것을 오디션을 통해서 계속 증명을 해야 해요. 오케스트라라는 것이 굉장히 살벌해요. 바이올린을 제일 잘하는 사람이 콘서트 마스터가 되면 퍼포먼스 전체를 관리하고 자기 단원들도 지도하고 통제하고 이런 역할을 하거든요. 바이올린도 제일 잘하지만 오케스트라 전체 살림을 해야 하는. 내 입장이 그런 거라고 생각을 했어요. 김수근 선생님께서 스케치해주시는 걸 실제로 지을 수 있게끔 실현될 때까지 디벨롭 시키는 역할을 해야 했었고, 또 더구나 갑자기 사무실의 규모가 커져서 실제 디테일 익스퍼트(detail expert)들이 갑자기 너무 많이 모이는 바람에 디자인을 공급하려면 내가 밤을 세워가면서 디벨롭을 시켜주고 그러기 위해서 또 공부해야지만 됐었죠. 또 사무실을 시작한지 얼마 안 되었기 때문에 사무실의 여러가지 형식을 만들고 심지어는 기획서라든지 계약서 초안, 이런 거까지도 만들고. 그 당시만 해도 우리나라 계약서 격식이 없을 땐데, 다른 계약서들을 참고해서 만들고. 계약이 양쪽에 공평해야지 되잖아요? 그렇게 해서 공정한 계약서의 기본 안을 만들고 또 나중에 시방서나 모델 샘플을 만들고, 심지어는 그런 것까지도 다 직접 만들었어요. 사무실 전체 콘서트 마스터를 한 거죠. 그렇게 하는 것이 굉장히 힘들고 거의 매일 밤을 새워야 하는 그런 작업이 될 수밖에 없었던 거죠. 그 대신 그렇게 했기 때문에 굉장히 수련이 되었고 내공이 많이, 빨리 쌓였다고 볼 수 있겠죠.

설계실 Chief

**전봉희:** 처음에 가셨더니 사무실에 몇 분이나 있던 가요?

**윤승중:** 처음 길음시장 안을 시작할 때는 거의 아무도 없었어요. 사무 시크리터리(secretary) 해주는 남자 분이 하나 있었고. 사원라고 하죠. 조금 있으니까 나하고 초등학교, 고등학교 같이 다닌 정호섭이라는 친구가 지금은 미국에서 디벨로퍼로 활동하는데, 대학은 한양대학교 졸업했고, 그 친구가 조인했고. 길음 시장을 해야 하니까 멤버가 필요했잖아요? 그래서 김수근 선생하고 고등학교 동창인 안선구씨라고 있었는데, 서울대학교 4년 정도 선배로 구조하시는 분. 또 유영근 이런 분이 있습니다. 유영근씨 혹시 아실지 모르지만 조흥은행을 실질적으로 설계를 하신 분입니다. 조흥은행 본점. 3년쯤 선배로 얼마 전에 작고하셨는데. 그런 분들이 참여해서 그 기간 동안 같이 작업을 하고 그것이 끝나게 되면 그 분들은 다른 데로 가셨고. 그렇게 해서 하여튼 처음에 61년 끝날 때쯤에 한 다섯 명, 여섯 명 정도 밖에 없었던 거 같아요.



**최원준:** 김수근 선생님 입장에서도 남산 국회의사당 이후 길음 시장이 첫 프로젝트였나요?

**윤승중:** 아, 그렇진 않았습니다. 간간히 주택도 한 두 개 있었고 아마 거기 리스트에 나와 있을 거예요. 그런 프로젝트가 몇 개 있었어요. 안국동 사무실 시작하시기 전에 개인적으로 아는 분들 집도 지어준 게 있었고. 조금 있었어요. 그래도 사무실 가지기 전에 아르바이트 식으로 하셨기 때문에 본격적으로 공식적으로 한 것은 아마 길음 시장이 처음이었던 거 같아요.

일본, 단게 연구실
동경만 플랜

**우동선:** 조금 얘기가 달라지는데요, 선생님 아까 단게 연구실 팀이 부러웠다고 말씀하셨고 그리고 도쿄 1960년 보고서에 팀원들의 이름이 똑같은 크기로 있었던 것이 부러웠다고 쓰신 적도 있었는데요, 당시에 도쿄 1960년 동경만 계획이 얼마나 영향을 미쳤던 것인가요?

**윤승중:** 그 책이 발간되기는 1961년에 발표가 됐어요. 혹시 보신 적 있나요?

**전봉희:** 그림은 봤어요. 요코하마랑 가로지르는 거죠….

**윤승중:** 도쿄와 요코하마를 거의 브릿지처럼. 선형 시티, 리니어 시티(linear city) 이런 것인데. 개념이 굉장히 대담했어요. 왜냐면 동경만에다가 동경이 익스텐트(extent)되는 것을 그런 식으로 연결하는 것인데 그 구성이 말이죠, 피어(pier)가, 코어(core)들이 피어로 서 있어요. 코어 간격이 약 1킬로미터, 1000미터가 됩니다. 1000미터 되는 것을 한 6층으로 월 트러스(wall truss)

같은 걸로 연결 시켜서 거기에 여러 소통하는 통로를 만들고 또 브릿지로 붙여서 하우징을 만들고, 이런 식으로 바다 위에다 신도시를 만드는 구상이었는데, 당시 단게 겐조 이야기로는 1킬로가 가능하다고 생각했던 거 같아요. 피어를 1킬로 간격으로 세우고 그것을 브릿지로 연결하는 거죠. 실제로 그것을 위해서 몇 년 후에 일본에 〈전기통신공사사옥〉[17]을 지으면서 한 코어 사이가 60미터가 되게 월트러스(wall truss)를 이용해서 지었어요. 그러면서 본인 얘기가 이것이 시작이고 점점 키워가지고 나중에는 1킬로 짜리를 만들겠다하는 그런 식으로 그 당시 구상을 했던 거예요. 도시를 건축으로 만드는 생각이에요. 거기다가 교통이라는 인프라를 걸어놓고 성장해 나가는. 아마 그것은, 그 후에 단게 겐조는 직접 메타볼리즘[18] 멤버는 아니었던 거 같지만 대체로 그런 생각이 있었던 거 같아요. 인프라가 있고 나머지 부분들은 상당히 식물적인 성장을 한다, 이런 식의 생각을 한 거죠. 이전까지의 근대건축의 모더니즘하고는 좀 다른, 바이올로지컬(biological)한 요소들을 건축이나 도시로 끌어들이는 생각들이. 그것이 일본에서만 추구되다가 실제로 팀텐[19] 이런 데서도… 포스트모던 이후에는 그것도 역시 근거는 환원적인 사고를 하는 것은 다 마찬가지이고 모더니즘과 유사한 배경을 갖고 있었기 때문에 더 이상 진전이 안 되었었죠. 그래서 60년 그 안이 발표되었을 때 나는 상당히 쇼킹했어요. 그런 구상을 건축가가 한다는 것이. 물론 그 전에도 요나 프리드만[20]의 굉장히 미래지향적인 해상도시, 공중도시가 있었는데. 그때가 모더니즘이 1920년경에 시작 되었던 것이 사실은 뭐랄까요, 근대화, 산업화 되는 과정에서 건축과 도시가 연결되는 과정을 거치잖아요? 60년대 전쟁 후에 가서 꽃을 피우는 과정에 조금 더 앞서서 연구된 그런 과감히 생각들을 건축가들이 막, 실제로 실현되지 않은 것들이 막 나타났던 것인데. 메타볼리즘도 그거의 영향을 받지 않았나 싶습니다.

나로서는 굉장히 큰 프로젝트였다 생각 되고 더 부러웠던 것은 바로 그때

17_
덴츠(電通)본사빌딩(1967년)

18_
메타볼리즘: 1959년에 쿠로카와 키쇼(黒川紀章, 1934-2007), 키쿠타케 키요노리(菊竹清訓, 1928-2011) 등 당시 젊은 건축가, 도시계획가 그룹이 개시한 건축운동. 신진대사(metabolism)를 뜻하며, 사회 변화나 인구 성장에 맞추어 유기적으로 성장하는 도시나 건축을 제안함.

19_
당시 일본 젊은 건축가들은 팀텐과 교류하면서 영향을 받은 바 있다.

20_
요나 프리드만(Yona Friedman, 1923-): 헝가리 출신 프랑스 건축가, 도시계획가, 디자이너. 부다페스트 출생.

단게 겐조 팀. 단게 겐조도 훌륭하지만 그 본인보다는 팀으로 집합해서 만들어진 것이다 이런 생각을 한 것이죠. 그때 김수근 선생님을 단게 겐조에 대입하고 김수근 팀을 만들고 싶다, 이런 생각을 했습니다. 이것이 좀 건방진 게 될 수 있는데 그 후에 김수근 선생님 산하 팀에다가 주변의 좋은 건축가들을 자꾸 인바이트(invite) 하는 작업을 꽤 했습니다. 그래서 모였던 분들이 유걸, 김원, 공일곤, 김환, 한성일 이런 분들을 끌어들이죠. 근데 왜 그것이 어려웠냐면 김수근 선생이 일본에서 갑자기 나타났잖아요? 아무래도 초창기에는 약간 적대적이었어요. 뭐랄까요, 좀 이방인 같은 대접을 받았고. 또 그 분이 홍익대로 가는데 그 당시 서울대학교는 자부심 같은 게 대단했거든요. 왜냐면 한국의 건축은 다 서울대학교에서 하니까. 한양대학이나 홍익대학을 잘 인정 안할 때였다고요. 특히 홍익대학은 비합리적인 조형주의 이미지가 있었는데 거기에 교수가 되셨으니. 그래서 서울대학 중심의 소사이어티(society)에서는 김수근 선생님을 조금 배척하는 점이 있어요. 심지어 내가 치프로 있으면서 이광노 교수님의 무애건축에 놀러 가면은 너 왜 거기 가서 그러고 있냐는 얘기를 들을 정도로 배척적이었어요. 신기한 것은 그 당시 보수적이었던 이균상 교수님께서는 김수근 선생님을 굉장히 칭찬하셨어요, 반면에. 이균상 선생님께 놀러 가면 굉장히 말씀에 몰두하시는데 김중업 선생은 말도 안 되는 사람이고 김수근은 훌륭한 사람이다, 이렇게 전혀 다른, 어떻게 보면 상당히 어려운 시기였죠. 그런 상황 속에서 김수근 선생님을 중심으로 해서 우리 회사 팀을 만드는 것이 나로서는 필요했던 것이고요, 아까 질문한 거는 그런…

김수근의 건축팀 구성

**전봉희:** 그래서 선생님께서 김수근 선생님 사무실을 맨 처음부터 함께하신 셈인가요? 개인 사무실을 여신 결로는?

**윤승중:** 내가 간 거는 6월 중순 쯤이었어요. 그 후에 1월 5일이 되면 오픈 기념일이라고 해서 조촐한 행사를 하셨거든요. 근데 그것이 1961년 1월 5일이었던 거 같은데. 얼마 전에 공간에서 50주년 행사가 있어서 갔을 때 보니까 10월 며칠로 되어 있더라고요. 그것이 정확하지 않아서 공간 잡지가 처음 출판된 걸 기념하는 걸로 바뀠다고 하더라고요. 내가 듣기로는 1961년 1월 5일로 알고 있습니다. 그때는 국회의사당 설계사무실을 하고 계실 때거든요. 안국동에 지금 백상 기념관이라고 있는 자린데, 옛날에 안국화재라고 일제시대부터 있었던 2층짜리 꽤 이쁜 건물이 있었어요. 한국일보 장기영 회장 소유였는데 장기영 회장하고는 김수근 선생이 부친하고도 좀 인연이 있으시고 꽤 개인적으로 인연이 있으셨나 봐요. 많이

도와주시고 했는데, 초창기에는 사무실로 그냥 방 하나 내주셔서 10평 안 되는 조그만 방에 아틀리에를 만들었고, 그 때는 본거지가 국회의사당 설계사무실이었기 때문에 거기는 방과 후에 가시고. 또 그때 홍익대학에 나가셨으니까 거기 강건희[21] 교수나 서상우[22] 교수, 나중에 오기수[23], 이런 분들이 학생들이었거든요. 또 강석원[24]도. 학생들이 저녁때 가끔 와서 도와 드리고 그런 작업을 하시려고 아틀리에 만드셨다고 그래요. 근데 나는 오픈하는 건 못 봤었고요. 그 전에도 개인적으로 아는 분들 위해서 설계를 몇 개 하신 것들이 있어요. 그때는 직접 드로잉 하셨는데 디테일 드로잉이 아주 기가 막히게 이쁩니다. 상세도 이렇게 그린 것들이 나오거든요. 그 도면이 기가 막히게 이뻐요. 대체로 보면 우리가 알고 있는 그런 실질적인 드로잉을 보면 감탄할 만큼. 김수근 선생님, 김중업 선생님도 그렇고, 그런 것들을 수집할 수 있으면 참 좋을 텐데. 박물관에서 보존할 가치가 있죠. 그렇게 사무실이 시작이 되었죠. 그러니까 처음 시작할 때 같이 있었던 건 아니고 처음과 마찬가지로 같은 해에 시작했으니까.

**전봉희:** 그럼 선생님은 들어가셔서 어떤 건물부터 하셨습니까?

**윤승중:** 길음 시장을 하고. 그러고 다동에 있는 김수근 선생님 친구 분 주택을 설계를 했었어요. 여기에 있는지 모르겠는데, (작품집을 보며)

**최원준:** 회현동.

**윤승중:** 여긴 회현동이죠? 여긴 안 나왔나 보네요…

**최원준:** 다동 Y씨 댁.

**21 _**

강건희(姜健熙, 1939-): 1964년 홍익대학교 건축학과 졸업. 1969년부터 홍익대학교 건축학과 교수를 역임했다.

**22 _**

서상우(徐商雨, 1937-): 서울 출생. 1963년 홍익대학교 건축학과 졸업. 김수근건축연구소, 엄덕문건축연구소 등을 거쳐 1976년부터 국민대학교 건축학과 교수를 지냈다. 현재 명예교수.

**23 _**

오기수(吳基守, 1940-): 1962년 홍익대학교 건축미술학과 졸업. 김수근건축연구소 등을 거쳐 1979년 (주)스페이스 오를 설립하여 현재 대표이사.

**24 _**

강석원(姜錫元, 1938-): 1961년 홍익대학교 건축학과 졸업. 1974년 파리5대학 건축학과 졸업. 그룹가 건축도시연구소 대표.

**윤승중:** 예, 그걸 제일 처음에 했었고, 정호섭[25)] 이란 친구랑 같이 있을 때. 그것도 정사각형 집인데 콘크리트를 이렇게 네 개 월을 세우고 위에다 정사각형을 세워 놓은 그런 특이한 형태의 집이었고. 익스포즈드 콘크리트 보가 있고 그 사이를 벽돌 색깔 타일로 메꾸는 그런 식의 집이었습니다. 그러고 그 다음에 했던 것이 지어진 건 아닙니다만 〈남산 서울음악당〉이란 프로젝트가 있어요. 이 책에 있는데, 그거는 지난번 말씀드렸던 거처럼 김종필, 뭐라 불러야해, JP라고 합시다. 그분하고 개인적인 인연이 생겨서….

**전봉희:** 인연 생기신 부분은 말씀 안하셨지요. 만나신 것만….

**윤승중:** 그것도 이야기를 할게요. 5.16이 날 때 나는 민의원 사무처 국회의사당 건설과. 여기 기록해 놨어요. 1960년 당시 민주당 정권에서 처음 상·하 양원을 만들었어요. 그러니까 민의원, 참의원, 2개였는데. 그때 국회의사당 건설과가 민의원 사무처에 속해 있었기 때문에 정식 명칭이 민의원 사무처였습니다. 그 사무실이 조선일보사옥 뒤쪽 골목에, 거기에 사무실이 있었는데 거기 5월 16일 아침에 모두 출근했어요. 출근할 땐 몰랐어요. 갑자기 밖에 나가니까 거리가 싸늘해지고 막 군용차들이 자리 잡고 있고 그러더니 라디오에서 혁명 공약 발표가 있었죠. 그 얘길 듣고 큰일이 생겼구나 했는데 그 때까지만 해도 당시 혁명이란 게, 무슨 상황인지 잘 몰랐었어요. 12시인가 1시 쯤 되었을 때, 유명한 사진이 있어요, 시청 앞에, 까만 안경 쓴 박정희 대통령이 군복 딱 입고 서 있고 사람들이 서있는. 시청 앞에 딱 서있고 그 앞에 육사 생도들이 있었어요. 그러니까 육사 생도들을 데리고 왔는데 그것이 굉장히 성공을 알린, 육사 생도들이 참가한 거가 혁명이 성공했다고 생각하는 계기가 되었고.

**전봉희:** 같은 날이었어요?

**윤승중:** 예, 61년 5월 16일날. 열두시인가 한시인가 그랬어요. 그걸 옆에서 사무실이 가까우니까 나가서 봤죠. 박정희 대통령(당시는 소장)도 봤고. 그때만 해도 박정희가 누구인지 몰랐어요. 그렇게 유명한 사람 아니었으니까. 그날 저녁 때 소문이 나기 시작해서 박정희가 어쩌고저쩌고 이렇게 해서 그 날로 국회사무처는 해산이 됩니다. 국회가 해산이 되는 바람에 포고령이 내려 우리는 며칠 동안 그냥 아무것도 할 일 없이 지내다가 퇴계로에



25_
정호섭(丁昊燮): 한양대학교 건축공학과 졸업. 재미.

가면은 지난번에 얘기했던 미나카이(三中井) 백화점이라고 있었죠? 그 집을 해군본부에서 쓰고 있었는데 거기에 출두해서 월급을 받아라, 국회사무처 직원들이. 그래서 거기를 갔는데 어떤 느낌이었냐 하면 60년대 영화를 보면 독일군이 파리를 점령하고 독일군 사령부가 있잖아요. 독일군 장교들이 재고 다니고. 으리으리한 그런 본부. 근데 그 백화점이 그렇게 까진 아니더라도 군인들이 왔다 갔다 하고 견장붙인 혁명위원회 딱 붙이고 왔다 갔다 하는 분위기. 그런데 갔죠. 정리하는 마지막 급여를 받았어요. 3개월분 봉급하고, 봉급이 꽤 많았어요. 나중에 알고 보니 국장급 월급이었다고 그래요. 왜냐면 내 정식 직함이 기술 촉탁이었기 때문에. 그 당시 공무원이 대우가 형편없었거든요. 그러니까 그대로 하지 않고 따로 특별 급여를 주었기 때문에. 나눠주는 군인이 내가 사인하는 거 보면서 "왜 이렇게 많아?" 새파란 친구가 보니까 액수가 많거든. 받아가지고 와서 그 날로 끝난 거죠. 그래서 그 혁명 위원회라는 걸 그때 처음 가봤어요. 당시 분위기는 독일점령군 같은. 박정희 혁명위원장도 거기에 있었다고 그래요. 혁명이, 물론 역사적으로 어떻게 평가 될지는 모르지만, 정상적인 거는 아닌 거 같고, 바이올레이션(violation)이라고 봐야하겠죠. 그렇긴 하지만 그분들을 긍정적으로 보는 것은 개인적인 사리사욕 때문이 아니었다는 것. 나중에 12.12 때하고는 달라요. 그 때는 굉장한 사명감 같은 게 있었다고요. 그 사명감을 가장 대표하는 사람이 박정희 대통령, 소장이었고, 또 한 가지 그룹이 김종필을 중심으로 하는 육사 8기 그룹이 있었어요. 박정희 소장이 육사 2기죠. 육사가 지금 육사하고 달라서 정규 육사의 첫 번째가 전두환 나온 육사 11기가 정식 4년제 육사 처음이고요, 그 이전에는 단기 과정이어서. 육사 8기라고 하지만 한 2천명쯤 되더라고요. 박정희 소장이 육사 2기 이고, 그러고 또 중간에 김재춘 준장인가 소장인가 있어요. 그 분이 서울 6관구 부사령관인가 그랬는데 육사 5기에 김재춘 중심의 그룹이 있어서 이분들이 실질적으로 실전 멤버, 실행 멤버들이었고 뒤에서 기획하는 멤버들이 육사 8기 중 김종필 중심의 육사 8기 팀이 있었는데 세 2기, 5기, 8기 이렇게가 주축이 되는 거예요. 근데 박정희 대통령이 상당히 묘한 작전을 쓴 것은 비밀을 유지하기 위해서 점조직으로 조직을 운영했어요. 그래서 혁명을 주체하는 사람들이 서로 몰라요. 누가 혁명군인지 나중에 알아서 그것이 큰 문제가 생기는데 서로 자기가 2인자라고 생각하는 사람이 많이 나온 거죠. 다 너만 믿고 한다, 이런 식으로 약속을 했기 때문에. 그 중에서 대표적인 것이 김재춘, 나중에 중앙정보부장. 그 분이 실질적으로 전체 진두지휘해서 작전하셨던 분이고 JP는 사실 민간인 신분이었어요. JP에 대해서 얘기할 것은 김종필, 석정선,

몇몇 꽤 의식이 있는 젊은 중령들이었는데, 4.19 이후에 이승만 정권 때부터 쭉 뛰어왔던 장군들에 대해서 반기를 들었어요. 왜냐면 당신들이 부패했다. 진짜 권력을 가지고 부패를 진행하였기 때문에 당신들이 계속 있는 한 대한민국 육군은 더 이상 발전할 수 없다, 이런 식의 명분을 가지고 참모총장 찾아가서 당신 물러나시오, 소위 그런 식의 정군운동(整軍運動)을 벌였어요. 거기 대표적인 사람이 김종필이었고. 또 석정선. 그 두 분이 그 후에 강제 예편을 당해 일단은 5.16 당시에는 그 분들은 예비역이었어요. 실제로 5.16 혁명성명이라든가 또 여러 가지 나중에 후에 정책을 어떻게 다스릴 것인가 하는 식의 기획서를 만드는 것은 JP를 중심으로 하는 혁명주체들이었습니다. 실제로 혁명 공약을 인쇄하고 그런 작업들은 그분들이 했거든요. 군사 작전은 김재춘 준장이 했고. 나중에 그 분들께서 서로 공을 다투게 된 거죠. 실질적인 주체가 김종필이 된 것은 박정희 대통령의 조카 사위였거든요. 그렇기 때문에 그런 인연도 있고 해서 제2인자로 알려지고 실제로 그런 역할을 했죠. JP가 그 때부터 구상하길 우리나라가 뭔가 크게 발전하려면 국제적으로 길을 터야겠다, 해서 일본하고도 소통하고 미국과 소통을 구상해서 일본도 자주 가고 소위 한일 합의서를 만들 때 스캔들도 생기고 그랬지만 그런 거에 주역을 했지요. JP가 그렇게 왔다 갔다 할 당시에 아마 1960년대 초반이었던 거 같아요. 초반이 아니다, 5.16 직후에. 5.16 직후에 김수근 선생님이 일본에 갔다 오느라 비행기를 탔는데 앉아서 스케치를 하고 구상을 하고 있었대요. 그랬더니 한 분이 이렇게 들여다보더니 당신 뭐하는 사람이냐 해서. 그림을 잘 그리고 하다 보니 건축가, 국회의사당 당선자고 이런 얘기하니까 당신 참 잘 만났다. 내가 지금 당신 같은 사람 꼭 필요한데 내가 지금 여러 가지 구상을 가지고 있다고. 우리나라를 근대화하는 과정에서 건축을 통해서 보여주려고 하는 그런 생각을 가지고 있었던 거 같은데 그분은 건축가들을 잘 모르니까. 근데 나상진 씨 아느냐고 그러더라고요.



**전봉희:** JP가?

**윤승중:** 예, 선생님은 잘 몰랐죠. 나상진 씨와는 어떻게 인연이 되었느냐 하면은 그것도 재밌는 에피소드인데, 혁명 직후에 어느 날 갑자기 나상진 사무실로 갑자기 군인 세 명이 군복입고 들어오는데 큰 자루를 하나 들고 왔대요. 마대 같은 느낌의 보따리를 주면서, 나상진 선생 계시냐, 그래서 깜짝 놀라서 그때만 해도 무서울 때니까요, 나를 왜 잡으러 왔을까, 어디서 왔냐 하니까 중앙 정보부에서 왔다는데 그 분들이 가져온 자루를 보니깐 거기에 돈 다발이 들었다더라고요. 근데 이게 뭡니까, 그랬더니 우리 부장님이 보내는

거다, 나중에 알고 보니까 혁명 전에 JP가 한창 어려울 때 어떤 술집에 갔다가 술값 시비가 붙었는데 나상진 선생님이 지나가다가 무슨 일이냐, 하고는 군인한테 왜 그러냐 하면서 술값을 내 줬대요. 연배가 비슷했을 거예요. 그러고서 잊어버렸다가 JP가 그걸 기억해 가지고 건축가들이 필요하기 때문에 찾아냈어요. 그렇게 해서 빚을 갚고, 그때부터 워커힐까지 그렇게 인연이 되었던 거죠. 그러니까 나상진 하나만 알고 있던 거지, JP가. 물어봤더니 김수근 선생은 잘 몰랐던 거 같아요. 그렇게 인연을 갖게 돼서 워커힐 때 불려간 거죠. 61년 마지막인지 62년 초인지 겨울이었는데 그때 갑자기 김수근 선생님이 나하고 갈 데가 있다, 그래서 갔더니 건축가 선배님들, 김희춘 선생님 계시고, 나상진, 정인국, 엄덕문, 이희태 이런 분들이 계시더라고요. 인사드리고, 나는 그 때 그분들 대개 다 잘 아는 관계에 있었어요. 그랬더니 갑자기 트럭을 타라 해서 가는데 워커힐 야산이었습니다. (웃음) 그때는 야산이었죠. 가서 산 둘러보고 그러다가 돌아왔는데 나중에 보니까 JP를 중심으로 한 세력들이 우리나라가 발전을 하려면 외화가 필요한데, 일본에 주둔한 미군들이 굉장히 많았거든요, 그 당시에. 8군 군인들이 휴가를 일본이나 하와이로 가고 그러잖아요. 그 사람들을 한국으로 끌어들여서 외화를 벌 수 있겠다, 뭐 그래가지고 그 사람들을 위한 레크리에이션 센터를 만드는 것이 워커힐의 주목적인데, 주일 미군들 또는 주한 미군 돈을, 휴가 비용을 거둬들이는 그런 식의 목적으로 지어진거죠. 그런 프로젝트 가지고 우선 땅부터 보고 왔는데 그때 미팅에서 뵌 분이 전부 여섯 분이었어요. 제일 원로셨던 김희춘 교수 계셨고. 엄덕문. 나상진. 이희태, 강명구, 김수근. 여섯 분들로 구성을 해가지고 워커힐에 대한 프로젝트를 의뢰하게 됩니다.

**전봉희:** 조금 쉬었다 할까요? 지금 한 시간 반이 되어가지고..

**윤승중:** 성대가 약해서 자꾸 이야기하다보면…

(휴식)

**전봉희:** 잠시 쉬는 시간에 말씀을 나눴는데 오늘 진행되는 거 보면 1960년대가 안 끝날 것 같아요. 그럼에도 불구하고 좀 더 여러 차례를 하더라도 1960년대에 대해 선생님만큼 잘 아는 분이 안계신거 같아요. 다른 분들은 약간 변방에 계시던지 그랬고. 비교적 여러 사람을 다 만날 수 있는 그런 자리에 선생님이 계셨기 때문에 길더라도 말씀을 좀 들어놔야 기록이 되겠다 싶습니다.

**윤승중:** 너무 길면 나중에 어떻게 정리하시려고?

**전봉희:** 아닙니다, 지금 하시는 페이스대로 진행 하셔도 좋습니다.

**최원준:** 그 당시 치프 아키텍트이셨는데요. 여기 있는 모든 작품들을 다 관여하신건가요, 아니면 담당이 있어서?

**윤승중:** 거의 전부 다 관여되어 있었던 거 같은데? 전부 다 끝까지 다 보진 않았을 수도 있겠는데.

**전봉희:** 나중에 한국종합기술개발공사가 생기고서는 다른 문제고. 사무실 초기에요. 앞의 사무실에서의 구조는 김수근 선생님 계시고 선생님이 계시고 그 밑에 죽 다른 사람들이 있어서. 최원준 교수의 질문은 그 밑에 다른 사람들은 하는 일이 각자 각자 안 있었겠냐, 그 질문으로 봐도 될 거 같은데요.

**윤승중:** 초창기엔 몇 명 없었으니까. 나중에 좀 시간이 지나면은… 아까 얘기했듯이 처음부터 함께 있던 사무장, 세크레터리(secretary)가 하나 있었고, 또 한 명이 지승엽이란 사람이 있었는데 그 분이 주로 드래프트 드로잉 팀(draft drawing team)을 끌어왔고. 나는 디자인 팀, 이렇게 나눠서 서로 역할을 맡았었죠. 많을 때는 30명 명 되었었고. 여기는 20명 명으로 나와 있는데 그렇게 딱 조직이 되어 있는 건 아니고. 대체로 그렇게 책임지고 있었던 거죠. 아까 얘기한 컨서트 마스터 같은 역할을 했고 또 그 일 말고도 사무실 전체에 대해서 작업을 했는데 나중에는 심지어 어떤 작업까지 했냐면 시방서 작업, 당시는 컴퓨터로 편집하는 것이 아니었기 때문에 매번 써서 특수시방서를 만드는데 굉장히 쓸데없는 일이었던 거지요. 그걸 써가지고 청사진을 구워서. 그거를 개선하겠다 하면서 특수 시방서라는 것을 쉬트(sheet)로 만들 생각을 했어요. 특수 시방서라는 게 어떤 재료에 대해서 스펙을 지정해 주는 거잖아요? 그래가지고 빈칸을 만들어서 그것만 채우고 그걸 모아서 몇 장 철을 할 수 있게끔 하자 그런 걸 정하고. 심지어는 나중에 디테일 드로잉까지도 나눠서 하자. 재료들이 만나는 접합부 표준 도면을 만들어서 그것도 쉬트 만들어 기본적인 거 몇 장 붙여서 주면 되게 하겠다, 그런 작업들을 좀 했었고. 또 프리캐스트 콘크리트 공법. 꽤 관심이 많았어요. 작품이 몇 가지 나오지만 연구도 했었고 작업들 진행도 했지요. 설계 말고도.

**최원준:** 당시에 설계 실무를 많이 하셨던 건 아니셨지 않았습니까? 어떻게 다 짧은 시간 내에.

**윤승중:** 물론 지금 수준으로 보면 별일 아닐 수도 있지만. 그래도 꽤 내가 선진적이었던 것 같아요. 1980년대 후반 일본에 니켄세케이[26] 가서 보니까 그런 방법으로 하고 있더라고요. 여러 부분의 상세 드로잉들을 세피아 카피로

만들어가지고 그걸 모아놓고 편집해서 제록스로 뽑으면 도면이 되는 거지. 요즘은 컴퓨터로 할 수 있잖아요? 그런 식의 발상을 해서 그렇게 만들겠다 했었고. 도면 표기에 대해서 자꾸 사무실에서 표준화를 시켜서 프로젝트 명도 계열화 시키려고 했고, 또 도면에도 쉬트별로 넘버링, 기호를 붙여서 건축, 구조, 설비 다 기호를 만들고. 또 섹션 표시 마크도 만들고 그런 작업들을 꽤 많이 했어요.

**최원준:** 그런 면들에 있어서 오히려 김수근 선생님보다도 디테일을 잘 알고 계셨다고 할 수 있을 까요?

**윤승중:** 잘 알았다기 보다는 그런 식으로 연구심을 가지고 도전을 했던 거지. 사실은 김수근 선생이 드로잉을 기가 막히게 잘 그리시고 실제로 많이 알고 있고. 왜냐하면 마츠다 히라다[27]라는 사무실에서 실습을 했거든. 그 사무실이 일본에서 디테일에선 최고 수준의 사무실이에요. 실제로 그런 드래프트를 많이 그렸기 때문에 본인이 하실 수가 있었죠. 근데 나하고 같이 작업하는 동안은 이제 두 가지 이유로, 하나는 건축 말고도 다른 일로 바쁘셔서 사무실에서 실제로 앉아서 드로잉 하는 시간이 많지가 않았었고, 또 하나는 이렇게 서포트 하는 사람이 옆에 있다는게 도움이 되었겠죠. 실제로 그렇게 직접 드로잉 하는 일은 많이 안하셨어요. 거의 처음에 스케치를 해 주시면. 스케치가 내 맘에 안 들 수도 있고요. 그렇지만 일단은 그것을 리얼라이즈(realize)시키는 일이 내 역할이니까. 그래도 어떻게든 만들어서 실제로 디테일까지 만들어 나가는 그런 과정을 했잖아요. 그런 걸 김수근 선생님이 잘 받아주셔가지고 그런 식으로 진행되었던 거 같아요.

**전봉희:** 그래서 실제로 기능이랑 스케일에 맞추어서 도면화 해서 선생님한테 다시 보여드리고, 체크 받고.

**윤승중:** 그렇죠. 중간 중간에 체크를 받죠. 가끔 혼나기도 하고. 보통은 젊은 사람들이 아이디어가 많다고 생각하잖아요? 그런데 나는 그 반대인 것 같아. 경험이 많고 그런 사람일수록 더 대담한 아이디어를 낼 수 있는 거죠. 사실

**26 _**
니켄세케이(日建設計): 일본의 대형건축설계사무소. 1900년 창업.

**27 _**
마츠다 히라타셋케이(松田平田設計): 마츠다와 히라타가 공동으로 운영하는 일본의 대형건축설계사무소. 1931년에 마츠다가 사무소를 개설한 후 1942년에 코넬대학 후배인 히라타를 영입하여 마츠다히라타설계사무소가 됨.

나는 그런 경험이 별로 없었기 때문에 조금 소극적일 수 있는 것에 대해서 김수근 선생은 가끔, 그 양반은 워낙 여행도 많이 하고 본 것도 많기 때문에 소위 입력되어 있는 건축 모티프나 어휘들이 굉장히 많았지 않습니까? 그런 것들을 어떨 때 끄집어 내 주시기도 하고, 그렇게 디벨롭을 시켜나갔죠.

**전봉희:** 그런 식의 작업 방식은 그 당시의 김희춘, 엄덕문 선생님이나 다른 사무실도 비슷했을까요?

**윤승중:** 난 그분들 하고 같이 작업한 적이 없었고. 배기형 선생님 사무실에서 가끔가다 아르바이트 했었는데, 배기형 선생님은 전혀 달라요. 밤에 갑자기 일본책을 보시다가 내가 내일까지 안을 하나 만들 일이 있는데 샘플을 보여주면서 이거 비슷하게 하나 만들어 봐라 이러셨거든요. 김수근 선생님은 전혀 그렇게는 못하시지. 자기 생각을 내시고. 그러고 또 나도 그렇고 해서. 난 방법은 좀 많이 달랐던 거 같아요. 그 당시 다른 분들하고는. 다른 분들하고 직접 작업한 적은 없어서 잘 모르겠는데 김중업 선생님 말씀을 들어보면 김중업 선생님은 비교적 자기 생각을 더 많이 보여주시는 거 같았어요.

**전봉희:** 조금 더 구체적인 그림을 그려주신다는 말씀이죠?

**윤승중:** 예. 그걸 잘 못해 가면 그 양반은 "이 세상에 가장 돌대가리 같은 놈아, 미쳐가는 놈아." 이런 식으로 하셨다는데. 나중에 기회가 있으면은 이야기 하겠지만 코르뷔지에의 방법이에요. 갑자기 아이디어가 떠오르면은 자기 방에 쪼그만 방이 있었는데 거기에 부른답니다. 그 사람이 자리에 마침 없어. 그러면 그 문 앞에다가 너는 내일부터 나오지 마라, 하고 써 붙인데요. 화가 나가지고. 너 때문에 이 세상을 빛낼 아이디어 하나가 사라졌다, 이러면서 야단치면서 당장 나가라고. 그런데 계속 있으면 또  금방 잊어버리는 거죠. 김중업 선생님이 약간 흉내 내시는지. 근데 김수근선생님은 나한테는 상당히 대접해서 전혀 그런 건 없었던 거 같아요.

**전봉희:** 뭐라고 부르셨어요? 윤 실장 이러셨어요?

**윤승중:** 비슷하게. 비슷하게 불렀던 거 같아요. 나는 김 선생 그러고. 우리끼리 얘기할 때는 박사라고 부르고. 왜냐하면 박사학위를 하시다가 과정을 끝내고 논문을 내야하는데 한국에 오셔서 바쁘기 때문에 논문을 못 내서 학위를 받지는 않으셨거든. 그래서 우리가 박사라고 부르면 안 좋아 하시더라고. 우리는 박사라고 부르고. 왜냐면 선생님이라고 하기에는 나한테는 조금. 그런 식으로 불렀던 거 같아요.

**최원준:** 혹시 사무실에 참고를 하실 만한 작품집이나 자료집이나 이런 것들도 많이 있었나요?

**윤승중:** 그 당시 사무실에?

**최원준:** 예.

**윤승중:** 그, 잡지들은 꽤 많이 봤던 거 같고. 그리고 뭐, 책은 좀 있어요. 근데 일본말을 내가 못 읽으니까 좀 그랬고.

**전봉희:** 일본 잡지들 외에도 다른 나라 잡지들도 있었고요?

**윤승중:** 우리나라 들어오는 잡지가 지난번 얘기했던 것처럼 미국 잡지 『아키텍추럴 포럼』(Architectural Forum), 『아키텍추럴 레코드』(Architectural Record), 『PA』(progressive architecture), 그리고 프랑스의 『라끼텍투허 도죠두이』(L'Architecture d'aujourd'hui)[28)]지, 그리고 『도무스』(Domus)[29)]를 봤던 거 같아요. 김수근 선생이 좋아해서 『도무스』를 봤어요. 『도무스』가 아주 신선했고.



**전봉희:** 다시 사무실 일로 돌아갈까요?

**윤승중:** 자, 그럼 워커힐 얘기로 돌아가서 그렇게 비행기에서 만난 인연으로 그 당시 JP가 건축가를 찾고 있었기 때문에 그 양반도 사실 김수근을 잘 모르는 채로 워커힐에서 만난거죠. 워커힐에 아까 말씀드린 여섯 분의 건축가가 있었고. 실제 워커힐 실무팀은 그 당시 5.16 후에 병역을 마치지 않은 사람들을 다 잡아다가 그 중에서 건축에 관련된 일을 하는 분들을 국토건설단이라는 곳으로 다 보냈어요. 군대로 보내지 않고. 그런 분들을 봉사하는 일을 시켰는데, 거기서 좀 선발해서 데려오기도 했고. 그러니까 굉장히 베테랑급 사람도 있었던 거죠. 또 군입대해서 군복무 하면서 건축과 졸업하고 그런 일 잘 하는 사람을 수소문해서 찾아오기도 했고. 나도 한 두 명쯤 추천해서 요원들을 구성해서 설계팀을 만들고. 그 사무실이 을지로 3가에 있었어요. 거기 가서 보면 완전히 군대 조직처럼 그 실무팀들은 열심히 일하다가 저녁때가 되면 청소도 하고 군대 복무처럼 이렇게 하는 거지요. 아까 말한 건축가 6분은 따로 있고, 가끔가다 기합도 받고 그런 식의

28_ 1930년에 창간되어 현재까지 발간되고 있는 프랑스의 건축잡지.

29_ 1928년부터 현재까지 발간되고 있는 이탈리아의 건축잡지.

사무실 운영을 했거든요. 근데 그 취지는 아까 얘기했듯이 외국의 군인들 데려다가 한국에서 즐길 수 있게 하는 시설을 본격적으로 제공하는 것. 왜냐하면 이 사람들이 하와이로 주로 가는데 하와이와 비교될 만큼의 그런 것을 만들어야하기 때문에 모델이 외국에 있는, 아주 큰 라스베가스, 쇼 무대라던지 또 고급 호텔들이었다고요. 그렇게 수준을 높게 잡고. 아마 그것이 한국에서 본격적으로 클러스터로 된 프로젝트가 아니었을까. 그리고 아마 근대건축에서 집단적으로 잘 실현이 된, 여러 가지 하이테크놀로지가 도입된 것으로 처음이 아니었을까 합니다. 그래서 급하게 서둘러서 한 것 치고는 꽤 성공적이었던 거 같은데요.

이제 처음 역할을 나누게 됐는데 김희춘 선생님하고 이희태 선생님이 본관을 하셨는데 본관이라는 게 메인 로비가 있고 또 여러 엔터테인 할 수 있는 그런 시설들. 특히 회전 무대하고 엘레베이트되는 무대를 가진 본격적인 쇼 무대가 있었어요. 소위 씨어터 레스토랑, 그거는 아마 지금도 있을 거예요. 그런 쇼룸을 만들고. 안에 풀 에어컨을 하고. 최고급 시설을 갖춘 본관이 있었고요. 김수근 선생님은 더글라스 호텔을 하셨는데 규모가 큰 건 아니었지만 장교 호텔이었어요. 그래서 수준이 높은 거였고. 또 힐탑바라는 것은 처음부터 약간 언덕 위에 자리 잡아 가지고 워커힐이라는 것을 상징적으로 보여줄 수 있는 심볼로서 만들죠. 이 단지 이름을 나중에 '워커힐'이라고 바꿨습니다. 워커 장군, 혹시 들어봤는지 모르지만, 6.25때 참전을 해서 1950년 12월 달인가 전사를 했거든요. 그래서 한국에서는 초대 8군 사령관이었던 그 분을 기념해서 워커의 더블유(W)자를 갖다가 형상화시킨 것이 '힐탑바'가 됐어요. 그런 기념 조형을 가지는 '힐탑바'하고. 또 그 밖에 한국관이라는 것은 한국 요리를 제공하는 곳으로 그건 엄덕문 선생님이 하셨고. 그 밖에 몇 개 다른 것들이 있었는데 다른 분들이 다 했죠. 실제로 작업은 을지로 사무실에서 했기 때문에 나는 가끔 구경 가서 볼 정도였고. 근데 김수근 선생이 하신 것은 구상하신 것을 가지고 사무실에 와서 디벨롭시키고 그런 과정들이 있었어요. 더글라스 하우스는 다른 것과는 조금 다른 것은 계곡에 위에다 걸쳐 집을 지었었는데 땅을 깎지 않고 걸쳐서 집을 놓으면서 피어를 지형에 따라서 쭉 내려가지고 하는 그런 방식으로 했죠. 그걸 가지고 나중에 「타임」지에서 한국에 워커힐이라는 엔터테인먼트 시설을 만들었는데 계곡으로 빨려 들어갈 지도 모르는 경사지에다가 위험하게 집을 지었다, 이런 식으로 표현해서.

**전봉희:** 안 좋게 나왔어요?

**윤승중:** 안 좋다기 보다 도전적으로 했다 그런 뜻이었던 것 같아요. 왜냐면 산을 깎지 않고 그냥 그대로 지었거든요. 그 당시 서양 사람들은 땅을 다루는 방법을 그렇게 다루지 않았던 거죠. 땅을 깎아 내고 만드는. 그 집을 할 때 김수근 선생이 나한테 하는 얘기가 자연이라는 것에 대해서 다루는 방법을 설명하셨던 거 같은데 그건 그 분의 아이디어였어요. 지형에 맞춰서 커브를 가지는 3층 높이 정도 였죠. 그것이 다 표현은 익스포즈드 콘크리트로 되어 있었고. 완성된 것을 보니까 놀라운 것이 알미늄 섀시 슬라이딩 도어. 발코니로 나가는데 그런 도어들이었는데, 그 때 우리나라에 섀시라는 것이 철판을 접어서 만들면 힘껏 열어도 안 열리는 그런 것이었는데, 그건 손으로 까딱하면 쫙 끝까지 열리는.

**전봉희:** 곡면이었는데요?

**윤승중:** 아니, 섀시는 곡면이 아니었어요. 방의 발코니는 앞이 곡면이었지만. 그런 알미늄 섀시에 페어글라스 써서 굉장한… 부러웠던 거지. 그러고 벽, 천정 마감재들 이런 것들 전부 다 거의 면세로 수입해다가 썼기 때문에. 일본의 좋은 나무 스기[30], 히노끼[31] 이런 좋은 나무 갖다가 면세로 들여다가. 그 당시 우리나라에서 보기 어려운 그런 분위기를 만들었고. 또 전체가 풀 에어컨이었었고. 그렇게 우리나라에서 건축 수준을 한 단계 높인 작업이었던 거 같고.

워커힐, 힐탑바는 현장사무실에서 진행을 하다가 잘 해결이 안 되었어요. 왜냐면 커브와 각도가 있는데 그거를 드로잉 할 수 있는, 표현 할 수 있는 게 잘 안되어서 그걸 나한테 가져오셔더니 니가 좀 해봐라. 그래서 열심히 그걸 갖다가 전개도로 만들어 엘레베이션을 그리면은 실제 모형하고 다르잖아요. 그래서 콘크리트 보를 만들 수 없었던 거예요. 기둥과 보가 경사가 졌으니까 그게 또 잘 안 맞는 거지요. 설계사무소에서 해결을 못해서 내가 드로잉을 하고, 그걸 다 펼쳐가지고 도면 전개도 그려주고, 그렇게 드로잉을 해줬던 기억이 납니다. 각도도 명확히 잡지 않으면 잘 안 맞거든요. 어떻게 했는지 기억은 안 나지만 완성을 했어요.

사실 그런 역삼각형식의 기본적인 폼(form)은 오스카 니마이어가 했던 뮤지엄이 하나 있어요. 산  꼭대기에다가 한 뮤지엄이 하나 있었거든요?

30 _
스기(杉): 삼나무

31 _
히노끼(檜): 노송나무

약간의 힌트가 있었을 수도 있겠지만. 그 당시 한국에서는 찬반이 굉장히 엇갈렸는데 하나는 그 중에서 쓸모 있는 부분이 얼마 안 되거든요. 지붕은 크지만 2층까지 해봐야 쓸 수 있는 면적이 얼마 없고 1층은 엔트런스 홀 밖에 없었고. 그것이 구조물을 투입한 거에 대해서 효용성이 떨어진다고 비판을 받기도 했고. 또 한편으로는 상징적으로 나타났던 점인데 일단 눈에 띄니까요. 그래서 아까 이균상 선생님이 그 집을 굉장히 칭찬하시더라고요. 굉장히 보수적이고 합리적인 생각을 가지신 분인데 어떻게 그 집을 칭찬하셨는지 잘 모르겠어요. 그 집이 당신이 생각할 때 한국 최고의 건축이다라고 말씀하실 정도로. 의견이 정반대였던 집이지요. 전반적으로 워커힐이 꽤 성공적이었던 것은 실제로 그것 때문에 일본에서 미군들이 많이 왔었고, 나중에 그것을 점점 우리가 쓰고. 그것이 아직도 워커힐이라는 이름으로 남아있지 않습니까? 그것이 벌써 50년. 1960년이니까 50년 됐군요.



**전봉희:** 그래서 '힐탑바'처럼 일부 김수근 안국동 사무실로 가져 와서 그린 것 말고는, 사무실에서 요즘처럼 누가 파견 나간 것도 아니고. 그 팀원에다가…

**윤승중:** 왜냐하면 안국동에는 그럴 만한 사람이 없었으니까. 그만한 인원이 없었기 때문에. 그리고 거기에 동원된 사람들이 거의 월급 받는 사람들이 아니었어요, 거의 차출돼서.

**전봉희:** 하지만 사무실에 다니든지 경험은 다 있던?

**윤승중:** 네. 경험은 다 굉장히 많았고. 차출된 분들도 있었기 때문에, 전체적인 분위기가 좀. 총 책임자가 임병주 중령이란 분인데 육사 8기생이에요. 김종필 중령하고 동기생이신데 그 양반이 총 지휘자가 되었어요. 나도 몇 번 이야기 해봤지만 평상시엔 굉장히 학구적이고 진지하게 말도 하고 그런 분인데요. 어느 날 갔다가 깜짝 놀란 것이 여섯 분을 세워놓고 막 호통을 치더라고요. 당신들 일을 하자는 거냐, 말자는 거냐 이러면서. 너무 놀라가지고. 나한테는 다 선생님들인데. 군인이, 물론 사복을 입었지만 김희춘 교수님이 연세는 더 높으신데 막 그래서, 옆에서 보다가 그렇다고 내가 나설 일은 아니고요. 나중에 따로 돌아오면서 김수근 선생 보고 왜 가만히 계셨느냐 그랬더니 이 사람이 평상시에는 굉장히 괜찮은 친구인데 본인이 기합을 받고 오면 그렇게 나온다는 거예요. 거기 여섯 분들이 김희춘 교수를 빼고는 리버럴리스트(liberalist)에다가 좀 특별한, 소위 한량들이셨거든요. 다 그냥 술 잘 마시고 자유를 즐기는 이런 분들인데 그런 분들을 군인이 볼 때는 도저히 상상이 안가는 상대들이었죠. 근데 평상시에는 어쩔 수 없이 그러다가 자기도

윗사람한테 기합을 받고 와서는 어쩔 수 없이 군기를 잡는 거예요. 김수근 선생님 말씀이 평상시는 안 그러니까 그냥 들으면 되지, 그러시더라고요. 뭐 그런 식으로 진행이 된 거죠. 그래서 초특급으로. 그러고 설계를 요즘식으로 얘기하면 패스트 트랙(fast track) 그런 방식으로 진행했었던 거 같아요. 왜냐하면 입찰해서 최저가 따지는 게 아니라 시공사도 차출해서 일을 시키고. 돈은 나중에 정산해주면 되는 거고, 그런 상황이었기 때문에. 그리고 그때만 해도 일이 거의 없었어요. 그렇게 불려가는 것만으로도 강력한 혜택이었죠. 또 실제로 거기서 그 분들이 굉장히 도움을 많이 받았어요. 새로운 건축 기술도 배우고. 거기서 성장한 데가 삼환기업, 최종완 사장이라고 있었는데 김수근 선생하고 동년배였거든요. 죽이 맞아가지고 나중에 자유센터 일 등 주로 거기서 많이 하셨고. 그 당시만 해도 별 볼일 없었는데 그걸 통해서 당시 최고의 건설사가 된 거죠.

워커힐에 대해서 여러가지 평가가 있을 거 같아요. 혁명 주체세력들이 진행하는 과정에서 정당한 방법으로 돈을 쓸 수 없었으니까 군에서 여러 가지 특혜를 준 것도 있었고, 사리사욕을 위해서 한 것이 아니라 한국의 변화, 발전을 위해서 그런 것들이 필요하다고 생각해서 사명감 가지고 한 일이기 때문에 그러려니 하는데.. 그런 과정이 약간. 찾으면 문제가 있었을 거예요. 실제로 나중에 스캔들도 나고 그랬거든요. 그래도 한국 현대건축에 굉장히 크게 기여했던 건축이라고 보고, 또 건축가들이 제대로 대접을 받아서 자기 소신대로 작품 활동을 할 수 있었던 계기가 됩니다.

**최원준:** 관여하셨던 건축가 중에서 나상진 선생님이나 강명구 선생님은 개별 건물은 설계 안하신 건가요?

**윤승중:** 그 밑에 건물이 몇 개가 있었어요. 사병들을 위한 숙소가 있었거든요. 이름은 다 호텔이고. 휴가 온 사람들을 받아들이는 데니까. 그런 건물들을 하셨던 거 같아요. 어느 분이 어떤 거 했는지는 잘 모르겠네요.

**최원준:** 본관이 나상진 선생님이었던 것으로 잘못 알고 있었는데요.

**윤승중:** 아, 이희태가 아니라 나상진이었을지도 모르겠다. 김희춘, 나상진인지도 모르겠어요. 그건 정확히 찾아봐주세요. 기록에 아마 있을 거예요.

**최원준:** 확인해 보겠습니다.

**윤승중:** 김희춘 선생님은 확실해요

**전봉희:** 이렇게 고른 것은 누가? 말하자면 혁명위원회에서 고른 겁니까?

**윤승중:** 그렇죠. 김종필을 가장 많이 서포트했던 분이 석정선 중령이라는 분인데, 나도 여러 번 만나 봤는데, 군인 치고는 굉장히 인텔리전트하고 뭐랄까요, 스마트한 분이었어요. 그분이 또 사회, 경제 이런 쪽에 관심이 많으셔서. 김종필 중령하고 굉장히 친한 사이거든요. 그래서 아마 그런 식의 아이디어를 많이 주고 도와주었던 거 같아요. 나중에 일요신문 사장이 되셨는데 김수근 선생하고 굉장히 친했습니다. 오히려 JP하고는 어려운 사이였지 편한 사이는 아니었어요. 근데 석정선 씨하고는 굉장히 친했어요.

**전봉희:** 일요신문 사장이요?

**윤승중:** 네, 일요신문 사장을 나중에 했었어요. 그러다가 박정희 대통령한테 찍혀가지고 외국으로 갔는데 굉장히 좋은 분이었던 거 같아요. 그분은 나하고도 쉽게 만날 수 있었고. JP하고는 나중에 〈남산음악당〉 프로젝트 하면서 세 번쯤 만나 뵈었거든요? 처음에는 김수근 선생님이 소개해주러 같이 갔었고. 청구동, 지금도 아마 계시는 자택. 일본식 집이었는데. 그 때 받은 인상은 그 당시에 상당히 상징적인 인물이었습니다. 5.16 주체여가지고. 또 앞으로 미래 지향적인 그런 기대가 있는 분이었는데 본인은 서울대학교 사범대학을 나오고 그런 과정을 거쳤기 때문에 상당히 인텔리였었어요. 그때 만나 뵌 느낌은 얘기 잘 들어주고. 〈남산 서울음악당〉 프레젠테이션하러 갔었거든요. 잘 들어주고 재미있다 그런 식으로 잘 반응을 보이시는데, 그 뭐랄까, 인상이 굉장히 강해서 소위 혁명가라는 느낌을 받았어요. 인상을 보면 눈도 좀 붉은 끼가 나오고 쉽게 접근하긴 좀 어렵다, 그런 느낌을 받았던. 근데 석정선이란 분은 전혀 그렇지 않고 편하게 얘기할 수 있었던 분인데 그 분이 주로 아이디어를 많이 냈던 거 같아요. 그 중에 김수근 선생은 김종필 씨와의 인연으로 해서. 김수근, 나상진 이렇게 우선 골라놓고 아마 다른 분들은 나상진 선생이 인선하지 않았을까요. 다 친한 분들이거든요, 나상진 선생님하고. 그러니까 나상진 선생님이 인선하셨을 거란 생각이 듭니다. 그 나상진 선생이 상당히 전설적인 인물인데 굉장히 작품도 좋고. 얼마 전에 지금 어린이대공원 안에 최근 도서관으로 개조한 건물이 하나 있어요. 당시 서울 컨트리클럽 클럽하우스였었는데, 그런 집은 아직도 보기에 괜찮아요.

**전봉희:** 나상진 선생님에 대해서 좀 들을까요? 사실은 많이 궁금한 분이긴 한데.

**윤승중:** 직접 작업을 같이 한 적이 없었기 때문에 잘은 모릅니다.

**전봉희:** 어디 분이시죠? 서울 분이셨나요?

**윤승중:** 말씀하시는 걸로 봐서는 호남 쪽이었던 거 같아요.[32] 엄청난 로맨티스트라. 가끔 비합리적 사고를 하시는 분들을 그렇게 로맨티스트라 얘기할 수 있을 거 같은데 기분나면 며칠씩 술 마실 수도 있고 이런 식의. 그 당시에 문화인이란 분들이, 예술인이란 분들이 다들 좀 그랬어요. 그 중에서 아주 대표적인 분 중의 하나였어요. 워낙 술이 세고 그러다 보니까 아까 JP와의 에피소드도 생긴 거죠. 술집을 매일 가시니까 그런 곳에서 그런 인연이 생겼고. 여러 가지 감성적인 그런 것들도 굉장히 좋았던 분이기도 하고. 같이 일하셨던 분들 얘기를 들어보면 굉장히 휴머니스트이고 인정, 정이 많았던 그런 분이셨던 거 같고. 근데 그렇게 많이 알려지진 않았죠? 한 가지 아까운 것은 중앙청 앞에 있는 종합청사 컴페티션을 했을 때 2등, 가작 1석이 됐었거든요, 그분 안이. 근데 당선작이 없었어요. 가작 1석 안을 가지고 기본설계 진행을 하다가 그걸 어떻게 해서 압력을 받았는지 갑자기 그것을 중단시키고 지금 외국 건설회사, 외국 설계회사 그것이.

**전봉희:** PAE.

**윤승중:** 그 회사가 아마 주로 미국 8군이나 군 쪽 일을 많이 맡아서 했던 것 같아요. 그래서 거기서 일을 맡아서.. 그 때는 색다른 방법으로 슬라이딩 폼(sliding form)[33] 같은 것을 이용해서 조금 색다른 기술로 집을 지었지요. 근데 그렇게 해서 나상진 선생님이 그 챈스를 잃어버렸어요. 아니면 종합청사 설계를 했을 텐데. 아무튼 그 당시 순번은 1등이 나상진 선생님이셨거든요. 근데 그 기회를 잃은 것이 약간 아쉽고 그 다음엔 큰 활동은 없었던 것 같아요.

**전봉희:** 그러고 이민 가시지 않았어요? 신문에다가 여러 번 이런 일이 있을 수가 있냐고 굉장히 강하게 어필을 하셨던 기억이 있은데.

**윤승중:** 이민 가셨다는 얘긴 못 들었는데요? 그 분에 대해서는 우리보다 1년 선배인 박종구[34]란 분이 있어요. 혹시 나중에 필요하다면 그 분 얘기를 들어보시면 잘 알 수 있을 거 같아요.

32 _
나상진은 전라북도 김제 출생이다.

33 _
슬라이딩 폼(sliding form): 이동 거푸집.

34 _
박종구(朴鐘九): 1959년 서울대학교 공과대학 건축공학과 졸업. (주)종합건축사사무소 두이건축 고문.

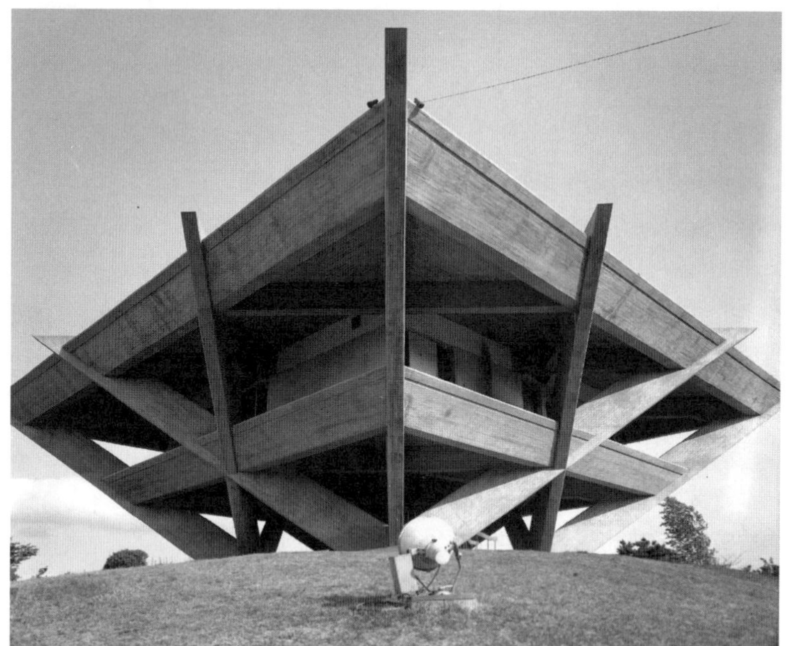



**그림1 _**

힐탑바. 김수근문화재단 제공.

**최원준:** 정식으로 건축학교를 안 나오셔서.

**우동선:** 공업학교요. 대학을 안 나오시고.

**윤승중:** 그 당시 그런 분이 몇 분 계셨는데 이희태 선생님도 굉장한 탤런트가 있는 분이거든요. 이희태 선생은 좀 더 알려져 있어요. 〈마포복자성당〉, 〈국립극장〉, 그리고 〈세종문화회관〉도 같이 하셨고. 이희태 선생 애기해보면 기인에 속할 정도로.

**전봉희:** 〈워커힐〉은 사무실 일이라고 볼 수 없네요. 김수근 선생님의 개인 일.

남산음악당

**윤승중:** 그렇죠, 그렇게 봐야죠. 도중에 〈남산 서울음악당〉 프로젝트도 들어가게 됐어요. 그것은 JP의 개인적인 야망이 있어가지고, 음악도 좋아하고, 워낙 문화인이었기 때문에. 남산에 국회의사당 지으려고 터를 닦아 놨었잖아요? 그게 보기 안 좋고 하니까 국제적인 수준의 음악당을 만들어보자 해서 계획안을 주문을 했어요. 그 당시에 우리는 그런 위치에 있는 분들이 한 거니까 될 줄 알고 일단 했는데요. 그때도 사무실 있으려니까 갑자기 들어오시더니, 탁상 달력 있지요? 요만한 종이. 그걸 뜯어다가 갑자기 펜으로다가 이렇게 주머니 그리시고, 주머니 보면은 끈이 매달려 있잖아요. 그걸 하나 딱 그려 주시더니, "남산에다 지금 음악당을 지으려고 하는데 이런 거면 어떻겠어? 이런 식으로 구조적으로 이렇게 모아서 하면 되지 않을까?" 그런 말씀을 하셨어요. 딱 그것이 스케치였다고. 석고로 모형을 만들어서. 여기는 안 나왔지만. 물론 문제가 본격적으로 오페라 할 수 있는 곳이 아니라 콘서트홀이었기 때문에 대홀이 하나 있고 그 옆에 조그만 챔버가 있고 또 하나는 라이브러리, 음악 도서관이었어요. 그렇게 세 개로 구성되고. 이렇게 진입해서 들어가는데 남산은 밑에서 올라가면은 뒷쪽에서 오면 데크를 만들고 이 집은 정면으로 들어가서 비스듬히 들어가는. 근데 이것을 나는 자유곡선이라든지 특별히 의미 없는 선을 만드는 게 좀 싫어서, 그게 아마 모더니즘의 한 방법이라고 생각되는데. 어떤 자연 법칙이 있고 원리가 있고 질서가 있고, 그렇게 되어야 한다고 생각해서 여러 가지 규칙을 생각하며 자꾸 만들었던 거예요. 크게 세 가지 원, 서클(circle)을 썼는데 서클들 간의 어떤 관계가 만들어진다든지, 비례라든지 그것은 사실 유럽에서 모더니즘을 처음 시작할 때 르 코르뷔지에까지도 모듈러 시스템을 만들잖아요. 그것이 조형적인, 시각적인 것까지도 규칙을 가지고 표현할 수 있다는 그런 접근방법에 영향을 좀 받아서. 저걸 실제로 평면을 보면 각도라든가 이런 것들이 규칙을 가지고 하나를 만들었습니다. 김수근 선생의

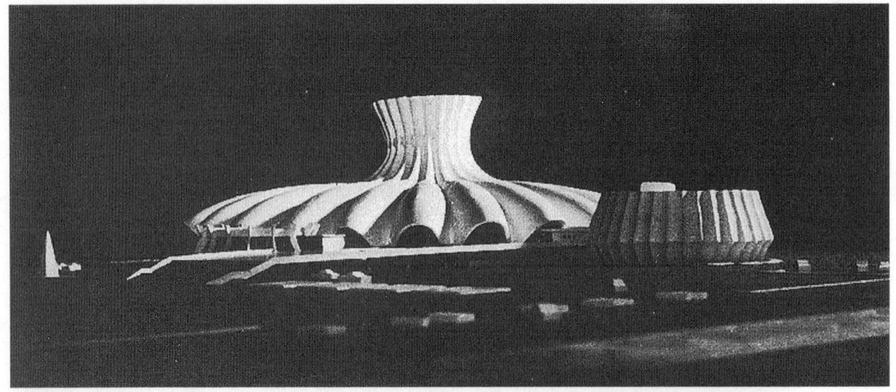

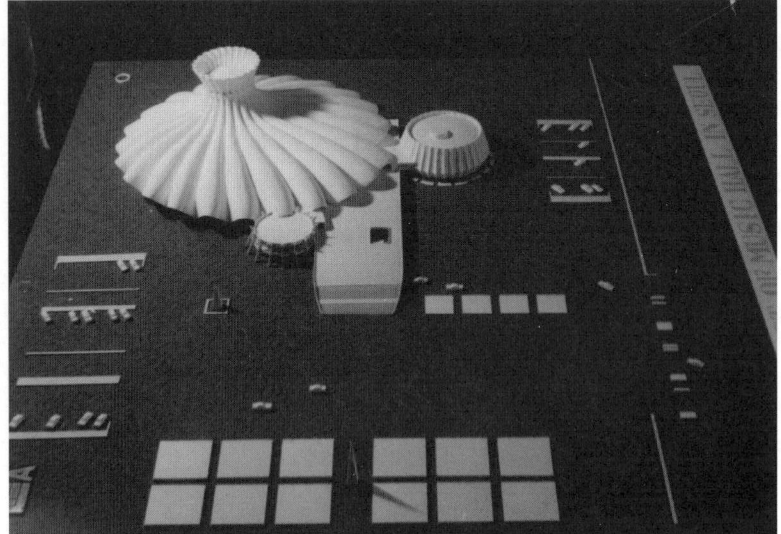



**그림2, 3 _**
남산음악당 모형.

스케치는 여기 볼트(vault)로 되어 있는 쉐입(shape)으로 쭉 올라가다가 끝에 가서 묶어서 되는데 저것이 진짜 성립되는지 여부는 잘 모르겠어요. 그것보다 좀 전에 콘크리트 쉘(concrete shell)을 건축에서 아이디어 빌려 썼던 것이 사리넨의 〈MIT 강당〉 같은 게 있었고, 요르 웃존의 〈시드니 오페라하우스〉도 있었고. 이런 식으로 콘크리트 쉘이라는 것이 건축에서 굉장히 좋은 언어로 생각되었기 때문에 좀 그런 영향을 받았다고 보여지지만 일단 독창적이지요, 굉장히. 출발은 저런 주머니 스케치에서 출발해서 저기까지 간 거예요. 그래서 JP를 만나서 직접 설명하고, 일단 좋군. 이렇게 까지는 들었는데 그걸로 끝났어요. 더 이상 진전이 안 되었어요. 그 당시 그 양반들이 예산이고 뭐고 생각 없이 자꾸 아이디어를 낼 때였기 때문에. 그런데 김수근 선생님이 이 작품을 꽤 좋아해서 그 분이 만든 작품집 보면 이건 꼭 들어가 있어요. 〈남산음악당〉.

**최원준:** 프레젠테이션 하실 때는 김수근 선생님은 같이 안가시고?

**윤승중:** 처음엔 같이, 한번 가서 보여주고, 뒤에 두 번쯤 혼자 가서 보충 설명을 했고.

**전봉희:** 이걸 모형을 들고 가셨어요?

**윤승중:** 그렇죠.

**전봉희:** 석고로도 만들기 쉽지 않았을 텐데요. 석고로 할 때는 이렇게 하려고 하면 거푸집을 짜서 하나요? 아니면.

**윤승중:** 그냥, 플라스틱, 비닐 있잖아요. 그걸로 접어서 만들어서.

**전봉희:** 아, 거기다가 석고를 붙이는 방식으로.

**윤승중:** 종이로 했었는지.

**전봉희:** 아, 심을 먼저 만들고.

**윤승중:** 내부는 두껍게. 왜냐면 내부는 안 만들었으니까. 안에는 아마 두꺼웠을 거 같아요.

**최원준:** 모형은 직접 만드셨나요?

**윤승중:** 나는 주변에 모형 만들어주는 사람들이 있어서요. 나는 모형까지 만들고 싶었는데 아이디어만 주고 내가 직접 만든 적이 없어요. 손재주도 그렇게 있지 않은 거 같고.

**전봉희:** 좋네요. 〈남산음악당〉도 62년부터.

**윤승중:** 그 다음에 남산 〈자유센터〉까지 혁명 5.16 주체세력들 때문에 만들어진 것인데, 자유센터 얘기는 길게 하려면 길게 할 수 있고 한데. 요거는 전혀 알려지지 않았던 건데 혁명 주체 측에서 개인적인 게 아니라 컴페티션을 했던 거예요. 초기 62년 쯤 되었겠지, 아마.

**전봉희:** 네. 62년이네요



**윤승중:** 그때 근대화, 산업화 이런 일로 가장 첫 번째 한 일이 울산 공업도시를 만드는 일이었어요. 그 당시에 보면 이것도 컴페티션이었는데 처음에 김수근 선생님하고 둘이서 울산에 갔었어요. 울산하고 포항하고 사이 빈 구간인데, 울산이란 도시가 거의 일본 사람들이 만든 도시더라고요. 물론 그 당시에 포경선이 있는 어항 기지였긴 하지만 주로 일본 사람들이 만든 도시라서 대개 근처에 일본 집들이 그 때까지 많이 남아있었고. 그냥 조그만 도시였는데 거기다가 정부에서 앞으로 산업화 수출 기지로, 공업 기지로 울산을 택해가지고 집중적으로 울산을 개발하겠다는 그런 거였죠. 좋게 평가할 수도 있고 나쁘게 평가할 수 있는데, 지역적으로 부산이라든지 그런 쪽하고 관계 때문에 썩 좋은 입지는 아닐 수도 있어요. 결과적으로 보면 지금은 울산에 현대 조선이 들어가고 성공적인 경우가 되었죠. 김수근 선생님이 건축이 전공이었지만 대학원에서는 도시계획연구실에서 석사학위를 했거든요. 다카야마[35] 연구실에서 도시계획을 전공하셨어요. 그런데 일본도 한참 전후에 발전하고 개방하고 그럴 때기 때문에 다카야마 연구실이 굉장히 일거리가 많았다 그러는데, 그 이유가 뭐냐면 지방의 국회의원들이 출마하려면 자기 지역을 개발해야 되잖아요? 그래서 도시연구소를 찾아가서 자기들 돈을 주고 자기 지역구 개발 마스터플랜 기획안을 만들어요. 그것을 출마 공약으로 삼고 그랬기 때문에 굉장히 활발했죠. 김 선생 스스로가 도시 계획에 상당히 관심이 있었죠. 응모했는데 좋은 성과를 거둔 건 아니지만 그래도 드로잉이라든지 상당히 재밌었던 거 같아요. 그때부터 김수근 선생님이 육각형에 대해서 뭐랄까요, 실제로 많이 해서 그 주위로 여러 번 나옵니다. 여기서도 전체에 육각형 패턴을 써서 가운데 중심이 있고 브랜치(barnch)들이 쫙 있는. 위성도시지. 사실은 그 때 컴페 하는 쪽이나

**35 _**
타카야마 에이카(高山英華, 1910-1999): 일본 도시계획가, 건축가. 도쿄대학 건축학과 명예교수. 1940년대 일본 도시계획학의 중요 인물.

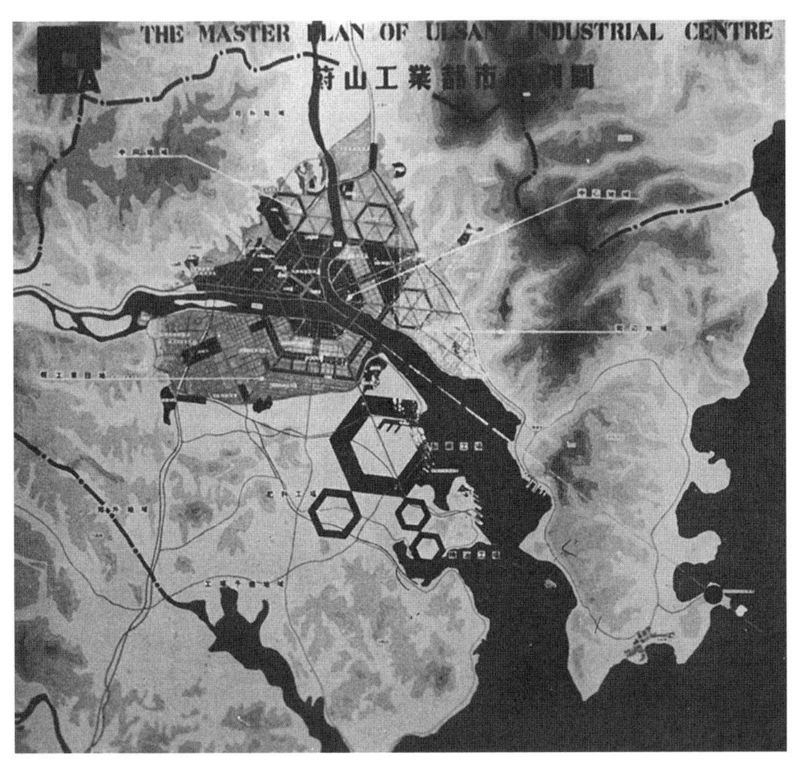


**그림4 _**

울산공업도시계획.

응모하는 쪽이나 별로 준비가 안 되어있고 어떻게 하겠다는 것 없이 막연하게 해 본거였기 때문에 드로잉만 있어요. 당선이 어디였는지는 전혀 기억이 안 나는데, 하여튼.

**최원준:** 우리나라에서 최초로 도시계획 설계경기였다고 그러던데요.

**윤승중:** 그때만 해도 도시디자인이란 개념이 없었고, 세계적으로도 그러기 전이었기 때문에. 어반디자인(urban design)이라는 개념이라기보다는 도시계획인데 도시계획은 도시설계랑은 좀 달라요. 어떤 조형이나 상부 구조에 대한 생각보다는 상당히 계량적인 경제적인 분석을 통해서 인구라든지 그런 것들을 배치하고, 기능적인 지형으로 배치하고 트래픽 체계를 만들고, 아무튼 굉장히 계량적인 방법을 사용했기 때문에 대체로 토목 쪽에서 접근하는 거죠. 토목에서 도시계획이라 하면 계량을 통해서 도시 도로 폭을 정하고 순번을 메기고 전체 네트워크를 만들고, 또 지역 지구도 비율을 정해야 되겠죠. 대개 이런 방법으로 접근하게 돼서 이것은 어반디자인 개념으로 도시 패턴이라는 것을 만드는 것과는 조금 다른 것 같아요.



**최원준:** 당시 컴페는 무기명 아니었나요? 공간이 아니고, 연구소 마크가 들어있는데요.

**윤승중:** 이것도 공간 마크지. 아마 그랬던 거 같은데요? 그건 잘 기억이 안 나네요, 왜 들어갔는지. 내가 했던 컴페는 다 무기명이었는데. 봉투에 써가면서. 그래서 이것이 김수근 선생님이 도시에 대해서 어떤 제안을 했던 것인데, 내용이나 사실 이런 것들은 별로 기억이 잘 안나요.

**전봉희:** (사진을 보며) 이것은 무엇인가요?

삼선교 삼호공업사

**윤승중:** 〈삼호공업사〉. 삼선교 쪽에 가면 있는 건물인데, 그 이거는 무슨 케미컬(chemical) 쪽의 플랜트(plant)였던 것 같아. 그리 큰 규모는 아니었고. 그거를 하면서 프론트 파사드를 갖다가 콘크리트 프리패브리케이션을 써서 어떤 리듬을 만들어주고. 도시에 대한 파사드를 지어냈고. 소위 건축선이라는 것을 안쪽으로 셋백 시켜가지고 사람이 접근하기 좋게 하는 그런 식의 방법을 썼던 경우죠. 이 엘레베이션 비율을 김수근 선생이 직접 그렸어요. 이런 비율을.

**최원준:** 이때도 사무실에서 몇 개의 프로젝트가 동시에 이루어지던 상황이었나요?

**윤승중:** 몇 년으로 되어있죠?

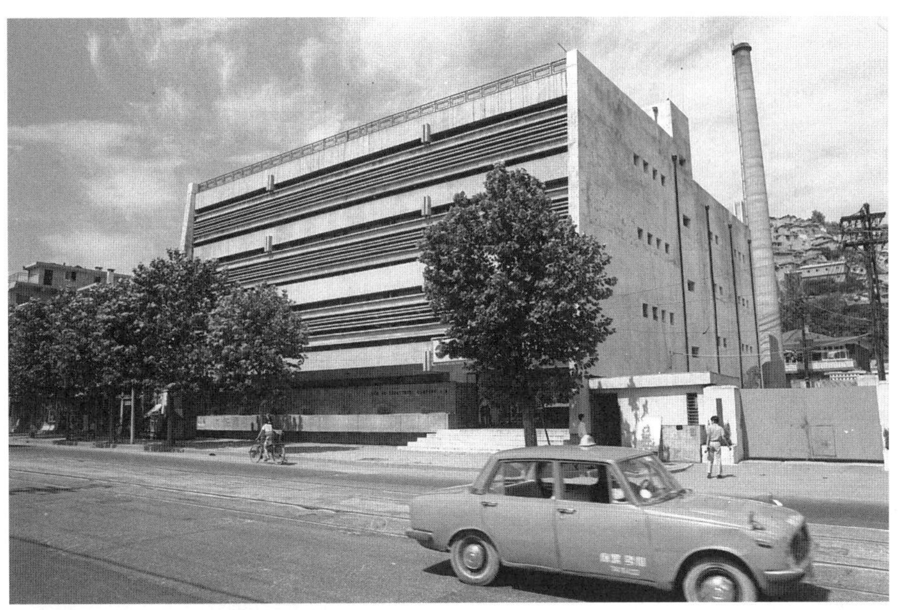

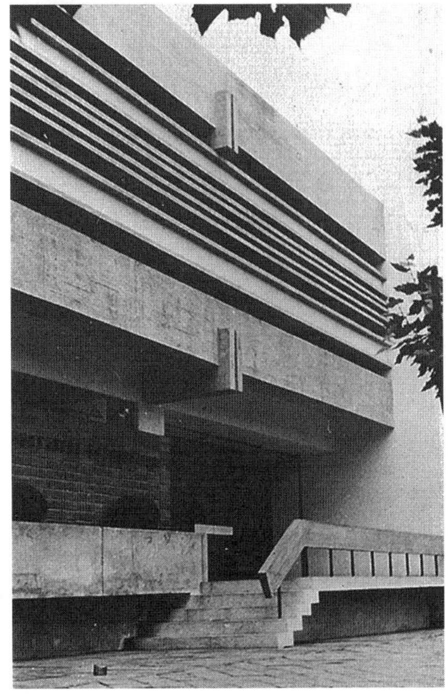

**그림4 _**
삼호공업사 전경. 김수근문화재단 제공.

**그림5 _**
삼호공업사 입구.

**최원준:** 62년.

**윤승중:** 아마 주택들 한 두개 하고 그랬을 거 같아요. 이건 그렇고.

**전봉희:** 아, 이게 〈오양 빌딩〉이네요.

**윤승중:** 요거는 사실은 〈자유센터〉보다 나중에 한 건데 앞에 있더라고. 완성이 빨리 되었기 때문에 그랬을 거예요. 김 선생 친구분이 의뢰한 건데 지금까지 잘 보존되고 있더군요.

**전봉희:** 다음에 나오네요. 어느 거 먼저 말씀하시겠어요? 〈자유센터〉 먼저 하시겠어요?

**윤승중:** 뭐, 꼭 순서대로 할 필요는 없지요?

**전봉희:** 예, 그렇습니다.

**윤승중:** 〈자유센터〉 먼저 하죠. 왜냐면 자유센터가 앞의 〈워커힐〉에서 이어지는 이야기이기 때문에. 이거는 요즘 보면 그 당시에 우리가 생각했던 것과 다른 평가를 받고 있어서. 여러분들 보기에 어떻게 느껴지세요, 실제로 가본 적은 있나요?

**최원준:** 예.

**전봉희:** 예, 두 건물 다 가봤습니다. 우리나라에서 보기 드문 힘이 있는 건물이라고 느꼈습니다. 요즘 건물들은 김수근 선생님 건물들까지 포함해서 너무 여성적이지 않나? 그런데 이 건물들은 남성적인 것 같습니다.

**윤승중:** 최근에 와서 보면 몇 가지 비판을 좀 받는데요. 첫 번째는 혁명 주체 세력을 위해서 했다는 것하고, 또 반공이라는 거까지 문제 삼는 사람들도 있고. 그건 좀 심하다고 생각하는 것이 요즘 와서 보면 그럴지 몰라도, 그 당시 반공이라는 것은 전 세계적으로 미국과 소련이 한창 긴장이 되었던 때고, 우리나라는 6.25 전쟁 끝난 지 얼마 안 되었을 때고, 또 실제로 공산주의와의 전쟁을 통해서 우리나라가 다시 살아날 수 있었고. 그런 심각한 상황이었기 때문에 반공은 굉장히 중요한 이슈였죠.

그런데 혁명 주체세력들이 정당하지 않은 방법으로 일단 정권 잡고 명분을 만드는 과정에서 몇 가지 이슈가 있었어요. 하나는 근대화, 또 민족중흥 이런 말을 써서 민족을 많이 내세웠고요. 나중에 박정희 대통령이 박정희 스타일의 집, 양식이라는 말이 나올 정도로 우리나라의 전통건축양식을 강요한 것도 있고. 민족중흥이라는 표현을 강조했었고요. 또 하나가 반공. 이것은 아까 말했듯이 그 당시로서는 중요한 이슈였었고 좋은 명분이 되었다고 생각이 듭니다. 한국이 반공, 소위 양극 체제의 상당한 희생자였잖습니까? 우리의 뜻이 아니라 그렇게 충돌이 돼서 희생되었지만, 그것을 극복하고 처음부터 시작을 하겠다라는 상징으로 우리나라가 스스로 아시아 반공의 리더쉽을 갖겠다는 명분으로 소위 '아세아 반공연맹'[36]이라는 것을 만들고 실제로 창설이 되었어요. 대만하고 일본, 이런 나라들이 참가를 했고. 그리고 그 연맹의 본부하고 연수원을 짓자 했던 게 이 건물이었습니다. 그런 기능에 비해서 좀 과다하게 규모가 컸고, 또 그것을 건축가가 과다하게 표현을 했기 때문에 그런 비판을 받을 수 있지만 하여튼 그런 명분을 갖고 지어진 집이죠. 그래서 기본적으로 본부하고, 교육기능을 가진 〈자유센터〉 본관이라는 건물이 있고, 숙소로 쓰였던 타워가 있었고요, 나중에 타워 호텔이란 이름으로 바뀌었습니다만. 아시아 연맹에서 컨퍼런스도 해야 하니까 본격적인 국제회의장. 세 가지 프로그램을 가지고. 그 프로그램에 사실은 김수근 선생님도 관여했어요. 왜냐하면 이런 구상을 처음 가졌을 때 김수근 선생을 불러가지고 건설위원장을 맡아라 해서 건설위원장을 맡았어요. 그런데 사실 생각해보면 건설위원장이 직접 설계하는 건 말이 안 되지요. 나도 그게 걱정이 되어가지고 그걸 맡으시면 설계 어떻게 하십니까 했더니 "아, 괜찮아, 괜찮아." 해서 맡았어요. 일단 프로그램부터 시작해서 진행을 했고. 직접 발주자가 된 거죠. 자기한테 발주해서 설계와 감리를 하고 모든 과정을 직접 본인이 하는데 그 과정에서 설계자는 김수근 건축연구소 말고 별도의 다른 조직을 만들어서 거기서 설계계약을 하는 형식으로 하게 되었죠.

이것은 분명히 혁명 주체세력에서 기획한 거고 특혜에 의한 방법으로 관여했기 때문에 어떻게 보면 권력자들하고 묶여서 일을 만들었다고 볼 수 있지만, 서두에 얘기했듯이 실제로 설계를 무엇을 위해서, 누구를 위해서 했느냐 하는 관점에서 이해해야하는 거지요. 혁명 주체 세력들을 위해서 한 건 아니지요. 그런 인식은 전혀 없었고, 실제로 거기로부터 그렇게 강요를 받거나 간섭 받지 않고 자유롭게 두었죠. 독창적으로 만든 거여서 주체세력에 협력을 했다는 그런 식으로 비난받을 이유는 난 없다고 생각해요. 다만 그런 용도라든지에 비해서 과다하게 자기표현이 있었다는 것은 좀. 하지만 그

36 _
아시아민족반공연맹. 한국은 1954년에 창설될 때부터 중심국가로 참여하였고, 현재 단체 사무국이 서울에 있다.

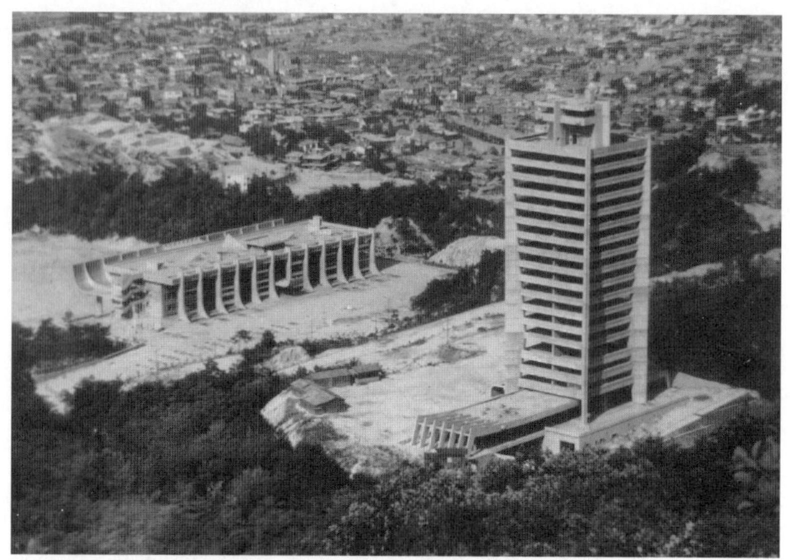



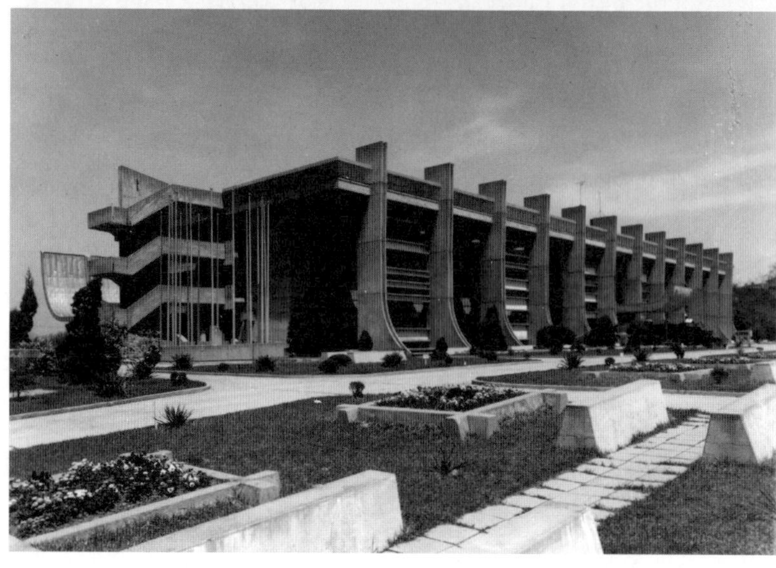

**그림6 _**
자유센터와 타워호텔.

**그림7 _**
자유센터. 김수근문화재단 제공.

당시에 이런 찬스란 것이 건축가에게 별로 없지 않았나 생각해보면. 남산이란 사이트나 이미지가요. 김 선생이 이미 30대 초반, 서른두 살이었어요. 이런 식의 에너지, 이런 것들이 아마 전개가 되었다 봐야겠지요. 일단 그런 클라이언트와의 관계에서 스스로 건축을 기획해서 만들었다는 것이 그런 평가를 받지 않았나 생각이 됩니다. 상당히 많은 스케치들을 하셨죠. 아마 잡지에 나왔던 스케치는 사실 나중에 그려진 거여서 실물에 가깝지만 초창기에 다양한 스케치가 있었고요. 남산의 흐름 속에서 뭔가 전체 사이트를 좀 제어할 수 있는, 그런 장소를 만들겠다고 생각했던 것이 지금 건물이 된 거예요. 근데 나로서는 그 당시 좀 거부감을 느꼈던 것이, 근대 건축 영향을 받아서인지 구상적인 것, 그런 식의 아날로직한 모습에 대한 이미지이랄까 이런 표현을 별로 좋아하지 않았어요. 일주문이라든지 실타래, 실 감는 그거를 형상화 시키는…

**전봉희:** 타워요?

**윤승중:** 그 출발은 그렇게 해도 좋지만 그것을 그렇다고 표현한 것은 난 좀. 본관에서 발 기둥들이 있잖아요? 발의 발톱 같은 모습인데. 발톱 모양이 우리나라 소반의 발톱 같은… 직접 스케치 해준 거거든. 스케치북에다가 굵은 펜으로 스케치했기 때문에 모양이 뚜렷하진 않고. 실제로 나는 실시설계를 하면서 많이 애먹었는데, 발이 비정형의 입체잖아요. 스케일이 엄청나게 커요. 보통 내가 드로잉을 20분의 1 축척으로 그리지만 실물을 자꾸 상상해 가면서 그리는 거잖아요. 상상하려 해도 상상이 안가는 크기인 거예요. 발의 크기가 한 3미터 쯤 되고 이렇게 서있으니까. 스케치대로 맞추어서 다 콘크리트 채울 생각을 하니까, 그 당시만 해도 전쟁이 막 끝난 세상인데. 실제로 돌아가는 게 기능적으로 구조적 기능이 있는 것도 아니고 굉장히 시각적인 거잖아요. 그래서 좀 의문은 들었지만 그래도 현장에서 형틀작업이 가능하도록 입체도로 전개도를 그려서. 커브를 작도하려니까 굉장히 복잡한 곡선은 안 되잖아요. 그래서 작업하기 좋게 하려고 죽 부분적으로 나눠가지고 전부 쌍곡선을 만들어서 커브를 만들었죠. 그 발의 실제적인 디자인은 내가 직접 한 셈이죠.

그리고 타워도 보면은 여기가 제일 넓은 부분. 요 부분에 컬럼의 크기가 얼마냐면 폭이 60센치, 깊이가 2미터 20센치인데 그거를 상상하면 엄청난 크기잖아요. 거기에 콘크리트 채워넣는다, 그렇게 생각하니까 좀 그랬는데, 또 만들어놓고 보니까 저런 스케일이 필요하더라고. 좀 부담이 됐지만. 사실 저 이미지를 완성시키는 과정에서 성공을 못했던 것은 이렇게 대각선으로 된 네 개의 기둥이 있고 그걸 이렇게 연결시키는 것은 굉장히 날씬하게, 실이 팽팽하게 당기는 것 같은 그런 긴장감을 주도록 하고 싶었는데, 실제로 구조체를 만드는 과정에서 콘크리트로 그렇게 하려니까 너무 두꺼워졌고. 요즘 같으면 철골 같은 걸 써서 그렇게 할 수 있겠죠. 그 당시만 해도 우리나라가 일본하고 다른 지진 환경이라는 것에 대해서 준비가 없었기 때문에 전부다 일본의 구조 기준으로 한 거니까 구조체가 굉장히 투박해 질 수 밖에 없었어요. 당시에 김창집 선생님이란 분이 구조설계를 하셨는데, 그 분이 끝까지 쭉 주장하셔서. 여기 보면 이 사이에 가늘게, 강하게 선이 보이죠? 네 개 대각선 사이에다가 굉장히 두꺼운 쉬어월[37]을 넣을 수밖에 없었어요. 네 기둥과 코어만 가지고는 안 된다는 거죠. 왜냐면 17층 높이라는 것은 일본에서는 상상도 못했어요. 일본은 31미터 이상은 집을 못 지을 때였으니까. 그런데 17층짜리 집을 짓는 것이어서 우리나라에서 큰 사건이었어요. 엄청난 두께의 쉬어월을 집어 넣다보니까, 공간은 크게 네 개로 나눠지지 않습니까. 굉장히 자연스럽지도 못하고. 나중에 호텔로 개조하는 데는 굉장히 힘들었을 거 같아요, 그것 때문에. 그렇게 해서 처음의 컨셉하고는 달라졌죠.



**전봉희:** 그 쉬어월이 전체를 갔습니까?

**윤승중:** (그림을 그리며) 그림 사진 잠깐 스케치하면, 기본적으로 가운데 콘크리트 코어가 있고 여기 이렇게 4개의 기둥이 가고, 여기 이렇게 복도가 생기고 이렇게 쉬어월을 만들었어요. 개념이 다르죠. 그리고 이것이 아마 22.6미터 쯤 되었을 거예요. 콘크리트들이 소위 횡력을 전달해야 하잖아요? 지진 때문에 보들 높이가 2미터 가까이 된 거죠. 굉장히 투박한 구조가 됐어요. 그렇게 집이 되었는데 그 당시 아마 17층 높이가 한국에서는 최초가 아닐까. 기록이 있을지 모르겠는데 그렇게 생각이 되어요.

**최원준:** 리노베이션을 간삼건축에서 했었던 거 같은데요, 어떤 분이 층고가 낮아서 어려움이 있었다고 그러시던데 그 당시부터 김수근 선생님이 이 낮은 층고를 써오시던 거였나요?

**윤승중:** 물론 그랬어요. 김수근 선생 뿐 아니라, 모더니즘이라는 것이 이전하고의 탈피로부터 출발했잖아요? 그래서 이전 것들을 해체하는

37_
쉬어월(shear wall): 전단벽.

과정에서 한때 씨아이에이엠(CIAM) 미팅을 통해서 미니멈 스트럭처(minimum structure), 미니멈 스페이스(minimum space), 이런 운동도 있었거든요. 자꾸 모든 규모를 줄이고, 낮추고 작게 해서, 심지어 주방 같은 건 앉아서 손이 다 닿을 정도의 크기. 1920년대에 이런 연구들이 한창 진행이 됐었죠. 그런 것들이 연장선 상에 있어서 실제로 코르뷔지에의 마르세이유 아파트를 보면, 천정고가 2미터 26센티인가 그렇습니다. 폭도 최소 단위로 자기 모듈을 써서 했잖아요? 그 당시의 경향이었어요. 모든 것이, 에어컨이라던지 그런 걸 볼 때 볼륨을 줄이고. 그렇게 대개 1960년대, 1970년대 까지는 모든 것을 작게 만들고, 줄이고, 최소한으로 만들고, 그렇게 하는 것이 트렌드였다고 봐요. 어떤 분은 김수근 선생님이 요시무라 준조의 영향을 받은 것이다 하는데 난 전혀 그렇지 않은 것 같아요. 그것보다 오히려 전 세계적인 근대건축에서의 출발이 그렇게 시작이 되었고 전후에 어려운 시기에 경제적인 여건 속에서 오히려 그렇게 된 것이지. 사실은 나도 그런 것에 주력을 했어요. 실제로 집을 지으면서도 쉬어월에 구멍을 뚫어서 에어컨을 보내기도 하고, 그런 식으로 해서 최소화 하려고 애를 썼었죠. 지난 다음에 생각해보니 나중에 장래를 생각하면 불편하겠단 생각은 해요. 이런 것의 극치가 나중에 원도시에서 설계한 〈한일은행 본점〉이 굉장히 큰집이었고 21층 높이 집이었잖아요? 그 당시는 꽤 굉장히 높은 집이었는데 다른 이유가 있었어요. 사선 제한 때문에 층수를 늘리려니까, 한 층의 높이가 보통 4미터 정도 되어야 하거든요? 근데 그걸 3미터 60으로 해서 21층을 만들 수 있었죠. 이 경우 좀 특수한 구조 시스템을 만들어서 가운데 중복도 부분에서 보를 없애고 에어컨 닥트를 집어넣고 해서. 마치 자동차 본넷을 열면 아주 치밀하게 기계가 들어가 있잖아요. 그것처럼 만든 거예요. 나중에 리노베이션 하려면 불편하겠죠. 그때는 다른 이유가 있어 그랬지만은. 나중에 보니까 롯데에서 그걸 사서 리노베이션을 하면서는 두층을 터서 한 층으로 만들었다고 그러더라고요. 그 때는 층을 좀 줄이는 게 유행을 했고 이 경우는 아마 그랬을 거예요.

**최원준:** 〈국제회의장〉은 안 지어졌는데 위치가 어디예요?

**윤승중:** 〈국제회의장〉은 현재 마당 있잖아요? 현재 자동차 영화관으로 쓰는… 마당의 배치가 (그림을 그리며) 이렇게 들어가면 본관이 이렇게 있고 여기쯤 약간 이렇게 편심을 해서. 이것이 정형이 아니고 이렇고. 뒤로 이렇게 올라가서 타워호텔 있고. 이것은 작게 되어 있죠. 가운데 마당이 있었으니까. 여기가 자동차 들어가는 마당이고. 이쪽엔 소위 심볼릭한 플라자가 있고, 여기 앞에 〈국제 회의장〉이 있었어요. 그때는 본관의 건설이 이미 시작되어서 김 선생이

너무 바쁘셔서 이건 주로 내가 계획을 맡아 했는데.. 축에서 옆으로 비켜나서 회의장이 있고, 여기다 콩코스 만들고. 저 집이 어떻게 보면 지어졌다면 괜찮은 집이었을 거 같은데 좀 아깝다는 생각이 듭니다. 구조를 아까 얘기했던 정경 씨란 분하고 같이 만들었는데 어떤 생각으로 했냐면, 〈국제 회의장〉을 한 층 들어올려서 거기다가 메인 레벨을 만들고 1층은 세미나실을 만들면서 거기다가 1층과 2층 천정을 콘크리트 격자 구조가 되는 그런 식의 그리드 판을 만들고, 그것을 이레귤러(irregular)한 방법으로 기둥을 받쳐서 그 위에다 다시 또 집을 짓는다. 그 생각은 사실 르코르뷔지에의 마르세이유 아파트 보면 밑에 피어로 하고 그 위에 인공토지를 만들고 다시 또 집을 자유롭게 지었거든요. 그런데 그런 식으로 구상해서 정경 씨하고 같이 설계를 완성했는데 기둥을 불규칙하게 세워도 되나 이런 식의 토론을 많이 했죠. 지금 보듯이 남아있는 게 하나도 없어서.



**최원준:** 사진이나 모형으로도 못 본거 같아요.

**윤승중:** 이럴 줄 알았으면 잘 보관할걸. 그 집은 실시설계까지 다 되었었거든요. 그것도 상당히 정교하게 그 안에 에어컨 덕트 보내고 그랬었고요, 그러니까 그 당시 내가 했던 작업이 상당히 어렵게 되어서 설비나 구조 쪽의 서브 컨트렉터(sub contracter)[38]들이 다 불가능하다고 그래요. 그러면 내가 이렇게 모셔놓고서 내가 해결해주면 아, 될 수도 있겠다 해가지고 해결했던 것도 많이 있었는데, 그런 식으로 굉장히 어렵게… 괜히 어렵게 한 거죠. 나는 이상하게 모든 것들이 컴팩트하게 유기적으로 해결이 되어야 한다고 생각을 해서.

**우동선:** 그런 어려운 것을 푸는 걸 좋아하셨나 봐요.

**윤승중:** 좀 그런 생각을 했던 거 같아요. 그런 식으로 설계를 했죠. 지금은 남아있지 않지만 그냥 두는 곳이 하나도 없었어요. 천정도 뚫어서 조명을 넣고, 이런 식으로 겉의 이미지만 생각하지만 그 집을 보면 바닥의 패턴이라든지 이런 것들까지 굉장히 성의 있게 했던.

**전봉희:** 지금 이 본관건물은 뭘로 쓰고 있죠?

**우동선:** 예식장.

**전봉희:** 완전히 민간으로?

**윤승중:** 보존되어 있다고 보긴 어렵습니다. 아주 우습게 만들었어요. 예식장들이. 실제로 콘크리트 구조체만 남아있는 셈인데 지금 저렇게 사용하고 있는 것은 아까운 것 같아요. 그럴 바엔 헐어버리는 게 나은 거

같아요. 오히려 보존하려면 예식장을 아예 따로 짓고, 그 쪽은 다른 용도로 해서 원형을 살리고… 실제로 부분적으로 실내를 리노베이션하는 것은 괜찮지만, 지금처럼 겉에다가 뭐 덕지덕지 붙여가지고 막아서 쓰는 것은 굉장히 불쾌해요.

**전봉희:** 정부 거예요? 아니면 '자유총연맹' 거예요?

**윤승중:** 모르겠어요.

**전봉희:** 저희도 저기서 외국 나가기 전에 반공교육 받았는데.

**윤승중:** 여권 받으러.

**최원준:** 〈국제회의장〉을 기본 도면이라도 다시 기억으로 재구성 하실 수 있을까요?

**윤승중:** 그럼 좋겠는데 생각이 잘 안나요. 재밌게 계획을 했었는데. 그때 텍스트가 되었던 것들이 찬디가르였었어요. 물론 가서 보진 못했지만 거기 보면 정부종합청사가 있었고 대법원이 있었고 국회가 있었거든요? 그런 것들이 일단, 거기서 따온 건 전혀 아니었고 다만 좋은 참조가 되었던 거 같아요. 그 당시에 코르뷔지에가 한 것 중에서 인공적으로 지붕 같은 걸 만들어서 공간을 한정시켜서 그 안에 다시 집을 짓고, 이런 식의 생각들에 그것들이 어느 정도 힌트가 되지 않았을까 생각이 듭니다.

**최원준:** 원래 해피홀은 마스터플랜에 없었던.

**윤승중:** 아, 해피홀은 그것이 나중에 1966년쯤인가 제헌회관이라는 것을 국회에서 지으려고 했는데. 그때 사이트가 어딘지 생각이 안 나는데, 제헌회관이라는 것을 김수근 선생님께 의뢰했어요. 유걸 씨가 주로 담당을 하고 내가 도와서. 크고 작은 십자 구조를 여러 개 세워서 구조 벽들 사이에 공간들이 생기잖아요. 그렇게 중심을 가지고 있는 공간을 만들면서 계획을 했었는데 그것이 지어지진 않았거든요. 나중에 타워호텔에서 또 다시 해피홀을 의뢰했을 때, 그때 홍순인[39]이라는 분이 있었는데 홍순인 씨가

**38_**
서브 컨트렉터(sub contracter): 하도급업자. 실제로는 건축 이외의 구조 설계자, 설비 설계자 등을 지칭한다.

**39_**
홍순인(洪淳仁, 1943-1982): 1965년 홍익대학교 건축과 졸업, 김수근건축연구소를 거쳐 1974년 대우건축연구소를 설립한다.

담당해서 그 아이디어와 비슷하게 안을 만든 거죠. 그래서 사실은 그것은 처음에 유걸 씨가 주관해서 만들었던 〈제헌회관〉의 아이디어를 썼지만 그대로 쓴 것은 아니고요. 원래 했을 때는 콘크리트 월이었거든요? 근데 나중 것은 훨씬 더 슬림하게, 느낌이 좀 다르게 되어 있어요. 그 아이디어 써서 만든 거죠. 그러니까 그건 김수근의 공간에서 했는데, 처음에 했던 건 아니었어요. 뒤에 몇 가지 부속 건물이 좀 있는 거 같더라고요. 처음에는 17층 타워하고 앞에 이게 메인 로비고, 요 앞에 식당이고, 반대편에 이쪽에 메인 엔트런스 홀이 있고. 저것이 처음에 호텔이 아니라 기숙사였기 때문에 그런 부속시설이 별로 없었고, 식당하고 커피숍 이런 정도 밖에 없었던 거지요

**최원준:** 시대에 따라서 건축가들이 항상 고려하는 게 다른데요, 요즘 에콜로지(ecology)에 많이 관심을 갖고 문화재 보호도 하고 그러는데, 여기 위치가 서울 성벽이 내려오는 거기와도 맞닿아 있는데 그런 것도 혹시 고려가 되었나요?

**윤승중:** 요즘 많이 논란이 되는 거 같더라고요. 김수근 선생님이 요즘 비난 받는 것 중에 하나가 자유센터라는 것 자체가 권력에 붙어 괴상한 건물을 만들어 낸거고 성벽의 돌을 갖다 썼다고 그렇게 얘기한 분이 있어요. 그런데 그 과정을 보면 건물은 아까 얘기했던 그런 식의 명분이 있었고 실제로 그것을 김수근 선생이 무엇을 위해서 했는가를 생각하면 그런 비난이 없어질 거 같은데. 근데 성벽에 관한 건 이렇습니다. 일제시대 때 일본사람들이 자기들 도시계획을 하면서 성벽을 상당부분 헐어냈어요. 남산 쪽으로 지나가는 것을 거의 다 헐어내서 지금 있는 일부는 나중에 복원한 것이고. 아마 성북동 쪽에만 좀 남아있었고 나머진 거의 다 허물었거든요. 그것은 일본사람들이 서울을 경성으로 바꾸면서. 한양 때 인구가 얼마나 되는지 아세요?

**전봉희:** 대개 20만 보죠.

**윤승중:** 30만, 40만으로 늘어나면서 자꾸 성 밖으로 퍼져 나가다 보니까 성 안과 성 밖이라는 개념이 현대도시에선 성립이 안 되잖아요? 옛날에 제후 시대에는 보통 성이라는 것이 있었지만. 일본 사람들은 어떻게 하면 조선 왕조의 건축을 없앨까 해서 상당 부분 성은 허물었던 거죠. 성문만 남겨놓고 다 헐었던 거지요. 남산을 지나서 장충동 고개를 지나서 동소문, 광희문(光熙門)까지 연결되는 성이 있었는데, 그 사이를 다 헐어가지고 거기다 장충단이라는… 장춘단은 일본 무슨?

**전봉희:** 장충단 자체는 우리 고종 때.

**윤승중:** 그런가요? 장충단이라는 것이 장충공원이라 그러는데 돌들이 흙에 묻혀가지고 경사지로 되고 거기에 소나무 솔밭이 있었어요. 우리가 초등학교 피크닉 가면 소나무에서 송충이 잡고 이랬던 장소거든요. 그때는 성벽이라는 것이 별로 눈에 띄지 않았던 거 같아요. 사실 잊혀져 있다가, 물론 역사적으로 아는 분은 있었겠죠. 그 자리에 자유센터 짓기로 해서 공사를 시작하니까 돌들이 막 나오는데 이것이 보통 돌이 아니었다는 거죠. 그 당시만 해도 이것이 다시 성벽으로 복원할 수 있을 것이다라고 당장 생각한 건 아니었고, 김수근 선생이 아이디어를 낸 것이 이렇게 하면 어떨까 한 게 그것을 그 자리에 보관을 해두자, 어차피 높이 차이가 있기 때문에 옹벽을 쌓아야 되는데 그런 돌들이 많이 나왔기 때문에 그걸 쓰게 되면 옹벽으로 쓸 수 있으니까, 그것이 보관이 될 것이다 그랬죠. 언젠가 다르게 쓰일 수 있기 때문에 내가 보관해준다, 그런 개념으로 성벽 돌을 썼어요. 근데 그것이 굉장히 자연스럽게 보여서 명물이 되었죠. 나온 곳 부근에 발굴된 돌들을 꽤 성의 있게 취급을 하였다고 보는데 요즘 와서 보면 성벽을 헐어다가 석축으로 썼다, 이렇게 표현이 되더라고요. 그 당시 김수근 선생님께서 역사적 가치가 있기 때문에 성벽을 복원하자든가 이런 식의 제안을 했었는지는 모르지만, 보관해 둔다라는 개념으로 두신 건 확실합니다. 나한테 그런 얘기를 하셨고. 실제로 그렇게 쓰였고 지금도 잘 보관이 되어 있고. 그래서 지금이라도 실제로 성벽을 복원할 생각이 있으면 그걸 갖다 쓸 수 있을 만큼 잘 유지가 되어 있을 거예요. 그렇지 않았으면 사라졌을 수도 있지요. 어떻게 보면 변명일 수 있는데, 보관 해뒀다, 이렇게 이해했으면 좋겠습니다. 대답이 되었나요?

**최원준:** 예. 예전에 우연히 봤는데요, 예전 영화감독 중에 이만희 감독 혹시 아시나요? 〈돌아오지 않는 해병〉, 〈만추〉. 64년도 영화에 중에 〈검은 머리〉라고 있는데 영화의 시작과 끝이 공사 당시의 자유센터에서 촬영이 됐어요. 굉장히 독특하다고 생각을 했었어요.

**우동선:** 제목이 뭐라고요?

**최원준:** 〈검은 머리〉 라고.

**윤승중:** 기억나는 장면 있어요?

**최원준:** 초반부에 가장 비장미 넘치는 장면들인데요, 마침 완공된 상태가 아닌 공사 중인 상태에서 중앙에 큰 계단이 있는 부분들이 많이 등장 하는데요, 당시는 찍으면서 건축가의 허가를 받는 상황은 아니었는지.

**윤승중:** 그랬겠죠. 지금 볼 때 반공연맹이라는 것만 가지고 그렇게 집이 요란할 필요는 없었을 수도 있어요. 근데 아마 김수근 선생은 이런 생각을 했을 거 같아요. 이것도 주어진 기회이고 또 자유롭게 할 수 있었기 때문에 뭔가 굉장한 걸 만들고 싶다는 의지가 있었고. 그걸 기회로 이렇게 만들어 두면 어떤가, 나중에 의미 있는 일이 되지 않을까, 생각을 하셨는데. 사실 그 때하고 지금은 너무 다른 상황이지 않습니까? 잘 알려진 근대건축의 마스터피스들도 요즘의 관점에서 보면 상당히 비판적이 될 수도 있는데 현장에 가서 실물을 자세히 관찰하면 그것들이 다 굉장한 노력과 의지들이 있었고, 그런 식의 컨트리뷰션(contribution)이 있었다는 것을 우리가 존중해야 할 것 같아요. 그런 컨트리뷰션에 대해선 우리가 존중할 필요가 있겠다, 그런 생각이 듭니다. 시간이 지나면 어떻게 될지 모르지만, 열심히 이야기하는 이유가, 그 당시 상황에 대해서 정리해줄 수 있으면 좋겠다는 생각이 들어서 그렇습니다.



**전봉희:** 예, 다음 건물은.

**최원준:** 아, 그리고 이게 OF 가 오피스일거 같은데 P가 퍼블릭 퍼실리티(public facility) 같고요, 분류가 P 가 아니고 OF가 되는 것은 왜?

**전봉희:** 그러네요.

**윤승중:** 이것은 퍼블릭 퍼실리티라기 보다는 본관 중심이니까. 국책 사업으로 한 것은 자유센터까지 하고..

**전봉희:** 워커힐과 자유센터. 이런 작업 하는 것이 개인적 작업하시는 거 보다 쉬우신 가요? 차이가 있다면?

**윤승중:** 아무래도 좀 특수한 입장이기 때문에. 건축주하고의 신뢰랄지, 이런 것들 때문에 오히려 통과시키고, 실현시키고 이런 과정이 쉬웠던 거 같아요.

**전봉희:** 그 두 개의 국책사업이 더 쉬웠던 것 같다…

**윤승중:** 그때는 그랬어요.

**전봉희:** 설계비는 어떻습니까?

**윤승중:** 설계비에 대해서는 직접 관여를 안 했기 때문에. 따로 스탭이 있었어요.

**전봉희:** 아, 재무비서가 있었군요.

**윤승중:** 그것은 내가 직접 하진 않았어요. 나중에는 직접 계약도 하고 그래서

어느 정도 알지만은 그것은 옛날이기 때문에 숫자가 잘 기억이 안 나는데. 자유센터 같은 것들은 꽤 설계비를 받지 않았을까 생각이 듭니다. 워커힐은 전혀 모르겠어요. 여섯 분 빼고 나머지 분들은 다 무료봉사였기 때문에. 건축가들은 어떤 대접이었을까, 찬스 만들어주니 얼마나 감지덕지하냐, 이런 생각을 했을 수도 있는데 잘 모르겠어요. 잠깐, 화장실을 좀…

**전봉희:** 예. 다섯 시 반이나 되었네?

**우동선:** 〈부여박물관〉 얘기하면 더 길어지겠죠?

**전봉희:** 그렇겠죠?

**최원준:** 〈오양빌딩〉하고.

**전봉희:** 〈부여박물관〉이 몇 년이죠?

**윤승중:** 1965년인가 설계를 했고, 그것이 지어진 것이 1967년쯤.

**전봉희:** 여기에 안 실려 있어서 일부러 빼신 거예요?

**윤승중:** 없어요? 그건 아닐 텐데. 아마

**전봉희:** 설계만 끝나고 안 지어져서 여기 못 실린 거군요. 그러네요. 선생님, 시간이 너무 되어가지고요, 어디에서 끊으면 좋을까요?

**윤승중:** 오늘?

**전봉희:** 예, 오늘.

**윤승중:** 〈오양빌딩〉이라든가 몇 가지 유사한 게 있어요. 그전에 〈부여박물관〉이 있고. 그러고 음, 또 한 가지 〈시립도서관〉 그 정도?

**윤승중:** 아, 그리고 한국관이 있구나. 1965년.

**우동선:** 1963년까지 가야 할 것 같은데요.

**윤승중:** 괜찮아요? 약속은 오늘까지 60년대까지가 아니라 원도시까지.. (웃음)

**윤승중:** 〈시립도서관〉 컴페가 있었는데, 그것은 혁명 주체세력들이 5.16 혁명 직후에 하게 되는데, 당시 시립도서관이 소공동 조선호텔 건너편에 약간 언덕 위에 있었거든요. 그거를 남산에다, 년도가 몇 년 도로 나와 있지요?

**우동선:** 63년도요.

**윤승중:** 나중에 할까?

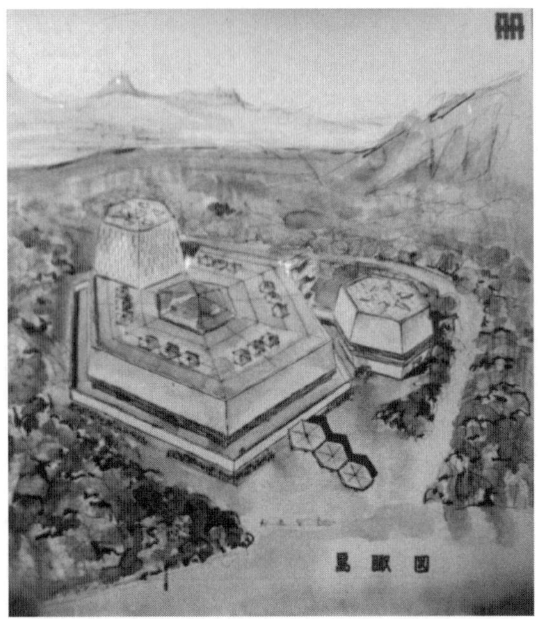


SEOUL MUNICIPAL LIBRARY

FRONT ELEVATION S. 1:200

REAR ELEVATION S. 1:200

LEFT SIDE ELEVATION S. 1:200

SECTION S. 1:200

RIGHT SIDE ELEVATION S. 1:200

**그림8 _**
서울시립도서관 제2안(김수근 스케치).

**그림9 _**
서울시립도서관 가작(윤승중).

**전봉희:** 아, 아닙니다. 관계없습니다.

**윤승중:** 컴페를 했는데 사실은 김수근 연구소에서 했지만은 내가 맡아가지고 진행을 했는데. 김수근 선생님이 그 안을 보시고서 맘에 안 든다고 안을 또 하나 따로 만들었어요. 여기 나와 있는 안은 내가 만든 거였는데, 그때 난 어떤 생각을 했냐면 대학교 4학년 때 전시회 작품이 공과대학 도서관이었거든요. 도서관이란 프로그램에 흥미가 있어서 도서관을 한다니까 너무 좋아서 스터디를 시작했죠. 제일 먼저 한 일이 도서관, 그 당시 이화대학교에 도서관학과라는 것이 처음 생겼어요. 미국에서 도서관학을 전공한 학과장, 여자분이었는데, 그 얘길 듣고서 도서관 학과장을 찾아갔었죠. 얘기를 했더니 그 양반 얘기가 시립도서관이라고 하면 시장 가다가도 들리고 그냥 지나가다도 들릴 수 있도록 보통 시청 근처에 있다든지 다운타운에 있어야 하는데 남산에다가 시립도서관을 짓는다는 것은 말도 안 된다는 것이 의견이었어요. 내 의견도 그랬거든. 왜냐면 도서관이란 게 가기가 어렵고 일부러 가야하는 곳이어서는 특별히 공부하는 사람들은 모르지만 대부분의 사람들은 안 그러지요. 요즘도 그렇지만 그 당시도 도서관이라는 것은 책을 보기보단 공부방으로 쓰는 경우가 많았던 거지요. 아마 그런 관점에서 남산에다 짓겠다고 그랬던 거 같은데, 그런 생각이 하나 있었고.

또 그 교수가 말한 것이 뭐냐면 보통 국립도서관을 보면 열람실이 있고 책을 볼 사람은 목록을 찾아서 주문하면 갖다 주고 하는 좁은 창구가 하나 있고 그랬었는데, 도서관 역할은 그게 아니라 라이브러리안(librarian)이라는 역할을 통해서 그 사람의 연구라든지 어떤 책을 볼 지 지도해주고 그런 기능이 있어야 한다는 거죠. 그 분은 라이브러리안 공부를 했기 때문에, 라이브러리안은 주로 마스터[40]가 있는데 다른 마스터를 두 개를 해야 한다고 해요. 전공분야가 건축이면 건축. 라이브러리안 하는 사람은 어떤 사람이 어떤 공부를 하고 싶을 때 그 사람을 전문적으로 도와줘서 이런 책들을 보고 이렇게 알려줄 수 있는 그런 전문가들이 분야별로 공공 도서관에 쫙 있어야 한다고, 그런 것이 도서관의 역할인데 지금은 아니더라도 장차 그렇게 되어야 할 것이라고 했어요. 꽤 근사했어요. 그렇게 해서 만들었던 제 안에는 열람실이 있고 서고가 이렇게 있고 그것을 나란히 놓고는 그 사이에다가 소위

**40_**
master: 석사학위 취득자를 지칭한다.

라이브러리안 데스크를 쭉 둬서, 패러럴 시스템(parallel system)이라 그러는데, 책과 열람데스크, 그 사이에 이어주는 라이브러리안, 그런 시스템을 만들어 놓고 거기다가 그냥 쉘을 씌운 거죠. 그래서 집 모양은 재미가 없었지만 그런 의미의 안을 만들어서 제출했어요. 제 설명서에 남산에다가 도서관을 짓는 것은 말도 안 된다,(웃음) 고 첫마디를 딱 시작해서, 부당함을 열심히 썼으니까 당선될 리가 없겠지요. 김수근 선생님이 그 안을 보시고 그 양반 생각하는 것보다 너무 개념만 있고 디자인나이즈 하지 않아서 사실 며칠 남겨놓고 프리핸드 스케치에다가 육각형으로 된 안을 또 하나 만들었는데. 그때 난 오히려 그 안에 대해서 찬성 할 수 없었던 것이 전혀 다른 방법으로 그냥 필요한 방들만 만드시는 방법이었기 때문에, 결국 안을 두 개를 냈거든요. 근데 김수근 선생님의 안은 프리핸드로 막 스케치했기 때문에 너무 성의 없다고 해서 초반에 탈락하고, 내가 만든 안은 끝까지 가서 2등을 했어요. 1등이 누구였냐 하면 한양대 이해성 교수였는데, 이건 조금 비하인드 스토리입니다만 당시 발주자가 서울시의 건설 국장, 현역 군인이었어요. 그분하고 고등학교 동창인가 동기로 친하신 분이더라고요. 그것을 어떻게 알았냐하면 오늘 안을 제출했으면 그 다음날 아침에 발표가 나고, 오후에 시상을 했어요. 결과가 빨리 나와 좋긴 한데 시상식에 갔더니 두 분께서 뒤에서 하시는 말이 방은 구했냐. 아, 이건 뭔가 벌써 이미 정해져 있었구나 했죠. 뭐였는지는 모르죠. 그 당시에 이해성 선생님 안도 괜찮았어요. 그 시스템 자체는 내가 생각했던 것과 달랐지만. 고전 방식의 생각이었어요. 여러 개의 열람실이 있고 형태 자체는 상당히 좀 재미있었던 거 같아요.



**전봉희:** 그게 지금 남산에?

**윤승중:** 예, 괜찮았던 거 같은데, 당시 이해성 선생님이 한양대학교의 황태자였거든요. 서울대학교에서는 이광노 교수님이 황태자셨고. 이해성 교수가 연배가 한두 살 위지? 실제로 학교에만 죽 계시고 작품은 많이 못하셨죠. 그런데 시립도서관 디자인 자체는 괜찮았던 거 같아요. 하지만 내가 보기에는 도서관으로서 새로운 제안이 있었던 건 아니어서 상당히 불만이 있었죠. 나는 건축이라는 건 자꾸 새로운 것을 실험하고 지향해야 한다고 생각을 했기 때문에 상당히 불만이 있었지만. 그렇습니다. 이것도 아직까지 한 번도 소개가 된 적이 없었죠.

**전봉희:** 예.

**최원준:** 실제 이런 건물들의 평면이나 기록들이 있나요?

**윤승중:** 김수근 작품집에 혹시라도 있을까요?

**전봉희:** 이 건물(우석대학병원 정문)은 어떤가요, 저는 이 건물 기억이 나는 거 같은데, 지금 있나요?

**윤승중:** 헐렸어요. 그건 혜화동 네거리 가면은 옛날에 우석대학. 지금은 다 헐리고 아파트가 됐는데.

**전봉희:** 아, 그렇죠, 그 아파트가 있는 자리죠.

**윤승중:** 그 뒤에, 옛날에 수도여자의과대학 부속병원이었는데 나중에 우석대학병원이 되었다가.

**전봉희:** 고려대 병원이 되었죠.

**윤승중:** 고려대가 인수해서 고대부속병원이 되었죠. 그 초입에 처음에 게이트가, 대문이 있었는데 건물이 부족하니까, 위에는 이런 식으로 병실과 병원의 관리본부가 있고 아래는 대문이 되는 게이트 빌딩으로 설계 부탁을 받았어요. 저런 개념의 집이 그 당시에 별로 없었죠. 게이트에다가, 요즘은 홍익대학이 그렇게 했죠?



**전봉희:** 그렇죠.

**윤승중:** 지상에 게이트를 만들고, 그 위로 오피스와 병실이 있고. 그렇게 설계했는데 이집하고 연결되는 게 그 전에 했던 〈오양빌딩〉이라고 있어요.

**전봉희:** 예, 외환은행 앞에.

**윤승중:** 명동의 〈오양빌딩〉은 김수근 선생이 경기 중학교 출신이니까 그 동창되시는 분 아버지의 회사 사옥으로 지어진 건데, 별로 규모가 크지 않지만 꽤 열심히 디자인이 된 집이죠. 근데 두 집을 보면 디자인이 유사하잖아요? 거의 비슷한 시기에 했고. 두 가지가 공통되는 것이, 그 당시 김수근 선생이 홍익대학 교수 중에 정규[41]라는 분, 세라믹 아티스트였는데 그분하고 굉장히 친했어요. 김 선생이 당시 홍익대학 교수로 계셨기 때문에 홍대

41_
정규(鄭圭, 1922-1971): 서양화가 및 도예가.
일본제국미술학교 졸업 후 미국에서 연구 활동을 하였으며, 1954년 이래 이화여대, 홍익대 교수를 역임했다.

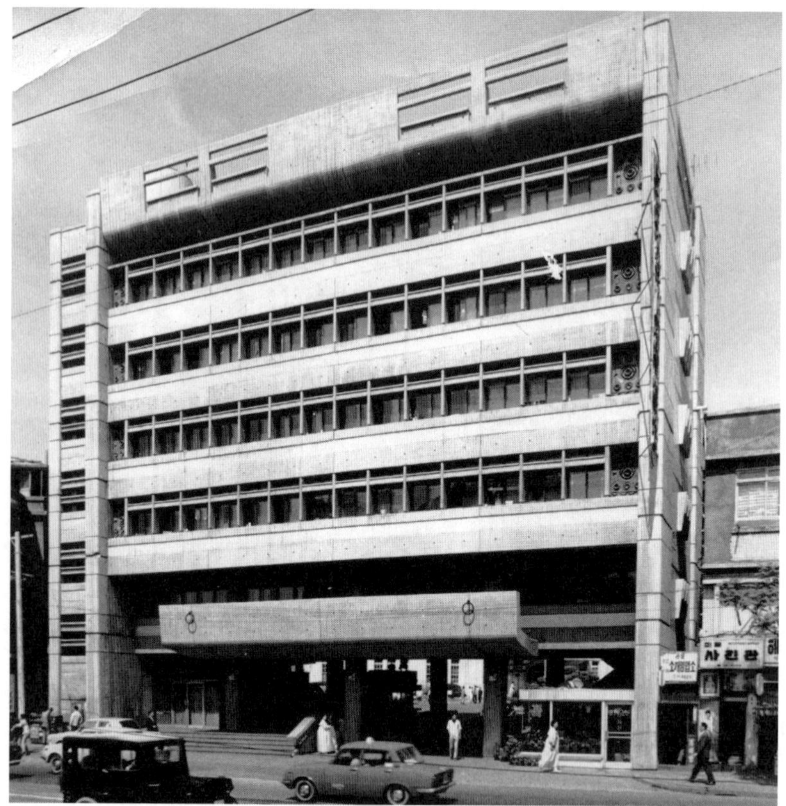




**그림10 _**
우석대학교 병원. 김수근문화재단 제공.

출신 화가들도, 또 미술 교수들도 전부다 굉장히 친하게 지내셨는데, 특히 정규 씨라는 분과 친해서 그 분하고 작업을 꽤 많이 했다고. 세라믹 조각이 어떻게 보면 상당히 건축적이잖아요, 디자인이. 왜냐하면 조각가들은 그렇게 안하거든요. 상당히 그래픽하게 하는데, 김수근 선생이 스케치로 구상해서 주고 그걸 정규 씨가 도자기로 바꿔서. 항아리 식으로. 이것이 김수근 선생님 표현으로는 저것이 태양이 식어서 된 뭐다 라는 식으로 표현해서 저 집에 하나의 심볼이 된 거죠. 근데 다행히도 지금까지 남아 있는 거 같아요. 거의 변형이 없이. 아마 겉에 페인트 칠만 다시 한 것 같아요. 노출 콘크리트인데 더러워지니까 페인트칠을 하고 내부는 아마 개조 되었겠죠. 저것도 층고가 얕기 때문에 나중에 개조가 되었을 지도 모르겠어요.

아까 얘기했던 〈우석대학 병원 게이트 빌딩〉. 게이트로 들어가는 벽면에 세라믹 조각을 해서 도시에 대해서 뭔가 컨트리뷰트하는 그런 의미로 쓰인 거지. 앞의 〈오양빌딩〉도 그렇고 건축주가 돈을 내서 도시에다 기여한다, 그때까지만 해도 건축비에서 1퍼센트를 예술작품에 투자한다 하는 제도가 없을 때였기 때문에 건축에서 미술 투자를 해서 시민하게 봉사한다라는 식의 개념이 처음 시작 되었다고 보여집니다. 투자는 다 건축주가 하지 않았겠어요? 나중에 한참 지난 다음에 건축 공사비의 1퍼센트를 미술품에 투자하도록 법이 만들어졌죠. 근데 그렇게 해놓고 나니까 좀 문제인게 미술품들이 그냥 하나씩 갖다가 혹을 붙여놓은 것 같은 것들도 꽤 많고 실제로 건축과 관련을 갖고 한 것이 크게 드물게 되었습니다. 잘못 운영되고 있지 않은가 보고. 이 두 집이 그런 의미에서는 건축가가 스스로 찬스를 만들고 그렇게 봉사했다 하는데 의미가 있다고 생각이 되고.

또 콘크리트 익스포즈드를 통해서 정교하게 디테일을 만들고 거리의 오브제로 만들었다는 점에서 의미가 있다고 생각이 됩니다. 저것이 아마 1960년대 콘크리트 건축 표현의 한 전형적인 방법이 아니었을까 생각이 들어요. 저때만 해도 우리나라의 건축 기술, 재료 중에서 유리가 상당히 취약할 때였어요. 1960년대 쯤 되면 일본만 해도 엄청나고 크고 좋은, 글레이즈드 그라스(glazed glass) 그런 것들이 잘 활용이 되었었는데 내가 1969년인가 처음 일본, 도쿄에 가서 가장 크게 받은 인상이 '아, 유리가 참 좋구나'. 엄청나게 큰 유리들이 그냥 여기저기 스킨으로도 쓰이고 있었거든요. 우리는 그때 겨우 한국유리 이런 데에서 3mm, 5mm 이런 유리를 만들 때였기 때문에. 섀시가 스틸 섀시로 되어서 페인트칠하고. 스킨을 표현할 수 있는 소재가 참 드물었거든요. 이것은 콘크리트가 주재료가 되어서 그 사이에

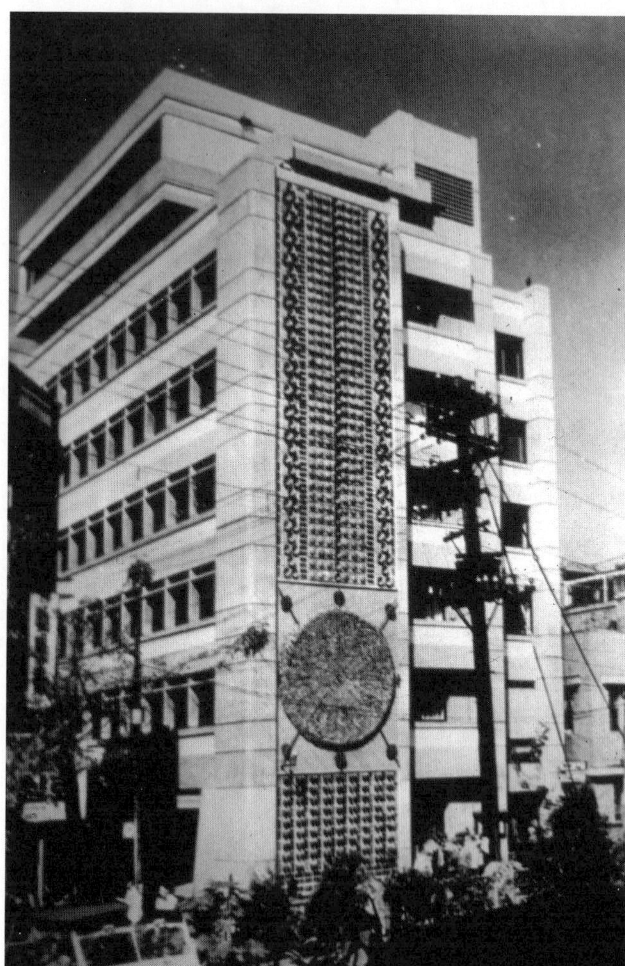



**그림11 _**

오양빌딩. 김수근문화재단 제공.

유리창을 끼운다 하는 개념이잖아요. 요즘과는 전혀 다르죠. 그런데 이 집이 아깝게도 하우징에 밀려가지고 몽땅, 어느 날 가보니까 갑자기 사라졌어요.

**전봉희:** 이 길이 그러니까 성대 앞을 지나는, 명륜동, 창경원에서 넘어가는…

**윤승중:** 아니지요, 로타리.

**전봉희:** 아, 바로 로타리이던가요? 아, 로타리 면해서. 혜화 로타리.

**우동선:** 권문성 씨 〈짚풀박물관〉 옆에..

**윤승중:** 본 적이 있나요?

**우동선:** 어렸을 때 버스타고 지나가며 봤던 기억이 나요.

**전봉희:** 이렇게 이 뒤로 버스가 들어갔었던 것 같아요. 그게 신기해가지고. 집 속으로 버스가 이렇게..

**윤승중:** 게이트였으니까. 병원차가 다니니까.

**최원준:** 고가가 있기 전인가요 후인가요?

**우동선:** 고가가 있을, 고가가 이렇게 나요.

**윤승중:** 위치가 어디냐면 (그림을 그리며) 혜화동이 이렇게 있고, 이렇게 성북동 쪽으로 들어가는 길이 있고, 동숭동 길이 있고 이렇게 되었거든요? 요 코너였어요. 그 집이 여기 있어요.

**전봉희:** 그러니까 여기군요. 성대에 올라가다보면.

**우동선:** 빵집 있고.

**윤승중:** 기억하네.

**최원준:** 중국집도 있지 않았나요?

**윤승중:** 전복대도 있고. (웃음) 자, 이제 이렇게 보니까 재밌는 민간 프로젝트가 몇 개 있었거든요. 주택 중에서, 〈우사장 댁〉이라는 집인데 혜화동에서 성북동 가는 길 있잖아요. 고 사이에 또 길이 하나 더 있어요. 지금도 있는지 모르겠어요. 약간 캐슬같은.

우대규 댁

**전봉희:** 원통인가요?

**윤승중:** 벽돌로 이렇게 원통으로 해서 그 사이에다가 콘크리트를 채워 넣어서 완전 캐슬을 만들었죠. 저걸 어떻게 해석해야 할지, 김수근 선생이

만든 몇 가지 전혀 다른 것 중의 하나인데, 나중에 저런 유사한 모티브가 많이 나왔어요. 1970년대 이후에 전벽돌 같은 것을 써서 이후 것들이 이런 모티브에서 나왔었는데. 이것이 그거의 시작으로 볼 수도 있어요. 사실은 겉에만 그런 게 아니라 내부도 들어가면 이렇게 그,

**전봉희:** 여기도 벽이 돌아가는 모양이네요?

**윤승중:** 커브를 따라 유리가 있고 상당히 모양이 재미있어요. 김수근 선생의 자유분방한 생각, 이런 것들이 들어가 있다 볼 수 있죠. 이거는 내가 직접 서포팅한 게 아니라 공일곤 씨가 담당해서 나는 관여를 거의 안 했을 거예요. 공일곤 씨가 상당히 좋아했어요, 이 프로젝트를. 이 집은 아직도 있는 거 같애. 누가 개조를 하려고 어떻게 했으면 좋은지 물어봤던 거 같아요.



**전봉희:** 이건 북창동인데요? 시내 한 복판에.

**윤승중:** 〈북창동 사우나탕〉이거든. 요즘은 찜질방. 그때만 해도 사우나탕이라는 거는 고급이었어요. 밑에 사우나가 있는 남녀 목욕탕 두 개가 있고 위에 휴게실들이 있고, 그런 식의 엔터테인 할 수 있는 방들이 있는 집이었거든요. 사무실에 있는데 목욕탕 설계한다고 이걸 가져오셨어요. 굉장히 멋있는 작품들을 할 때였기 때문에 목욕탕을 설계한다는 게 상상하기 어려울 때였는데, 시작을 했죠. 목욕탕에 가끔 가긴 했지만 목욕탕에 대해서 여러 가지 디멘전(dimension)이라든지 그런 자료가 거의 없었어요. 그 때부터 리서치를 했는데 거기서 재밌는 사실을 하나 안 것이 남자들은 평균 목욕 시간이 25분이고, 여자는 55분이다. 남자들은 거의 맨몸으로 가고 여자들은 다 한바구니 가지고 간다 그런 식으로 약간 자료들을 모아보고. 사실 설계할 때 내부 공간 배분에 대한 자료가 있었는데. 목욕탕 같은 걸 왜하느냐면서 한참 고민하던 중에 갑자기 막 자유롭게 동그랗게 그리다 보니까 몇 개의 커브선이 튀어나오고, 배스텁(bathtub)이 큰 거, 작은 거 있고 그렇게 그려넣고 있는데 김수근 선생이 보더니 그게 뭐야 재밌구나, 그래서 살려보라고 해서 그렇게 그대로 집이 되었어요. 방들 크기 다 잡아놨다가 그냥 동그랗게 그리고 다시 복사해서 그림을 그리는. 어떻게 보면 상당히 쉽게 생각을 했었어요. 근데 그것이 꽤 유명해졌다고. 나중에는 어디에 가면 희한한 목욕탕이 있다더라 하는 사람이 많았던 거 같아요. 건축주도 친구분이었던 거 같은데, 참 설계를 잘 맡겼다고 좀 느꼈을 거 같아요. (책장을 넘기며) 부여 박물관이 있을 텐데, 그건 안국동에 있을 때 했거든요.

북창동 사우나탕

**최원준:** 앞의 리스트에는 있던데요.

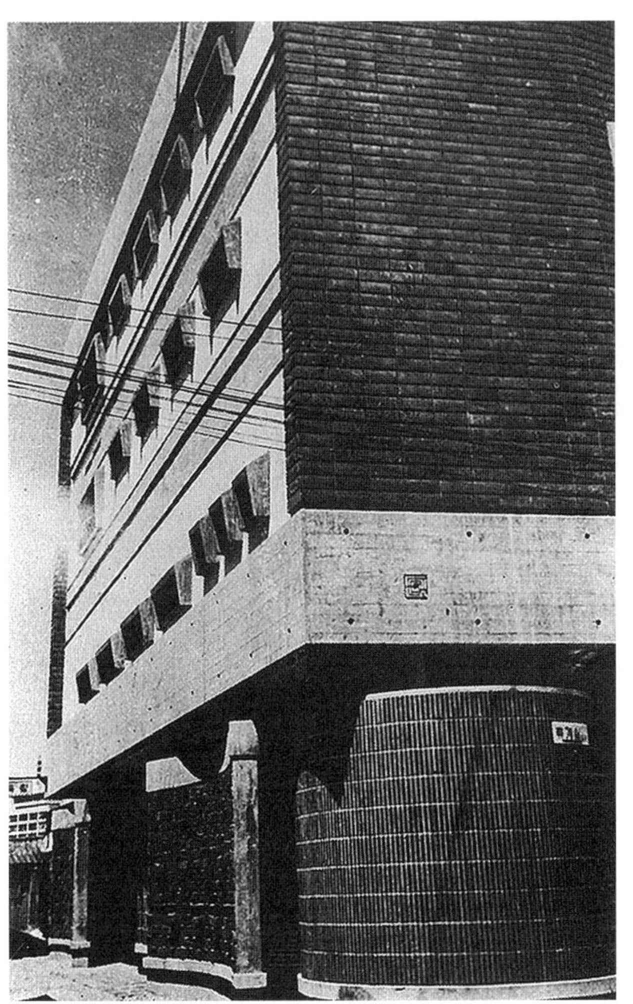

**그림12 _**
북창동 사우나탕.

우동선: 이게 선생님 스케치세요? 방금 전에 나온 목욕탕 같은데..

윤승중: 그건 잘 기억이 안 나는데요.

전봉희: 8번은…

윤승중: 그 옆의 것은 내가 그린 걸 거예요. 어느 날 크리스마스 전날, 가장 기대되는 이브를 남겨놓고 갑자기 저녁때 오시더니 또 하나 이걸 빨리 해야 한다, 3일 동안에 해 내라 그래서. 그래가지고 지금의 조선호텔 말고 헐리기 전의 옛날 조선호텔 앞에 마당이 있었는데 거기서 갑자기 국제회의를 하게 되서 급하게 집을 지어야 하기 때문에 빨리 안을 하나 만들어야 한다, 그래서 그냥 만든 거예요. 스케치 하나 해서 3일 동안 안을 만들어 드렸더니 그걸로 끝났어요. 더 이상 진행이 안 되었고.



최원준: 혹시 나와 있는 작품 리스트 중에서 약간 헷갈리는 게 선생님께서 다 관여를 하시는 건가요, 치프 아키텍트로서?



윤승중: 거의 다 관여를 했어요. 직접 스케치만 해주시고 디자인 디벨롭을 했죠. 두 번째 〈남산맨션〉 이거는 처음부터 끝까지 스킴을 만들어가지고 건축될 때까지 한 며칠 사이에 완성을 시켜서 승인을 받은 다음에 집을 지었거든요. 이렇게 보이지만 사실은 섹션이 굉장히 복잡해요. 왜냐하면 뒤로 셋백되면서 4개층이 보이는데 뒤에는 한 층이 올라가서 중간에서 들어가게 되어 있거든요. 집이 두 개층을 쓰는 거, 한 개층 쓰는 거, 뭐 해가지고. 대개 한국의 외국인들을 위한, 주한 외인 아파트라고 실행이 되었었는데 여러 가지 크기로 방이 한 개짜리, 두 개짜리, 세 개짜리 해서 여러 가지 타입이 있었기 때문에 층마다 전혀 다른 셰이프로, 그래서 같은 게 하나도 없는 거지요.

최원준: 이것도 지금은.

윤승중: 나중에 중국집으로 쓰이다가. 지금은 없어졌죠, 아마?

최원준: 없어진 것 같아요. 예전에 남산 가다보면 있었는데.

윤승중: 중국집에 가봤어요? 그 옆에 이건 뭔가? 아, 이건 엑스포 한국관. 그 한옥같이 생긴 집은 이것도 김종필 씨가 부탁해서 한 건데 김종필 씨가 부여 출신이잖아요. 그래서 부여에다가 조그만 호텔 하나 해달라고 했는데 저것도 그냥 끝나버렸어요. 부여였기 때문에 그것도 잠깐 경사지붕으로 만들고. 그런데 별로 그렇게 중요하게 생각한 집은 아니었던 거 같아요. 그 옆은 〈한국일보 사옥〉이고요.

**전봉희:** 없어져 버렸네요.

**윤승중:** 네 헐리고 지금은 완전히 다른 건물이 지어졌더라고요. 아 그게 조병수 씨거라고요?

**최원준:** 네. 트윈 트리(twin tree)인가, 나무 모양에서 따왔다고…

**우동선:** 나무 같지 않던데.

한국일보 본사

**윤승중:** 이건 그 당시에 이정도 규모가 본격적인 오피스 빌딩이었고요. 그리고 신문사, 인쇄소를 같이 가진 그런 집이었었는데. 나중에 원도시에서 〈조선일보사옥〉을 하면서 그 밑에 윤전기 인쇄 공장을 같이 했거든요. 그 인쇄공장이라는 것이, 윤전기라는 것이 얼마나 굉장하냐면 윤전기가 집을 짓는 것의 3배 정도… 윤전기가요, 한 삼백 억? 그 위에 집을 짓는 것은 한 백 억? 그런 분위기라고요.

**전봉희:** 보석상자네, 보석상자. (웃음)

**윤승중:** 그 당시만 해도 그런 수준은 아니었고. 지금보다는 구식의 윤전기를 갖추고 있었기 때문에 큰 스팬을 필요로 해서 시스템을 좀 복잡하게 만들게 된 거죠.

**전봉희:** 꼭대기에 있는 동그라미가 항상 어려서부터 신기하게 생각되었어요. 진짜로 비둘기집인가요?

**윤승중:** 천만에요. 비둘기집이 아니라 뉴스 전광판.

**전봉희:** 아, 전광판이에요?

**윤승중:** 처음엔 전광판으로 쓰려했었는데 그때는 안 쓰였던 것 같아요.

**전봉희:** 동그란 유리창 이렇게 돌아가면서 박혀 있지 않았었나요?

**윤승중:** 전광판이 있었어요. 내가 어렸을 때 봤던 전광판이, 화신백화점 위에도 전광판이 있었거든. 그게 신기하니까.

**전봉희:** 돌아가게.

**윤승중:** 그렇게 보여졌으면 좋겠다. 그런데 그것이 그렇게 안 쓰였던 거지요.

**우동선:** 아, 비둘기집은 낭설이구나.

**윤승중:** 처음에는 그렇게 했는데, 나중에 짓는 과정에서 끝까지 가서 보지는

못했는데 그렇게 바뀌었는지도 모르죠. 이 밑의 스케치들, 이 집 있잖아요? 이것을 어느 분인가가 김수근의 전형적인 1960년대 건축이라고 그러더라고요. 근데 이것은 기술공사에 있을 때 했는데 유걸 씨가 거의 전적으로 담당을 했어요. 물론 건축주하고 협의하고 그런 것은 나하고 같이 했지만 김수근 선생님이 거의 보시지도 않았고요. 그런데 저걸 갖다가 어느 신문에 누군가가 김수근의 전형적인 일본색의 것이고 요시무라의 영향을 받은 것이다, 하니까.

**전봉희:** 이게 구자경 회장 댁이죠?

**윤승중:** 내가 이 집을 같이 하면서 계속해서 몇 가지 어드바이스 한 것은, 어렸을 때 가회동의 외삼촌 댁을 갔을 때 느낌, 대문에서 집안까지 가는 어떤 과정이 있었거든요. 그것이 말하자면 집까지 가는 과정에 에스컬레이트 되는 그런 과정들이 소위 대저택의 신비 이런 과정들을 만들었으면 좋겠다하는 거하고. 또 위로 올라가면 종묘가 바로 앞에 보여요. 거기 방에 앉으면 종묘가 바로 자기 집 정원처럼 보이거든요. 그래서 방들의 창턱을 전부 다 30센티 정도 낮춰서 앉아서 바라볼 수 있게끔 하자, 이런 몇 가지 제안을 한 거 외에는 사실 이 안 자체는 거의 유걸 씨가 만들었거든. 유걸 씨는 일본이라고는 전혀 상상도 못 했을 때고. 일본 잡지도 잘 안보고요. 오히려 유걸 씨는 그 당시 루이스 칸하고 또 〈보스톤시청사〉 컴페티션에서 2등 했던 지우골라[42], 그런 걸 참 좋아했을 때라서 나중에 부산시청 컴페 안이 바로 그런 분위기이고. 그런데 이것을 갖다가 김수근 선생이 요시무라 준조의 영향을 받은 건축 디자인이라고 표현하는 것은 참 잘못되었다고 생각해요.

**우동선:** 잘못 썼네요.

**윤승중:** 어떤 걸 위해서 스케치했는가는 모르겠는데. 김수근 선생이 나하고 계속 문제가 되었던 것이 김수근 선생은 대개 사이트가 있고 어떤 집 과제가 주어지면 거기에 딱 맞는 형태가 있다, 그런 형태를 찾아내기 위해서 현장에서 이미지를 끌어내려는 시도가 많았고. 현장에 한번 다녀오면 이미지가 막… 그리고 처음 생각했던 이미지를 참 중요하게 생각하셔서 그것이 처음부터 주어진 것이다 라고 주장하실 정도로. 이처럼 처음의 전체적인 이미지에 대해서 중요하게 생각하셨던 것에 비해서 나는 그 때



**42_**
로말도 지우골라(Romaldo Giurgola, 1920-): 이탈리아 출생. 미국과 호주 국적을 가진 건축가 겸 교수.

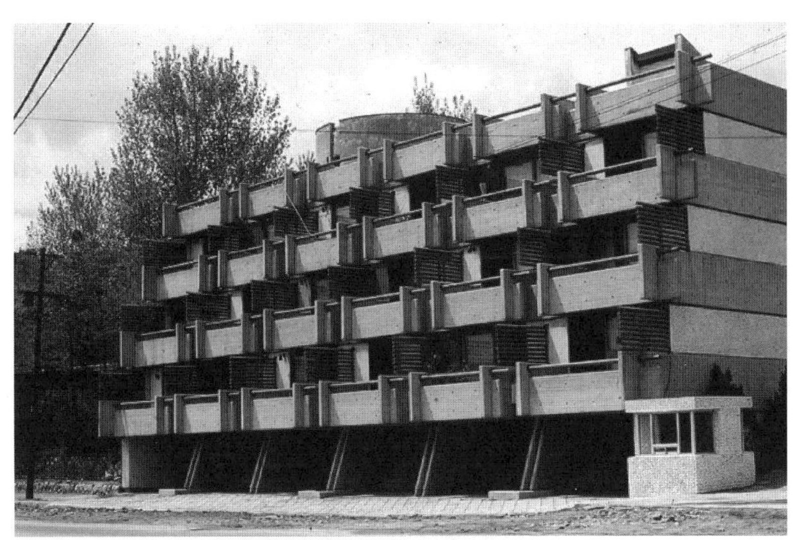

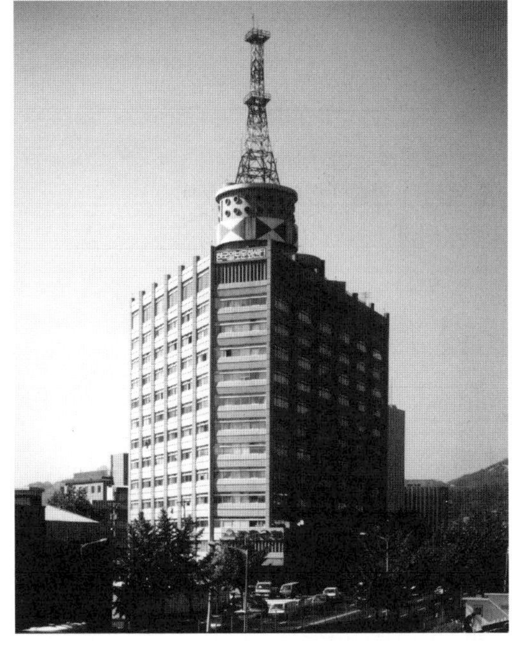

**그림13 _**

남산맨션. 김수근문화재단 제공.

**그림14 _**

한국일보 본사. 김수근문화재단 제공.

당시에는 조금 메타볼리즘의 영향이 있었는지는 몰라도 자꾸 변화할 수 있다. 그래서 어떤 기본적인 틀이, 시스템이 만들어지면 거기에다가 자꾸 더해서 붙여서 변할 수 있다고 봤죠. 처음에 고정된 이미지가 있는 것이 아니라 계속 변화할 것이다라고 이렇게 생각을 해서 거기서 가끔 충돌이 있었죠. 결과적으로 보면 김수근 선생은 틀이 한번 정해지고 나면 그 안에서 주어진 필요한 공간들을 잘 쪼개 넣는 것이다라고 생각하신 반면에, 나는 거기에다가 어떤 상황을 만드는 것이다라고 생각을 했어요. 어떤 프로젝트를 위해서 어떤 상황이 주어지면 거기에 맞춰서 공간들이 필요하고, 공간들이 조직이 되고, 쉐입(shape)이 생기고. 상황으로부터 출발해서 쉐입까지 가는 것이라는 생각을 갖고 있었기 때문에 거기서 가끔 충돌이 있었지만. 김수근 선생님은 이런 식의 스케치를 굉장히 많이 하셨거든요. 그런데 나는 또 그것을 존중해야 했기 때문에 리얼라이즈하고 했지요. 그래서 그 10년 동안, 사실 10년이라기보다는 안국동 시절. 이후 기술공사에 와서는 김수근 선생님은 거의 만나기도 어려울 정도로 그런..



**전봉희:** 바빠지신 거예요?

**윤승중:** 다른 굉장히 바쁜 일이 많아가지고 어쩌다 한번씩 만나는 정도이고. 도시계획부팀이 김수근의 테스크 포스팀처럼 되어있긴 했지만 거의 직접 만날 일이 없어서…

**전봉희:** 설계 일 말고 다른 일을 많이 하셔야 했던 거예요?

**윤승중:** 그렇죠. 그래서 크게 지도나 간섭 안 받고 기술공사 3년 동안. 어떤 건 기본 컨셉 몇 개 받기도 했지만 대체로 거의…

**전봉희:** 던져놓고.

**윤승중:** 그런 부분이 있었지만, 안국동 시절은 대체로 김수근 선생이 주신 스케치를 어떻게 하면 가장 잘 살릴까 하면서 완성을 했고.

**전봉희:** 안국동 시절이라는 게 백상 기념관 자리에 있던 계속 그 건물인가요? 그 건물 처음엔 10평 안 되는 공간이었다는데 점점 넓게 썼나요?

**윤승중:** 두개, 세개 하다가 나중에 2층을 다 썼어요.

**전봉희:** 아, 2층을요.

**윤승중:** 30-40명 정도 쓸 수 있게끔.

**전봉희:** 워낙 땅은 삼각형 모양의 땅 아닌가요?

**윤승중:** 건물은 네모나고 크진 않았지만 가운데 복도가 있고 양쪽에 방이 있고. 기억이 나실지 모르지만 꽤 예쁜 집이었어요.

**전봉희:** 우체국은 다른 건물이던가요?

**윤승중:** 그 옆 건물이었어요.

**전봉희:** 그 우체국은 이광수 소설에도 나오더라고요. 〈토지〉에.

**윤승중:** 남은 것이 〈부여 박물관〉하고 〈엑스포 67〉, 두 개 남았거든.

**전봉희:** 두 개 더 하고 기술공사 시대로 넘어가는 것을 다음 시간에 하시는 걸로. 다음 시간 날짜를 잡아야겠네요.

# 04

# 김수근건축연구소와 기술개발공사: 부여박물관, 엑스포67, 세운상가

**일시** 2012년 2월 14일 (화) 14:00 –

**장소** 서울특별시 강남구 삼성2동 142–22 2층 목천문화재단

**진행** 구술: 윤승중

채록연구: 전봉희, 우동선

촬영: 하지은

기록: 허유진

초벌 원고 수정 및 각주 작업: 김하나

**전봉희:** 자, 오늘은. 지난번에 보니까 66년이 마지막이시더라고요?

**윤승중:** 예, 그러니까 종합기술개발공사 쪽으로 간 것이 66년 6월달 쯤이었던 것 같아요.

**전봉희:** 이어서 말씀을 부탁드립니다. 최원준 교수는 참석 못했습니다만, 지금부터가 재미난게 『공간』 창간의 시기이기도 하고 조금 지나면 선생님이 김수근 선생님으로부터 나와서 독립하시는 시기이기도 하고. 아마 오늘 말씀 속에 껴있을 것 같습니다. 60년대 후반을 좀 이어서 들었으면 좋겠습니다.

**윤승중:** 지난번에 김수근 선생과 안국동에서 지냈던 시절을 끝을 못 냈어요. 중요 포인트가 세 개 정도 남았는데 하나는 문제가 꽤 컸던 〈부여박물관〉. 그것은 설계는 안국동 시절에 했지만, 나중에 신문에 논쟁사건 터진 거는 이후 67년, 기술공사로 넘어가고 난 다음이지만 일단 설계는 안국동에서 했던 것이고. 그 다음 〈신일중고등학교 교사〉 컴페티션이 있었는데, 그 프로젝트가 당선은 종합건축이 됐지만은 꽤 재밌는 제안을 했던 거라서. 그리고 또 〈엑스포67 한국관〉. 이렇게 세 가지를 얘기할 필요가 있을 거 같아요. 지금 이렇게 이야기 하는 게 녹음이 잘 되나? 나중에 들어봤어요? {**하:** 예,예.}

**1960년대 산업화 경제개발 테이크 오프**

김수근 선생하고 같이 작업을 한 것이 60년대인데 이 시기가 우리나라가 국제적으로 등장하기 위한 소위 테이크오프(take off)[1], 준비시간으로 보입니다. 아시다시피 비행기가 테이크오프 하려면 활주로에서부터 러닝(running)을 시작해서 테이크오프 속도가 있어요. 점보 등 대형비행기는 시속 300키로가 되어야 공중에 떠서 진짜 비행기 역할을 하지요. 우리나라가 해방 후에 6.25를 만나고 10년 동안 긴급 복구 과정을 거치다가 60년대부터 도약을 위해서, 테이크오프를 위해서 워밍업을 시작했던 10년간이 아닐까 해요. 60년대 말 쯤에 테이크오프 한 건지는 모르겠어요. 그렇지만 속도를 내기 위해서 무지하게 달려갔던 시기인 거죠.

1_
테이크오프(take off): 월트 로스토(Walt Whitman Rostow, 1916-2003) 박사의 『경제성장의 단계』(The Stages of Economic Growth, 1958)에서 농업사회에서 산업사회로의 이행을 '이륙'으로 표현한데서 나온 말.

직접 우리 건축 얘기는 아닙니다만 60년대 시작하면서 굉장히 중요한 사건이 두 가지 있는데 아시는 것처럼, 4.19하고 5.16 두 가지 사건이 있지요. 근데 그 두 가지가 우리나라 60년대를 시작하면서 테이크오프를 하기 위한 준비과정에 굉장히 중요한 추진력이 된 거 같아요. 4.19라는 것은 세계 유례가 없던 것으로 시민들이 자발적으로 정의를 위해서 나서서 실제로 성취해낸 것이죠. 그것이 프랑스 학생 혁명이라든지 일본에서의 그런 운동[2]이 다 아마 학생운동의 모델로서 꽤 영향을 줬을 것이라고 보여집니다. 마침 전혀 각도가 다른 두 가지 사건이 일 년 차로 생기는데 그거에 내가 중심에 있지 않았지만 중심 근처에서 구경할 수 있는 현장에 있었기 때문에 그 당시 기억을 더듬어 조금 얘기 해보려합니다.



그, 4.19는 1960년이지요? 그때는 내가 대학을 졸업하던 해였어요. 대학을 졸업한 이후라 그 당시 학생은 아니었습니다만. 근데 학생들뿐만 아니라 어쨌든 3.15 부정선거라는 거가 너무 심해가지고. 물론 이승만 박사는 상대방 조병옥 후보가 갑자기 돌아가셨기 때문에 경쟁상대가 없었고 그랬지만 이기붕 국회의장을 동반자로, 부통령으로 맞이하면서 얼마나 투표 조작, 개표조작을 했는지 나중에 집계해보니까 인구수 보다 더 많았다 그래요.(웃음) 그래서 좀 조정해서 내놓은 것이 90퍼센트인가 뭐 그렇습니다. 누가 봐도 그건 말이 안 되는 거였고. 아마 그 당시에 정치에 무관심한 소수 빼놓고 나머지는 정부에 대해 맘속에 분노를 갖고 있었던 거예요. 그것 때문에 김주열 사건이 또 일어나고. 그래서 학생들이 특별히 무슨 조직이 없었는데도 첫 번째로 고대학생들이 4월 18일 날 처음 데몬스트레이션하기 위해서 나왔는데 잘못되어서 동대문 시장 조직원들이 막느라고 폭행을 하고 그래서 사건이 생겼죠. 그것이 촉발을 일으켰던 거 같아요. 4월 19일 날 아침에 오전 중에 전부다 국회, 그 당시 태평로 부민관 자리였거든요. 이기붕 부통령 당선자가 국회 의장이었기 때문에 우선은 국회 앞에 모였어요. 특별히 조직 안했는데도 불구하고 모든 대학들이 거의 다 참가했고 또 일부 고등학교에서도 모였는데 그 사람들이 아무리 소리질러봐야 안되니까, 그 당시 청와대, 즉 경무대로 가서 이승만 대통령을 직접 만나서 항의를 하겠다고. 그래서 경무대로 가자 하고 몰려가기 시작했는데 아마 앞장을 주로 고등학생 중심으로 가고 뒤로 의사가운을 입은 서울 의대생들이 뒤따라가고 해서 군중이 지나간거죠. 나는 왜 현장에 있었냐면 대학을 졸업하고 우리끼리 작업실에 있었는데. 이천승 선생님께서 지금 세종문화회관 자리에 신축중인 시민회관이, 그게 거의 완성 단계여서 대 홀의 내부 디자인을 나하고 공일곤 선생에게 시키셨어요. 그 때 우리가 대학 갓 졸업한 애송이었는데 실내 설계까지 포함해서 음향 설계를 해봐라하셔서 그게 현장에서 작업하는 도중이었기 때문에 세종로의 그 4.19현장, 그 자리에 있을 수 있었죠. 책보고 요리하는 신혼의 며느리 있잖아요? 그런 식으로 현장에서 작업을 했던 거죠. 지난번에 말씀드렸던 것 같지만 꽤 성공적으로 마무리를 했어요. 그 일을 하던 도중이니까 현장에서 조그만 방을 구해가지고 하루에 몇 시간 씩 작업했고 바로 그날 현장에 있었던 거죠. 세종문화회관(시민회관) 2층에, 그날 아침까지는 그렇게까지 일이 벌어질 줄 모르고 출근했는데, 조금 지나고 나니까 밖에서 소리도 나고 했어요. 그때 공사중이었기 때문에 발코니에서 보면 보였어요. 그 당시에 세종로 길은 지금처럼 100미터 폭이 아니라 5-60미터 정도였고 중앙분리대가 없는 광로였었죠. 그런 길로 진짜 사람이 노도와 같이 몰려간다는 거죠. 그러니까 막 서로 스크럼을 짜고 소리 지르면서 나가는데 60미터 도로 폭이 꽉 차게 지나가는. 거기다가 중간에 의과대학생들이 흰 가운을 입고 지나가고. 그런 광경을 봤어요. 그것은 진짜 순수한 거였었어요. 그때 한 가지 불상사가 생긴 것은 그때 무슨 버스, 트럭 같은 것들이 왔다 갔다 했는데 그것은 학생들이 한 일이 아니라 괜히 흥분한 불량배 같은 사람들이 버스도 빼앗고 분위기에 같이 편승해서 그랬죠. 그 사람들이 반공회관인가 있었어요. 반공전시관인가 이름이 그랬어요. 지금 체신부 우체국 있죠? 그 자리였어요. 2층으로 조그만 집이 있었는데 거기 불이 나기 시작했어요. 나중에 알고 보니 학생들이 지른 것이 아니고 편승해서 폭력적이던 사람들이 반공회관이라고 하니까 괜히 덩달아서 불태우고. '반공'이 이승만 박사의 키워드였잖아요? 그것이 유일한 불상사이고 일체 폭력없이 진짜 순수하게 학생들의 민주화 하려는 의지, 부정을 없애려는 이런 식의 열정으로 가지고 결집되었던 그런 모임이었던 거죠. 사실은 그런 일이 성공하기 어려운데. 우리나라가… 그것을 막으려고 수도방위사령부에다가 계엄령을 내리고 계엄군을 동원하는데 계엄군 사령관이 송요찬[3] 장군인데요, 이분이 꽤 이승만 박사에게 충성하신 분이었는데, 그 분이 어떤 생각을 했는지 아세요? 혁명군을 데리고 들어와서 학생들에게 전혀 폭력을 쓰지 않고 학생들하고 대화를 통해서 하는 식으로. 소위 계엄 진압군이라고는 전혀 상상이 안갈 정도의 그런 분위기로 움직여서 그날 오후 저녁 때 계엄군이 들어와서 일단 종결이 되었습니다. 며칠 지난 다음에 24일인가에 교수들이 다시 데모를

2_
1960년 일본의 "안보반대투쟁운동". 문맥으로 보면, 1960년대 말의 "전공투운동"도 가리키는 것 같다.

3_
송요찬(宋堯讚, 1918-1980): 당시 계엄군사령관. 계엄군의 학생시위대에 대한 발포금지명령을 내리고 군의 중립의사를 언론에 밝혔다.

하지요. 그 얘길 듣고 이승만 박사가 깜짝 놀라서 국민들이 전부다 원하느냐, 내가 물러나겠다, 그 다음에 하야 성명을 하고 사가인 〈이화장〉으로 돌아간 거죠. 소위 4.19가 성공을 한 거죠. 학생들이 그렇게 종결되리라고는 생각을 안했을 수도 있어요. 굉장히 순수하게 시작했던 운동이 이승만 정권이 끝나는 것으로 종결이 되고 그것이 우리나라에 그 이후에도 계속 민주화 운동, 정의를 향한 그런 식의 무브먼트(movement)의 원동력이 되었던 거 같아요. 그것을 이어받아서 민주당 정부가 들어섰는데 독재를 타파하고 생긴 정권이니까 모든 걸 대화로 해결해야 하지 않습니까? 모든 주장들이 강하게 데몬스트레이션으로 나타나고 해서 굉장히 혼란스럽고 좀 백가쟁명(百家爭鳴) 식의 혼란기가 있었죠. 그런데, 장면 정부가 사실 좀 억울한 것은 그것이 모든 것을 회복하는 것이 그렇게 갑자기 되는 것은 아닐 텐데. 모든 것을 굉장히 좋은 정책을 구사하고 준비하고 또 그러면서 한편으로 여러 가지 주장들을 다독이며 진행을 하는 과정이 있어야 했고, 그런데 사실은 혼란스럽기도 하고 진전도 안 보이고 조금 실망을 주는 그런 결과가 된 것이지요. 나중에 그것이 5.16을 일으키는 하나의 명분을 준 거죠, 그런 혼란스러운 1년이. 그래서 1년 후에 5.16 군사혁명. 정권이 바뀔 때 마다 자꾸 이름이 바뀌어서 요즘 어떻게 교과서에 나오는지 모르겠는데.



**전봉희:** 쿠데타라고 한 거 같은데요.

**윤승중:** 그래요? 바이올레이션(violation)은 맞는데, 그것은 지금 시간이 꽤 많이 흘렀지만 아직까지도 극과 극으로 평가될 정도로 그런 사건이었죠. 근데 그 5.16때도 지금 조선일보 뒤에 사무실이 있었어요. 수상하게 거리 분위기가 그래서 뭔가 사건이 크게 벌어졌구나는 알았지만 정황은 잘 몰랐어요. 그러다가 시청 앞에까지 걸어 나가보았더니 그때 박정희 소장이 신문에 나온 것처럼 까만 안경을 쓰고 잠바 입고 서있고 참모 쫙 거느리고. 육사 생도들이 전부 다 사열하고. 그것이 소위 군에서 박정희를 인정하는 절차였던 거 같아요. 그런 과정을 뒤에서 직접 봤거든요. 또 며칠 지난 다음에 혁명위원회, 정식명칭은 국가재건최고회의였는데 가서 실제로 그 분위기도 보고 해직당하는 절차를 밟았던 그런 일도 있고. 그렇게 5.16을 굉장히 가깝게 지켜본 셈이죠. 그 후에 2년 동안 군정이었잖아요? 모든 정부의 요직을 장군에서부터 일반 장교들까지 현역 군인들이 맡았어요. 그렇게 진행을 하니까 사람들이 불안하기도 하고 거부감도 생기고 그런 과정을 겪었었죠. 지난 다음에 생각해보면 그때 그 사람들이 주장했던 명분이라든지, 하고자 했던 의지, 추진력, 이런 것들은 사실은 긍정적으로 평가할 필요가

있다고 생각이 됩니다. 지금의 여러 가지 사고에 따라서는 명칭도 바뀔 정도로, 해석이 바뀔 정도로 생각이 다르지만. 전세계적으로 굉장히 오랫동안 민주주의를 정착시킨 몇몇 선진국을 제외하면 군사적인 바이올레이션에 의해서 정권을 바꾸고 그렇게 하지 않은 나라가 별로 없는 거 같아요. 그런데 대부분 좋은 결과를 이루지 못한 거에 비해서 우리나라는 결과적으로 성공을 했다는 거죠. 아까 얘기했던 대로 1960년대에 우리나라를 국제적으로 테이크오프하게 하는 굉장히 큰 엔진, 동력이었다는 점에서 평가를 해야 할 것 같아요. 1960년대 테이크오프 기간에 속도를 내게 했던 두 가지 동력이 4.19의 정신. 그것으로 추진력이 하나 생기고 5.16 때의 어떤 사명감, 이렇게 두 가지를 들 수 있죠.

5.16 때에 크게 두 가지 중요한 키워드가 있는데 하나는 '민족' 아이덴티티를 내세워서 '민족중흥'이라는 말을 썼었고요. 두 번째는 산업화를 통한 경제개발. 우리나라가 잘 살아보자, 이런 두 가지를 큰 목표로 세웠기 때문에, 그것들을 굉장히 효율적으로 추진하는 과정이 좀 불공정하게 되었을 수도 있지만, 결과적으로는 다른 나라에 비해서 그런 군사의 바이올레이션에 의해서 얻은 정부가, 상당히 좋은 추진력을 발휘했고 또 실질적으로 우리나라를 테이크오프 시켰다, 60년대 기간은 그렇게 하지 못했을 수도 있지만, 70년대 중반쯤부터는 테이크오프를 했다고 보아야 하지 않을까 해요. 산업화 과정을 거치면서 국제적으로 평가받는 그런 나라를 만드는데 두 가지 사건이 두 가지 동력, 엔진 역할이 있었던 때가 60년대 현장이었고, 건축이 그런 거에 영향을 받았겠죠. 60년대 초반에는 건축계가 상당히 위축되어 있었죠. 그렇지만 60년대 중반부터 개발 드라이브의 영향을 받아가지고 프로젝트들도 규모도 커지고 그런 찬스가 많이 생겼던 거 같아요. 건축계는 오히려 그런 테이크오프 과정에서 기회를 맞게 되는데, 혼란스럽고 복잡한 시기임에도 불구하고 건축가 선배들도 자기 나름대로 전문직업인으로 프로페셔널리즘을 가지고 굉장히 큰 노력들을 하시고 이끌어 가셔서 하여튼 건축 역사를 볼 때 60년대가 굉장히 활발한 활동기가 되지 않았을까 그런 생각을 합니다. 물론 지금의 관점에서 보면 그리 높이 평가되지 않을 수도 있지만 일단 건축가의 의식이 굉장히 살아있던 시간이 아닌가 이렇게 생각이 듭니다.

그 때 나는 대학을 졸업하고 바로 건축을, 사회활동을 시작했을 때이고, 김수근 선생은 사무실을 내서 건축가로서 활동을 시작하셨을 때였어요. 김수근 선생은 어떻게 보면 해외에서 한국으로 들어와서 주목도 받지만 배척도 받는 분이었어요. 근데 나는 김수근 선생 하고 같이 작업하면서 어떤 생각을 했냐면, 우리가 건축이나 전체적인 면에서 뒤져있지만, 이웃 일본하고 비교해 봐도 도저히 상대가 안 될 정도였기 때문에 뭔가 굉장한 도약이 필요한데 그러기 위해서는 중심 되는 인물이 필요하다는 생각을 했어요. 왜 그런 생각을 하게 되었냐면 일본이 패전 후에 세계적으로 진출하는 시기, 일본 영화감독 중에 구로사와 아키라[4]라는 사람이 있어요. 그런데 구로사와 아키라 작품 「라쇼몽」(羅生門)이 베니스 국제영화제에서 그랑프리를 받아요. 아마 베니스 영화제 맞을 거예요. 그것 때문에 일본 영화감독들이 전 세계로 막 나가고, 일본 영화가 세계적인 수준으로 평가 받는 계기가 되거든요. 1964년에 일본에서 도쿄 올림픽을 개최했잖아요? 그때 요요기, 단게 겐조의 〈요요기 경기장〉. 그것이 굉장한 센세이션이었죠. 일본이 사실 지진 때문에 한동안 특수한 구조라든지 거의 시도를 못했을 텐데 그때 단게 겐조라는 건축가와 츠보이 박사라는 탁월한 구조가 두 분이 힘을 합쳐서 획기적인 작품을 만들었어요. 그건 참 명작인거 같아요. 일본이 또 부러웠던 것은 1960년대 후반에 〈가스미가세키 빌딩〉[5]이라고 36층짜리 하이라이즈(highrise) 빌딩을 짓는 데 그것을 짓는 과정을 비디오로 본 적이 있어요. 지진으로부터 위험에 대하여 전국의 모든 구조가들이 다 모여가지고 세미나하고 실험을 해가면서 그것을 공동 추진하게 되지요. 설계자 뿐만 아니라 일본 건축계 전체가 나가가지고 그것이 가능하게끔 추진하는 걸 봤어요. 또 나중에 〈센다이 미디어센터〉[6]…

**전봉희:** 이토 토요.

**윤승중:** 이토 토요[7]. 컴페에서 판을 띄워서 만드는 그런 식의 구조 구상을 했을 때 보니까 일본의 선박 엔지니어들하고 같이 협동해서 얇은 판을 만들고 그것을 파이프로 받쳐 올려서 구조를 만드는, 그런데 그런 것을 협력해서



4_
구로사와 아키라(黒澤明, 1910-1998): 영화감독. 세계적으로 유명한 일본영화 거장.

5_
〈가스미가세키 빌딩〉(霞が関ビルディング, 1965-1968): 미츠이부동산(三井不動産)과 야마시타셋케이(山下設計)가 설계한 지상 36층의 오피스빌딩.

6_
〈센다이미디어테크〉(せんだいメディアテーク, 1997-2000): 이토 토요가 설계한 일본 센다이 시의 복합문화시설.

7_
이토 토요(伊藤豊雄, 1941-): 일본의 건축가. 이토토요건축사무소 대표.

만드는 그런 과정이 있어요. 일본 사람들은 어떤 문제가 생기면 서로 굉장히 적대적인 관계에 있는 사람들조차도 같이 모여서 만들어낸 거죠. 거기에 중심 인물이 필요하잖아요? 스타 아키텍트(star architect)가 필요한데 일본에서는 단게 겐조 같은 국제적인 스타를 만들어 내고…. 우리나라도 뭔가 그런 식의 도약을 위해서는 스타가 필요하다, 그래서 김수근 선생이 한국 건축을 대표하고 업그레이드 시킬 만한 스타로서의 모든 것을 다 갖추신 분이다, 그런 꿈을 항상 키웠던 거죠. 그러니까 사실은 김수근 선생과의 관계는 임플로이(employee)가 아니라 그런 식으로 내가 생각할 정도의 입장이었죠.

**전봉희:** 그 당시는 아직 한일 간의 국교가 정상화되기 이전이었는데 선생님은 어떻게 일본 사정에 밝으셨죠?

**윤승중:** 일본 잡지를 계속 봤었거든요. 그 당시 일본 건축계에 『국제건축』이라는 좋은 잡지가 있었어요. 그때 『국제건축』의 최종호에서 우리가 더 이상 버틸 수 없다, 왜냐면 좀 이데올로기를 내세우는 잡지였거든요. 『신건축』이나 『건축문화』는 주로 작품을 소개하는 잡지였었는데, 거기서는 굉장히 이념적인 걸 내세우고 또 도시와 건축, 어바니즘을 주장하는 이런 잡지였는데 그러다가 망했어요. 조금 지난 다음에 다시 좋은 잡지가 생긴 것이 『a+u』 라는, 현재까지 나오지요, 아마? 굉장히 좋은 잡지가 새로 시작이 되어서 나오고 있었고. 그런 걸 통해서 보고. 또 아까 영화 얘기는 신문에도 나고 그렇게 해서 아는 거지.

**전봉희:** 일본어 읽으시는 데는 어려움이 없으셨나요?

**윤승중:** 어려움이 있죠. 거의 잘 못 읽어요. 대략 짐작해서 보고. 나보다 2년 쯤 선배 보면 우리 김정식 회장님이라던가.

**전봉희:** 더 편하게 보시죠.

**윤승중:** 해방된 것이 내가 2학년 1학기를 마친 쯤 이었거든요. 결국 그런 어드벤티지(advantage)가 없었던 거죠. 그래서 '김수근 팀'이라는 것을 주장을 하고, 그러고 그때만 해도 이상하게 김수근 선생은 특히 서울대 학파 주변에서는 상당히 배척을 받는 그런 입장이었는데.

**전봉희:** 김수근 선생님이 서울공대 2학년까지 다녔는데도 불구하고 게다가 경기고를 나왔고요. 경기 나온 사람들이 많았을거 아니에요, 서울공대에서도. 그런데도 배척을 받으셨단 말인가요?

**윤승중:** 조심스러운 이야기이긴 한데 아마 지난번에도 잠깐 얘기했지만 그

당시 이광노 교수 중심으로 무애건축이라고 있었어요. 무애건축이 순수 서울공대 출신들로 모여진 중심 사무실이었거든요. 그리고 굉장히 활발했고. 그리고 이광노 교수님이 소위 서울공대의 전신인 일제 강점기의 고공[8] 이천승 선생님부터 이렇게 쭉 연결된 계보의 맨 끝의 황태자였던 거지요.

**전봉희:** 입학을 하셨다가 옮긴 거니까.

**윤승중:** 그래서 고공의, 서울공대의 가장 장래가 촉망되는 황태자로 그러실 때였으니까 이광노 교수님 중심으로 그런 생각이 좀 많이 되지 않았을까, 이런 생각이 듭니다. 왜냐하면 이천승 선생님은 김수근을 굉장히 높이 평가했어요. 저를 보고 이다음에 저 사람을 따르면, 저 사람은 앞으로 크게 될 사람이다, 그런 말씀 하셨고. 또 이균상 선생님도 김수근은 굉장한 사람이다. 보통 이해하기 어려운데, 굉장히 보수적인 분이신데 말이죠. 또 김희춘 선생님도 사실은 워커힐 같이 하는 과정에서 괜찮았었어요. 하여튼 제일 중심에는 이광노 교수님이 계시지 않았을까, 그런 생각이 듭니다. 일반적으로 고공으로부터 시작해 서울공대로 가는 서울공대 학파 전체의 중심을 잡고 있었고 다른 경쟁들이 거의 없었던 거 같아요. 한양대가 있었지만 홍대도 막 시작했을 때고. 연세대학도 아마 처음 시작된 지 얼마 안 되었으니까 졸업생이 나오기 전이고. 그런데 김수근 선생이 일본에서 와가지고 여러 가지로 각광을 받으니까 그런 의미에서였다고 보여지죠.

**전봉희:** 그러면 선생님하고 김수근 선생님하고의 협업 관계라고 하는.

**윤승중:** 협업은 아니고 어시스턴트(assistant)인데.

**전봉희:** 어시스턴트이긴 한데 서로 부족한 면을 메워줄 수 있다고 생각하신 거 아닙니까? 말하자면 김수근 선생님은 한국에 뿌리가 없는 상태였는데 선생님을 잡음으로써.

**윤승중:** 그렇게까진 아닌 게 나는 학교에서 나온 지 얼마 안 된 초짜였어요. 그렇게까지는 생각 안 하셨을테고. 다만 내가 혼자 그렇게 생각을 했던 거죠. 김수근 선생님을 간판으로 세워서 그것을 통해서 한국 건축을 국제적으로 일으킬 수 있겠다는 가능성을 장차 보고. 그러기 위해서 주변에 좋은 사람들로 김수근 팀을 하자. 왜냐하면 건축은 혼자서 하는게 아니니까. 다만

8_
경성고등공업학교를 말함.

그런 스타가 필요하고 주변에 실제로 활동하는 키 멤버들이 필요하다고 봤기 때문에. 대체로 그런 쪽으로 접근을 안 하기 때문에 제가 끌어오려고 했던 거죠. 그렇게 불러온 사람이 유걸 씨, 공일곤도 그렇고 동기 중에 한성일이라고 지금 미국 가 있는. 또 한참 뒤에 김원, 김환, 김석철 이런 사람들을 자꾸 불러들인 거지. 왜 내가 불러들였다고 생각하냐면 그 분들이 올 때 나부터 만나고 그렇게 시작이 되었기 때문에. 그 때는 김수근 사무실에 윤 모가 있다고 소문이 나있었어요. 김수근 선생님은 홍대 강의를 하셨기 때문에 홍대 쪽하고 그렇게 교류가 있어서. 그런 걸 연결시켜 놓고 했던 거죠. 그렇다고 내가 그 당시 비중 있는 입장이 아니었기 때문에 그렇게 생각을 했고, 김수근 선생님과는 결과적으로 이렇게 된 거 같아요. 실제로 김수근 선생님하고 같이 9년간 일한 것이 건축 작업에선 긴 기간이 아니죠. 왜냐하면 건축이라는 것이 계획해서 여러 가지 디자인 프로세스 거쳐 공사가 완성될 때까지는 적어도 2-3년, 4-5년 이런 식으로 오래 걸리기 때문에 건축에서 9년이라는 것은 별로 긴 기간이 아닌데요. 실제로 안국동에서 일한 것은 5년 동안이었어요. 그동안 꽤 많은 일을 했던거 같아요. 기술공사에서는 만 3년간 일했거든. 어떻게 보면 그렇게 긴 기간은 아니었는데. 김수근 선생님 스스로가 걸출하고 잠재능력을 많이 가지신 분이고 다른 분하고 다르게 어떤 능력, 예를 들면 창의력이 굉장히 높은, 지금으로 따지면 크리에티브(creative)하다고 생각하는 그 능력이 있는 분이긴 한데. 60년대 기간 동안에는 한국에 적응하는 시기라 다른 활동도 하시고 해서 직접 본인이 건축 설계 디자인 작업을 할 수 있는 시간이 많지 않았어요. 안국동 시절에는 조금 직접 하셨지만 기술공사 시절에는 거의 설계에 쓰는 시간이 많지 않았기 때문에 어떻게 보면 김수근 선생으로서는 60년대가 자기가 건축가로서 고민했던 것이, 알려진 거에 비해서 그렇게 많진 않았다고 볼 수 있어요. 그런 면에서 내가 보충을 해드렸다고 생각을 할 수 있을 거 같아요. 스케치 구상을 내놓으면 내가 나름대로 다른 방법으로 체계를 만들고 실제로 그것을 시공할 수 있게 도면 만들고 그런 역할을 했기 때문에. 그렇게 마무리를 잘 해주니까 좀 안심하고 맡기시는 그런 경향들이 있었겠죠.

**전봉희:** 그럼 기술공사 시절에는 초기 스케치도 안 하셨단 말씀이세요?

**윤승중:** 몇 가지는 하셨는데 그리 많지가 않았다는 거지. 또 실제로 작업현장인 우리 도시계획부나 건축부 사무실에는 거의 오시질 않아서 어쩌다 한번씩… 한번 만나려면 비서실에 예약해놓고 한참 기다려야 겨우 만나고 그럴 정도로.

**전봉희:** 일주일에 한 번도 못 들리셨나요?

**윤승중:** 그렇지는 않았지만 한 번 만나려면 기다리고 그래야 할 정도. 또 많은 손님들이 대기하고 있으니까. 스케치 설명 하려하면 대강 "좋아, 좋아." 이런 식으로 지나가니까 그때 당시 나로선 굉장히 불만이었어요. 사실 69년 떠나게 되는 큰 동기 중의 하나가, 김수근 선생 그렇게 해선 안 된다, 직접 하셔야 한다, 라고 강하게 얘기했고. 모든 걸 다 잊고 직접 작업을 하십시오, 뭐 이런 식으로 말할 정도로 그랬고요.

**전봉희:** 아, 그럴 정도로.

**윤승중:** 사장실에 가보면 대기자가 늘 예닐곱 명씩 있었거든요. 이래서 어떻게 일을 하십니까 했지요. 물론 그 양반은 워낙 에너지가 많아서 내가 도저히 따라갈 수 없는 게 있어요. 예를 들면 낮에 활동하고 저녁에 약주 좀 드시고 어쩌다 사무실 들어오잖아요? 그럼 그때부터 기지개 쫙 피시고 이제부터 일해 볼까? 하면서 그때부터 시작하시더라고요. 안국동 시절에는. 보통 사람은 열시 열한시 되면 피곤해서 빨리 집에 가서 쉬고 싶고 그러잖아요. 그런데 그분은 그때부터 에너지가 솟아나는 거 같아요. 그래서 대개 낮에는 그렇게 시간 보내고 밤에 작업 또 하시고 이런 적도 있지만 하여튼 자연스럽게 실질적으로 건축 작업하는 시간이 많지 않았던 것 같아요. 그래서 안국동 시절이 김수근이라는 이름을 국내에 처음으로 알리는 그런 기회였다고 생각이 되는데, 기술공사 3년 동안은 사실은 김수근 선생에게도 마이너스 기간이지 않았을까. 물론 70년대 이후에 건축가로서 다른 '김수근 건축'이라는 것을 시작하시기 위한 준비단계가 좀 있어요. 전에 말한 것처럼 최순우 선생을 만나서 한국 전통 건축에 대해서 공부하는 계기도 마련하고. 그때 다른 일을 통해서 자기 일을 만들어가는 그런 시간, 과정을 거치셨겠지요. 그렇게 70년대 이후 새로운 활동을 시작하시는 계기가 되었지만은 워낙 다른 일들에 쫓기게 되니까.

**전봉희:** 그러면 아까 초기에 말씀 하셔야 되겠다는 세 개의 작품으로 가실까요?

**윤승중:** 예, 근데 좀 쉬었다가 하지요.

**전봉희:** 아, 예.

**윤승중:** 서론이 너무 길었나?

(휴식)

**윤승중:** 그러면 안국동 시절에 했던 작업 중에서 꽤 유명한 〈부여박물관〉 이야기 좀 할까요? 그 당시에 우리나라 국립 박물관이 어디 있었냐면 덕수궁 석조전.

**전봉희:** 서관.

부여박물관

**윤승중:** 미술관 말고 석조전 있잖아요? 그것이 국립박물관이었고. 부여하고 경주에 조그만 분관이 있었고. 부여 분관은 한옥으로 된 조그만 집한 채가 있었어요. 그러다가 〈부여박물관〉을 신축을 하는 프로젝트가 생겼지요. 그 당시 김수근 선생이 김재원 국립박물관장하고 개인적으로 친하셨고 최순우 미술과장과 교류가 있어서 그때만 해도 자연스럽게 그냥 좀 친하면 일을 맡기는 정도였지요. 프로젝트 자체도 큰게 아니었고 해서 〈부여박물관〉이 그렇게 시작되었어요. 부여에 같이 가자고 해서 김재원 관장님하고 최순우 미술과장, 지금으로 치면 학예사 같은 분, 김 선생님과 저, 이렇게 넷이서 부여 박물관, 그 때 한옥이었던, 조그만 전시품이 몇 개 안 되는 걸 보고 그 다음에 경주를 또 같이 갔어요. 경주 분관도 있었기 때문에.

**전봉희:** 차로 이동하셨어요?

**윤승중:** 그때 아마 기차로 갔어요. 경주 분관 보고 그러면서 한국 문화에 대한 이야기를 많이 했어요. 나는 잘 들었죠. 그리고 갔다 와서 작업을 시작하는데. 『공간』 김수근 특집 보면 나오는 건데 섹션 모양의 스케치가 한 장 있어요. 두 개의 기둥 겸 보가 위에 올라가서 만나서 그게 톱라이트(top light)를 만들어내는, 그런 식의 경사 지붕이 바로 공간이 되는 스케치 하시면서 이렇게 해봐라 해요. 당시 박물관 측에서의 요구가 거의 없다시피 한 상태여서 우리가 상상해서 프로그램을 만들었고 또 앞으로 어떤 것들이 컬렉션 되고 어떤 것들을 들일지 정보도 거의 없었어요. 실제로 국립박물관 쪽에서도 크게 기대 안 했던 것 같은 것이 프로젝트 발주 예산 속에 에어컨이라든지 설비에 관한 예산이 거의 없고, 난방도 안 하고 전기 조명만 하는 이런 식의 예산을 잡아놨기 때문에, 속으로 걱정이 된 게 김수근 스케치 보니까 이렇게 지으려면 예산이 몇 배쯤 더 있어야 되겠다, 그 걱정하면서 작업을 했어요. 땅이 꽤 넓었기 때문에 그걸 보면서 사원 배치라든지 밖에서부터 계단으로 올라가서 소위 일주문을 거쳐서 본관까지 가는 과정. 숲은 아니고 평지였지만 똑바른 직선으로 가지 않고 구부려서 가면서 소위 오브제를 만들고 대문에 들어서면 본관이 보이는 게 아니라 본관이 비껴나고, 가운데 전시 마당을 만드는 이런 배치 안을 만들어서 일단 통과 시켰죠.

보면 건물이 두 가지가 있는데 하나는 본관이고 또 하나는 일주문에 해당하는 게이트인데, 실제 뭔가 담는다기 보다 밖으로부터, 시내로부터 경내로 들어간다 그런 개념으로 배치계획을 만들고 전시관을 설계했는데. 10년 쯤 전에 다시 가봤는데 이것을 내가 굉장히 잘못 생각했구나 하는 생각이 든 것이 박물관이라는 걸 잘못 이해했다는 생각이 들었어요. 왜냐하면 그 집이 이렇게 큰 지붕인데 지붕이 높으니까 반 정도는 큰 오픈스페이스를 만들어서. 내가 그때 '당'(堂)이라는 키워드를 가지고 있었거든요. 공공건축에서 전체를 압축해서 하나를 보여주는 메이저 스페이스(major space)를 '당'이라고 생각하고 이것을 키워드로 삼았는데, 처음에 들어가면 이런 큰 스페이스를 만나고 다시 과정을 거쳐서 전시하는 갤러리가 나오는 프로세스를 만들었는데. 그런 큰 공간을 만든 것은 그 실내에다가도 석탑이라든지 이런 것들을 앞으로 전시할 기회가 있겠고 해서 일단 김수근 선생이 주신 계획에 그걸로 배치를 한 거죠. 그 당시로서는 파격적이었던 것이 굉장히 시메트리(symmetry)도 아니고 카운터포인트(counterpoint) 같은 대위적인 스페이스를 만들었거든요. 그런데 그렇게 하다 보니까 지붕 밑에다 중앙계단을 만드는데 계단이 지붕의 머리가 닿게 이렇게 되어 있어요. 그걸 고민하다가 그걸 또 옮기면 자리가 없어서 지붕을 뚫자, 해서. 그래서 천창 있는 거 있잖아요? 그런 걸 만들어서 거기다가 계단 머리를 이렇게 만들었어요. 밖에서 보면 큰 지붕인데 위에 조그만 창이 보이죠. 왜 그 얘기를 하냐면 김중업 선생님한테 공격받는 실마리가 되었기 때문에, 나는 그런 의도로 만든 것이 아니었는데.

**전봉희:** 들어가다 저 뒤쪽 문 말씀하시는 거지요?

**윤승중:** 예, 반대 좌측에.

**전봉희:** 예. 정면에서 보면 왼쪽에…

**윤승중:** 엔트런스 들어가서 계단이 나오는데, 계단 머리 부분이 천정에 닿아서. 이렇게 뚫어내고, 거기다가 왜 그걸 뭐라고 하지요? 게이블(gable) 지붕 속에 천창 만드는걸 뭐라 그러죠?

**전봉희:** 다른 천창들은 원통으로 올렸었잖아요. 그거 말고요? 도머(dormer) 창처럼 박공을 뺐다구요?

**윤승중:** 또 하나는, 둘러본 다음에 동쪽으로 큰 대문을 만들어서 거기로 나가면 조각 정원이 있어서 외부 석조물 전시품들을 놓을 수 있는 옥외 전시장을 만들었어요. 그것이 과정에서 제일 끝인데 그렇게 만들어서 일단

집을 지었습니다. 그런데 그 설계과정에서 자유센터에서 했던 것처럼 상당히 비정형적인 지붕 커브를 작도해야했는데 김 선생은 그냥 그리셨죠, 감각으로. 그런데 거기에 어떤 규칙을 만들어 내려고 쌍곡선 커브를 써서 작도를 할 수 있게 만들었어요. 그렇게 설계를 해서 집을 실제로 지었고요. 익스포즈드 콘크리트로 이렇게 큰 지붕만 있는 집인데 그것이 끝에서 보가 플라잉 하다가 마지막에 끝나지 않고 튀어 올라 나갔는데 이것이 화근이 된 거죠. 그것이 김수근 선생님 처음 스케치에 있었는데 그것이 힘이 이렇게 올라가다가 이렇게 만나서, 한번 천정에서 만났다가 끝까지 조금 여운을 둔다, 그런 정도의 의도로 했었어요. 근데 그것이 나중에 화근이 되었어요. 옥외마당으로 나가는 큰 대문. 이렇게 세 가지가 굉장히 화근, 쟁점이 되는데. 대문도 고민을 하다가 절에 있는 일주문처럼 두 개의 기둥 위에 양끝이 휘어져 올라간 콘크리트 지붕과 중간보, 이런 단순한 구조로 만들었는데 앞의 계단과 결합해서 아래서 사진을 찍으면 도리이[9] 처럼 보이는 앵글이 있어요. 도리이를 보면 일자 기둥이 죽 올라가다가 중간에 가로대가 하나 있고 위에도 있는데 그게 또 끝에 좀 올라가 있어요. 그것이 일본의 신사의 상징물이지 않습니까. 어떻게 보면 우리나라 일주문도 개념은 비슷한 거 같아요. 그래서 그런 장소에 그런 게 있다는 것은 오해를 일으킬 수 있었는데, 그런 각도의 사진을 찍힐 수가 있었다는 게 그것은 전혀 의도가 없었고 뜻밖이었어요.

부여박물관 논쟁

집을 다 짓고는 또 한참 신문에 대단한 작품이라고 칭찬도 듣고 이런 식으로 지나갔지요. 그러다가 나중에 기술공사 때 1967년에 갑자기 신문에 언급된 거예요. 서울 문리대 김철준[10] 교수란 분, 국사학을 하는 유명한 인문학자고 상당히 국수주의적인 학자였는데 그 양반이 박물관 학예관도 하시고 그랬던 거 같아요. 마침 부여에 갔다가 〈부여박물관〉을 지나가다가 처음 봤는데 제일 먼저 본 것이 본관이었대요. 본관을 길에서 보면 숲이 있고 숲 뒤에 지붕 머리만 조금 보이거든요. 사진을 찍어가지고 보면 숲이 있는 그 뒤로 소위 일본신사의 치기[11] 가 쫙 서있고 거대한 지붕이 조금 보인단 말이죠.

9 _
도리이(鳥居): 일본 신사에서 신역과 속계를 구분하는 문.

10 _
김철준(金哲埈, 1923-1989): 1948년 서울대학교 문리대 사학과 졸업. 국립박물관 학예관, 연세대학교 교수 등을 거쳐 1963년부터 1988년까지 서울대학교 국사학과 교수로 재직.

11 _
치기(千木): 일본 신사 건축에서 지붕 양단에서 교차되는 부재를 말한다.

저게 뭔가 하다가 그 양반 표현에 의하면 일본의 망령이 나타났다며 깜짝 놀랐다는 거예요. 좀 더 들어와 보니까 도리이가 또 나타나서. (웃음) 이게 대체 뭔가 해서 보니까 새로 지은 〈부여박물관〉으로 김수근이라는 일본 출신 건축가가 설계를 했다더라. 그걸 들으시고 당장 기고를 했어요. 그런데 그 분이 왜 더 기겁을 했냐면 그 자리가 일본사람들이 신사를 지으려고 터를 닦아 놓았던 그런 땅이었답니다.[12] 원래 그 땅이. 그 양반이 그걸 알고 있었어요. 신사를 지으려고 했던 땅이었던 건데 신사가 딱 들어왔던 거지요. 그러니까 놀랄 수 밖에 없어서 『동아일보』에다가 기고를 했어요. 당시 『동아일보』 김재관 기자가 문화부 기자였는데 김수근 선생하고 개인적으로 잘 알던 분이었어요. 그 분이 그 기사를 보고서 김수근 선생님을 아니까 자기가 먼저 나서야겠다 해서 김수근 선생이 저녁 먹는 자리에 쫓아가서 식사하고 나오는 것을 붙잡았어요. 기자들 마이크 대고 막 물어보는 거 있잖아요. 김수근 선생님은 아무 정보 없이 갑자기 들이밀고 설계한 개념이 뭐냐고 물어보니까 김 선생이 이렇게 이야기 하셨어요. '일본 건축이라는 것이 백제 건축에 뿌리를 가지고 있고, 백제 건축을 일본에 가르쳐서 일본 건축이 된 것이다. 일본 건축의 뿌리는 백제이다.' 그런 식으로 설명하면서 그때는 〈부여박물관〉이 그런 문제가 제기된 줄도 모르고 일본 건축에 대해서 그런 식으로 얘기한 거지요. 그런데 김재관 기자가 신문에는 설계자가 〈부여박물관〉을 설계하면서 백제 건축이 일본에서 피운 꽃을 역수입했다, 일본 건축을 수입했다, 이런 식으로 표현한 거지요. 말하자면 설계자는 일본 건축을 백제 건축의 영향을 받은 모습으로 보고 거꾸로 수입을 했다는 얘기가 되잖아요? 얘기가 그렇게 되어 버렸어요, 김재관 기자가 쓴 글이. 그러니까 난리가 난 거지요. 실제로 설계자가 일본 신사건축을 모방해서 했다 그렇게 되어버린 거예요. 그렇게 얘기할 때까지 김수근 선생은 전혀 모르고 있던 거예요. 그런 문제가 제기가 된 줄도. 그냥 일본 건축에 대해서 설명했던



12 _
부여신궁(扶餘神宮): 일제는 강점기 말에 내선 일체 이념의 선전을 위하여, 고대 일본과 관련이 깊은 지역이자 백제의 수도였던 부여에 신도를 건설한다는 계획을 세웠다. 신도 건설 계획의 핵심으로 〈부여신궁〉이라는 이름의 신사를 짓기로 하였고, 1939년 6월에 관폐대사(官弊大社)로 정식으로 인가를 받았다. 이는 1940년에 치러질 '기원 2,600년 기념사업'의 하나로 추진되었다. 본래 1943년에 완공 예정이었으나 전쟁의 여파로 완공되지 않고 광복을 맞이하였다.

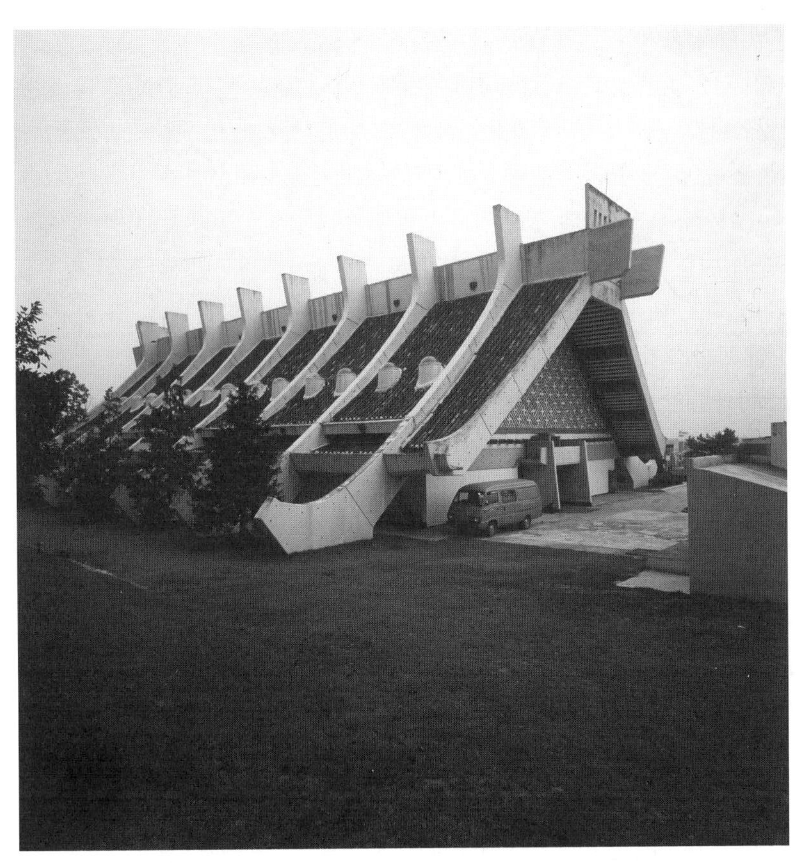

**그림1 _**

부여박물관. 김수근문화재단 제공.
사진작가 무라이 오사무

것이 와전이 된 거지. 거기까진 좋았는데 그 다음에, 지금도 이해할 수 없는데, 그 당시 김중업 선생이 우리나라 건축계에서 가장 기대 받는 국제적인 건축가였지 않습니까? 그런 분이 『동아일보』에다 기고를 하셨어요. 이것은 철저하게 일본 건축, 일본 신사의 디포메이션[13] 이다, 자기가 보기에는 그냥 적당히 한 것이 아니라 의도적으로 일본 건축을 디포메이션을 한 것이라는 식으로 조목조목 예를 들었어요. 그 중 하나가 한국 건축에서는 박공면에 진입하는 법이 없다, 근데 일본 건축물은 반대로 대개 입구가 그쪽으로 나 있지 않습니까? 아까 얘기했던 조각 공원으로 나가는 출입문. 그것이 이렇게 가게 되어있으니까 메인 엔트런스는 따로 있었는데, 김중업 선생이 사진을 보고 그것이 메인 게이트인 줄 아셨던 거 같아요. 그 점이 첫째로 일본 건축 신사를 모방한 것이고. 두 번째, 지붕 위에 조그마한 창문이 있는 거. 이것이 한국 건축엔 그런 사례가 없는데 일본 사원에 있다는 거지요. 실제로 그런 게 있더라고요. 사진까지 같이 비교해서 일본 건축을 디포메이션한 것이다. 또 도리이도 어떻게 보던 간에 이것은 도리이다 라고. 나도 왜 그런지 모르겠는데 이것은 일본 신사를 디포메이션한 것이다, 이런 식으로 노골적으로 공격을 하셨거든요. 정말 의외였던 것이 보통 선배 건축가이시고 그러면 좀 이해하는 쪽으로 하는 것이 마땅하지 않겠어요? 그런데 누구나 인정하는 김중업 선생이 그렇게 써버리니까 이건 아주 기정사실이 된 거지요. 도저히 뭘 할 수 없는 지경이 되었고요. 그것이 정당하게 평가 받은 것이 아니라 전혀 엉뚱하게 평가를 받았어요. 당시 건축가 협회가 사회적인 이슈에 대해서 관심을 많이 가지고 있을 때라, 건축가 협회에서 나서서 건축가들, 역사학자들, 화가, 미술가들, 언론인 이런 사람들을 한 20여 명 초대해가지고 버스타고 같이 현장을 보고 현장 평가를 했어요. 끝나고 돌아와서 건축가협회가 있었던 예총회관, 거기서 세미나를 했는데 그때 결과적으로 어떻게 결론이 났냐면, 다들 일본 신사처럼 보이게 된 것은 뭔가 잘못된 것이다. 그런데 의도적으로 신사를 디포메이션 한 것은 전혀 아니지만 설계자가 일본서 교육을 받았기 때문에 아마 은연중에 그런 유전자를 받았을 것이다. 이런 식의 굉장히 편한 방법으로 결론을 낸 거지요. 그래서 결과적으로 문화재 위원인가 모여가지고 회의를 한 결과 이것을 조금 변형해서라도 오해를 풀면 좋겠다, 이것이 작가의 창작이긴 하나 그런 식의 오해가 있을 수 있겠다, 해서 좀 변형을 하라고 오더를 받았어요. 그래서 당초에 프레임들 사이의 지붕 슬라브가 콘크리트로



13_
디포메이션(deformation): 회화나 조각 등에서 대상을 변형하여 표현하는 일.

되어 있었던 것을 기와로 덮어서 씌우고.

**전봉희:** 그 둘 사이가 밋밋한 면이 있었어요?

**윤승중:** 보가 위로 튀어나오고 콘크리트 면이었어요. 그 위에 기와를 씌우고 치기(千木)라고 생각되는, 위로 튀어나와있는 부분은 잘라내라고 했는데 아마 김수근 선생은 거부했던 거 같아. 하여튼 그렇게 타협을 해서 왔는데 거기서 생각했던 것은 김수근 선생님이 처음에 스케치 주실 때 진짜로 약간 그런 영향을 받았을 수 있겠다는 생각은 합니다. 왜냐면 그 당시 일본에 키쿠다케[14]라는 건축가가 설계한 신사[15]가 하나 있어요. 그런데 그것이 형태는 다르지만 경사지붕 사이에 주 공간을 만드는 방식으로.

**전봉희:** 직선이지요, 거기는.

**윤승중:** 직선이고 톱라이트가 있고. 그런 식의 신사가 있었어요. 지붕 전체로 매스를 만들어내는 방법이 있었고요. 그런 것들을 많이 봐왔으니까 혹시. 내가 보기에 김수근 선생님은 절대로 일본 건축을 모방해서 그렇게 하실 분은 아니고, 그 당시 〈자유센터〉도 그런 오해가 있었거든요. 그 당시에 마에카와 쿠니오(前川國男)가 했던 컨트리 하우스가 있었는데 그것이 큰 게이블(gable)을 가진 지붕, 그런 식의 것이었거든. 그런 식으로 약간 조형언어적으로 유사한 것은 있을 수가 있는데 그것을 모방했다라고 얘기하는 건 옳지 않고. 그것을 디벨롭 시킨 것은 내가 했고. 아까 얘기한 엔트란스 라든지, 천창, 이런데 대한 김중업 선생님의 주장이 너무 터무니없는 것이고, 또 도리이라는 것도 터무니없는 주장이었고. 그래서 이것은 진짜 이상한 해프닝이 되었어요. 다만 그걸 통해서 좀 전에 국립중앙박물관 컴페가 있었거든요? 그것이 전국적으로 논란이 되었었는데. 그 컴페의 조건이 전통적인 양식으로 해라, 이런 것이었기 때문에 거기에 건축계가 반발을 했었고요. 일반인들은 그럴 수도 있겠다며 오히려 이해하는 편이었고. 반대로 〈부여박물관〉은 건축계에서는 일본 신사의 디포메이션이라든가 일본 신사를 도용했다는 식으로 이해하진 않았지만, 일반인들은 오히려 그렇게

14_
키쿠타케 키요노리(菊竹清訓, 1928-2011): 일본 건축가. 와세다대학 건축학과 졸업. 여러 사무소를 거친 후 1953년 키쿠타케 키요노리 건축설계사무소 설립. 대표작으로 스카이 하우스(1957), 구루메 시민회관(1969) 등이 있다.

15_
이즈모 신궁[出雲神宮] 관리소 건물(1963).

생각해서 문제제기 된 경우였기 때문에 건축의 형식이나 건축의 내용을 가지고 전국적으로 언론에서 많은 사람들이 관심을 보였던 것은 상당히 특별한 사건이었던 거 같아요. 그렇게 〈부여박물관〉이 일단 유명해졌는데 다만 한참 뒤에 그 당시 내가 좀 실수였다고 생각된 것은 당시는 전시품이 많지 않았기 때문에 전통적인 박물관이 아니라 마치 미술 갤러리 같이 실내 디자인을 했거든요. 실제로 나중에 박물관에서 운영할 때는 상당히 불편했을 거란 생각이 들어요. 전시물이라는 것이 대형, 큰 것들이 아니고 대개 부스에 들어갈 수 있는 것들이기 때문에 가능은 했겠지만. 또 톱라이트가 있잖아요? 톱라이트도 사실은 정식으로 그런 갤러리나 박물관에서 쓰는 톱라이트 기술이 아니었기 때문에 그렇게 박물관으로서 성공한 집이라고 볼 수는 없어요. 다만 공간을 만들고 공간을 경험할 수 있게 했다는 것 정도로만 의미가 있었다고 봅니다. 그때까지도 그대로 운영이 되고 있는 거 같았어요.



**전봉희:** 아까 말씀드린 대로, 내부를 좀 바꾸었더라고요.

**윤승중:** 다시 개원했나요?

**우동선:** 저도 몇 년 전에 그렇게 밖에.

**전봉희:** 부여 문화재연구소.

**윤승중:** 아, 맞다. 부여박물관은 새로 지었다. 그때 내가 심사를 했었네요. 그래요. (웃음) 그 다음에 〈신일 중고등학교〉 꼼페를 했는데요, 여기. (책장을 넘기며)

**전봉희:** 신일재단이? 개인인가요?



**윤승중:** 동방실크라는 섬유회사 회장이 하던 신일재단이라고 1960년도 초반에 만들어진 학교인데, 그때 수유리 가는 길가에 큰 땅을 만들어가지고 거기다 학교를 지으면서 다섯 군데 정도에 지명컴페를 했어요. 유걸 씨를 김수근 팀으로 인바이트(invite)해가지고 유걸 씨가 처음으로 담당을 했던 작품입니다. 작품은 나하고 같이 했는데. 유걸 씨가 워낙 자기 컨셉이 강해요. 내가 지금껏 여러 사람하고 같이 작업을 해도 대개는 내가 잘 리드해서 작업했거든요. 그런데 유걸 씨하고 김석철, 두 사람은 내가 도저히 당할 수 없을 만큼 주장이 강해요. 그런데 유일하게 이것 하나만 유걸 씨가 내 이야기를 들어주었던 거 같아요.

처음에 유걸 씨가 제안한 것은 각 클래스룸을 한 세포로 해서 전부다 육각형으로 만들어가지고 연결을 시키는 그런 컨셉이었어요. 현실적으로 가능하지 않았죠. 그 당시 60년대 세계적인 경향 중의 하나가 캡슐이거나 어떤 생물학적인 체계를 만드는 것, 그런 경향이 있었고 아마 그런 것에 힌트를 받았을 거 같은데. 그런데 이것이 컴페티션이기 때문에 우리나라에서 컴페티션에서 당선하기 위해서는 결점이 없는 작품을 만들어야 해요. 왜냐하면 자꾸 떨어뜨려 나가기 때문에요. 좋은 작품은 결점이 많거든요. 굉장히 큰 결점을 가지고 있으면서도 굉장히 큰 장점을 갖고 있는 것을 좋은 작품이라고 볼 수 있는데 우리나라에서는 반대로 떨어뜨리거든요. 결점이 눈에 띄면 떨어져 나가요. 당선하려면은 가장 결점이 적은 작품, 어떻게 보면 상당히 무난해야 하는. 하지만 우리는 그때 반대로 뭔가 전혀 새로운 것을 제안하고 싶었어요.

유걸 씨랑 그 때는 안국동에 소위 김수근 팀이라고 있었거든요. 남들이 보면 작업실에 모여서 밤낮 컨셉과 당위들을 정립하기 위해서 밤새도록 작업실에서 일은 안하고 얘기를 하는 거였죠. 그러니까 교육이 무엇인가, 민주주의가 무엇인가 그런 얘기부터 시작해서 근본적인, 어떤 환원적인 접근 그런 방법일 수 있겠는데, 교육·학교의 원리가 무엇일까를 찾는 거였어요. 아마 루이스 칸의 영향도 있었던 거 같고. 그렇게 얘기하는 과정에서 유걸 씨가 타협을 해서, 클래스를 하나만 가지고 캡슐을 만들지 말고 한 층에 교실을 여섯 개 씩 모아서 클러스터를 크게 만들자. 그래서 여섯 개의 교실을 가진 육각형 클러스터가 몇 개 놓이게 되었는데 그것을 유기적으로 하고. 또 그 당시에 세계적 경향이 뭐냐면 전부 프리패브릭이죠. 특히 유럽 건축에서 보면은 거의 모든 공정을 프리패브릭으로. 그것이 모더니즘이 처음 출발할 때부터 산업화하고 연결되어 있었잖아요? 그런 것들이 실제로 실행 될 수 있는 때이었기 때문에. 안국동 시절에 특히 내가 프리패브리케이션에 꽤 관심이 있어서… 전부 콘크리트 프리패브릭으로 조립해오는 방식으로 제안을 했습니다. 그렇게 해서 컴페를 냈는데 이봉수 회장이란 분이 날 몇 번 불렀어요. 김수근 선생님 바쁘셔서 내가 대신 갔었는데. 한 세 번쯤 불려가서 똑같은 얘기를 자꾸 설명하는 거지요. 왜 이렇게 했느냐. 사실 그분 마음속으로는 일반적인 일자 모양 가장 기본적인 형태. 일자로 앞에 강당, 큰 운동장, 그것이 일제시대부터 생각했던 학교거든요. 정문을 지나서 마당 지나서 중앙 현관을 지나면 교장실 있고 교실이 있고. 그거를 조금 더 극대화 시킨 그런 것인데 개념은 괜찮았던 거 같아요. 그런 안을 마음속에 갖고 있으면서 보니 이게 상당히 궁금했던 것이죠. 이렇게 지어도 되겠느냐고. 나는 굉장히 기대하고 열심히 설명했던 기억이 납니다. 그런데 결국엔 성사가 안 되었어요.

기억에 남는 것은 60년대에 김수근 연구소는 컴페티션을 꽤 많이 했는데, 그때마다 우리는 꼭 뭔가 제안을 했어요. 시립 도서관을 할 때도 프로그램 자체를 문제 삼아서 남산에다가 도서관을 짓는 것은 말도 안 된다는 식의 접근을 했고. 그 당시의 고전적인 도서관 방식을 벗어났더니 보기 좋게 떨어졌죠. 이것도 그런 식으로 일단 프로포즈(propose)했었고. 또 (건축주가) 흥미는 가졌었지만 안 됐지요.

**전봉희:** 육각형을 그 이후에 다시 쓰신 적 있으세요?

**윤승중:** 사실 난 육각형을 좋아한 건 아닌데 김수근 선생님이 육각형에 꽤 집착을 가졌었어요. 시립 도서관에서도 육각형 모듈을 가진 스케치를 하신 적이 있었고, 또 주택에 육각형을 쓰신 경우도 있었고. 그 전에 사실은 동경대학 재학 시절에 인천 송도에 어떤 분이 요청해서 했던 프로젝트에서부터 육각형을 썼었죠. 그랬던 거 같아요. 신일학교는 김 선생님은 별로 관여 안하셨는데 우리가 그냥 육각형이라는 조형언어를 썼었던 거지요.



**우동선:** 클러스터 만드는 건 나중에 서울 미대 이런 데서도.

**윤승중:** 서울 미대, 음대도 하셨잖아요? 방법은 다르지만 중정을 가지는 클러스터를 만들었는데 그 집이 또 명작이기도 하지만 굉장히 애물단지이기도 해요. 아마 사용자 입장에서 볼 땐 굉장히 힘들었을 거 같은데 그 이유가 뭐냐면 학교 캠퍼스인데 층이 너무 많아서 조금만 가면 계단 있고, 나중에 혹시 장애인이 입학을 했으면 큰일 났을 거 같아요. 곳곳에 엘레베이터를 놔야 하기 때문에… 하여튼 그런. 사실은 서울 대학으로서는 명작인 것이 서울대학에 대해서 한번 말할 기회가 있을지 모르겠는데 서울대 기본설계 과정에 좀 관여했거든요. 진짜 넌센스가 있어요. 전체를 호모지니어스(homogeneous)하게 디자인 했다는 것이 처음 관여했던 분들의 큰 미스테이크(mistake)였지 않을까. 그게 얼마나 좋은 기회입니까? 백지에다가 대학을 하나 만드는데 그렇게 재미없는 집을 만들었단 말이죠. 참 아까운 기회였던 거 같아요.

**전봉희:** 공장이죠. 공장.

Montreal Expo'67
한국관

**윤승중:** 그 다음 엑스포 이야기를 할게요. 엑스포는 사실 세계적으로 올림픽과 맞먹는 그런 국제적인 행사인데 아시는 것처럼 에펠탑도 파리 엑스포에서 기념탑으로 만들어진 거잖아요? 또 런던의 글라스 하우스도 엑스포 전시관으로 지어진 거지요. 그런 식으로 올림픽보다 조금 더 역사가

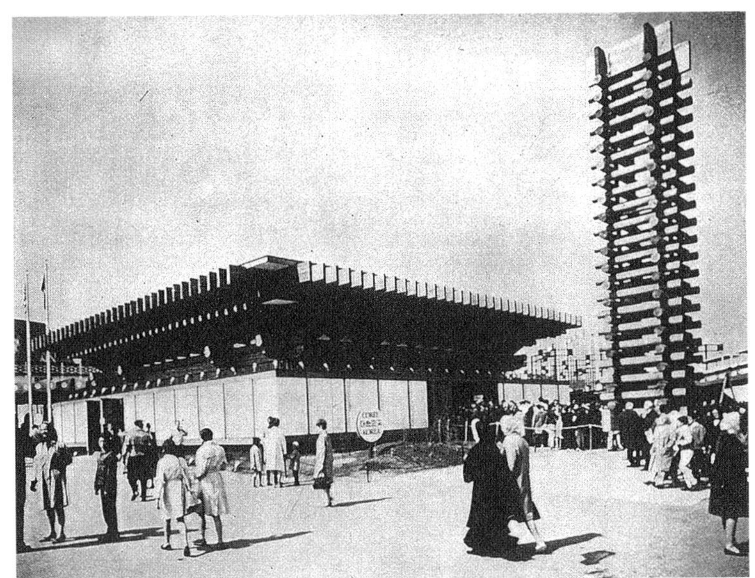

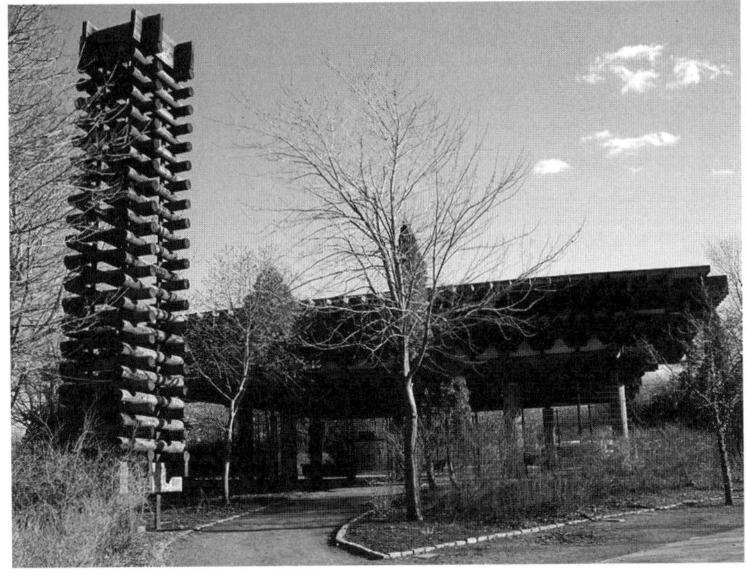

**그림2 _**
Expo'67 한국관(당시 모습). 김수근문화재단 제공.

**그림3 _**
Expo'67 한국관(공원으로 사용 중인 최근 모습). 김수근문화재단 제공.

길죠. 국제적인 이벤트로서…. 우리나라는 1964년에 뉴욕에서 있었던 엑스포에 처음으로 참가를 했어요. 김중업 선생이 한국관을 설계를 하셨죠. 그때 몇 개의 큰 벽으로 만들었던 임시 건물이었지요. 67년에는 그 당시 엑스포[16]를 주관했던 곳이 한국무역진흥공사였는데 무역진흥공사 사장이 김일환 장군이라고 나중에 교통부 장관 하시고 그분이 예비역 소장이었어요. 개인적으로 김수근 선생님하고 친해서 그 분의 주문으로 67년 엑스포에서 한국관 설계를 맡게 되었죠. 외국에다가 짓는 집이었기 때문에 규모는 크지 않았지만 어떤 사명감을 가지고 했었는데 그때 66년 초나 65년 말쯤이었을 거예요. 김원 씨가 사무실에 65년 초에 왔기 때문에 김원 씨 온지 얼마 안 되었을 때예요. 김원 씨가 실무 담당이고 내가 전체 총괄이었기 때문에 주관을 하고 그렇게 해서 처음에 대개 둘이서 작업을 시작을 했어요. 그때 처음으로 알게 된 것이 캐나다에서는 래미네이티드 우드[17], 그것이 굉장히 중요한 건축 소재였는데 우리나라에는 생소하잖아요? 여러 가지 나무를 두루 접합했기 때문에 뒤틀림 없고 거기다가 화학 물질을 흡수시키면 내화재로까지 인정을 받는, 그런 식의 좋은 소재였던 거지요. 우리가 그런 목재를 다루어본 적이 없었기 때문에 흥미가 생겨서 일단 그런 소재를 써서 디자인을 한다. 근데 그때 소문이 나기를 미국관은 여기 나와 있는 것처럼 벅크민스터 풀러[18]라는 사람이 수학자 출신 구조가인데 건축계의 아주 획기적인 분이었던 거 같아요. 소위 텐션(tension) 멤버(member)만을 가지고 만들어진 사면체를 죽 이어서 큰 돔을 만들 수 있는 거지요. 본래 텐션만 가지고 한다는 것이 굉장히 효과적이어서 그, 뭐랄까요, 강철 부재 보면 가늘고 가볍게 보이거든요. 자기는 그거 가지고 현재 강철 강도면 직경 2km까지 돔을 지을 수 있다, 이런 식의 주장을 하던 사람이죠. 뉴욕의 몇 개의 블록을 크게 덮을 텐데 왜 아무도 호응을 안 하느냐. 그걸 덮고 나서 돔 내에 에어컨을 틀게 되면은 모든 집들이 다 외벽을 없애고 옷을 벗고도 살 수 있는, 전혀 새로운 환경을 만들 수 있다, 그런 주장을 할 정도의 건축가인데. 처음으로 미국관을 맡아가지고 꽤 큰, 몇 십 미터밖엔 안 되겠지만 돔을 만들고. 투명하게 만들어서 그 안에 달로켓 실물을 전시를



**16 _**
1967년 몬트리올 엑스포.

**17 _**
래미네이티드 우드(laminated wood): 집성재.

**18 _**
벅크민스터 풀러(Buckminster Fuller, 1895-1983): 미국의 사상가, 디자이너, 구조가, 건축가, 발명가이자 시인.

하겠다, 그런 얘기도 있고. 또 독일, 프라이 오토[19]라는 구조가가 있는데 그 사람은 나중에 1972년 뮌헨 올림픽 경기장 전체 디자인을 했지요. 그 시작을 여기서 했어요. 뮌헨 올림픽 때는 투명한 플라스틱판을 덮었는데 여기는 투명하진 않았고. 어쨌든 케이블에다가 판을 덮어서 스페이스를 만든 그런 것들이 발표가 되었고, 또 모셰 사프디[20]의 〈하비타트 67〉[21]이라는 거는 두고두고 요즘까지 잘 쓰이고 있더라고요. 그런 것들이 발표가 되었고. 그런데 한국은 뭔가 전시를 해야지 되는데 미국같이 뭐 로케트 하나만 딱 갖다 놓으면 되는 것도 아니고. 당시는 도무지 내세울 게 없는 나라였잖아요. 심지어 무역진흥공사에서는 조립해서 만든 새나라 자동차… 이것이 굉장히 프라우드해서 그것 갖다가 자랑도 할 정도이고. 그건 전혀 국제적으로 내세울 게 없는데 그걸 자꾸 내세우려고 그래서 김수근 선생님이 계속 설득을 해서 이건 문화전시로 해야 한다, 우리나라 문화재를 가져가자. 그래서 조금씩 생각을 바꾸기 시작을 했고 그러다 보니 전시관 자체를, 건물 자체를 문화재가 되게 하자 했던 거지요. 내 생각은 우리나라 목구조의 골격만 아주 추상화해서 만든 다음에 유리로 외벽을 만들자. 한국관을 보면 흰 벽으로 보이는 거 있잖아요. 그 부분을 처음에는 사실은 유리로 투명하게 보이고 프레임이 그대로 드러나 보이게끔. 그 골격도 조금 더 추상화하려고 그랬어요. 처음에 그렇게 스케치를 했었는데 그것이 디벨롭 되는 과정에서 조금 더 한국적인 모티프들을 쓰게 되었고. 유리를 쓰게 되면 전시를 할 벽이 없어지잖아요? 그래서 나중에 불투명한 흰 벽으로 하게 되었습니다. 나중에 전시할 때 가보진 못했어요. 일단 전부다 목재로 래미네이티드 우드를 써서 디자인 했지요. 투명한 유리였으면 상당히 좋았을 거란 생각을 했는데. 일단 김수근 선생님은 벽에다가 전시할 내용이 별로 없으니까 아이디어를 낸 것이 우리나라 바가지를 수백 개를 벽에다가 붙였어요. 가운데에다가 우리나라 자기나 이런 문화재 갖다 놓고. 보통 일반적으로 무역진흥공사에서 하는 것과 전혀 다른 방법으로, 사실은 그냥 분위기만 만들었다 볼 수 있겠죠.

**19 _**

프라이 오토(Frei Otto, 1925-): 독일의 건축가, 구조가. 케이블 네트 구조나 막구조를 사용한 공간으로 평가받고 있다.

**20 _**

모셰 사프디(Moshe Safdie, 1938-): 이스라엘계 캐나다인 건축가, 어번디자이너, 교육자, 이론가이자 작가. 1961년 맥길 대학교를 졸업하고 루이스 칸에게 사사한 후 1964년에 자신의 설계사무소를 개설.

**21 _**

〈하비타트 67〉(Habitat 67): 모셰 사프디가 1967년 몬트리올 엑스포를 위하여 설계한 파빌리온이며 이후 모텔 커뮤니티와 하우징 콤플렉스로 사용되고 있다.

그렇게 한국관이 되었는데 그것이 거기 그 당시 주제가 뭐였냐면은 마크가 있지요. 마크가 사람을 상징하는. 그때부터 지구는 하나이고 세계가 있고. 원래 주제는 'man and his world', 맨(man) 이라는 것이 인류를 말하는 거 같은데, 여성 쪽에서 반발이 있을 테니까, 맨이라는 것이 맨카인드(mankind)를 말하는 거고 그것이 전체 주제였고. 세계가 하나다 뭐 이런 개념의 엑스포가 되었습니다. 그래서 전태진이라는 우리 직원이 현장에 가서 실제 감독을 했는데 이분은 그 뒤 캐나다에 남아서 오랫동안 활동을 했죠. 현지에, 이름은 지금 생각이 안 나는데 로컬 아키텍트(local architect)하고 같이 작업을 하고, 실시 설계는 거기서 했던 거지요. 왜냐면 거기 레귤레이션(regulation)을 우리가 잘 모르니까. 그 일단 안국동에서 작업했던 건 이 정도로 얘기가 된 거 같아요. 혹시 기술공사로 가는 과정을 얘기를 해야 하는데 혹시 지금까지 설명이 필요하다든가 질문 있으시면 해주시죠.



**전봉희:** 그 몬트리올 엑스포 건물은 설계만 가지고 간 거지요? 재료나 이런 것들은 현지시공..

**윤승중:** 예, 재료는 다 현지에서 제공했고. 그 다음에 전시품은 가지고 갔고.

**전봉희:** 전에도 말씀하셨는데 남아있다면서요, 지금도?

**윤승중:** 아, 얼마 전에 누군가. 여행을 하다 그걸 봤다고 편지가 왔어요. 저도 1995년인가 김원 씨랑 마침 일로 같이 갔다가 거기 방문을 했었습니다. 여기 있는 것처럼 골격만 남아서 고물이 되어 있어요. 그것이 고물로 남아서 정자 같이 쓰이고 있다고. 아마 남아있는 게 몇 개 없는데 그 중의 하나가 되었다는 것이 아마 정자로 쓰기 좋았던 거 같아요. 원래 용도대로 된 거지요.

**우동선:** 이렇게 남아있다는 말씀이시죠?

**윤승중:** 예, 외벽은 벗겨버리고..

**전봉희:** 모셰 사프디는 무슨 관으로 낸 겁니까?

**윤승중:** 모셰 사프디는 관으로 낸 것이 아니라 엑스포 행사의 하우징으로.

**전봉희:** 아, 실제로 사용을 한 거예요?

**윤승중:** 전혀 다른 장소예요. 장소가 따로 있고 지금은 고급 빌라로 쓰이고 있는데. 얼마 전에 갔을 때 한번 들어가 보려고 교섭을 열심히 했는데 전부다 사람이 살고 있기 때문에 들여 보내줄 수 없다고 해서 구경을 못했어요. 그것도 아마 그 당시 굉장히 획기적이었던 것이 뭐냐면 전체가 다

조립이었습니다. 그것도 일종의 캡슐 같은 그런 원리로 해갖고 유닛이 두개 세 개씩 모여서 그것이 집이 되고. 근데 그것이 굉장히 입체적으로 복잡하게 얽혀져있는데, 근데 현지를 그렇게 잘 이해했을까? 왜냐면 경사가 복잡한 땅에다가 박스를 얹혀서 집을 지었는데 접근로도 간단치 않아요. 감탄을 한 것이 어떻게 그게 가능했을까. 전체를 다 조립해서 집을 지었거든요. 그것은 그 당시에 아마 1967년 몬트리올 박람회의 가장 대표작으로 남았을 거예요. 얼마 전에 한국에 한 번 왔었죠. 모셰 사프디가. 아직도 활동을 많이 하더라고.

**전봉희:** 활동을 하더라고요. 놀랬습니다. 요번에 싱가포르에 지었다는 호텔도 있고.

**윤승중:** 그 당시에 상당히 젊었을 때였거든요. 한 30대 초반이었나 그랬을 거예요.

**전봉희:** 그 다음에 미국관은 불이 나지 않았던 가요? 화재가…

**윤승중:** 그건 잘 기억이 안 나는데.

**전봉희:** 유명한 사건중의 하나인데 투명하다고는 하지만 겉에 막이 있었고. 막 사이에서 가스 때문에 불이 나서 타버렸다고.[22]

**윤승중:** 뉴욕을 다 씌웠으면 큰일 날 뻔했구만.

**전봉희:** 맨하탄 계획안은 천이었는지 유리였는지 모르겠어요. 역시 천이었겠죠?

**윤승중:** 프라이 오토가 올림픽 경기장을 설계하면서 제일 고민했던 것이 투명판을 만드는 것이었을 겁니다. 플라스틱이면서 유리의 강도를 갖고 플렉시블(flexible)하고 또 이것들을 프레임(frame)에다가 연결시켜야 되잖아요? 조인트 만드는 방법. 그것은 아마 자기가 한 것이 아니라 여러 전문가팀에서 해가지고 일단 성공을 한 거 같아요. 그 집은 나중에 가봤는데 진짜 훌륭한 디자인인거 같아요.

**전봉희:** 뮌헨이요. 근데 햇볕은 못 가리지 않나요?

22 _
실제 화재는 1976년이고 피복 재료는 막이 아니라 아크릴판이었다.

**윤승중:** 그런 점은 있는데 왜 훌륭하냐면 그전까지 우리가 알고 있던 건축에다 막을 사용해서 곡면을 넣었다는.

**전봉희:** 그걸 72년에 했다는 것에 더 놀랐어요. 40년 전에 그런 생각을 갖고 시공했다는 것.

**윤승중:** 유니크하게 다른 요소 하나 없이 거의 같은 개념으로, 심지어는 바깥쪽에 자전거 거치대까지도 같은 컨셉으로 다 했거든요. 모든 부분을 다. 이거 보면 건축가들이 심지어는 거의 가구나 소품들까지도 다 하지 않습니까? 그런 점에서 참 부러운데요. 건축에 전혀 새로운 개념을 제시했다는 점에서. 그런데 그 이후에 그것이 그렇게 썩 도움은 안 되었지요?



**전봉희:** 그런 거 같아요.

**윤승중:** 왜냐면 어렵고, 아까 얘기한 햇볕 컨트롤이 좀.

**전봉희:** 오히려 그 이후에는 천을 개발해서. 패브릭은 개발이 되었는데 플라스틱은 좀.

**윤승중:** 또 유명한 구조가[23]. 이름을 잊어버렸는데 그 사람이 케이블만 가지고 만든 돔 있잖아요? 우리나라 잠실에 올림픽 체조경기장. 그 돔이 아주 유명한 돔이에요. 그때도 그것이 아마 전 세계적으로 사례가 없었을 때 용감히 그런 공사를 해가지고 전부다 인장 케이블만으로 돔을 만든 거잖아요? 굉장히 인상적인 집이었던 거죠. 그것도 천을 씌우는데 햇빛 뭐 뭐 그래가지고. 완전히 뒤에서 위에 다 뒤집어 씌웠다고.

**전봉희:** 방송 카메라 뒤가 너무 밝아서 방송이 안 되어서 그랬죠.

**우동선:** 자, 이제 장시간에 걸친 안국동시절 회고가 일단 마무리 되는데 혹시 더 하실 말씀이 있으신가요?

**윤승중:** 60년대 초반에 김수근 선생하고 상당히 중요한 시기를 같이 보냈는데, 김수근 선생님은 어떻게 생각하실지 모르지만 나로서는 굉장히 중요한 시기였죠. 처음 시작할 때부터 막중한 치프 아키텍트라는 자격을 주셔서

**23 _**
데이비드 가이거(David H. Geige, 1935-1989): 미국의 구조가. 돔 경기장에 주로 사용되는 에어 서포티드 패브릭 루프 시스템(air-supported fabric roof system)을 개발했다.

분에 넘치는 작업을 하였고, 밤도 많이 새우고 고생은 했지만 굉장히 큰 보람이었던 거 같고. 또 우리가 학교 선생님들께 배웠던 한국적인 모더니즘 건축의 원류와는 좀 다른 그런 것들을 배워 볼 수가 있었고. 그래서 나한테는 굉장히 큰, 좋은 선생님, 스승이 되셨던 그런 기간이었고. 다만 김수근 선생은 나하고는 몇 가지 견해 차이는 더러 있었어요. 첫 번째가 김수근 선생께서 약간, 처음부터 어떤 아날로직한 오브제로부터 형태를 받아서 그거 가지고 스케치를 시작한다든지, 또 김 선생님 늘 주장하였던 것 중 하나가 어떤 장소가 있으면 거기에 결정적인, 꼭 맞는 형태나 이미지가 있다고 주장하셔서 대개 현장에서 한참동안 구상해서 영감을 드러내고 거기서부터 스케치하면서 기본적 구상을 하는 그런 식의 접근을 하시는데. 나는 거기에 의문을 제기했던 것이 집이라는 것은 거기 어떤 사람들이 들어가서, 어떤 상황을 만들어내기 때문에 그 상황을 수용할 수 있는 장소를 만드는 것이 아니냐 그렇게 봤지요. 그러기 위해서는 자연적 장소로부터 얻어지는 형태나 이미지 보다는 상황으로 인해 만들어지는 시스템이랄지 이런 것들이 중요하지 않을까 늘 그렇게 생각했어요. 그래서 김수근 선생님은 우선 형태가 정해지면 거기서부터 필요한 기능들을 잘 쪼개 나가는 것이라고 주장하시고, 나는 그거 보다는 어떤 상황을 먼저 만들어서 필요할 때 더해져 나가는, 자라나는 그런 것이라고 생각했고. 그렇게 조금씩 생각이 다른 점은 있었지만은 저는 그 당시에 김수근 선생님의 생각을 충실하게 실현시켜야하는 그런 입장이었기 때문에 내 생각을 거기다 조금씩 숨겨서, 말하자면 김 선생님이 그냥 자유롭게 하신 스케치에다가 어떤 원리를 좀 만든다든지, 또는 그것을 실제로 현장에서 작업할 수 있게끔 하는 그런 작업을 했다든지, 이런 식으로 김수근 선생님께 도움을 드렸으면 드렸다고 할 수 있을 거 같아요. 그것이 상당히 유익한 시간이었고 중요한 시간이었다라고 전반적으로 평가할 수 있을 거 같습니다. 사실 60년대에 김수근 선생은 아까도 얘기했듯이 자신이 30대 초반이었고 우리나라의 여러 건축적 환경들이 어려운 시기였기 때문에 거기서 조금 자기 과시적인 그런 식의 주장도 하고 그런 과정에 있었기 때문에 '김수근 건축'이라는 것이 얼마만큼의 의미를 가질지는 모르겠지만 나는 적어도 김수근 선생은 우리 한국 건축계에서는 굉장히 큰 자산이라고 생각이 됩니다. 그래서 김수근 선생의 그런 점들을 재평가하는 과정에서 격하하거나 해체시킬 필요는 별로 없다고 생각을 합니다. 이분이 1960년대부터 시작해서 80년대까지 한국 건축계에 대해서 굉장히 큰 컨트리뷰션(contribution)을 했죠. 또 한 가지는 김수근 패밀리들을 많이 만들어 내셨다는 것이 큰 공헌이라 볼 수 있어요. 왜냐하면 비슷한 시기에 김중업 선생님도 그런 활동을 하셨는데 김중업 패밀리보다는 김수근 패밀리가 훨씬 더 다양하고 활동적이었다는 것이 오히려 김수근 선생님을 평가할 때 굉장히 큰 의의가 있지 않을까 생각합니다. 김수근 편은 끝을 내기로 하죠. 김수근 연구소 편.

**전봉희:** 예. 기술공사는 완전히 다른 거라고 생각하시는?

**윤승중:** 완전히 다른 거라고 생각하지는 않아요. 거기서도 김수근 팀은 계속 되었기 때문에.

**전봉희:** 그럼 기술공사에는 김수근팀 더하기 다른 팀, 이렇게 만들어진 건가요?

**윤승중:** 조금 있다 설명을 할게요. 잠깐 쉬었다 할까?

**전봉희:** 예.

(휴식)

**전봉희:** 그럼 기술공사 만드는 과정부터 조금 말씀을 해주시겠습니까? 저기, 안국동 팀에게 어떻게 통보를 하셨어요? 자, 이제부터는 우리는 다 옮긴다, 이렇게 말씀하신 겁니까? 소속이 바뀐 겁니까?

**윤승중:** 사실은 1966년 봄부터 김수근 선생님 포함해서 혁명 주체들이 굉장히 나라 걱정을 해서. 그때 어떤 걸 봤냐면 미국에서 지원받은 충주비료 공장 건설과정에서 엔지니어링 회사들의 고압적인 횡포로 피해를 많이 받았는데, 원조 중에 상당 부분을 그 사람들이 도로 가져가고 하는 것들을 많이 봤거든요. 앞으로 우리나라가 산업화를 거쳐서 그런 수준이 되려면 지금부터 엔지니어링에 대해서 준비해둘 필요가 있겠다 하는 상당히 좋은 의도에서 시작되었던 거 같아요. 그런 의견들이 생겼는데 거기 김수근 선생님도 합류하게 된 거죠. 그런 합의 하에 한국전력, 산업은행, 주택공사 등 공공 기관들이 일단 출연을 해서 한국종합기술개발공사[24]를 만듭니다. 대개



24 _
한국종합기술개발공사: 1963년 3월 설립된 국내 최대의 종합기술용역업체로 기술용역, 설계감리, 측량 및 기술용역연구, 종합 건설 등의 일을 하였다. 1963년 정부 재투자기관의 하나인 국제산업기술단(주)로 설립되었다가 1966년에 (주)한국종합기술개발공사로 상호를 변경했다.

1966년 봄쯤인데 그때까지만 해도 김 선생은 거기에 참여할 생각은 했지만 안국동 사무실을 거기다 통합시킬 생각은 없으셨던 거 같아요. 왜냐하면 그 무렵 만들었던 김수근건축연구소의 브로셔를 보면, 만약 사무실을 통합시킬 생각이 없다면 그렇게 새로 만들지 않았겠죠. 5월달 쯤 되어서 그리로 가끔 놀러오라고 그러시기도 해서 사무실 친구들과 몇 번 갔었거든요.

**전봉희:** 종합기술공사가 어디에?

**윤승중:** 처음에 시작할 때 사무실은 서소문로 중앙일보사 그 근처 어디 빌딩에 있었다가요 나중에는 신문로에 교육문화회관이라고 있어요. 이광노 선생이 설계한 거. 거기서부터 시작했는데 서소문에 있는 집에 몇 번 불러서 가고 그랬었죠. 그때부터 건축부를 만들어야 되는데 새로 만드는 거 보다는 안국동 팀을 주축으로 해서 만드는 게 좋겠다 했나 보지요. 그래서 김수근 선생님이 그걸 통합하기로 결심하셨는데, 우리한테 슬쩍 얘기 꺼내 보니까 말도 안 됩니다 그러면서 반대했거든요. 그런 회사는 토목이나 화공 등 엔지니어링 회사잖아요. 기술 용역회사에 왜 우리가 같이 껴서 어떻게 건축을 같이할 수 있냐고, 절대 반대입니다. 일단 그렇게 반응을 보이니까 처음에 고민을 좀 하시다가 어느 날 저녁때 조선호텔로 누구누구 와라, 그 누구누구가 나하고 김원, 유걸, 김환 이랑 한명 더 있는데. 그 당시에 조선호텔 헐기 전 옛날 조선호텔에서 방 얻어가지고 지내시고 했거든요. 그때 다 그리로 와라 해서 불려갔어요. 그랬더니 와인하고 이렇게 밤을 새울 준비를 하시면서 밤새서 얘기 좀 해야 하겠다고. 옛날 얘기도 듣고 시간을 보내다가 지금 그 기술공사 얘기를 하시고 우리나라가 앞으로 이제 근대화하고 산업화를 통해서 세계로 진출하는데 엔지니어링이라는 파트가 없으면 불가능한 일이다. 거의 산업화 인프라에 속하는 곳이니까 그런 것을 만들었는데 건축부도 필요하다. 안국동 팀을 주축으로 해서 건축팀을 만들어야겠다고 그러셨죠. 한참 논란이 되었는데 결과적으로 선생님 말씀은 어떤 훌륭한 스타이든 공연하기 위해서는 무대가 필요한데, 무대가 없으면 아무리 좋은 스타라도 연주를 할 수 없지 않느냐, 그런 무대를 만들어야 하는데 내가 무대를 만드는 사람이 되기로 했다, 니들이 도와줘야 되겠다, 그럼 나중에 10년 후에, 20년 후에 니들이 거기서 노래를 해라, 뭐 이런 식으로 설득을 했어요. 그렇게 하시겠다는데 어떻게 하겠습니까? 그래도 그 만큼까지 익스큐즈를 받으려고 애쓰신 거지요.

그래서 통합이 되었는데 그때 나는 도시계획부 부장, 사실 부장이 되려면은 경력이 한 15년 정도 되어야 하는데 나는 5년 경력으로 특별히 그렇게 했던

도시계획 부장

거 같아요. 그 중에서 유걸, 김원, 김환 이렇게는 도시계획부 멤버가 되고. 그 도시계획부라는 것이 사실은 김수근 팀의 직할 태스크포스 팀 같은 거였죠. 거의 직속부대 같은 거였죠. 그리고 건축부가 있었어요. 건축부는 1, 2, 3섹션이 있었는데 건축부는 한창진 선생[25] 이라고 아시죠? 한창진 선생이 이사로 오셔서 건축부를 관리하시게 되고 그렇게 대체로 안국동 멤버들이 주축이 되어서 시작했고 나중에 조금씩 더 추가로 들어오고. 제일 많았을 때는 건축부가 한 40명, 50명 정도 인원이었고. 크게 도시계획부와 건축부가 있었고. 그렇게 구성이 되었었어요. 회사가 되니까 제일 먼저 회사의 루틴이 있으니까 지켜야하지 않습니까? 안국동 생활은 저녁때가 되면 거의 밤새우고 아침에 또 좀 늦게 나오고 이런 식으로 루틴이 일반 회사와 많이 달랐단 말이에요. 다른 부서와 비교해 보면 말도 안 되는 거니까 따라야 하는 거지요. 그 첫 번째로 타임 키퍼 기계가 있어서 카드를 찍고 출퇴근했는데 지각을 하면 빨간 글씨로 나오거든요. 초창기에는 나는 반이나 빨간 글씨야. 시간을 잘 못 지켰고. 요즘 식으로 보면 자유 영혼 가진 사람들이 갑자기 군대에 간 셈이 된 거죠. 그 당시 초대 사장하신 분이 박창원 준장이라는 분인데 예비역 준장이었어요. 군인 출신답지 않게 부드러웠지만, 하지만 전체적인 분위기는 좀 역시 군대조직 같은 체계를 갖추고 있었고, 또 한 열 개 정도의 프로페셔널 부서들이 있었기 때문에. 다른 분들은 다 엔지니어들인데 건축은 같은 공과대학 출신이긴 하지만 항상 좀 이단이지 않습니까? 그 중에서 가장 이단인 디자인을 주로 하는 사람들이라고 해가지고 별종이었죠. 건축 관련 부서가 건축부, 도시계획부, 또 하나 구조부가 있었어요. 구조부는 전상백[26] 이라고 아시나요?

**전봉희:** 네.

**윤승중:** 전상백, 이창남. 그들이 주축이 되어가지고 전상백 씨가 구조부 부장하고 자체적으로 해결하게 체계를 만들어 갔지요.

**전봉희:** 구조 전공이시군요? 전상백 회장님도. 옛날에 저 건물도 하셨잖아요, 광화문에 KT 건물.



25 _
한창진(韓昌鎭, 1928-): ㈜한정종합건축 대표.

26 _
전상백(全相伯, 1933-): 1957년 서울대학교 공과대학 건축공학과 졸업. 철도청 시설국 건축과 등을 거쳐 1979년에 (주)한국종합건축을 설립하여 대표이사를 지냄.

**윤승중:** 처음에 구조부 부장이셨다가 나중에 독립해서 한국종합건축사라는 이름으로 건축 설계사무소를 만드셔서 꽤 활발하게 하셨지요. 지금은 아마 은퇴하셨겠지만. 또 이창남 씨라는 분은 처음 현대건설에 있었다가 기술공사로 스카우트가 되어서 왔는데 이 양반이 한국의 구조계에서 독보적인 분이지요. 이렇게 이럭저럭 모양은 잘 갖추어졌고. 초창기에 몇 가지 일을 동시에 했는데 지금 정확히 기억은 안 나지만 우선 〈세운상가〉가 시작되고, 〈김포공항 피지빌리티 스터디(Physibility Study) 마스터플랜〉이 있었고, 그리고 조금 지나서 〈키스트(KIST) 본관〉 이렇게. 거의 비슷한 시기에 시작이 되었어요.

대개 처음에 컨셉 디자인을 도시계획부가 하고 진행을 했는데. 〈세운상가〉는 사실 도시계획부에서 컨셉을 내주는 정도였고 여러가지 진행하는 미팅에 참석했지만 도시계획부 자체에서 일은 별로 하지 않았어요. 실제 설계는 건축부에서 한 거고. 전반적으로 도시계획부에서 하는 일들이 그동안 김수근연구소에서 했던 것들은 거의 건축 프로젝트였는데 이제는 어반 스케일의 마스터플랜이나 그런 성격이 다른 프로젝트들을, 그것도 컨셉 디자인만 주로 하게 된 거죠. 나중에 지난 다음에 보면 실속이 없었던 것도 같아요. 왜냐면 건축부 중에 건축 3부가 있었거든요? 공일곤 씨가 3부 팀장이고, 거기에 전동훈[27] 교수 혹시 아시나요?

**전봉희:** 홍대에 계셨던.

**윤승중:** 홍대가 아니라 경희대.

**전봉희:** 아, 경희대.

**윤승중:** 또 김원석. 김원석이 둘인데 나중에 공간사 사장을 했던 김원석[28] 씨 말고 홍대 나오고 인테리어 디자인 쪽으로 한 김원석[29] 씨라고 있었거든요?

**27 _**
전동훈(全東勳, 1939-): 1963년 홍익대학교 건축미술학과 졸업. 학부 졸업 후 엄덕문건축연구소, 종합개발공사, 엄이건축연구소 등을 거쳐 1980년부터 경희대학교 건축공학과 교수를 지냈으며 현재 명예교수.

**28 _**
김원석(金源錫, 1937-): 1959년 홍익대학교 건축미술학과 졸업. 1963년 상미건축연구소 설립. 1970년 이후 김수근설계사무소 근무했다.

**29 _**
김원석(金圓錫, 1939-): 1964년 홍익대학교 건축미술학과 졸업. 김수근건축연구소를 거쳐 1970년 원도시건축연구소 설립했다.

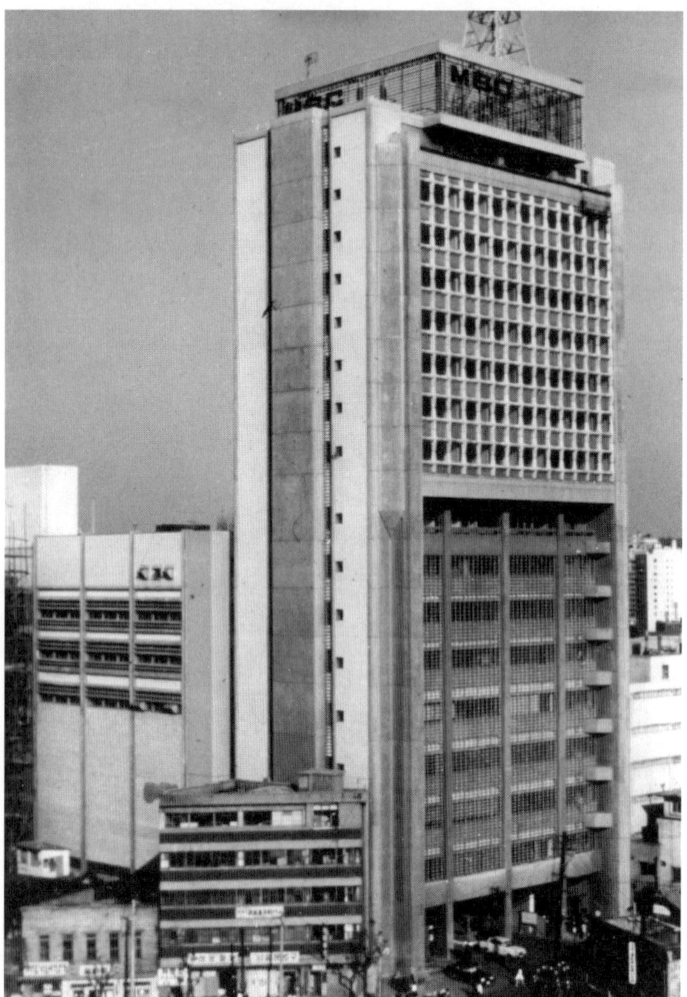




**그림4 _**

정동MBC방송국. 김수근문화재단 제공.

주로 홍대 출신들이 그 멤버였고. 왜 이 얘기를 하냐면 거기가 오히려 실속이 있었던 거 같아요. 거기는 건축 중에서도 정동에 있는 문화방송국 이라든지 키스트(KIST) 하우징 프로젝트 등을 실제로 관여했거든요. 그런 작업들을 했기 때문에 오히려 그것이 건축가들의 작업으로 더 적합할 수 있었던 거지요.

**전봉희:** 정동 문화방송 가보면 A 마크 붙어있는데, 붙어있는 게 아니라 새겨져 있는데.

**윤승중:** 그건 김수근 선생님 직접 하셨으니까 자기 마크를 붙인 거지요. 건축부하고 도시계획부는 기술공사 내에서도 김수근 사단으로 좀 특수부대였어요. 재정적으로도 좀 독립해 있었고. 말하자면 기술공사 안에다가 김수근 부설 기구를 하나 만든 걸로 볼 수 있지요. 처음부터 그런 조건으로 시작한 거 같아요. 그 당시에 했던 작품들이 다 김수근의 작품이 되고 트레이드마크를 붙였던 거죠.

정동 문화방송

사실 정동 문화센터, MBC방송국이 상당히 재밌는 집이에요. 당시 TV가 처음 시작할 때라서 티비국, 라디오국 두 가지가 있었는데, 그 안에 모든 스튜디오, 분장실, 사무실 등이 같이 섞여 있었죠. 그 작은 타워 안에 모든 것들이 다 있었거든요. 양쪽으로 코어를 두고 가운데를 갖다가 전부다 플렉시블하게 쓸 수 있게 만들어서 계속 변화할 수 있게 했고. 또 바깥에 표면도 나누어서 여러 가지 표현을 하는 멀티풀한 디자인을 한 거죠. 그걸 공일곤 씨가 주관을 해서 그렇게 일을 할 수가 있었던 거지. 기술공사 내에서 비교적 건축적으로 충실하게 할 수 있었던 것이 공일곤 씨 팀이었어요. 도시계획부는 주로 기본계획을 하고 키스트만 끝까지 했어요. 본관 설계까지 했으니까.

**전봉희:** 그러면 기술공사로 옮기셨다고 해서 월급이 갑자기 오르거나 그러진 않으셨던 모양이네요?

**윤승중:** 아마 좀 올랐을 거예요. (웃음) 김수근 선생님 사무실이 워낙 적었으니까. 기술공사는 보편적인, 다른 데와 비슷하게 맞추니까 꽤 올랐을 거라 생각되는데, 잘 기억은 안 나는데. 워낙 그런데 무관심했기 때문에. 그 당시 모든 분야들이 대접이 좋은 때는 아니었으니까..

**전봉희:** 그 때 선생님이 그렇다고 해서 월급이 부족해서 집에서 갖다 쓰시는 정도는 않으셨던 거지요?

**윤승중:** 그냥 부족하게 살았죠.

**전봉희:** 부족하지만 살 수 있을 정도로. 이 때면 결혼하셔야할 때 아닌가요?

**윤승중:** 68년 기술공사 끝날 때쯤. 그 당시에는 노총각이었죠.

**전봉희:** 그 시기로 치면 좀 지나신 거죠.

**윤승중:** 노총각이 구제 받는 거죠.

**전봉희:** 〈세운상가〉 말씀을 좀 해 주시죠.

**윤승중:** 그 〈세운상가〉 얘기를 조금 하면은, 대개 김수근 선생님이 새로운 일을 시킬 때면 꼭 이상하게 토요일이나 휴일, 혹은 연휴 직전에 불러 가지고. 불려 가면 야, 이건 뭔가 걸렸구나 그렇게 생각했는데. 어느 토요일 오후 쯤에 김 선생님이 부르셔서 방에 갔더니 종로에서부터 대한극장 앞까지 도로가 나와 있는 지도를 한 장 주시면서 내가 시장을 만나고 왔는데, 시장하고 부시장하고 함께 만나서 이런 얘기를 했다는 거지요. 일제강점기 때 시내에 미군이 상륙했을 때 시가전을 치르기 위해서 버퍼존으로 소개(疏開) 시켜둔 땅인데요.[30] 그것이 50미터 폭으로 길게 1키로가 되는, 사실은 공지일 텐데 해방 후에 피난민들이 들어와서 판자촌으로 꽉 채우고 있던 땅이었어요. 서울시에서 그 땅을 어떻게든지 회수해서 활용을 해야 하겠는데 그냥 도로로 하기는 아깝고 어떻게 했으면 좋겠느냐고 물었다는 거예요. 김수근 선생님께서 그 얘길 들으시고 거기다가 도로 기능하고 상업 기능을 겹쳐서 소위 페데스트리안 몰(pedestrian mall), 그런 도시적인 요소를 가진 특수한 장소로 만들 수 있겠다 했나 봐요. 그 당시에 외국에선 그런 사례가 많이 있었어요. 미국도 그런 신도시 계획이 있었고 또 그 당시 캔딜리스[31]가 입체도시 이런 것들 지어놓은. 그런 걸 말로 설명을 하니까 이 양반들이, 또 시장이 워낙 부수고 만들고 하길 좋아하는 양반이었기 때문에 그렇게 한번 해 보자고, 당장 그려오라고 그래가지고 과제를 가지고 오셔서 나한테 주신 거거든요. 내주 중간 쯤에. 며칠 안 되는 거죠. 그 때까지 컨셉 디자인을 하나 만들어서 시장한테 보여줘야 한다. 근데 자세히 설명도 안 해주시고 대강 이런 거 있잖아, 그러면서 만들어 오라 해요. 토요일이어서 집에 가서 여러 가지 생각을 했는데 짧은 시간 동안이었지만 꽤 여러 가지 생각을 했어요. 서울에 살아서 서울을 잘 이해하는 편이어서.

30_
소개공지의 주목적은 공습을 대비하여 방화지역으로 설정하는 것이다.

31_
조르주 캔딜리스(Georges Candilis, 1913-1995): 그리스계 프랑스인 도시계획가, 건축가. 르 코르뷔지에에게 사사하였으며 팀텐 멤버로 활동했다.

그 당시 보면 6.25 직후 얼마 안 되었을 때니까 모든 것들이 잘 정리된 것이 없었지요. 그 블록을 보면 굉장히 길었어요. 종로 3가하고 4가 사이가 다른 블록보다 길어서 사이에 도로가 있었으면 좋겠다고 생각했어요. 그 당시 자동차와 보행의 분리, 전 세계적인 경향이 그랬잖아요? 보차분리의 방법으로 엘레베이티드 데크(elevated deck)들이 있으면 좋겠다. 또 상업 기능만 가지고는 용적률을 높일 수 없으니까 하우징, 업무기능까지 수용이 되어야 할 텐데. 그때까지 종로 3가만 하더라도 업무 기능이 아니었거든요. 왜냐하면 업무기능은 남대문로 소공로까지로 딱 끝나는 거였기 때문에 하우징을 만들어야 한다고 봤어요. 하우징을 하기 위해서는 이를 위한 어떤 랜드가 필요하다. 인공 랜드를 만든다. 그 당시에 알고 있던 모든 것을 동원해서 생각했어요. 처음 스케치는 혹시 전에 보셨겠지만 밑에 도로는 자동차를 위해서 쓰고 양쪽은 차가 다니고 가운데는 파킹으로. 한 8미터쯤 위에다가 엘레베이티드 데크를 만들어서 거기가 메인 페데스트리안 레벨이 되는 거지요. 일단 한번 종로에서 올라가면은 쭉 걸어가면서 쇼핑 할 수 있는 그런 식의 상업거리를 데크 위에다 만든다. 그러면 거기가 1층이 되니까 위에 한 층하고 밑에 한 개 층은 2차 상업기능, 예를 들면 병원, 학원, 커피숍 이런 커머셜 존(zone)이 되고, 5층 바닥에다 다시 또 인공 토지를 하나 만들어서 거기다 가드닝(gardening)을 하고 거기서부터는 새로 하우징을 짓는데, 그것이 전체적으로 너무 높아지면 안 되기 때문에 한 4층 정도로 하우징을 만들고. 블록과 블록을 건너가는 노드에다가는 타워 같은 걸 세워서 도시적인 분위기의 오브젝트(object)를 만들자 그런 생각들을 했는데. 그게 꼭 창작이라기보다 여러 가지 참조를 한 것이죠. 우선 마르세이유 유니테다비따시옹도 개념은 다르지만 복합적으로 되어 있어서 그것이라던지. 차이가 있다면 코르뷔지에는 하나의 커뮤니티 단위로 계획해서 그 안에 주민 센터도 있고 학교도 있고 하나의 커뮤니티 단위가 된 거죠. 세운상가는 폭이 50미터에 길이가 1키로가 되기 때문에 하나의 주구(住區) 상의 단위가 되기는 불가능하고, 도시의 한 부분, 하나의 파편이 된다고 생각했어요. 좀 더 길게 보면 서울에 점점 인구가 늘어나고 그런 것들이 반복되면서 그런 리니어(linear)한 블록들이 길게 늘어나면 그것이 하나의 도시가 된다. 그 당시의 서울은 전부 파괴된 것을 긴급 복구하는 과정에서 제대로 된 도시가 아니었기 때문에 그런 과정을 거치면서 새롭게 태어날 수 있는 세포 조직이 된다고 그렇게 생각을 했던 거지요. 그런 아이디어를 가지고 개념을 설명하는 섹션(section)하고 몇 가지를 정리해서 드렸어요. 그분이 워낙 잘 설득을 시키기 때문에 즉석에서 대답을 가져오셨고 그렇게 시작이 됐어요.

그런데 상당 부분이 공공 인프라들이거든요? 엘레베이티드 데크도 있고. 그런데 시에서는 땅만 내놓고 나머지를 다 업자들을 불러서 한 거예요. 건설사가 6개인가 되었는데 그 6개가 요즘으로 치면 아주 군소 회사 같은 수준이지. 그 당시는 메이저급이었지만. 현대, 대림, 삼풍, 이런 식으로. 그 당시에 메이저인. 서울시에서 아파트 단지 짓고 그랬잖아요? 주로 거기에 출입했던 회사들을 소집을 해서 우리가 지금부터 이런 일을 할 텐데 당신들이 투자해서 완성을 시켜라. 그것도 빨리 완성 시켜라. 말 안 들으면 앞으로 서울시에 출입을 안 시키겠다, 이런 식으로 협박을 해서 지었죠. 이 사람들이 투자하기를 좀 망설이다가 현대가 아마 제일 말 잘 들었던 모양이에요. 제일 먼저 종묘 앞에 그 블록을 맡아서 하겠다 그래서 제일 먼저 시작했고. 시공회사들이 투자하는 것이기 때문에 입찰할 필요가 없었거든요. 당장 내일부터 땅을 파라 이런 식이었던 거지요. 그러니까 급해진 거예요. 우리더러 빨리 설계를 내놓으라고. 그때부터 바로 구조부와 건축부가 협력해서 열심히 작업을 했어요. 그래도 처음에 현대 부분 할 때만하더라도 어느 정도 디자인에 관여를 해서 처음에 앞에다 십 몇 층짜리 판상형 아파트가 하나 있고, 그 뒤에 리니어한 아트리움이 있는 아파트가 있고, 또 중간에 인공 가든 넣고, 대신에 지상층은 진입도로와 주차공간으로 비워두는 그런 개념들로 진행시켰거든요? 그런데 실제로 하다보니까 현대 쪽에서 지상층을 다 차에다 내주면 우리는 장사를 뭘로 하냐 이래가지고. 왜냐하면 분양을 해야 하니까 할 수 없이 지면의 가운데 부분 주차장으로 쓰려던 부분을 양보해서 상가로 만들고. 처음부터 그런 목적으로 구조를 이렇게 2개 기둥을 모아가지고 밑에 기둥을 넓게 잡았거든요. 근데 그것이 쓸모없게 된 거지요. 그래도 가운데 그런대로 오픈 스페이스도 있고, 데크도 만들고 비슷하게 진행이 되었어요.

첫 블록이 종로에서부터는 현대가 했고 그 다음 블록은 대림이었는데, 대림이 청계천에서부터 을지로까지. 그 두 블록이 계속해서 진행되었거든요. 그런데 진행하는 과정에서 자꾸 현실적인 문제에 부딪혀서 처음 생각대로는 좀 안 되었지만 거의 비슷하게 진행되는 중에 한 가지 큰 문제에 봉착했는데 페데스트리안 데크가 되려면 건물 간 연결이 되어야 하잖아요? 근데 그걸 누가 투자할 것이냐가 문제인 거예요. 서울시는 당연히 투자 안하려고 하지요. 대림하고 현대는 우리가 반반씩 내서 연결시키겠다 했는데 그러다 보니까 한 가지 착오가 생긴 것이 청계천 고가도로가 위에 건설되기 시작했는데 그것이 크로스가 되는 바람에 높이가 안 맞아서 몇 단 내려가서 건너게 되었어요. 서 있으면 눈높이가 되면서 건너편에서 보면 시야를 가려가지고 저쪽편이 안보여요. 그러니까 데크가 연속된다는 느낌이 상당히 사라진 거지요. 거기까지는 어떻게 연결이 되었는데 그 다음에 계속해서 을지로로 건너가고 또 그 다음에 인현동인가요? 거기를 건너가는 과정에서는 전부다 우리는 못한다 이러는 바람에 중간에 페데스트리안 데크가 끊어져 버렸죠. 그 바람에 페데스트리안 데크가 끊어지고 나니까 일부러 8미터 높이로 올라가니까 그것이 결국 루프(roof)가, 지붕이 되어 버렸어요. 상가의 지붕이 되어버리는 바람에 일부러 가야하는 곳이 되고 오히려 의미 없는 곳이 되고. 나중에 이상하게 아시아 극장 앞에 혹시 가보셨는지 모르지만 아주 이상한 뒷골목 같은 그런 곳이 되었고.

또 한 가지는 다 분양이 되고 나니까 사업 주체가 없어졌어요. 요즘 아파트도 마찬가지지만 사업 주체가 없어지다 보니 관리가 잘 안 되는 거예요. 처음 계획에서 바뀌고 변하다 보니까 몇 년 지나고 나서는 이상하게 전국적인 전자상가가 되었어요. 현대 상가하고 대림 상가가 전국에 공급하는 전자상가 본거지가 된 거지요. 그 뿌리가 얼마나 깊게 내렸냐면 나중에 서울시에서 그것을 없애려고 용산에다가 따로 땅을 주고 집을 지어서 제발 나가라고 했는데 그것도 먹어버리고 둘 다 같이 있죠. 아직도 안 없어졌거든요. 지금 없어졌나? 헐렸나?

**전봉희:** 지금 종로 쪽 1블록은 헐렸죠.

**윤승중:** 그런 식으로 전혀 의도하지 않았던. 그나마 그것 때문에 세운상가가 명맥을 유지했을 수도 있어요. 전자상가라는 거에 대해서. 이건 좀 다른 좀 얘기지만은.

**전봉희:** 개발했을 때 그 주변은 여전히 그러한 도시 내의 소규모 공장들이었나요?

**윤승중:** 그랬을 거예요. 지금처럼 그 정도는 아니었지만.

**전봉희:** 지금은 오히려 재개발이 되어 없어졌지만, 제가 봤던 70, 80년대에는 그 주변은 못 만드는 게 없을 정도로 공구 상가라든지 공장들이 있었는데.

**윤승중:** 조금 다른 얘기지만 동대문 시장이 거기에 그렇게 된 것도 그런 방법으로 뿌리를 내려가지고 주위 전체에 재봉소들이 먹고 들어가서 그걸 옮길 수도 없고. 사실 도시적으로 따지고 보면 거기에 그렇게 대규모 유통 시설이 들어갈 곳이 아니지 않습니까? 조선시대 한양일 때는 거기가 관문이었지만 나중에 서울이 커지고서는 외지와도 연결도 잘 안되고,

주차장이 있는 것도 아니고, 그런데도 불구하고 거기가 전국의 의류공급지가 된 것은 뿌리를 내리고 있었기 때문이지요. 세운상가에서도 같은 경우로 전자상가가 이루어져서 샵 뿐만 아니라 주변이 그렇게 된 것이. 그 전까지 거기가 아마 오히려 남쪽이라서 을지로 쪽으로는 인쇄 공장 같은 것의 기반이 있었고, 종로 쪽으로는 공구라든지 전혀 도심에 있음직하지 않은 조그만 가게들이 꽉 차있어서 적어도 서울 도심에 해당하는 장소에 있을만한 것들이 아닌 것들이 자리 잡고 있었지요. 그때만 해도 도시 개발의 큰 원리 중 하나가 소위 거점 개발이론이라는 게 있었거든요? 도시를 디벨롭시키는 과정에서 몇 군데다가 집중적으로 공공투자를 하면 그것이 거점이 되어 서로 간의 인력이 생겨 연결이 되고 전반적으로 퍼져간다, 그런 식의 내용이었는데요. 내 생각에는 거기다 투자를 해서 업그레이드 시켜 놓으면 그것이 주변에 영향을 주어서 쭉 확산이 될 것이다라고 생각하고 그걸 기대했어요. 사실 거기에다가 8층 높이의 이런 거까지 생각한 것은 서울 도심이라는 게 적어도 그 정도의 볼륨을 가져야지 라고 생각했던 거지요. 대개 용적률이 300퍼센트정도 되는 것이거든요? 그렇게 생각했었는데 그 후에 주변이 너무 낙후했기 때문에 서울시에서 그 지역을 전부 재개발 지역으로 묶어 버렸어요. 그래서 확산이 일어나지 않고 주변이 끝까지 디벨롭이 안 되는 바람에 그것이 독불장군이 된 거죠. 동과 서를 가르는 장벽이라든지 도시의 괴물, 이런 식의 얘기를 들을 정도로 된 거죠. 만약 그 당시에 우리가 생각했던 대로 내버려 뒀으면 주변이 같이 전부다 비슷하게 개발 되어서 적어도 독불장군처럼, 소위 시티 월(city wall)이 되지는 않았겠지요. 결과적으로 그런 컨셉으로 시작은 되었지만 인프라 투자가 부족했고, 여러 가지 후속과정이 잘 안 일어났기 때문에 결과적으로는 세운상가가 실패했다고 봐야겠지요. 아깝긴 하지만 한 10년쯤 지난 후에 제안했더라면 꽤 성공적으로 되었을 수도 있어요. 사람들의 인식도 생겼고 그런 식의 수요도 생길 수 있었고. 10년쯤 지난 후에 롯데호텔 뒤쪽에 몰이 생겼잖아요? 거기 엘레베이티드 데크도 생기고. 자본이 투입되어서 전반적으로 생활수준을 업그레이드 시켰기 때문에 가능했겠죠. 1960년대 중반은 조금 시기상조가 아니었나 봐요. 그 당시에 통계를 보면 서울의 인구가 300만 조금 넘은 정도고 또 서울시내 그 당시에 자동차 등록대수가 2만대였다고 그래요. 그러니까 사회적인 기준에서는 너무 앞서갔었다, 건축적으로는 그만큼 성의가 부족했고. 그나마 김수근 선생님도 마찬가지이고 나도 일단 그 근처를 좋아하지 않았어요. 좀.

**전봉희:** 그 위에 상가나 아파트 평면까지 다 기술공사에서 설계를 한 건가요?

**윤승중:** 예, 처음에 다 했어요. 다 했는데 맨 끝에 가서 삼풍, 아, 풍전이었는데 세 번째가 뭐였지요? 한 2년 쯤 지나서 했는데 그때는 상당한 투자가들이 생겨서 세 번째 블록에서는 국회의원회관, 의원사무실들을 그쪽으로 유치를 했어요. 하우징 대신 국회의원 회관이 들어가고, 말하자면 지금으로 치면 오피스텔 개념이지요. 밑에는 상가, 위에는 오피스텔이 있는 개념이 되고. 마지막 블록에서는 호텔이 들어가고 그러다보니 훨씬 건축적인 퀄리티가 높아지고. 다만 데크의 연결이 안 되었기 때문에 그 페데스트리안 데크의 개념은 역시 사용하지 못했던 거지요. 그냥 멀티 퍼포즈(multi purpose), 주상복합 기능이 된 거지요. 주상복합이라는 것이 90년대부터 보급 되었지만, 세운상가가 처음 우리나라에서 시작된 주상복합 건물이었어요. 그 후에 낙원상가라든지 청량리의 대왕상가 등은 그것을 모델로 해서 새로 지었었는데 그 당시 투자하는 수준이 낮기 때문에 집의 전반적인 퀄리티가 떨어지고 그렇기 때문에 오랫동안 수명을 유지하고 좋은 역할을 할 수 없었던 거지요.

**전봉희:** 낙원상가도 기술공사와 관련 있나요?

**윤승중:** 아니, 그건 기술공사에서 한 것이 아니었고.

**전봉희:** 그것도 서울시의 일이었죠. 결국은? 도로 위에 올라가는 게…

**윤승중:** 아마 그랬을 거예요. 그것은 저 서상우 교수 아시죠? 서상우 교수하고, 건축가 누구였더라… 하여튼 다른 분이 했어요. 서상우 교수가 서포트 했고.

**전봉희:** 서울시에서 허가를 맡고 민간 개발업자가 개발한 건가요?

**윤승중:** 그랬을 거예요.

**전봉희:** 대왕상가 같은 경우는 이것도 역시 시유지와 관련이 있나요?

**윤승중:** 그건 아마 철도청 부지를 사용한 걸 거예요. 왜냐하면 철도 역사에다.

**전봉희:** 그 시기에는 이런 일들이 꽤 많았던 거 같아요. 저 살던 동네 근처에도 유진상가라고 개천 위에 한 게 있고. 또 삼선교에도 개천 위에 했고.

**윤승중:** 그것이 우리나라 뿐 만 아니라 전 세계적으로 입체화 시키는 것이, 심지어는 파리 위에다가 공중도시를 만들자는 제안도 있었고 70년대 이후에는 전혀 수용이 안 되었던 그런 아이디어들이 그때는 쏟아져 나오거든요. 좀 세계적인 경향이었던 거 같아요.

**전봉희:** 그게 60년대 말에서 70년대 초까지…

**윤승중:** 60년대 초부터. 요나 프리드만이나 이런 건축가들이 막 제안하고. 또 일본에서도 캡슐 이론, 이런 것들도. 도시를 다른 개념으로, 전통적으로 땅에 붙여서 만드는 것이 아니라 굉장히 인공적인 방법으로 만드는. 캡슐 이론이라는 것은 도시를 수직으로 세우는 거잖아요? 수평으로 있었던 인프라를 수직으로 세워서 거기다가 캡슐을 달아매는 거지요. 메타볼리즘 이론 중에 모티프가 되는데 인프라하고 열매하고 구별해서 보는 것이, 각각에 대해서 어떤 사이클을 다르게 보는 거지요. 훨씬 뒤에 리처드 로저스[32]가 런던에 했던 〈로이드 뱅크(Lloyd's building)〉도 그런 식이죠. 캡슐을 주로 위생 시설, 에어컨 이런 것들을 수용해서. 거기는 사이클이 빠르기 때문에 끼워놓고 바꿔 낄 수 있는 그런 개념으로 한 건데 그런 것들이 유행했던 시기인거 같아요. 지금은 요물이 되어가지고 헐어냈지만. 청계천이 복개했을 때 얼마나 찬양을 받았는지 아세요? 왜냐하면 청계천이라는 더러운 개천을 복개해서 거기다가 도시의 간선도로를 만들었다고요. 그런데 한참 지나고 보니까 전혀 딴 게 된 거지. 청계천은 관리를 잘 안했기 때문에 파리의 하수도처럼 관리를 했으면 괜찮은 게 될 수도 있었는데 관리 안했기 때문에 위험한 지경이 되었고, 지금은 청계천을 살렸다고 하지만 그것보다 완전히 새로운 물길을 만들었다고 보는 게 맞을 거 같아요. 그때는 또 청계천 같은 음지를 이용해서 도시에 복합적인 유용한 용도로 쓰는 것을 하나의 미덕으로 여겨서 굉장히 많은 개천들이 복개가 되었습니다. 아까 유진 상가라는 것은 홍제천 쪽이지요. 서울대 문리과 대학 앞의 개천도 복개해서 도로가 되었고. 광화문에도 개천이 있었어요. 교보빌딩 뒤쪽에 중학천이라고. 거기도 덮었고. 거의 모든 개천을 다 덮었어요. 그냥 도로로 쓰는 것도 있고, 상가로 쓰는 것도 있고. 그것이 그냥 아이디어였고 그것이 오히려 지향되는. 벌써 50년, 40년 전 일이니까 그만큼 시대가 변했고 그때만 해도 전 세계적으로 환경이란 말이 아직 등장하기 전이었습니다. 토탈 디자인이라든가 인바이언트(environment) 디자인이 지금의 자연환경이 아니라 인공환경의 퀄리티를 높힌다는 뜻으로 쓰였어요. 인체 디자인이나



**32_**
리처드 로저스(Richard George Rogers, 1933-): 영국 건축가. 모더니즘 건축의 영향을 받은 기능주의적인 디자인, 하이테크 지향 건축디자인으로 잘 알려져 있다.

엔바이런먼트 디자인이라는 것이 그렇게 쓰였던 것이 1960년대 말쯤 해서 '로마 클럽'[33], 그 사람들이 여러 가지 엔트로피(entropy)에 대한 리포트를 내고 또 볼딩[34]이라는 경제학자가 엔트로피 얘기, 석유 고갈 문제 꺼내고. 그러면서부터 또 여러 가지 자연환경을 해치는 공해가 등장하고, 그때부터 자연환경이라는 것이 하나의 키워드가 되고 사실 그 이후에 생긴 말이지요. 그러니까 70년대 이전과 이후는 굉장히 큰 변화라고 볼 수 있어요. 60년대까지가 20년대 초반에 시작한 모더니즘의 말기 정도로 본다면 70년대는 포스트 모더니즘(post modernism)으로 모든 개념이 바뀌는, 아마 그것은 물리학하고 관계가 되는데 모든 것이 자연 질서라는 것에 근원을 찾는 것에서부터 불확정성이라든지 또 양자론 이런 것들이 등장하면서 세상만물이 결정론적으로 사실은 정해진 것이 아니다, 이렇게 생각이 바뀌지 않습니까? 아마 건축이라든지 모든 사회 원리들이 같이….

**전봉희:** 『공간』 창간이 몇 년인 거죠?

「공간」 창간

**윤승중:** 66년 10월. 그러니까 그때 안국동에서 기술공사로 옮기면서 그 자리에다가 김수근 선생님이 『공간』지라든지 그밖에 여러 가지 디자인 팀을 만들어 놨었어요. 김수근 선생님 중학교 동창중 에 이신복[35]이란 분이 계세요. 나중에 성균관 대학교 언론 정보학 교수를 하신 분인데. 그 아버지가 또 유명한, 지금 생각이 안 나네, 조선일보 언론인이신 그분인데 아, 이관구.[36] 이신복 교수 부친이 굉장히 유명한 분이에요. 언론인 집안이거든요. 그분이 김수근 선생님하고 친구인데 일본에서 같이 공부하셨어요. 두 분이 친해서 김수근 선생이 『공간』지를 계획하시면서 이신복 교수가  주로 편집, 출간을 맡으시고 김 선생은 아이디어를 내고, 돈 투자를 하시고 그때부터 준비를 했어요. 그게 아마 66년도 초반부터 시작을 해서 10월호인가 11월호인가 창간호가 될 거예요.

**전봉희:** 그게 그 시점이랑 겹치네요. 설계팀을 기술공사로 데려가시면서.

**윤승중:** 예, 빈자리에다가.

33 _

로마 클럽(The Club of Rome): 1968년 4월 서유럽의 정계, 재계, 학계의 지도급 인사가 이탈리아 로마에서 결성한 국제적인 미래 연구기관으로, 정치, 사상, 기업의 이해관계를 벗어나 전 세계적인 변화의 촉매 역할을 하려는 것이 목적이며, 인류가 직면한 여러 분야의 중요한 문제의 해결에 기여하고자 한다.

34 _

케네스 볼딩(Kenneth Boulding, 1910-1993): 영국 출신 미국 경제학자.

35 _

이신복(李信馥, 1930-): 성균관대학교 명예교수.

36 _

이관구(李寬求, 1898-1991): 편집인협회 회장 등 역임했다.

**전봉희:** '공간'이라는 이름을 쓴 것도 잡지가 처음이었네요?

**윤승중:** 그렇습니다. 그 전까지는 '김수근건축연구소'였다가 한국종합기술공사에 건축부와 도시계획부가 되었고 새로 『공간』 잡지를 만드셨고. 70년대 이후에 다시 시작하시면서 그때 '스페이스 그룹'이라는 것을 만들면서 '공간'이라는 이름을 건축 팀하고 잡지 팀 같이 쓰시게 된 거지요. 그래서 '스페이스 그룹 인 코리아(Space Group in Korea)' 약자가 어떻게 되지요? 에스 쥐 케이,(SGK) 그래서 수근 김, (웃음) 그때부터 '스페이스 그룹'이라는 말을 썼어요. '스페이스 그룹'은 처음에는 잡지로 시작했지만 건축 팀이 있었고 인테리어 시공하는 팀이 있었고, 그 밖에 여러 가지 공연이나 문화 상품들 다루는 팀이 있었고. 이렇게가 '스페이스 그룹'이지요.

『공간』은 사실 우리나라에 건축뿐 만 아니라 문화 쪽에서도 굉장히 큰 기여를 했다고 생각이 됩니다. 60년대 초반에 『현대건축』이란 잡지가 어렵게 시작이 되었지만 『공간』은 6년 더 지난 후 업드레이드 해서 수준 높은 잡지로 본격적으로 등장이 됩니다. 그게 건축뿐 아니라 김수근 선생님이 대학원에서는 도시계획을 전공했거든요. 일본 다카야마 연구소에 있었는데. 건축과 도시를 연결시키고 그 밖에 여러 가지 미술, 음악을 포함하는 종합 문화. 도시, 건축, 예술 이렇게 세 가지 큰 장르를 묶는 패트론(patron)으로서의 장(場). 그것을 스페이스라고 했어요. 그 잡지를 처음부터 끝까지 건축, 도시, 예술을 계속 묶어서 했고, 나중에 공간사 사옥을 지으시면서도 거기서 '공간 사랑'을 만드셔서 건축보다 문화 쪽으로 뭔가 창작 이벤트를 많이 하고. 김수근 선생님 스스로도 자기는 건축가라기보다 모든 예술의 패트론으로서 역할을 하고 싶다 그런 얘기를 많이 하셨거든요. 그 꿈이 이루어진 걸로 볼 수 있어요.

**전봉희:** 그럼 초기에 설계팀에 있었던 그 식구들은 잡지 편집이나 다른 데는 관여를 안 하셨던 건가요?

**윤승중:** 이쪽 일이 워낙 바빴기 때문에. 가끔 불려가서 편집 회의에 내용을 만들고 했지만 나머지는. 김원 씨가 비교적 많이 관여했어요, 초창기에는.

**전봉희:** 김원 씨가 관여한 것은 글을 쓰신 건가요?

**윤승중:** 건축에 관한 기획 쪽에 관여를 한 거지요. 조금 뒤에 시립대에 이규목[37] 교수라고 있는데 처음에 이희태 사무실에 있다가 그리로 스카웃이 되어서 왔어요. 그분이 나중에 환경대학원에서 조경으로 전공을 바꾸잖아요? 마스터 과정을 가기 전까지 공간에서 편집 스탭으로 있었어요. 그렇게

『공간』이 만들어 졌고. 그러니까 아까 최 교수가 질문했던 것이 뭐였더라? 『공간』에 대해서 어떤 궁금증이 있다고 그랬지? (최 교수의 질문지를 살펴보며) 『공간』 잡지 창간에 대해서 궁금하다고 했네요.

**전봉희:** 그래서 제가 질문한 겁니다, 선생님. (웃음)

**윤승중:** 하여튼 『공간』이 그 뒤에도 굉장히 어렵게, 어렵게 유지가 되었는데, 왜냐하면 잡지라는 것이 잡지를 팔아가지고는 절대 유지가 안 되거든요. 그래서 광고라든가 이런 것들이 뒷받침이 되어야 하는데 사실은 참 어렵게 지냈어요. 그런데도 끝까지 안 변했어요. 돌아가실 때까지. 거의 잘 유지를 해왔지요. 김수근 선생님 돌아가시고 한 10년간 장세양 씨가 할 때 까지는 거의 그대로 유지가 되었는데, 지금 이상림 사장이 맡으면서 대변신을 해요. 이상림 사장의 주장이, 시대가 바뀌었으니까 '읽는 잡지에서 보는 잡지로' 라든지, 세계적인 트렌드를 소개해주는 그런 식의 장으로. 『공간』이 처음 시작했을 때는 '한국 문화를 세계로 보낸다'는 의미의 책이었었는데 지금 현재는 '세계문화를 한국에 소개한다'로 바꾼 거지요. 상당히 책이 바뀌어 지고. 뭐 시대가 바뀌었으니 나는 어쩔 수 없다는 생각이 듭니다. 근데 골수 김수근 팀, 김원 씨를 비롯해서 또 승효상 이라든지 이런 사람들은 이상림 사장의 『공간』에 대해서 부정적으로 보는데, 이건 『공간』이 아니다. 그러나 일단 지속이 된다는 점에서는 좋게 평가할 수 있을 거 같아요.

김수근 문화재단

**전봉희:** 선생님은 지금 '김수근 문화재단'이나 이런 데는 관여를 안 하시나요?

**윤승중:** 아, 김수근 선생님이 돌아가시고 나서 주변에서 뜻을 모아서 문화재단을 만들자고 요청을 해서 몇 억 정도 기금을 만들고, 또 김수근 선생님 갖고 있었던 재산, 그림이라든지를 몇 개 처분해서 기금을 만들어서 '김수근재단'이라는 걸 만들었거든요. 그거는 사회적인 역할을 한다기보다는 김수근 선생님을 끝까지 기억하고 기념하자란 뜻이 조금 더 있었던 거지요. 거기서 설립 때부터 이사를 했고요. 초창기에 이경성[38], 현대미술관장 하시던 분이 오랫동안 김 선생과 가깝게 지내셨기 때문에 초대 이사장을 하셨고.

37 _
이규목(李揆穆, 1943-): 1965년 서울대학교 공과대학 건축공학과 졸업. 이희태건축연구소, 진아건축연구소 등을 거쳐 1986년부터 서울시립대학교 조경학과 교수를 역임했다. 현재 명예교수.

38 _
이경성(李慶成, 1917-2009): 일본 와세다대학교 법학과 졸업. 홍익대학교 교수, 국립현대미술관장 등 역임했다.

꽤 오래 약 10년[39]쯤 하셨고. 그 다음 2대 재단 이사장을 내가 맡아서 4년 동안 했고. 세 번째가 지금 김원 씨에요. 초창기에는 김수근 선생님의 의지를 받들어서 건축, 도시, 문화예술 전체의 장르에 대해서 상을 만들어서 주는 걸로 했었는데 기금이 그렇게 많지 않고, 또 요즘 이자만으로 유지하기가 어려워서 예술을 빼고 건축상만 줍니다. 그래서 1년에 한 번씩 '김수근 건축문화상'을 주는데 취지가 있지요. 크리에이티브한 그런 성과를 만든 건축가를 찾아서 주는 것으로 운영을 하고 있어요.

**전봉희:** '김수근재단'하고 현재의 '공간그룹'하고는 전혀 관계가 없나요?

**윤승중:** '김수근재단'에서는 사옥도 같이 쓰고 있으니까 관련을 가지려고 그렇게 생각을 하지만. 처음에는 '김수근재단'이 에스에이(SA)라는 '서울건축학교' 있잖아요. 그게 처음에 시작할 때는 사실은 우리 원도시가 3-4년 동안 지원을 해서 시작을 했었는데 힘드니까 공간으로 들어와서 공간사 일부를 쓰고 있었고 그 다음에 쫓겨났어요. 공간이 부족하니까 나가달라 해서. 거기서 약간 트러블이 있었죠. 재단 쪽에는 공간에 권리를 갖고 있다고 주장하는데 지금 현재 이상림 사장은 그거는 도의적으로 하는 거라고 생각하는 거 같아요. 혹시 공간 사옥 가보셨어요? 2층에 가면 김수근 선생님 쓰시던 자리가 있어요. 그 당시 테이블하고 꽤 여러 가지 소품들, 이런 것들이 꽤 유지가 되었거든요. 그 스페이스만은 전시물까지 그대로 유지를 하자, 가끔 회의하고 이런 건 좋지만은 분위기를 유지를 하자. 또 한 가지는 4층에 올라가면 온돌방이 하나 있어요. 거기가 주로 밤새도록 작업하시던 방인데 그 두 가지는 김수근문화재단 소유로 해서 김수근 유품으로 남겨두자 주장을 했는데 끝까지 잘 안 되었네요. 그냥 애매하게 그렇게 한다고 해놓고 실제로 잘 유지가 안 되고 가구도 바꾸고 분위기가 바뀌어서 아직까지 쟁점이 있지요. 사실 법적으로 권리는 없어요. 왜냐하면 그건 주식으로 승계가 되는 주식회사니까. 승계를 하고 인수하는 과정에서 부채까지 다 인수해왔기 때문에 법적으로 사실 공간사의 소유가 맞거든요. 김 선생의 유지를 받들어서 그렇게 보존하자고 주장은 하는데 아직은 조금. 내가 바라기로는 적어도 그 김 선생의 집무실과 온돌방은 김수근재단의 관리하에 두어서 그 두 장소만은 그대로 보존되었으면 좋겠다 라는 기대를 하지요.



39_
실제 이경성 초대 이사장의 재임기간은 1988년부터 1996년까지 9년간임.

**전봉희:** 안국동 사무실을 접고 기술공사로 넘어갈 때 폐업 신고를 한다든지 결산을 한다든지 그런 일을 하신 건가요? 상당히 책임 있는 위치에 있으셨으니까.

**윤승중:** 그때는 법인이 아니었고.

**전봉희:** 아, 법인이 아니었나요?

**윤승중:** 특별히 뭐. 그러고 김수근 선생이 건축사 면허 그대로 기술공사로 가져가셨으니까요. 사무실은 폐업했고. 그 분의 재정적인 것은 따로 하는 분이 있었기 때문에.

**전봉희:** 아, 처음부터 재정 관리해주는 사람이 있었나요?

**윤승중:** 예, 김수근 선생님 이모부가 되시는 분이 해병대 대령이었는데 재정 쪽 관리하셨던 분이에요. 그분이 맡아갖고 있으니 꼼짝 못하고. 사실 또 대단한 자산이 있었던 것도 아니었던 거 같고.

그렇게 해서 안국동 김수근 건축연구소는 일단 사라졌어요. 내가 어떤 아티클에서 '안국동 고사(故事)'라는 제목을 붙였는데 안국동 사무실이 사라짐과 동시에 내가 지향했던 김수근 팀은 사실 '사라졌다.' 라는 뜻으로 그렇게 썼는데 안국동 시절은 끝이 났다고 봐야죠. 아까 기술공사 얘기하다가 잠깐 『공간』으로 넘어왔는데, 『공간』 잡지라는 것은 김수근 선생이 생전에 하셨던 굉장히 큰 일 중의 하나였고, 또 실제로 그만큼 실물로서 남겨졌던 건축 작품 못지않은 그런 거였다고 생각이 됩니다.

**전봉희:** 그러면 다시 기술공사 시기의 말씀을 듣겠습니다.

**김포공항 마스터플랜**

**윤승중:** 그 다음에 비슷한 시기에 했던, 조금 성격이 다른 일이 〈김포공항 피지빌리티 스터디(Physibility Study)〉하고 〈마스터플랜(Master Plan)〉이었는데 이때는 김석철 씨가 보고서를 맡았어요. 좀 얘기를 하면 김석철 씨가 4학년 때 안국동에 날 찾아와서 처음 봤고 자기 작품 스케치를 보여주고 한참동안 토론했어요. 김석철 씨는 내가 보기엔 대한민국에서 가장 천재적인, 잘 아세요? 가장 천재적인 능력을 가진 건축가로 생각이 됩니다. 물론 천재는 또 약간 기인 같은 그런 점도 있지만. 하여튼 안국동으로 와서 한참 얘기를 했고 졸업하면 안국동으로 오겠다고 약속을 했어요. 마침 안국동에서 김석철 씨 들어오던 해, 1966년 졸업생은 김수근 선생님이 입사시험을 봤거든요. 주로 스케치를 하고 그런 건데 김석철 씨가 그 시험에 응했어요. 그때 홍순인이란 친구도 있었고. 굉장히 좋은 평가를 받아서 합격을 했습니다. 그런데 좀

지나고 나니까 김중업 사무실로 갔어요. 자기는 김수근 선생님은 조금 있다 만나고 김중업 선생님을 먼저 도와드려야 되겠다고. 아마 조금 인연이 있었던 거 같아요. 그래서 김중업 선생님과 1년 정도 있으면서 그때 아주 가깝게 김중업 선생의 심복이 되었어요. 상당히 잘 맞았던 거 같아요. 김수근 선생보다는 김중업 선생하고 잘 맞았던 거 같아요. 그러다 또 어떻게 해서 66년 기술공사 쪽으로 다시 오고 싶다고 해서 도시부에 합류를 했죠. 그 때 유걸, 김환, 김원, 김석철 그들이 뭐라고 그러나, 논쟁을 시작하면 밤새워 끝이 없이 하는 도사들이었어요. 우리가 거기서 밤일을 많이 했는데 밤낮 아주 거창한 우주의 원리 같은 이런 얘기들을 죽 하면서 김포공항 마스터플랜하는 데 비행기 원리부터 시작해서 개념정리를 하는데요. 국제공항이라는 것이 그 나라의 페이스(face)를 처음 만나게 만들어주는 하나의 게이트로서의 의미가 더 중요한가, 아니면 승객들을 빠르게 입출국 시켜주는 프로세스의 공항이냐, 이런 걸로 밤새도록 토론하는 거지요. 실제로 모델을 만들어서 토론을 하기도 하고 게이트라는 쪽에 승부를 건 것이 당시에 김환 선생 하고.



**전봉희:** 김환이요?

**윤승중:** 김환. 김우일 교수 아버지.

**전봉희:** 네, 네.

**윤승중:** 워낙 논리정연하고. 김우일 교수가 나중에 내가 물어보니까 자기 아버지는 이길 수 없는 분이라고 그렇게 생각을 할 정도로 논객이거든요. 김환 선생님은 잘 소개가 안 되었기 때문에 조금 얘기를 하면 사실은 경기고등학교를 졸업하고 서울대 물리학과를 4학년 다니고 다시 건축과 편입해서 다시 졸업하신, 그러니까 정통 물리학과 출신이에요. 그러니까 모든 사고방식이 굉장히 합리적이고 논리적이고 어떻게 보면 조금도 여지가 없는 그런 분이에요. 근데 유걸 씨는 또 반대로 굉장히 여지가 많은.(웃음) 굉장히 논리적이고 합리적이기도 한데도, 뭐랄까요, 스케일이… 큰 일에 둘이 붙으면. 김석철 씨는 또 현란한 화술 때문에. 김환 씨하고 나까지 껴서 이야기하면은 밤에 시간이 금방 가고 그런데 새벽이 되도 아무런 생산한 게 없는 거예요. 다른 부서가 보면 재들은 말만 하고 앉았냐, 돈은 안 벌고, 이런 식의 분위기였는데. 나는 그 팀을 리드해서 실제로 돈이 되는 일을 만들어야 하는 입장이고. 그러니까 어려웠죠. 아까 얘기한 게이트인가, 프로세스인가에 대해서, 그 당시 우리나라가 어떤 입장이었냐면 김포공항에 국제선이 한 이틀에 한번, 하루에 한번 들어올 정도의 빈도였다고요. 세계에서는 점보

비행기가 처음 등장해서 아직 상용화되지 않았지만 곧 상용화될 시기였고. 점보 비행기가 상당히 획기적인 거였거든요. 항공 교통을 대중화 시키는 아주 큰 공로를 세웠고요. 그것이 나온 지가 한 50년 되었는데도 아직까지도 최고의 지위를 유지하고 있지 않습니까. 물론 개조가 되긴 했지만은. 그 당시 김포공항은 교통부 시설과에 계시던 신국범 선배[40]가 직접 설계를 하셨는데 꽤 단정하고 괜찮은 집이었어요. 규모는 크진 않지만, 그러나 국제선 큰 비행기가 동시에 들어오면 감당할 수 없을 정도의 규모여서, 그랬기 때문에 신청사를 지어야 하는데. 당시 미군 8군하고 한국 공군하고 또 민간하고 셋이서 같이 쓰고 있었기 때문에 노선이 복잡했어요. 그래서 전체 마스터플랜하고 어디다 공항을 넣을 것인가, 또 활주로를 더 넣으려면 어떻게 할 것인가 연구할 때였어요. 다른 여러 가지 관련 부서가 있었기 때문에 종합적으로 건축에 관한 것은 도시계획부에서 맡은 거지요. 그때 목표가 하루에 점보 비행기가 4대 정도 들어왔을 때 수용할 수 있는 그런 규모의 공항을 목표로 했고, 그것이 되려면 앞으로 십 몇 년 걸릴 거라고 보고 했지요. 공항의 생리에 대해서, 씨아이큐(CIQ)[41]라는 용어도 새로 알게 되었고. 또 공항 보면 랜드 사이드하고 에어 사이드하고 사이드의… 경계를 건너가면 외국이 된다든지… 이제 좀 공항에 대해서 공부를 하게 되어서… 그런 마스터플랜이었어요. 그때는 김수근 선생님이 스케치를 하나 주셨어요. 동그란 평면을 가지는. 공항으로서는 불편한 쉐입이었는데 그것을 김환 씨가 받아서 디벨롭을 시키고 다른 한편에서 유걸 씨가 다른 아이디어를 내고, 몇 개가 진행 되었는데요. 유걸 씨가 낸 안은 나중에 유걸 씨 작품집에 나오는데, 프로세스라는 개념을 써서 공항이 형체가 없이, 여러 가지 과정을 보는 오피스들, 그러니까 부스들이 이렇게 있어서 그 사이를 지나가면서 온 과정을 지나면 입국 또는 출국 되는, 그러한 과정을 했는데 사실 현실적으로 잘 안 되었어요. 나중에 비슷한 개념의 것이 미국의 시카고 에어포트에 패스 스루(pass through) 개념이 생깁니다. 지금은 승객들이 카운터에서 수속을 받은 다음 다시 또 출입국 사무소로 들어가잖아요? 그것을 계속 직진하도록 하는 방법, 그것이 패스 스루 방식인데 그런 원리로 아이디어를 낸 거지요. 실제로 현실적인 것은 아니었어요. 교통부에서 낸 과업지시서를 보면 그 당시

40_
신국범(愼國範, 1930-): 1956년 서울대학교 공과대학 건축공학과 졸업. 교통부 서울지방 항공관리국 시설담당관, 철도청 시설국 건축기좌, 서울대 건설본부 건축과장 등을 거쳐 서한종합건축사무소를 개소, 동 대표이사.

41_
CIQ: Customs(세관), Immigration(출입국관리), and Quarantine(검역)의 약칭.

일반적으로 하는 조사부터 하는 그런 프로세스 있잖아요? 그런 걸 해야지 되는데 우리 팀에서는 그냥 김환, 김석철, 유걸 씨랑 계속 이야기를 하다가 리포트 라이팅을 김석철 씨가 제일 잘 하니까 시켰는데, 도저히 이해할 수 없는 난해한 컨셉, 원리로 리포트를 하나 썼어요. 형식은 아주 그럴싸하게 만들었는데 공항에서 준 과업지시서 하고는 전혀 맞지 않는 거지. 나는 그거 가지고서 납품을 해야 하거든. 내려 가서는 과업지시서에 나와 있는 뭐 보여달라하면 몇 페이지에 가면 있다는 식으로 억지로 설명하고, 책도 근사하게 만들었기 때문에 일단 통과가 되었어요. 실제로 실현되진 않았고요. 나중에 우연히 청주국제공항을 원도시에서 설계를 맡게 되면서 그때 또 공항 설계 공부를 했어요. 그때 본격적으로 공항이라는 것을 잘 이해하게 되었고, 그때 했던 생각을 가지고 나중에 인천공항 컨소시엄에서. 지금 현재 지어진 모양대로 제일 처음에 스케치 한 것이 내가 한 거예요. 우리 컨소시엄과 미국에 있는 두 회사하고 같이 하는데 어느 날 미국작업팀에서 팩스로 몇 가지 스킴(schme)을 보내왔어요. 지금하고는 많이 다른 대체로 H자 패턴의 안들이 많았는데 그 중에서 빨리 결정을 해야 된다 그래서 생각해 두었던 활모양에 두 팔을 내민 지금의 안을 스케치해서 보내줬더니 거의 그것을 기본으로 설계를 했더라고요. 그것은 아무데도 기록이 남아 있지 않아서 아무도 기억을 못하는데, 일단 공항에 대해서 이해를 하게 된 거지요. 보니까 지금 인천공항에까지 생각들이 이어지게 된 거 같아요. 근데 그 김포공항 마스터플랜은 어떻게 보면 상당히 실속이 없는. (웃음)



**전봉희:** 계속 하시죠.

조선호텔 (계획)

**윤승중:** 또 뭐가 있더라, 비슷한 시기에 했던 것이 그거에 이어서 〈조선호텔〉 계획. 작은 스케치가 있을 텐데, 이 책에 나오나요? 부산시청사 페이지에 같이 나왔는데. 2개 타워로 되어 있는. 이것도 쓸데없는 집이 되어버렸는데, 이것은 그때 조선호텔을 헐어내고 거기다가 천 몇 백억짜리 최신 호텔을 세울 계획을 세웠는데 그때 미국의 벡텔[42]이라는 회사가 전체 프로젝트 매니저로 설계하고 처음으로 소위 턴키라는 방식으로 시행을 했어요. 당시 무역진흥공사 사장이었던 김일환 씨가 조선호텔 사장으로 오셨었는데, 김수근 선생님과 하길 원했기 때문에 당신이 조선호텔 설계를 해줘야겠다. 처음에는 김수근 선생님이 직접 스케치했는데요. 아마 이것이 스케치 가지고 만든 안인 거 같은데 조금 있다 보니까 벡텔이라는 회사가 턴키(Turn key)방식으로 맡아가지고 등장을 했어요. 그 전까지 잘 몰랐었다가. 내용을 알고 보니까 프로젝트 진행했던 것이 경제기획원이었는데, 거기 장기영

장관이, 그 양반이 좀 잘못 판단했던 거 같아요. 우리나라가 호텔 설계를 잘 모르니까 국제적인 수준의 호텔을 당신들이 다 알아서 지어주면, 돈까지 다 대어서 지어주면, 우리는 땅을 제공하고 키만 받겠다, 그런 역할을 다해 주겠다면서. 벡텔 회사를 환영을 했다고 해요. 벡텔에서는 자기가 설계를 하고 또 인베스터도 되잖아요. 초창기에는 힐튼호텔로 시작했다고요. 힐튼호텔을 단골로 하는 윌리엄 태블러[43]라는 건축가를 설계자로 이미 벡텔에 선정이 된 상태더라고요. 김일환 사장은 그 상황을 잘 모르고 부탁을 해서 진행을 하다가 충돌을 하게 된거예요. 그러니까 장기영 장관은 그 얘기를 듣고 나서 이왕 두 가지로 진행했었으니까 같이 만나서 상의를 해보라 했는데 상의가 되나요? 자기는 자기들이지. 벡텔과는 전체 턴키로 계약했기 때문에 건축가를 선정해 미국서 데려와서 안까지 만들었는데,

그것을 국내 로컬에서 서포트해주셨던 분이 또 이광노 교수님이었어요. 어느 날 김 선생님이 갑자기 나보고 가자고 해서 같이 가서 다 만났는데 벡텔 쪽에서 나오고, 윌리엄 태블러라는 미국 건축가 나오고 이광노 교수님 계시고, 상대방은. 이쪽에서는 나하고 김 선생 둘이 같이 갔는데 난 영문도 분위기도 모르고 조선호텔 얘기한다니깐 그렇게 갔는데. 김수근 선생님도 사실은 상황을 잘 몰랐던 거 같아요. 앉아서 얘기하는데 도무지 얘기가 안 되는 것이, 왜냐면 저쪽에서는 자기들의 안대로 설계가 됐는데 국내 건축가와 한번 상의해보라 해서 나왔고 김수근 선생님은 그 쪽에서 한번 벡텔을 만나보라 해서 나왔으니 얘기가 전혀 안되잖아요. 그래서 옆에서 보기에, 난 이광노 교수님도 계시고 김수근 선생님도 계시고 정말 진땀이 날 정도로. 일단 상황이 정리가 되었어요. 이미 벡텔에서 턴키로 하기로 된 것이기 때문에. 장기영 장관이 이미 발주를 해버렸기 때문에 스케치만 남겨 놓고 끝이 났고. 또 별로 쓸모없는 것이 된 거죠. 꽤 열심히 안을 만들었는데 어쨌든 끝이 났고. 그때부터 이광노 교수님하고 김수근 선생님하고 조금 더 장벽이 생겼던 거 같아요.

그런 일이 KIST에서 또 한번 생겨요. 그런데 나중에 벡텔이 턴키로 한 계약서를 우연히 보게 되었어요. 턴키를 하는데 벡텔이 전체 투자액의 12퍼센트를 받더라고요. 12퍼센트 받는 중에서 5퍼센트를 건축가한테

42 _
벡텔(Bechtel). 미국 샌프란시스코에 본사를 둔 토목건설 다국적 기업. 1898년에 토목건설업에서 시작하여 정유, 화학제품, 조선, 항공기제작, 송유관 건설, 원자력 발전 등 다양한 분야를 다루고 있다.

43 _
윌리엄 테블러(William B. Tabler, 1914-2004): 미국의 건축가. 400개가 넘는 호텔을 설계했다.

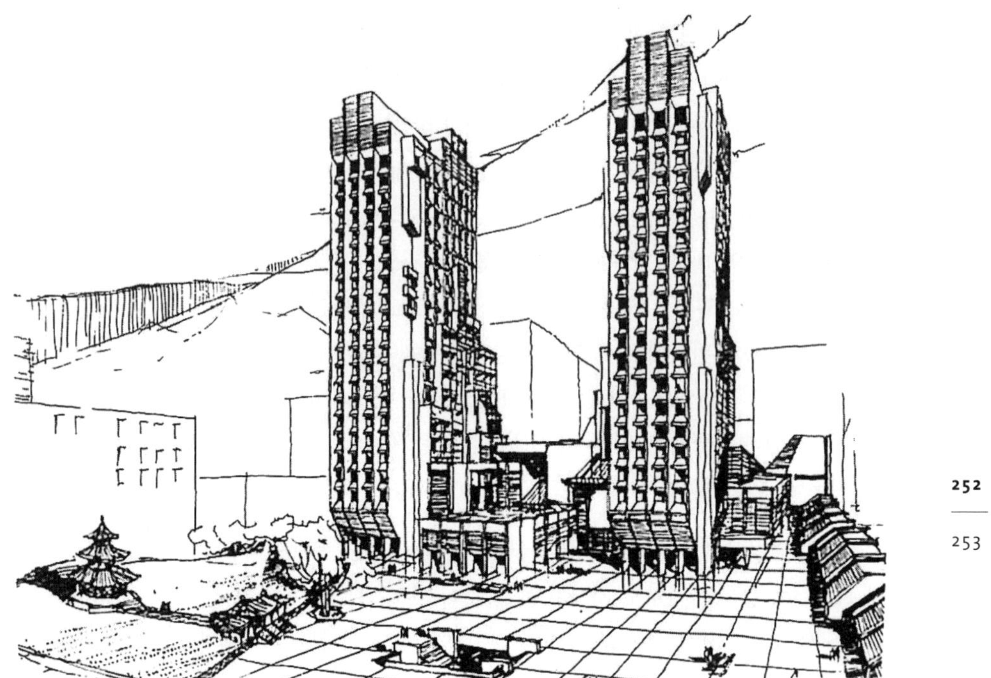



**그림5 _**
조선호텔 계획(1967): 김수근의 스케치.

주고 나머지는 전체 프로젝트 진행을 관리해주는 거지요. 인베스터(investor) 찾아서 데려오는 것도 있고. 어쨌든 다 지은 다음에 주인들에게 키를 주는 형식으로 계약이 된 거예요. 거기 보니까 피(fee) 이외에 엑스트라 차지(extra charge)가 있는데 한국에 와서 인사동 갔다가 무슨 골동품을 샀다 하는 것도 익스펜스(expense)가 되더라고. 한국에 체제하는 비용은 다 익스펜스고, 추가비용을 받아가면서 굉장히 좋은 조건으로 있게끔. 우리나라는 잘 몰라서 그대로 턴키를 줘 버린 거지. 그렇게 조선호텔 설계가 되어서 지어졌는데 그 당시로는 꽤 괜찮은 집이긴 하지만 그렇게 뭐 내세울만한 집은 아니었던 거 같아요. 어쨌든 상당히 뭐랄까. 창을 쓰는 부분도 그렇고. 태블러 얘기는 그 거리가 상당히 강하잖아요? 조직이 상당히 복잡하기 때문에 모든 방향에 대해서 중립적인 삼각형을 택했다, 이런 식을 설명을 했는데. 조선호텔이 처음으로 세워진 국제수준의 호텔인데 외국 건축가들에 의해서 우리는 손도 못 대게 하고 끝이 난 거지요. 그거는 거의 완벽하게 미국 사람이 와서 했을 거예요. 비슷한 시기에 동시에 진행되었던 것이 〈키스트 본관〉 설계죠. 근데 이것도 또 이광노 교수님하고 부딪치게 됩니다. 그것은 김수근 선생님이 조금 미안할 수도 있는 일이었던 거 같아요. 왜냐하면 처음부터 무애건축에서 마스터플랜부터 시작해서 전체 계획을 하였고, 조금 쉬었다 할까요?

**우동선:** 이게 미국 설계였군요. 이광노 선생님 작품집에 들어있어서 조금 이상하다 생각했는데.

**윤승중:** 조선 호텔이요? 건축 디자인이나 소재가 우리나라에는 전혀 없던….

(휴식)

**윤승중:** 시간을 보니까 벌써 여섯 시네요.

**전봉희:** 예, 시간이 되어서 저는 일어나야 하는 상황인데요.

**윤승중:** 기술공사도 다 못 끝내겠네요. 괜찮아요?

**전봉희:** 예, 저희들은 괜찮습니다.

**윤승중:** 키스트가 있고 엑스포 70도 있고 이런 것들이 한 시간 내에 끝나지 않을 거 같은데 다음에 또 잡지요.

**전봉희:** 다음 시간을 잡으실까요?

**윤승중:** 그럼 키스트를 다음에 얘기합시다.

# 05

# 기술개발공사 후기작업:
# KIST, 여의도마스타플랜,
# 오사카만국박람회

**일시** 2012년 2월 21일 (화) 14:00 – 18:30

**장소** 서울특별시 강남구 삼성2동 142–22 2층 목천문화재단

**진행** 구술: 윤승중

채록연구: 전봉희, 우동선, 최원준, 김미현

촬영: 하지은

기록: 허유진

초벌 원고 수정 및 각주 작업: 김하나

**전봉희:** 지난 시간에 저희들이 기술공사 시기를 거의 끝내려고 하다가 몇 개가 남았습니다. 두 번째로 이광노 교수님과 충돌하는 문제에서 쉬었습니다.

**윤승중:** 이런 얘기해도 괜찮을지 몰라요. 점잖게 이야기를 하긴 하는데… 오랫동안 얘기를 했는데도 아직도 기술공사 얘기가 하루종일 걸릴 거 같아요. 왜냐하면 몇 가지 중요한 프로젝트가 있어서. 특히 〈여의도 마스터플랜〉. 그동안 가장 조명이 안 되었던 프로젝트였기 때문에 기록으로 남기고 싶은 것이고. 지난번에 얘기하다 못했던 것이 키스트[1]이지요? 키스트가 처음에 66년 발주해서 했던 건데, 키스트는 아시는 것처럼 우리나라 박정희 대통령이, 정확하진 않습니다만 그 당시에 월남 파병, 이런 걸 합의하기 위해서 미국을 방문했다가 잘 마무리가 된 다음에 한국이 미국을 도와 참전하기로 결정해서 그거에 대한 감사함으로 뭔가 선물하고 싶다, 그때 존슨 대통령 생각으로는 한국이 전쟁 끝난 지가 얼마 안 되었고 미국 원조로 생활하는 이런 수준이었기 때문에 식량이나 무슨 물자, 실물로 그런 것들을 아마 요구하지 않을까 생각하고 그렇게 물어봤더니 박정희 대통령이 미국에 있는 그 과학기술연구소하고 똑같은 거 한국에도 하나 만들어 달라 해서 처음에 존슨이 굉장히 놀랐다고 그래요. 그런 요구할 줄 몰랐다고. 듣고 보니까 상당히 미래지향적인 생각이잖아요? 그래서 적극적으로 도와주겠다 해서 미국에 바텔 메모리얼 인트티튜트(Battelle Memorial Institut)라는 기술연구소가 있는데 거기에 의뢰를 해서 거의 같은 수준의 것을 롤 모델로 해가지고 아마 6백만 달러 상당의 원조 지원을 받았다고 그래요. 꽤 큰 돈이었죠.

KIST 본관

지원을 받기로 하고 설계부터 미국의 도움을 받아야 했는데 설계를 국내에서 하는데 정확한 이름은 기억이 안 나지만 '마틴'[2]이라는 회사에서 이렇게 설계 프로젝트 관리를 할 미스터 롤로우라는 꽤 괜찮은 건축가가 왔었죠. 본인도 실제 건축가 활동을 하는 분인데 한국에 와서는 완벽하게 어드바이저 역할만 했고. 굉장히 합리적인 생각을 하는 그런, 쿨한 사람이 파견 와가지고 상주하면서 모든 프로젝트를 오가나이즈(organize) 하도록 진행을 했지요. 어떤 경위인지 모르겠지만 그 당시에 무애건축의 이광노 교수님께서 전체 마스터플랜을 하고 프로젝트 진행을 맡으셨어요. 잘 진행하기 위해서 그때 무애건축에 있었던, 나하고 동기 중에 김병현[3]이라고 알죠? 김병현 씨를 거기

1_ 키스트(KIST): 한국과학기술연구원(Korea Institute of Science and Technology)

2_ A.C. Martin Associates.

키스트에 건설과 직원으로 아주 파견을 해서 전체 프로젝트 관리하도록 하고 이런 장치를 해서 마스터플랜을 시작을 하고 몇 개 연구소를 벌써 설계를 진행을 했었어요. 그 장소가 임업시험장이었는데 그중에 일부, 십 만 평 정도 지원해가지고 박정희 대통령이 강행을 한 거죠. 거기다가 틀을 잡아서 해라. 아마 그 당시 임업 실험장에서는 굉장히 반발했던 거 같아요. 광릉 쪽에 큰 땅을 주는 걸로 대체해서….

**전봉희:** 광릉수목원을 그 때 조성한 거네요?

**윤승중:** 그렇죠. 광릉에 더 큰 땅을 주고 무마했죠. 박정희 대통령이 좋은 사이트를 KIST에 줘서. 수목장이었기 때문에 나무도 좋고 굉장히 좋았어요. 본격적인 연구소를 마스터플랜부터 시작해서 차근차근. 그런 경우가 많지 않았을 거예요. 우리나라에서 그렇게 전체적인 마스터플랜을 만들고 정상적인 방법으로 진행되는 것이 처음이었을 거 같은데. 무애에 요청했던 것은 다섯 개의 연구소가 있는데 케미컬, 기계공학 등등이 있고 전체가 한 층을 갖는 공작동. 원래 마스터플랜에서는 각기 다섯 개의 연구소가 있고 길 건너 헤드쿼터 빌딩, 즉 본관이 있는데 마스터플랜도 그렇게 좀 길게, 이미 계획이 되어 있었어요. 근데 어떤 인연이었는지 본관을 김수근 선생님이 실시설계를 맡아서 하게 되었어요. 이광노 교수님으로서는 조금 불만이었겠죠. 왜냐하면 마스터플랜에서 이미 기본안 구상이 되어있었던 거였기 때문에. 그 작업은 도시계획부에서 담당하게 되었는데 도시계획부에서 주관하지만 실무적으로 유걸 씨가 담당했죠. 근데 마스터플랜 개념을 몇 가지 바꾸었어요. 원래 마스터플랜에서는 입구가 지금 현재의 키스트 입구가 아니라 고대 쪽 앞에 큰길로 되어 있어서 그쪽으로 진입했거든요. 어떤 이유였는지 현재의 남쪽으로 들어가는 길로 바뀌었죠. 자연히 파사드도 바꾸고. 키스트 클라이언트는 여기 본관이라는 게 헤드쿼터니까 여러 가지 관리하는 사무실들도 있고, 세미나 같은 거 할 수 있게 한 삼백 명 정도 들어가는 오디토리움이 있고, 나머지는 연구원들의 프라이빗 오피스 이런 걸로 구성되었으면 했죠. 랩은 따로 있지만 자기 개인 오피스가 이쪽 본관에 있는데 그게 좀. 기이하게도 한 사람 유닛이 8 바이



3_

김병현(金秉玄, 1937-): 1960년 서울대학교 공과대학 건축공학과 졸업. 무애건축연구소, KIST, 미국의 A.C. Martin Associates 등을 거쳐 1989년부터 종합건축사사무소 장 운영, 2006년부터 2013년까지 창조건축사사무소 대표를 역임했다.

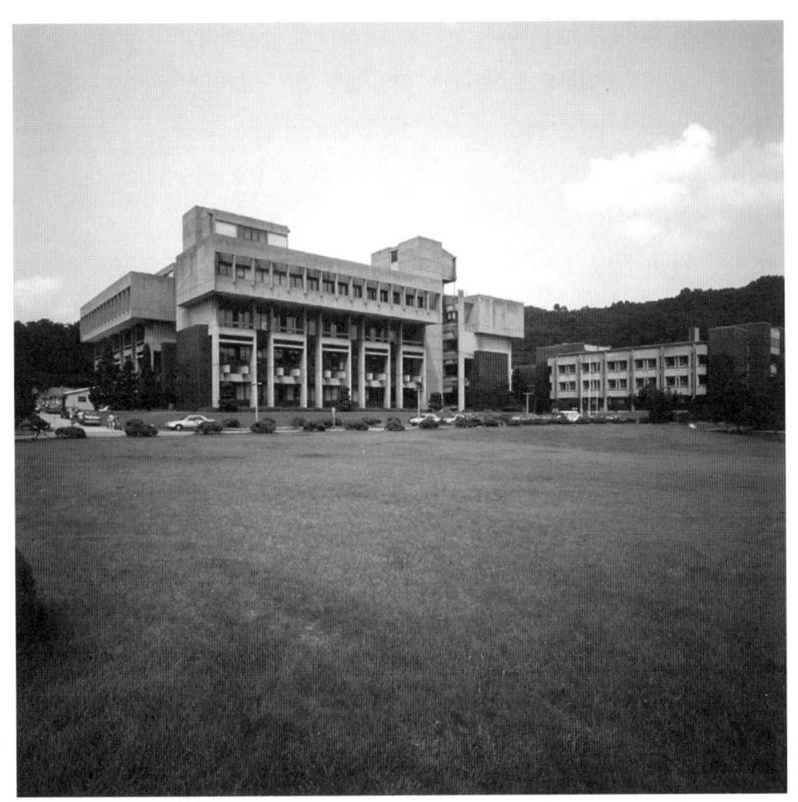

**그림1 _**

KIST본관. 김수근문화재단 제공.

8 피트, 2.4×2.4미터로 우리나라 입장에서 봤을 때는 상당히 작잖아요? 아마 우리나라 교수들이라면 데몬스트레이션이 일어났을 건데. 그게 미국 표준이었던 거 같아요. 프라이빗 오피스를 만들어주고 순전히 책만 보는 그런 방을 수십 개 놓는 다는 것이 상당히 어렵죠. 미국 사람들 같은 경우는 창문이 없이 그냥 나누면 되는데, 우리나라에선 창이 없는 방을 기피하고 그런 입장이라서 2미터 40짜리 규격을 잘 늘어놓는 것이 어렵더라고요. 여러 가지 생각 중에 유걸 씨가 낸 아이디어가 헤드쿼터가 있고 코리도(corridor)를 붙여서 2.4×2.4짜리 큐빅클을 코리도에 매다는 그런 시스템을 하자는 거였어요, 실제로 집을 짓기 어렵겠다는 생각이 드는데 아무튼 그런 아이디어를 냈고. 그 아이디어를 가지고 본부에 가서 프레젠테이션을 했어요. 본부의 다른 분들, 연구 소장이라든가 이런 분들이 보기에는 무슨 집이 이런가 그랬을 거예요. 왜냐하면 무슨 다이어그램 같이 그런 거 가지고 얘기하니까. 재미있었던 거는 아까 얘기했던 미국 어드바이스 아키텍트가 자기가 보기에도 말이 안 된다 하면서도 끝까지 변호사 노릇을 해 주더라고요. 이런 부분은 이렇게 생각한 것 아니냐, 이런 식으로 디자이너의 생각을 살려보려고 굉장히 애를 썼어요. 근데 역시 현실적으로 힘들겠다 해서 그거는 일단 포기하고, 다시 만든 안이 지금 현재 지어진 것입니다. 방향성이 없게끔. 왜냐하면 연구동으로서 큰 길이 있고 사방에 다 똑같은 연구 스페이스가 있기 때문에 거기다 정방향으로. 가운데 지하 2층에다가 세미나실을 두고, 가운데 유리로 오픈 시켜서 코트 만들고 사방에 둘러 오피스를 두는. 타협을 한 것을 아까 얘기한 2.4×2.4 모듈을 좁고 길쭉한 걸로 조정을 해서. 실제로 키스트 본부 쪽에도 진행하다 보니까 그런 연구소의 큐비클이 실제로 괜찮겠다 생각한 거 같아요.

유걸 씨가 당시 우리나라에서 전반적으로 루이스 칸을  좋아하는 그런 경향이 있어서인지 그 안에 보면 약간 그런 요소가 있습니다. 네 군데 있는 계단이라든지, 루이스 칸 같은 소위 빛의 칼럼. 그 집을 짓는 과정에서 놀란 것은 미국에서 지원해 주는 거기 때문에 건축 부품들 이런 것들도 현물로 들어온 것도 있었거든요? 그래서 신기한 것들을 봤죠. 조립식 섀시라든지, 벽에 빌트인 되는 그런 방화문. 그것이 자동 센서가 있어서 불이 나면 자동으로 닫히게 되는. 또 라인 디퓨져가 붙어있는 천정 조명이라든지, 굉장히 사이즈가 큰 석고보드라든지. 그런 것들이 그 당시 우리나라에서 보기 힘든 신기한 재료들이었고 꽤 퀄리티가 높았어요. 지금도 거의 그대로 유지를 하고 있어서 지금 보면 시대적인 감각에는 안 맞지만 그 당시로는 상당히 꽤 괜찮았습니다.

그 옆에 아직도 비어있긴 하지만 굉장히 큰 잔디마당이 있었는데 그 바닥을 약간 경사면으로 만들어서 잔디마당이 시각적으로 볼 때 그냥 마당이 아니라 입체적으로 볼 수 있는 그런 것이 되었고. 또 본부에서부터 연구동까지 실내로 연결 시켜야 했기 때문에 긴 브릿지형 연결통로가 있어요. 그것이 처음에는 한 번에 갔으면 좋겠다고 하다가 중간에 서포트를 하나 둔 오버브릿지(over bridge)가 생기고, 그런 것도 그 당시로는 어려운 거였죠. 그렇게 전반적인 마스터플랜에서 세부사항까지 우리나라 대표적인 두 젊은 건축가인 이광노 교수님하고 김수근 선생님 두 분이 같이 캠퍼스를 만든 거죠.

**전봉희:** 본관 말고 나머지 연구동은 이광노 교수님의 무애 설계인가요?

**윤승중:** 무애에서 다 하고. 뒤에 〈명륜관〉이라든지 이런 것도 무애에서 했어요. 그리고 연구원용 하우징이 있었거든요? 하우징은 키스트가 외국에서 오는 연구자들을 초빙하는 과정에서 집을 하나씩 주고 했던 건데. 거기는 둘러 막아가지고 특수 지대같이 만들어서. 고위 관리자들을 위한 단독주택들이 몇 개 있었고요. 그 밑에는 타운하우스 같은 타입의 복잡한 평면을 가진 연립주택도 있었는데. 그것은 기술공사의 3부 공일곤 씨가 주관을 해가지고….

**전봉희:** 하우징을요?

**윤승중:** 예, 하우징을. 지금도 그대로 남아 있습니다. 물론 지금 기준으로 볼 때는 스페이싱이라든지 이런 것들이 워낙 작았지만 컨셉 자체는 재밌었던 거 같고. 거기 연구자 친구들이 있었는데 나중에 얘기 들어보니까 애들을 데려와서 어느 정도 살다가 여기에 살면 안 되겠다고 생각해서 일반 동네로 나왔다고 해요. 왜냐하면 초등학생 애들이 한국 애들 보고서 재네들, 저쪽 애들 이런 식으로 표현하는 거 보고서 한국에서 살려면 여기서 살면 안 되겠다 그렇게 생각해서 나왔다고 하고. 그런 식으로 키스트 지역을 특수 지역으로 관리했던 거지요. 최형섭[4] 박사가 초대 키스트 원장이었는데 연구자들은 미국에서 꽤 인정받고 잘 나가는 사람들을 이 사람이 직접 쫓아다니면서 교섭을 해서 인바이트했고 꽤 오랫동안 좋은 역할을 했어요. 아마 나중에 경제 개발 사업을 구축하는 과정에서 그것이 기반이 되고 싱크탱크로서 상당히 큰 역할을 했다 생각이 됩니다. 좀 지난 다음에는 교육 기능까지 합쳐서 카이스트(KAIST)라고 해서 대전에다 교육 기관을 두고

키스트 하우징

4_
최형섭(崔亨燮, 1920-2004): 과학자. 1944년 와세다대학 이공학부 졸업. 한국과학기술연구소 소장을 거쳐 과학기술처 장관 등을 역임했다.

운영을 하다가 또 다시 독립해서 지금 키스트로 돌아왔죠. 그것이 우리나라 최초의 본격적인 연구소이고 연구 시설로서도 상당히 본격적이고 정상적인 방법으로 만들어진 그런 경우라고 볼 수가 있겠죠. 혹시 뭐 질문 있으십니까?

**우동선:** 충돌은 어떻게?

**윤승중:** 충돌이란 말을 쓴 거는, 이광노 교수님은 그때 한국에 가장 촉망 받는, 기대 받는 황태자 같은 입장이었고, 김수근 선생님은 일본서 왔는데 뭔가 큰 활동을 하게 되니까 각광을 받는 그런 두 분이 서로 간에 알게 모르게 라이벌 같은 입장이었는데요. 〈조선호텔〉 때도 일이 있었는데, 큰 일은 아니었습니다만 좀 이상하게 되었었고 키스트도 무애에서 하던 작업이었는데 본관을 가지고 끼어든 경우가 생긴 거죠. 그러니까 이광노 교수님 입장에서 봤을 때는 굉장히 뭐랄까요, 기분이 안 좋을 수도 있고. 충돌이라는 것이 싸웠다는 얘기가 아닙니다. 싸우시기까지야 했겠어요. 이런 식의 서로 다른 활동에서 생긴 충돌을 보는 사람들이 그렇게 말하게 된 거죠.



**전봉희:** 그러면 당시 무애에서 이 일에 관계하셨던 분이 김병현 선생님 혼자세요? 또 누가 관여하셨는지.

**윤승중:** 아니죠. 전반적으로 설계는 무애에서 다했고. 김병현 씨는 아주 무애를 떠나서 거기 시설과 직원으로 KIST 건설을 마치고 69년인가 끝냈어요. 그러고 나서 아까 미스터 롤로우라는 사람의 '마틴'이라는 회사로, 그 사람에게 잘 보여서 스카우트 되서 미국 가가지고.

**전봉희:** 아, 그렇게 해서 미국에 가셨군요.

**윤승중:** 90년대 초반까지 미국에서 활동하다가 돌아와서 처남인 오택길과 함께 '장건축'을 이끌었죠,

**전봉희:** 당시 무애에서는 누가 실장이었나요?

**윤승중:** 이때까지는 원정수[5] 교수님이 디자인 쪽으로 총괄하셨고 그러고 김병현 씨가 있었고. 그 다음에 이어서 황일인[6], 조성중[7], 그리고 많은 동문 분들이 있었어요. 그러고 무애가 사실 서울공대 출신들로만 구성되어 있는 그런 건축 사무소라서 우리가 학교 다닐 때는 혹시 무애에 아르바이트를 갈 수가 있지 않을까, 뭐 이런 식으로 기대를 많이 했었는데 김병현 씨가 스카우트되어서 무애로 갔고, 나는 이천승 선생님하고 인연을 맺는 바람에 이광노 교수님하고는 그렇게 별로 인연이 없었어요. 그러고는 김수근 선생님의 어시스턴트가 그렇게 되는 바람에 사실 이광노 교수님이 보실 때는 날 괘씸한

놈, 이렇게 보셨을 수도 있어요.

**전봉희:** 네, 그러면 여의도.



**윤승중:** 여의도를 들어가기 전에 몇 개 컴페티션 얘기를 했으면 좋겠는데 그 중에서 상당히 중요한 프로젝트가 〈정부종합청사〉 컴페티션이예요. 왜 이 얘기를 하냐면 지난번에 〈부여박물관〉 때 잠깐 나왔듯이 우리나라에서 건축 논쟁을 일으켰던 것이 일반 대중에게의 의미라든지 그런 것 때문에 얘기를 해두는 것이 좋을 것 같습니다. 그것이 종합청사 말고 그 전에, 아 내가 잘못 이야기했어요. 〈정부종합청사〉가 아니고 〈국립중앙박물관〉. 그것도 1966년에 있었던 일인데 그것이 대중적으로 국민들에게 좀 감정을 일으킨 것은 그것이 처음에 공모할 때부터 조건이 하나 붙었던 것이 국립박물관은 우리나라 전통적인 문화유산을 전시하는 곳이기 때문에 건물 자체가 한국식의, 전통적인 방식이어야 한다 아주 그렇게 못을 박았고 거기다가 우리나라의 우수한 고전 작품들이 많이 있으니까 몇 개를 조합해서 모방해서 해도 좋다는 식의 단서가 붙어 있는 프로그램으로 발표했거든요? 근데 건축계에서 그걸 받아들이기 어렵죠. 전통 건축양식으로 해서 설계하라든가 고전을 카피해서 해라, 이런 식의 단서를 보고 기술공사에서 처음에는 박물관 일에 기대가 컸는데 보고서는 놀랬죠. 어떻게 이런 컴페티션을 하느냐 그러면서요. 여러 가지 수소문해서 1936년에 일본잡지를 찾아서 봤는데 일본 도쿄국립박물관에 공모가 있었어요. 2차 대전 전이죠. 마에카와 쿠니오(前川國男)가 심사위원장, 진행하는 총책임자였었는데 그 조건 중에 박물관 이니까 전통적인 양식에 대해 중점을 두라는, 거기선 모방하라는 얘기는 안했지만 그런 식의 문구가 있더라고요. 1936년이니까. 30년 지난 뒤에 우리나라가 그렇게 된 거죠. 실제로 일본이 지은 걸 보면, 혹시 기억나시는지 모르겠어요, 거기에.

**전봉희:** 우에노(上野)에 있는 거요.

5_
원정수(元正洙, 1934-): 건축가. 1957년 서울대학교 공과대학 건축공학과 졸업 후 인하대학교 건축학과 교수 역임했다. 1983년에 지순, 김자호, 이광만과 함께 간삼건축연구소(현 (주)간삼건축) 설립하여 현재 고문으로 활동 중이다.

6_
황일인(黃一仁, 1941-): 경남 창원 출생. 1963년 서울대학교 공과대학 건축공학과 졸업. 공군시설장교, 무애건축연구소 등을 거쳐 1974년 건원사건축연구소를, 1979년 일건건축사무소를 설립하였다.

7_
조성중(趙誠重, 1941-): 서울 출생. 1964년 서울대학교 공과대학 건축공학과 졸업 후 버클리대학에서 수학. 무애건축연구소 등을 거쳐 현재 일건건축사사무소 대표이사.

**윤승중:** 네, 화양절충식(和洋折衷式)의 그런 일본 제국주의 스타일의 건물이 있었어요. 그래서 그런 분위기가 영향을 준 것 같아요. 건축가협회에서 문제를 제기했어요. 왜냐면 그것이 우리나라 국립박물관을 짓는 것인데 그런 시대착오적인 건축을 하는 것은 아니지 않느냐고. 긴급 이사회를 열어서 한번 정식으로 대표를 보내서 교섭을 해보고 그것이 안 되면 거부하겠다고 했거든요. 대표로 가신 분이 김희춘 선생님. 김희춘 선생님이 건축가협회 회장님이었어요. 또 한창진 선생, 최창규 선생, 또 김수근 선생. 그 당시 이사님들이었는데요. 면담을 하려고 다시 한번 모여서 회의를 하시는데 김수근 선생이 나보고 같이 가자고 하시더라고요. 나는 그때 건축가협회 가입을 했었거든요? 회원이었지만 이사는 아니었죠. 아마 심부름 시키실 게 있었던 모양인데, 같이 가자고 해서 대표자만 모이는 그 모임에 가게 되었죠. 그런데 저보고 취지문 이런 걸 써서 준비해라 하셔서 고민 고민 해가지고 이제 예술, 문화재라는 것이 그 시대에 가장 대표적인 작가들이 창의적으로 만든 것들이어서 가치가 있는 것이고 그걸 전시하기 위한 집이라는 것은 미래의 문화재가 되어야 하기 때문에 이 시대에 가장 창의적인 것이어야 하고, 그렇게 취지문을 써서 페이퍼를 가져갔어요. "같이 가자." 해서 네 분이 대표이시고 나는 일종의 실무, 그런 입장에서 따라갔었죠. 중앙청 안에 문화재관리국이라는 것이 있었어요. 그 당시 국장이 육군 대령 출신 하갑청[8]이란 분이신데 그런 진행을 하는 게 그분의 아이디어였던 거 같아.



근데 그뿐이 아니라 5.16 후에 박정희 대통령 군사정부에서 내세운 명분 중의 하나가 '민족중흥'이란 게 있었거든요. '민족'이라는 걸 굉장히 강조했었어요. 건축에서도 나중에 '박정희 스타일'이라는 말이 나올 정도로. 그게 뭐냐면 콘크리트에 전통적인 양식으로 집을 짓고 거기에다가 베이지색 페인트를 칠하는 거였죠. 시대적 분위기가 집 자체를 전통적인 양식으로 짓는 것이 하나의 분위기였는데. 하갑청 국장이란 사람도 당연히 그런 영향을 좀 받았겠죠. 한참 그렇게 얘기를 했는데, 선생님들 말씀은 알겠지만 자기가 볼 때는 그렇지 않다는 것이에요. 왜냐면 외국 사람들이 와서 종묘나 창덕궁에 가서 볼 때는 다 감동하고 그러는데 현대건축은 아무도 관심을 안 갖고 쳐다도 안 본다, 그게 무슨 가치가 있는 거냐 이런 식으로. 한참 그렇게 했는데 결국 그냥 진행이 되었어요. 건축가협회에서는 그것을 거부하고 많은 분들이 안 했어요. 그렇지만 또 한편에서는 진행이 되면서 강봉진[9]이라는 분 것이 당선을 했어요. 지금 집이 지어진 것 기억하시죠? 지금 민속 박물관의 소유가 된 건데 그것이 강봉진 사무실 안이 아니에요. 강봉진 사무실 본래 안은 아홉 개의 건물들을 두 배나 세 배쯤, 왜냐면 박물관의 규모가 그 집 가지고는 안 되니까 키워서 그것들을 늘어놓고 클러스터를 만들어서 연결시킨 그런 아이디어로 당선이 되었거든요. 근데 정말 말이 안 되는 안이었었죠. 건축계가 열렬하게 반대하고 그러니까 이제 문화재관리국 당국에서도 이대로는 안 되겠구나 해서 타협안을 낸 것이 당시 심사위원장으로 기획하고 추진하시던 분이 정인국 선생님이셨는데, 정인국 선생님은 그 당시 건축가 협회에서 꽤 중요한 역할을 하셨음에도 불구하고 결국 거기에 앞장서서 그 일을 추진하셨던 거지요. 실제로 프로그램도 만들고 심사위원장도 하시고. 그래서 건축계 쪽에서는 상당히 반대하였지만. 선생님이 보시기에도 강봉진 안이 짓기 어렵다고 생각하셨는지, 사실 말이 안 되는 것이 심사위원장이 설계에 참가하면 안 되는 건데 은밀하게 강봉진 사무실에 안을 하나 만들어서 주시고 이것대로 해라 했대요. 일단 대외적으로는 강봉진의 안으로 발표되었지만은 실질적으로는 정인국 선생님이 안을 만드셨던 거지요. 본인도 그렇게 시인하셨고. 근데 지금 지어진 집은 상당히 재밌는 집이예요. 위에 팔상전이 하나 있지요. 거의 풀사이즈로 만들어서 그것을 하나의 오브제로 놓고 그 밑에다가 불국사 기단 같은 큰 기단을 만들어서 거기다 박물관 기능을 다 집어넣은 거지요. 근데 그 당시 집의 디자인이라든가 이런 것들은 꽤 세련되어서 오랫동안 괜찮은 집으로 인정을 받을 정도로 실제론 그랬죠.

또 어떻게 보면 그 때까지만 해도 모더니즘이라는 것이 모든 것이 창작이어야 하고 추상적이어야 하지 어떤 전통스런 것들이 그대로 쓰이는 것을 금기했단 말이지요. 근데 그 때쯤 해서 포스트모던이 오면서 오히려 일반 대중들이 속한 건축은 그들이 쉽게 이해할 수 있는 친근한 어휘를 자유롭게 쓴다던지 상당히 파퓰러한 이런 쪽으로 바뀌고 있어서 오히려 앞서간 점이 있어요. 그 당시 엄격한 모더니즘 논의를 벗어나서 파퓰러한 대중적인 방식으로 만든 집이라고 볼 수 있고. 결과적으로 보면 강봉진 설계이기도 하지만 사실 정인국의 설계였고 박물관은 잘 쓰이게 되었습니다. 중앙청으로 박물관을 옮기면서 지금 민속박물관이 되었죠. 아직도 거의 그대로 유지가 되고 있는 거 같아요. 근데 정인국 선생님은 문화계, 건축계에서 선구적인 분이었는데 그 당시 건축계가 전부다 반대했던 일에 가장 지도적인 입장에 계신 분이

8_
하갑청(河甲淸): 1964년 12월-1969년 2월까지 문화재 관리국장 역임했다.

9_
강봉진(姜奉辰, 1917-1998): 1941년 쇼와(昭和)공업학교 건축과 졸업. 1952년 한양대학교 건축공학과 졸업. 조선대 건축공학과 교수, 한양대 건축공학과 교수 등을 거쳐 1960년 국보건축연구소 설립하고 동 대표를 역임했다..

왜 그러셨을까 사실 상당히 의문이거든요. 정인국 선생님은 모랄리스트로 존경을 받았고 또 학자로서도 그랬는데 왜 그렇게 외면하시고 그렇게 했을까 그런 의문이 남아있습니다. 이거는 확인된 건 아닙니다만 북한에서 월남하셨잖아요? 월남하시기 전에 김일성대학교 교수를 하셨다고 해요. 오셔가지고 정부의 압력을 깊이 좀 받지 않으셨을까, 확인된 것은 아닙니다만 자의적이 아닌 방법으로 그런 압력을 받아서 정부에 협력하는 일을 하시지 않았을까, 그런 생각을 했어요.

**최원준:** 그때 설계 공모 중에 문제가 건축가의 저작권을 인정하지 않는 문제도 있지 않았나요?

**윤승중:** 그건 그때 뿐만 아니라 그 후에도 아직 명확하지 않은데, 어떤 문제냐면 건축주 입장에서는 이래요. 물론 건축가들이 만든 안이라는 것이 건축주 마음에 100퍼센트 맘에 들지 않을 수도 있잖습니까? 심사위원들이 골라주는 안에 대해 건축주가 가장 우려하는 것이 뭐냐면 내 맘에 안 드는데 그대로 집을 지으란 말이냐 하는 점이죠. 그래서 대개 건축주 쪽에서는 저작권이라는 것을 인정을 안 하고 했죠. 지금은 그래도 설계자의 의도를 존중합니다만 아직도 명확하지는 않은 거 같아요. 가장 합리적으로는 독일에는 이런 제도를 쓴다 그래요. 심사위원 중에 건축주를 대표하는 심사위원이 참가하는 경우는 예외로 하고, 건축 심사위원들이 결정해서 주더라도 건축주 쪽에서 이렇게 안 짓겠다면 거부할 수 있는 권한을 준다고 해요. 왜냐하면 건축주로서는 엄청난 투자를 하는 건데 건축가들이 자기들만 생각하고 그러니까. 그런 명분을 줄수록 저작권을 안주는데 저작권이 없음, 아마 그렇게 밝혀졌던 거 같아요. 그것도 한 가지 쟁점이 되었지만 비단 그것뿐만 아니라 모든 거가 그랬던 것이지요.

**전봉희:** 그것 보다 나중에 나왔지만 김원 선생이 쓴 글 중에서 이 사건에 대해서 굉장히 신랄하게 비판했던 글이 있거든요. 논리 자체는 선생님이 방금 말씀하신 것과 같습니다. 아마 '우리시대의 거울' 거기에 수록 된 것을 저는 읽었던 것 같은데. 당시에 김원 선생님이 일간지나 이런데 썼습니까? 지금 건축가협회에서 이야기했던 게 당시 아까 〈부여박물관〉에서 했었다고 하셨는데 역시 일간지에 나왔나요?

**윤승중:** 〈부여박물관〉은 동아일보에서 처음 문제제기를 했고 또 김중업 선생께서 글을 쓰셨기 때문에 좀 알려진 건데. 이건 아마 건축계에만… 일반인들에게까지 심화되진 않았던 거 같아요. 다만 반대로 〈부여박물관〉의

경우 일반인이 생각할 때 왜색이 보이면 안 된다고, 오히려 건축가들은 건축가를 옹호하는 입장인데 반해서 일반 사람들은 오히려 박물관은 전통적인 방식으로 짓는게 맞지 않느냐 하는 의견이 상당히 많았어요. 아마 여론 조사를 했다면 70-80퍼센트 정도로. 요즘은 어떨지 모르겠지만 그 당시 그랬을 거 같습니다. 굉장히 중요한 프로젝트였던 것이 건축계에서 반발하는 바람에 좀 재미없게 진행이 된 거죠.

**전봉희:** 아까 정인국 선생님에 대해서 선생님이 월남하셨던 전력까지 말씀하시면서 굉장히 뭐랄까요, 일종의 변호하는 입장에서 생각을 하셨는데 혹시 정인국 선생님 정말 진짜로 그렇게 생각해서 하셨던 것 아닐까요? 예를 들면 월남이랑 관계없이 나는 박물관 이렇게 지어야 한다 생각하신 건 아닐까요?

**윤승중:** 그렇지 않더라도 일단 그렇게 주장하셨겠죠.

**전봉희:** 그 분이 하신 다른 작품들을 보면 이해가 안 된단 말씀이시죠?

**윤승중:** 사실은 그것 때문에, 그걸 계기로 해가지고 포스트모더니즘이라든지 그 이후에 사조에 대해서 눈을 돌렸던 거는 확실하지만. 미국 갔다 오시고 하신 다음에 하신 작품이 몇 가지 있거든요? 교육위원회 건물.

**전봉희:** 어디에 있지요?

**윤승중:** 서소문에 있는 교육위원회인가 그런 건물이 있어요. 또 을지로에 있는 한전 사옥 뒤쪽에 별관이 있고. 또 천도교 〈수운회관〉, 이것들이 이후의 작품들인데 그 작품들하고 그 이전에 하셨던 기상청. 그거 혹시 보신 적 있나요?

**전봉희:** 사진만 봤습니다.

**윤승중:** 그 당시에 커튼월로 하고 〈레버 하우스〉 같은 분위기의 디자인인데 가운데 코트가 있고 내용이 참 좋아요. 그 집은 숨어있어서 잘 알려지지 않았지만 모더니즘의 원류에 있어서 굉장히 정직하게 겸손하게 했던. 난 굉장히 좋은 집으로 평가를 하고 싶은데요. 정인국 선생님이 그뿐 아니라 공군본부 청사 컴페티션이 있었어요. 그땐 종합건축이 당선이 되었거든요? 2등 안이 정인국 선생님 작품인데 그거는 실제로 커튼월로 굉장히 심플하게 한 그런 디자인이었어요. 그러니까 그 이전의 작품과 그 이후가 완전히 다르죠. 그런데 아까 후자, 그 이후에 하신 것들 보면은 이렇게 좀 포스트모더니즘과 같은 유럽의 전통적인 모티프들, 오더가 있다든지, 캐노피가 있다든지

이런 요소들이 빌딩 위에 올라 얹혀지게 되는, 모더니즘에서는 배격했던 원리들이 포스트모던 이후에 나오는 파퓰러한 디자인들과 연결이 되는 걸로 보이거든요. 그래서 국립박물관은 처음에 아마 강봉진 씨 안을 보시고는 동의 안 하셨을 거예요. 다시 지어지는 안을 보셨을 때는 꽤 매료가 되어 있지 않으셨을까, 건축이라는 것은 이래야 하지 않을까, 하는 생각을 좀 바꾸지 않았을까. 아까 이야기한 것은 나중에 결과적으로 된 것이고 건축계가 다 반대하는 것을 추진하실 때는 뭔가 조금 다른 입장이 있지 않았을까 하는 거죠.

**전봉희:** 그렇게 생각하실 정도로 당시 건축계 내부 반대가 강했다는 말씀이시죠?



**윤승중:** 정인국 선생은 건축가 뿐만 아니라 교육자로서도 가장 존경 받는 스승이었는데 우리로선 굉장히 불만이 있었어요. 건축계가 이렇게 반대하는데 앞장서서 하시다니 나로서는 그런 생각이 있습니다. 정인국 선생님은 하여튼 굉장히 우리나라 건축계에서 중심 역할을 하셨던 분으로 생각이 됩니다. 근데 자꾸 별거 아닌 거 가지고 너무 길게 얘기하다보니까 시간이 너무 많이 지나갔네. (웃음)

**전봉희:** 별거 아니지 않은데요. 아주 중요해요.

**우동선:** 중요한 지점 같아요. 아까 전 선생님이 말씀하신 김원 선생님의 그 글 때문에 그쪽으로의 가능성은 아주 봉쇄된 거잖아요. 그 이후에 작가들이 그렇게 하면 안 된다…

**윤승중:** 그게 뭐죠?

**우동선:** 그러니까 모더니즘하고 전통을 어떻게 혼합하는 행동은 절대로 하면 안 된다는 교훈을 얻게 되어버린 거죠.

**윤승중:** 아, 그런가요? 그렇게 영향이 있었나요? 근데 그거는 김원 씨의 글뿐만 아니라 그 당시는 거의 다들 그렇게 생각을 했던 거지요. 그것이 모더니즘의 굉장히 중요한 원리 중에 하나였으니까요. 그 당시에는 그럴 필요가 있어서, 시대적인 요구가 있어서, 모더니즘을 여러 가지로 해석할 수 있겠지만 산업화 과정에서 필요하다는 이유이기도 하다 보니 강렬하게 할 필요가 있어서 그렇게 주장했다고 봐야겠지요. 그것이 2차 대전 후에 전 세계적으로 보급이 되면서 우리나라에까지 들어왔고, 우리는 그런 식의 교육을 받았고, 70년대 중반까지는 거의 그런 경향이 컸어요. 『러닝 프롬 라스베가스』[10]라든지,

팝아트(pop art)들이 소개되고 했지만 그래도 그것이 한국에서 어느 정도 보급되기까지는 시간이 걸린 거 같아요. 사실 포스트모더니즘이 그리 오래가지는 않았고 평가하기가 쉽진 않겠죠. 근데 김원 씨 그 글이 그렇게 영향이 있어요? 젊은 사람들한테?

**전봉희:** 그 당시 젊은 사람들이 어땠는지는 모르는데, 지금 와서 시간이 좀 지나고 난 다음에 그 사건에 대해서 뚜렷하게 써놓은, 남긴 기록이 달리 없는 거예요.

**윤승중:** 세 분은 그걸 어떻게 기억하고 계신 가요, 이 사건을?

**전봉희:** 대개 사건은, 선생님 말씀하신 정황은 같이 기억을 하고요. 왜냐하면 김원 선생님 글에 그 경과도 좀 쓰여 있었어요. 일이 어떻게 되었었고, 몇 번 거부했었고. 그래서 제가 학부시절에 읽었을 때는 역시 같이 분위기에 동참해서 김원 선생님 의견에 동조하는 입장이었는데요. 지나고 보면 생각은 그럴 수도 있는데, 건축이 이렇게 생각할 수도 있고 저렇게 생각할 수도 있는데, 완전히 이렇게 생각하는 사람을 악인처럼 만들었구나, 이 양반의 글이라고 하는 것이. 그러고 보면 그때 글 쓸 당시에 김원 선생님 나이가 그렇게 많지 않은 거더라고요. 그래서 아, 젊으니까 이렇게 쓸 수 있겠구나, 그렇지 않고선 조금 나이 들어서는 이렇게 까지 상대방을, 선악을 분명하게 갈라서 쓸 만한 일은 아니었을 수도 있는데… 저 같으면 예를 들어서 이슈가, 지금 쓰라 그러면 양식의 문제가 아니라 사이트를 가지고 이슈로 삼겠어요.

**윤승중:** 그것도 일리 있어요. 그 사이트가 옛날 궁에, 그게 무슨 자리였던가요?

**전봉희:** 한적하기는 합니다. 공지가 워낙에 많지가 않았는데. 약간 훈련장 비슷하던데.

**우동선:** 동궁 뒤쪽으로.

**전봉희:** 네.

**윤승중:** 근데 그 지어진 집은 어떻게 생각하세요?

**전봉희:** 집은 뭐, 제가 볼 때에는, 저는 빨리 부수는 게 낫다고 생각하지요.

**10_**
로버트 벤추리(Robert Venturi), 드니즈 스콧 브라운(Denise Scott Brown), Learning from Las Vegas (Cambridge MA: MIT Press 1972).

윤승중: 그래요? 어떤 점에서?

전봉희: 이게 관광지에 놓여있으면 괜찮은 건물이지, 네…

윤승중: 아, 그 분위기 때문에? 사이트 때문에?

전봉희: 네. 그리고 조형 자체로도 좀 우스꽝스럽지 않습니까? 하나는 법주사 팔상전이고 하나는 금산사 미륵전이고 하나가 부석사 무량수전인가요? 그래가지고 삼남에 하나씩이에요. 충청도 하나, 전라도 하나, 경상도 하나.

윤승중: 실제로 쓰이지 않거든요.

전봉희: 안 쓰여요. 안 쓰이니까 더 웃긴 거지요. 그리고 밑에는 창을 두지도 않은 콘크리트 덩어리로 해서 수장고를 만들어 놨으니까. 이거는 뭐 김포 옆에 있는 면세점, 아, 이렇게 얘기하면 안 되는데. (웃음) 출국하기 전에 물건 사려는 외국 관광객들을 위한 그런 건물 용도로 김포공항 옆에 광장에다 지어 놓으면, 그렇게 하면 될 거지, 그걸 서울 시내에다 짓는다는 것은.

최원준: 공항에 두어도 안 될 거 같은 데요.

전봉희: 아니, 공항 앞에 단체버스 타고 가다가 마지막에 들려서…

최원준: 제일 외국 사람들이 많이 보는 덴데.

전봉희: 한꺼번에 다 보잖아요. 경상도, 충청도, 전라도. 우리나라 좋은 건물 세 개를. 아, 저 얘기는. (웃음)

윤승중: 사실은 역사에 남을 얘기는 아닙니다.(웃음)

전봉희: 선생님, 아까 컴페티션 몇 개 더 하시겠다 하셨는데 부산시청사 컴페 말씀하시는 건가요?

윤승중: 예, 그 다음에 〈종합정부청사〉. 그리고 〈부산시청사〉. 두 가지가 난 개인적으로 중요한 의미가 있어요. 왜냐하면 종합정부청사는 기술 공사 이름으로 응모를 했고, 부산 시청사는 사실은 김수근 선생의 양해를 받아서 밖에서 별도로 했어요, 김 선생과 관계없이. 왜 의미가 있냐면 그 두 가지를 통해서 앞으로 원도시에서 했던 여러 가지 작업들의 프린서플(principal)들을 많이 주장했기 때문에 개인적으로 의미가 있는 작품이었다고 생각이 됩니다. 물론 당선도 못하고 끝난 거지만 종합청사는 나 개인적으로 그런 의미가 있었고 또 실제로는 이런 게 있어요. 지금 보신 한국 최초의 2단계 컴페티션을 했어요. 당시에 총무청에 계셨던 황…

**우동선:** 황상일[11] 국장

**윤승중:** 황상일 국장. 그분이 대선배이신데 그분이 이상적인 컴페티션을 한국에서 해보고 싶다 해서 꽤 규모도 큰데다 종합청사라는 것이 의미가 있었던 거지요. 중앙 여러 청사를 종합하는 상징적인 지위 때문에. 그래서 퀄리티를 높이기 위해서 유럽에서 많이 했던 2단계 컴페티션을 하자. 1단계에서는 소프트하게 규정을 완화해서 우선 오픈해서 응모 받고 거기서 한 열 개 쯤 골라서 인바이트를 하겠다, 말하자면 비용을 주고 2차 컴페를 하겠다, 이렇게 했어요. 그 전에 다른 컴페티션이 불리했던 거에 비해서 본격적으로 시간도 충분하게 주었고 그렇게 진행을 했습니다. 기술공사에서는 도시계획부에서 팀을 만들어서 작업했고. 컴페티션이기 때문에 밤새우고 그러거든요. 그래서 따로 방을 하나 얻어가지고 거기서 나하고 김원, 김환, 김희관이라고 한양대 나온 친구 있었는데, 그렇게 팀을 짜서 설계를 했어요. 안을 만들다 보면 여러 가지 안이 나오잖아요. 몇 개를 만든 것이 여기 있습니다.

세종로 정부종합청사 설계 경기

내가 만든 안이 여기에 있어요. 가운데 큰 아트리움이 있고 오피스는 다 위에 있고. 굉장히 정교하게 스페이스를 모듈화하고 그것을 전부다 프리패브릭으로 해서 슬라이딩 폼(sliding form)으로 하는 아이디어로 해서 하나를 만들었어요. 이 안이 하나가 있고. 또 김희관이라는 친구가 좀 다르게 정사각형으로 굉장히 그래피컬(graphical)한 플랜으로 안을 하나 만들었었는데, 김수근 선생님께서는 직접 안을 만드는 거에 관여하지는 않았지만 둘 중에 하나를 골라야 하는데 보시고서 둘 다 다 내자 하셨어요. 김수근 선생님이 일단 은근히 또 하나의 안에 맘이 있으셨던 거 같아요. 어쨌든 그걸 버리지 않고 안을 두개를 냈어요. 그 안은 일단 탈락을 하고 이거가 1차에서 패스해가지고 2차까지 가게 되었습니다. 2차 때는 제작비도 좀 받고 지명을 받고 했던 방식이 됐었죠. 그래서 진짜 열심히 했고. 내 생각엔 꽤 아이디어도 좋고 괜찮았다고 생각 드는데 나중에 끝난 다음에 전시회를 했거든요. 결국엔 당선작은 없고 가작이 나상진 선생. 가작이 한 3군데 되고 우리 점수가 총 12개 중에 6등인가 했는데 심사위원 코멘트를 쭉 써놨거든요, 전시 할 때.

**11_**
황상일(黃尙一): 1952년 서울대학교 공과대학 건축공학과를 졸업하고 총무처의 국장과 실장을 역임했다.

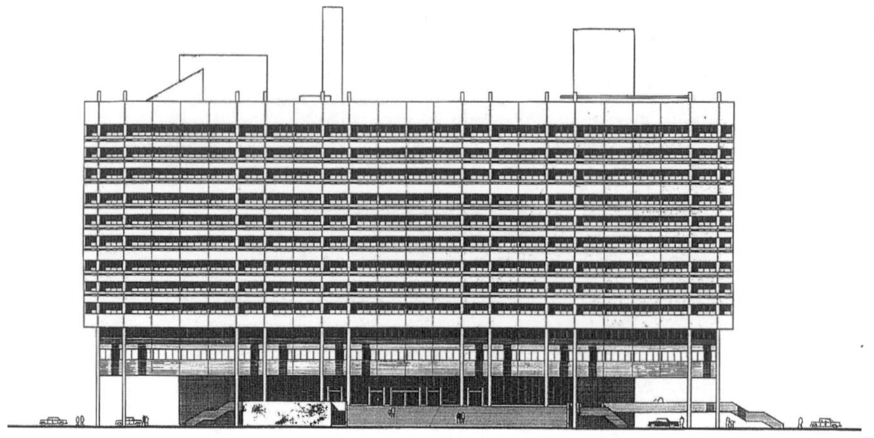

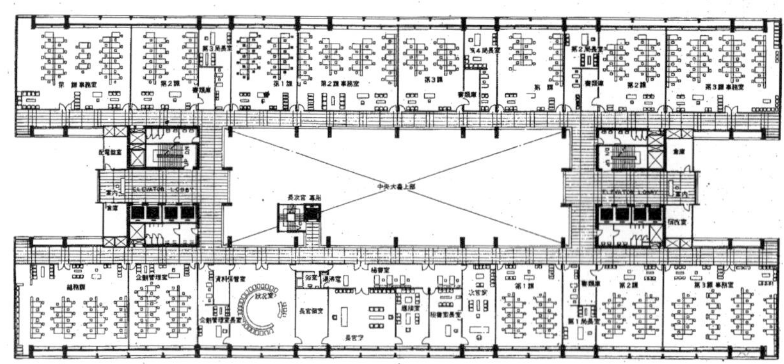

**그림2, 3 _**

종합정부청사 입면도와 평면도(1967).

코멘트는 전부다 칭찬 일색이었어요. 창의적이고 뭐… 근데 막상 점수는 안 좋게 받아가지고 아, 좀 시기상조다 했지요.

가운데 큰 오픈 스페이스도 그렇고, 전부 다 프리패브릭으로 해서 코어하고 기둥을 전부 다 슬라이딩 폼으로 만들었는데 그렇게 우리가 제안은 했습니다만 아직 우리나라에서 해 본 적이 없는 것이고. 어디서 힌트를 얻었냐 하면 그 당시 사리넨이 뉴욕에 지은 집인데 〈CBS 빌딩〉 기억나시나요? 1미터 60센티 간격의 칼럼이 쭉 서 있고 칼럼 속에 파이프가 있어요. 파이프를 계속 붙여가면서 콘크리트를 슬립 폼(slip form)으로 쭉 올려서, 꽤 큰 집인데 하루에 한층씩 쭉 올려가면서 굉장히 빨리 완성했다고 그래요. 가운데 코어에다가 크레인을 세워가지고 이렇게 죽죽 하면서… 그런 그림도 그리고 이런 식으로 했음 좋겠다 했더니 아이디어가 재미있고 좋은데 지금 우리나라에서는 시기상조다 해서 못했죠. 나중에 윈도시에서 했던 작업 중에서 저런 식으로 한 게 꽤 있어요.

그 메이저 스페이스라는 말, '당'(堂)이라는 말 썼었죠? 당이라는 건 번역하기 어려운 말인데 메이저 스페이스란 말은 일단 크다는 의미가 있고 또 하나 '주(主)'라는 뜻이 있지요. 집에서 기능적인 것이 요구되는 스페이스에는 굉장히 다양한 것들이 있지만 각자가 되기보다 하나에 집중해서 하나로 기억되는 곳이 있는데 그것을 주 공간이라 그러고. 그렇게 되는 대표적인 경우가 교회당 같은 거. 교회에는 당이란 말을 쓰지 않습니까? 사람들은 다 과장된 스케일에 일상적이지 않은 경험을 주는 당을 생각하는데 실제로 당에서 보내는 시간은 일주일에 한두 시간 밖에 안되고 다른 시간은 다른 스페이스에서 보내죠. 그렇지 않습니까? 그런데 공공건축물, 시청을 보면 대부분 사무실인데 사람들은 사무실을 기억하지 않고 시청하면 뭔가 있다, 그런 대상을 만들어 주는 것을 당堂이라고 생각합니다. 주택에선 조금 어렵겠지만 제가 보기에는 그런 어떤 주 공간, 메이저 스페이스가 필요하다라고 생각이 되는데, 가운데 그런 것을 만든 것은 실제로 1층 로비에서 사람들하고 만나기도 하고 그런 퍼블릭 서비스가 이루어지는 이런 장소를 만들어서 전체가 다 보이는 장소를 만든 거지요. 관청, 관공서라는 것이 개인이 보면 사실 서비스 기관이잖아요? 그렇지만 국민 대 관청이라고 보면 서비스 기관인데 국민의 서번트(servant)죠. 그렇지만 한 개인으로 보면 관청은 집합으로 상당히 권위가 있어야 하는 것이기 때문에 그것을 대표하는 메이저 스페이스가 필요하다, 그렇게 생각한 거죠. 그런 개념으로 안을 만들었고 저 뿐만 아니라 옆에서 계속 함께 고생하면서 안을 냈는데 실제로 당선작이 없었고. 나상진 선생 작품이 일단 가작이 되었어요.

일단 그걸로 진행하기로 되었다가 어떤 이유에서인지 갑자기 미국의 피에이엔이(PA&E)라고 대개 군 관계 일을 많이 하는 데에서 일을 맡게 되었어요. 그래서 건축가협회에서 나서가지고 세미나도 하고 우리나라 종합청사인데 이렇게 컴페티션까지 해서 일단 최우수작이 선정되었으면…. 그런데 그것이 UIA 컴페티션 규정에 그런 것이 있거든요. 만약에 당선작이 없더라도 최고 득점자를 당선자로 대우를 하라, 그래서 안은 쓰지 않더라도 사람은 써라 그런 얘기죠. 그런 얘기를 들어서 이것은 말도 안 되니까 번복하라고 주장을 했지만 역시 안 통해서… 그것도 결과적으로 우리나라에 기여를 한 바가 있어요. 집 자체가 그로테스크하기도 하고 너무 스케일이 안 맞잖습니까? 그런데 아까 얘기했던 슬립폼(slip form)을 써서 처음부터 그런 시공을 했어요. 우리가 제안했을 때는 시기상조라 했지만 역시 미국사람들은 경험이 있었겠죠. 그것도 거의 같은 방식으로 슬립폼하고 피씨 빔(PC beam)을 이용해서 꽤 빨리 집을 지었습니다. 그래서 중요한 프로젝트가 미국 사람들의 손에 의해서 된 경우이지요. 그런데 계속 우리가 불만이었던 것은 집이 지어지고 난 다음에도 정면에 광장이 있잖아요. 우리가 가면 그 앞으로 못 들어가요. 뒤로 가야하고. 뒤에 가면 패스 받아서 들어가잖아요? 정문은 패스 있는 사람만 들어가는데 대개는 관료들, 소위 주인들이 들어가는 거지요. 우리가 법원도 그렇고 모든 관청 같은 데서 계속 부딪히는 것인데 이 집에 시민들이 들어갈 때 적당히 잘 컨트롤 할 수 있잖아요, 플랜으로 직접 컨트롤 할 수도 있고. 그래서 오히려 그 거주자들은 자기 주차 구역에다 세워놓고 바로 올라갈 수 있고. 이런 식의 어필을 계속 하는데 그게 잘 안되죠. 근래에 와서 법원이 그걸 좀 시행을 하는 거 같아요.

**전봉희:** 그런가요?

**윤승중:** 아직은 관료적인 거죠. 그 사람들은 패스 컨트롤 때문에 그런다고 하지만 정문을 거치지 않고 하는 것은…. 미국 시카고에 가면 머스가 설계한 코트빌딩 타워가 있어요. 그런 식의 패스 컨트롤을 하긴 하는데 일단 정문으로 들어가서 메인 로비에서 하지요. 그래서 우리나라는 생각이 좀 바뀔 필요가 있는 거 같아요. 이렇게 종합청사는 또 지나갔고요. 근데 김수근 선생님은 한두 번 보신 것 밖에는 관여를 안 하셨어요. 사실 기술공사 시절에는 김수근 선생님께 건축으로는 도움을 안 받았던 시간들로 보여집니다.

**전봉희:** 〈부산시청사〉는 따로 하셨다고요?

부산시청사 설계 경기

**윤승중:** 〈부산시청사〉는 1년쯤 뒤에 67년. 우리 도시계획부 멤버 중에 김규오 교수. 나중에 도시공학 쪽으로 트랜스퍼 했는데, 김규오 씨가 같이 있었거든요. 사실 나는 할 엄두도 못 냈었는데 개인적으로 부산시청사 컴페가 있을 때 등록을 해 놨더라고요. 나하고 김원 씨하고 같이 해보자 하더니 자기가 등록을 해 놓았으니까 셋이서 응모를 하자, 이거는 개인 돈으로 했으니까 기술공사 명의로 하지 말고 별도로 하자. 나는 그 때 김수근 선생님과 한 약속이 있었어요. 그 당시에 대부분의 사람들이 아르바이트라는 것을 했거든요? 김수근 선생님과 나는 밖에서 다른 일은 일절 안하겠다고 약속했던 게 있었기 때문에 좀 약간 망설였지만 의논했어요. 이런 찬스가 있는데 해보고 싶다고 허락을 받아가지고 이제 밖에서 작업을 해야지 하는데, 수소문해서 알게 된 것이, 유걸 씨는 그때 사무실을 떠나서 변용하고 둘이 같이 삼주빌딩이라는 건물 계획을 하고 있을 때였거든요. 그래서 삼주빌딩에서 집을 하나 내줘가지고 서울역 힐튼호텔 있는 자리에 세브란스에서 쓰는 무슨 관사 같은 벽돌 집이 있었어요. 그걸 빌려줘 가지고 거기 1층에서 작업을 하고 있었거든요. 근데 2층이 비어 있어서 우리도 가서 하게 되었고. 밑에 층에서는 유걸, 변용 둘이서 부산시청사 응모를 하고 2층에서는 우리가 나하고 김원, 김규오 셋이서 하고. 그 친구들는 하루 종일 밑에서 하고 우리는 낮에는 기술공사 나갔다가 퇴근 후에 여섯시, 일곱시 쯤 들어와서 그때부터 밤새서 작업을 하고. 이런 작업을 한 두 달 쯤 했어요. 사실 굉장히 재미가 있었어요. 컴페는 숨어서 하는 거잖아요. 우리는 1,2층에 있었기 때문에 서로 논쟁도 하고 보여줘 가면서. 워낙 생각, 출발이 달랐기 때문에 장애가 되지 않아서 서로 코멘트도 하고 굉장히 재밌게 일했어요. 근데 또 한편으로는 김석철 씨도 기술공사 떠나서 따로 했지요. 가끔씩 자기 생각 가지고 와서 세 팀이 모여 가지고 토론도 하고… 그래서 이제 여기 보시면 안이 나와 있지요.

**최원준:** 뒤에….

**윤승중:** 이건 가요? 우리 안은 아까 얘기한 메이저 스페이스 개념으로 해서 그것을 두 블록, 집 밖에서 광장을 만들고 안에 들어오면 메인 홀을 두어서. 맨 뒤쪽에는 의사당이 있고 광장과 양쪽으로 전부다 오피스를 두고

또 한 가지 생각한 건 '안'과 '밖'이란 두 가지 개념이에요. 사람들이 집, 또는 도시와의 관계를 맺는 과정에서 각각 스피드가 다르고 밀도가 다른

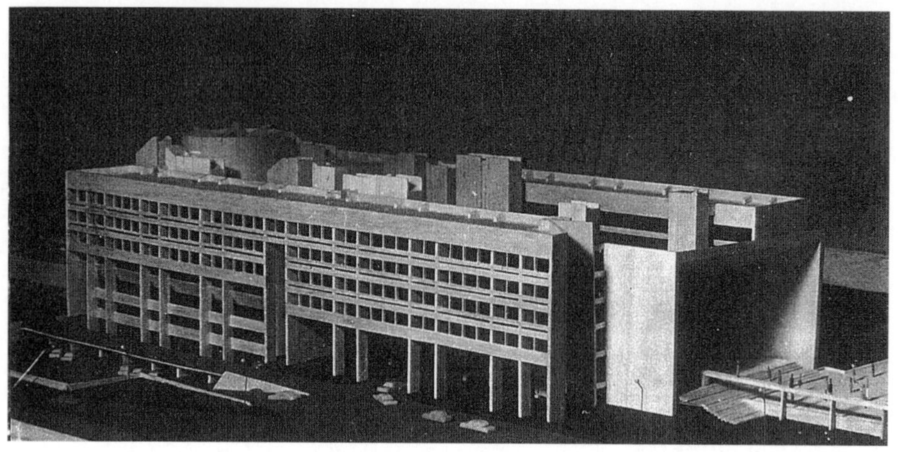

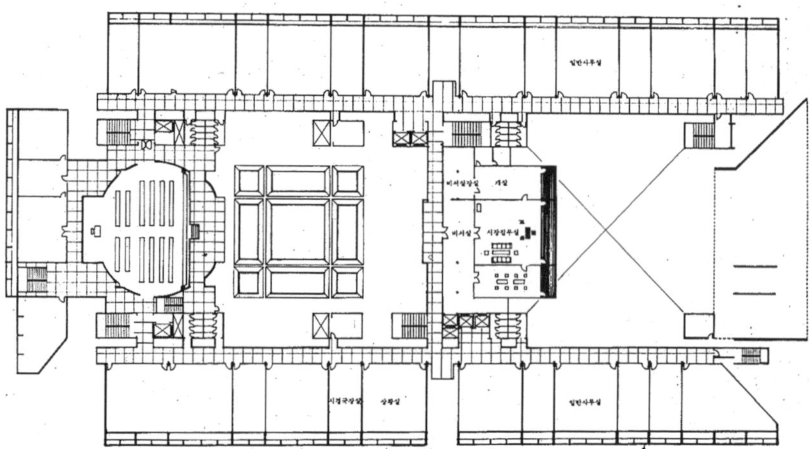


**그림4, 5 _**
부산시청 계획안 모형과 기준층 평면도(1968).

관계를 맺게 되는데. 집하고 직접 관계를 가지는 사람들의 입장이 있고 또 지나가면서 그냥 집을 보는 사람들이 있는데 이렇게 서로 다른 입장에서 보면 디자인이라든지 뭐 이런 것들을 완전히 다르게 보는. 이 생각도 사실은 계속해서 나오는 건데, 아까 메이저 스페이스 생각에서처럼 여기서는 잘 안보이지만 광장 쪽에서 본 디자인하고 밖에서 본 디자인은 굉장히 다른 거죠. 밖에서 게이트 같은 걸 지나서 일단 시청 광장에 들어가면 거기서 양쪽으로 민원 오피스들이 있고 또 안으로 들어가면 여러 가지 서비스 기능이 있고, 큰 홀에서 의사당이 상징적으로 보이고. 이렇게 시간에 맞춰서 시퀀스가 생기는 그런 시스템을 만드는 거지요. 나는 어떤 장소에다가 형태를 만들기보다는 어떤 상황을 연출한다라는 것이 있어요. 처음 도시의 빈 땅에다가 시청이라는 상황을 만드는데 시청이라는 게 아까 얘기했듯이 실제론 사무실들이지만 사람들이 생각하는 시청은 이런 것이다, 어떻게 연출할 것인가, 이런 생각들을 한 거지요. 그 밑에서 했던 유걸, 변용 씨 안은, 보스턴 시청 컴페에서 2등 안이 있어요. 2등 안을 보면 아주 논리적으로 되어 있는 안인데 1등하고 다르게 그거는 기둥을 네 개 씩 조합해서 세우고. 아마 그게 지우골라(Romaldo Giurgola)였는데. 아무튼 굉장히 뭐랄까, 퍼펙트한 형식을 가진 집이었고. 밖에서 볼 때 외관을 한층, 두층, 세층 두 개씩 터 가지고 스케일을 조정해서 만든 집이었어요. 거기에 매력을 가졌죠.

또 밤 12시가 되면 야식 시간이 있는데 아주 즐거운 시간인 것이 1층, 2층이 같이 모여서 라면 파티를 하는데, 세상에 그렇게 맛있는 라면이 참. 컴페가 꽤 고생스럽긴 하지만 모여서 하니까 굉장히 재밌더라고요. 에피소드입니다만, 하루는 변용 씨가 밤 열 두 시 쯤 되니까 갑자기 라디오를 켜고 들으라는 거예요. 지금 밤새우며 일을 하시는 1층, 2층 건축가 여러분, 밤을 잊은 그대에게 그런 식의 방송이 나오는데 아주 이쁜 목소리로 멘트가 나오는데 알고 보니까 나중에 그 분이 변용 씨 부인이 되었어요.(웃음) 당시 동아방송 아나운서를 하고 있어서 그때 자기가 특별히 주문해가지고 격려를 하겠다고 했던 일도 있었고. 재밌게 해서 여기서 만든 결과가 결국 낙선했지만은 나중에 원도시 건축에서 하게 되는 작업 중에 〈대법원청사〉와 기본 설정이 상당히 유사해요, 상황을 만들어가는 방식이.

그 다음이 부산시청사. 그런 것들도 비슷한 방법으로 생각을 했고. 그래서 아까 얘기했던 종합청사하고 두 가지 컴페가 비록 낙선했지만 건축가로서 내 생각을 발전시킨 결과라고 생각이 됩니다.

**전봉희:** 결과는 어떻게 되었죠? 당선작, 옛날 부산시청 자리에 한 거지요?

영도다리 앞에 있는?

**윤승중:** 지금 시청 옮겨진 자리. 범일동인가. 옛날 시청 자리는 어떻게 되었는지 모르겠네.

**전봉희:** 지금 롯데가 백화점 냈어요.

**윤승중:** 범일동에 굉장히 큰 땅이 있었고요. 가운데 큰 광장이 있고 건너편에 부산 시민회관이 있어가지고 그걸 연결시키는.

**전봉희:** 세 분이서, 도와주는 후배 없이 세 분이서 다 하셨어요?

**윤승중:** 예, 그럼요.



**전봉희:** 모형 재료는 뭐지요?

**윤승중:** 발사.

**우동선:** 비싸네.

**전봉희:** 발사를 커터 칼로 잘라가지고… 굉장히 멋있네요, 68년에.

**최원준:** 이 책에 변용 선생님, 유걸 선생님 것은 안 나와 있네요.

**윤승중:** 아, 거기에 그건 안 나와 있어요.

**전봉희:** 굉장히 멋있는데요? 그래가지고 이 현상에서 당선작을 안 뽑은 거예요?

**윤승중:** 당선작은 있어요.

**전봉희:** 당선작은 있는데 프로젝트가 진행 안 되었잖아요?

**윤승중:** 안 되었다가 나중에 한참 뒤에 다시 해서 지었을 거예요. 지금 지어진 것은 그 때의 안이 아니고.

**전봉희:** 훨씬 나중이죠. 부산시청이 거기 꽤 오래 있었으니까…

**윤승중:** 신옥강이란 분이 당선되었어요. 그때 심사위원 중에 배기형 선생님이 어떤 잡지에다 글 쓰신 걸 봤는데 그때 배기형 선생이 우리 안을 상당히 칭찬을 하셨어요. 도쿄의 제국호텔 보는 것 같은 그런 식의.

**전봉희:** 그래서 모형도 만들고, 그때 현상을 위해서 판넬을 만들었나요?

**윤승중:** 그렇죠, 판넬을 만들었는데 그때만 해도 아직도 잉킹 할 때잖아요?

요즘과는 비교도 안 될 정도로 막노동이었죠. 게다가 안만 만드는 것이 아니라 패널에다가 미즈바리[12]라고 하죠. 켄트지를 갖다가 또 잘못해서 울면 또 다시 해야 하고. 거기다가 트레이싱 페이퍼에다가 그린 것을 눌러서 본을 뜬 다음에 그걸 또 잉킹을 하는데 틀리면 또 다시 하고. 이때만 해도 50년대보다 조금 나은 게 사식(寫植)이라는 것이 있어서… 50년대에는 다 글씨를 그렸거든요. 이때는 사식이라는 게 있어서 붙여서 그건 조금 나아졌지요. 컬러 페이퍼 붙이고. 본래는 색깔을 못 내게 하잖아요? 딱 한 가지, 예를 들어 엘리베이터만 빨간색으로 딱 붙여요. 나중에 잘못하면 암호라고 오해 받을 수 있으니까. 아까 얘기한 종합청사 그것도 사실은 드로잉이 굉장히 근사했어요. 그걸 잘 보관했으면 참 좋았을 텐데. 열 몇 장 정도 되어서 그 안에 실제로 공사하는 방법까지도 명시해서 뽑고 그렇게 성의를 보였었는데.

**전봉희:** 그래서 판넬을 들고 가서 현장에서 이어가지고 하셨나요? 부산에서 심사할 때.

**윤승중:** 일단 밀봉해서 보내주면 거기서 자기들이.

**전봉희:** 컸을 거 아니에요?

**윤승중:** 붙이는 순서를 적어서요.

**전봉희:** 아, 순서를 적어서.

**윤승중:** 실제로 저녁 여섯시까지인가가 마감인데 시간이 다 되어서 고생고생 해가면서 했어요. 기차로, 나는 그때 안가고 아마 변용 씨가 갔나, 김규오 씨하고 갔을 거예요. 근데 기차에서 만난 거지.

**전봉희:** 그 같은 페이지 위에 있는 이 그림은 누구 그림입니까?

**윤승중:** 아, 이거 그린 거는.

**전봉희:** 직원입니까? 이 세 분 중에.

**12_**
미즈바리(水張): "물 바름"이란 뜻의 일본어로, 켄트지를 물에 적셔 패널에 고정시킨 후 말리는 방식을 말한다. 물이 말라서 켄트지가 팽팽해지면, 설계안을 그 위에 그렸다.

**윤승중:** 김원석 씨라고 있었어요. 김원석이라고 우리 팀은 아니었는데, 그 친구가 그림을 잘 그렸어요.

**전봉희:** 잠깐 좀 쉬실까요?

**윤승중:** 예, 좀 쉬었다가 하죠. 김원석 씨가 같은 이름이 두 사람이 있거든요? 하나 원은 우리나라 돈 원. 그 원자고(金圓錫), 또 한 사람 김원석(金源錫)은 나중에 공간사 사장을 하는, 김수근 선생님 돌아가신 다음에 공간사 사장을 했던 김원석 씨. 그 친구는 일본의 엔(円) 자 있잖아요, 그게 무슨 원인가?

**전봉희:** 다 둥글 원이지요.

**우동선:** 예.

**윤승중:** 근데 글자가 나와 보니 불편한 게 글자 등록이잖아요? 그러니까.

**우동선:** 오랜만에 누르기라는 단어를 들었네요.

(휴식)

**윤승중:** 〈여의도 마스터플랜〉하고 마지막으로 두 가지 프로젝트 정도가 남았는데요. 여의도 마스터플랜은 세운상가 때도 말했듯이 역사박물관하고 같이 기록을 남겼어요.[13] 그래도 여기서 따로 얘기를 해야겠지요?

생각해 보면 그때 도시계획부 팀이 내가 서른일 때 쯤 이었는데 우리 멤버들이 진짜 전력을 다해서, 그렇게 해서 안을 하나 만드는데 물론 공부가 되긴 했지만 결국 아무런 실속이 없는, 결과적으로 뭘 만들어내지 못한 그런 경험이었어요. 그때까지만 해도 도시계획 하면 대개 토목 엔지니어들이 계량적인 방법으로 땅을 어떻게 구획할 것이며, 길을 어떻게 만들고, 어떤 용도로 구역을 설정하고 그런 식으로 경제적인 접근이나 계량적인 접근으로 평면적인 안을 만들어서 그것을 법제화시키는 것이 보통이었어요. 그런데 우리한테 들어왔던 마스터플랜에 우리는 전혀 다른 방법으로 접근했던 것이 하나의 의미가 있다면 있는 거지요. 그 당시가 김현옥[14] 시장 때였는데 서울인구가 급격히 늘어나기 시작해서 개발을 할 필요가 있어서 강남도

13 _
『60, 70년대 서울성장주역구술조사』 서울역사박물관, 2010.

14 _
김현옥(金玄玉, 1926-1997): 경남 진주 태생. 1947년 육군사관학교 졸업, 군인으로 있다가 1962년에 부산광역시 시장을 맡았다. 1966년부터 1970년까지 서울특별시 시장을 맡은 후 1971년부터 1973년까지 내무부 장관을 역임하였다.

개발이 예고되었고. 그 때까지 강남이 정해지기 전이었지만. 한강이 서울의 남쪽으로 지나가잖아요? 한강이라는 것이 유럽에 있는 도시 근처의 강에 비하면 굉장히 규모가 크지요. 아름답고 자연 지향적이긴 하지만 홍수 때가 되면 엄청 난폭해지는, 아주 다루기가 어려운 강이었거든요. 그때만 해도 서울이 한남동 남쪽, 마포 남쪽으로는 거의 개발되기 전이었고. 근데 한강이 홍수 때만 되면 1년에 한두 번씩 넘쳐 가지고 이촌동이라든지 이런 쪽들이 다 잠겨서 홍수가 나고 여의도도 1년에 한 달쯤은 물속에 들어가 있고. 이런 상황에서 앞으로 서울이 남쪽으로 확장하기 위해서는 어떤 방법으로든 한강을 적극적으로 핸들링 할 필요가 있겠다, 이렇게 생각이 되어서 김현옥 시장 때 '한강개발사업소'라는 걸 만듭니다. 한강 양쪽 연안을 잘 치수해서 거기서 얻어지는 확장된 새로운 도시기반을 위해서 개발사업소라는 걸 만들었는데 그중에 한 가지 일환으로 여의도가 우선적으로 선택됩니다.

그때 여의도에 여의도 비행장이 있었어요. 김포 비행장 쓰기 전에 비행장으로 쓰였고 약간의 주거도 있고 그랬지만 한 3분의 2정도가 물속에 잠기는 곳이었죠. 그때 여의도 비행장을 가보면 작은 건물이 있었는데 한 2미터 높이까지 선이 그려져 있는데 그것이 물이 잠기는 높이에요. 한강 개발하면서 여의도도 이용가치가 있겠다고 봤죠. 왜냐하면 거의 평지이고 넓으니까. 우리가 한강개발 마스터플랜을 시작할 때는 이미 여의도에 윤중제라는 둑을 쌓아 놨었어요. 둑을 어떻게 쌓았냐면 그 앞에 밤섬을 폭파시켜서 돌을 가지고 해서 둑을 쌓았어요.

**전봉희:** 68년 이전에 이미 윤중제를 쌓아놨다는 말씀이시죠?

**윤승중:** 예, 68년에 프로젝트 받고 현장 갔을 때 이미 윤중제가 완성되어 있었어요. 둑의 높이가 해발 13.5미터, 이 정도 되고. 여의도 본래 땅은 해발 9미터 정도 되는 곳이었는데 이것을 해발 12미터 정도로 높이는 그런 상태로 우리가 그 마스터플랜 용역을 받은 거지요. 김수근 선생이 여의도 개발을 1961년인가 서울시에 제안을 한 적이 있었어요. 안국동 사무실 처음 시작했을 때인데 그때 나하고 같이 청사진에다가 그림을 그려서 서울시에다가 제출했었어요. 여의도에 둑을 쌓아가지고 땅을 만들어서 개발하고 서울 도심하고 시청 사이에 모노레일로 연결시키면 유용하게 쓸 수 있겠다, 그런 제안을 자발적으로 했었는데 서울시에서 여력이 없었기 때문에 그냥 묵살되었죠. 모노레일 얘기는 어떻게 나왔냐면 김수근 선생님이 일본에 있을 때, 도쿄 시내에서 하네다 공항까지 모노레일로 연결되어 있었거든요. 그 모노레일 회사하고 접촉해서 거기에 브로셔도 붙여서 제안을 했죠.

1961년에는 혁명 직후 이고 그랬기 때문에 서울시가 거기까지 할 여력은 없었던 거 같아요. 그랬는데 김현옥 시장이 여의도 이야기를 할 때 또 다시 이야기가 되어서 내가 합시다 해서 그 프로젝트를 가지고 오셨어요. 그게 도시계획 설계이기 때문에 사실은 당연히 토목 쪽에서 어떤 게 있었을 텐데 김수근 선생님이 가져오셨기 때문에 도시계획부 너희가 해라 해서 받았는데. 그것이 땅하고 둑만 있었고 실제로 서울시에서는 그걸 갖다가 흙을 메꿔 가지고 아파트 단지나 주거지로 그런 용도로 주로 개발하려고 부탁을 했는데 김수근 선생은 우리가 적극적으로 만들자 해서 일단 개념을 만들기로 했어요.

나는 지난번에 세운상가 때도 얘기했듯이 서울이 자꾸 커지고 그러면 그 당시 갖고 있던 방사형 도시 패턴 가지고는 해결이 어렵다고 봤어요. 그 당시 서울 도시패턴은 원래 기존 도심이 있고 몇 개의 새틀라이트(satellite)를 만들어서 청량리, 신촌, 수유리, 이런 식으로 새틀라이트를 만들어서 기본적으로 방사선형 도시를 유지하는 거로 되어 있었거든요. 그런데 그때 국제적인 트렌드가 '리니어 시티'(Linear City)라는 개념이었는데 서울이 앞으로는 도심을 오픈 리니어 벨트로 만들어야 한다. 세운상가하면서 그런 생각을 했잖아요? 세운상가가 폭이 좁지만 한 100m 내지 150m의 블록을 만들어서 그 하나의 블록들이 루트를 따라서 세포로서 조직을 만들어 가면 좋겠다, 그런 생각했었기 때문에 여의도 부지가 딱 그런 개발방식의 거점이 되는 거지요. 서울에서 여의도를 거쳐서 인천까지 연속되는 벨트형의 도심을 만들어 가는 걸로 봤는데. 여의도를 하나의 거점으로, 여의도를 적극적으로 도심을 만들자 그랬던 거죠. 그 당시에 여의도는 서울의 변두리로 봐야했죠. 근데 거기를 집중적으로 도심화하는 유인책을 쓰면 기존 도심 사이에 어떤 인력 같은 것이 있어서 한 이십 년 간에 거쳐서 벨트형 도심으로 트랜스퍼 될 수 있다, 그런 생각을 한 거지요. 여의도를 그렇게 도심화 한다는 생각이 한 가지 기여한 점이라고 볼 수 있고.

그 당시 우리한테 주어진 조건이 서너 가지 있었는데 국회의사당하고 서울시청, 외국 공관 단지, 이렇게 크게 세 가지가 그 안에 수용될 것이라고 주문을 받았어요. 보통 국회의사당이나 시청이 들어가면 그것이 도심의 중심에 어떤 큰 불레바드(boulevard)를 만들고 끝에 국회의사당을 만들고 그렇게 생각을 할 텐데 우린 중심에다가 페데스트리안 데크를 만들고, 커머셜 벨트를 만들고, CBD(central business district)를 만들고, 국회의사당하고 시청은 비켜서 2개 다른 불레바드에 둬서 서로 마주보고 있긴 하지만 엇갈려 있어서 오히려 중심이 아닌 거지요. 그 생각은 거의 초기에 만들어졌거든요. 물론 도로 폭의 사이즈라든가 블록 사이즈 이런 것은 조금 조절이 되었지만 거의 초기에 만들어 졌죠. 또 한 가지 생각했던 것은 세운상가라는 것은 데크를 만들고 그것을 기반으로 해서 또 하나의 레벨에 하우징까지 완전히 갖춘, 말하자면 도시 같은 건축을 만드는 것이었지 않습니까? 근데 여의도의 경우는 좀 달라서 우리가 도시를 만드는 것이 아니다, 또 건축을 만드는 것이 아니다, 왜냐하면 이거는 그냥 마스터플랜이니까 그것을 먼저 만들어 주면 앞으로 20년 동안 많은 건축가들이, 많은 건축주들이 채워 나가서 집이 만들어질 텐데 지금 우리가 의도한 바대로 만들기 위해서 '여의도 특별법'이라는 것을 만들어서, 지금으로 치면 도시설계기준법. 이런 개념이에요. 거기다가 건축을 할 경우에 여러 가지 가이드라인을 굉장히 친절하게 만들자, 앞으로 집을 지을 때 그 가이드라인에 맞춰서 하면 전체적으로 통제된, 컨트롤된 도시 스케이프가 생기고 그런 도시가 될 수 있도록 만들어 볼 생각으로 사실 작업을 했어요. 우리가 중간 보고서를 낼 때 '여의도개발특별법'이라는 것을 제안을 했어요. 법조문까지는 우리가 잘 모르지만 일단 만들어서 앞으로 20년까지 상부구조가 만들어지는데 필요한 가이드라인을 굉장히 구체적으로 만들 필요가 있다, 그런 식의 제안을 했던 거지요. 사실 우리가 도시계획을 정식으로 공부한 사람들도 아니었고, 그냥 간간히 잡지 같은 거 통해서 배운 것들, 세계적으로 유명했던 이런 생각들을 많이 차용해서 했어요. 프랑스의 칸딜리스(Georges Candilis)라는 사람이 있어요. 투루즈(Toulouse) 도시계획 만들고 '팀텐'의 중요 멤버 중의 한분이었거든요. 그 분의 안을 보면 도시가 있으면 지상에 도로가 있잖아요? 그 위에다가 페데스트리안을 위한 도시를 새로 겹쳐서 별도로 따로 만들었어요. 밑에 자동차가 다니는 도시하고는 전혀 다른 체계를 가진 사람들의 행동이나 활동하는 방식을, 건축 활동을 통해서 도시를 구현하는 그런 제안들이 있었고. 또 일본에 신도시들이 몇 개 계획되었었는데, '메타볼리즘' 이런 것들을 베이스로 해서 도시가 성장하는, 도시가 생물학적인 생명을 가진 도시다라는 생각을 통해서 도시의 인프라를 정해주는 거였지요. 아마 센리(千里) 시티, 타마(多麻) 시티, 이런 식의 소도시들이 제안이 되었어요. 나중에 그것이 굉장히 비판적으로 얘기가 되었어요. 왜냐하면 신도시를 일제히 만들어 놓고 입주를 하는데, 같은 시기에 만드니까 입주자들로 비슷한 연배의 사람들이 들어와서 한 20년, 30년 후에 이 사람들이 노인이 되면 도시가 다 같이 늙어버리는 사회적 문제가 있는데 그걸 그 당시에는 몰랐던 거지요. 한참이 지나고 나서야 알게 되는 건데. 우리나라도 마찬가지로 신도시들이 같이 늙고 있지요. 분당도 지금부터 20년 전에 지었던 집들이 같이 늙어가고, 사람도 같이 늙어가는 거지요. 분당은 워낙 사이즈가 크고 서로 교감이 있기 때문에 좀 다르지만 독립된 작은 신도시들엔 그런 일들이 생깁니다.

그 도로 체계는 자동차와 보행자, 이런 이중구조로 된 생각들이 꽤 많이 있었고요. 또 이것은 완성이 되지는 않았지만 독시아디스[15]라는 사람 있지요? 아주 좋은 책을 시작을 했는데 발행되기 전에 인트로덕션이 나왔을 때 그것도 잡지에 소개가 되었었어요.[16] 사람들이 아주 굉장히 원초적인 것으로 시작해서, 한 사람으로 시작해서 소사이어티(society)를 만들어서 세계가 이루어질 때까지 그런 과정을 굉장히 철저한 하이어라키(hierarchy)를 가지고 접근해가는 거였어요. 실제로 그 연구를 하기 위해서 전 세계 주거들, 특히 건축가들이 없는 주거들을 가지고 많이 조사하고 그런 좋은 책이었는데.



또 크리스토퍼 알렉산더[17]라는 사람 아시죠? 그 사람의 '패턴 랭귀지'라는 것도 한참 뒤에 책이 나오는데, 그때도 몇 가지 자기 이론을 아티클로 미리 잡지에 발표한 것이 있었어요. 거기에서 우리가 참고로 했던 것은, 이 사람도 역시 다양한 만물들 간의 원리를 발견해 보겠다 이런 식인데. 사람들의 욕구 같은 것을 기초로 해서 건축에 요구되는 사항들을 정리하는 작업을 많이 했었어요. 특히 도로에 대해서 정의를 내린 게 있었는데, 도로를 속도에 따라서 1에서부터 7까지 일곱 단계로 구분을 하죠. 1은 집 앞에 있는 조그만 골목길, 거의 프라이빗하게 쓰는. 점점 올라가서 간선도로가 있고 프라이머리, 콜렉티브, 익스프레스가 있고 인터 시티 하이웨이가 있고… 단계별로 만들어서 등급을 매기고 등급들이 체계적으로 차례차례, 한 등급 올라갈 때마다 크로스로 만든다, 이런 식으로 도시의 체계를 만들어서 발표를 했었어요. 실제로 적용되기는 어렵지만 우리도 그런 식의 체계가 필요하겠다는 생각이 들었어요.

**15 _**
콘스탄티노스 독시아디스(Constantinos Apostolos Doxiadis, 1913-1975): 그리스의 도시계획가. 엔트피아, 에큐메노폴리스(ecumenopolis) 등을 제창하여 세계도시계획에 큰 영향을 주었다.

**16 _**
Constantinos A. Doxiadis, *Ekistics: An Introduction to the Science of Human Settlements* (New York: Oxford University Press, 1968).

**17 _**
크리스토퍼 알렉산더(Christopher Alexander, 1936-): 비엔나 출신 도시계획가, 건축가. 영국에서 수학, 건축학을 공부한 후 도미하여 캘리포니아 대학교 버클리교 교수를 역임했다. 건축, 도시계획 이론으로서 패턴 랭귀지(pattern language)를 제창했다.

또 한 가지 굉장히 참고가 되었던 책이 영국의 부케넌[18] 이라는 건축가, 토목가인 분이 쓴 책이 있어요. 자동차가 막 보급되기 시작하면서 본래 옛날 유럽 도시들이 전부 마찻길로 만들어진 길을 자동차 길로 바뀌고 그러니까 초기 얼마동안은 잘 수용 되었는데 점점 자동차가 많아지니까 힘들어지잖아요? 전반적으로 자동차 교통에 대해서, '트래픽 인 타운 '(Traffic in Towns, 1963)이라는 주제로 테스크 포스 팀을 만들어서 여러 분야가 모여서 정부의 협력을 받아 연구를 했어요. 그 책을 보니까 여러 가지 트래픽 디테일에 대한 굉장히 많은 정보가 있었고요. 대체로 기존 도시에서 어떻게 만들어 가는가, 새로운 도시를 만들 때 필요한 새로운 원리들, 소규모 도시에서는 원웨이 시스템 같은 거 써서 교차로 없이 체계를 만드는 그런 기법들도 제안을 하고. 그 다음에 재밌었던 것은 신호등이 있는 도로 체계에서 가장 효과적인 것은 60킬로미터 속도를 가질 때가 가장 효과적이다, 이런 것도 있었고. 교통에 대해 굉장히 다양한 정보들이 있었는데 그렇게 해서 처음 마스터플랜하는 입장에서 큰 도움이 되었죠.

그리고 또, 혹시 후크 타운(Hook Town)이라는 거 아시나요? 그때 꽤 유행했던 게 하나 있었어요. 영국 북동쪽 햄프셔(Hampshire)라는 지방에 인구 3만 정도 되는 도시인데, 도시 가운데에 계곡이 있고 그런 곳이에요. 가운데 낮은 곳에 진짜 다운타운 만들고 양쪽에 조금 높은 곳에 업타운 주거지를 만들어서. 주거지끼리 연결시키다 보니까 다운타운에서 보면 입체가 되잖아요? 그런 식의 체계를 만드는 재밌는 구상을 했죠. 아마 그것이 실현은 안 되었다는 거 같아요. 기존 도시 부근에다가 새로운 신도시를 만드는 것이었는데 그것이 굉장히 좋은 텍스트로, 소위 신도시를 만들면서 자동차하고 보행자하고의 관계라든지 다운타운하고 업타운의 관계라든지 오픈 엔디드 코어(open ended core) 방법이라든지 그런 것들이 좋은 텍스트가 되었던 거지요. 그런 텍스트들을 참고해서. 근데 그때 처음 기본 구상을 가지고 했는데 김수근 선생님께서 타워호텔에다가 방을 하나 만들더니 거기서 작업을 해라, 그러셔서 거기서 작업을 하는데 그때 그 분이 누구냐, 저, 도시계획국장을 하시고.

**전봉희:** 서울시요?

**윤승중:** 예, 그 당시에.

**18_**
콜린 부케넌(Colin Douglas Buchanan, 1907-2001):
영국의 도시계획가.

**전봉희:** 아, 손정목[19] 선생님이요.

**윤승중:** 네, 도시계획 국장. 이 프로젝트에 직접 상관은 아니었던 거 같아요. 그 당시 서울시 전문가셨고. 한정섭 선생님이 계셨는데 손정목 선생님이 좀 더 상급이었던 거 같아요. 우리가 거기서 작업을 했는데 그 기본안을 가지고 손정목 교수를 모시고 오셨어요. 손정목 교수를 나는 처음 뵈었지만 그때만 해도 내가 좀 겁 없이 해가지고 어마어마한 전문가임에도 불구하고 대담하게 주장했어요. 안을 설명을 하고 몇 가지 컨셉을 얘기했더니, 다 이해하시는 거 같진 않지만 스토리를 그럴싸하게 만들고 있구나, 하는 인상을 받으셨나봐요. 여의도 규모 정도 되면 자동차 진입을 시키지 말아야 하지 않겠느냐, 이런 질문을 하시더라고요. 점점 전 세계가 자동차 때문에 고민하는데 우리가 그 정도 되면 주변에 차를 스톱을 시키고 가운데는 다 보행전용으로 만들어야 할 것이라고요. 근데 우리는 그 보다 한 단계 더 나가있는 거였죠. 알렉산더가 아까 주장했던 것 중의 하나가 자동차에 대해서 사람들이 어떻게 기대하는가를 보면 모든 사람들은 문 앞에 자동차를 대기하기를 바란다는 게 첫째 조건이에요. 불가피할 때는 할 수 없지만 가급적이면 집 앞에까지 차를 끌어 들인다. 여러 가지를 계획하는 가운데서 우리는 가급적이면 그렇게 하자 생각해서 사실은 인공 데크를 만들어서 길에는 자동차를 세우고 입체 도시를 일단 만들겠다, 그런 생각을 갖고 있었던 거죠. 그 때도 세운상가처럼 상업 중심지에는 지상에는 차를 두고 사람은 데크 레벨에서 활동하고. 그때는 중심상업구역이 300미터 폭에다가 길이가 1.2-1.3 킬로 정도 되니까 인프라도 만들어주고. 말하자면 새로운 땅을 만들 수 있는 거지요. 그때도 물론 누가 투자해서 만들 것이냐의 문제가 있었겠지만. 그렇게 입체적인. 우리는 랜드 유즈(land use)란 말을 쓰지 않고 스페이스 유즈(space use) 플랜 이런 식의 말을 썼는데. 그런 문제를 가지고 손정목 교수님과 한창 토론을 했어요.

심지어는 우리가 절에 가면, 주차장에 내려서 본당으로 갈 때까지, 적어도 도심으로부터 일상을 떠나서 본당까지 가는 과정에 마음을 가다듬는데 1킬로의 거리가 필요하다, 여러 가지 관문을 거쳐서 가는 것이 필요하다. 또 우리가 음악회를 보러갈 때 차에서 내려서 음악당 갈 때까지 사람들 끼리



19_
손정목(孫禎睦, 1928-): 서울시립대 명예교수. 저서로 『서울 도시계획 이야기』, 『한국 도시 60년의 이야기』 등이 있다.

서로 만나서 대화도 하고 마음을 준비하는, 몇 번에 걸친 과정이 필요할 수 있지만 우리가 비즈니스를 위해서 갈 때는 그런 건 필요 없죠. 바로 차에서 내려서 바로 가는 것이 더 좋지 않겠습니까, 가능하다면 우리가 그렇게 만드는 것을 목표로 합니다. 이런 식으로 주장을 했어요. 손정목 교수님하고 자동차 문제로 한참 동안 이야기를 했어요. 일단은 진행을 해보라, 이런 반쪽 승낙을 받았지요. 김수근 선생님은 그때까지는 안을 잘 보지 않으셨다가 그때 보시고 그렇다고 크게 관여는 안하셨어요. 이상하게 자꾸만 프로젝트만 만들어다 주셔서 맡겨놓고는. 별로 안이 마음에 안 드셨는지 모르지만. 김 선생님이 대학원 전공이 도시계획이셨고 우리나라는 건축가가 도시 계획하는 경우가 참 많지 않은데 적극적으로 나섰으면 참 좋은 찬스를 만들 수 있었을 텐데, 나는 굉장히 아깝게 생각을 합니다. 기술공사 시절 동안에 김수근 선생께서 건축 쪽에 직접 발을 안 담그고 아웃사이더로 계셨다는 것이 나는 굉장히 아깝다고 생각하고, 70년대 이후에 직접 방에 앉아서 작업하시는 것이 굉장히 보기 좋았던 거지요.

그렇게 일단 안을 만들었고 나중에 서울시에서 굉장히 관심을 가지게 되죠. 그 당시에 시민회관이란 곳이 있었어요. 불나기 전에. 거기 보면 10층 타워가 있었거든요. 한 층을 줄 테니 거기서 작업을 하라고 해서 몇 달 동안 시민회관에서 작업을 했어요. 굉장히 덕을 봤던 것은 저녁 때 공연 있으면 가서 공짜 공연도 많이 보고 그랬었죠. 그때 거기서 한국 건축계에 중요한 사람을 만나게 되는데 그때 멤버들을 소개하면 도시계획부에서 김환, 김원, 김규오, 또 건축부의 전동훈, 박성규[20). 김문규[21)씨는 잠시 있었습니다만, 그때 그 중요한 한사람을 만난 것이 기흥성 씨라고 아시나요? 기흥성 씨가 그때 해병대 근무하고 제대한지 얼마 안 되었는데 모델 만드는데 천재적인 소질이 있는 사람이었다고. 기술공사에서 모델을 만들게 있어가지고 임시로 데려다가 모델을 만들고 그랬어요. 그랬다가 그 일이 끝나는 바람에 그만 두어야 하는 입장이 되었거든. 근데 김수근 선생께서 도시계획부에서 앞으로 모델도 만들고 그런 일이 꽤 많을 거 같으니 거기 한번 가봐라 해서 그 양반이

**20_**

박성규(朴性圭, 1941-): 1963년 서울대학교 공과대학 건축공학과 졸업. 구조사, 김수근건축연구소 등을 거쳐 1980년 종합건축 하나그룹을 설립하고 대표를 역임했다.

**21_**

김문규(金文圭, 1944-): 1967년 서울대학교 공과대학 건축공학과 졸업. 건설부 주택도시연구실, 한국종합기술개발공사 등을 거쳐 1972년 대건사 건축연구소 운영했고 하나그룹 대표 등을 역임했다.

거길 왔어요. 나하고 첫 만남이 어땠냐면, 사무실에 먼저 와서 앉아있는데 누구십니까, 나보고 또 누구십니까 그렇게 인사를 하고 만났더니 "내가 모델 만들고 할 거다." 그래요. 처음엔 기대도 안했는데 실제로 책에도 나와 있는 것처럼 해요. 중간 모형 때 보니까 모델에 대한 아이디어가 무궁무진하고. 요즘은 뭐 다 컴퓨터로 만들지만 그 당시만 해도 손으로 깎은 모형이고 또 어떤 재료 써서 만들 것인가, 자기가 다 창작해서 만들어야 하잖아요? 그런 열정이 대단했어요. 그 친구를 김수근 선생님이 전속 모델실을 만들어가지고 정식으로 "모델부를 만듭시다." 해서 지하실에다가 모델실 놔주고. 아마 설계사무실에서 모델 샵을 만든 것은 처음이었을 거예요. 미국에 가면 대개 큰 회사들은 모델 샵이 있어요. 대개 스킴 모델은 자기가 직접 만들지만 결과물은 전문가가 만들어주거든요. 그런 개념으로 모델 샵을 만드셔가지고 기술공사에서 나온 여러 가지 안들이 거기서 완성이 되죠. 그것이 기흥성 씨란 분을 국제적인 모델 회사를 만들 수 있는 분으로 만들어준 거죠. 그래서 좀 있다가 독립해서 〈기흥성 모델연구소〉를 만들었어요. 이 양반이 진짜 독보적인 모델 전문가여서 아마 여러분들 보다 훨씬 더 스타로 티비에도 여러 번 나왔어요. 일반 사람들이 좋아하니까, 또 그뿐 아니라 모델 박물관 같은 거 만들겠다고 꽤 비싼 모델들을 중요한 거 만들 때 두 개씩 만들어요. 박물관 컬렉션을 위해서. 그런 정도로 상당히 정열적인.

**전봉희:** 건축과 출신인가요?

**윤승중:** 아니에요. 전혀 건축과는 아니죠.

**전봉희:** 모델 잘한다는 이야기는 어떻게 들은 건가요?

**윤승중:** 그렇게 꼼꼼하게 그런 걸 할 만한 스타일은 아니에요. 그런데 모델만 만지면 그렇게… 김수근 선생님한테 인정을 받아서 그렇게 된 거죠. 건축과 직접적인 관계가 있는 건 아니지만 건축계에 굉장히 큰 기여를 했는데. 요즘은 모든 방법이 달라졌더라고요. 요즘은 다 컴퓨터로 그런 걸 하기 때문에…

**전봉희:** 이게 지금 다 하나, 같은 거를 다른 각도에서 찍은 건가요? 이건 모형인가요?

**윤승중:** 예, 그렇습니다. 중간보고 때 모델인데 그때 생각은 집이 디자인 된 게 아니고 시스템만 보여주는 것이고. 이런 식의 다양한 집들이 들어설 것이다, 라고 텍스추어만 보여주는 것이지요. 저거가 사람들한테 그렇게 어필하지 않잖아요? 어떤 컨셉이 잘 안 보이지요.

**전봉희:** 이쪽이 마포인거죠?

**윤승중:** 이것이 국회의사당이고..

**전봉희:** 아, 위치가 지금이랑은 바뀌었네요. 이게 만약에 마포라면.

**윤승중:** 이쪽이 여의교지요. 이 건너편에 시청이 있고 가운데 커머셜 축이 있고, 국회의사당 앞에 불레바드(boulevard)가 있고. 여기가 외국 공관들 자리지요.

**전봉희:** 아, 공관들이 들어갈 만한…

**윤승중:** 기본적인 안을 만들고 디벨롭시켜 진행하다 마감 한 달 반쯤 남았을 때 갑자기 〈엑스포 70〉[22] 이 급해져가지고 기본적인 안은 같이 만들었거든요. 일본에서는 설계를 어떻게 하냐면 상세설계를 거의 시공회사에서 해줘요. 건축사사무소에서는 기본설계 정도까지만 드로잉해서 주면 시공회사와 자재회사에서 그 상세설계 도면을 만들어주거든요. 그래서 엑스포 한국관 설계를 일본 현지에 가서 하게 되었어요. 시공을 일본 다이세이[23] 라는 건축회사가 맡게 되었거든요. 그래서 나하고 김원 씨하고 아까 얘기한 또 하나 김원석 씨, 그리고 나중에 현장 감리를 맡게 될 조구현 씨, 이렇게 넷이랑 현지에서 아다치(足立) 라는 김수근 선생을 도와주던 후배까지 다섯이서 뉴재팬이라는 호텔에 방을 잡고 한 달 쯤 기본설계 작업을 한 거죠. 시간이 정해진 것이라서 개막을 맞춰야 하니까. 4월달 쯤 이었는데 일본에 가야 했어요. 여의도 플랜은 한 달 반 정도 시간이 남아 있었을 땐데 막바지에 리포트도 써야하고 마지막 모델도 만들어야 하고. 그런데 가장 주축이 되었던 나하고 김원이 빠지게 되니까 그 당시 김중업 사무실에 있던 김석철 씨에게 부탁을 해서 한 달 동안 이 작업을 끝마무리 해달라고 부탁해서 맡겨놓고 일본으로 갔습니다. 기술공사에 있을 때 리포트를 주로 김석철 씨가 워낙 현란한 라이팅을 하기 때문에. 요즘 같으면 메일이나 컴퓨터로 대화도 할 수 있지만 그때만 해도 국제전화 한번 하려면 이쪽에서 오바하면 끊어지는 1방향식 통화, 이랬거든요. 그래서 국제전화도 어렵고 통화가 잘 안되고 해서

**22 _**

EXPO'70: 1970년 3월부터 9월까지 일본 오사카에서 열린 만국박람회.

**23 _**

다이세이건설(大成建設): 일본의 대형종합건설회사. 오쿠라구미상회(大倉組商會)를 시작으로 1946년 다이세이건설로 이름을 바꿨으며 활발한 해외 건설을 통해 일본을 대표하는 건설업체로 성장하였다.

이쪽에 거의 맡겨 놓고 간 거죠. 일을 하고 한국에 들어와 보니까 김석철 씨가 큰 일을 냈어요. 뭐냐면 전부다 자기 아이디어로 많이 바꾸어 놨어요. 리포트 만들고 마지막 모델 만들면서. 여긴 지금 아마 안 나와 있는데 이렇게 크게 큰 그림이 있는.

**최원준:** 2차로 나와 있는 것이요?

**윤승중:** 나와 있나요? 이게 데크인데 두어 층 띄워서 굉장히 강하게 만들어놨는데. 이 주거들을 그 당시 내가 제안을 한 게 있었어요. 이렇게 주거를 만들고… 근데 기본 패턴만 있는 채로 이런 부분은 다른 부분을 만들었어요. 굉장히 강하게 이런 패턴들이 있기 때문에 시각적으로 훨씬 근사해 보이지요. 이렇게 완전히 바꾸어서 리포트도 거기에 맞추어 해놓고. 결국 그 다음에 공식적인 문서에는 우리가 냈던 게 되었는데 처음 컨셉과는 상당히 많이 달라요. 근데 결과적으로 둘 다 실행이 안 되고 나중에 도로만 그대로 고시가 되었죠. 상부구조는 무시되고 지금 현재 남아있는 여의도의 기본 패턴은 그때 제안했던 도로의 선만 그대로 남아있는 거지요. 김석철 씨는 이 안에 애착이 있어서 자기 책을 쓸 때 '여의도에서 새만금까지'라는 타이틀을 쓸 정도로 이것을 자기 작품으로 생각을 해요. 사실은 마지막 한 달 동안 와서 이걸 만들었거든요. 그전에는 우리가 1년 동안 작업을 했었는데. 사실상 공식적으로 남아있는 것이 이것이기 때문에 그렇게 주장할 수도 있겠죠. 하지만 우리가 여의도 마스터플랜을 했던 것과는 상당히 많이 다르죠. 여의도를 통해서 실제로 시각적인 건축안을 만들 생각은 안 해봤거든요. 물론 나중에 그런 도시 스케이프를 이끌어 나가기 위해서 특별법을 만들고 어떻게 컨트롤 했으면 좋겠다고 생각했지만 그것은 실제로 법제화가 필요하고 그런 것들 까지는 이루지 못했고. 이렇게 중간에 성사가 안 되었거든요. 그래서 아깝게도 1년에 걸쳐서 만들었던 획기적인 것들이 그냥 도로 패턴으로만 유지가 된 채로 일단 사라지고 사실 아무도 기억하지 못하는. 나만, 같이 관여를 했던 팀들만 알고 있는 거지요.

**최원준:** 2차 김석철 선생님이 바꾸어 놓으셨던 거는 도로 체계 이외에 주택들도 많이 다 바뀌었는데요?

**윤승중:** 이것을 실제로 설계하겠다는 건 아니고 가안이었으니까. 다만 사람들한테 보여줄 때 주거지는 이런 밀도다 정도 보여주는 내가 제안했던 안들.

**최원준:** 앞에 보니까 선생님은 클러스터 계획안을 따로?

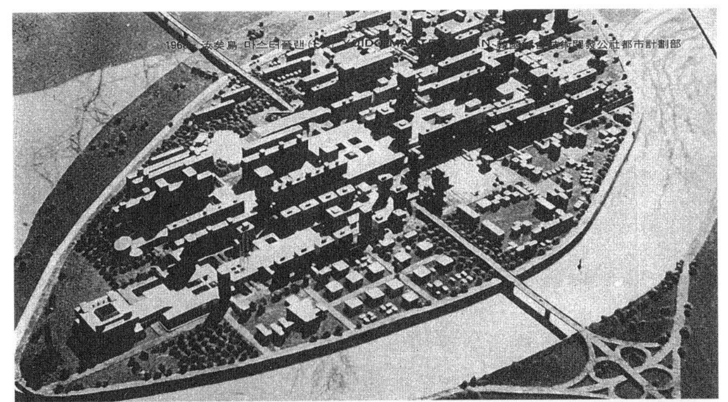


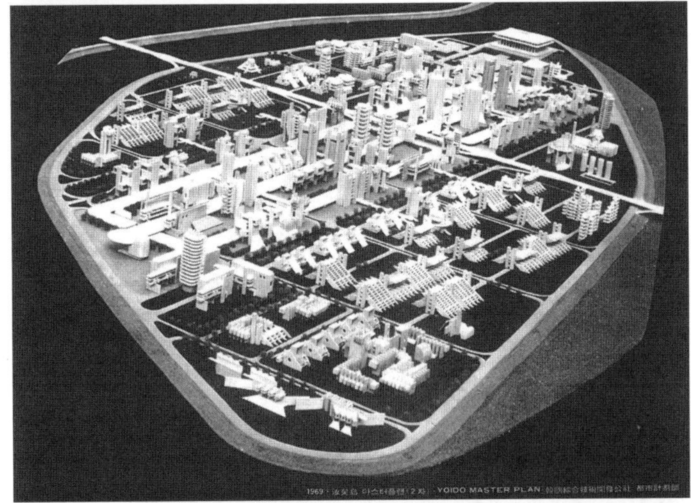


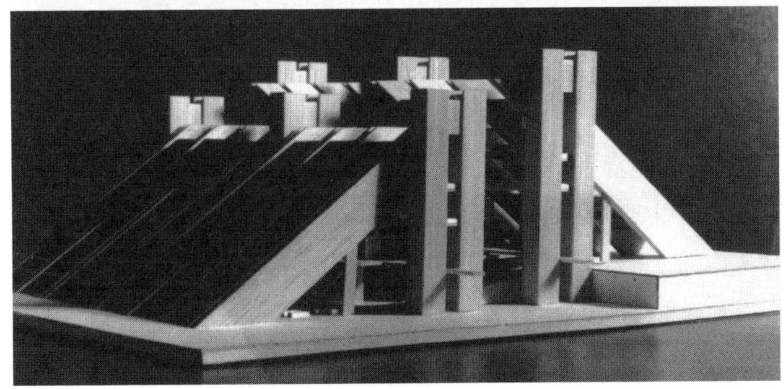

**그림6 _**

여의도 마스터플랜 초기안(1968).

**그림7 _**

여의도 마스터플랜(1969). 김수근문화재단 제공.

**그림8 _**

여의도 마스터플랜(1969) 인공 대지 개념의 집합주거 계획.

**윤승중:** 네. 우리나라는 이제 공동주택이 될 텐데 그때 인공토지란 개념을 생각을 했어요. 요즘 아파트를 보면 층마다 소유주가 다르잖아요? 분양을 받은 후 자기 집의 경계가 어디까지인지 혹시 아세요? 자기 집. 아파트를 분양 받았잖아요? 12층에 산다, 하면 12층에 사는 권리가 있는데 권리가 어디까지인지 아세요?

**전봉희:** 슬라브 윗면까지. 슬라브 중앙?

**윤승중:** 일단 그렇게 보이죠. 귀하의 댁 하수도가 밑에 집 천정 속에 들어가 있잖아요? 그건 누구 책임인가요?

**전봉희:** 제 책임이지요?



**윤승중:** 그런 애매한 문제가 있잖아요. 그 집을 개조를 하고 싶으면 그런 것들 때문에 못하잖아요. 그런 의미에서 볼 때 엄밀하게 토지라고 볼 수가 없는 거지요. 인공토지라는 개념을 쓰기 위해서는 하부구조까지도 자기가 소유하고 관리할 수 있는 것이 되어야 하기 때문에. 그때 제안했던 것은 슬라브를 치고 한 60센티 정도의 공간을 두고 그 위에다 다시 한번 자기 슬라브를 만들어서 여기서부터는 자기네 집이 되는, 그런 것이 필요한 거죠. 그때는 자기 집을 헐고 개조 할 수도 있고 플랜팅도 할 수 있고. 또 아파트라는 것이 자기 집 가든도 있고 또 그럴 필요가 있어서 빗물이 떨어지는 가든이 있는 구조를 만들고 그런 생각도 했고. 혜화동의 어떤 사이트에 제안을 했던 것인데, 실제로 건축주가 그걸 짓진 않았어요. 저 안의 가장 두드러진 특징이 페데스트리안 데크라고 보이는 것이 크게 사이클을 가지고 들어오잖아요? 그것이 가장 인상에 남아서 어떤 원리를 느꼈냐면 단게 켄조의 도쿄 플랜 모작이다, 영향을 받았다고 이야기를 들을 정도로. 사람들은 조금만 연상이 되어도 그렇게 생각을 해서 깎아 내리는 거지요. 혹시 보셨는지? 단게 켄조 도쿄 플랜은 코어도 서있고 연결되는 것이 전부 도로와 건물의 묶음입니다. 여러 층의 멀티 플로어 스트리트를 만든 거고 그것이 큰 인프라가 된 거지요. 근데 여기서는 그런 것은 아닌데 그것이 래더(ladder)형의 인프라라 그런 오해를 받았던 거 같아요. 여의도는 그런 식으로 종결이 되었습니다.

**전봉희:** 이런 거 할 때, 강병기 선생하고 협조 안하셨어요? 처음에 김수근 선생님 들어오실 때 강병기 선생님 같이 들어오셨고, 강병기 선생님이 도시 쪽에 1세대와 마찬가지인데요.

**윤승중:** 강병기 선생님이 국회의사당 때 오셨잖아요? 국회의사당 프로젝트가 해산이 되고 나니까 다시 도쿄에 단게 켄조 사무실로 돌아가셨어요. 일본에

계시다가 한국에 다시 돌아오신 게 몇 년도인지 잘 모르겠는데.

**전봉희:** 기간이 지나고 나서 돌아오신 거군요?

**윤승중:** 컨택을 못하게 되었죠. 오셔서 한양대학 교수로 가시는 바람에. 김수근 선생님이 계속 친분을 가지고 자주 교류는 했지만 같이 작업을 하신 적은 없는 거 같아요. 난 그분도 좀 아깝게 생각하는 것이 국회의사당 설계사무실에서 뵈었던 인상으로는 굉장히 스트롱한 아키텍트로서의 생각을 가지고 계셨고, 또 단게 켄조 사무실에서 잘 견뎠던 분이기 때문에 한국에 와서 건축가로서 좀 많은 활동을 했으면 좋았겠다, 라고 생각했는데 학교로 가시고. 학교라는 것은 실제로 건축설계에 대해서 할 기회가 별로 없잖아요. 나중엔 또 도시설계 쪽으로 바꾸시는 바람에.

우리가 여의도 마스터플랜 할 때까지는 도시설계란 개념이 없었어요. 70년대 들어와서 도시설계학회[24)]라는 것을 만드시고 도시 쪽에 프로젝트를 하시고. 근데 그 분 작업 중에서 가장 인상적이었던 것은, 80년대 쯤 되었던 거 같은데 서울 강북, 종로에, 종로4가에서 동대문까지인가? 도시설계 프로젝트를 하셨거든요. 기존 블록이 있으면 길가는 개발이 되고 가운데는 개발이 안 되잖아요. 그래서 통틀어서 가운데다가 공동 주차장이라든가 공동의 퍼블릭 기능들을 두는데 주변에 땅 가진 사람들이 전부다 쉐어해서, 돈을 내서 여기다가 공동 주차장을 만들고 각자가 집을 지을 때는 주차장 없이 하는, 그런 좋은 제안을 하신 거였는데. 왜냐하면 지금 강북에는 집을 지을 수가 없거든요, 주차장 때문에. 재개발을 하기 전에는 거의 집을 지을 수가 없어요. 그런 제안도 하시고 우리나라 도시 설계에서는 굉장히 좋은 기여를 하셨던 것 같습니다. 건축가로서는 별로 기억에 없는 거 같아요. 사실은 부인도 건축가이시거든요. 부인을 국회의사당 설계사무소에서 만나셨는데 김환기 선생, 화가, 그 분의 막내 따님이세요. 홍대 건축과 나온. 그래서 국회의사당 설계사무실에서 만나게 되어서 연애를 하셔서. 그럼에도 불구하고 건축 쪽에는 그렇게 역할을 못하신 것이 아까운 분이에요.

여의도가 더 진행이 안 된 것은 김현옥 시장이 갑자기 사임을 했어요. 김현옥 시장이 굉장히 비난도 받았지만 소위 강력한 드라이브 때문에 굉장히 큰 공로가 있거든요. 한강을 적극적으로 개발해서 여의도까지 추진하다가

**24 _**
《도시설계학회》는 1999년에 창립된다.
《대한국토·도시계획학회》를 혼동한 것으로 보임

무슨 일 때문인지 사직을 하는 바람에 일이 갑자기 중단되었어요. 여의도는 그 당시만 해도 서울 도심에서 볼 때는 굉장히 변두리였기 때문에 거기가 도심으로 개발된다는 것은 당장은 좀 현실성이 없는 거였죠. 그걸 좀 뒤로 미루고 주거지 쪽으로 관심이 옮겨진 거죠. 이런 가치가 있는 곳이 잠실이거든요. 굉장히 땅도 넓고. 서울시에서 강남 쪽으로 관심을 둘 때였기 때문에 우선 순위를 잠실로 옮깁니다. 그래서 한강 양편 뚝을 완성시켜서 서부이촌동, 동부이촌동, 반포 이런 지역들을 전부 살려주고. 잠실은 완전히 물속에 있었던 땅에 인공 제방을 만들고 주거지로 개발하자, 그런 계획이 먼저 된 거죠. 그래서 우리 도시계획팀이 기술공사를 떠난 이후에 종합기술공사에서 마스터플랜 만들어서 잠실 개발이 실행되었어요. 잠실을 먼저 개발하고 여의도는 손쉬운 대로 아파트를 짓기 시작했어요. 기억하시는지 모르지만 여의도에 시범아파트를 짓고 몇 개 아파트가 들어갔는데 거기가 서울에서 꽤 가깝고 해서 꽤 인기가 있었던 걸로 기억이 납니다.



그리고 국회의사당이 들어가고 증권거래소가 옮겨가고 또 KBS 방송국이 들어가고, 그런 것들이  요인이 되어서 국회 때문에 정치에 관련된 것들, 증권거래소 때문에 금융 관련 시설들, 또 KBS 때문에 문화 관련 시설들, MBC도 SBS도 들어가고. 이런 식으로 지금의 여의도가 된 거죠. 처음에는 굉장히 오래 걸릴 줄 알았어요. 국회의사당하고 증권거래소하고 KBS, 세 가지 때문에 여의도가 생각보다 빠르게 진행 되었어요.

또 하나, 지금 보면 가운데 큰 도시공원이 생겼잖아요. 처음 마스터플랜 때에는 그 자리가 그냥 광로가 아니고 소위 인터시티 하이웨이(intercity highway)로 입체도로였거든요. 마스터플랜 다 만들어서 서울시가 일단 청와대에다 보고를 하는데, 박정희 대통령이 그걸 보고 굉장히 기발한 계획을 합니다. 뭐냐면 그 당시 북한하고 조금 교류가 있고 북한이 조금 잘 살 때였는데, 북한에 무슨 기념일 날 군사 퍼레이드를 하는 폭이 200미터쯤 되는 창광거리라는 것이 있어요. 또 한 오천 명 정도가 들어가는 큰 극장, 집회장이 있습니다. 근데 박정희 대통령이 그걸 보고 굉장히 부러웠던 거 같아요. 그래서 서울에도 그런 광장이 있었으면 좋겠다 했죠. 시민회관에 불이 났잖아요. 그 자리에다가 새로 건물을 지으면서 요구했던 것이 5천석 들어가는 오디토리움하고 5천명이 파티 할 수 있는 장소를 거기다가 만들어라, 처음에 그렇게 시작하다가 도저히 안 되어서 좀 줄였지만 그렇게 만들라고 한 거였죠. 창광거리 때문에 여의도에 5.16광장. 300미터 폭에

1.2킬로 광장이 생겼는데 그것이 박정희 대통령이 명령을 해서 거기다가 군사 퍼레이드를 할 수 있는 광장을 만들어라, 그래서 이름이 5.16 광장이 되었어요. 그 당시에는 우리로선 뭐 어떻게 해볼 도리가 없는 거죠. 서울시에서 도로 패턴을 고시를 하면서 300미터 폭의 광장을 만들었는데, 300미터라는 게 얼마나 넓으냐면, 도로에 비가 오면 길에 물이 흐르잖아요? 그럼 자연스럽게 대개 100분의 1정도 구배로 됩니다. 비가 오면서 이렇게 가에까지 150미터 흘러야 되죠. 그런데 150미터의 100분의 1이 1미터 50이 되거든요. 저쪽이 안 보이는 거지. 그래서 중간에 죽 하수구를 만들어서 물을 중간에서 빼게 되어 있어요. 300미터가 그렇게 넓은 거지요. 한동안은 자전거도 타고 그런 광장으로 쓰이다가 요즘은 공원으로 바뀌었잖아요. 그걸 보고 전화위복이란 말을 쓸 수 있는데, 그때 만약 박 대통령이 무리한 요구를 안했으면 집이 들어서서 그런 도시공원이 없었겠죠. 그거 때문에 여의도는 남북이 갈라졌어요. 하지만 그때 그랬기 때문에 지금은 시민들의 굉장히 좋은 공원으로 쓰이고, 드라마에도 자주 나오는 거보니까 좋은 공원이 된 거 같아요. 이런 비화가 있었던 거죠.

박정희 대통령께서 몇 가지 좋은 일 하신 것이 것 중에 그것이 있고. 사실 서울에 그린벨트라는 것이 굉장한 효도를 하고 있지 않습니까. 서울에 그린벨트를 안 만들었으면 서울에 산소 공급지가 없었을 텐데요. 전부 아파트로 꽉 찼을 거 아닙니까. 그런데 그린벨트가 서울에 굉장히 큰 기여를 하고 있고. 또 지금 미8군이 있는 용산이 일제강점기 때 군인 점령지로 썼던 군사기지였는데 그것이 아직까지 유지가 되고 있다는 것도요. 만약에 안 그랬으면 거기도 아파트로 있었겠지요. 숨 쉴 수 있는 곳을 만들어 줬다는 것이 서울시로서는 해피한 거지요. 여의도 5.16 광장도 그 중에 하나로 볼 수 있지 않을까요. 이런 생각들이 이론적으로 만들 수 있는 건 아니고 전혀 엉뚱한 해프닝에 의해서.

**우동선:** 이게 국회인가요? 이건 원래부터 갈 생각이 있었던 건가요?

**윤승중:** 국회하고 시청하고 외국 공관. 세 가지는 처음부터 얘기되었는데, 결국 국회만 갔어요. 국회를 거기다가 할 때도 그 당시에 국회전문위원이 윤장섭 교수님이셨는데 그것 때문에 국회 몇 번 갔었어요. 국회하고 땅을 협의하기 위해서. 우리 마스터플랜에서는 가운데 페데스트리안 데크가 국회 땅에 먹어 들어가는 거였거든요. 끝에다가 국회도서관을 짓고 그것을 공공시설로 생각해서 중심에는 국회도서관을 두고 국회는 좀 들어가서 있는 걸로 만들었었는데 윤장섭 선생님께서 국회에 어떻게 지그재그로 땅을

주느냐, 직선으로 만들라고 하셨어요. 그것 때문에 또 한참 문제가 되어서 땅을 딱 잘라서 주었죠. 국회도서관이 가운데 데크가 이어주고 지나가려 했던 생각이었던 것이 지금은 달라졌지요. 어떻게 보면 그 당시 어린 생각이었고, 도시라는 것이 그렇게 만들어지는 것이 아닐 수도 있지만 한편으로는 그런 식으로 접근했던 것이 기특하다고 볼 수도 있겠지.

**전봉희:** 김현옥 시장도 군 출신인거죠?

**윤승중:** 예, 육군 대령인가, 준장… 군인 출신이에요.

**전봉희:** 와우아파트로 그만 둔거 아닌가요?

**윤승중:** 와우아파트는 그거보다 좀 먼저였어요. 와우아파트는 서울시에서 주거시설로 서민 주택을 공급해야 할 땐데, 빨리 지으려고 그때 당시에 굉장히 싸게 지었어요. 싸게 짓는데 지금 생각에 뭐 평당 백만 원으로 지으라고 오더를 내리니까 그때 땅이 별로 없어서 경사지에 설계해서 보였지요. 그 당시 김현옥 시장 말고 차일석(車一錫) 부시장이라는 분이 직접 집행했던 거 같은데, 보니까 경사지에 있으니까 지중보가 기초로 꽤 굵게 있었거든요. 이런 게 왜 필요해 잘라버려, 하니까 그걸 자르고 돈을 줄이려고 하고 막 강행했어요. 그것이 경사지를 버티지 못하고 슬라이딩했죠. 균형이 안 맞으니까. 무너진 그런 이유가 하나 있었고.

또 한 가지는 서민 주택인데 아파트 형식으로 지었거든요. 그런데 난방 장치를 특별히 안 해줬어요. 그러다보니 나중에 사람들이 입주해서 살면서 개별적으로 슬라브에다가 온돌을 만들어서 연탄을 땠죠. 그래서 그 안에 흙이 들어가고 최소한도로 만들었던 콘크리트 구조에 하중이 부가된 거죠. 그런 요인도 있었고.

또 콘크리트를 보통 1:2:4[25] 이렇게 치는데 나중에 테스트한 결과 1:3:6, 1:4:8 이런 정도의 퀄리티가 나왔어요. 거의 진흙하고 모래만 가지고 집을 짓다시피 했으니까 그것이 무너질 수밖에 없었던 거지요. 인재라고 하나요? 높은 사람이 얘길 하면 그 사람 밑에 전문가들이 그 말을 거역할 수 있어야 하는데 그 당시는 분위기가 좀 그게 잘 안 되었던 거 같아요. 뻔히 안 되는 거 알면서도 되게 만들면 된다는 풍조가 그런 결과를 만든 것이죠. 우리가 '군사독재' 뭐 그러는데 구체적으로 어떤 거였다기보다는 그런 분위기를 만들었던 것이 아마 독재의 나쁜 결과가 아니었을까요. 사람들이 실제로 무슨 얘기를 하면 잡아간다고 생각을 하게 만들었죠. 그러니까 옳은 소리를 하지 못하게 하는, 결과적으로 그런 일을 일으킨 거지요. 여기 녹화하는 것이 어떻게 쓰이지요? 지금 녹화하고 있잖아요. 내가 이렇게 자유분방하게 이야기하는데 어떻게 할 거에요?

**윤승중:** 누가 보면 곤란할 텐데. 저기 나오면.

**전봉희:** 선생님이 허락을 하시면 공개를 하고요, 아니시면. 그래도 제한적 열람은 허락하셔야지요?

**윤승중:** 너무 자유분방하게 이야기하다보니.

**전봉희:** 루이스 칸 영화하고는 좀 다르겠지만… 그건 영화니까요.

**윤승중:** 조금 쉬었다 할까요?

**전봉희:** 네.

(휴식)

**윤승중:** 김수근 선생님이 기술공사 동안에 직접 일을 많이 안하셨지만, 그렇다고 해서 그 분이 건축가로서 역할을 안 하셨다기 보다 그 기간 동안에는 다른 중요한 일이 많으셔가지고.

**전봉희:** 정말, 뭐 하셨어요? 아침에 기술공사를 안 나오셨던 거예요?

**윤승중:** 아니 사무실에는 나오셨는데.

**전봉희:** 사무실에 나오셨는데 사람들이 줄을 서있었다고 하셨지요? 어떤 사람들이 줄을 서 있던 건가요? 주로 개발업자들인가요?

**윤승중:** 뭐, 다양한 사람들이죠. 비교적 사람들하고 관계를 참 잘 맺었어요. 본인 스스로가 문화계의 패트론이라고 인식을 하셨기 때문에, 나중에 『공간』을 통해서도 말씀하지 않았습니까. 하여튼 직접 작품을 구상하고 스케치하는 것은 그렇게 많이 안했어요. 난 아깝다고 생각되는데. 왜냐면 중요한 시기이지 않습니까? 김수근 선생의 삼십대 후반인데. 그렇지만 70년대 이후에 도움을 주실 만한 분들도 그때 꽤 만나셨을 거예요.

처음에 시작할 때 좀 오피셜한 얘기가 아닌 얘기들이 있으면 좋겠다 했는데, 실제로는 어떤가요? 지난번 안영배 선생님 쪽은 상당히 알려진 이야기 중심으로 이야기하셨단 말이죠. 여기서는 알려지지 않을 비화 이런

25_ 시멘트, 모래, 자갈의 비율. 최적 비율은 1:2:4이다.

것들이 얘기가 되었다고 보여집니까? 왜냐하면 내가 상당히 조심스러워서 그러는데, 내가 서두에도 얘기했지만, 처음에는 다른 사람들과 관계없는 학교 때 얘기였는데, 김수근 선생님부터는 현재 활동하는 분들과 관계가 있기 때문에 잘못 얘기하면 오해받을 수 있고 그러거든요. 조심스럽긴 한데 지금 들으시면서 그런 생각 안 들어요?

**전봉희:** 저희는 모르겠습니다. 뭐, 선생님 좀 더 자유롭게 말씀하셔도 되지 않을까요? 이제 신경 안 쓰셔도 되는…

**윤승중:** 보복당할 일은 없을 거야.(웃음) 어떤 같은 일을 놓고도 두 가지 전혀 다른 입장이 있을 수가 있거든요. 그 입장들을 합쳐놓으면 100퍼센트가 150퍼센트가 된다고. 그래서 어떤 특정한 일을 말하는 게 상당히 중요한데. 특히 어떤 인물에 관해 이야기 할 때는 상당히 조심할 필요가 있을 거 같아요.



**전봉희:** 그게 진실 아닐까요? 진실이라고 하는 게 백 프로라고 하는 건 아닐 거고. 모든 사건과 인물은 다측면을 갖고 있는 거니까요.

**윤승중:** 그렇죠.

**최원준:** 지난주의 채록을 보면서 떠오른 게 구로사와 아키라(黑澤明)가 만든 베니스 영화제 수상작 「라쇼몽」(羅生門, 1950)인데요, 「라쇼몽」의 주제가 하나의 사건에 대해서 여러 가지 다른 시각들을 보여주죠..

**윤승중:** 아, 그래요? 그건 잘 기억이 못하겠는데? 상당히 그로테스크한 작품이 아니었나?

**전봉희:** 그건 필름이 낡아서 그런 거 아닐까요? (웃음)

**최원준:** 하나의 사건에 대해서.

**윤승중:** 상당히 무거운 주제죠?

**최원준:** 예, 좀 교훈적인.

**윤승중:** 나중에 구로사와 아키라가 만든 영화중에「난」(乱, 1985)이라고 있어요. 그것도 봤어요? 그건 그렇지 않았던 거 같아요.

**최원준:** 리어왕을 일본으로 옮겨와 가지고….

**윤승중:** 그 당시에 일본에서 굉장히 유명했다고 그래요. 그 사람을 이어받아 가지고 1964년에 도쿄 올림픽 때는 이치가와 곤[26]. 아, 잘 아네, 이치가와 곤이라는 영화감독이 그 프로젝트르 맡았거든요. 그게 올림픽 영화사상

히트작이었어요. 그냥 기록영화가 아니고 이를 테면 이런 거예요. 100미터 경기 중계하는데 출발하기 전에 이렇게 슬로우 비디오로 한참동안 각자를 보여준다고. 그때 처음으로 백미터 뛰기 전에 씰룩씰룩하고 별일을 다 하는 것을 보여준다던지. 마라톤 골인 하기 전에 보니까 얼굴이 씰룩 거리는 이런 것들을 슬로우 비디오로 보니까, 필름하고 전혀 관계없는 전혀 딴 스토리가 되더라고요 그런 기법들을 써가지고 올림픽에서 인간을 보여줬다고. 실제로 기록을 낸다는 것이 얼마나 어렵고 가치 있는 일인가를 보여주고자 했던 거지요. 그래서 이치가와 곤의 「올림픽 64」[27] 굉장히 평가 받는 거예요.

**최원준:** 3시간 정도 되는 줄 알았는데 시간 가는 줄 모르고 봤어요.

**윤승중:** 어떻게 봤지요?

**최원준:** DVD로..

**윤승중:** 요즘도 있어요?

**최원준:** 미국에 있어가지고…

**윤승중:** 영화 전공이에요?

**전봉희:** 영화광입니다.

**우동선:** 영화 좋아합니다.

**최원준:** 이럴 때 자꾸 얘기하니까. 혹시 안 가지고 계시면 제가 복사하거나 드리겠습니다.

**윤승중:** 아, 좋죠. 화질도 괜찮을 거 같은데? 하여튼 그거는 정말 명작이었어요.

**전봉희:** 선생님, 조금 더 하시고 저녁을 드실까요? 하러 가셔서 얘기할까요? 여기서 하시는 게 낫지요?

일본 오사카 EXPO'70 한국관

**윤승중:** 이제 엑스포만 하면 될 것 같은데요. 그 엑스포는 도시계획부가 기술공사에서 마지막으로 했던 작업인데, 김수근 선생은 처음에 1967년에 몬트리올 때 했잖아요? 그런 인연으로 한국관을 맡게 됐어요. 맡게 되기 전까지 딴 데서 좀 작업을 했던 거 같아요. 근데 그 때 우리나라가

26 _
이치가와 곤(市川崑, 1915-2008): 일본의 애니메이터, 영화감독. 대표작으로 「도쿄올림픽」(1965) 등이 있다.

27 _
「도쿄올림픽」(1965)

경제개발계획을 진행하면서 조립 자동차도 만들고 그럴 때니까 대체로 무역진흥공사 쪽에서는 그런 것들을 갖다 놓는 쪽으로 추진을 했어요. 또 한편에는 박정희 대통령이 "경회루 같은 것 하면 어때?" 한 마디 하니까 그 다음에 경회루를 그대로 만드는 쪽으로 진행이 되었었어요. 왜 그랬는지는 모르지만 그렇게 하면 안 된다 해서 김수근 선생한테 제안이 왔거든요. 근데 그때도 김 선생님은 물어다만 주시고 별로 간섭 안하시고, 나하고 김원은 둘이서 여의도 마스터플랜 진행 중이었으니까. 둘이서 안을 하나씩 냈는데.

그 당시 미술 중에 바람을 주제로, 우리나라에서는 이승택[28] 씨란 분의 작업이 대표적이었어요. 천을 걸어놓으면 바람에 의해서 계속 움직이잖아요? 그렇게 해서 조형이 만들어지고 그러면 천에 의해서 만들어지는 것은 공간이기도 하고 아니기도 하고 애매한 거죠. 이제 포스트모던에서의 우연이랄지 해프닝, 이런 것들이 새로운 개념으로 등장하고 이럴 때였죠. 그렇게 천, 바람에 의한 작품들이 미술계에서 좀 있을 땐데, 그런 힌트를 받아서인지 김원 씨가 처음 낸 안이 그런 거였어요. 우리가 받은 사이트가 운이 나쁘게도 단케 켄조의 어마어마한 주제관 바로 옆에 있었고, 또 무역진흥공사가 욕심 내 가지고 땅을 꽤 크게 잡아놨었어요. 예산은 얼마 없고 전시관 크기라는 게 땅에 비해 너무 얼마 안 되고. 어떻게 하면 땅을 다 써서 전시할 것인가가 과제였었죠. 김원 씨는 천을 둘러 모아 가지고, 우리나라 전통에서도 그렇게 하듯이 천을 둘러 모아서 바람에 의해 만들어지면서 시시각각 보여 지는 조형, 그런 개념을 얘기했고.

또 한 가지 미술 사조 중에 미러(mirror)를 이용하는 게 있었어요. 스테인리스를 광택내서 관중이 지나가다 보면 자기 얼굴이 비치는데 그것도 해프닝이죠. 내가 조금 움직이면 또 달라지고. 관객이 참가하는 예술. 그런 트랜드가 있었는데 거기서 약간 힌트를 받은 거지요. 한 3미터 정도 되는 큰 샤프트들이 13개가 있는데 스테인리스를 미러 피니싱 한 샤프트들을 쭉 둘러 세우면 거기가 박람회장이 오색기가 번쩍거리고 굉장히 화려하기 때문에 그것들이 비치고 사람이 지나가면 사람들이 비치고. 그래서 그 주변에서 사람들의 움직임들이 미러 기둥에서 비쳐지는 그런 해프닝을 만든다. 그 안에다가 한국관을 짓는다, 그렇게 생각을 했던 거지요.



**28 _**
이승택(李升澤, 1932-): 홍익대학교 조각과 졸업.
설치미술가이자 행위예술가.

그 두 가지 생각을 가지고 한참 경쟁을 하다가 내 안으로 채택이 되었어요. 전시관은 아까 부산시청 때 했던 것처럼 경사진 입구를 통해서 사람들을 끌어들이고 지붕을 크게 보이게 만들고. 전시할 게 사실 많지 않았거든요. 전 세계가 경쟁하는 장소였는데 1970년 주제가 서기 2000년 밀레니엄을 맞이해서, 그때 밀레니엄이란 말이 있었는지는 모르겠는데, 테크놀로지, 맨 앤 인바이로먼트인가? 하여튼 굉장히 기술지향적인 그런 것이 주제였고. 그 주제는 여기 써 있네. 'Progress and Harmony for Mankind, 인류의 진보와 조화'. 진보라는 것이 테크놀러지를 개발시키는 거고, 거기서 인간하고 어떻게 조화를 만들어나갈 것인가가 주제였죠. 대체로 세계관들이 전자 기술들을 통해서 테크놀로지를 내세우는 추세였는데, 한국관이라는 것은 진짜 내세울 게 없었거든요. 그래서 참 고심이었어요. 규모도 그렇고, 또 그 옆에 어마어마한 주제관이 있고.

결과적으로는 진행 과정에서 이 샤프트를 세우는 것이 도무지 기능도 없고, 그런데 왜 세우느냐는 저항에 부딪혀서 결국은 스테인리스 미러 피니싱이라는 좋은 아이디어를 포기하고 그냥 현장에서 김수근 선생이 페인트칠로 바꾸었어요. 그래서 약간 푸르스름한 검정색의 페인트로 바꾸어서 칠했거든요. 그때부터 물의를 일으켰는데, 집이 거의 다 되었는데 기자들이 왔을 거 아니겠어요? 기자들이 항상 그렇듯이 뭣 때문에 샤프트를 놓았냐, 그랬더니 김수근 선생이 기자들을 좀 얕보고, 우리가 지금 경제개발을 통해서 산업화하고 공업입국을 쟁취하고 있는 중이다, 그래서 공업입국을 상징하는 것이다, 그렇게 대답했어요. 왜냐면 그게 굴뚝같잖아요. 내가 보기엔 기자들을 정말 얕보고 말씀하신 거 같아요. 니네들은 이 정도면 알아듣지 않겠느냐, 하신거 같아요. 그렇지 않으면 그럴 리가 없잖아요? 그랬더니 동아일보 기자가 일차원적인 발상, 하면서 공업입국이면 굴뚝이냐 (웃음) 하는 반응을 보였어요. 그것을 또 변호하느라 애먹었지요. 그뿐 아니라 진짜 다른 나라관에 비해서 규모도 빈약하니까요. 근데 나는 이것이 건축의 방법으로는 의미가 있다고 생각해요. 사이트의 경계에 미러 피니싱 샤프트를 써서 영역을 만들고 주변을 반사시키려고 했던 것 때문에 주변에 표정이 생기잖아요? 그러고 건축이라는 것을 위해서 다양한 어휘들을, 소재들을 써서 전체를 만든다, 이런 생각들이 오히려 포스트모더니즘 이후에 한스 홀라인[29] 이라든지 이런 사람들의 건축 개념처럼 주변의 모든 것들을 건축화 시킬 수 있다, 건축의 다양성이라든지 확장, 이런 것과 일맥상통하지 않았을까 해요. 건축이라는 것이 그냥 건축 자체만 가지고 생각하는 것이 아니라 주변과 교류하면서 역할을 하는 것이 건축이다라는 생각이 67년의 한국관보다는 진보한 것이 아닐까 보여 집니다.

또 한 가지가 있었는데, 메인 빌딩이 하나 있고 그 뒤에 미래관, 별관이 하나 있었어요. 미래관은 전체 전시의 주제가 2000년이었기 때문에, 2000년 쯤 되었을 때 한국은, 우리는 어떻게 될 것이냐 그걸 주제로 해서 전시하는 거였어요. 그것의 전시 설계를 김수근 선생이 맡았고요. 처음에는 한국관 설계만 맡았다가 별관 전시장 전시설계까지 맡은 것이지요. 근데 그때 쯤 여의도 마스터플랜이 끝났을 때 김수근 선생님께서 기술 공사를 떠나시게 되었어요. 그 이유는 확실히 잘 모르겠는데 여러 가지 그동안 쌓인 것도 있었고 김수근 선생님이 따로 『공간』을 통해서 본래 하려던 내 일을 하겠다, 이런 결심을 하신 것 같고. 실제로 나하고 가끔 그런 이야기를 했었거든요. '김수근' 하면 건축가로 있어야 하는 거 아니냐고. 확실히는 기억이 안 나는데 갑자기 사직을 하시고. 사실은 안국동 골수 김수근 팀인 도시계획부하고 공일곤 씨하고 몇 사람들이 그보다 조금 먼저 일단 다 사직을 했어요. 다들 기술공 사를 떠나가지고 그렇게 되니까.



**전봉희:** 그게 1969년이에요?

KECC 퇴직

**윤승중:** 1969년 6월, 7월쯤이에요. 엑스포하고 여의도 마스터플랜 끝을 내고 그 다음부터는 다른 일 거의 안 맡고. 몇 가지 꽤 좋은 일이 있었는데 일부러 일을 안 맡고 있다가 도시계획부를 떠난 것이지요. 그 후에 〈잠실 마스터플랜〉도 있었고 〈KBS〉 현상, 그런 것들이 있었는데 일부러 다 안 맡았었어요. 그렇게 떠났다가 한 두 달 쯤 여행도 하고 쉬었다가 다시 소집을 당한 것이 민간 '환경계획연구소'라는 것입니다. 김수근 선생이 공간, 스페이스 그룹으로 시작하기 바로 직전에, 과도기 동안에 잠깐 만들었던 조직인데요. 인사동에 옛날에 김중업 선생님의 초창기 사무실이 있었어요. 근데 그 건물 주인이 아마 홍익대학교 이사장이었던 거 같아요. 그 건물에 환경계획연구소를 임시로 만들었는데, 거기서 〈엑스포 70 한국관 미래전시〉 전시 설계를 맡아서 하게 됐습니다. 그걸 위해서 모였는데 나하고 유걸, 김원, 김환, 이런 사람들이 또 모였어요. 다시 재소집을 당한 거지요. 정식 멤버 중에는 프로젝트를 위한 파트타임 비슷한 사람도 있었고. 전시설계를 하는데 이것이 또 한 번 굉장한 프로젝트가 되었어요. 왜냐하면 그때부터

엑스포'70
미래관 전시 설계

**29 _**
한스 홀라인(Hans Hollein, 1934-): 오스트리아 건축가. 1985년 프리츠커상 수상. 대표작으로 오스트리아 빈에 설계한 하스하우스(1985-90) 등이 있다.

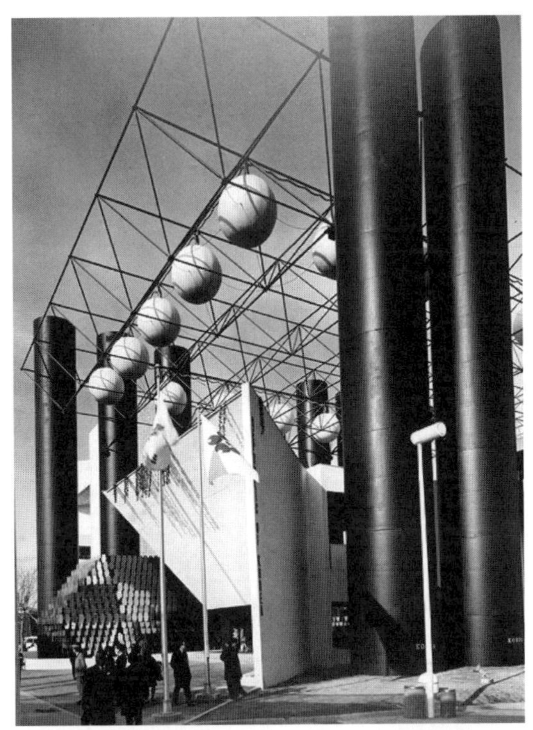

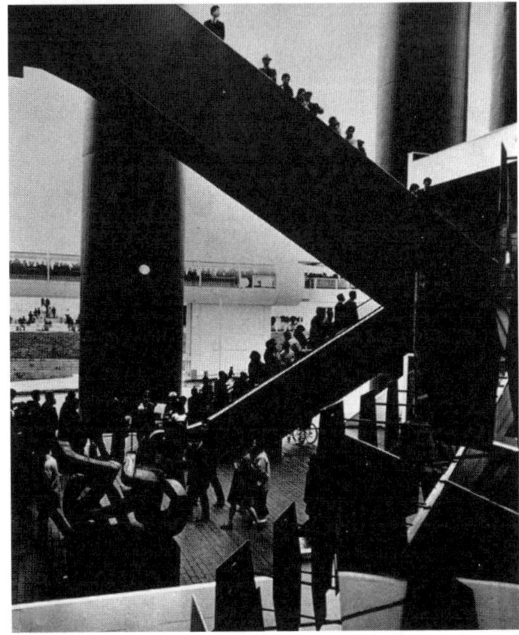

**그림9, 10 _**
엑스포'70. 김수근문화재단 제공.

3개월 동안 미래학 공부를 했어요. 일주일에 한 두 번씩 전문가들을 초청해서 강의를 듣고 또 세미나하고, 공개 세미나 방식으로 진행을 했는데 주제는 "서기 2000년 한국"이었습니다. 이 주제에 대해서 일본에서 엑스포 준비하면서 만든 리포트가 있었는데 거기서 몇 가지 힌트를 준 게 있어요. 그때가 되면 전자 커뮤니케이션이라든지, 지금의 텔레커뮤니케이션 같은 것들이 극대화되어서 모든 사람들이 모여서 있을 필요가 없고, 어떻게 보면은 도시라는 것이 의미가 상실될 지도 모른다라든지. 또 주택이라는 것이 지금처럼 큰 재산이 아니라 냉장고나 자동차처럼 내구성 소재 정도로 변할 것이다라든지. 미래에 대해서 상당히 긍정적인 아이디어를 많이 내놨었거든요. 그때만 해도 미래학이라는 것이 별로 크게 정립되지 않았었고 특히 한국은 그때 한국일보 논설위원 중에서 최정호 교수[30], 이 분이 아마 연세대 교수인가 그랬을 텐데. 이 분이 미래학회라는 것을 처음 만들었고. 한국일보 기자로 독일에 거주하면서 유럽 문화를 한국에 소개하고 그런 분이었거든요 그 분과 교류가 있어서 초빙하고. 또 유명하신 이어령[31] 교수. 또 음악 평론가 박용구[32] 교수, 국무총리를 지냈던 이홍구[33], 노재봉 교수[34]. 그 당시에 다 서울대 교수들이었어요. 이화대학교 소흥열[35] 교수, 철학자이신데 이런 분들을 모셔서 한국의 미래, 꼭 미래 뿐 아니라 한국에 대해서 여러 가지 방향에서 접근해서 발표도 하고 세미나 하고. 3개월 후에 리포트 만들어서 책을 냈고. 근데 간이로 냈기 때문에 찾으려면 별로 없을 거예요. 또 수유리에 아카데미 하우스에서 공개 세미나도 하고요. 이런 작업을 거쳐서 얻은 아이디어로 도시계획부 멤버들, 그러니까 나하고 유걸, 김원, 이런 사람들이 '미래 한국'이라는 그래픽을 만드는 거였어요. 그때 생각했던 것이 실제로는 거의 안 일어났는데, 도시라는 것이 거의 사라질지도 모른다. 왜냐면 트래픽들이 워낙 빨라지기 때문에. 많은 사람들과 관계를 만들기 위해 도시에 모여 살게 되는데 그렇게 이동이 빨라지면 가까이 붙어있을 필요가 없다는 거죠. 도시가 자꾸 커지면 커질수록 트래픽이 부담이 되고 사람들의 관계라는 것이 기하급수적으로 늘어나잖아요? 둘일 때 보다 셋일 때, 한 번이 아니라 세 번 되고 넷이면 여섯 번 되고 이렇게 기하급수로 늘어나는 것처럼, 인구가 늘어간다는 것은 관계가 복잡해지기 때문에 작게 잘라질 필요가 있겠다, 이렇게 되는 거죠. 도시를 없애고 분산될 것이다 라든지. 또 사람들이 지금은 주말 이틀 동안 쉬지만, 그 당시는 하루 반 쉴 때지요. 외국에선 이틀 동안 쉬었었고, 프랑스 이틀 반 쉬고 이랬을 때예요. 앞으로는 3일 동안 쉬게 될 것이다. 예전엔 엿새 동안 일하고 하루를 쉬는 거였어요. 휴식을 하는데 이틀 되니 지루하다, 바깥으로 나가고 여행을 하고 주말 문화가 생기게 되었죠?

그런데 3일을 쉰다면 매주 3일 동안 어떻게 돌아다닙니까? 그때는 제2의 라이프가 있다. 사회를 위한 제1의 라이프가 있고 그것은 직장이고. 자기를 위해서 하는 제2의 라이프가 반드시 필요하다. 4일 동안은 사회를 위해서 근무하고 3일 동안은 자기나 가족을 위해서 자기 생활을 한다. 그러기 위해서 주거도 도시형 주거가 있고 근교형 주거가 있다. 별도로 자기 생활을 할 수 있게 한가로운 곳에 제 2의 주거가 필요하다 라든지. 또 집이라는 것이 내구성 소재가 되면 캡슐 같은 그런 생각도 들었어요. 이런 것들이 막 섞여서 미래 지향적인 생각들을 많이 했었어요. 결국 건진 건 하나도 없지만 그런 상상을 하며 재밌는 시간들을 보냈어요. 아마 무역센터에서 돈을 냈을 거 같은데 그 돈을 가지고 즐겼죠. 거기에 전혀 새로운 인물이 두 분 등장하는데, 70년대 이후에 김수근 선생과 파트너쉽 활동하신 분 중에 조영무 씨란 분 알아요?

**우동선:** 예.

**윤승중:** 글로만 주로 활동하는 그런 분이 있어요. 조영무 씨라고. 김수근 선생님 고등학교 1년 후배고 홍익대에서 직접 배우기도 하고. 좀 특이하게 사신 분이에요. 일생동안 공부만 하고 사신 분이에요.

**전봉희:** 조영무 선생님이요?

**윤승중:** 네, 그리고 김원석(金源錫)[36]. 아까 얘기했지만 으뜸 원(源)[37] 자 쓰는 김원석이 새로 참가하게 되어요. 사실 내 자리를 이 김원석 씨한테 물려주고

**30_**
최정호(崔禎鎬,, 1933-): 서울대학교 철학과 졸업. 베를린자유대학교 철학박사. 한국일보 기자를 거쳐 성균관대학교 교수, 연세대학교 신문방송학과 교수 등을 역임했다. 현재 울산대학교 석좌교수.

**31_**
이어령(李御寧, 1934-): 서울대학교 국어국문학과 졸업. 이화여자대학교 교수. 1990년-1991년까지 제1대 문화부 장관을 역임했다.

**32_**
박용구(朴容九, 1914-): 음악평론가, 작가. 평양고등보통학교 졸업. 일본 니혼(日本)고등음악학교 졸업.

**33_**
이홍구(李洪九 1934-): 서울대학교 법학과 중퇴 이후 에모리대학교 졸업. 예일대학교 정치학 박사. 1969년 서울대학교 사회과학대학 교수 취임. 이후 국토통일원 장관, 제28대 국무총리 등을 역임했다.

**34_**
노재봉(盧在鳳, 1936-): 서울대학교 정치외교학과 졸업. 뉴욕대학교 정치외교학 박사. 1967년 서울대학교 교수를 지냈고, 대통령 비서실장, 제22대 국무총리 등을 역임했다.

**35_**
소흥열(蘇興烈, 1937-): 철학자. 계명대, 연세대, 이화여대를 거쳐 포항공대 인문사회학부 교수를 역임했다. 김수근과는 '인간환경계획연구소' 시절부터 만남을 가졌으며 이후 김수근 건축이론의 정립에 직·간접적인 영향을 주었다.

**36_**
김원석(金源錫, 1937-): 1959년 홍익대 건축미술과 졸업. 1963년 상미건축연구소 창설. 1970년 이후 김수근설계사무소 근무.

**37_**
근원 원(源).

김수근 선생님을 떠나게 된 겁니다. 70년대 이후에는 그때까지의 내 역할을 김원석 씨가 했던 거지요. 그렇게 연구소를 통해서 이런 작업들을 주로 했죠.

그때 한국관에는 우리가 했던 드로잉하고, 또 종합적으로 그림 쪽은 혹시 박서보[38] 선생 아시죠? 그 당시에 허상 그런 새로운… 그 분도 세계적으로 알려진 분인데. 패널을 뚫고 사람이 지나가면 사람모양의 구멍이 뚫어지잖아요? 그 지나간 흔적이 오브제가 되는 거지요. 사람이 있고 거기 스프레이를 뿌리면 사람이 비키고 나면 흔적이 남는 그런 작품을 했고. 또 음악가 중에, 서울대학교에 강석희 교수[39]라고 있어요.

**전봉희:** 현대음악.

**윤승중:** 예, 현대음악하시는 분인데 강석희 교수가 종소리를 주제로 해서 내는 음악 소리를 한국관의 미래관에 계속 틀어줬어요. 사람들이 입장하기 전에 옛날 종소리를 확대해서 연출을 했어요. 또 사진은 임응식[40] 선생이란 분이 사진 작업을 하셨고. 또 조각가도 최만린[41] 교수. 우리나라 1급이던 당시의 대표적인 작가들이 많이 동원이 되었어요. 그런 전시치고 꽤 열심히 만들었어요. 그렇게 크게 임프레스(impress)했는지 모르겠지만 그런 작업들을 끝으로 해서 김수근 선생하고 인연은 마지막이었고 떠나게 되었어요.



아까 소홍열 교수라고 있지요? 그분과 최정호 교수, 이분들이 김수근 선생님이 70년대 이후에 여러 생각을 이론적으로 만드는데 상당히 많은 도움을 주셨어요. 70년대 그분이 만든 '네거티비즘'[42]이라든지 '궁극 공간'[43]이라든지 이런 언어들이 이분들의 도움을 거쳐서 만들어 졌습니다. 근데 어떤 면에선 이론하고 실제 김수근 선생 작품하고는 직접적으로 연결되기 어려운 것이 있어요. '네거티비즘'이라는 것은 하와이에서 열린 아시아 태평양 건축가 총회, 거기서 연설할 때 발표하셨던 건데, 그때가 김수근 선생께서 환경이란 문제에 대해 관심 갖기 시작했던 때죠. 엑스포 70 미래 한국관서부터 그런 얘기를 많이 했었고. 1960년대 후반에 유럽에 지식인들이 모여서 '로마 클럽(The Club of Rome)'이라는 것을 만들어 인간의 미래에 대해서 연구하고 경고하곤 했죠. 미국의 엔트로피라든지, 자원고갈. 그 때 볼딩(Kenneth Boulding)이라는 경제학자도 엔트로피라는 주제로 그런 식의 주장을 했고. 그 전까지 환경이라는 말이 사람들이 사는 주변을 얘기했던 것에서 지금 우리가 생각하는 자연환경에 대한 어떤 책임 같은, 그런 식으로 생각이 바뀌었어요. 우리가 환경연구소라고 이름을 붙인 것도 아마 그런 뜻으로 내가 그런 쪽으로 지향하겠다는 의지를 보여준 것이죠. '네거티비즘'도 거기에 근거해서 인간들이 문명을 만들면서 새로운 것을 창조하고 만들어낸다는 식으로 발전을 해왔는데 결과적으로 그것이 발전인가, 이런 질문을 하죠. 오히려 노자 사상이라든가 동양 사상을 좀 이용해서 아무것도 안하는 것이 미덕이다, 가장 작게 하는 것이 미덕이다. 그 다음에 나온 미니멀리즘 같은 사상일 수도 있어요. 그런 생각을 주장하신 거지요. 김수근 선생님 작품을 보면은 미니멀 하다든지 하지는 않잖아요. 어쨌든 그런 식의 이론 체계를 만드셨고. 그 이후에 스페이스 그룹에서 전에 최순우 선생을 통해서 우리나라 전통의 아름다움이라는 것을 실제로 느끼기도 했고. 그 문제에 대해서 안국동 시절에 나하고 얘기한 게 있었는데 어느 날 갑자기 백자를 하나 사가지고 오셨어요. 근데 보니까 입부분이 눌려서 한쪽이 찌그러지고 그런 거예요. 그걸 가지고 너무 감탄하시고 보시길래 이것이 작가가 일부러 이렇게 만들었을까요? 도자기 작가들은 자기가 의도한 대로 안 되면 깨뜨려 버리기도 하는데 이것이 의도인가 우연인가, 이것이 과연 한국이 추구하는 것인가, 이런 식의 질문을 했어요. 김수근 선생이 이것이 아마 한국의 특징일 것이다 라고 주장하고, 나는 이것이 잘못된 결과인데도 참고 잘 지내는, 받아주는 뭐 그런 것이 아니겠느냐, 이런 논쟁을 한 적이 있거든요. 김수근 선생이 한국 전통적인 것들, 도자기라든지 목가구라든지 이런 것에 관심을 깊이 갖게 되는데 도움을 준 것이 최순우 선생님이었고 본인도 그렇게 얘기를 하시고. 이런 분들을 만나서 70년대 이후에 스페이스 그룹을 통해서 김수근 선생님이 그런 작업을 하게 되는 과정이라고 볼 수가 있습니다. 나는

**38 _**

박서보(1931-): 화가. 본명 박재홍. 경북 예천 출생. 홍익대학교 회화과 졸업. 홍익대학교 회화과 교수를 역임했다.

**39 _**

강석희(姜碩熙, 1934-): 서울대학교 작곡과 졸업. 독일하노버국립음악대학 및 베를린 국립음악대학 작곡과 졸업. 서울대학교 음악대학 작곡과 교수 역임했다.

**40 _**

임응식(林應植, 1912-2001): 사진작가. 체신대학교 행정학과 졸업. 중앙대학교 사진학과 교수 등을 역임했다.

**41 _**

최만린(崔滿麟,1935-): 서울대학교 조소과 졸업. 서울대학교 조소과 교수, 국립현대미술관 관장 등을 역임했다.

**42 _**

네거티비즘(negativism): 나의 건축행위가 타인이나 사회의 주변 환경, 그리고 자연 등에 부정적인 영향을 주는 점이 없는지 고려해야 한다는 생각이다. 여기서 네거티비즘은 이러한 부정적 측면도 고려해 보는 사고 방식을 표현해 주기 위함이다.

**43 _**

궁극 공간(ultimate space): 인간은 다른 생물들처럼 단순한 생존을 계속하기 위해서 필요한 공간(제1공간)이나 생산활동 또는 경제활동만을 위한 공간(제2공간)이 아닌 '제3의 공간'이 있어서 비로소 인간다운 생활을 할 수 있다. 그것은 창작활동을 위한 공간, 조용히 명상하는 공간, 인간의 정신생활을 풍부하게 해 주는 여유의 공간을 뜻하는데 그것이 인간생활에서 필요로 하는 궁극의 공간이다.

일단 김수근 선생님을 떠나서 독자적으로 활동을 하기 시작했죠.

**전봉희:** 조영무 선생이랑 김원석 선생님은 어떻게 개입하게 되는 거예요? 개입하는 장면이 말하자면 환경연구소에 모이라고 해서 그날 처음 나타나신 거예요?

**윤승중:** 조영무 선생이 김수근 선생보다 1년 후배이기 때문에 잘 아시는 분이고, 이분이 꽤 늦게까지 학교에 다니셔서 홍익대학에서 김수근 선생 강의를 들었어요. 그런 식으로 잘 알던 분이었는데 어떻게 해서 둘이 통해서 김수근 선생이 김원석 씨를 인바이트(invite) 한다든지, 김원석 씨는 직접 조영무 씨가 아마 인바이트해서 조인을 시켰고.

**전봉희:** 둘 다 홍대 출신인가요?

**윤승중:** 김원석 씨는 홍익대학 다니다가 나중엔 한양대를 졸업해서 조금 복잡해요. 김수근 선생님하고는 잘 아는 친한 사이였고. 잠깐 공백 기간 동안에 이 둘을 먼저 만났고, 나중에 나, 유걸, 김원 들이 다시 소집을 당해서 연구를 했지요.

**전봉희:** 아무튼 이 두 분은 기술공사까지 전혀 없던 분들인데요.

**윤승중:** 이때 처음 참가를 하고 이후의 주역이 됩니다.

**전봉희:** 조영무 선생님도 공간에 죽 있으셨던가요?

**윤승중:** 아마 오랫동안 일을 같이 했을 거예요. 주로 김수근 선생님의 라이팅(writing)을 대신하시고. 그런 이론적인 것을 만들어 가는데 꽤 기여를 하셨어요.

**전봉희:** 아버지가 조원재[44] 씨인가, 본인 이름으로 한국건축 책을 내셨잖아요?

**윤승중:** 조원재 씨는 한국의 도편수로 꽤 알려졌던 분이예요. 요즘 활동하시는 분들 다 그분이 선생님이죠. 그분의 아드님이고. 조영무 씨의 사촌이 유명한 사람이 하나 있는데 가수 조영남 씨에요.

**전봉희:** 아, 그런가요?



**44_**
조원재(趙元在, 1903-1976): 도편수.

**윤승중:** 아마 조영남 씨 아버지가 목수일 텐데, 형제 분이 다 도편수를 했고. 조원재 씨라는 분이 가장 대표적인 도편수였죠.

**전봉희:** 김원석 씨는 디자이너에요? 아까 재무를 담당하셨다고 말씀하신 거 같은데.

**윤승중:** 아니요, 디자이너인데 주로 팀을 잘 이끌어 가는데, 어떤, 지난번에 얘기했듯이 콘서트 마스터(concert master)같은 역할을. 그 때는 김수근 선생이 거의 직접 작업을 했고, 공간사옥 지으신 다음에는 거기에 밤낮 상주하면서 죽 계셨으니까. 그리고 그때는 간단한 스케치만 받은 것이 아니라 훨씬 더 많은 작업을 했던 거 같아요. 그래서 이후에 김수근 스케치들이 굉장히 많이 나왔죠. 돌아가신 다음에 스케치가 백 몇 십장이 될 정도로…

**전봉희:** 게다가 거기다가 그려줬다고 하셨잖아요? 해가면 그 위에 그려주셨다고…

**윤승중:** 나중엔 간암이 생겨서 병원에 계실 때도 계속 스케치를 많이 하셔서 조그만 종이에 건축 스케치만 아니라 나중에 하신 것들은 거의 판화 같은 작품들을 하셨지요.

**최원준:** 이 시점에서 독립을, 나오시게 된 계기나 그런 게 있으셨나요? 아니면.. 선생님 워낙 큰 역할을 하고 계셨기 때문에 나오시면서 걱정은 안 되셨나요?

**윤승중:** 사실은 특별히 준비가 있었다든가 계기가 있어서 나온 건 아니에요. 난 한 10년 즘 같이 있으면서 김수근 선생님을 내세워서 했잖아요? 이건 좀 핑계일 수도 있지만 나하고 같이 할 때에는 너무 맡겨놓고 하시고, 나는 선생님이 직접 하셔야 한다는 식으로 얘기 드렸고. 그러다가 갑자기 김수근 선생님을 떠나야 되겠다, 그런 생각을 했어요. 특별한 준비 없이. 환경연구소를 하면서 퇴계로에다가 사무실을 하나 얻고는 혼자하기 힘들어서 김환이란 분하고, 또 둥글 원 자 쓰는 김원석(金圓錫), 이렇게 일단 셋이서 사무실 겸 작업장을 하나 만들었어요. 그 당시는 뭐 작업장 수준이었던 거지요. 조그만 주택 이런 것들 하면서 있었고. 그때 한일은행 본점에 유영근 선배, 조흥은행 설계하신 분인데 한일은행 신축본부를 하나 만들면서 직접 안에다가 설계팀을 만들어서 했으면 좋겠다는 그런 유혹을 받았어요. 사무실을 잠깐 클로즈 해 놓고 한 1년 쯤 한일은행 본점을 직접 설계하자. 처음에는 사양하다가, 팀 구성을 하고 신축본부를 만들어가지고 한 10개월, 1년 쯤 작업을 했어요. 그리고는 지어지지는 않고 그걸로 끝이 났다가 나중엔 원도시에서 계획을 해서 새로 설계를 하게 된 거지요. 아마 그런 인연 때문에

하게 된 것 같아요. 하여튼 그렇게 특별한 준비 없이 험한 설계시장에 (웃음) 나왔습니다.

'원도시건축' 얘기는 조금 먼저 하면, 어떤 느낌이에요, 원도시건축? 저게 대체 무슨 뜻일까. 잘 모르죠. 다른 사무실하고 좀 구별되는 거 같지 않아요? 원건축, 원도시. 인수분해한 거죠. 기술공사에 있으면서 죽 생각했던 것이 건축과 도시라는 것을 분리해서 보지 않고 연속적인 것으로 생각을 하고. 그것이 메타볼리즘 영향이 좀 있어요. 메타볼리즘이라는 것이 점, 세포에서부터 우주까지 하나의 하이어라키로 정리하고자 하는 이런 욕심도 있곤 했거든요. 본래 메타볼리즘의 아주 기본적인 생각은 건축, 도시조차도 식물, 생물처럼 성장하고 변하는 것이다 라는게 주가 되지만, 어떤 하이어라키를 만들어보자 라는 것도 있지요. 그것이 아마 모더니즘의 영향이었을 것 같은데 모더니즘이라는 것이 대체로 아주 근원적으로 가면 뭐가 있다, 다 굉장한 체계 속에 있는 것이다 하는 것이고 포스트모더니즘은 그걸 벗어나서 오히려 그런 체계를 해체하는 과정을 보여주었던 것이고. 우리가 도시나 건축을 볼 때 현재 도시나 건축은 너무나 거대해지고 본래 인간 중심의 도시나 건축으로부터 상당히 문제가 생기고 변화가 되었다고 보죠. 그래서 앞으로 도시나 건축에서 어떤 원. 원이라는 것이 물론 근원이란 뜻도 있으니 근원을 찾아보자 그런 의미에서 도시를 그렇게 본거에요. 도시단위를 서로간의 관계가 만들어질 수 있는 옛날로 돌아가서 본래 도시에서 생각을 시작하겠다, 그렇게 한 것이 도시, 건축에 원 자를 붙여서 만들어 놓은 겁니다. 그런데 사람들이 잘못 이해해서 가끔 전화 오면은 원 선생님 계십니까? (웃음) 원도시건축하면 기니까 그냥 원도시. 이렇게 부르라고 해서 원도시가 상호가 되어버렸어요. 그래서 일단 원도시라는 이름으로 생각을 하고 있었는데, 등록을 해야 하잖아요? 그래서 일단은 그 이름으로 등록했지요. 69년 12월 달인가, 기록엔 그때 등록을 한 걸로 되어있고.

**전봉희:** 아, 환경연구소 중인데요?

**윤승중:** 네, 환경연구소는 3월까지 해서 끝을 냈고요. 오늘은 끝을 낼까요? 질문 하실 거 있으면 하시죠.

**최원준:** 김수근 선생님께서 흔쾌히 허락을 해주셨나요?

**윤승중:** 그게, 그랬을 거 같은데. 싫증나시지도 않았을까?

**최원준:** 아무튼 독립하셨을 때 많이 지원을 해주셨다는 이야기도 들었던 것 같은데 어떠신가요?

**윤승중:** 글쎄요, 특별히 가시적이라기보다 마음으로 지원을 해주셨겠지요.

**전봉희:** 뭐라고 부르셨어요? 김수근 선생님이 선생님을?

**윤승중:** 나를요? 미스터 윤. 처음부터 끝까지 미스터 윤. 공식적으로는 윤실장. 이렇게.

**전봉희:** 처음부터요? 10년 후에 나갈 때까지도? 그 이후에 만났을 때도 미스터 윤이었어요?

**윤승중:** 뭐, 윤승중 씨 이럴 때도 있었고. 좀 공식적인 자리에서는. 더 쉬운 것은 '어이'. (웃음) 일본식으로 부르는 방식이에요. 얼마나 편해요.

**전봉희:** 네, 오늘 6시 반까지 장시간 감사합니다.

**윤승중:** 수고들 하셨습니다.

# 06

## 원도시건축 설립과 1970년대 작업: 증권거래소 현상, 한일은행 본점, 성균관대학교

**일시** 2012년 3월 6일 (화) 14:00 –

**장소** 서울특별시 강남구 삼성2동 142-22 2층 목천문화재단

**진행** 구술: 윤승중

채록연구: 전봉희, 우동선, 최원준, 김미현

촬영: 하지은

기록: 허유진

초벌 원고 수정 및 각주 작업: 김하나

**전봉희:** 이제부터 새로운 단계로 접어드시는 시점이라, 저희들도 새로운 기대를 안고 왔습니다. 이제까지 학습기, 그리고 김수근 선생님하고 같이 지냈었던 60년대를 지나 원도시건축 개소까지 왔습니다.

**전봉희:** 가져오신 자료를 보니까 원도시건축 개소가 먼저인 거네요?

**윤승중:** 예. 지난번에 말씀을 드렸지만 김수근 선생님을 만나서 10년간을 보냈죠. 근데 그 기간이 나한테는 중요한 시기였어요. 우선 처음 졸업해서 거의 경험이 없는데도 불구하고 김수근 선생님께서 치프 디자이너(chief designer)로서의 중책을 맡기셔서 그 힘으로 초창기에 굉장히 어려운 작품인 〈자유센터〉를 실제로 지을 수 있었고, 마지막에는 〈여의도 마스터플랜〉이라는 당시 우리나라로서는 생소한 프로젝트를 했죠. 도시설계적인 방법으로 도시계획을 어프로치한 적이 별로 없었기 때문에 텍스트도 별로 없었고. 굉장히 도전적으로 일을 했었고. 그러면서 건축 쪽이나 다른 쪽으로나 좋은 경험, 기회를 가질 수 있었던 거지요. 김수근 선생님이 안 계시기 때문에 어떻게 말씀하실지 모르겠지만 김수근 선생님으로서도 상당히 도움이 됐었으리라고 생각이 됩니다. 상당부분을 서포트를 잘 해 드렸기 때문에 김수근 선생이 다른 활동 하시는데 도움이 되었고 김 선생님이 상당히 어려운 아이디어를 주셔도 충실하게 과정을 거쳤기 때문에 김수근 선생님께서도 뭐랄까, 좀 도움이 됐다, 이렇게 말씀해주시면 좋겠죠. 그렇게 10년 간 지내고 나서 언제까지나 김수근 선생님의 세컨드로서, 또는 어시스턴트로서 있을 수는 없었고요. 또 한편 생각으로는 김수근 선생을 직접 활동할 수 있는 무대로 밀어내는 것도 한 가지 의무라는 생각이 들어서 김수근 선생님을 떠나기로 말씀을 드리고 또 그렇게 허락을 받았지요.

사실은 내가 좀 약삭빨랐으면 미리부터 좀 준비를 해서, 대개 성공한 기업가들 보면 자기가 다른 기업에 있을 동안 미리미리 클라이언트들을 자기편으로 확보하고 길을 만들어 놓고 나서 꽤 그럴싸하게 독립하고 등장하는 경우가 많은데, 난 김수근 선생님과 10년간 하면서 김수근 선생님을 세계적인 스타로 만들겠다는 생각만 했지. 내가 앞장서서 하리라고는 거의 생각을 안 했어요. 그러다가 갑자기 떠나게 되니까요. 건축이라는 것을 할 때 두 가지가 필요한데 어떤 찬스가, 기회가 있어야 하고 또 기회를 살려줄 수 있는 패트론, 클라이언트가 있어야 하잖아요. 근데 그 동안 김수근 선생님이 그런 걸 하셔서 기회를 내가 잘 활용했지만 그걸 스스로 만들어가야 하는 것은 쉽지 않았던 거죠.

안국동 시절부터 같이 지냈던 김환, 김원석 두 사람하고 뜻이 맞아서 사무실을 구하고 일단 독립을 했어요. 퇴계로2가에 '노라노 복장학원'이라는 그 당시에 꽤 유명했던 디자이너 학원이 있었어요. 거기 2층에 사무실을 얻어서 오픈했습니다. 보니까 거기 출입하는 사람들이 꽤 멋쟁이들이었어요. 지나가면서 보고 굉장히 분위기가 좋은 곳이라고 생각했죠. 김환, 김원석 두 분은 오랫동안 같이 작업을 했었고 서로 대화가 잘 통하는 좋은 친구, 후배들이라서 같이 일하는 것 자체는 참 즐거운 일이었어요. 처음 시작할 때부터 나도, 그 친구들도 주택하고 개인 병원 몇 가지 프로젝트가 있었기 때문에 일단 작업을 계속 할 수는 있었는데요. 사실은 그동안 10년간 경험이라는 것이 김수근 선생님 틀 안에서 꽤 규모가 큰 프로젝트를 총 지휘하고 관리하는 역할을 해왔었는데 막상 닥친 프로젝트들은 작은 주택이라든지 근생 시설, 이런 것들이었고 또 밑에다가 팀원으로 굉장히 쟁쟁한 사람들을 많이 거느리고 일을 했었는데, 이제는 처음부터 끝까지 직접 해야 하는 그런 입장이 되었죠. 사실은 현장에도 가고 그동안 안 해봤던 부분들, 이런 것들이 재밌긴 했지만 좀 혼란스러운, 좀 뭐랄까 불만스러운 그런 시간이었을 수도 있겠어요. 그렇게 7, 8개월 쯤 시간을 보냈는데 그때 유영근 선배라고. 3년 선배 되는 분인데 이 분과는 인연이 있어서 국회의사당 설계사무소 때 같이 한 적이 있었죠. 그분께서 만나자해서 갔더니 한일은행 본점을 새로 신축을 할 텐데, 당신께서 한일은행 신축본부로 옮기셔서 신축본부 차장을 맡게 되었다고 해요. 유영근 선배가 조흥은행에 계시면서 조흥은행 신축본부를 만들고 실제 설계실을 만들어서 직접 설계했었거든요. 조흥은행이 지금은 기록이 애매하게 남아있는데, 왜냐하면 초창기에 조흥은행에 불이 난 다음에 정인국, 이천승, 김중업 등 거물급 건축가들에게 의뢰를 해서 안들을 받았었어요. 그분들이 설계위원이 되어서 진행을 하다가 유영근 선배가 그런 안들을 그냥 두고 따로 신축본부에 설계실을 만들어서 지금 지어진 아이디어를 내고, 신축본부장이었던 하진수[1] 전무가 잘 뒷받침 해줘서 결국은 유영근 씨 안으로 집을 지었습니다. 유영근 씨가 신축 건물을 설계해서 그것이 그 당시 꽤 주목을 받는 작품이 되었었어요.

한일은행 신축본부

**전봉희:** 지금 기록은 정인국 선생님이거나 김정수 선생님 이름으로 되어 있지 않나요?

**윤승중:** 아마 정인국 선생님 이름으로 되어 있을 텐데, 그 분도 설계 위원이었고 정인국, 박춘명, 이천승, 그런 분들이 위원이었어요. 몇 개의 안을 만들어 놓으신 걸 나도 같이 봤어요. 불려가서 한번 구경을 했거든요. 근데

정 선생님 안은 조흥은행 본래가 옛날의 이미지가 있기 때문에 클래식한 그런 면이 있었는데 그걸 완전히 바꿔서, 나중에 이천승 선생님께서 지도위원으로 어드바이스 하는 방법으로 진행을 했고, 실질적인 설계는 유영근 씨로 되어있어요. 나중에 건축가협회에서 만든 한국건축총람에는 유영근 씨로 바뀌어져 있어요. 그렇게 해서 당시 설계본부장이었던 하진수, 그리고 신축본부 차장에 유영근. 그 팀이 조흥은행 끝난 다음에 고스란히 한일은행으로 넘어와서 한일은행 신축본부를 만들게 되죠. 하진수 그 분은 전무로 오셔서 행장까지. 하진수 전무께서 조흥은행 때를 생각해서 다른 데 부탁했는데 마음에 안 들면 어떻게 하느냐 직접 진두지휘해서 했으면 좋겠다, 해서 설계실을 만들어서 직접 설계를 하자. 그렇게 제안을 한 거 같아요. 만나서 설계실장을 맡아 달라 하는데 지금 나와서 시작한지 1년도 안 되었는데 어떻게 또 가느냐, 사양을 하다가 그 은행이라는 데가 출퇴근이 정확하니까 퇴근을 정확히 시켜줄 테니 퇴근 후에 와서 일을 하고 신축본부 설계실장을 맡아라. 그러셔가지고 일단 1년간 계약을 했어요. 왜냐하면 그 당시에는 실시설계도 한 번 해보고 싶었기 때문에, 일단 승낙을 하니까 나보고 팀을 구성하라 해서 꽤 강팀을 만들었어요. 유명한 황일인 씨도 있었고 엄웅[2] 씨도 있었고 장응재[3] 씨도 있었고 박의식[4], 김춘웅[5], 장학근[6] 이라고.

**김미현:** 나상진 선생님과 같이하신?

**1_**

하진수(河震壽, 1916-2010): 경성상고 졸업. 1939년 한국상업은행 입사 후 조흥은행을 거쳐 1968년부터 1973년까지 한일은행장을 역임했다.

**2_**

엄웅(嚴雄, 1940-): 1963년 서울대학교 공과대학 건축공학과 졸업. 김희춘건축연구소, 무애건축연구소, 서울건축 등을 거쳐 (주)서건엔지니어링 건축사사무소 대표이사로 환동.

**3_**

장응재(蔣應在, 1944-): 1968년 서울대학교 공과대학 건축학과 졸업. 김중업건축연구소, 무애건축연구소 등을 거쳐 1973년부터 원도시건축연구소 근무하여 현재 (주)원도시건축연구소 대표이사.

**4_**

박의식(朴義植, 1940-): 1963년 서울대학교 공과대학 건축공학과 졸업. (주)아산건축 대표이사.

**5_**

김춘웅(金春雄, 1943-): 1965년 한양대학교 건축공학과 졸업. 김희춘건축연구소, 나상진건축설계사무소 등을 거쳐 1971년 상지건축설계사무소를 설립하였고, 현재 대표이사.

**6_**

장학근(張學根): 1961년 서울대학교 공과대학 건축공학과 졸업.

**윤승중:** 예, 이런 분들을 다 소집을 해가지고 한 열 명 정도 팀을 구성했죠. 지금은 헐렸지만 옛날 한일은행 본점 3층에다가 아주 좋은 방을 내주셔서 설계실을 만들고. 우리가 팀이 작기 때문에 하진수 전무가 직접 핸들링을 하려고 자기 방 바로 옆에다가 스튜디오를 만들어서 '촉탁(囑託)'이라는 직책으로 시작을 합니다. 촉탁이라는 게 지금의 계약직 같은 거죠. 그때는 좀 달라서 꽤 대접을 잘 받아 차장급 대우를 받았어요. 보수도 그렇고. 이렇게 신축본부 활동을 일단 시작합니다. 그래서 낮에 일을 주로하고 저녁때마다 사무실로 가서 일하는 이런 시간을 보냈었지요. 그래서 사실은 개인으로 독립을 했는데 1년도 안 되어서 그런 식의 외도를 하게 되어서 처음에 원도시라는 회사가 초창기에는 애매하게 시작이 되었어요. 그렇지만 그 인연으로 몇 년 후에 하진수 전무가 행장이 되시고 유영근 씨가 신축본부장 되어서 실질적으로 설계할 때 계속 수의계약을 할 수 있게 되었으니까 그때 투자하였던 것이 헛되지 않았죠.



**전봉희:** 안만 만들어 놓고 공사는 안했던 거고요?

**윤승중:** 조금 더 설명을 드릴게요. 그때 전 세계적으로 은행들이 좀 더 경쟁력을 키우기 위해서 합병하는, 일본만 해도 세계적인 은행들이 들어와서 국제적인 체인이 만들어지고 그런 경향이 있었어요. 우리나라도 은행들이 국제 경쟁력을 키우기 위해서 합병 이야기도 나오고 좀 과열되었거든요. 그래서 설계가 거의 다 진행이 되었는데 은행감독원에서 승인 못 받아 중단되고 해체가 된 거죠. 나는 김수근 선생님이 은행이라는 걸 별로 해본 적이 없어서 상당히 생소한 프로젝트였었어요. 그래서 오히려 그것이 나한테 기회가 되었던 거죠. 그때부터 은행본점 계획안을 만들었어요. 20일쯤 지나고 어느 날 그동안 작업을 행장한테 브리핑을 해야 된대요. 그때까지는 기초적인 작업 생각만하고 있었기 때문에 준비가 안 되었는데, 갑자기 몇 가지 아이디어를 만든 것이, 그때 마침 세계적으로 컴퓨터가 처음으로 등장해서, 물론 지금 같은 수준은 아니었지만, 앞으로 온라인화 될 것이다 이런 비전이 있었고요. 두 번째로 옛날만 해도 은행가면 카운터가 있고 뒤에 대리가 있고 차장이 있고 쭉 라인이 있어서 영업장이 굉장히 컸거든요. 아날로그 방식으로 업무를 처리했기 때문에 영업장이 구획이 되어 있었던 것인데, 온라인으로 되면 그것이 다 통합되어서 요즘같이 되는 거죠. 요즘 보면 퀵서비스하고 슬로우서비스하고 두 가지 밖에 없어요. 서로 교환이 되니까. 대개 텔러 한 사람만 앉아 있고 주변에는 아무도 없을 정도로. 앞으로 그렇게 될 것이라고 그 당시 예견을 했던 거죠. 또 하나는 그 당시 은행의

아이콘은 영업장이었어요. 그 뒤에 본부라든가 후선사무실이 숨어 있는 게 공식이었는데 앞으로 영업장이란 것은 여러 가지 증권이나 금융업 이런 장사를 하는 것이기 때문에 오피스 타워를 주인으로 해서 영업장은 거의 서비스 느낌이다, 그러니 전면에 오피스 타워를 세웁시다, 그런 제안을 했어요. 근데 그 당시만 해도 그런 생각을 잘 갖고 있지 않았지요. 신축 건물에 그런 아이디어로 스케치를 해가지고. 지금 여기 나와 있을 거예요. 이게 요 안인데.

전면에 큰 오피스 타워를 두고 영업장은 뒤에 숨겨두는. 지금 지어진 집도 비슷했어요. 일단 이런 내용들로 은행 행장 앞에서 브리핑을 했거든요. 근데 하진수 전무가 적극 찬성하고 긍정적으로 받아들여서 쉽게 그냥 그대로 밀고 나갔어요. 그랬는데 은행합병, 대형화 정책 등 이유로 승인을 못 받았어요. 그 후 1년 만에 신축 본부가 해체 되었습니다.

**최원준:** 여기 조그만 사진에는 스케치가 다른데요, 여기는 코너가.[7]

**윤승중:** 이거는 나중에 지어진 거고. 이거는 처음에. 71년도 작업.

**최원준:** 계획안으로 나와 있지만 스케치로…

**윤승중:** 몇 년도?

**최원준:** 71년으로 되어있는데..

**윤승중:** 아, 그럼 그거 잘못 되었네요. 한일은행 신축본부 처음 가서 했을 때가 1970년 10월 달 쯤 되었을 거 같아요. 하루는 김희춘 선생님께서 급히 보자 하셔서 갔더니 중요한 제안을 하나 하셨어요. 서울대학교가 관악산에 땅을 사고 종합 캠퍼스를 만들어 옮기려 한다는 거죠. 그 당시 공과대학 안에 '응용과학연구소'라는 게 있었어요. 용역 프로젝트들을 하기 위해서 있었던 건데 거길 통해서 마스터플랜 만들 팀을 구성해야 되겠다고 저보고 와서 팀을 만들고 일을 해달라는 그런 프로포즈를 받았어요. 그때부터 좀 이상하게 소위 치프로서 소질이 있었던 거 같애. 사실 한일은행보다 훨씬 더 근사했던 일이죠. 근데 김희춘 선생님 보고 한일은행 일을 1년 동안 약속해놨으니까 제가 갈수는 없고 대신 좋은 사람들을 수소문해서 팀을 구성해서 도와드리겠습니다, 그렇게 약속을 드렸어요. 조창걸[8] 씨,



**7_**
『PA 윤승중, 변용』(건축세계사, 1999)의 234쪽 한일은행 스케치를 가리키며.

그분을 여러분은 한샘 CEO로만 아시지만 당시에 정일건축에서 건축가로 활동을 했었고 한샘을 막 키워가기 시작할 때거든요. 정일건축에 있으면서. 또 목구회[9] 멤버였죠. 조창걸 선생이 아주 독특한 생각을 가지고 있어요. 전체주의적인 매니지먼트. 우리나라가 이렇게 성장할 것이 아니라 계획 하에 타이트하게 발전을 향해서 나가야 한다 이런 주장을 할 정도로 독특하고. 또 교육 문제에도 굉장히 관심이 많았어요. 교육이라는 것에 대해서 근본적인 원리를 주장하고 했기 때문에 조창걸 씨 만나서 이야기했더니 일단 욕심이 났겠죠. 그래서 해보자 했고 그리고 김석철 씨를 교섭을 했죠. 기술공사에 같이 있었던 박성규, 변용. 변용은 내가 추천했다기보다는 조창걸 씨가 같이 정일건축에 있었기 때문에. 또 김문규 씨. 이렇게 쟁쟁한 분들로 팀 구성을 해가지고 응용과학연구소, 옛날 공대 뒤에 방 하나 내서 합숙을 하면서 작업을 했어요. 조창걸, 김석철 이런 사람들이 모여 있으니까 주장이 굉장히 강하고 했겠죠. 나중에 리포트를 냈는데 그림보다 주장이 강한 리포트를. 리포트도 중요한 일이라고 파격적으로 두꺼운 하드보드에다 두께 이만하고 들기 무거운 정도의 리포트를 만들어 제출했거든요. 근데 그 과정이 상당히 재미있었어요. 현학적인 것도 있지만 스페이스 프로그램이라든지 학교, 이런 것들의 관계를 꽤 잘 설정을 했고요. 그러고 건축디자인을 했는데 그건 잘 진행되었던 거 같지는 않아요. 일단 마스터플랜이지 건축 계획은 아니었으니까. 기본적인 원리가 중심에다가는 인문학, 기초학문을, 주변에 응용학문을, 중앙에 도서관을 둔다, 이런 식이죠. 본래 관악 골프장 자리였잖아요? 그래서 필드들이 잘 정리가 되어있는데 그 필드를 그냥 오픈스페이스로 두고 경사지나 이런데 주로 집을 짓고, 이런 독특한 생각으로 마스터플랜을 만들었어요.

그 과정에서 획기적인 것이 하나 있었다면, 지금 성함은 잘 기억이 안 나는데, 젊은 교수들이 아주 획기적인 제안을 했어요. 아카데믹 교육의 원리를 발표한 '대학 장기발전 계획' 이런 게 있는데 실제로 실행이 되었어요. 몇 가지 새로운 주장을 했는데 첫째, 당시에 문리과 대학이라고 있었죠. 법과대학, 상과대학, 이렇게 있던 것을 해체하고 인문대학, 사회과학대학, 자연과학대학 이렇게 새로 구성을 해서 그것을 중심으로 하고, 응용과학 쪽은 공과대학으로



8_

조창걸(趙昌杰, 1939-): 1963년 서울대학교 공과대학 건축공학과 졸업. 김희춘건축연구소, 정일건축연구소 등을 거쳐 한샘(주)을 설립했다. 현재 명예회장.

9_

목구회(木口會): 서울대학교 공과대학 건축공학과 출신 건축가들의 모임. 1965년에 결성되어 근작 방문, 상호 작품비평 등 활동을 전개하였으며 『목구회건축평론집』(1974) 등을 펴냈다.

하고. 이런 식으로 전체적인 학교의 구성부터 바꾸었고. 또 한 가지는 강좌 제도를 제의를 한 거예요. 프랑스에 있던 것처럼 강좌 단위로 학점이수제도를 만들어서 학과나 대학이라는 개념을 상당히 약화시키는 거죠. 언더그레듀잇(undergraduate)하고 그레듀에잇(graduate)으로 크게 두 개로 나누어지는 그런 선진적인 제도를 제안한 거지요.

그걸로 마스터플랜 했는데 그것이 사장되어서 찾아보니까 여기 있는 걸 발견했어요.[10] 1971년 4월 3일자. 그때 마스터플랜을 발표했는데 발표한 내용을 보니까 이것이 그 당시에 응용과학연구소에서 만든 안이었어요. 일단 그걸로 하기로 발표를 하고 기공을 해서 토목 공사를 시작했거든요. 근데 한 6,7월쯤 되어서 자문해주러 왔던 도버[11]라는 분이, 그 혹시 기억이 나시나 모르지만은 미국에서 캠퍼스 플랜에서 가장 대표적인 건축가예요. 책도 있고. 그분을 모셔다가 자문 받고 하는 과정에서 다시 안을 만들자 해서 도버 연구소에다 마스터플랜을 다시 의뢰를 했던 거 같아요. 일단 발표를 해서 토목 공사를 시작했지만 나중에 다시 2단계 마스터플랜을 해서 실제 지어진 안은 그 도버 연구소에서 만든 안입니다.

크게 두 가지로, 하나는 굉장히 상세한 스페이스 프로그램을 만들었고, 마스터플랜을 이렇게 두 가지를 만들었는데 그 과정에서 그걸 주도했던 사람이 패덕(Paddock)이라고. 결국엔 그것을 베이스로 실제로 건설을 시작했거든요. 한 가지 좀 문제가 됐던 것이 패덕이라는 사람이 만든 마스터플랜을 보면 우선 스페이스 프로그램 만들 때 FTE라는 게 있었어요. 이게 Full Time Equivalent. 학생 수를 산정하는 방법인데 우리나라에선 별로 적용이 안 되는 경우였어요. 왜냐하면 우리나라는 거의 100퍼센트가 풀타임 학생이기 때문에. 미국은 거의 3분의 1만 풀타임이고 나머지는 파트타임 학생이기 때문에 캠퍼스 몇 명 있다고 정할 때 시간으로 환산해서 하지 않습니까? 그래서 기본적인 상주인구 계산을 할 때 FTE라는 개념을 썼는데. 우리나라에도 그런 걸 쓰니까 신축본부 있을 때는 신기해 보였거든요. 근사해보이고. 학사 프로그램 강의들을 전부다 수집해서 스튜디오 강의 시간하고 학생 수를 내서 전체적인 총량을 계산하고, 그렇게 해서 일반 강의

10 _
1971년 4월 3일자 『동아일보』에 게재된 내용을 확인하며.

11 _
리처드 도버(Richard P. Dober, 1928-2014): 1958년 브루클린 칼리지 디자인과 졸업. 1957년 하버드대학 도시설계전공 석사. 미국의 캠퍼스 계획의 전문가.

사이즈 별로, 실험 종류별로, 그렇게 FTE를 계산해서 좌석 수를 정하고 그러면서 모든 실험실을 그 당시 학부들이 전용으로 하던 것을 풀 시스템으로 바꿔서 모든 강의실, 실험실 사용을 주고, 일주일간 사용시간을 28시간으로. 그렇게 프로그램을 하니까 면적이 상당히 세이브 되지요. 이렇게 과학적인 방법으로 제안을 하고. 실험실도 가령 드라이 랩(dry lab), 웨트 랩(wet lab), 이런 식으로 나누고 표를 만들어서 스페이스 프로그램을 만들었는데, 어떻게 보면 별 거 아닌 거였어요. 내가 보기엔 당연히 할 수 있는 그런 작업들인데 그 당시 신축본부에서 볼 때는 처음 보는 신기한 느낌을 주니까 그걸 신봉하게 된 거죠.

건축 쪽에 총 책임자로 신국범 선생이라고 계셨는데 그 분이 그것을 보시고 굉장히 신기하게 생각하셨어요. 마스터플랜이라는 것을 바이블처럼 꼭 지켜져야 하는 것, 이런 식의 신념을 가지고 일을 진행하셨는데 이것이 서울대학이 지금처럼 잘못 건립된 가장 큰 원인인 거죠. 어떤 정도였냐면 마스터플랜처럼 건물들 간의 간격을 다 재서 모양이 조금도 틀리지 않게 만들려고 한다든지, 모든 건물 형태를 호모지니어스(homogeneous)하게, 전체 캠퍼스가 호모지니어스하면 좋겠다라는 키워드가 있었는데, 호모지니어스라는 말을 조금 잘못 해석하셔서 유니폼(uniform)이다, 라고 해석하셔서 모든 건물들이 디자인이 똑같고 심지어는 엔트란스(entrance)나 계단실 위치까지 똑같이 되어야 한다 라든지. 또 땅의 경사지가 있었어요. 모든 캠퍼스 안에 미리 층고를 다 정해놓고 모든 층의 레벨이 그 레벨로 선택되어야 한다는 등, 지나칠 정도의 크라이테리아(criteria)를 만들어서 그걸 실제로 설계 하는 팀에 의뢰를 했거든요. 그것을 어떻게 알게 되었냐면 신축본부가 끝난 다음에 이광노 선생님한테 부름을 받았어요. 이광노 교수님께서 도버에서 만든 그 마스터플랜에 기초해서 기본 설계하는 용역을 응용과학연구소의 이름으로 맡았는데, 나한테 도와 달라 해서 때마침 시간이 났었기 때문에 한 4개월 쯤 일을 했죠. 서울대학교 마스터플랜이 좀 문제가 있어서 서울공대에다 방을 만들어서 거기서 한 열 명 정도 모여서 작업을 했어요. 내가 맡았던 것이 그 중에서 사회과학대학 건물이었는데 그것이 본래 마스터플랜에는 ㄷ자로 만들어져 있었거든요. 그런데 나중에 과정을 들어보니까 마스터플랜을 그대로 지키라고 했었잖아요. 한참 진행된 다음에 패덕이 왔을 때 보여주니까, 이 친구가 깜짝 놀라면서 어떻게 이게 안이 되느냐, 자기는 신기하다고 했다고요. 이건 뭐냐면 마스터플랜을 이 친구가 프로그램을 총량으로 계산한 거거든요. 강의실을 합계 총량. 실험실도 총량. 그렇게 면적 총량을 종이 밴드로 만들어서. 인문사회 쪽에서는 실험실이 없기 때문에 건물의 폭을 6미터, 6미터 중간에 복도 3미터해서 총 15미터. 또 자연과학 쪽은 9미터, 9미터, 플러스 3미터해서 21미터. 대략 그런 폭이 될 것이다 라고 가정해서 총량을 층수로 나누어서 종이 밴드로 만든 거죠. 사이트가 평지가 아니기 때문에 대략 그루핑(grouping)하고 총량가지고 유니트를 만들어서 가위로 잘라서 적당한 간격을 가지고 늘어놓은 거지요. 경사에 맞게끔. 그런 식으로 몇 번 트라이 한 다음에 그대로 카피해서 마스터플랜을 만든 거라서 그냥 블럭으로 되어 있었어요. 그런데 그것을 받은 쪽에서 이것을 건물의 형태나 완성품으로 여겨서 그대로 지켜가지고 설계안을 만들라고 강요를 하다 보니까 그렇게 진행이 되었잖아요? 그러니까 패덕이 보고 "그게 어떻게 가능합니까?" 하고 놀랄 정도가 되었죠. 그렇게 좀 잘못 진행되었어요.

또 한 가지, 교수실이 수백 개가 있는데 학과 별로 나누다 보면, 건물 안에 다 들어가야 되잖아요? 그런데 건물을 계획하다 보면 그것이 다 맞을 수는 없으니까. 교수실이라는 것이, 대략 측정한 것이기 때문에 건물에 넣다보면 딱 맞을 수가 없으니까요. 예를 들면 100개나 102개나, 별 차이가 있느냐, 하면 그쪽에서는 안 된다는 거예요. 이런 식으로 나중에 이광노 교수님께서는 연결 복도에다가 이렇게 개수대로 채워줘야 한다는 거예요. 이건 말이 안 된다고 한창 논쟁을 했거든요. 그러다가 신축부에서 할 말이 없어지는 문제가 하나 생겼어요. 마스터플랜에서의 교수실 수를 반드시 지키라고 했는데 그때 학과가 하나 늘었어요. (웃음) 교수실 30개가 더 늘었거든요. 거봐라, 그 숫자라는 게 무슨 의미가 있는 거냐. 그렇게 해서 서로 연결되게 쓸 수 있게 만들어야 한다고 하니까 할 말 없어진 거죠. 그런 식으로 타이트하게, 경직되게 운영을 해서 실제로 공과대학을 지을 때까지는 거의 그대로 그런 원리가 지켜졌던 거 같아요. 일단 도중에 그만뒀기 때문에 끝까지 가진 않았지만, 그때 이광노 교수님하고 처음 작업을 해봤었죠.

짓다보니까 집이 분위기가 똑같고 재미가 없으니까, 그 당시에 이훈섭 본부장, 장군 출신의 군인이었는데, 그 분이 너무 재미가 없다고 하면서 수소문해서 직접 김수근 선생을 찾아갔어요. 그때까지만 해도 상당히 권위적이어서 건축가를 찾아 간다든가 이런 일은 처음이었는데. 김수근 선생을 찾아가서 미술대학은 당신이 해줘야 되겠다, 근데 김수근 선생도 소문을 듣고 있었기 때문에 그런 식으로 마스터플랜대로 지어져야 하는 거면 안 짓겠다, 했더니 그게 아니라 당신 마음대로 하십시오, 당신이 보장해주겠느냐, 그래서 약속을 받고 미술대학을 맡았어요. 그때 이범재[12] 교수, 민현식[13] 교수도 있었고 진짜 맘대로 했죠. 너무 마음대로 해가지고 실제로 학생들이나 교수들은 상당히 불편했을지 모르겠어요. 근데 어쨌든 서울대학에 굉장히 이질적인. 그 다음부터는 좀 자유롭게 창의적인 그런 디자인들이 가능하게 되었죠. 처음 시작해서 기본적인 건물이 될 때까지는 마스터플랜대로 계속 진행되었죠.

**전봉희:** 그때 벨루스키[14]라는 사람이 나오던데 그 사람은 누구예요? 윤장섭 선생님 회고에 벨루스키가 나와서.

**윤승중:** 벨루스키는 국회의사당을 자문했잖아요. 사실 내가 얘길 하려다가 못한 건데, 1960년대 말쯤 실시 설계를 해서 진행되었잖아요. 저게 참 우여곡절 끝에 지어져서 실제로 설계자가 누구인지도 애매한 그런 집이 되었어요. 국회의사당이 워낙 중요한 건물이어서 기술을 동원하고 총력을 기울여서 집을 지었지만 이상한 과정이 되었지요. 컴페티션부터 시작해서. 그 집을 짓는 중에 그때 박정희 대통령이 지나가다 보고선 국회의사당 같은 데는 돔 같은 게 있어야 하는 게 아니냐 한마디 했더니. (웃음) 문제는 그렇게 하라는 얘기가 아니었을 수도 있는데, 그걸 듣는 사람들 쪽에서는 그게 상당히 문제였고. 윤장섭 선생님이 거기 자문인지, 건설위원, 그런 직책을 가지고 있었는데.

하와이 주의사당[15]이 있어요. 그것이 벨루스키가 설계한 건데 볼륨이 꽤 컸어요. 칼럼이 쭉 있고 돔이 있고. 그걸 어떻게 기억을 하셔서 그것과 유사한 걸 짓자고 이 사람을 불러보자 한 거죠. 그 사람 자문을 받고. 벨루스키는 별로 신경 안 썼던 거 같아요. 실시설계를 아마 무애에서 진행을 했었는데 얘길 들어보면 어느 날 갑자기 "돔을 씌우래" "돔을 여기다 어떻게 돔을 씌웁니까?" "씌우라면 씌워야지." 그래서 여러 가지를 그려봤는데 가운데 큰 홀이 있잖아요? 거기에 돔을 만들어서 건축되었죠. 그 얘길 들으니까 미국 국회의사당 얘기가 생각이 나는데, 혹시 그 얘기 아세요? 미국 국회의사당



**12 _**
이범재(李範宰, 1946-): 1969년 서울대학교 공과대학 건축공학과 졸업. 인간환경계획연구소, 공간연구소 등을 거쳐 1974년 단국대학교 건축학과 교수를 거쳐 현재 명예교수.

**13 _**
민현식(閔賢植, 1946-): 1970년 서울대학교 공과대학 건축공학과 졸업. 해군시설장교, 공간연구소, 원도시건축연구소 등을 거쳐 1992년 (주)건축사사무소 기오헌 개설. 한국예술종합학교 미술원 건축과 명예교수.

**14 _**
피에트로 벨루스키(Pietro Belluschi, 1899-1994): 이탈리아 출신 미국 건축가. 모더니즘 건축의 리더 중 한 명이며 MIT학장을 역임했다.

**15 _**
벨루스키 설계가 아니며 돔도 없음.

미국 3대 대통령, 제퍼슨 대통령 때 국회의사당을 짓게 되었는데 그때는 아직도 나라가 작을 때였기 때문에 주가 13주가 있었고 그때 컴페티션을 했다고요. 워싱턴을 총 동원해서 컴페티션 했는데 어떤 사람 당선이 되고 2등이 있었겠죠. 그런데 2등한 사람이 아마 군인이었던가 봐요. 그 사람이 그 당시에 제일 잘나가던 사람이었어요. 이미 당선된 사람은 좀 무명의 건축가였던 거 같고. 2등 당선된 사람한데 1등 안으로 집을 완전히 지어라, 그렇게 권한을 주었더니 집을 지으면서 자기가 슬슬 바꾸어서 자기 생각대로 자기 집을 지었다고 해요. 그렇게 해서 집이 되었는데 거기서 중앙 부분이 그런 거 같아요. 링컨 대통령 때는 주가 많아졌기 때문에 공간이 부족해지니까. 양쪽에다가 의사당을 상원, 하원을 새로 붙였어요. 가운데 이런 부분 따로 가운데 돔이 있잖아요? 근데 붙여놓고 보니까 옆으로 너무 길거든. 그래서 돔을 씌워라, 그래서 돔을 붙여서 보니까 발란스가 맞았다고. 지금 미국 국회의사당은 굉장히 근사하지요. 그것을 미국 사람들은 어떻게 얘기 하냐면, 미국 민주주의의 상징적인 것이라 해요. 짓다가 서로 합의해서 또 바꾸고 필요하면 옆으로 늘리고, 또 중심을 잡는 돔을 만들고 이렇게 미국의 상징적인 집이라고 자랑할 정도의 그런 집이 되었는데, 우리나라 국회의사당은 중간과정이 순탄치가 않았고. 지금도 공식적으로는 김정수 선생이 설계자로 되어 있지요? 근데 실제로는 김정수 선생의 안도 아니고. 애매하게 붙어 있어요. 지난번 과정을 지금 얘기하기가 좀 그렇지?

**전봉희:** 원정수[16] 선생님께도 들어보니까 그런 말씀하시더라고요.

**윤승중:** 지금 얘기하긴 좀 그렇고 나중에… 상당히 중요한 국회의사당을 애매한 방법으로 지었기 때문에… 나중에 기회가 있으면 또 얘기를 드릴게요.

**전봉희:** 그러면 서울대학교는 나중에 실시설계를 다 무애에서 했나요?

**윤승중:** 아니죠, 기본설계까지 응용과학연구소 주재 하에 진행을 했고, 그러다가 실시설계는 전부다 따로 나누어줬어요. 그 기본계획으로 실시설계를 했죠. 물론 그 과정에서 조금씩 변경이 있었지만 기본적인 원칙을 지켜가며 진행되었어요. 그래서 설계 초창기가 거의 유사한. 그러다 나중에 변용 씨하고 같이 73년에 원도시건축으로 재출발 한 후에 그때 인연이 되어서 공과대학을 발주할 때, 이훈섭 건설본부장하고 김웅세[17] 기획실장 두 분이 주관했는데,

16 _
안영배와 착각한 것으로 보인다.

17 _
김웅세(金雄世, 1934-2007): 서울대학교 상과대학 및 대학원 졸업. 남광토건, 롯데물산, 롯데월드 사장을 거쳐 국제민간협력기구 이사장으로 활동.

본부에 가서 인터뷰를 했죠. 인터뷰를 하면서 응용과학연구소에서 했던 과정들 얘기하고 마스터플랜이라는 거를 그렇게 해석하는 것은 올바르지 않다는 등 학교에 대한 얘기를 한 시간 쯤 얘기했더니 상당히 호의적으로 기다려 보라고 했어요. 그래서 내심 기대했었는데 얼마 후 송민구 선생님이 맡으셨다고 통보를 받았어요. 그래서 공과대학을 설계할 기회가 없어졌어요. 했었으면 공과대학을 할 수 있었을 텐데…

그러다가 또 한번 유혹을 받은 것이 단국대학교에서 헌인릉에 30만평 쯤 되는 땅을 마련했어요. 단국대학교 캠퍼스가 적었거든요. 그 당시 장충식 총장이 서울대학교도 그런 식으로 캠퍼스를 만들었기 때문에 새로운 캠퍼스를 만들겠다고 의욕적으로. 건축과에 김규오 교수, 전에 부산시청사도 같이 했었는데 김규오 씨가 나한테 여기 와서 신축본부를 맡아서 작업하지 않겠느냐 제안을 했어요. 이번 경우는 대학교 캠퍼스 전체를 처음부터 만드는 거잖아요. 서울대학교 마스터플랜에도 관심 있었고 그랬기 때문에 프로젝트에 끌려가지고 단국대학교 안에다가 장소를 만들고 황일인, 장응재, 두 사람을 데리고 셋이서 단국대학교 작업을 시작하게 되었죠. 김규오 씨는 학교 건축과 교수였기 때문에 같이 토론하고. 진짜 처음 스페이스 프로그램부터 끝까지 해보기로 결정을 하고. 사이트 분석부터 시작해서. 사이트가 사실은 굉장히 어려운 데였어요. 여기 그림이 나와 있는데, 이 그림이거든요? 경사가 많고 평지가 많지 않은 상황이었기 때문에 편하게 할 수 없는 거라서.

첫 번째 한 일이 학교에서 각 과별로 특별히 요구되는 것들이 무엇인가, 그런 것들을 각 학과 교수들과 직접 인터뷰를 해서 조사했어요. 그걸 가지고 서울대학교에서 했던 것보다 더 다양한 방법으로, 건축적인 방법으로 스페이스 프로그램을 만들자. 거기는 스페이스 프로그램 뿐만 아니라 여러 요구되는 건축적인 요소들까지 포함해서 소위 파실리티스 프로그램(Facilities Program)을 만들자, 작정하고 작업을 해서 마스터플랜 안을 만들기 시작했지요. 이것이 좀 진행이 되다가 운이 나쁘게도 그 사이트가 그린벨트에 묶여 버리게 돼요. 대학 쪽에서는 진행했던 프로그램 보여주고 교육기관에서 쓸 것이라고 해봤지만 그때 뭐 개인적인 것을 들어줄 입장이 아니었기 때문에 일단 그걸로 중단이 되었습니다. 그래서 자료를 다 모아놓고 근사한 리포트를 만들려고 준비하는 도중에 일이 중단이 되니까 사실은 재미가 없어진 거고. 그래서 내가 총장한테 미안한게 오랫동안 투자를 해서 안을 만들었는데 그것을 결말을 못 내고 자료로만 넘겨드리고 끝났거든요. 근사한

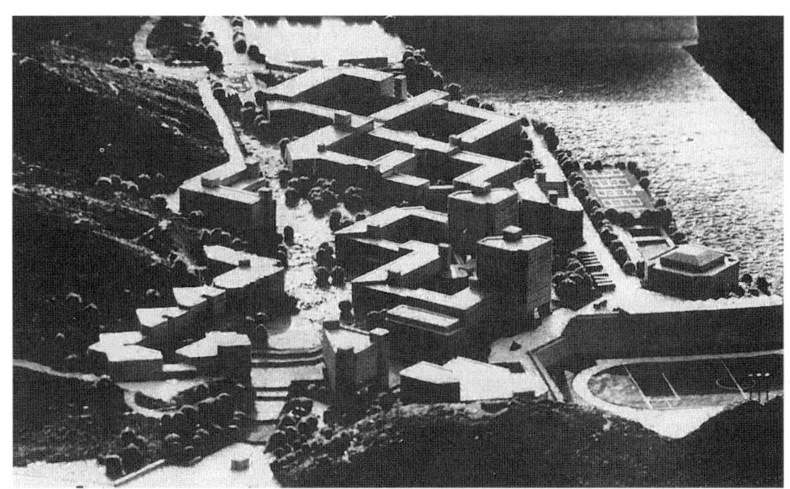

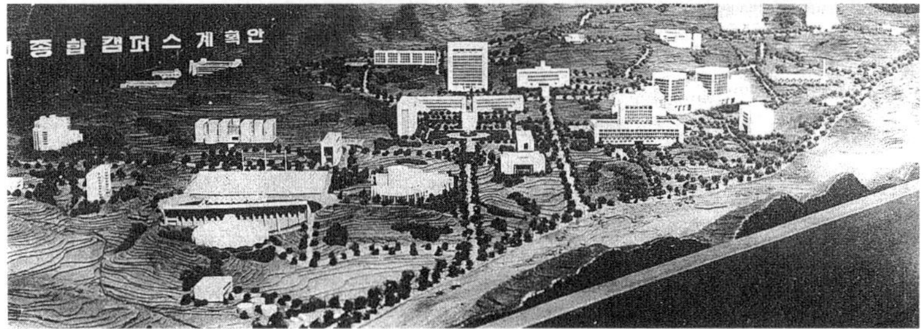


**그림1 _**
단국대학교 마스터플랜(1973).

**그림2 _**
서울대학교 종합캠퍼스(1971).

리포트를 만들어서 쓸모가 없더라도 꽤 성과가 있었을 텐데, 모델하고 몇 가지만 자료로 만들고 퇴진했죠. 만약 그린벨트에 안 묶였으면 진짜 유니크한 캠퍼스가 만들어 졌을 수도 있는데. 그때 서울대학교에서 했던 아카데믹 플랜이라든지 스페이스 프로그램이 참고가 되었고. 약간 언덕으로 완만한 페데스트리안 루트(pedestrian route)를 만들고 자동차는 바깥으로 회전시켜서 각각 다른 프론트 같은 것을 만들고. 학과의 경계를 모호하게 만들고, 컨티뉴어스(continuous)하게 만들고. 그렇게 몇 가지 아이디어를 냈었는데 결국 또 실현이 안 되었죠. 생각해보면 〈여의도 마스터플랜〉도 그렇고 근사한 마스터플랜을 만들기만 하면 전부다 성사가 안 되었어요. 노력했는데 잘 안되었던 그런 일을 겪었습니다.

**전봉희:** 근데 신일고등학교나 약간 그런 거 같이 느껴지는 거 아닌가요? 경사지라든지.

**윤승중:** 사이트가 그렇기 때문에요. 학생들이 게이트에 내려서 서로 만나서 같이 걸어 들어가는 그런 과정이 필요하다고 생각했죠. 그렇게 해야 CC(캠퍼스 커플)도 만들어지고 자꾸 만날 수 있는 근사한 보행자 길을 만들자 했던 거죠. 그 당시만 해도 학생들이 자동차 타고 대학교 오고 그러지는 않았지만 "곧 그렇게 됩니다."라고 얘기해서. 그래서 일단 자동차는 바깥쪽으로 가고. 미국 캠퍼스 보면 그런 데가 많더라고요. 입구에다가 주차장을 만들고 스톱시키죠. 학교라는 것은 역시 걸어 다니면서 부딪히고 해야지. 우리가 공릉에 공과대학을 다닐 때 가장 인상이 나빴던 것이 건물 앞에 큰 잔디밭 있잖아요. 그런 큰 오픈 스페이스를.

**전봉희:** 공대 중정에 대한 기억은 좋으셨어요?

**윤승중:** 공과대학? 중정은 살벌했거든요. 광선을 받아들이는 역할 밖에 안 했고. 실제로 별로 투자를 안했기 때문에. 조금 조경에 투자했으면 좋았을 텐데 그냥 흙 땅에다가 나무 한 그루 없는 그런 식. 사람들이 들어가지를 않아요. 가끔 해는 드니까 갈까 그 외에는 이용가치가 없었던 거 같아요.

**전봉희:** 서울 대학에서도 가장 불만이 나오는 것이 중정에 있거든요. 특히 공대 중정은 사이즈가 애매해요. 인문 사회는 가만히 앉아서 쉬는 약간 에워싸인 느낌이라도 있는데.

**윤승중:** 본래 구 캠퍼스 중정은 꽤 컸어요. 그래서 배구도 하고 그런 데는 유용했거든요. 근데 거기는 조경은 전혀.

**전봉희:** 계속 중정이 나와서.

**윤승중:** 중정이 나오는 것은, 학교라는 것은 상당히 로우 코스트(low cost)이어야 하기 때문에, 자연 환기나 자연 채광이 필요하니까 어쩔 수 없이 한 거예요.

**전봉희:** 잠깐 쉬었다가 할까요?

**윤승중:** 이제, 거의 다 되었어요. 오늘도 원도시 다 못 끝내겠는데?

(휴식)

**전봉희:** 이제 본격적인 원도시의 시대로.



**윤승중:** 처음에 원도시건축이란 이름으로 등록을 했지만 여기저기 인바이트 받아서 외도를 많이 하다보니까 사무실은 휴업상태였는데 때마침 변용 씨가, 변용 씨는 학교 5년쯤 후배가 되는데, 운이 좋게도 정일건축에 있다가 삼주개발이란 그룹과 인연이 있어가지고 〈삼주빌딩〉 설계를 맡게 되었어요. 〈삼주빌딩〉이 지금은 대우를 거쳐서 LG 쪽으로 되어서 퇴계로 입구에 있지요. 그 집을 1960년대, 68년, 그때쯤 설계를 했어요. 그때 유걸 씨도 같이 공동으로 설계를 했어요. 부산시청 컴페 할 때 일했던 그 자리에서 설계를 했죠.

그 집이 구조적으로 매우 논리적인 집이었거든요. 칼럼을 둘러 세우고 가운데 코어가 있고 그런 건물이었는데. 삼주개발하고 인연이 있어서 그 집을 완성하고 안에 사무실을 하나 주어서 사무실을 하고 있을 때였는데, 변용 씨가 보자고 그래서 만났더니 자기하고 같이 해보지 않겠는가 해요. 몇 번 만나서 의논을 했죠. 나는 어차피 독립을 했지만 프로젝트 만들고 그런 일들을 개인적으로 하는 게 쉽지 않고, 또 수주했다고 치더라도 점점 프로젝트들이 규모가 커지고 그렇기 때문에 설계 조직 같은 것도 필요하고 그래서. 나는 개인적으로 혼자서 하는 것보다는 콜라보레이트(collaborate)한 그런 조직을 만드는 것을 쭉 생각해왔거든요. 변용 씨와 얘기하면서 우리가 어떤 조직을 만들지만 건축가 자신이 브랜드 가치가 되어야 하기 때문에 건축가를 내세우는 그런 것, 어떤 큰 설계 조직보다는 개인적인 것이 드러나는 조직이면서 큰 규모 프로젝트도 하는 그런 조직, 아키텍트가 작은 자기 오피스를 만들고 그것을 통합해서 도와주는 공동의 프로덕션 팀을 갖는다. 요즘 병원을 보면 그렇죠. 이름을 내세우는 의사가 있고 공동 투자해서 비싼 의료장비를 공유하는 그런 식의 병원들 있는 것처럼. 그때 생각하면 그런 제도를 생각한 거죠. 건축가들이 자기 이름을 걸고 디자인을 하고 실제로 건축이 되려면 상당한 퀄리티가 필요하기 때문에 기술을 갖춘 프로덕션 팀을 공동으로 운영하는 조직체계를 만들자. 논의를 해서 우선 시작해보기로 했어요. 그리고 이름은 원도시건축으로 그냥 쓰기로. 그래서 원도시건축으로 재출발을 하게 된 것이죠. 먼저 같이 했던 김환, 김원석 두 사람은 각각 독립해서 사무실을 운영했기 때문에 일단 원도시건축을 그런 식으로 재출발 시켰어요. 그때가 1973년 아마 4월 달쯤 되었던 거 같아요.

처음에 했던 작업이, 지금 힐튼호텔 있는 자리가 본래 삼주개발이 갖고 있는 땅이었어요. 원래는 세브란스 재단이 갖고 있던 땅이고 거기에 힐튼호텔을 유치하려고 프로젝트를 진행을 시켰어요. 미국의 킬링스워스[18]라는 건축가를 초빙해서, 그분이 꽤 유명한 분이었죠. 나중에 서부지역 건축가협회 회장도 하고 이런 분인데, 그분이 기본 컨셉을 해오고 그랬거든. 그런데 대우에서 삼주빌딩하고 그 프로젝트를 같이 인수를 했더라고요. 대우로 프로젝트가 넘어가는 바람에 힐튼호텔도 대우 쪽으로 넘어가게 되었죠. 그 과정에서 인수하기 전에 상의도 하고 그러느라 김우중 씨가 사무실에 여러 번 왔었다고. 그러다가 전체를 다 인수해서 프로젝트가 갑자기 대우로 넘어가게 되었어요. 킬링스워스하고 같이 작업하던 거는 계속 서포트를 해주고 프로젝트를 같이 디벨롭하고 이런 식으로 작업을 하다가 대우 쪽에서 어떤 제안이 왔냐면 대우가 앞으로 건축 프로젝트도 많이 하고 힐튼호텔도 하고 그러기 때문에, 또 지금 대우빌딩이 있는 서울역 앞에 교통센터를 자기들이 빌딩으로 개조하려고 하는 등 프로젝트가 많으니까 대우로 직접 들어와서 대우 직원이 되면 어떠냐, 인 하우스 오피스를 만들겠다, 이렇게 제안을 해왔어요. 근데 내 생각에는 그거는 별로 원하는 바가 아니었던 거지요. 일단 우리가 용역으로, 일로 맺어져서 알고 있는 건 좋지만 직원이 되고 싶진 않다, 이렇게 좀 미루고 있었어요. 몇 달이 지난 후에 그 프로포절을 거절했더니 대우에서 퇴출 명령을 받고 거처를 잃어버리게 되었지. 그때는 꽤 근사한 사무실을 갖고 있었는데 대우 제안을 거절하는 바람에 퇴출됐어요. 몇 년 후에 대우에서 김종성[19] 교수를 모셔다가 서울건축을 만들잖아요. 만약 그때 승낙을 했으면



**18 _**

에드워드 킬링스워스(Edward Killingsworth, 1917-2004): 미국의 건축가. 전 세계에 고급호텔을 설계를 한 것으로 유명하다.

**19 _**

김종성(金鐘星, 1935-): 1958년 서울대학교 공과대학 건축공학과 졸업. 일리노이 공과대학(IIT) 건축과를 거쳐 1964년에 동 대학원 석사 졸업. 미스 반 데어 로에 건축사무소에서 실무를 익혔고, 일리노이 공과대학 건축대학 교수를 역임했다. 현재 서울건축의 명예사장이다.

그런 식으로 됐을 지도 모르지. 김종성 교수는 좀 특수한 경우였어요. IIT 딘(dean)을 하고 있을 때였는데. 김우중 씨가 경기고 후배였기 때문에 몇 번 찾아가서 부탁을 하고 모셔 와서 아마 김우중 씨하고 약속을 하였던 거 같아요. 나는 내 이름을 걸고 하겠다, 그런 약속을 하고 모셔왔기 때문에 특별 대우 받은 거지. 아마 우리가 들어갔으면 그런 대접 못 받지 않았을까? 대우 건축부, 뭐 이렇게 되지 않았을까? 그래서 대우와 인연이 끊어졌죠. 그 바람에 힐튼호텔 프로젝트를 놓치고, 그렇게 좀 불안정한 시기에 있게 되었죠.

세종문화회관 설계 경기

그러면서 한편으론 했던 일이 마침 〈세종문화회관〉 컴페티션이 있었거든요. 평양에 인민대학습당(人民大學習堂)인가, 전당대회용으로 지은 5천명이 들어가는 큰 홀이 있어요. 박정희 대통령이 그거하고 '창광거리'라는 퍼레이드 광장, 두 가지를 부러워했다고 했죠. 컴페할 때 뒤에 주차장으로 쓰고 있는 땅은 포함되지 않고 현재 건물이 있는 사이트만 가지고 컴페가 나왔어요. 근데 그걸 보니까 그 규모를 도저히 수용할 수 있는 땅이 아니었어요. 변용 씨하고 나하고 같이 처음으로 했던 작업이 〈세종문화회관〉 컴페 안이었는데, 얼마동안 작업을 하다가, 내가 어떤 생각을 했냐면, 이 조건으로는 안이 안 될 테니까 우리가 어떤 제안을 하자고 했어요. 현재 전용 주차장으로 쓰고 있는 땅하고 북쪽에 지금 현재 공용 주차장으로 쓰고 있는 땅, 남쪽의 그만큼 이렇게 3개의 땅을 흡수해서 통합을 하고 지금 세종로 밑에다가 주차장을 만들어서 서로 통합해서 컴플렉스를 만들지 않으면 안 된다, 이런 식의 제안을 하자하고 안을 만들었거든요. 이렇게 수퍼스트럭처(super sturcture)를 만들고 전체를 통합해서 안을 만들어 놓고 스케치를 해 놨는데, 이걸 모형까지 만들려면 엄청나게 돈이 들어가는데 첫 번째 규정 위반으로 끝날 거면 제안을 해봐야 무슨 소용 있을까, 우리가 처음이라 돈도 없는데 그런 무모한 짓은 포기하자, 그래서 포기를 했죠. 실제로 응모는 안했어요. 그때 했었으면 기록에 하나 남았을지 모르지만 응모규정 위반 실격을 당했겠죠. 나중에 보니까 실제로 뒤에 땅을 사가지고 지금 공영 주차장으로 쓰고 있거든요? 그때 우리가 제안한 대로 하고 있는 거지. 그렇게 했으면 훨씬 쉽게 했었을 텐데. 지금 세종문화회관은 정문에서 계단 올라가서 다시 또 내려가야 하는 동선을 갖는데 그 땅을 나중에 샀기 때문에 그런 거고, 처음부터 그렇게 했으면 지금하고 다른 안이 되었을 거예요.

효창동 시대 1974–80

대우와 그런 과정을 거치며 일단 쫓겨났기 때문에 사무실을 또 찾아야하는데, 찾은 곳이 용산에, 용산이 아니라 저기, 효창동 운동장 부근에 조그만 외국인 아파트가 있어요. 십 몇 층짜리 혼자서 독립해 서있는. 실제로 그 당시 외곽에 있어 이상할 정도로 조용한 투 베드룸짜리였으니까 한 20평 정도 되는 걸 빌려가지고 거기다 일단 사무실 자리를 잡았죠. 거기서 우리로서는 중요한 일 두 가지를 하게 되는데, 중요한 일이래 봤자 결과가 별로 없지만 〈한국은행〉 컴페티션과 아까 보셨던 〈증권거래소〉 두 가지를 했죠. 두 가지를 그 장소에서 했어요. 성과는 없었고 다른 소소한 일로 연명을 했고.



〈한국은행〉은 일양건축이 당선되었고 우리는 가작을 했는데 4등인가 5등인가 됐던 거 같아요. 그때만 해도 상금이 꽤 많아서 일단 실비는 충당이 되지 않았을까 해요. 나중에 〈한일은행본점〉에서 나왔던 그런 패턴들이 거기서 계획이 되었고, 어쩌면 당선 안 되길 잘했는지 몰라요. 현재의 한국은행 본점하고는 잘 매치가 안 될 수도 있기 때문에.



그리고 곧 이어서 〈증권거래소〉 컴페를 했는데, 증권거래소는 조금 얘기할 필요가 있는 것이 그 전에 〈여의도 마스터플랜〉을 했잖아요? 그런데 여의도가 중단이 되었다가 국회의사당이 들어가고, 그 다음에 KBS가 들어가고, 지금 같은 여의도를 만드는 또 하나의 중심이 증권거래소이거든요. 그래서 여의도가 금융 중심으로 된 거지요. 그런 중요한 프로젝트였는데, 그때 김원 씨가 프로그램 코디네이터를 맡아서 좀 일을 해줬었어요. 그런 것들이 겹쳐가지고 일단 지명 컴페티션이라고 했는데, 우리가 지명을 받게 된 거죠. 당시에 꽤 쟁쟁한 분들 오웅석, 이승우, 원정수, 윤승중, 나상기[20], 유희준, 이호진, 이렇게 8분이 추천되었는데 지명 설계이기 때문에 약간의 비용을 받고 했습니다. 그런데 효창동에 있는 집이 너무 적고 또 〈한국은행본점〉 작업을 하면서 굉장히 힘이 들었거든요. 마침 장충동에 장건축(場建築)이라고 우리 후배들, 오택길[21], 장응재, 민현식, 서진우[22], 이 네 사람이 일본식 집을 하나 얻어가지고 장건축이라는 걸 시작을 하는데 처음 시작하니 일이 없을 때에요. 서로 친한 사이고 해서 같이 프레젠테이션하고 거기서 같이 직접 작업을 하자, 그냥 우리가 비용을 좀 주고 하자고 했죠.



**20 _**
나상기(羅相紀, 1924-1989): 1944년 평양공립공업학교 건축과 졸업. 미 제5공군 사령부 시설국, 루이스 칸 건축사무소 등에서 실무를 익혔고, 홍익대학교 도시계획과 교수를 역임했다.

**21 _**
오택길(吳澤吉, 1945-): 1970년 서울대학교 공과대학 건축공학과 졸업. 공간사, 무애건축연구소, 원도시건축연구소 등을 거쳐 1981년 (주)종합건축사사무소 장을 설립했다.

**22 _**
서진우(徐鎭宇, 1946-): 1972년 인하대학교 건축학과 졸업. 공간사, 원도시건축연구소 등을 거쳐 1982년 (주)종합건축 협연을 설립했다.

**전봉희:** 장건축은 초청을 못 받았으니까 좀 도와주는 역할을 하자는 말씀이시죠?

**윤승중:** 그렇죠. 협력을 했죠. 가끔 내가 가서 계획을 주관하고 실제로 실무 작업을 장건축에서 했어요. 안을 만들고 나서는 거의 내가 리드를 해서 만들었지만. 보시는 것처럼 원도시의 여러 가지 디자인 원리들이 좀 살아있죠. 그렇게 안을 만들었는데 재밌는 걸 발견한 게, 오택길 씨 알죠?

**전봉희:** 잘 모릅니다. 성함은 알죠.

**윤승중:** 오택길 씨가 아이디어가 굉장히 많고 숨은 재주가 있는데, 모델은 자기가 만들겠다 했거든요. 근데 주로 아이디어 내고 만드는 걸 좋아해가지고 시간은 촉박한데 모델 만들 생각은 안 하고 어떻게 하면 모델을 편하게 잘 만들까, (웃음) 답답해 죽겠는데 계속 툴만 생각해. 자기가 아는 분 중에 치과의사 하시는 분이 있었어요. 그분한테 못 쓰는 치과 기계를 빌려서 갖다놓고 툴만 만들고 실제로 시작은 안 하는 거야. 마지막 한 이틀 전부터 해서 효과적으로 잘 만들기는 했어요. 근데 시간에 쫓겨 마지막에 끝을 못 내서 현장에 가서 만들 정도로 했죠. 이 얘길 왜 하냐면 오택길 씨가 장건축의 주인이었거든요. 또 김병현 씨하고 처남매제 지간이야. 장건축을 하면서 그때 우리나라 처음으로 마이크로 백스(Micro Vacs)라는 컴퓨터를 영국에서 엄청나게 비싼 값에 수입해왔어요. 80년대 후반쯤에 우리나라 사무실에 컴퓨터가 보급되기 전이지. 그때 컴퓨터를 구하기가 어려우니까 우리보고 같이 두 대를 구해서 하나씩 하자. 그런데 우리가 하다가 포기한 이유가 소프트웨어 값이 컴퓨터 값보다 더 비싸. 몇 억씩 투자해야 했는데 우린 안 하겠다 했고 자기는 수입을 했어요. 근데 수입을 해다 놓고서 무슨 작업을 했냐면, 실제로 설계하는데 쓰지 않고 설계의 기본이 되는 표준 디테일들, 매트릭스처럼 재료와 재료 만나는, 가로세로 매트릭스를 만들어서 하는 그런 일에 관심이 있어서 1년 동안 기초 작업만 하더라고요. 그래 가지고 쓸모가 있냐 했는데 조금 지나니까 전부다 PC로 다 바뀌어서. 마이크로 컴퓨터에는 워크스테이션이 있어야 쓰는 거거든요. 설계사무실에선 쓰기 어려운 거였죠. 뭔가 독특한 아이디어를 가진 그런 사람들이 장건축에서 같이 작업을 하면서 그런 일들을 한 것이죠.

내 생각에 꽤 근사한 안을 만들었다고 생각하고 자신 있게 출품을 했는데, 심사해서 결과를 보면 위에서부터 순서를 매겨도 4등이고 또 뒤에서부터 매겨도 4등이고, 당시 심사위원 고정표들이 있었던 거 같아요. 하여튼 당선은 못했어요. 그때 김수근 선생이 심사위원이었는데 말씀 들어보니까 처음 심사할 때 조금 늦게 갔더니 벌써 떨어뜨려 놨다는 것이죠. 시드니 오페라하우스 비슷하게 이야기 하시면서. 혹시 그 이야기 아세요? 사리넨이 심사위원장인데 조금 늦게 참석을 했는데 당선안이 제껴져 있던 것을 자기가 당선을 시켰다, 그런 스토리가 있잖아요? 자기가 그 생각이 나서 이걸 좀 보자, 해서 보니까 우리 안인 걸 보시고서 이거 왜 떼어 놓느냐? 한참 주장을 하셨대요. 일단 중간심사에서 종합건축 안이 당선이 되었고 우리는 처음부터 끝까지 4등이었어요. 그렇게 실망하고 끝이 났는데. 문제는 그 다음에 김수근 선생께서 『공간』의 다음 호에 〈증권거래소〉 컴페티션이 꽤 큰 이슈였기 때문에 특집으로 내보내시면서 표지에 우리 안을 넣으셨거든요. 당연히 당선안을 넣어야 하는데 당선안은 좀 재미가 없었어요. 이거 종합에서 들으면 안 되겠지만. 표지에 우리 안을 내보내고 좌담회가 있었는데 좌담회에서도 그냥 우리 안을 가지고 주로 이야기가 되고. 이렇게 잡지에 반영이 되니까 사방에서 주목을 받게 된 거죠. 그냥 상식적으로 얘기하면 말이 안 되는 얘기일 수도 있는데 『공간』은 이렇게 주장한다 이런 식으로 된 거 같아요. 김수근 선생이 나를 좀 편을 들어 주신 건지, 그렇지 않으면 정말 어떻게 생각하신 건지 모르지만, 상당히 큰 이슈가 되었어요. 어쨌든 표지에 나왔으니까 기분이 좋은 거죠.

그 때 생각했던 것이 이렇게 큰 가로가 있잖아요? 바깥에 보이는 스페이스는 굉장히 도시적인 스케일로 심플하게 표현이 되고 그 대신 안쪽으로는 사람들이 걸어 다니고 시장을 중심으로 해서 다른 쪽은 전혀 다른 스케일을 만들고, 그런 식으로 해서 거리의 풍경을 만든다는 생각을 했어요. 또 스페이스 프로그램 중에 증권거래소가 여의도에 처음 가는 거라 주변에 증권거래소 시장들을 만들기 위해서 그 옆에다가 50평 단위의 작은 오피스를 수십 개 두는 것을 제안했어요. 옆에 있는 사이드 건물 두 개가 그런 증권거래소용 사무실이거든요. 이것이 아파트먼트 오피스란 개념을 써서 코어를 각각 가지는 단위가 아파트가 되는데, 아파트 같은 오피스를 제안을 했던 거지요. 근데 몇 년 지난 다음에 보니까 그것이 오피스텔이란 이름으로 유행을 하게 되더라고요. 아파트먼트 오피스란 개념을 가지고 있었어요. 그런 식으로 증권거래소는 원도시 초창기에 상당히 중요한 프로젝트였습니다.

두 가지 컴페티션이 초창기 효창동에 있는 동안에 이루어졌어요. 대체로 원도시에서 주장했던 것이 건축이 단순히 건축이 아니라 도시와 건축의 만남, 그래서 사무실 이름을 원도시건축으로 하고 그거와 마찬가지로 항상 건축과

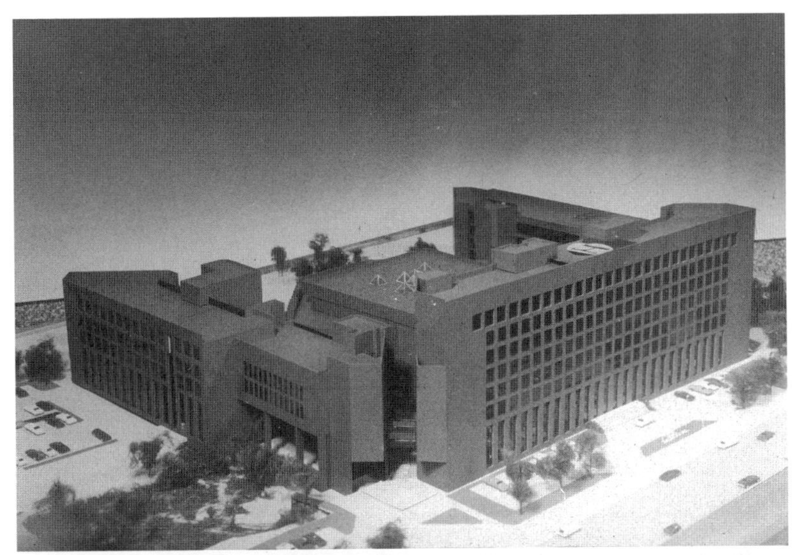

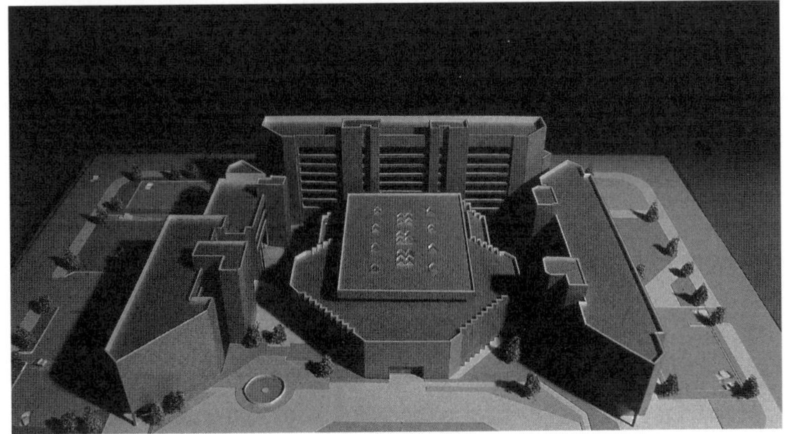

**그림3, 4 _**

증권거래소 응모안(1975). 원도시건축 제공.

도시를 연속적인 선상에서 생각하는 그런 주장을 했었지요.

**전봉희:** 이 사이 사이에도 다른 일들을 조금씩 하신 거지요? 사무실 유지가 되어야 하니까.

**윤승중:** 공장 같은 것도 있었고, 주택도 있었고.

**전봉희:** 그 시기에 73년, 74년 때 회사 규모는 어느 정도였어요?

**윤승중:** 효창동은 워낙 사무실이 작을 때기 때문에. 처음에는 둘이 시작했다가 김원 씨가 화란에서 교육 프로그램을 받고 돌아와서 같이 있기로 해가지고 셋이서 모였는데요. 지난번에 보여드린 브로셔를 만든 것이 셋이서 시작하면서 만든 브로셔였고. 첫 번째로 〈피닉스 호텔〉을 셋이서 같이 했어요. 아, 그 얘기를 안했었구나.





피닉스 호텔은 삼주빌딩에 있을 때 했던 건데, 피닉스 호텔을 셋이서 같이 하고 나서 김원 씨는 혼자 독립해서 고하산방(古河山房)이라는 특이한 이름의 자기 오피스를 만들고, 그리고 나중에 광장 건축으로 바꾸고 쭉 활동을 했고요. 김원 씨는 복합적으로 인테리어도 하고 가구도 만들고 출판도 하고, 워낙 탤런트가 많은 분이니까 아직까지도 굉장히 활동을 많이 하고 있죠. 변용 씨와는 계속 파트너쉽으로 됐어요. 근데 피닉스 호텔 얘기 안 했었죠?

**전봉희:** 네, 안했습니다.

**윤승중:** 조금 의미가 있는 게 셋이서 한 유일한 작품이기도 하고. 그 당시 부산에서 가장 고층이었어요. 16층인가 하는 고층 건물이었죠. 어떻게 인연이 되어서 부산에 120실 정도 되는 호텔을 시작하게 되는데 약점이었던 것이 땅이 200평 밖에 안 돼요. 근데 120실로 하다 보니까 갖은 수를 써서라도 건축을 맥시마이즈(maximize) 하는 기본안을 만들었는데 건축주가 워낙 까다로운 분이어서 주장하시는 것도 많고 그랬어요. 게다가 마침 주차장법이란 게 생겨서 각 건물 마다 주차장을 갖춰 놓았어야 했고. 온갖 어려운 조건에서 설계를 했는데 결과적으로는 200평 땅에다가 2,000평을 지었으니까. 그 당시에 법적으로 상업지구 맥시멈이 1000퍼센트이었거든요. 999.9퍼센트까지 찾았어요. 어떻게 보면 좀 부도덕한 일이었을 수도 있겠지요. 근데 워낙에 남포동은 복잡한 땅이고 밀집 되어있으니까 그런 걸 만들 수 있었죠. 그러려니까 몇 가지 새로운 기술이 필요했는데 층수를 많이 해야 해서 층고를 낮춰야하고, 지하실을 많이 파야했어요. 불행하게도 그 땅이 해변매립지이기 때문에, 아시다시피 부산은 해변가가 전부 뱅킹(banking)한

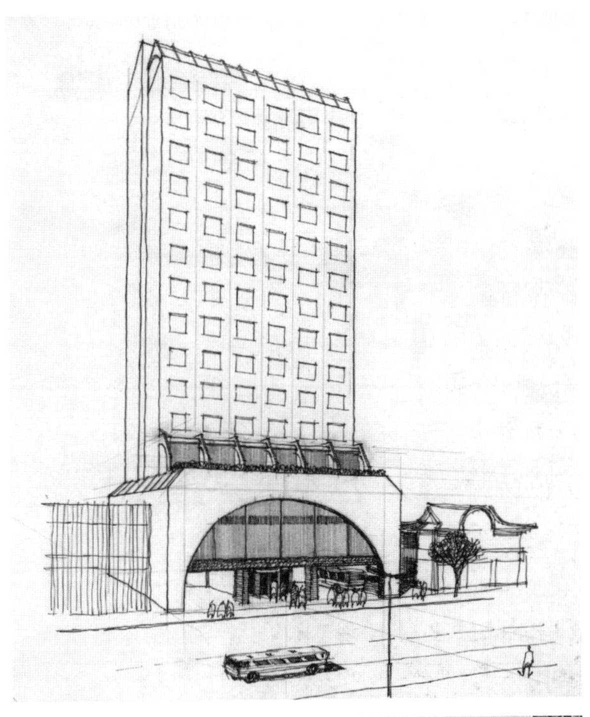

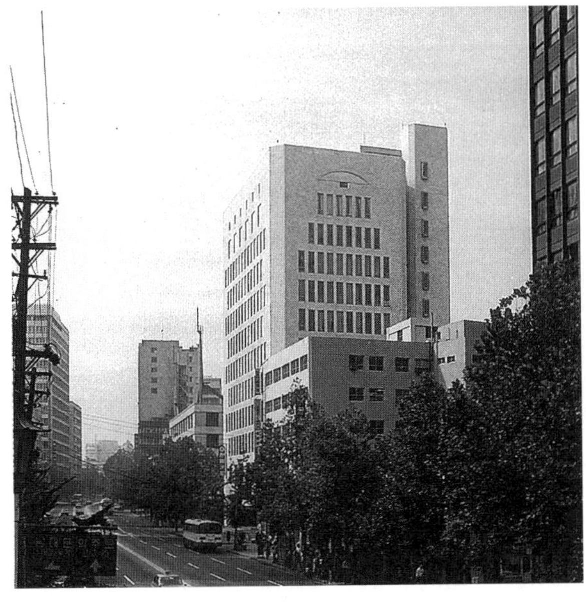

**그림5 _**
피닉스 호텔 투시도(1973). 원도시건축 제공.

**그림6 _**
한국화약 본사(1976). 원도시건축 제공.

땅이거든요. 집을 짓다가 파일을 박아 넣으면 아침 되면 기울어져 있고 그런 식으로 조수의 영향을 받을 정도로 상당히 어려운 땅이에요. 거기서 조금 벗어났지만 해변에서 가까운 곳이었고 지하실 많이 파야 했고요. 그때 구조를 이창남 선생이 했는데 상당히 획기적인 생각을 했어요. 카운터 익스커베이션(counter excavation), 땅을 거꾸로 파내려가는 방법. 주변에 콘크리트 월로 틀을 만들어 내려가면서 옹벽을 만들어가면서 가운데 흙을 파내는. 중간에 빔을 걸쳐서 내려가면서 흙을 파내는. 워낙 땅이 좁고 그래서 옹벽을 만들면서 시공을 했거든요. 지하 3층까지 가는데 기초도 파일을 박지 않고 매스 파운데이션을 만들어서 높이가 2미터 50센티미터 정도 되는 통 기초를 만들고 지하 물탱크를 거꾸로 집어넣은 거지요. 그걸 보고 부근의 다른 공사장에서는 흉내 내다가 기울어지고, 떠오르고, 그런 일이 있었어요.

또 한 가지가 에어컨을 넣으면서 층고를 낮춰야 하니까 빔을 없애야 하거든요. 어차피 호텔 방은 규격이 정해져 있으니 베어링 월 시스템(baring wall system)으로 가자해서 콘크리트 월을 세우고 콘크리트 월과 슬라브만 가지고 구조체를 만들었어요. 이것은 나중에 아파트에서 굉장히 많이 쓰였던 방법이 되었죠. 한 10 몇 년 전에. 우리가 처음으로 그렇게 시스템을 만들어서 층고를 2미터 70정도로 상당히 낮출 수가 있었어요. 층수는 많이 올리고. 문제는 그 당시 건축 허가를 받으려면 시청에 구조 검토를, 구조 계산서를 제출하게 되어있거든요. 근데 부산에 가져가서 구조계산을 제출 했더니 부산에 있는 구조가들이 모여서 봤는데 이건 도저히 이해할 수 없는 구조다, 이게 어떻게 집이 되냐, 하면서 계속 돌려보내서 이창남 씨가 직접 와서 설명을 하라, 내가 "직접 가서 설명해본 적이 아직 없는데." 그랬지만 억지로 모시고 가서 직접 설명을 하고 오고. 어찌어찌 해가지고 통과를 시켰죠. 성공적으로 완성 시켰어요. 그 당시 부산에서 높은 집이었고 또 남포동 앞에 바다를 지나가다 보면 정면이 보이는 곳이라 초창기에 유명한 집이 되었던 거 같아요. 지금은 어떻게 되었는지는 모르지만. 아직도 살아있나?

**전봉희:** 남아 있습니다. 네. 〈대연맨션〉은 세 분이 같이 안 하신 거예요?

**윤승중:** 그건 비슷한 시기에 주로 변용 씨가 담당을 했죠. 꽤 괜찮은 독립된 아파트먼트였고 여러 가지로 특별한 경우였죠. 물론 같이 커브 만들고 의견을 냈지만 주로 변용 씨가 담당을 해서 완성시켰던 작품이었습니다. 비슷한 시기에 지어졌죠.

그러다 효창동 아파트가 너무 적어서 다시 사무실 이사 간 곳이 이촌동.

동부이촌동 상가 건물들이 있거든요. 꽤 깨끗한 집이 있어서 2층에 좀 크게 방을 얻어가지고 거기에 마침 장건축이 같이 조인했어요. 일단 장건축과 사무실만 같이 쓰고, 또 우연히 김환 선생이 독립해서 있었는데 같이 있기로 해서 거기에 세 개의 사무실이 같이 붙어 있는.

**전봉희:** 김환 선생님 사무실 이름이?

**우동선:** 협동건축.

**전봉희:** 공일곤 선생님 사무실도 동부이촌동 아니었어요?

**윤승중:** 공일곤은 자기 집을 사무실로 개조해가지고 거기 있었죠. 나중에 김환 씨하고 같이 합치게 되는데, 그때 합동 사무실이 의무적이기 때문에 향건축으로 이름을 바꾸어서 김환, 공일곤, 또 누구하고 셋이서 사무실을 한 적이 있어요. 그게 동부이촌동에 있었죠.

일단 같이 동부이촌동에 모여서 사무실, 새로운 장소를 갖게 되었습니다. 거기서 처음에 한 일이 〈한일은행 본점〉을 비롯해서 한일은행 관련된 세 가지를 하게 되는데요. 첫 번째 한 일이 〈케미칼 빌딩〉이라고 한국화약 본사 사옥이 있거든요. 그게 왜 한일은행과 관련 있냐면 그 회사가 한일은행에 입주하고 있었는데 한일은행이 투자하고 그랬던 거 같아요. 그래서 한일은행이 발주하고 그랬던 거 같아요. 한일은행 신축본부에서 발주했거든요. 신축 본부장이 유영근 본부장이었기 때문에 여러 가지 인연으로 해서 우리랑 수의계약을 맺게 되었죠. 그래서 케미칼 빌딩을 먼저 하고 이어서 〈한일은행 본점〉하고, 또 〈연수원〉 이렇게 세 가지를 비슷한 시기에 하게 되죠.

한국 화약 본사 케미칼 빌딩

〈케미칼 빌딩〉은 땅이 별로 크지 않고 그냥 오피스여서 하나의 악센트를 주는 것이 상당히 고민스러웠는데 그때 색다른 키워드를 만들려 생각한 것이 좁고 긴 창을 도입을 한 거였어요. 그때만 해도 커튼월이라든지 수평창, 이런 창들이 한창 보편적이었기 때문에 저런 패턴의 창은 그렇게 흔하지 않았어요. 사실은 구조적인 이유 때문에, 베어링 월 때문에 창문을 좁고 길게 밖에 낼 수 없어서 똑같이 좁고 길게 내다가 모더니즘 초기에 스켈레톤(skeleton)이라는 개념이 도입되면서. 그때 코르뷔지에가 얼마나 그것이 좋았으면, 해피했으면 도미노 시스템을 주장하는데 다섯 가지 원리 중에 두 가지를 자유로운 입면, 수평 창, 이렇게 주장할 정도로. 구조적인 중력으로부터 자유롭다는 걸 그렇게 해피하게 생각하지 않았습니까? 난 거꾸로 그 당시 생소한 좁고 긴 창을 주제로 해서 엘리베이션을 만들었는데 그러다 보니까 딱딱하고 재미가 없어요. 몇 개 심심해서 지워보니 몇 개만 지워도 굉장히 분위기가 달랐어요. 그렇게 트라이한 다음에 생각한 것이 집이 되었어요. 근데 그게 우연히 쉽게 생각했던 거지. 조금 유감스러운 것은 비슷한 시기에 시청 앞에 〈플라자 호텔〉이 지어졌는데 오너가 한국화약이었거든요. 〈플라자 호텔〉은 다이세이(大成) 라는 일본 건설회사. 일본은 그때 대개 건설회사에 설계팀들이 있어서 직접 설계, 시공을 했어요. 상당히 팬시한 집이에요. 좁은 땅인데 보통 일반 호텔하고 굉장히 다른 분위기의 호텔을 지었죠. 그때 좁고 긴 타일을 특별히 디자인해서 만들어서 그 집을 지었어요. 그때만 해도 돌 같은 것이 흔하지 않았었고 메탈 패널이 보편화되기 전이었기 때문에 타일이라는 게 좋은 재료였거든요. 꽤 사이즈가 큰 거였죠. 텍스처를 가지는 타일을 개발해서 거기다 썼는데 한국화약 쪽에서 그 타일이 맘에 드니 자기네들 집은 전부 다 그 타일을 쓰겠다고 강매를 한 거죠. 그 타일을 써서 해라. 사실 저 집에는 별로 안 맞죠. 사실 노출 콘크리트처럼 매끈하게, 유리창으로 매끈하게 되기를 원했었거든요. 매끈한 패널에다가 같은 면에 유리에다가 굵게 메탈로 윤곽을 만드는 거였는데 그것이 오너의 요구 때문에 지금 지어진 것처럼 되었고 그것이 유감이죠. 또 마침 그때 서울시에서 지상 주차, 의무 주차가 처음 발표되었어요. 그것이 거의 첫 번째 경우였어요. 지상 주차 때문에 땅을 메워서 쓰면서 할 수 없이 1층을 들어 올려 정면에 계단을 만들었거든요. 그것이 굉장히 기분이 안 좋죠. 도시와 만나는 길이 쉽게 접근이 되어야 하는데 두 가지 불리한 요구를 갖고 완성이 되었어요. 당시 오피스 빌딩을 볼 때 전부 유사한 분위기의 집들이 많았어요. 대개 수평 창 아니면 커튼월, 이 두 가지가 주제였는데 그 자체가 신선하게 보였던 거 같아요. 그래서 오히려 주목을 받았었고. 말하자면 그렇게 만족스럽진 않았지만 주목을 받았고, 건축가로 처음으로 첫 번째 건축가협회상을 받게 되었습니다.



한일은행 본점

이어서 〈한일은행 본점〉을 하게 되는데 그 당시로서는 굉장히 큰 프로젝트였죠. 물론 전에 〈외환은행 본점〉 같은 것도 진행이 되었지만요. 굉장히 규모가 큰 집은 아니었지만 하여튼 명동에서 제일 좋은 장소에 은행 본점을 하는 것이 쉬운 일이 아니잖아요. 대체로 처음 사무실을 시작하는 경우에 제일 어려운 점이 경력, 커리어, 실적이거든요. 우리도 초창기에 실적을 만드는 것 때문에  부딪히는 문제가 많았는데, 정림은 김정철 회장님께서 한국은행과 외환은행에 계셨기 때문에 상당히 유리했었어요. 근데 우리는 은행 일을 한 경력이 거의 없고 우리 실력으로 한일은행 본점을 수의계약으로 딴다는 것은 거의 불가능한 일이었어요. 먼저 신축 건물 안을 같이 했었고,

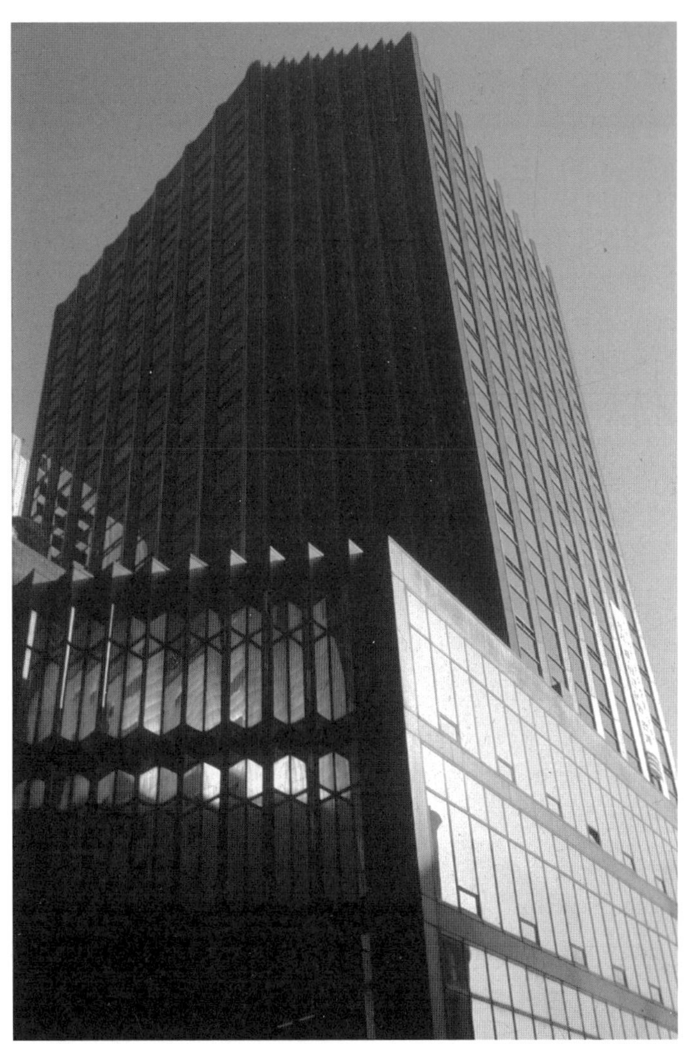

**그림7 _**

한일은행본점(1977). 원도시건축 제공

그 당시 하진수 전무가 행장이 되었었는데 그렇게 인연이 되어서 사실은 좀 특별한 케이스로 본점 설계를 맡게 되었습니다. 그때 내가 마흔 살 정도였으니까 꽤 젊은 편이었잖아요? 프로젝트 맡기는 좀, 그분들이 봤을 때는 조금 불안했을지도 몰라요. 그래도 그냥 맡게 되었고.

땅이 좁고 게다가 주차장 문제가 있기 때문에 보통 은행에서 원하는 것처럼 영업장을 1층에다 둘 수 없어서 뒤에 삼화 빌딩이라고 있었는데 그 집을 구입하려고 애를 썼는데 못 샀죠. 또 옆에는 롯데 호텔이 있어서 꼼짝 못하게 됐고. 결국 에스컬레이터로 끌어올려서 2층 높이의 메인홀로 통합해서 큰 하나의 공간으로 느끼게 만들자, 그렇게 제안해서 진행하게 되었습니다. 마찬가지로 땅은 적은데 집은 많이 지어야 하고, 그래서 구조도 그렇고 여러 가지 제안을 했어요. 빔(beam)을 줄여야 되기 때문에 가운데 기둥을 촘촘히 박아서 그것의 스페이스 모듈이 3.6×2.4 그런 모듈을 썼었는데 가운데 기둥을 3.6으로 박아서 거기는 빔을 다 없앴어요. 가운데 복도에다가 위에 덕트(duct)를 다 돌리고 그 사이 빔을 다 없앤 거죠. 그렇게 층고를 크게 낮춰서, 보통 층고가 4미터 정도 필요한데 3미터 60인가, 이 정도로 낮춰서 21층을 지을 수 있게 되었죠. 남대문로가 별로 넓지 않아서 층고를 최소화하는 방향으로 하도록 차 진입로를 건물 아래로 끌어들이고 여러 기법을 써서 집을 만들어 냈어요. 거기서 특징인 것은 미도파 앞에 건물이 밀집되어 채워져 있었기 때문에 코너링을 커팅을 해야 했죠. 도시 안의 집의 아이덴티티를 만드는 점에서 본점은 다른 오피스 빌딩과 같지만 사실 또 아이덴티티가 필요하잖아요? 그래서 뭔가 다른 조형상의 모티프들을 만든 거죠. 그것이 꽤 인상적으로 보였을 거 같아요. 그렇게 집이 완성되었고.

마감 소재로 60년대 초반에 나온 코르텐 스틸[23)]을 쓰려고 USS[24)]를 불러 얘기했더니 자기들이 공장에서 그걸 만들어가지고 처음 시제품으로 시공이 되었어요. 그 당시에 코르텐 스틸이 지금 우리나라에서 쓰고 있는 것처럼 붉은 색깔 나는 게 아니라. 지금은 녹을 진행을 시키잖아요? 그렇지만 녹을 표면만 살짝 시키고 더 이상 진행이 안 되게 하는 거였어요. 〈삼일빌딩〉도



**23 _**
코르텐 스틸(corten steel, weathering steel): 내후성 강판. 강 표면에 보호성 녹을 형성하도록 설계된 저철합금강이다. 도장하지 않고 그대로 사용하여도 녹이 많이 슬지 않으며 또 녹이 비교적 치밀하여 내부까지 부식되지 않는다. 색은 다갈색이다.

**24 _**
United States Steel Corporation.

코르텐 스틸로 한 집인데, 그건 아직도 새까맣잖아요? 그런데 그냥 까맣지가 않고 약간 녹색이 나는. 그래서 그걸 추천했었는데 은행에서 요구하는 건 50년 보증이었는데 USS가 거절했어요. 확실히 미국 회사들이 다르더라고요. 우리나라 회사 같으면 아마 우선 계약부터 했을 텐데 그네들은 자기들 제품이 아직 15년 밖에 안 되었는데 어떻게 50년을 보장하냐고 하면서 그 대신 믿으라, 했는데 안 믿었던 거죠. 그래서 검은색 알미늄 패널을 썼는데 조금 평범해졌던 거 같아요. 그래도 오랫동안 꽤 눈에 띄는 건물이 되었고. 유감스럽게도 몇 년 전에 롯데 호텔이 인수해서 지금은 고가의 패션 몰로 바꿨어요. 골조만 남겨두고 형체도 없이 바뀌었더라고요. 집이 전체가 바뀌고. 층고가 낮았기 때문에 두 층으로 한 층을 만들어가지고 다 솎아 내고 가운데를 뻥 뚫고. 지금 가보면 전혀 다른 집이지요. 1982년인가 건축가협회상을 받아서 패널도 붙였는데 지금은 사라졌을 거 같아요.

한일은행 안성 연수원

한일은행 시리즈 세 번째 것이 〈한일은행 연수원〉입니다. 〈한일은행 연수원〉은 지금까지와는 다르게 안성에 대림동산이라는 공원 같은 곳에 터를 잡고 연수원을 짓기로 했는데 가서 보니까 완만한 구릉지도 있고 꽤 괜찮은 곳이었어요. 그때만 해도 디벨롭이 되기 전이라서, 중앙대 안성 캠퍼스가 처음 들어가기 시작하던 때라 아주 외진 곳이었거든요. 큰 사이트 안에 다시 구획이 된 곳인데 주변은 거의 다 별장 지대, 이런 것들이 있어서 사실은 연수원으로 잘 안 어울리는 곳이었죠. 고민 끝에 생각해낸 것이 시골 동네에 있는 교육 프로그램이기 때문에 시골 동네에 있는 현대적인 수도원이다, 뭐 그런 분위기를 만들어서 주변과는 차단된 그런 방식으로 진행했습니다. 그 안에 여러 기능이 컴플렉스로 있으니까요. 강의실이 있고 강당, 식당, 편의시설, 또 기숙사가 있고. 이렇게 여러 가지가 섞여있는 집인데 이걸 리니어(linear)로 놓으면서 그걸 분절 시켜서 둘러 모으고 가운데 중정을 만드는 그런 모습을 갖췄죠. 이것도 역시 안과 밖이란 개념으로 밖에서 볼 때는 언덕 위에 전체적인 풍경으로 보이고 안의 내용이 달랐기 때문에 네 면이 다 다른 분위기를 가진, 멀리서 볼 때는 보는 각도마다 좀 다른 집처럼 보이게 된 거죠. 다만 전체적인 통일감을 위해서 전벽돌이라는 굉장히 소프트한 색깔의 재료를 썼고 전부 다른 디자인을 갖는 외부를 만들고 또 내부로 들어가면 사람들이 모일 수 있는 광장, 저녁 되면 기타들고 모일 수 있는 그런 중정형 광장을 만들어서 안쪽의 풍경을 조금 다르게 만든. 어떻게 보면 상당히 유니크한 분위기이면서도 다양한 집이 됐습니다. 그리고 1979년에 건축가협회 상을 받았어요.

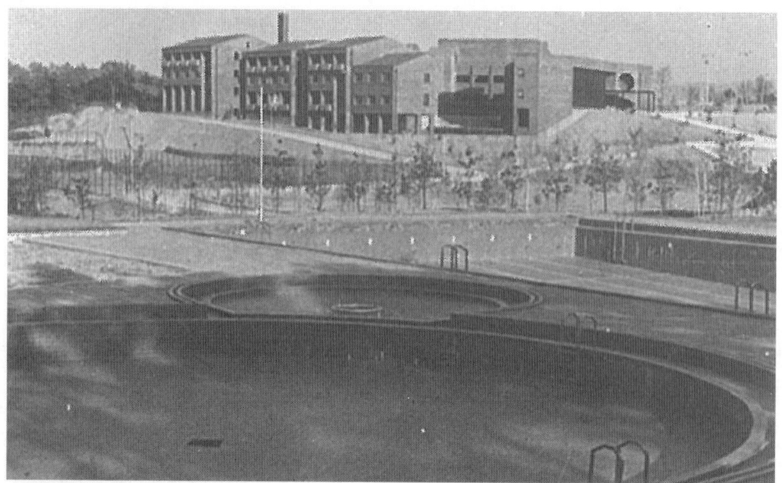

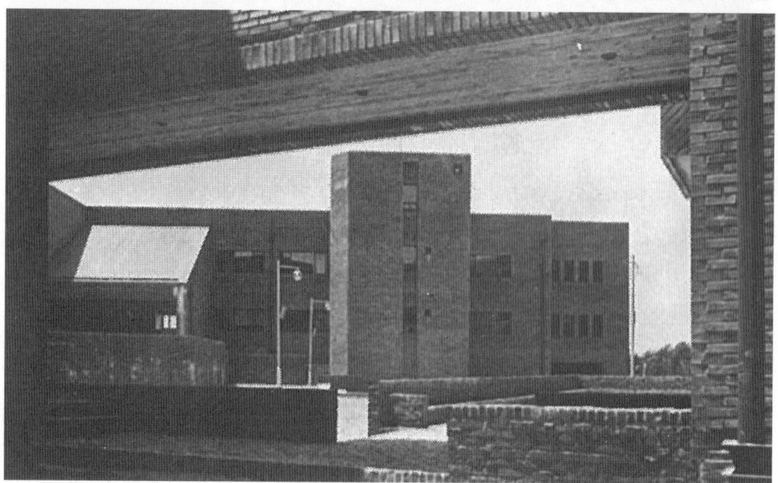



**그림8, 9 _**

한일은행 종합연수원(1977). 원도시건축 제공.

**전봉희:** 여기 앞에 있는 년도는 설계연도고 수상한 연도는 완공하고 난 다음에?

**윤승중:** 그렇죠. 이것은 설계 시작한 연도예요. 아까 1971년에 한일은행하고 인연을 맺었던 그 수확으로 한일은행 프로젝트를 3가지를 하게 됐습니다. 조금 쉬었다 할까요?

**전봉희:** 예, 목이 좀 아프신 거 같아요.

(휴식)

**전봉희:** 앞에, 직원 프로필을 보니까 장응재 선생님하고 민현식 선생님이 일찍 들어오셨네요? 73년에.

**윤승중:** 사실 원도시건축 사원 1호는 이종찬[25] 씨인데, 나중에 원양건축으로 크게 발전했고, 장응재 선생은 73년에 시작할 때 피닉스 호텔을 같이 했는데, 나중에 장건축으로 갔다가 다시 들어오고. 민현식 선생은 나중에 이촌동으로, 한일은행 할 때 조인했을 거예요. 그때는 장건축에 와있었지만. 그중에서 오택길 씨만 따로 독립해서 장충동에 사옥을 짓고 장건축이란 이름으로 활동합니다. 한참 후에 미국에서 활동하던 김병현 씨가 귀국해서 함께 운영했죠. 그래서 장응재, 민현식, 서진우 셋은 원도시로 흡수가 되고. 오택길 씨만 다른 집을 지어야 해서. 그때 정림건축은 이미 외환은행 당선되어서 말하자면 굉장히 획기적인 성장을 하죠.

**김미현:** 네. 고도성장기였습니다.

**윤승중:** 국내외로 많은 일들이 있었어요.

**전봉희:** 77년 이후 이맘때가 좀 큰일들이 제법 있었네요, 우리나라에도?

**윤승중:** 예, 그랬어요. 상당히 바쁠 때였어요. 76-77년 때 큰일 들이 좀 있었어요.

**전봉희:** 이때 막 수출 100억불 할 때니까요.

**윤승중:** 박정희 정권 피크일 때.

**전봉희:** 성과가 나오기 시작하니까…

25_
이종찬(李鍾贊, 1950-): 한양대학교 공과대학 건축학과 졸업. 현재 ㈜원양건축사사무소 대표이사

**윤승중:** 80년대 초반에 경제개발계획도 하고 하니까 정림건축에 김정철 회장님은 한국은행에 계시면서 은행 쪽 일을 많이 했고, 김정식 회장님은 충주비료에 계시다가 서울공대로 오셔서 두 분이 모여서 정림건축이 되었잖아요. 초창기에 교회하고 외환은행 두 가지를 했는데 벌써 남들보다 빨리 자리를 잡고 성공을 하셨어요. 그때 외환은행 컴페할 때 나도 사이드에서 도와주고 있었거든요. 왜냐하면 2등을 한 최상식이라는 분을 도와주고 있어서 그 내용을 잘 알았는데. 규모가 큰 거에 비해서 명동으로 들어가는 입구가 굉장히 좁았다고요. 사선제한을 받게 되면은 집이 높이 올라갈 수가 없었거든요. 심지어는 김수근 선생님은 안을 두 가지를 낼 정도였어요. 1안은 스카이스크래이퍼인데 현행 법규상으로 안 되기 때문에 높이를 낮춰서 제 2안으로 우선 짓고 나중에 더 올린다, 뭐 그런 제안이죠. 그런 고민할 정도로 높이는 문제가 심각했다고요. 내가 도와줬던 최상식 씨 팀에서도 법규에 맞추면 짜리몽땅하고 뚱뚱한 집이 되니까 프로포션이 맘에 안든 거지요. 정림 건축에서는 꽤 근사한 안을 만들었거든요? 지금 지어진 것보다 조금 더 높은 거였어요. 근데 그것이 명동으로 들어가는 그 사이에다가 한 5m 폭을 분필해서 그걸 명의를 바꿔가지고. 그것이 인접 대지가 되기 때문에 대지경계선 사이에는 한 1미터만 띄면 되거든요. 이쪽은 사선제한을 안 받게 되는 거지요. 사선제한을 정면만 받게 되니까 그렇게 지을 수가 있죠. 어느 분이 낸 아이디어인지 하여튼 그렇게 해서. 보니까 다른 안들은 다 납작한데 이거는 높으니까 당연히 당선이 되었지요. 막상 실제로 짓는 과정에서 보니까 그거는 안 되잖아요. 그래서 나중에 할 수 없이 좀 잘렸어요. 지금 지어진 건 아마 당초 안보다 좀 낮게 되었을 거예요. 그 당시 김영철이란 분이 건축, 건설부 건축과장이었는데 그걸 보고 나서 법을 바꿔야 되겠다, 그런 식으로 나오는 안들을 보고 나니까 도로가 있을 때 인접대지를 건너서도 계속 사선제한 받는 걸로, 전체 블록단위로 사선제한 받는 것으로 바꾸었어요. 김정식 회장님이 우리 때문에 법을 잘 만들었지 않느냐 하시는데 어떻게 보면 상당히 묘수이기도 하고. 그때 심사위원들이 '정말 묘수구나' 라고 생각할 정도로. 왜냐하면 전부 다 집을 높게 짓고 싶은 욕심이 있으니까요. 정림은 외환은행 때문에 산업은행 본점 설계도 했었고, 그것은 짓지는 않았지만요. 그때부터 승승장구했죠. 지금은 삼우, 희림 이런 회사들이 메이저이지만 80년대까지는 정림이 독보적인 곳이었죠. 형제는 용감했다. 김정식 회장님은 굉장히 용감하시다구요. 이치에 맞지 않는 걸 건축주가 주장하면 막 혼을 내실 정도로 용감하셨거든요. 그 당시만 해도 클라이언트가 부당한 요구를 해오면 당당하게 의견을 주장하실 정도로…

이런 식으로 두 분이 아주 협력이 잘 맞았던 거 같아요. 정림 건축은 우리나라에서 메이저 컴퍼니를 만들었던 좋은 케이스였다고 할 수 있지요.

**전봉희:** 77년 당시 원도시 직원 규모는 얼마나 되나요?

**윤승중:** 효창동에 있을 땐 워낙 규모가 작았기 때문에 한 열 명. 한일은행부터는 한 30명?

**전봉희:** 이촌동 있을 때 그 당시에 30명 정도 되는 사무실이 몇 개나 있었을까요? 정림은 말씀하신대로 좀 더 컸을 거 같고.

**윤승중:** 글쎄요, 그때는 한 열 손가락에 들어갈 정도. 더 큰 사무실도 있었지만. 지명 컴페티션할 때 보면 사무실을 고르지 않습니까? 거기엔 거의 끼어들었는데요. 두 가지 이유겠지요. 그만큼 조직과 경력을 갖추었다는. 또 하나는 그걸 주선하는 쪽이 있거든요. 그 쪽에서 볼 때 이름은 근사한데 가장 만만하다라고 생각하는 파트너가 원도시였던 거 같아서 어떻게든 자기들이 유리하게 지명컴페를 조직할 때 원도시는 꼭 끼워주더라고요. 그 당시 꼽을 수 있을 만큼 됐었어요. 90년대 중반 이후에 큰 사무실이 막 생기기 시작하고 프로젝트가 커지니까. 현재 우리나라에 몇 백 명짜리 이런 규모의 사무실이 몇 개 있잖아요? 그건 그때는 상상도 못할 일이었죠. 그때는 SOM 같은 거 보고 이건 미국이니까 가능하다 했는데 이젠 우리나라가 오히려 SOM 보다 더 크죠.

이촌동으로 옮기고 장건축이 같이 조인을 했고, 그냥 같이 있는 장소를 같이 쓰는 식으로 조인했고, 김환 선생님 조인했고, 그렇게 풍성하게 사무실이 됐어요. 한일은행 본점, 연수원 이런 것들을 하는데 그때 장건축이 그렇게 큰 프로젝트가 별로 없었기 때문에 대개 우리 프로젝트 일을 같이 했었죠. 오택길 씨는 독립해서 나가고 장응재, 민현식, 서진우는 원도시로 남고. 원정수 선배의 일양건축에 있던 김석주[26] 씨를 스카웃해서 모셔왔고. 다 원도시 파트너가 되었죠. 사실 민현식 씨는 1960년대 말 쯤에 인간환경계획연구소에서 엑스포 전시계획을 할 때 그때 처음 봤어요. 그때 민현식, 오택길, 이광호[27], 이범재. 이분들이 갓 졸업하고 왔는데 그때는 교수님한테 혼이 났다고 얘기를 들을 정도였어요. 왜냐하면 김수근 팀으로 간다고 하니까, '너 거기가면 건축 끝이다.' 이런 말씀을 들었다고 해요. 거기서 처음 봤었죠. 민현식은 앞으로 좋은 후배가 되겠다고 점을 찍어 뒀었어요. 원도시에 오게 된 것이 한일은행 본점 때문이었는데 전에도 몇 번씩 프로포즈했지만 아직 준비가 안 되어 있어서. 십 몇 년 동안 좋은 파트너로 활동을 했어요.

내가 처음 생각한 것은 그렇게 건축가들을 집합하고 실시설계 파트 등으로 서포트하는, 그런 조직으로 만들려고 그랬었는데 현실적으로 그게 잘 안 되었던 이유가 오랫동안 같이 작업을 하다 보니 이것이 누구의 아이디어고 누구의 일이다라는 것을 구분하기 힘들어지게 되었고, 클라이언트도 이것이 누구의 클라이언트라는 구분도 어려워요. 대개는 원도시의 클라이언트가 되는 경우들이 많았기 때문에 각각 개인이라는 것을 구분하기가 어렵게 되어서. 지금까지도 유지가 되는 것이 대체로 '우리'라는 것이었어요. 그래서 지금까지 파트너쉽으로 유지됩니다만은 처음에 생각했던 그런 식은 아니었어요. 어떻게 보면 완전히 조직화되는 대형, 대규모 사무실도 아니고 또 그렇다고 개인을 드러내는 인디비쥬얼 오피스(individual office)도 아니고, 좀 애매한 입장으로 지금까지 운영이 됐던 거지요.



**전봉희:** 파트너가 되면 뭐가 달라지나요?

**윤승중:** 사실은 파트너라는 말은 클라이언트하고 어떤 인연이고 쉐어를 좀 하는 거거든요. 어떻게 보면 운영자가 되는 거지요. 근데 그냥 운영자가 아니라 오너(owner)가 되는 거지요. 처음의 생각은 골고루 평준화시킬 생각이었는데 현실적으로 적용이 잘 안되었어요. 나하고 변용 씨는 처음에 50대 50으로 같이 하기로 나누었기 때문에 그렇게 남고, 다른 파트너들은 규모가 작게 쉐어를 갖게 되어가지고.

**전봉희:** 그럼 두 분 것을 공평하게 떼어서, 새로 파트너 되시는 분에게 준 건가요?

**윤승중:** 우리가 주식회사로 만들면서 그렇게 했어요. 자꾸 평준화 시켜나갔어야 하는데 그러지 못해서 파트너라는 것이 완전히 평준화되지는 않았고, 차이들이 있었죠. 연봉 차이도 있고. 그렇지만 일단 쉐어가 있고, 자기 클라이언트가 있을 수 있고, 대개 아키텍트로 주장하고. 우리나라에선 이런 식의 역할에 대해서 클리어하지가 않아요. 그것이 명확하게 법인 시스템이라는 것이 성공했다기 보다는 대체로 그런 원리로 외국에서도

**26_**
김석주(金石柱, 1950-): 1972년 서울대학교 공과대학 건축공학과 졸업. 일양건축연구소를 거쳐 현재 원도시건축연구소 대표이사.

**27_**
이광호(李光皓, 1947-): 1970년 서울대학교 공과대학 건축공학과 졸업. 인간환경계획연구소를 거쳐 (주)일건을 설립했다.

파트너쉽하는 사무실이 많이 있지 않습니까. 로직이 크게 다른 거 같아요. 일반적으로는 자기가 자기를 커버하는 클라이언트 그룹이 따로 있다든지, 역할이 다르다든지, 서로간 차이가 있는데 비해 우리는 거의 다 비슷한 성격이고 입장이었기 때문에 명확하게 구분되는 파트너쉽이 아니라고 볼 수 있어요. 결과적으로 보면 큰 주식회사에서 그냥 쉐어를 갖는 것 일 수도 있고, 처음 주장했던 것처럼 아키텍트라고 드러내는 게 그렇게 성공적이 아니었기 때문에 조금 애매하게 남았다는 생각이 듭니다. 그렇지만 오랫동안 가다보니까 밖에서 볼 때는 그렇게 주목해서 봐주기 때문에, 그렇다고 헤어질 수도 없는 입장이 된 거죠. (웃음) 원도시는 그런 조직이고.

**전봉희:** 선생님도 여전히 주식을 갖고 계신가요?

**윤승중:** 네, 아직은 여전히 쉐어를 갖고 있어요.

**전봉희:** 좀 지나가는 얘기입니다만 그, 문제가 많이 되는 모양이더라고요, 다른 데도 주식회사를 했을 경우에. 지난번 정림 같은 경우에도 사원들이 자기 주주했다가 실패를 했고 그 제도를 없앴다고 그러고. 또 주식회사이다 보니까 처음에 만드신 분 은퇴하시고 다음 세대로 넘겨줘야 하는데 표면상 가격이 굉장히 올라서 실속은 없는데, 넘겨주려니 세금은 많이 내야하고.

**윤승중:** 설계사무실이 그래요. 실제로 사무실에서 이익을 많이 남기지 못하잖아요. 쉐어라는 건 이익을 많이 만들어서 그것을 나누어 줘야하는데 공식적인 이득을 많이 만들지 못하면 쉐어를 갖고 있어봤자 별로 소용이 없거든요. 주식을 가진 직원들한테 쉐어를 준다고 해도 가지고 있어봤자 별로 득이 안 되는 거죠. 원칙적으로 설계사무실에는 외부 자본이 들어오면 안 되기 때문에 대개 쉐어를 인하우스로 합니다. 퇴사하게 되면 일단 주식을 내놓고 가는데, 주식 평가할 때 액면가로 비슷하면 별 문제가 없는데 대부분 배당을 다 못하고 그것이 남아있어 가지고. 왜 그러냐면 실질적으로 돈은 없는데 자산은 자꾸 늘어나거든요. 대개 주식 평가가 꽤 높게 나오고 그렇다고 그냥 내놓을 수도 없고, 그러다 보니 분배가 잘 안 되는 거죠. 다른 일반적인 주식회사하고 개념이 달라서 그런 거 같아요. 그래도 대부분 사무실들이 다 쉐어를 가지고 있을 거예요. 우리도 처음에는 변용 씨하고 둘이 시작했다가 1985년에 주식회사로 만들었어요. 큰 프로젝트를 수주하다 보면 법인이라는 것이 굉장히 중요하거든요. 상대방에 신뢰를 주는 것이 그래도 개인보다는 법인이 더 낫죠. 그걸 위해서 법인을 만들었습니다. 그때 쉐어를 했지요. 분배하고 쉐어를 만들었는데 그것이 점점 시간이 지나면 같이

나이 먹어 가니까 조금씩 평준화 시켜나가야 하지 않습니까? 근데 그게 잘 안되고, 그래서 처음에 의도했던 대로 상황이 잘 안 되었지요. 그런 식으로 지금까지 유지가 돼 왔어요.

**전봉희:** 건축설계 법인이라는 게 따로 있어야 한다, 그런 주장을 하는 사람도 있더라고요. 일반 주식회사 법인하고는 여러 가지 성격이 다른데.

**윤승중:** 그렇게 주장하는 건 또 이유가 따로 있어요. 우리가 보통 주식이라고 하는 것은, 돈을 투자한 것으로 만들어진다는 거지요. 근데 건축 사무실이나 병원, 건축사나 의사의 경우는 개인의 능력을 투자하는데 그것을 자본으로 환산하기가 어렵거든요. 일반적으로 사회에서는 건축사 없어도 외부 투자를 받아서 좀 규모도 키우고 원활하게 운영할 수 있게끔 하자는 그런 주장을 하는데 건축계에서 반대하는 이유가 바로 그런 그 문제 때문이에요. '건축사'라는.



**전봉희:** 건축사만이 대표가 될 수 있게.

**윤승중:** 누가 돈 내고 고용해서 만들고 그러면 안 되잖아요. 병원하고 건축사무소 이런 것들은 특별한 경우가 필요하다. 근데 그것도 아직 명확하지가 않아요.

**우동선:** 변호사들도 마찬가지 아닌가요?

**전봉희:** 변호사들은 법무법인이니까 일반 법인하고 다르죠. 아까 선생님 말씀하신 그 문제도 있고, 전문가만이 대표가 되어야 한다는 것도 있고, 방금 말씀하신 자산 평가라든가도 있고, 그런 것들을 종합해서 건축설계법인이라는 것을 만들어야겠다는 주장을 하더라고요.

**윤승중:** 지금은 일반 법인하고 별 차이가 없죠. 다만 설계 법인의 경우는 쉐어를 갖고 있어봤자 별로 배당을 못 받으니까 (웃음) 있으나 마나다. 어떤 직원이 보너스로 1퍼센트 주식을 받았는데 1년에 50만원 씩 받는다, 이게 무슨 소용이 있겠어요. 그런 의미입니다.

이촌동에 왔죠. 아, 아까 왔지요. 한일은행 했잖아요. 중요한 프로젝트중 하나가 〈성균관대학교〉. 수원캠퍼스가 아니라, 자연과학 캠퍼스. 여러분 조심하셔야 해요. (웃음) 수원캠퍼스라 하면 성균관대학 학생들이 펄쩍 뛰어요. 지방대 같으니까. 그 전에 조금 인연이 있었던 것이 학교를 먼저는 삼성 재단, 삼성 그룹에서 가지고 있었거든요. 그래서 처음 마스터플랜을 삼성에서 해서 공과대학까지는 지었어요. 그때 마스터플랜을 중앙개발에서 했는데요.

성균관대학교 자연과학 캠퍼스

혹시 강기세 회장 아시죠? 그분이 중앙개발에 약간 관여를 하고 있어서 마스터플랜을 보고 어드바이스도 해주고 조금 도와준 적이 있었거든요. 직접 관여한 건 아니고 조언을 했었죠. 그때는 격자를 만들어서 한 블록에다가 건물을 하나씩 집어넣고 하는 그런 식이었어요. 그냥 그런가 보다 했었는데, 조금 지나고 보니 삼성에서 손을 떼고 봉명재단이라는 곳이 인수를 해요. 봉명재단이라는 곳이 아까 얘기한 삼주개발, 아시아 시멘트하고 같은 계열 회사거든요. 봉명재단하고 변용 씨하고 인연이 좀 있고 삼주빌딩 한 인연으로 해서.

시작할 때 보니까 본래 그리드 마스터플랜이 있었고, 공과대학이 지어졌고 해서 일단 그것을 깨뜨릴 필요가 있었어요. 물론 전체적인 주관을 변용 씨가 하고 담당을 민현식 씨가 했지만 나는 단국대학교 마스터플랜을 했던 경험을 살려서 어드바이스 했죠. 단국대학교 때 했던 방식으로 학과장들, 중요한 교수들을 직접 인터뷰를 하고, 요구하는 매 학과마다 필요한 프로그램을 구체적으로 시트를 만들어 제출하도록 그렇게 시작을 했어요. 우선 자연과학 분야가 다 관여를 했었잖아요? 작업을 하고 보니 재밌는 사실이 생긴 것이, 교수들마다 어떤 분들은 난 300평이 필요하다 요구한 분들이 있고 누구는 50평만 있으면 된다, 이런 식으로 서로 기준이 다르더라고요. 교수실만 보더라도 어느 분은 정말 크게 요구를 해서 할 수 없이 면담으로 계속 조정을 해서 여러 가지 기준을 정하고 이렇게 했어요. 그러고 티피컬(typical)한 마스터플랜을 만들어야 하잖아요? 내가 조그만 종이에 스케치해 준 것은 당초 격자로 된 블록들 중심을 비워놓고 대각선으로 이렇게 진입하는. 왜냐하면 원래 두 개의 게이트가 있었는데 대각선으로 진입하면서 그걸 없애버리니까 상당히 다른 패턴이 된 거지요. 여기서 보시면 지금…

**전봉희:** 현재 우리들이 주로 출입하는 데가 정문1이라고 하는 데지요?

**윤승중:** 네, 그것이 시내에서 들어가는 길이고, 또 하나는 전철 역 쪽으로 만들고. 걸어서 올 때 전철역 입구에서 올 수 있게. 게이트가 대부분 대로예요. 당초에는 남쪽에다 게이트를 낼 계획이었는데 그것이 아마 도시계획 하면서 안 맞았을 거예요. 여기 두 개의 게이트가 있는데 들어와서 학교의 중심을 향해서 대각선으로 진입하는 것으로 하다보니까 먼저 만들어졌던 격자가 깨지고 다른 질서가 세워졌지요. 또 자연과학 쪽의 3개 대학이 이과대학, 약학대학, 농과대학, 그런 대학들이 있는데, 서울대학교에서 만든 마스터플랜을 보면 대학 간의 구분이 점점 약화가 될 것이다 이렇게 보고, 그렇게 적용을 당장은 못하지만 언젠가는 그렇게 될 가능성이 있을 거

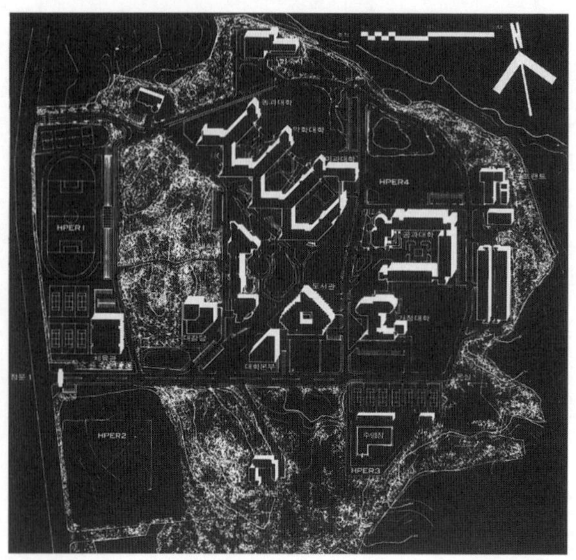

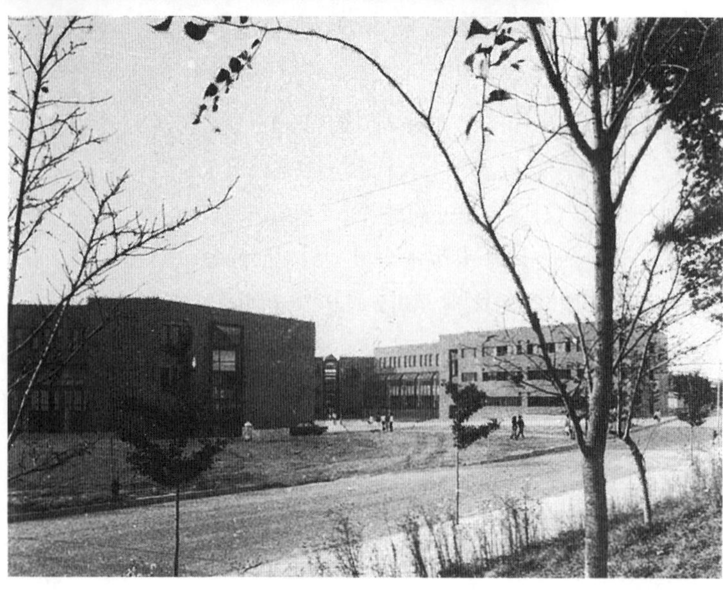

**그림10 _**
성균관대학교 수원캠퍼스 종합계획(1979).
원도시건축 제공.

**그림11 _**
성균관대학교 수원캠퍼스 이과, 농과, 약학대학(1979).
원도시건축 제공.

같아요. 3개 대학이 이렇게 복도로 연결되어서 경계가 왔다 갔다 할 수 있고. 그래서 어떤 부분은 커지고 또 갈라지는 그런 시스템을 제안한 것이 세 개가 만나는 곳이 있잖아요? 거기를 중심으로 한 가지는 학생들 실험실 동, 하나는 교수연구실, 또 하나는 강의실, 이렇게 3개가 만나는 것을 계속 반복해서 전체의 체계를 만들었죠. 전체가 다 연결되게 하고, 경계가 있지만 또 언젠가는 서로가 섞일 수도 있게끔. 나중에 더 익스텐션(extension)이 될 때는 한쪽 끝에 타워를 세워서 수직으로 올라간다. 왜냐하면 완성되었기 때문에 더 이상 늘어나진 못하니까. 그렇게 하고 그 대신 가운데 중정을 막지 않고 1층에서 필로티로 통해 중정이면서도 진입로에서 연속되는 그런 시스템을 만들었어요.

그렇게 놓고 보니까 전체가 너무 통합되고 대학 각각의 아이덴티티가 안 보여요. 그래서 민현식 씨하고 같이 만든 것이 필로티가 세 개가 있는데 각 필로티 모양을 다르게 해서 지나가면서 시각적으로 달리 인식이 되게끔 한다. 또 각 층마다, 각 대학마다 색깔을 바꿔서 안에 들어가면 어느 대학은 다 녹색이고, 어느 대학은 옐로우 분위기, 이런 식으로 분위기를 칼라 컨디션으로 구분한다, 층간은 색깔의 농도로 구분 한다, 이런 식으로 전체가 유니크하게 연결되지만 또 각각 일 수 있게. 나머지 부분에 여기가 학생회관이고, 도서관이거든요. 그걸 45도 들어가는 질서에 맞춰서 건물을 두고. 다만 공과대학은 이미 정해져 있었기 때문에 전체 질서가 깨지지만 가운데 비워둘 생각이 있던 거지요.

그냥 자연스럽게 시야가 트여있도록 작은 관목들로 된 오픈스페이스를 만들 생각이었어요. 나중에 전체 조경 설계를 거기 농과대학 장으로 계시는 심 교수[28)]라고 있어요. 지금 성함이 얼른 기억이 안 나는데. 그분이 전체 조경 설계를 하면서 가운데에 영국 국기 같은 패턴의 정원을 만들어서 다 조경을 해버렸다고. 실은 나는 잔디밭에다 나무 몇 개 심어서 학교 캠퍼스에서 잔디밭을 중요하게 생각했었는데 조경을 해 놓으니 안으로 들어갈 수 없는 화단이 되어버렸어요. 심 학장하고 얘기하기를 세 개의 코트를 다른 칼라로 해서 분위기를 다르게 하자고 했는데 그분은 그렇게까지 생각 안 하셨어요. 아까 얘기한 45도 벽들의 예각 패턴을 두어서 진입하는 과정에서 보면서 중정 쪽으로 끌어들이는 장치로 쓰겠다 했고. 자세히 보면 좋은 개념이 있는데 실내 곳곳에 오픈 스페이스도 만들고. 그렇게 완성을 했어요. 다 짓고 나서 총장께서 보시고는 뭐 이렇게 다 똑같은 4층 높이로 했냐, 타워도 있고 해야지, 그런 불만 말씀을 하셨다고 그래요. 또 중간 부분에 학생들이 쉬는 시간에 나와서 쉴 수 있는 발코니들이 곳곳에 있는데 학교에서 질색을 하더라고. 데모할 때 이런 곳을 쓰기 때문에 통제할 수 없으니 막아달라는 요구도 있었고. 학생들이 집을 관통해서 지나갈 수 있게 처음에 생각했었는데 나중에 보니 문들을 다 막아놨어요. 다 열어두면 통제가 안 되기 때문에. 다 짓고 나서 보니 처음의 컨셉에서 실패했던 것이 있었는데, 교수실들을 전부 남향으로 해놓고 그 동을 학생들이 지나가게 되어 있거든요. 교수실을 따로 윙으로 독립시켰으면 좋았을 텐데 처음에 그 생각을 전혀 못했어요. 교수실에 다 문이 있잖아요? 여름에 문 열어놓고 있는데 와글와글 떠들면서 학생들이 지나가니까 비오는 날은 할 수 없이 더 시끄럽죠. 데스크에서 생각하면서 문제가 있겠다, 그랬는데 실제로 문제가 있더라고요. 우리가 처음에 생각하고 조사했던 내용들을 굉장히 잘 수용을 해서 단국대학교에서 만들고자 했던 그 리포트를 여기서 실현시키려고 열심히 만들었어요. 민현식 씨가 주로 편집을 해서. 상당히 훌륭한 인상적인 마스터플랜 리포트가 되었죠. 혹시 보신 적이 없죠?



**전봉희:** 없습니다. 지금 보니까요, 남쪽에도 출입구가 있는 거 같아요. 그렇게 들어간 거 같아요.

**윤승중:** 남쪽에서부터 진입하는 걸 원했다고요. 당시 법적으로 좀 문제가 있었던 걸로 기억하는데.

**전봉희:** 왼쪽 길은 교통량이 너무 많아요.

**윤승중:** 그리고 한 십 몇 년 전에 삼성이 다시 인수를 했거든요. 삼성에서 삼성의료원을 만들어 의사들을 초빙하려니까 굉장히 힘들었어요. 의사들은 전부다 학교에서 강의를 하는 학교 부속병원이길 원하는데 삼성의료원은 없으니까 잘 안 가려고 했죠. 할 수 없이 그때 내놓았던 학교재단을 다시 비싸게 샀어요. 거기다 의과대학을 짓고 지금은 성균관대 의과대학이 그만큼 잘 서포트 해주니까, 삼성병원이라는 좋은 기반이 있기 때문에 그 후에 달라졌을 거예요. 그래서 학교 캠퍼스를 유니크하게 처음 생각대로 하게 된 좋은 사례였지요.

**최원준:** 아마 이게 보고서에 나왔던 페이지들인가 봐요.

**28 _**
심경구(沈慶久, 1941-): 성균관대학교 조경학과 교수를 역임했다. 현재 명예교수.

**전봉희:** 아, 이게 당시만 해도 계획도였던 모양이죠?

**윤승중:** 그런 것 같아요.

**전봉희:** 여기 건물이 더 생기고.

**윤승중:** 여기 부속병원 생기고 그랬을 거예요. 원도시로 처음 시작해서 좀 외도를 했잖아요? 그때 했던 것이 나중에 다 수확이 되었다고요. 한일은행 본점, 학교 등이 꽤 도움이 됐어요. 작업했던 방법 그대로 시행을 했으니까요.

대한화재보험 본사 사옥

한일은행 본점과 같은 시기에 했던 또 한 가지 큰 프로젝트로 〈대한화재보험 사옥〉이 있어요. 남대문에서 남산 쪽을 바라보는 집인데 이 집은 사실 위치 때문에 남대문하고 남산 사이에 딱 가로놓이게 되거든요. 사람들 생각이 남대문, 남산이라는 것은 잘 바라보고 싶은 곳인데 그런데 이 건물을 짓게 되어 시야를 막았죠. 그래도 할 수 없이 설계를 해서 집을 짓게 되었어요. 부대시설이 별로 없는 수수한 사무소라서 건축적으로 외관도 심플하고. 이것은 변용 씨가 그 당시 대한화재 대표로 계시던 김치복 회장님의 아들 되는 분하고 1년 선후배로 가까운 사이였어요. 그런 인연으로 해서 변용 씨한테 일단 설계를 하는데, 김치복 회장이 볼 때는 아들 친구이고 영 불안하셨던 거지요. 한참동안 시간을 끄시다가 그 다음에 나하고 같이 인사를 가서 말씀드리고 한일은행 본점을 진행하고 있다 그랬더니 조금 안심 되셨나 봐요. 하루는 정말 그걸 하느냐 물으셔서 전부터 이런 일을 해왔고 계획서를 보실 수 있습니다. 해서 계약을 했지요. 거의 같은 시기에 진행이 되었어요. 젊었기 때문에. 변용 씨가 5년 후배인데 서른다섯 살이면. 최 교수가 몇 살이지?

**최원준:** 저 이제 마흔입니다.

**윤승중:** 아들 친구는 믿음이 안 가잖아요. (웃음) 그렇게 시작되었는데 몇 가지 제안을 했었어요. 프리캐스트로 집을 만들어 보자 했고, 프리캐스트 상세설계를 어떤 일본회사와 얘기해서 용역으로 주려했더니 우리 설계비의 90퍼센트만큼의 돈을 내라 그러더라고요. 할 수 없이 우리가 직접 완성했고요. 집을 짓고 초기에 얘기처럼 남대문과 남산 둘 사이가 조금 걱정이 되기도 했었죠. 그래도 이 집이 1980년 건축가협회상을 받았어요. 오피스 빌딩이 센터코어방식으로 하면 사무실 깊이가 너무 얕아지거든요. 한쪽으로 코어를 몰아넣게 되면 그쪽의 벽이 생겨서 외관처리가 문제죠. 광화문 조선일보 있는 건물. 무슨 호텔이었죠?

**우동선:** 코리아나 호텔.

**윤승중:** 서쪽에서 보면 반이 큰 벽이고 또 남산 밑에 있는 무역 회관도 한쪽이 벽이고. 이것은 사방에서 다 보이는 집이라고요. 건물의 뎁스(depth)는 얕지만 바깥쪽으로 화장실을 두어 사방에서 똑같은 풍경을 가지는 그런 식의 외관을 만들 수 있었습니다. 편심코아이면서도 사방이 같은 입면을 만든 것이죠. 심플한. 특별히 주장할 게 없는. 그것을 이촌동에서 했고요.

마지막으로 한 개 더. 〈행정수도 백지계획〉이라고. 노무현 대통령이 주장했던 것처럼 박정희 대통령이 1978년에 행정수도를 옮기는 연습을 준비했던거죠. 몇 가지 이유가 있었는데, 하나는 서울이 북한 쪽에서 포사격 거리 내에 있는데, 인구가 많고 하니까 공격시에 굉장히 큰 혼란을 일으켜서 자중지란이 생길 수 있다. 혹시 공격을 받았을 때 대비해 핵심기구를 남쪽으로 옮겨야 한다. 물론 균형발전 얘기도 있었지만요. 그래서 당장 땅을 정하지는 못하고 도중에 급하니까 박정희 대통령이 백지에다가 그렸어요. 비슷하게 그린 건데.



이것이 하우징 블록이고 가운데 8키로라고 썼어요. 박대통령이 스케일을 잘 모르니까 그랬지만 두 개의 사이, 서대문서부터 청량리가 8키로거든요. 굉장히 긴 거리죠. 양쪽에 넣고 그렸어요. 하우징 블록이 있고, 가운데 행정 CBD 그런 식의 다이어그램을 그린 거예요. 오원철[29] 이 단장, 박봉환[30] 이 부단장 하고. 그 당시 명석한 관료들이었죠. 이분들에게 오더를 주고 당장 시작을 해라 한 거죠. 실무 기획단을 만들었는데 건교부, 서울시, 주택공사, 이런 건축, 도시 관련 부서에서 다 엑스퍼트급을 파견을 해라 해서 국장급, 부장급이 차출되어 왔어요. 유원규[31] 씨는 건교부 과장인가 그랬을 거예요. 이문섭[32] 인하대 교수는 주택 공사. 이렇게 유명한 분들이 파견이 되어서 일을

**29 _**
오원철(吳源哲, 1928-): 1951년 서울대학교 화학공학과 졸업. 국가재건최고회의 기획조사위원회 조사과 과장, 상공부 차관보, 대통령비서실 경제 제2수석비서관 등을 역임했다.

**30 _**
박봉환(朴鳳煥, 1933-2000): 서울대학교 정치학과 졸업. 제26대 재무부 차관, 제3대 동력자원부 장관 등을 역임했다

**31 _**
유원규(柳元圭): 건설부 과장, 도시국장 등을 역임했다.

**32 _**
이문섭(李文燮, 1942-): 1963년 인하대학교 건축학과 졸업. 건설교통부 건설연구소, 주택도시국, 대한주택공사 등을 거쳐 1981년 인하대학교 공과대학 건축학과 교수를 역임했다.

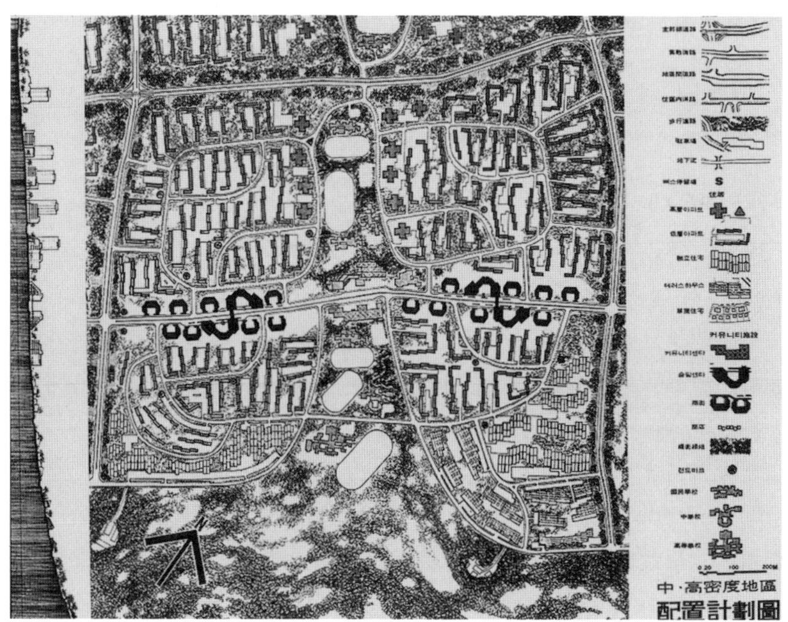


**그림12 _**

행정수도 건설을 위한 계획안(1979). 원도시건축 제공.

시작했어요. 유명한 저 곽영훈[33] 씨가 코디네이터 아키텍트로. 사실 어떤 인연인지는.

**최원준:** 제 친척인데요, 먼 친척인데 비하인드 스토린 잘 모르겠네요. (웃음)

**윤승중:** 막강한 권력을 가진 사람들이 인바이트가 되었고. 강병기, 김수근 등 열 몇 분을 인바이트했고 저도 여의도 마스터플랜 덕분에 초빙되었어요. 열 댓명이 모여서 박정희 대통령 스케치 내놓고는 학교 숙제하는 것처럼, 인구가 50만 되는 도시를 만들고 싶은데 가장 이상적인 도시를 그려라. 50만 명의 인구를 갖는 지금 말하면 행정수도 비슷한 역할을 하는 도시, 또 서울은 경제 중심으로 남겨놓을 거라 기업들의 브랜치 오피스가 들어갈 수 있는 도시. 그런 개념을 제시하고. 마치 학생들이 교수들한테 과제 받는 것 같아 터무니없었지만 또 재밌는 일이 될 거 같았어요. 그 당시는 반대하는 것도 있긴 했지요. 나도 개인적으로 수도라는 걸 분할하는 건 맞지 않겠다 했지만 개인적으로 세운상가, 여의도 스토리를 만들어왔기 때문에 이것이 하나의 기회겠다고 생각했고요. 또 약간의 비용을 받고 과제를 했으니까요.



처음에 과제가 두 가지였어요. 이상적인 전체 도시 시스템을 하나씩 그리시오. 그리고 또 하나는 주거지역, 중심지역 이렇게 나눠주고. 나는 중심 도심부분을 맡았는데 그 블록에 대한 이상적인 시스템 플랜을 만들어 오라 그런 거였어요. 부분도시, 집합, 이런 개념을 도입했어요. 세운상가처럼 보행거리를 두어서 한 삼사백 미터 간격으로 배치하고 그 사이를 경전철로 연결해서 만들고. 대부분 단위, 부분 조직 안에서 활동하고 블록 간 이동을 할 경우 전철을 타고 가라, 그리고 녹지 체계를 가지는 도시라는 걸 전체적인 이상으로 만들었고요. 그런 제안을 했어요.

두 번째 과제를 할 때는 사이트 규격, 구획을 만들어주고 그 안에다가 만들라는 거였어요. 도심. 여기에 나와 있는데 첫 번째는 그냥 스케치였는데 기억이 잘 안 나고. 이것을 곽영훈 씨가 만들어주고 여길 채워서 시스템을 만들어 달라는 요구가 있었어요. 가운데를 비워놓고 그런 개념을 만든. 아무 밑그림 없이 만든 거니까 의미 없는 거였어요. 비용도 주고 어떻게 보면

33 _
곽영훈(郭英薰, 1943-): 1969년 MIT공대 건축학과 졸업. 미국 SDDA 종합환경설계사무소를 거쳐 귀국 후 홍익대학교 도시계획과 교수를 지내다가 1980년 (주)환경그룹을 설립.

재미도 있고 해서 진행을 했었고. 그것이 끝나고 나니까 다음 단계로 또 팀을 바꿔서 하우징 쪽 계획을 만들려고 했죠. 그때는 안영배 선생님 하고 같이 팀이 되어서 초대받았어요. 같이 공동 작업을 했는데 나와 있는 그림이 있어요. 근데 그때는 대개 커뮤니티라는 개념이 보행거리 내에 원코어를 가지는 단위 그런 거였는데 그때 우리는 원코어라는 개념을 리니어 코어로 바꾸어서 이웃 블록과 연속 되게 만들면서 보행거리 내에 몇 개의 다른 코어들을 선택할 수 있는 개념으로 바꿔서 커뮤니티 시스템을 제안하고 그것을 리포트로 만들었어요. 작업을 몇 달 동안 했었는데 그러던 중 1979년 초 충남 공주군 장기리 라는 곳에 땅이 정해졌습니다. 그때부터는 프로페셔널한 일이 필요하잖아요. 그전까지는 연습게임이었고. 그것을 키스트에 도시계획연구소를 만들어서 정식 용역을 주었어요. 강홍빈[34] 씨가 거기 팀장이었던가 그랬던 거 같아요. 임창복[35] 교수, 황기원[36] 서울대학교 행정대학교 교수, 그런 양반들이 있었는데 그 분들이 몇 달에 걸쳐서 근사한 리포트를 만들었어요. 그걸 한번 구해보세요. 도시계획 전문가들이 모여서 굉장히 정성스럽게 리포트를 만들었거든요. 샘플들을 챙겼던 거 같은데 갖고 있지 못해서 지금은 보여줄 수가 없어요. 실행하려는 찰나에 박정희 대통령이 갑자기 서거해서 프로젝트가 일단 중단이 되었습니다. 그래가지고 어떻게 보면 필요 없는 낭비가 되었지만 도시계획 연습들을 꽤 많이 했죠. 키스트에서 만든 리포트는 사실은 잘 활용이 된다면 어떤 방법론으로서 진행이 되었다고 보는데.

**전봉희:** 이때 박정희 대통령이 그린 게 이렇게 다섯 곳이 둥그렇게 튀어나온 무궁화처럼 생긴 계획안인가요?

**윤승중:** 그것은 박정희 대통령 아니고 김현옥 서울 시장이 서울 도시 계획안을 만들 때 무궁화 패턴이었어요. 원래 조금 독재적인 주장을 가진 분들이 꼭

**34 _**
강홍빈(康泓彬, 1945-): 1967년 서울대학교 공과대학 건축공학과 졸업. 하버드대학교 도시설계학 석사, MIT 도시계획학 박사. 서울시립대학교 도시공학과 교수, 서울특별시 부시장을 거쳐 현재 서울역사박물관 관장으로 재임.

**35 _**
임창복(任昌福, 1946-): 1970년 서울대학교 공과대학 건축공학과 졸업. 현재 성균관대 건축공학과 명예교수.

**36 _**
황기원(黃琪源): 1970년 서울대학교 공과대학 건축공학과 졸업. 하버드대학교에서 박사학위 취득 후 서울대학교 환경대학원장, 한국조경학회 상임이사를 역임했다. 현재 서울대학교 환경대학원 명예교수.

도시를 하나씩 만들잖아요. 중세 제국주의 시대에 지배자들 보면 독재자들이 거의 다 도시안을 만드는데 뭔가 방어적인 그런 도시들을 만들죠. 처음 내가 제안했던 부분도시라는 개념스케치를 당시 강병기 교수가 보시고, 상당히 관심을 가지셔서 따로 한참 얘기한 기억이 납니다. 세운상가 계획 당시 생각을 좀 디벨롭한 것인데 아직도 미완성입니다. 그로부터 얼마나 지났나, 20년 지나서, 노무현 대통령이 어떻게 생각했는지 모르지만, 정치적인 목적으로 충청도 표를 얻기 위해서 제안을 했는데 그 당시 내가 알기론 노 대통령은 박정희 대통령의 계획안을 몰랐어요. 후에 아, 이것이 명분이 있는 일이구나 하고 합리화한 것이 아닐까 생각이 듭니다. 근데 그거는 문제가 있는 생각인거 같아요. 노무현 대통령이 주장한 거는 그게 수도를 옮기는 거였잖아요. 그럴 수 있다고 생각해요. 서울이란 도시가 오백년 전 만들어진 곳이고 이미 손 쓸 수 없는 포화상태가 되었다면 수도를 아예 새로 지어서 우리나라 중심에 새로 도시를 만든다, 이런 게 일리가 있을 수 있지요. 외국에서 가끔 보는 일이니까요. 그런데 그것이 헌법재판소에서 순전히 절차상의 문제로 그것이 헌법에 위배된다고 판결났잖아요? 자체 절차상의 문제로 백지화가 되었는데. 근데 그걸 다시 통과시켜야 하니까 대통령은 빼놓고 행정수도만 가는 것이다. 그래서 그때 헌법재판소에서 했던 것이 수도라는 것이 관습적으로 사람들이 하여튼 삼분의 이 이상의 동의가 있어야하지 수도를 옮기는 것은 안 된다. 그러면 행정…



**전봉희:** 행정복합도시

**윤승중:** 절충안을 만든 것이 그 안이었잖아요. 야당에서 계속 반대했어야 하는데, 박근혜 당시 대표가 열린 우리당과의 소통이라는 다른 목적을 위해서 거기에 동의를 해주고 통과시켜줬단 말이에요. 한번 약속한 것은 끝까지 지킨다. 지금 실천 중에 있지 않습니까? 그것은 말이 안 되는 것이 현실적으로 행정부가 옮겨 나가게 되면 가족들은 정말 복잡한 구조가 되어서 그것이 국토균형발전 명분이라도 전혀 성립이 안 되거든요. 하나는 균형 발전인 것이고 수도권의 관행을 방지한다. 서울에 어떻게 방지가 되겠습니까. 내가 보기엔 정말 어정쩡한 결정을 하고 진행을 시키고 있는데 그것이 물론 이상적인 복합도시를 만들 수는 있겠지만 행정수도라는 거는 안 맞는 거 같아요. 내 얘기에 동의 안 할 수도 있는데.

**전봉희:** 그렇죠.

**우동선:** 동의합니다.

**윤승중:** 이젠 뭐 착공을 해서.

**전봉희:** 요번 12월부터 갑니다. 이번에 기획재정부 가고.

**우동선:** 국토부도.

**전봉희:** 올해 1차로 가는.

**윤승중:** 노무현 대통령의 엉뚱한 계획안을 박근혜 대표까지 동의해주는 바람에 진짜 불가능한 일이 가능하게 되었어요. 정운찬 총리가 맘먹고 반대하다가 결국 손들고 나갔지 않습니까. 보니까 행정수도에 반대한 교수들은 상당히 불이익을 많이 당했어요. DJ, 노무현 시대가 굉장히 민주화된 시대라 보지만 그때도 정치적인 탄압이 있었던 거 같아요.

**전봉희:** 1970년대 까지네요.

**윤승중:** 1980년대 한남동 때 부산 백병원이라든지 관광호텔 등을 한 게 있는데 특별히 여기서 얘기할 건 없는 거 같고.

**전봉희:** 신사동으로 이전하신 것은요?

**윤승중:** 그건 1990년이에요.

**전봉희:** 70년대는 이촌동, 80년대는 한남동, 90년대 신사동으로 10년 주기로 움직이신 건가요?

**윤승중:** 그렇게 되었네요. 김수근 선생님과 1960년부터 시작해서, 70년에 안국동. 그렇게 되네요. 지금까지 얘기한 것 중에서 질문.

**전봉희:** 홍콩에 1967년인가 57년인가, 57년에 마크 원, 마크 투 아파트요. 우리로 치면 일종의 시민 아파트인데 선생님 혹시 알고 계세요?

**윤승중:** 그런 건 잘 모르겠는데.

**전봉희:** 말하자면 김현옥 시장의 시민아파트에 선봉이 되었죠.

**윤승중:** 홍콩에도 도심 빼고 나머진 다 경사지잖아요. 아슬아슬한 집들이.

**전봉희:** 공산화 후에 난민들이 몰려와서 상황이 우리랑 비슷한 게 많죠.

**윤승중:** 소설 중에 타이쿤이란 소설이 있어요. 홍콩이 모델이 되는 회장, 재벌 얘기. 근데 거기 보면은 경사지에 지어진 아파트가 무너져 내리는 그것이 실제 상황인 게 가서 보면 정말 무너지게 생긴 집들이 많이 있더라고요. 홍콩이란

도시가 신기한 도시에요. 도심을 지나면서 보면 아파트마다 전부 다 빨래를 널어놔가지고. 사람들은 거리에 나와서 식당에서 밥을 사 먹고. 초고층으로. 도심에선 큰 쇼핑몰과 연결이 되어서 다닐 수 있게 한 상당히 재밌는 도시에요. 근데 지금도 홍콩을 중국에서도 별도로 인정하지요?

**전봉희:** SAR(Special Administrative Region)이라고 화폐도 독립적이고 행정도 그렇죠. 근데 마크 원, 마크 투 평면이 거의 똑같아요. 누구나 경제적으로 건설한다 하면 공동 변소에 엘리베이터 안 놔야하니까. 우리나라도 그랬고. 그런데 57년 마크 투정도 되면. 옛날 것이 남아있다 해서 봤더니 그것도 근대유산이라고 더 이상 살 수 없는 상황으로, 한 가구당 7평 이런 수준이니까, 유스호스텔로 바꾸겠다고 공사를 하더라고요. 유스호스텔.



**윤승중:** 구조만 괜찮으면 괜찮죠.

**전봉희:** 그렇죠.

**윤승중:** 와우아파트 말고 그 당시 시민아파트 지금 안 남아있나?

**우동선:** 지금 많이 없어졌지요.

**윤승중:** 그때는 너무 열악하게 지어가지고 진짜 사람이 살 수 없을 정도로 지어졌어요. 그 당시 급하게 지은 것들이 청계천 7가 쪽에 쭉 있었잖아요. 다 헐렸지요. 서부이촌동 아파트도 다 헐렸을 거 같아. 기술공사에서 주로 주관해서 했죠. 규모는 물론 작지만 재미있는 아파트. 근데 그런 거 같아. 굉장히 빠르게 경제 성장을 했기 때문에 건축이 오래 갈 수가 없어요. 지었을 당시의 기준 수준하고 10년, 20년 후의 요구수준이 너무 달라지기 때문에 좀 지나고 나면 거의 쓸모가 없죠. 소련 스탈린 시대에 국가정책으로 보급한 10평 정도의 아파트엔 이젠 아무도 안 살 정도로 그렇게 폐허가 되었다고요. 우리나라는 세계에서 제일 빠르게 변화 했죠. 건축이 살아남기 어렵죠. 유명한 작품들도 자꾸 사라지고 있고. 나무랄 수 없는 것이 현재 시대에 적응하기 어렵고 경쟁력이 떨어지면 그렇게 되니까.

**최원준:** 하나 여쭤 본다면 예전부터 도시계획을 많이 하셨는데요. 세운상가부터 잠깐 소개된 안도 그렇고 행정도시 안도 그렇고. 도시 기본적인 골격에 대해서 리니어 시티(liniar city) 개념을 가지고 계신 거 같은데요. 오늘날까지 갖고 계신 틀인가요?

**윤승중:** 요즘은 불행하게도 도시에 관련된 기회가 별로 없어서요. 시작은 19세기 이전의 서양 도시, 성곽 도시가 변화하면서 그때 CIAM에서 나왔어요.

50년대 이후에 일본의 메타볼리즘이라는 것이 도시나 건축까지도 마치 생물 같은 변화를 하고, 변화하지 않는 부분과 변화하는 부분 부분마다 에이징(aging)이 달라지고, 마치 도시가 생물적인, 식물적인 시스템으로 된다는 주장이 있었죠. 나는 거기에 동의를 한 거고. 특히 도시 자체가 자꾸 커지면 도심은 갇히게 되니까 부도심과 서로 간에 연속 시키는, 그런 것이 리니어 시티라는 거죠. 그런 생각을 많이 갖고 있었고. 어떤 경계를 두지 않는 것을 지향을 하게 된 거죠.

그때부터 보행자와 자동차에 대한 구분. 지금도 마찬가지지만 차 타고 이동할 때는 건축을 만나지 않죠. 그냥 풍경인데 건축과 접촉하는 건 걸어갈 때 아니겠어요. 걸어갈 때 생기는 건축적  스케일과, 차로 이동하는 대로에서 바라보는 도시라는 것은 어반 스케일에서 모든 것들의 기법이 달라질 수 있겠다는 생각을 그때 했던 거예요. 증권거래소라든지 또 아까 얘기했던 여러 건물들에서 안과 밖, 투 페이스, 두 가지 다른 엑티비티에 대해서 서로 다른 태도를 갖는다. 그런 것이 잘 통했는데 근래에 올수록 해프닝 같은 주장을 펴거든요. 오히려 그런 체계화를 자꾸 없애는 쪽이기 때문에 요즘 와서는 좀 생각이 달라졌을 수도 있어요. 그래도 지금도 그런 부분이 없지는 않다고 봐요.

**최원준:** 혹시 부산 시청사나 원래 가지고 있었던 두 개의 건물 사이에 공간이 존재하는 형태적인 선호와 연관이 되는지요?

**윤승중:** 안과 밖이 속도가 다른 거지요. 밖에선 풍경으로 두 가지가 달라야 한다고 생각했어요. 실제로 그런 원리를 그대로 쓰는 집들이 상당히 많아요. 중랑구청을 지었는데 그것도 바깥하고 안하고 풍경이 다른데 가운데다 중정을 향해 대민오피스가 있는 배치. 그런데 그게 또 문제가 생겼어요. 가운데 마당이 기분이 좋거든요. 근데 걸핏하면 와서 데모하는 바람에 구청당국이 불만이 생겼죠. 사실 의도하지 않게 쓰이기도 합니다만은. 계속 그런 생각을 하는데 시대가 변해도 생각을 안 바꾼다는 건 문제가 있는 거겠지? 아까 보신 것 중에서 서울 시청안은 조금 달라요. 광장을 집 안에다가 집어넣은 거지요. 플라자를 중심으로. 광장에서 사무실이 보이는. 그러니까 유사하다 볼 수 있는데요. 아, 과학관 이건 어떤가요? 실내광장이 있긴 한 건데, 가운데 크게 만들고 전시장을 만들었으니까. 메이저 스페이스를 만들었으니까 기본적인 개념은 같은 거지요. 형태만 좀 달리. 끝까지 생각을 버리지 못했네. 벗어나지 못했네요. 나쁘게 얘기하면.

**전봉희:** 저는 촌스러워서 그런지 전의 것이 더 좋은, 말씀하신 개념이 논리적이라 그럴까, 겉으로 드러나는 거 같고. 최근의 것은 약간 숨겨져 있다.

**윤승중:** 기본 원리는 같아요. 메이저 스페이스를 만들고. 보진 못하더라고 느낌은 가질 수 있게 하는 것.

**우동선:** 이것은 정말 직접 보고 그리신 거지요?(행정수도 스케치를 보며)

**윤승중:** 박정희 대통령이 갱지, 그런 백지에다가 싸인펜으로 이렇게 그려가지고. 똑같지는 않겠지만.

**우동선:** 이런 걸로.

**윤승중:** 스케일 아웃이었어요. 8km라는 것은 서대문부터 청량리까지인데 50만 인구를 채운다는 건 불가능하지요. 근데 영역에 대한 생각은 하여튼 있어요. 주거, 업무와 상업중심이 있고. 이런 식의 생각은 성립이 된 거죠. 축소해서 만들면.



**우동선:** 역시, 야심이 꽤 많은.

**윤승중:** 아, 그뿐이 아니야. 피지컬(physical)한 플랜을 넘어서. 오휘영[37] 이라고 아시죠? 우리나라 조경가. 미국에서 왔을 때 일부러 청와대 옆에 두고서 포항제철 할 때부터 시작해서 중요한 국책사업을 하고, 헬리콥터 타고 땅도 함께 정해주고 그랬거든요. 오휘영 선생 이야기 들어보니 헬리콥터 같이 타고 가면서 보면 땅의 형국이라든지 스케일이라든지 앞으로 어떻게 될 것이다 등을 자기보다 더 빨리 이해하고 자기가 생각하기도 전에 이야기하는. 포병 장교라서 지도를 잘 보지 않습니까. 지도를 보고서 전체 스케일을, 형국을 알잖아요? 그 양반이 그런 머리가 있어서 피지컬한 이해가 생각보다 훨씬 빨랐고요. 히틀러가 원래 미술 계열을 하다가 독재자가 되지 않았습니까? 박정희대통령이 건축가가 되었다면 독재자가 안 되었을 수도 있지요.

**전봉희:** 장세동 실장이 그런 얘기를 구체적으로 했죠.

**37 _**
오휘영((吳輝泳, 1937-): 1963년 한양대학교 건축공학과 졸업. 일리노이 대학 조경학 석사. 오사카부립대학 농학 박사. 국립공원협회 회장 등을 거쳐 한양대학교 조경학과 교수. 현 명예교수.

**윤승중:** 공업고등학교 건축과 출신이에요. 건축가가 되었으면 괜찮았을 수도 있었던 스마트한 사람이거든요. 의리를 지켰지 않습니까. 어떻게 보면 비록 사형감일 지 몰라도 자기 보스를 끝까지 지킨 괜찮은 사람이고 머리가 좋은 사람이에요. 만약이라는 게 지난번 얘기한 영화 슬라이딩도어처럼 도어가 열려서 들어갔을 때와 닫혔을 때가 너무 다른 상황이 되기도 하잖아요? 이런 경우가 꽤 많은 거 같아요. 지금도 마찬가지로 대우에서 오라고 했을 때 갔으면 서울 건축처럼 되었을 수도 있고, 훨씬 많은 찬스가 있을 수도 있고 아닐 수도 있고.

**최원준:** 건축과를 안 왔으면 독재자가 되었을 분이 누구일까요?

**우동선:** 잘 알면서.

**윤승중:** 누가 있어?

**우동선:** 잘 알거 같다는 뜻이죠.

**윤승중:** 그, 독재자하고 건축가하고 통하나? 컨덕터는 진짜 독재자하고 통해. 근데 건축가는 잘 모르겠어요. 지나가면서 얘기했지만 위대한 건축가가 되려면 독재자 카리스마가 있어야지, 이것저것 생각이 많으면 안돼요. 난 불행하게도 그런 기질이 전혀 없어서, 너무 민주적인 성향이 있어서 이것도 하고 저것도 하기 때문에 굿 아키텍트란 얘기는 들어도 그레이트(great)란 말은 평생 못들을 거 같아요.

**전봉희:** 건축이 항상 없는 것에 대해서 제안하는 거잖아요. a, b, c 중 다른 걸 골랐을 때 어땠을 지 알 수 없죠.

**윤승중:** 드로잉으로 70-80퍼센트 정도는 상상을 할 수 있기 때문에. 난 플랜만 가지고 모르겠어요. 진짜로 안되는 게 하나 있어요. 교통 막힐 때 길 선택. 혼자서는 한 길 밖에 못 가니까 비교할 수 없는 거죠. 난 건축에선 꼭 그렇진 않을 거 같아요.

**전봉희:** 결국은 누가 승리하느냐 설득을 해 나가는.

**윤승중:** 자기 잘못도 있지만 클라이언트가 어떻고 시공사가 어떻고 핑계를 대는 거지요. 완성된 내부적인 문제 사무실 안에서도 서포트 해주는 사람이 그런 걸 수도 있고요, 언젠가 TV에서 봤는데 일본 안도 다다오의 경우 사무소 중앙이 전체를 볼 수 있도록 오픈되어 있는데 본인이 그 가운데 앉아서 모든 프로젝트를 관리하고 끝까지 자기가 책임지고 그렇게 한다고 하는 경우가

있는데 그렇지 않으면 나중에 문제가 생기지요. 역시 그렇게 철저하게.

**우동선:** 전화도 그 앞에서 받아야 하고.

**윤승중:** 봤어요? 그거 정말 재밌더라고. 전체 오케스트라 지휘하는 것처럼. 굉장한 탈렌트가 있는 사람이에요. 나는 그동안 과정을 통해서 건축에서의 모럴(moral)을 주장해왔는데요. 건축이 누구를 서브하느냐의 문제가 될 텐데. 크게 네 가지 대상이 있다고 생각하는데요. 첫째가 돈을 내고 투자하는 클라이언트. 클라이언트의 주문에 일단 맞춰줘야 되겠죠. 두 번째로는 그거와 상반 될 수 있는데 집을 짓고 난 다음 사용하는 사람들, 자주 사용하는 사람들이 두 번째 클라이언트이죠. 이 사람들하고 집주인하고는 관련성 없을 수도 있죠. 세 번째는 약하지만 도시에 사는 사람들. 지나가는 사람들, 그 사람들을 위해서 서브를 할 수 있어야 하고. 마지막으로는 건축가 자신에게 서브를 하는데 과정에서 그 자체가 자기 자신에게 의미 있는 것이 되어줘야 한다. 그렇게 건축가한테 네 가지 클라이언트를 서브할 수 있도록 해야 한다는 거죠. 그렇게 서브를 했을 때 그것이 건축의 모럴이라고 할 수 있지 않을까. 건축주에게 잘 설득해서 결과적으로 도시적인 거에 기여한다든지, 건축주 돈을 이용해서 메이저 스페이스, 오픈 스페이스 같은 공공의 공간을 제공하는 것. 건축주는 직접 필요 없지만 그걸 사용하는 사람들에게 좋은 일이죠. 돈을 다 건축주가 내잖아요. 그러니까 건축주를 잘 설득해서, 또는 모르게 숨겨서 그런 일을 만들어 내는 게 필요하죠.

**우동선:** 네, 네

**전봉희:** 마치시죠. 오늘 장시간 동안 선생님 감사합니다.

# 07

# 원도시건축의 한남동 시대 : 제일은행 본점, 무역센터, 대법원 청사

**일시** 2012년 3월 12일 (월) 14:00 – 18:00

**장소** 서울특별시 강남구 삼성2동 142-22 2층 목천문화재단

**진행** 구술: 윤승중

채록연구: 전봉희, 우동선, 김미현

촬영: 하지은

기록: 허유진

초벌 원고 수정 및 각주 작업: 김하나

**전봉희:** 저희들 일곱 번째 시간입니다. 지난번에 79년까지 말씀을 죽 해주셨고 80년에 한남동으로 사무실을 이전하신다는 말씀하고, 그 직전에 백지계획하신 것, 그 말씀까지였습니다. 오늘은 이어서.



**윤승중:** 1973년에 원도시 건축이 변용 씨하고 파트너쉽으로 재출발한 뒤에 1980년이면 7년 정도 지났지요. 7년 정도 흐르니까 초창기에 커리어 때문에 힘들고 일도 별로 없고 그랬던 시대를 조금 지나서 〈한일은행 본점〉하고 〈대한화재 본사〉, 이런 큰 프로젝트들을 하고, 또 좋은 젊은 사람들이 많이 조인을 해서 인원도 한 60명 정도 모이고. 그래서 한남동으로 옮겼을 때는, 1980년대 약 10년간이 원도시로서는 비교적 경력이 쌓이고, 인적 구성도 잘 조직되고, 그래서 전성기에 이르지 않았을까 생각을 합니다. 그리고 프로젝트가 커지고 규모가 커지고 하니까 필요해서 1985년에 법인을 만듭니다. 원도시 건축을 법인으로 등록하고 변용 씨하고 나하고 공동 대표 이사로 등록을 했고. 그때 장응재, 민현식, 김석주 등 파트너들을 전무, 상무이사로, 이런 식으로 일단 주식회사를 만들었어요. 설계사무소라는 건 물론 이렇게 비즈니스 목적으로 만들어지기도 합니다만 가장 큰 목적은 건축이 많은 사람들한테 유용할 수 있는, 좋은 건축을 만드는 것이 가장 큰 목적이지요. 그렇게 하려면 좋은 사람들이 많이 필요하잖아요. 그래서 좋은 젊은 사람들이 꽤 많이 모였어요.

그리고 난 건축사무소의 중요한 기능 중의 하나가 젊은 사람들이 좋은 건축가로 성장할 수 있도록 하는 교육과정도 된다고 생각을 합니다. 그래서 원도시 건축은 일단, 우리가 어차피 비즈니스는 아주 거의 0점에 가깝고, 또 좋은 인맥들을 잘 활용해서 일을 만드는 그런 것도 별로 없었기 때문에 큰 조직이라든지 메이저 회사가 되려는 욕심을 안냈었고, 오히려 중견으로서 개성 있는, 처음부터 건축가들의 집합, 콜라보레토리 그런 성격을 가질 수 있었어요. 사무실 이름도 '원도시 아키텍트 그룹', 건축가들의 집단, 그런 식으로 하고. 다만 그 과정에서 '원도시'라는 것이 처음에 의도했던 것과 다르게 그냥 하나의 상호가 되어 버리고, 더구나 한글로 쓰다보니까 의미가 전달이 잘 안 되어서 가끔 전화를 받으면 원 선생님, 원 소장님 이런 소리 들을 정도로 사람 이름처럼 오해가 되는 경우도 있고. 영어로도 'Wondoshi'로 표기. 그러니까 쉽게 그냥 편하게 부르는 거 같애. 그래서 아키텍트 그룹을 만들고, 1980년대는 건축가들의 집단으로서 작업들을 하는 그런 시기였어요.

거기 옮겨서 처음 한 게, 정확히 기억은 안 나는데, 그 중에서 〈삼천리산업

본사〉 사옥 이야기를 하고 싶습니다. 큰 규모는 아니고 10층, 3천 평 정도 되는 순수한 오피스인데 나중에 서울시 건축상도 받고 그랬습니다. 1960년대 후반에 여의도 마스터플랜을 했었잖아요. 또 증권거래소 컴페티션을 통해서 그때 의도를 참고하려고 했는데 못했고요. 사실은 그 의도로 첫 번째로 지은 집이 여의도 중심에 있는 〈삼천리산업 본사〉 사옥입니다. 그때만 해도 큰 빌딩들이 들어오기 전이었기 때문에 꽤 눈에 띄는 그런 집이 되었습니다. 여의도에 처음 지었다는 의미가 있고. 그 후에 〈태영개발 사옥〉이라든지 〈일신방직 사옥〉, 〈쌍용투자증권 사옥〉, 이런 프로젝트가 있었죠. 사실 여의도가 처음에 의도했던 것과 전혀 다르지만 활발한 서울의 중요한 요지가 됐습니다만 처음에 생각했던 것처럼 보행자 중심의 흐름, 그런 건 별로 없는 채 건물들이 굉장히 독자적, 독립적, 폐쇄적으로 되었고 도시적인 매력은 별로 없는 경우가 되어버렸어요.

여의도 삼천리 산업 본사



그 다음 원도시의 중요한 프로젝트 하나가 〈제일은행 본점〉을 지은 것이죠. 1983년으로 기록이 되어있는데 그때쯤에 시작을 했어요. 인터뷰의 첫 번째 날에 얘기했던 거 기억하시는지? 내 어렸을 때 집이 다동에 있어서 동네 친구들하고 같이 놀던 그곳이, 남쪽으로는 조지아(丁字屋) 백화점, 미도파 백화점이죠. 북쪽으로 화신 백화점. 그 사이가 우리 놀이터라서 자주 왔다 갔다 했었거든요. 이상하게 조지아 백화점 땅 바로 옆에 한일은행 본점을 먼저 지었고, 그 다음에 북쪽 끝에 해당하는 것이 화신 백화점인데 그 앞에다가 제일은행 본점을 설계를 하고 그랬어요. 어렸을 때 영역을 다 차지하게 되었고. 또 조금 뒤에 사이사이에다가, 처음에는 코오롱이었던 동아투자 빌딩이라고 있어요. 또 한일투자금융. 둘 다 한 15층 정도 오피스인데 강북에 스카이라인 억제 때문에 15층을 넘지 못하게 한동안 규제한 적이 있어서. 거기다가 재개발 지역인데 15층으로 같아졌지요. 두 집도 사실은 어렸을 때 주로 다니던 곳이었고, 특히 한일투자금융 뒤 주차장에 어렸을 때 살던 집이 포함이 되었어요. 그 4개의 빌딩이 어릴 때 기억 속의 영역에 지어지게 된 것은 색다른 경험이라고 볼 수가 있겠습니다.

제일은행 본점

본래 제일은행 본점이 있는 집은 여러분 잘 아시겠지만 일제강점기에 지어진 집 중에서는 남대문에서 바라볼 때 꽤 괜찮은 파사드를 가지고 있고, 또 건물 건너편에는 있는 한국은행 본점과 마찬가지로 영업장이 철골로 되어 있어요. 그 당시 본격적인 좋은 건축이었던 거 같아요. 정면에 4개의 컬럼, 오더가 있는데 19세기 유럽에 유행했던 절충주의 방식의 스타일로 지어진 거 같은데, 처음에는 그 속에 돌로 쌓아서 그리스 시대처럼 오더를 세운 것으로

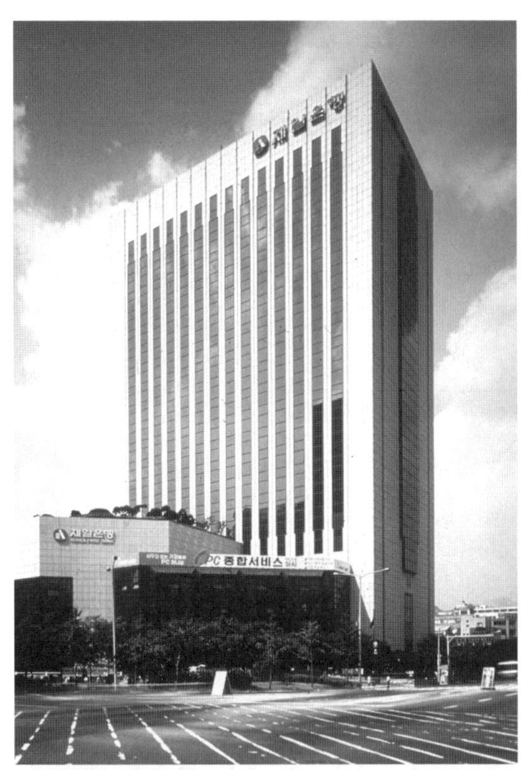


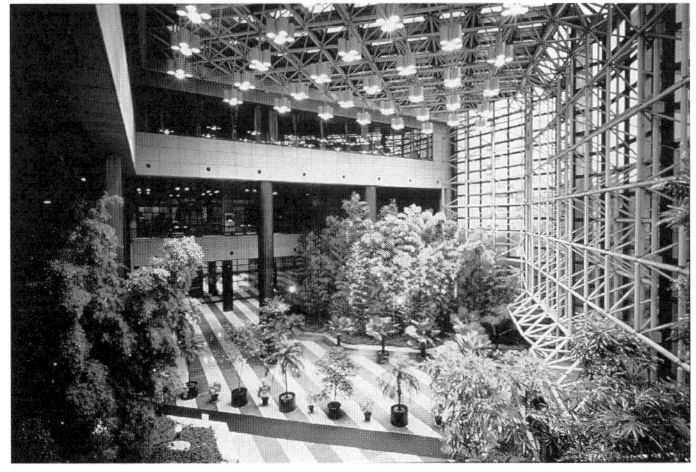

**그림1, 2 _**

제일은행본점 외관과 아트리움(1984). 원도시건축 제공.

생각했는데, 나중에 보니까 철골 기둥이 양쪽에 따로 있고 그걸 돌로 윤곽만 만들어서 커버하고 그 사이에 덕트(duct)가 들어가더라고요. 일제강점기 당시부터 덕트가 들어갔는지는 모르겠지만 배기구 같은 게 들어갈 수도 있었겠어요. 겉에서 보는 것과는 전혀 다른 풍경의 집을 구성하고 있어요. 상당히 괜찮은 집이고 현재는 서울시 문화재로 지정되어 있을 겁니다.

제일은행이 아무래도 규모가 자꾸 커지다 보니까 새로 본점을 지으려고 했어요. 옛날에 신신 백화점 있던 자리를 사서 건물을 세우는데. 그래서 신축 본부를 만들고. 신축 본부의 차장이 전동완[1] 차장이라고 나하고 대학교 동기동창이었어요. 우리가 한일은행 본점을 설계를 했기 때문에 그 친구와 만나서 어드바이스도 하고 기획 과정에서 많이 도움을 주었지요. 하루는 보자고 그래서 가니까 곧 설계 발주를 해야 할 텐데 자기 생각에는 컴페티션 같은 걸로 하는 것도 좋지만은 건축가를 선택해서 하는 것이 은행의 생각을 맘대로 개입시킬 수 있고 좀 관여할 수도 있고 하니 수의계약으로 하고 싶다고 해요. 그런 취지를 하영기[2] 은행장한테 잘 설명 드려서 추천을 했으니 만나 보자 그런 식으로 얘기가 되었어요. 하영기란 분은 나중에 얼마 뒤에 한국은행 총재로 가신 분인데 엄격하고 보수적이고 그런 분이었어요. 그래도 어떻게 얘기가 잘 되어서 한일은행 본점 설계했을 당시의 여러 가지 경험들과 은행들이 지향해야 하는 방향··· 그때 외국을 몇 번 다녀왔기 때문에 여러 가지 새로운 건축들, 이런 것들을 한참 설명 드렸더니.

**전봉희:** 그때 설명을 말씀으로만 하셨어요? 요즘은 파워포인트가 있는데 그때는.

**윤승중:** 그때는 정식으로 하려면 괘도를 만들어 했어야 하는데 그렇게 안했고, 한일은행 본점 설계한 거하고 사무실 작품집만 가져가서 얘기했지. 행장하고만 일단 첫 번째 면접을 했고, 마침 그래도 잘 이해해 주셔서. 보통 생각에 계약이나 이런 거 이전에 어떤 생각이 있는지 보자 하는데 그걸 계약을 해야지만 됩니다, 이렇게 얘기는 못하잖아요. 스케치도 해서 안도 보여드리고 조금 작업을 했었죠.

**전봉희:** 스케치도 좀 같이 보여주시고 하셨나요?



1_
전동완(全東椀): 1960년 서울대학교 공과대학 건축공학과 졸업.

2_
하영기(河永基, 1925-): 전 한국은행 총재.

**윤승중:** 예, 하나의 안을, 몇 가지 스킴(scheme)을 보여드렸죠. 처음에 고민이었던 것이 그 사이트를 보면 사거리 광장에 면했잖아요? 근데 사실은 옛날 화신 백화점이 파사드가 건물 모서리이고요, 그 남쪽에 종각도 그쪽을 향해서 있고. 그 사이트만 국지적으로 보면 지오메트리가, 집의 파사드가 주 방향이 광장의 중심으로 해서 있어야 한다라는 것이 첫인상이었고요. 조금 더 크게 전체적으로 볼 때는 격자형으로 된 지오메트리도 갖고 있는 것도 있으니까 그게 상당히 고민이었어요, 어떻게 해야 하나. 예전 화신만 해도 7층이 되니까 멀리서 잘 안 보이지 않습니까. 그런데 20층 타워로 하이라이즈가 되면 국지적인 지오메트리보다는 조금 더 큰 스케일이 중요할 수 있어서 그 두 가지를 절충해서 한 것이 정면을 45도로 두고 뒤는 전체 지오메트리에 맞추는 삼각형 비슷한 모양이 되지요. 그런 안 하나하고. 또 하나는 지금처럼 사무실 타워에다가 영업장을 붙여서 하는 안. 처음에는 아트리움 생각은 안 했었어요. 이런 두 가지 정도의 생각을 갖고 계속 얘기를 했었는데, 행장께서 삼각형은 안 된다, 왜냐면 한국 풍수사상 속에 귀가, 모퉁이가 잘라져 나가는 거, 그것은 좋은 형국이 아니라서 제일은행에서는 찬성할 수 없다 하셔서 자연스럽게 지금 현재 같은 배치로 좁혀 들어갔어요.

잘 성사가 되어가던 차에, 갑자기 한 가지 문제가 생겼어요. 그때 제일은행에서 서소문에다 지점을 하나 지으려고 했는데 그것을 희림 건축의 이영희[3] 소장이 설계를 했거든요. 당시는 계약 없이 일을 많이 했었는데 갑자기 프로젝트가 캔슬되는 바람에, 은행에서는 계약이 없으니 그 동안 했던 비용을 지불할 수도 없고 전동완 차장이 난처하게 되었어요. 자기가 일을 쭉 진행했었는데 아주 난처하게 되었다고. 본점 프로젝트 시작하고 그럴 때 거기다 조인해서 같이 해줄 수 없겠는가, 이영희 소장도 내 1년 후배이면서 잘 아는 사이이고. 그래서 희림 건축의 이영희 소장을 만나서 우리가 먼저 진행했던 것이니 쉐어를 하자고. 2:1 정도로 얘기하다가 결과적으로는 큰 프로젝트에서는 3:2 정도 쉐어를 가지는 방식으로 공동 진행하자. 모든 작업은 원도시에서 하고 희림에서는 실질적으로 한 두 사람 정도 파견 나와서 공동 팀의 일부로. 원도시 건축의 장응재를 치프로 해서 프로젝트 진행을 하겠다, 이렇게 의논하고 일단 일을 시작했습니다. 희림이 그 때는 지금처럼

3_
이영희(李永熙, 1938-): 경북 출생. 1961년 서울대학교 공과대학 건축공학과 졸업. 김희춘건축연구소, 김중업건축연구소, 국회사무처 건축기좌 등을 거쳐 1970년 희림건축 설립했다.

대조직이 아니었고, 이영희 소장이 예전에 국회의사당 건설과 과장으로 있으면서 국회의사당을 끝내고 사무실이 오픈한지 얼마 안 되었을 때예요. 이영희 소장한테는 제일은행 본점이 중요한 프로젝트였던 것이죠. 나중에 보면 활용을 잘하는 거 같아요. 하여튼 그렇게 어떤 합의 아래 진행을 했어요.

그 당시 내 생각에는 한일은행 본점 때처럼 앞으로 은행에서는 영업장이 중요하다기 보다는 글로벌한 사이즈의 그런 오피스 타워가 오히려 간판이 되어야 한다, 그런 생각이라서. 땅이 그렇게 생겨 어쩔 수 없이 앞에 영업장을 둔 것이 처음 생각하고는 다른 방향이 되었잖아요? 그래서 한참 고민 끝에 생각한 것이 마침 거기가 지하철하고 만나는 곳이라서 지하철 레벨이 거기서부터 직접 들어와 선큰(sunken)을 이용해서 지하층하고 1층, 2층, 3층까지를 전체가 영업장이 되게 통합하는…. 또 영업장을 부각시키지 않기 위해서 본점과 영업장 사이에다가 아트리움으로 4층 높이의 유리박스를 씌워서 광장에서의 파사드로 한 거죠. 앞에다가 아트리움을 끼워 넣어서 실제로 대각선 정면에서 보면은 아트리움이 오히려 그 집의 파사드가 되고. 아트리움은 두 매스 사이를 연결시키고 또 지하철 선큰 광장도 연결되어서 전부다 도시 공간, 실내 플라자 같은 개념으로 커먼플레이스(commonplace)를 만들 생각을 했어요. 실제로 지하철역에서 보면 유리가 많고, 사람들도 거기가 중요한 곳이기 때문에 들어가서 커피도 마시고 그럴 수 있는 좋은 장소로서 소위 커먼플라자 같은. 전에 뉴욕 가서 본 것이 그런 거였어요. 뉴욕 시장의 이름은 잊어버렸는데 뉴욕이 한동안 상당히 저조할 때 도시개발을 활성화하기 위해서 5층까지, 예를 들어 아트리움 같은 커먼플레이스를 만들면 그만큼을 보너스를 주겠다고 했죠. 1978년도쯤 두세 번 뉴욕에 갔었는데, 그때 본 인상은 다운타운에 중요한 건물들에는 거의 다 5층 높이의 아트리움이 있어서 시민을 위한 공간이 되는 그걸 굉장히 좋은 정책으로 봤어요. 화신 앞에도 상당히 번잡한 곳이기 때문에 그런 게 가능했는데 그 때는 은행이 커피숍 같은 부대시설을 임대 준다는 것은 불가능해서 성공은 못 했었는데 요즘은 어떻게 쓰는지 모르겠네요. 또 서울시가 그 당시에는 굉장히 경직된 생각을 가지고 있어서 여러 가지로 충돌이 많았고 사실은 허가 받는 것이 상당히 어려웠었어요. 그동안에 그 집은 몇 가지 기술적인 것들도 제안했는데, 첫 번째는 거기가 청계천에서 가깝고 해서 굉장히 물이 많은 지역이에요. 그런데 지하 4층까지 땅을 파야하니까 공사가 어려웠지요. 그 당시에 '디워터링 시스템'(de-watering system)이라는 것을 누가 특허를 가지고 있었는데 콘크리트 옹벽 밖에다가 물이 스며들 수 있는 시트(sheet)를 붙여가지고 물을 끌어올려서 그것에 의하여 주변의 지하수위를 거기서 끝을 내고 안으로는 차단하는 그런 식의 특허를 가지고 있었는데요.

**전봉희:** 시트를 붙인다고요?

**윤승중:** 예, 그거를 아직까지 써 본 일이 별로 없었던 거 같아요. 처음에 그쪽에다 용역을 주려고 했더니 설계하고 뭐하는 용역비용이 꽤 많이 나와서 설계비를 줘야하는데, 근데 사실 그것은 그만큼 공사비가 줄 수 있어서 은행한테 도움이 되는 건데, 지하층 콘크리트 두께를 줄여주고 공사비 자체가 세이브 되는 것인데 한창 실갱이 하다가 할 수 없이 우리가 용역비를 주고 혜택은 은행이 본거지요. 또 모든 데스크가 다 전산화되면서 그 당시에는 보통 다 아시는 것처럼 컨지트 파이프를 통해서 전기 배선을 했었고요, 그러다가 그 다음에 플로어 덕트라는 것을 써서 조금 더 얇게 만들어가지고 했어요. 그것도 한쪽 방향 밖에 못가지요. 그것을 띄워서 5센티미터 전체 공간을 만들어서 사방으로 다 케이블이 갈 수 있게. 보통 전산실에서만 쓰는데 그때 우리는 전에는 한 20센티 높이였던걸 낮춰서 5센티 깊이로 하고 그 파이프, 케이블을 움직이는 것이 마우스라는 것을 써가지고, 움직여서 그 케이블을 와이어링(wiring)하는, 전층을 플로팅 데크 시스템(floating-deck system)을 썼고요. 그러고 바깥에 돌을 붙인다든지 그럴 때 먼저 콘크리트 벽을 치고 나서 돌을 붙이는 걸로 생각하는데 우리는 트러스(truss)에다가 돌을 붙여서 그걸 큰 패널 만들어서 붙이는 방법으로 공장에서 생산된 외장 벽 시스템을 썼고요. 이런 것도 전부 용역비가 들어가는데 그것도 우리가 결국 했어요. 그것이 공기를 단축을 시키고 그런 의미가 있기 때문에 그렇게 했죠. 그러고 아트리움은 굉장히 규모가 크게 했습니다. 물론 그 전에 교보빌딩에서 먼저 했습니다만 좀 다른 구조방법으로 했죠. 독일에서 메로 시스템(mero system)이라는 것이 국내에 처음 도입되었는데 그것을 써서 시공했어요. 그때만 해도 투박해서 좀 더 날씬하게 지었으면 좋았을 거라는 생각이 있습니다. 유리도 그때는 로이 글래스[4] 이런 기술들이 들어오기 전이었기 때문에 구식 유리였고 색이 어두워서 아트리움 자체가 좀 덜 투명해졌어요. 또 한 가지, 아트리움에 해가 비치면 열이 올라가서 우리나라 기후에

**4_**
로이 글래스(low-e glass): Low Emissivity(저방사)의 줄임말로서 이중유리 중 그 내면부에 특수한 금속막을 둔 것을 말한다. 금속막이 방사에 의한 열 전달을 억제하기 때문에 기존 유리에 비해 단열성능이 높다.

적합한 방법은 아니었어요. 그래서 한일기술엔지니어링과 검토해서 온도를 유지하려면 천정을 개폐할 수 있도록 해서 더운 공기가 밖으로 빠져나가도록 하는 시스템을 써야 하는데, 그것이 꽤 높지 않습니까? 그래서 천정의 유리돔을 자동으로 올리는 유리 천정판 개폐장치를 일본의 어떤 회사에서 도입해 시공했죠. 그거는 굉장히 비싼 비용이 들기 때문에 우리가 내지 않고 은행에서 냈습니다. 지금도 전체 피라미드 형이 하나씩 들리게 되어있어요. 공기가 빠져나갈 수 있도록. 그런 식의 시스템 설계를 했습니다. 그런데 실제로 사람들이 볼 때 아트리움이 있으면 아트리움이다, 하는데 그것을 완성하는데 굉장한 엔지니어링 서비스가 있어야 하고, 실제로 경험이 필요하니까. 실제로 설계사무실들이 경험이 필요한 이유는 그런 거 같아요. 자신 있게 할 수 있는 것은 그만한 경험이 있기 때문이죠.



설계 도중에 외국의 은행들을 살펴보려고 신축본부장, 신축본부팀하고 나하고 이영희 소장, 장응재 팀장이 일부러 일본, 미국, 캐나다 세 나라를 시찰하러 갔습니다. 그때 내가 유심히 본 것은 영업장의 방식이었는데 그 당시 우리나라하고 상당히 달라요. 우리는 캐시어(casher)는 아주 조금 밖에 없고 나머지는 카운터가 죽 있고 그 뒤에 직원들이 있지요. 카운터 뒤쪽으로 들어가면 보통 사람들은 어색하지요. 거기서는 거의 3/4, 4/5가 그런 론(loan) 매니저들이 플로어에 나와 있어 가지고. 은행에서 주로 장사하는 것은 돈을 빌려주는 장사잖아요? 은행개념이 우리와 달라요. 국제적으로 여러 가지 돈, 증권 교환으로 장사를 하기 때문에 보통 사람들이 생각하고 있던 예금출납 영업장이란 개념이 거기선 굉장히 약해진 거죠. 우리나라도 그렇게 되지 않을까 생각하고 왔어요. 하영기 은행장 후임으로 이필선 행장님이 오셨는데 이분은 유럽의 여러 지점장을 거쳐서 오셨기 때문에 유럽의 은행에 대해서 굉장히 안목을 가지고 있고 또 개인적으로 한 다리 건너서 잘 아는 분이었기 때문에 자주 토론을 했고. 그분이 유럽에서 살다 오셨기 때문에 건축에 상당히 관심이 많아서 가끔 불러서 얘기도 하곤 했어요. 몇 가지 재밌는 얘기를 했는데, 우선 영업장이라는 것을 전부 축소하는 것은 그분도 찬성을 했어요. 앞으로 은행이라는 것이 큰 중앙 영업장, 그런 것을 지향할 것이 아니라 도시 곳곳에 작은 리테일 샵들이 있는, 그런 형식으로 되어야 하지 않을까. 요즘 보면 그렇게 되어 있지요. 은행들이 리테일 규모의 소규모 점포들이 많죠. 그것이 앞으로의 경향이다, 그 당시 그렇게 얘기하였고, 그것이 20년 전부터 실행이 된 거죠. 은행들이 또 1970년 초에 생각했던 것처럼 모든 카운터들이 슬로우하고 퀵, 두 가지 카운터로 나누어지고 간소화할 것이다, 이런 생각을 같이 했고. 근데 한 가지 동의 못 받은 게 있어요. 행장님이 출근하실 때 어떻게 하시겠습니까 물었어요. 왜 물어보았냐면 전에 한번 어떤 은행에서 위로 올라가려고 엘리베이터 앞에 서 있었는데 갑자기 행장이 도착했어요. 갑자기 수위들이 쫙 집합해서 엘레베이터 다 열어놓고 기다리고, 행장은 쏙 들어가서 혼자 올라가더라고요. 어떻게 저럴 수가 있느냐 생각했죠. 그래서 그렇게 출근하시겠냐? 나는 오히려 그렇게 하시는 거보다 사람들한테 행장이 지나가시면 서로 불편하니까 차타고 지하주차장으로 가서 엘리베이터 근처에다가 행장 전용 주차장 만들고 올라가시면 아무도 안 보고 좋지 않습니까, 그랬더니 행장님께서 '나는 그렇게 할 수 있는데 다음 행장은 아마 안 그럴 것이다.' 그랬어요. 다른 입장 등도 고려가 되어야 한다, 그런 거 하고. 하여튼 꽤 재밌게 진행을 했어요.

**전봉희:** 아닌 게 아니라 다른 은행에 비해서 지었을 당시에 조금 덜 권위적이라고 할까요?

**윤승중:** 오늘 얘기할 것 중에 사실은 김정식 회장님하고 겹치는 게 2개가 있는데, 하나가 〈무역센터〉, 김정식 회장님하고 무역센터 같이 했거든요. 그리고 〈영종도 공항〉도 같이 했고. 거기엔 총 책임자로 오셨으니까 좀, 기억이 서로 다를 수도 있고, 좀 더 보충도 될 거 같고 그럴 거 같네요.

**전봉희:** 아까 드렸던 질문은, 그 당시 그 건물이 지어졌을 때 한일은행도 그랬지만 그렇게 큰 건물이 우리나라에 막 지어졌지만 당시만 해도, 그런 큰 건물이 지어지면 건축 잡지의 표지가 될 정도로 큰 사건들이었단 말이죠. 그래서 기억이 나는 게, 기존 은행에 비해서 조금 가볍다, 이런 느낌을 받았어요. 덜 권위적이다. 근데 지금 말씀하시는 걸 보니까 굉장히 그런 의도를 강하게 갖고 계십니다. 여전히 그러시고요?

**윤승중:** 들어가 보셨나요?

**전봉희:** 아, 아니요.

**윤승중:** 남대문로에 4개의 빌딩을 지었다고 했지요? 아까운 것은 모두 오피스 빌딩이어서 일반 사람들하고 친하지가 않아요. 소위 커먼플레이스가 아니고. 일반사람들하고 친한 건축이면 더 좋았을 텐데. 사실 우리나라에서는 비교적 오피스 빌딩에 자유롭게 드나들지만, 요즘은 아마 안 그럴 수도 있겠는데. 미국 같은데 가면 사무실 들어갈때 미리 약속이 없으면 총 들고 있는 경비가 못 들어가게 하잖아요. 그렇게 사실은 오피스라는 게 굉장히 폐쇄적인 집이에요. 요즘은 한국도 그런 곳이 꽤 있더라고요. 카드 없으면 못 들어가고.

그 다음 〈코오롱〉그룹의 〈동아투자금융〉과 〈한일투자금융〉을 지었고. 그리고 정동 골목의 〈조선일보본사사옥〉. 크지는 않지만 보통 집과는 좀 다른 게, 이를 테면 그 거리가 서울에선 굉장히 좋은, 재밌는, 기억에 남는 곳이거든요. 거기 이상하게도 김수근 선생님 작품이 하나 있어요. 샤프트가 이렇게 있고 시커먼 알루미늄 패널이 붙어있는. 자꾸 용도가 바뀌어서 어떻게 쓰이는지 잘 모르겠는데, 혹시 봤어요?

동아투자금융
한일투자금융

**전봉희:** 봤습니다. 이광노 선생님 광화문 빌딩 맞은 편 집.

**윤승중:** 하여튼 용도가 자꾸 바뀌어서. 그 건물이 있고 우리가 했던 조선일보가 바로 그 옆이거든요. 조금 더 가면 김원 씨가 성공회, 그걸 익스텐션을 하면서 수녀원을 만들었고. 좀 더 나가면 김중업 선생님이 하신 세실극장이 있어요. 큰 건 아니지만 경쟁하는 것 같은 위치에 조심스럽다는 생각도 하고. (웃음)



정동 조선일보 사옥

조선일보 사옥이 그 지하에 약 30미터를 팠거든요. 왜냐하면 윤전기가 투라인으로 들어가는데 윤전기 값이 한 300억 되는 거예요. 어마어마한 것이 들어가야 해서 배보다 배꼽이 더 큰. 그렇게 최고급 윤전기를 두 라인을 넣는데 높이가 윤전기 자체만 한 20미터 필요로 해요. 그러다 보니까 지하 1층까지 지하 28미터인가 파게 되었죠. 그리고 윤전기라는 것이 굉장히 큰 공장이지 않습니까. 다른 것과 차단할 필요도 있고. 그리고 지상은 자기네 신문사 편집실하고 문화센터를 같이 겸해서 있고, 갤러리도 있고 조그만 공연장도 있고 그렇게 계획되었기 때문에 작지만 굉장히 복합적인 거지요. 한 가지 재밌는 것은 거기 두 분의 방씨가 계신데 한 분은 당시 사장으로 설립자 방일영 회장의 아들이신데, 방상훈[5] 사장이었어요. 의욕적이고 건축에 대해 관심이 많아서 강하게 주장했고. 또 한 명의 방 씨는 조카나 이렇게 되는데 방계성[6] 본부장이라고 있어요. 전무이면서 본부장이신데, 그 양반이 나중에 현장 감리까지 직접 다 본인이 했거든요. 얼마나 꼼꼼하고 정확한가 하면 우리가 감리를 하는데도 불구하고 그분이 직접 현장에 나오셔서 레미콘이 어디서 출발했다 그러면 그 시간을 체크하고 도착할 때까지 스펙에서 규정한 시간보다 얼마가 초과되었다. 그런 것까지 챙길 정도로. 별로 큰 문제는 없었지만 그 양반이 그렇게 하신 이유가 꼼꼼한 성격이기도

5_
방상훈(方相勳, 1948-): 조선일보 사장.

6_
방계성(方桂成, 1941-): 전 조선일보 부사장.

하지만 지하 30미터를 판다는 부담감 때문이었던 거예요. 그것이 잘못하면 무너지지 않습니까. 우리가 감리를 하는 데도 불구하고 그분이 더 하셔서 감리의 감리. (웃음) 그래도 굉장히 매너가 좋아서 상대방 입장을 건드리지 않으면서 잘하셔서 그분의 도움을 사실 많이 받은 편이에요. 큰 관심으로 두 클라이언트가 적극적 개입했는데 상당히 좋은 케이스를 만든 거지요. 아까 얘기한 방상훈 사장은 어떤 개입을 했냐면 무조건 벽돌집으로 해 달라, 한 8층 높이에 벽돌을 타일처럼 붙여서 페르시안 벽돌로 했으면 좋겠다는 거예요. 실제로 디테일을 개발해서 벽돌로 했고. 하고 보니 전체적 분위기 때문에 지붕을 동판을 씌웠는데 어떻게 보면 그 당시 포스트모던이 유행할 때라서 가능했지 옛날 같으면 못했을 분위기의 집이죠. 상당히 애매모호한 그런 집이 되었어요. 결과적으로 보면 멀리 시청 광장에서 그 건물이 잘 보이거든요? 대개 동판 지붕이 보이죠. 부근의 분위기하고 잘 맞는 거 같아. 인왕산도 보이고. 거기에 굉장히 밝은 하얀 돌집 이런 것들이 섰을 때보다는 벽돌 페이싱(facing)을 갖는 큰 동판 지붕을 가진 집으로 일단 세팅되었다는 것이 결과적으로 괜찮았던 거 같아요.

**전봉희:** 지금도 그 안에서 신문을 찍나요?

**윤승중:** 그럼요.

**전봉희:** 그럼 평촌에 지은 건?

**윤승중:** 전국에 10군데가 넘어요, 그런 공장이. 왜 자꾸 따로 짓느냐면, 신문이 굉장히 적자가 나는 이유가 배달료 때문이에요. 그래서 시간, 거리를 줄이기 위해서는 로컬을 만들지 않으면 배달이 안 되니까. 그 집을 설계하면서 한 가지 약속한 게 있는데 자기네하고 계속 일을 할 동안 다른 신문사 일은 안 한다는 서약을 하는 거지요.

**전봉희:** 신문사가 그런 게 세더라고요.

**윤승중:** 왜 그러나 했더니 신문사에 윤전기 시스템이 시간을 다투는 일이기 때문에 그것을 운영하는 게 굉장히 노하우가 있더라고요. 그것을 다른 데 알려주면 안 되기 때문에. 사실은 한국일보사에서도 의뢰가 왔었는데 할 수 없이 못하게 되었지. 아무튼 굉장히 좋은 인연을 맺어서 평촌도 우리가 했고. 성남, {**전봉희:** 아, 성남} 그리고 목동에 〈스포츠 조선 사옥〉, 그런 식으로 좋은 클라이언트가 되었어요. 처음에 어렵게 여러 가지 약속을 하면서 시작했지만 우리가 잘 지키고 충실하게 했기 때문에 계속해서 클라이언트가 되어준. 사실은 건축가 사무실 할 때 그게 굉장히 중요한 거예요. 한번 맺은 인연으로

자꾸 새끼 쳐 나가는 게 필요한데. 외국은 거의 다 그런 식으로 되는데 우리나라는 그게 잘 안 되는 거 같아요. 한번 프로젝트를 하고 나면 대개는 인연이 끊어지는 경우가 많고. 앞으로 우리나라도 그런 좋은 제도가 정착이 되어야 할 텐데.

포항제철 중앙연구소

그 다음에 또 한 가지가 재밌었던 게 〈포항제철 중앙연구소〉라는 것을 우리가 설계를 하게 돼요. 그것은 처음부터 시작이 박태준 회장이 투자를 해서 우리나라 제강을 세계적인 국가기업으로 만들겠다, 포항공과대학을 한국의 MIT로 만들겠다, 이것이 목표였어요. 그래서 제일 먼저 한 일이 지금은 돌아가신 김호길[7] 박사의 동생 되는 김영길[8] 박사라고 있어요. 그분이 한동대학 총장을 하신 분이죠. 그 형제분이 서로 막상막하로 학문적으로, 인간적으로 훌륭한 분들이었는데 그분들이 인적구성을 하고 학교를 짓게 되었죠. 그때 한 가지 잘못한 게 있어요. 외국에 그렇게 썩 알려지지 않은 건축가가, 그렇게 유명한 분은 아니었는데, 지금 이름이 생각 안 나는데 미국에 사무실이 있어요. 전체 마스터플랜하고 기본설계 일을 했었거든요. 마스터플랜하고 프로그램 일을 했었어요. 어떻게 보면 굉장히 단순하게 생각해서 포항공과대학, 포항연구소, 두 가지를 가운데 플라자를 두고 대립해 있는 그런 공간을 만들고, 광장에서부터 가운데로 쭉 학생들이 통행할 수 있는 페데스트리안 스트리트를 만들고. 양쪽에다가 교육시설을 놓고. 가운데 통로에 가까운 쪽에 학생들의 시설을 두고 교수들은 좀 뒤쪽으로 물러나는, 그런 다이어그램을 제안했었거든요. 그때까진 건축적인 생각을 많이 안했고 마스터플랜 컨셉으로 간 거지요. 그건 상당히 좋은 생각이었어요. 개념 자체가. 근데 건축의 다자인은 너무 단순하고 좀 그렇더라고요. 그런 마스터플랜을 받았는데 마침 대학 동기 중에 김택중이라는 친구가 거기에 건축과장을 맡고 있었거든요. 포항제철이 전체 프로젝트 건축주이고 그랬는데, 자기가 좋아하는 사람들 셋을 인바이트 했어요. 원정수 교수님하고 최관영[9] 소장하고 나. 이렇게 셋을 인바이트해서 기본설계하고 실시설계를



7_
김호길(金浩吉, 1933-1994): 1956년 서울대학교 물리학과 졸업. 영국과 미국에서 연구를 한 뒤 미국의 여러 대학에서 교편을 잡았다. 1983년 귀국하여 연암공업전문대학 학장을 역임했고, 1985년부터 포항공과대학 설립에 관여했으며 학장을 지냈다.

8_
김영길(金泳吉, 1939-): 1964년 서울대학교 금속공학과 졸업. 렌셀러폴리테크닉대학교 재료공학 박사. 미국 NASA 루이스연구원 연구원, 한국과학기술원 재료공학과 교수 등을 거쳐 한동대학교 총장을 역임했다.

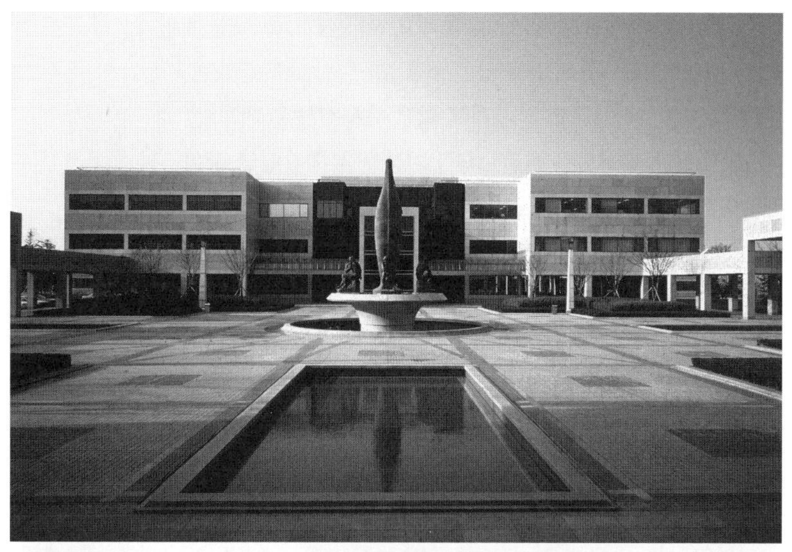

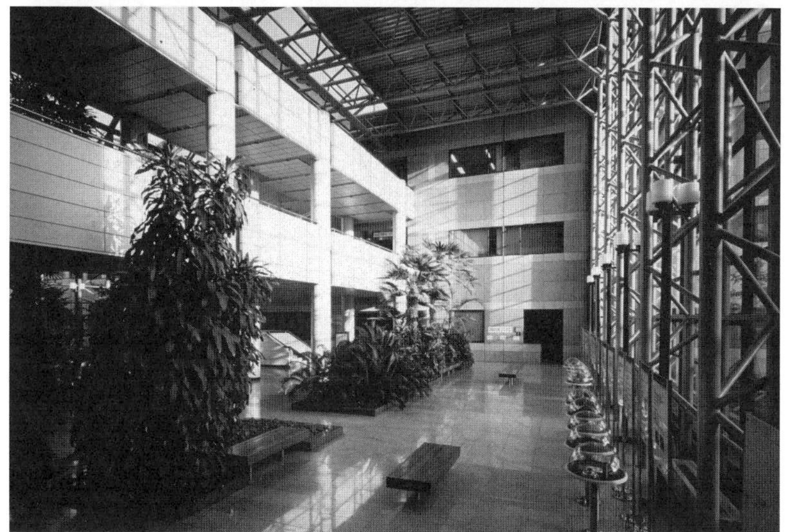

**그림3, 4 _**

포항제철신연구소. 원도시건축 제공.

해야 할 텐데 세 분이서 같이 할 수 있느냐? 좋지요. 어떻게 일을 나눌 것인가 하다가 우리가 연구소를 맡아서 독립해 있는 일을 맡고, 원 교수님하고 최관영 소장이 학교를 나눠서 맡고. 본부하고 학교 사무실들은 대개 원 교수님이 하시고. 도서관, 학생회관 이런 2차적 기능들을 최관영 소장이 하시고, 그런 식으로 분배를 했어요. 근데 학교 쪽은 마스터플랜에서 제시한 프린시펄을 비교적 잘 지켜서 일단 안을 디벨롭을 시켜나갔고. 근데 이쪽은 내가 보니까 마스터플랜 가지고는 집이 잘 안될 것 같아서, 포항제철에서 다시 프로그램을 받아서 다른 방법으로 했어요. 실제로 집의 형태는 비슷하게 만들어졌지만 시스템은 완전 다른 안을 만들었죠. 그걸 갖고 김택중 본부장하고 셋이 같이 뉴욕에 가서 그쪽 사무실에 며칠 동안 있으면서 같이 협의를 했었지요. 이 친구[10)]가 우리의 연구소 안에 대해서 굉장히 불만이 많았어요. 왜냐하면 자기 것을 막 바꿨으니까. 그렇게 마스터플랜은 했지만 미안하지만 우리가 프로그램을 가지고 이렇게 만들었다고. 그 친구가 전권을 맡고 있지는 않았기 때문에 더 이상 뭐라고는 못했습니다. 또 그 친구가 알선해서 미국의 중요 대학 몇 개 하고 중요 연구소에 갔었는데, 그 연구소에서 본 것이 굉장히 인상적이었어요. 저 유명한 석유회사, 제일 큰 석유회사가 뭐지요?



**전봉희:** 미국이요? 칼텍스인가?

**우동선:** 쉘?

**윤승중:** 아, 엡슨(Epson) 그런 석유회사 부속연구소인데, 가서 보니까 거기는 박사급 연구원이 500명이고 거의 독자적으로 각각 자기의 프로젝트를 개발해서 한다고 해요. 팀도 자기 맘대로 구성할 수 있고. 우리가 전에 키스트를 했기 때문에 관심 있게 봤지만, 키스트 보면 연구자가 예산을 받고 연구 검증받는 과정이 굉장히 힘들었거든요, 관료주의적이라. 근데 미국에선 처음 제안해가지고 그것이 위원회에서 통과가 되면 내가 연구비로 100만불이 필요합니다, 그러면 그걸 준대요. 사람들도 자기가 데려다 쓰고, 연구 장치들도 사다 쓰고. 한 6개월 정도 연구한 다음에 성공하면 반반씩 로열티를 나누고,

9_
최관영(崔寬泳, 1941-): 1965년 서울대학교 공과대학 건축공학과 졸업. 범아건축연구소, 일양건축연구소 등을 거쳐 1979년 일건종합환경연구소 설립. 현재 대표.

10_
미국사무소의 마스터플랜한 사람.

실패하면 그냥 그걸로 끝나고. 그러니 연구자에게 얼마나 좋은 시스템인가요. 미국이 그만큼 엄청난 새로운 개발 능력이 있는 거지요. 물론 연구원을 뽑을 때 잘 뽑았겠지만, 좋은 제안을 하면 그냥 무조건 믿어주고 될 때까지 해보라, 하면서 완전 지원해 주는 거예요 그렇기 때문에 그 연구소는 연구원 방하고 나머지는 전부다 랩인데, 그 랩은 여러 가지 서플라이가 가능하게 준비해놓고 자꾸 바뀌는 거지요. 연구자가 바뀌고 프로젝트가 바뀌면 계속 장치가 바뀌는 거니까요. 양쪽 실험실 사이에 서플라이 코리도(supply corridor)를 두어서 수시고 바꾸고, 그런 장치가 있고, 연구실은 별로 크지도 않아요. 한 사방 3미터 60센티 되려나, 이거보다 좀 작을지 모르겠어요. 아주 컴팩트하게 앉아서 모든 것을 다 할 수 있는 장치를 두고 그것은 사무실로만 쓰고 실제로 연구 작업은 자기 앞에 있는 랩에서 하겠지요.

또 한 가지 재밌는 제도가 라이브러리가 있는데 컴퓨터로 주문해서 자기가 책을 찾아서 방에서 보고, 밖에 바스켓이 있더라고요. 그래서 매일 아침, 저녁으로 와서 수거해가는 그런 서비스 받고. 그러다 보니 방이 크지 않아도 되요. 교수님들 방에 가 보면 책이 굉장히 많지요. 거긴 상당수가 도서관에 빌려온 것이니까. 매일매일 반복을 한다고 그래요. 방에 책을 많이 갖고 있을 필요가 없는 거지요. 또 실험실, 연구실 사이 중간에 조그만 커피 브레이크 코너가 있어서, 칠판이 있고 커피가 항상 있고. 서양 사람들은 커피 브레이크 문화가 있기 때문에 가능한지도 모르겠어요. 대개 10시에서 11시 사이, 2시에서 3시 사이에 각자 방에서 연구하던 사람들이 커피 마시러 나오면 거기 앉아서 잡담하는데 다들 다른 연구를 하는 사람들이거든요. 거기서 얘기하면서 굉장히 창의적인 생각이 나온다는 거지. 이야기를 하다보면 토론을 시작하면 자기가 맞다면서 싸우기도 하고. 이런 식으로 다른 연구소, 연구 팀들과 뭔가 발전적인 얘기를 나누고. 그 뒤에 나오는 방법은 요소들을 아예 오픈하는, 개방하는 그런 시스템으로 운영되었다고 해요. 그런 개념들을 봤지요. 포항연구소에 그런 개념으로 코너를 만들어 줬더니 나중에 보니까 비어 있어요. 사람들이 안 나오는 거예요. 커피를 항상 무료로 공급하지 않았기 때문일 거고, 또 한 가지는 커피 브레이크란 개념이 없어서. 그러니까 그것이 굉장히 좋은 문화더라고요. 사실 설계사무실서 보면 그런 토론들이 일어나고 하면 좋겠는데. 학교에도 그런 분위기는 없지요?

**전봉희:** 예, 잘 없지요.

**윤승중:** 학과장실 옆에 가면 그런 게 좀 있나요? 사실 건국대학교 건축대학원에서 외래나 겸임교수를 위한 그런 방을 하나 만들어서 커피를

갖다놓고 그렇게 하자. 자연스럽게 교수들하고 미팅도 하고. 의무적으로 일주일에 2번씩은 만나자 약속했는데, 한 3주 진행 되다가 아무도 안 오더라고요. 우리나라는 아직도 그런 문화가 잘 안 되는 거 같아요. 미국의 큰 원동력 중의 하나가 토론을 통해서 새로운 발견을 하는 게 굉장히 좋은 거라는 생각이 들었어요.

박태준 회장하고 직접 만나서 얘기할 기회가 있었어요. 박태준 회장이 어떤 사람이냐 하면 포항제철 사람들 전부다 정강이를 구둣발로 까인다 그래요. 뭐가 마음에 안 들면요. 그렇게 강한 그런 걸 받으면서 거기 근무하지 않습니까? 그런데 모두가 박태준 회장은 위대한 분이고 철저하게 봉사한다, 그런 생각을 다들 가지고 있어요. 그런 식의 대우를 받는 데도. 그 정도로 전체가 권위를 인정하고요. 그런 요소가 몇 가지 있더라고요. 직원들 입장에서 봤을 때 거기는 어떻게 보면 오지이죠. 공장을 만들고 시작할 때 제일 먼저 한 일이 뭐냐면 직원들을 위한 하우징을 만들었어요. 하우징 만들고 그것을 무료로 빌려주는 것이 아니라 다 돈을 조금씩 내고 사게 만들었다고요. 다 개인 소유로. 그것이 이젠 다 값이 올라서 자산들을 갖게 되었죠. 그것이 굉장히 고마움으로 생각이 됐고요. 또 나중에 광양에다가 2차 제철소를 만들 때 거기 연구소 분원을 설계해서 광양에 자주 갔었어요. 초창기에 땅을 뱅킹해서 부지를 만들고 건설을 시작했는데, 제일 처음에 한 일이 4차선 아스팔트 도로를 미리 만들고 유치원, 초등학교, 중학교를 처음에 만들었어요. 초등학교, 중학교 교장이 리라 초등학교 교장 하시던 유명한 분인데, 그 분을 스카우트해서 앉혀 놓고, 1980년대 초반인데 전부다 컴퓨터를 갖다놓고 서울보다 훨씬 좋은 시설을 만들었어요. 그 양반 생각은 여기에 와서 일하는 사람들, 공사하는 사람들이나 직원들이 오지에 와서 봉사하기 때문에 기본적인 생활은 확실하게 만들어 준다, 그것이 아마 사람들을 충복으로 만들어 줬던 힘이라고 생각해요. 그런 식으로 아주 대단한 박태준 회장하고 일을 하게 됐었죠.

한번은 내가 그 양반을 잘 모르고 박태준 회장한테 반론으로 이렇게 얘기한 적이 있어요. 전체 학교 캠퍼스와 연구소 안을 놓고 미국 친구도 오고 전부다 모여서 서울 한 호텔에서 프레젠테이션을 했는데, 갑자기 엉뚱한 소리를 하시더라고요. 가운데 분수가 있고 양쪽 파사드가 있고, 게이트가 있고, 거기에 돌로 포장된 광장이 있거든요. 말하자면 아카데믹 플라자, 보행자 광장이죠. 그 양반이 보고 있다가 대통령이 오면 어떡하느냐, 게이트까지 차가 들어와야 하는데 돌로 마감하면 어떻게 하냐. 그러면서 거기다 광장을 가로질러 길을 내라는 거예요. 전부다 어떻게 해야 하나 속으로만 걱정하고 입을 닫고 있더라고요. 내가 옆에 있다가, "대통령 오는 날은 1년에 한 두 번이고 그것 때문에 학생들이 하루 종일 생활하는 곳에 아스팔트 길을 내야 됩니까" 돌 포장을 했기 때문에 차가 들어올 수 있으니까 양쪽에 스텝을 램프만 만들어 두면 그건 얼마든지 이머전시로 쓸 수가 있으니 지금부터 미리 만들어둘 필요가 없다, 그대로 가는 게 좋겠습니다 그랬어요. 했더니 그 양반이 "아, 그래? 그럼 갑시다." 이렇게 쉽게 될 일인데 (웃음) 주변 사람들은 말을 못하고, 그 정도로 그 양반이 무서운 사람인 거예요. 나중에 미국 친구도 그렇고 축하한다고 그래요. 박태준 회장한테 얘기를 해서 통과시켰다 이거죠. 그리고 포항을 갔더니 또 축하 받았어요. 박태준 회장한테 말을 했다고.

**전봉희:** 대화를 했다고. (웃음)

**윤승중:** 분위기를 모르니깐 그렇게 말할 수 있었던 거지. 그래서 얻어냈어요. 내 생각에는 요즘도 대통령 앞에서 그렇게 말을 못해가지고 엉뚱한 일하는 게 많은 거 같아요. 특히 박정희 대통령 때도 한마디만 하면 괜찮을 것을, 다 못해가지고 그렇게 하는 경우가 상당히 많더라고요. 요즘은 좀 나아졌을까? 난 나아지지 않은 거 같아요. 심지어는 시민하고 친하다는 노무현 대통령조차도 그 앞에 가서는 전혀 농을 못했던 거 같아요. 잠깐, 쉬었다 할까요?

(휴식)

**전봉희:** 80년대 들어와서는 부쩍 큰 작업들이 많아져서, 그런 생각은 듭니다. 80년경 해서는 벌써 직원이 50명 수준으로 늘어나고, 그 이후로도 조금씩 늘었겠죠? 이런 상황에서 작업을 하는 방식은 어땠는지가 약간 궁금합니다. 그러니까 아까 포항이나, 이제까지 말씀하신 것은 다 선생님이 깊숙하게 관계하고 내용을 파악하고 계셔서 브리핑을 한 것들이고, 오늘 적어 오신 작품들은 아마, 대개 그런 작품들일 거 같은데요, 이렇지 못했던 작품들도 있지요? 이런 작품은 어떤 식으로 일을 처리하고, 아닐 때는 어떻게 처리하시는지?

**윤승중:** 개괄적으로 얘기하면 70년대는 변용 씨하고 같이 출발했지만 대개 내 생각이 좀 더 강했을 수 있어요. 70년대는 내 생각이 아마 좀 더 지배적인, 내 주장이 강한 쪽으로 생각이 정리가 되었다면, 80년대 들어와서는 변용 씨가 강해지고 또 다른 파트너들, 이를 테면 장응재, 민현식, 김석주 이런 사람들이 역할을 키워서 훨씬 더 다양한 성과들이 만들어지는 때라고 봐야죠. 많은

일들  중에서 얘기하는 것은 내가 거의 주관했던, 내 생각이 많이 반영되었던 것들을 주로 얘기했고, 또 반대로 다른 파트너들이 한 것은 잠깐씩 언급하는 이런 식으로 해왔거든요? 점점 앞으로 그렇게 될 가능성이 있지요. 90년대 이후에 들어와서는 내 역할이 어느 정도 줄어서 몇 개만 관여했고, 나머지는 다른 멤버들에 의해서 다양하게.

나는 원도시는 처음서부터 건축가들의 모임이었기 때문에 결과적으로 보면 생각들이 다 섞여서 '우리'라는 표현이 되어 왔다고 생각해요. 그것이 장점도 있고 단점도 있겠는데. 장점인 것은 건축 작품들이 좀 주장이 강하다는 점이었는데 그게 점점 없어져가는 듯한 그런 경향을 볼 수가 있지요. 사실은 그것은 우리뿐 만 아니라 우리나라 건축사무실 전반적인 문제이기도 한데. 모든 것들이 컴페티션에 의해 성사가 되지 않습니까? 컴페티션이라는 것은 굉장히 큰 문제가 있는데 거기서 살아남으려면 심사위원의 눈을 통과해야 하잖아요? 근데 심사위원 눈은 알 수가 없으니까 결과적으로 객관적인 경향이라든지, 자꾸만 어떤 트렌드에다가 자기를 맡기는 방향으로 하죠. 그러다보니 거의 대부분의 사무실들이 사용하는 디자인 어휘들이나 소재들이 다 유사해지고  모든 것들이 자꾸만 트렌드화 되어간다, 남의 눈을 의식해서 생각을 하기 때문에 자기 주장이 약해진다. 이런 것들이 지금 현재에 와서 원도시도 그렇고 90년대 이후에 와서는 할 수 없이 그렇게 되지 않았을까, 그렇죠.

컴페티션의 장점이 사실 두 가지 경우가 있는데 하나는, 알려지지 않은 신인 건축가들이 이런 경쟁  관문을 통해서 등장하게 되는 좋은 케이스가 있고, 또 한 가지는 서로 경쟁하기 때문에 적극적인 생각, 도전적인 생각이 서로 경쟁이 되는. 그동안 세계적인 역사를 보면 큰 컴페티션을 통해 얻었던 작품들이 강하게 자리 잡는, 그런 유니크한 작품이 꽤 많았죠. 그런데 우리나라는 반대로 일반적으로 전부 다 등질화 되고 있기 때문에 오히려 그것이 역효과내고 있는 것이죠. 큰 딜레마에 빠진 것이 심사위원 선택하는 과정이죠. 하나는 인연이랄지 커넥션에 대한 것과 전문성, 이 두 가지 관점이 있는데 두 가지가 서로 좀 충돌하는 거죠. 그래서 요즘은 불공정하게 될 것을 막기 위해서 심사위원을 미리부터 정하지 않고 바로 전날 정하지요. 이렇게 하면 커넥션은 없을 것이다. 이렇게 생각을 합니다. 근데 결과적으로 보면 별로 도움 안 되는 것이 몇몇 메이저 회사에서는 심사위원 후보자들 수백 명을 미리부터 관리를 하거든요. 누가 되든 상관이 없을 정도로. 특히 턴키는 그래요. 그렇게 커넥션을 막기 위해서 심사위원을 선정하는 방법

자체가 문제가 있다고 생각이 되어요. 그렇게 선정을 하니까 결과적으로 전문성이 없는 분들이 심사위원이 되는 거지요. 심사위원이라는 것이 건축을 전공했다고 다 모든 전문가는 아니고 분야에 따라 다르죠. 법원이면 법원, 병원이라면 병원. 전문화되어있는 프로젝트인 경우에 건축을 전공했다는 타이틀로 다 가능하다고 보는 건 좀 무리라고 생각해요. 경험이 필요하고. 또 건축가들도 하다보면 두 달, 석 달 연구하지 않습니까? 그렇게 연구해서 만들어진 결과를 아무리 전문성 있는 사람이라도 한 두 시간 동안 판단하는 건 힘들기 때문에 외국에서 컴페티션하는 경우는 심사위원 하고 참여하는 건축가가 같이 공부를 합니다. 심사위원이 미리 선정되면 응모자들이 심사위원의 경향을 보고 이번에는 맘 놓고 하겠다든지, 또는 응모하지 않겠다는 결정을 할 수 있고. 또 심사위원도 마찬가지로 프로젝트를 자기가 연구를 해서 자기 생각엔 어떤 것들이 크라이테리아가 될 것인가, 그런 스터디를 하고 들어오기 때문에 좋은 건데 우리나라는 그런 과정을 다 없애버린 거예요. 그렇기 때문에 전부다 눈치 보기를 하고 결과를 생각해서 설계사무실 개성이 자꾸 없어지는 거 같아요. 요즘 보면 상당히 화려하고 합니다만 한 20년 지나고 보니까 설계사무실의 아이덴티티를 읽을 수가 없는, 그런 경향이 되는 거 같아요. 사실 원도시도 크게 벗어나진 않겠죠. 거의 모든 케이스가 컴페티션을 선택하기 때문에.

올림픽을 계기로 해서 몇 가지 중요한 컴페티션들이 있었는데 하나가 〈올림픽 선수촌 계획〉이 있었고, 〈올림픽 경기장〉이 있었고, 그리고 〈KBS 국제방송센터〉. 다 낙선해서 성사 안 되었지만은, 그중에서 방송센터 얘기를 하고 싶은 것은, 혹시 양덕규 씨라고 들어보신 적 있습니까?

**KBS 국제 방송센터 IBC**

**전봉희:** 잘…

**윤승중:** 한양대학교 졸업하고 일찍 독일에 건너가서 독일에서 제일 큰 설계펌, HPP[11]의 파트너가 된 분인데, 좋은 활동 많이 하는 분이에요. 그분이 또 나하고 초등학교 동창이에요. 대학은 다르지만. 마침 한국에 왔길래 기회가 되어서 우리 같이 한 번 일해 보자 해서 국제방송센터를 공동작업 했거든요. 말하자면 우리가 인바이트해서 부탁드린 거지요. 꽤 괜찮은 생각을 했어요. KBS가 직사각형에 경직된 모양을 갖고 있기 때문에 거기에 대항하기 위해

**11_**
HPP(Hentrich, Petschnigg und Partner): 독일 뒤셀도르프에 위치한 건축설계회사.

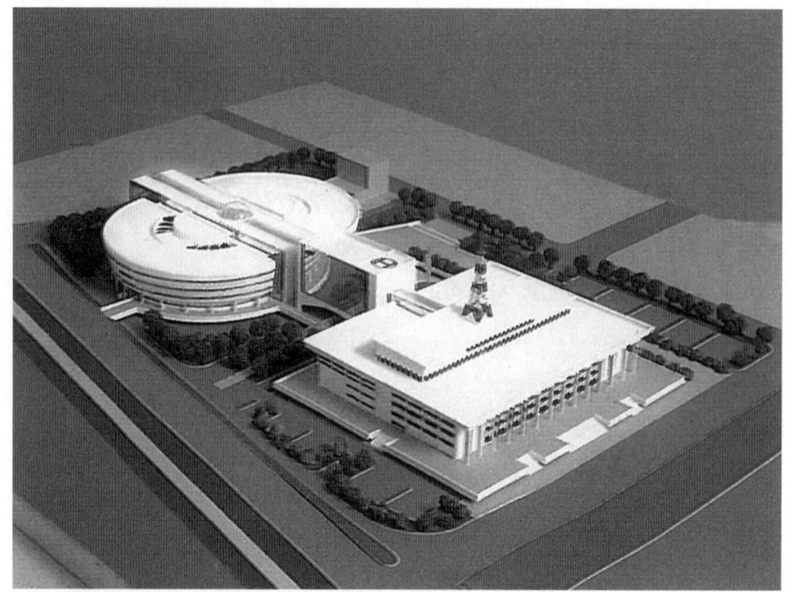



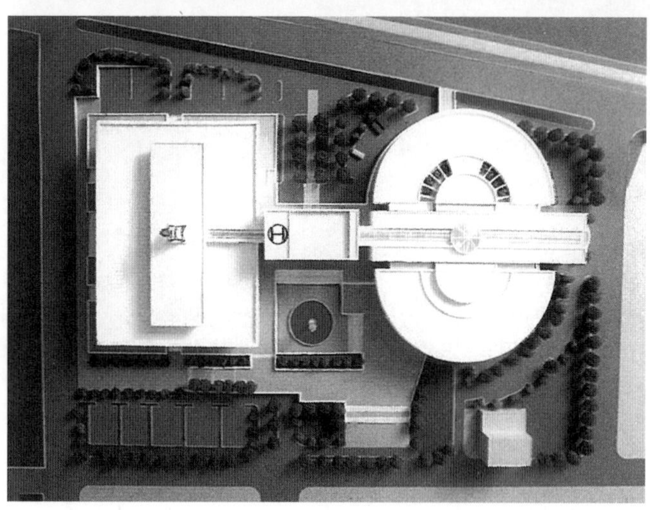

**그림5, 6 _**

국제방송센타 설계경기 모형(1985). 원도시건축 제공.

뭔가 강한 패턴이 필요하다 해서 원을 도입하고 중앙을 관통하는 스파인을 거기에다가 방송과학관이라는 프로그램을 제안했어요. 전체 두 개 건물 사이에다 방송과학관을 끼워놓고.

**전봉희:** 전시장인가요?

**윤승중:** 과학관이죠. 왜냐면 방송국에 견학을 많이 오니까 스튜디오를 보여주고 왔던 길에 방송기술 전체를 보여주는 교육프로그램을 만들자고 제안 했고. 또 한 가지가 그때는 광장이 현재 같은 공원이 되기 전이었지만 앞으로 거기가 공원이 될 거라는 말들이 있었어요. 5.16 광장에 꽤 사람들이 모이지 않습니까? 특히 KBS 같은 경우는 공개방송도 있기 때문에 일반 사람들이 꽤 많이 방문하거든요. 그런데 당시 보면은 바깥에 윤중제 쪽에서 들어가는 접근로 밖에 없기 때문에 이쪽 광장과는 단절이 되어 있었어요. 그 사이에 파워플랜트가 들어가 있어서 광장 쪽에서는 접근이 안 되었죠. 그때 방송이 중단되지 않기 위해서였는지 파워플랜트는 그대로 두고 해라, 했는데 우리는 기술적으로 가능하기 때문에 파워플랜트를 새로 짓고 먼저 연결시킨 다음에 허물면 되니까 광장 쪽을 오픈시켜서 그쪽으로 진입시키겠다, 그런 식의 제안을 해서 안을 두개를 냈어요. 하나는 그쪽에 두고서 하는 방법으로 하고, 또 하나는 제방에서 옮겼을 때 그쪽에서 몰려 들어갈 수 있는 그런 안을 냈는데, 결과적으로 상당히 괜찮았던 안이었던 거 같아요. 근데 심사 도중에 어느 분이 이것은 규정위반이다, 우리가 분명히 그대로 두고 하라 했는데 일단 허는 걸 목적으로 하지 않았느냐고. 경쟁하는 측에서 의도적으로 깎아 내리는 거 같았어요. 처음에 꽤 호평을 받았었다가 규정위반으로 실격시켰는데 하지만 그것은 지명설계였기 때문에 지명비용도 주는 게 있었는데 그거조차도 못 받게 되었어요.

**전봉희:** 규정 위반이라서요?

**윤승중:** 네, 그래서 사실 김중업 선생의 안이 되었죠. 근데 그것도 상당히 재밌는 안이었고 파워플랜트 두고 그 위에다 스페이스 프레임을 걸어서 집을 띄워가지고 나중에 할 수 있게끔 했더라고요. 그래서 우리가 성공을 못했죠. 그래서 올림픽하고는 거의 인연이 없었어요.

무역센터 코엑스

이제 〈무역센터〉 얘기를 좀 할게요. 무역센터에는 그 전에 정림건축에서 했던 코엑스란 전시관이 있었어요. 그런데 전체를 통합해가지고 크기가 폭 300미터에 길이 600미터짜리 어마어마한 크기의 블록 전체에 새로 국제무역센터를 짓겠다는 거였어요. 서울올림픽이 88년도 있을 땐데,

85년도에 계획이 되었거든요, 컴페를 통해서. 거기는 무역협회가 쓰는 오피스 타워가 있고, 큰 전시장이 있고, 호텔, 공항터미널, 쇼핑몰. 말하자면 사람들이 다양하게 즐기는 스페이스를 만들고, 특히 무역 때문에 한국을 방문하는 사람들에게 거기서 원스탑 서비스(one stop service)가 되는 동선을 만들자는 게 목표였었죠. 큰 규모의 프로젝트였기 때문에 그때 국내에서 5개의 회사, 외국에서 3개의 회사, 이렇게 지명을 해서 지명 설계를 했어요. 한 가지 다행인 것은 그때부터 우리나라에 큰 집이 만들어질 때는 꼭 메이저를 외국 회사로 하는, 외국회사를 프린시펄로 해서 진행되는 경우가 많았거든요. 근데 이 경우는 공평하게 여덟 개 회사를 지명을 해서 대등하게 기회를 준거죠. 그래서 상당히 특별하게 생각을 합니다. 왜냐하면 무역협회라는 것이 국제적인 기업들의 모임이기 때문에. 거기 그 당시에 무역협회 노진식 전무란 분이 있었는데, 회장은 남덕우[12] 전 총리고. 그 전무 분이 상당히 머리가 세련된 분이었습니다. 그분의 생각이 아니었을까 해요. 기록으로 남겨두면 국내에서는 박춘명, 엄이건축, 정림, 원도시, 일건의 황일인 이렇게 해서 다섯 군데가 지명이 되었고. 외국에서는 에스오엠(SOM), 베켓(BECKET), 일본의 니켄세케이(日建設計) 한자로 일건(日建)이라 쓰는. 이렇게 여덟 개 회사가 초청을 받아서 컴페를 했어요. 심사를 했는데 니켄세케이 안이 당선이 되고, 원도시 건축이 가작1석, 정림건축이 가작2석, 셋이 입상했지요. 처음부터 조건이, 조건이 잘 기억은 안 나는데, 아무튼 니켄세케이가 기본 설계를 하고 원도시와 정림 가작 1석, 2석이 실시설계를 하라, 이렇게 되었어요. 어떻게 보면 같이 응모를 해서 안을 만들었는데 한 사람은 아이디어를 내고 나머지 두 사람은 서포트 해주는 거지요. 물론 프로젝트만 보고 따진다면 돈은 더 많이 받을 수 있죠. 약간 자존심 상하는 일이었지만은 정림 건축에서 어떻게 생각하는지 모르겠지만. 하여튼 일단 받아들이기로 했어요. 그렇게 한 것은 일단 고마운 프로젝트이기도 하고, 그것을 일본에다가 그냥 맡겨두기에는 걱정도 되고. 또 우리가 초고층 건축에 대한 경험은 없었잖습니까? 50몇 층 되는 타워였지요. 어마어마한 대형 전시장이고. 그런 익스페리언스(experience)도 갖기 위해서 모양은 좀 이상하지만 응하기로



12_

남덕우(南悳祐, 1924-2013): 1950년 국민대학교 정치학과 졸업. 오클라호마주립대학교 경제학 박사. 한국은행, 국민대학교 교수, 제24대 재무부 장관, 제14대 국무총리 등을 역임하였다.

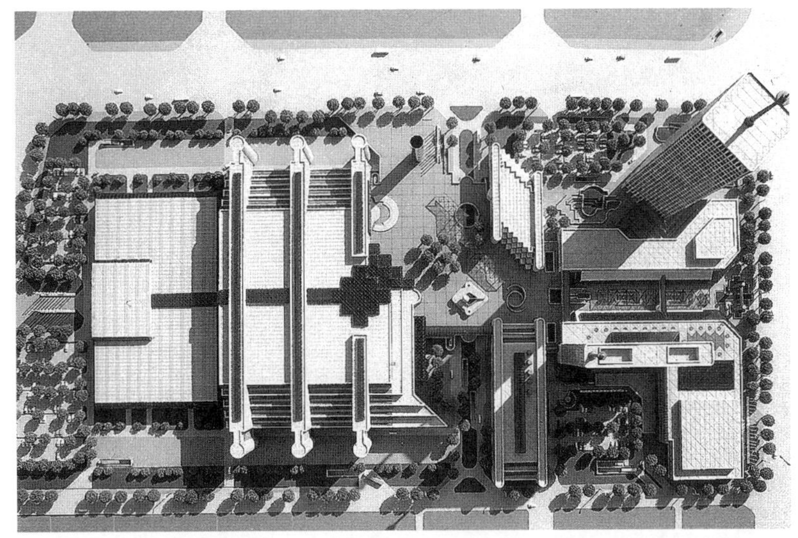

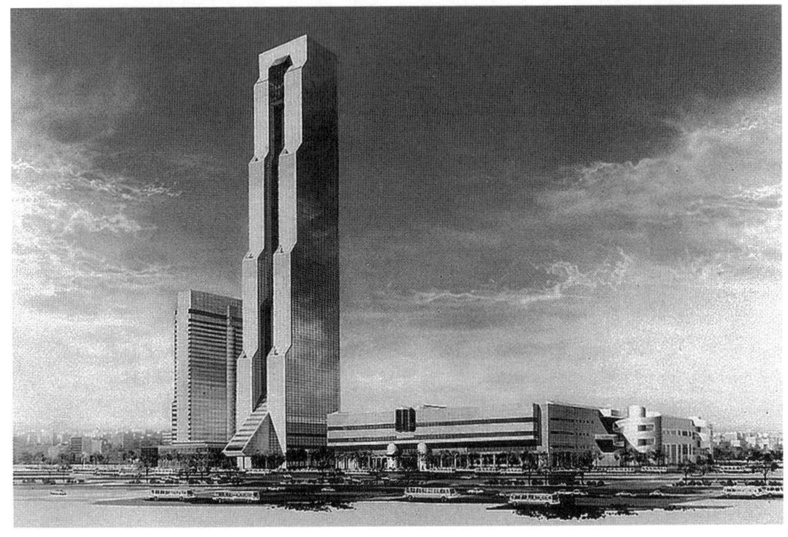

**그림7 _**

〈한국종합무역센터〉 설계 경기(1984), 원도시 건축 안(가작). 원도시건축 제공.

**그림8 _**

〈한국종합무역센터〉 설계 경기(1984). 니켄세케이 안(당선)

해가지고 진행을 했어요. 거기서 우리가 제안했던 안도 어디 있을 거예요. 제가 보여드릴까요? (원도시 브로셔를 꺼낸다.)

**전봉희:** 그 전에 있던 전시장 건물은 누가 한 거예요?

**윤승중:** 그것도 컴페티션이었는데…

**전봉희:** 여러분 이름이 들어있었던 걸로 기억을 하는데.

**윤승중:** 정림하고, 그러니까 공식적으로는 김원+정림이었어요. 정림이 굉장히 바빠가지고 김원 씨를 인바이트해서 아이디어를 내고 프로젝트 진행을 했지요. 공식적으로는 김원+정림, 또는 정림+김원. 아이디어는 김원 씨가 많이 냈고 정림 건축이 설계를 했지요. 보시는 것처럼 이것이 우리가 원도시에서 했던….



**전봉희:** 기존 건물을 살리는 것이었어요, 아니었어요?

**윤승중:** 본래는 살릴 생각이 없었는데 일단 살렸어요. 니켄세케이 안은 그걸 별동으로 해서 별관으로 썼고요. 우리는 그걸 연결 시켜서 콩코스를 두고 전체를 통합해서 활용할 수 있는 그런 걸 만들었고요. 타워가 있고 호텔, 공항 터미널, 이런 것들이 있는데. 우리 생각은 가운데다가 큰 몰을 두어서 오픈 몰 플라자를 만들고 곳곳에 광장들을 만들고, 이런 식의 생각이었는데 개념 자체는 좋았다고 생각합니다. 전시장과 연동되도록 만들어서 의미가 있었다고 생각이 되는데 정림도 그런 고민을 하셨더라고. 그 당시 우리나라에서 40층 이상은 안 된다고 했어요. 왜 그런지는 모르나 그런 고정관념이 있어서 큰 규모 건물을 40층으로 하다보니까 프로포션, 이런 것들이 좀 산뜻하지 않았었죠. 니켄세케이 안은 54층인데다가 경사주면서 줄어들어서 시각적인 효과도 있었고. 그걸 또 어떻게 설명했냐면 "굉장히 급하게 성장하는 한국의 성장 그래프다." (웃음) 기자들 듣기 좋게 했던 거 같아요. 김수근 선생님 가끔 그러시던 것처럼. 그게 먹혀들어갔고 니켄세케이가 프레젠테이션을 기가 막히게 잘했어요. 리포트를 이렇게 두껍게 해서 냈는데, 나중에 봤거든요. 그것에 심사위원들이 속은 거예요, 김수근 선생도 심사하셨는데 '기똥차게 잘 만들었다', '니켄세케이가 대학생이면 국내 거는 초등학생 수준이다', 이런 식으로 표현하시더라고요. 나중에 봤더니 그 중의 5분의 4가 자료집성 내용, 기본적인 데이터를 잔뜩 넣어놨기 때문에 있으나 마나 한 내용인데 심사위원들이 바쁘셨을 테니까 그냥 슥 보셨겠지요. 컴페라는 게 좀 그래요. 일정한 시간 동안 해야 하니까. 그래서 한번 분위기가 생기면 그쪽으로 흘러가는데 그래도 운이 좋게 일단 2등을 한 거죠. 그러니까

좀 모양은 이상했지만 실시설계에 기여하게 되었죠. 문제는 실시설계를 정림하고 같이 하게 되었잖아요? 그랬기 때문에 한군데 모여서 해야 한다, 무역센터 쪽에서 자기네 본래 집이 있으니 여기 와서 해라, 그러니까 또 곤란해졌어요. 왜냐하면 딴 데 가서 작업한다는 게 늘 불편하니까. 근데 원도시에서는 변용 씨가 선뜻 깃대를 매고 내가 그럼 상주하며 팀을 지휘하겠다고, 장응재, 박석현 이런 주력 멤버들과 한 20여 명이 파견을 가기로 하고. 정림에선 김정식 회장님께서 현장에 오셨는데 바쁘시니까 아마 상주는 안하시고 총괄하셨고. 그렇게 팀을 만들어서 했어요. 어떻게 보면 정림하고 원도시하고 그간의 계획들이 다르고 서로의 루틴이 다르기 때문에 어려운 점도 있었겠죠. 그렇지만 일부러 팀을 섞어가지고 하기도 하고 여러 가지 실험을 했어요. 니켄세케이는 한 두 명이 와서 기본 설계자로서 설계 감리 같은 역할을 하는 거죠. 일본 사람들은 협력을 잘했고, 우리가 초고층 건물을 모르는 것도 있고 해서.

초고층 건물들이 보통 20층짜리 쌓아놓으면 되는 것이다 생각했더니, 그게 아니에요. 비상계단에 샤프트가 다 통해야 하잖아요? 공기가 잘 통하니까 기압차가 어마어마 해가지고. 그래서 엘리베이터 샤프트라든지 계단실 이런 것들을 보통 방식으로 잘 안 해요. 어마어마하게 세게 닫히게 되고 하니까 일부 차단해야하고 이런 여러 가지 기술적인 것들이 있더라고요. 그리고 또 규모가 크니까 문제들이 많이 생기고 서울시하고도 충돌이 많이 생기고. 그 일을 김정식 회장님하고 변용 씨가 잘 분배를 해서 일단 무사히 마쳤습니다. 두 분은 사실 고등학교 선후배 사이가 되거든요. 잘 맞았겠지요. (웃음) 후배를 잘 이끌어주시고. 정림하고 사실은 굉장히 여러 번 컴페티션에서 충돌했었지만 여기선 같이 협력해서 하는 첫 번째 케이스가 되었죠.

목표가 88올림픽 이전까지 완성시키는 거였기 때문에 실제로 설계를 하면서 시공하는 패스트 트랙(fast track)이라는 방법으로 했습니다. 그게 아마 국가적인 프로젝트였으니 가능했겠죠. 한 2년, 20-30개월 사이에 52층짜리 집을 완성을 했습니다. 어마어마한 크기의 전시장을 완성했고요. 호텔도 완성을 했고. 다만 공항터미널 빌딩만 아마 좀 나중에 했던 거 같아요. 88올림픽 한 두 달 전에 완성했거든요. 2년 전에 아시안게임이 있었잖아요? 거기에 왔던 기자들, 임원들, 요원들, 선수들이 많이들 다시 왔거든요. 바로 건너편에 아시아 선수촌 있었기 때문에 기억하는데 2년 후에 오니까 갑자기 50층짜리 빌딩이, 그것도 화려하게 서있으니 참 한국은 대단한 나라다, 실제 급성장을 하는 걸 공감했을 거 같아요. 그래서 일단 완성이 되었고요.

나중에 호텔은 니켄세케이 안으로 하지 않고 찰스 코버(Charles Kober)라는 미국 회사, 김병현 선생이 파트너로 있던 회사인데, 찰스 코버가 기본설계를 했고. 실시설계는 기억이 안 납니다. 또 공항 터미널은 니켄세케이 안을 가지고 일건(一建)의 황일인 씨가 설계를 했어요. 니켄세케이 안이 크게 프로그램이 없었기 때문에 땅에 비슷하게 맞추었지만 안을 거의 다시 만들었기 때문에 사실은 니켄세케이 안이 거의 남아있지 않았거든요. 황 선생 생각에는 자기 작품이다, 이렇게 생각을 갖고 있었던 거 같아요. 거기서 웃지 못할 에피소드가 생겼는데 완성된 후에 건축가협회상에 그것이 베스트세븐 수상자가 되었어요. 심사에선 일건(一建)의 황일인 씨를 선정한 거죠. 황일인 씨 생각에는 니켄세케이 당초 안과는 완전히 다른 안이라는 생각을 가지고 있어서 그렇게 했는데 건축가협회 사무국에서는 수상자가 일건이라고 하니까 니켄세케이(日建設計)도 일건(日建)이거든요? 당신네가 건축가협회상을 받았으니 수상하러 언제까지 와야 한다고 통보를 했지요. 니켄세케이에서 무역협회로 연락이 왔어요. 이런 얘기를 들었는데 무슨 소리냐? 설명이 됐을 거 아닙니까? 미안하게 되었단 말이에요. 아마 외국 같으면 기본 설계자를 밝힐 수도 있었을 텐데 우리나라에는 이 경우에는 실제로 완전히 다르게 만들었기 때문에 약간 국제적인 관례가 서로 달랐던 거죠. 완전히 바뀌었기 때문에 황일인 씨는 전혀 새로운 거라고 생각했고 니켄세케이 쪽에서는 자기 거라고 생각하고 서로 생각이 달랐던 거 같아요. 생각의 충돌이 있었는데 황일인 씨 수상작이 된 거지요. 니켄(日建)하고 일건(一建)이 한글로 쓰면 똑같아요. 한자는 다른데. 한국 일건(一建)은 한 일(一)자 쓰고 일본은 날 일(日) 자 쓰죠. 그런 도중에 니켄세케이를 한번 방문한 적이 있었어요. 거기서 보니 일본 사람들은 자료 정리를 기가 막히게 잘 하는 거 같아요. 일부러 시간을 내 가지고 여러 가지 디테일들을 전부다 데이터베이스로 만들더라고요. 그때까지는 컴퓨터가 일상화되기 전이었기 때문에 각 부분 디테일을 부분적으로 활용할 수 있도록 해서 보관을 했다가 나중에 다른 설계를 하면서, 계단이라든가 각 디테일이 있으면은 그것을 카피하고 새로 편집을 해서 다시 새로운 쉬트를 만들고 수정해서 소위 데이터베이스화해서 쓰지요. 무역센터 설계할 때 보면, 자료를 가져오는데 그 페이퍼 워크가 아주 기가 막혀요. 옛날에 했던 것들이 다 기록이 남아있고 잘 정리를 해 놔서. 작업할 때 우리나라 같으면 막 스케치 그리는데 개네들은 먼저 페이퍼를 써서 하는 것이 전에 기술공사할 때 내가 하고자 했던 그런 방식인 거죠. 같은 생각을 하는데 그 사람들은 실천을 했고 우리는 못했죠. 그 후에도 아직도 실천을 못하고 있어요. 확실히 자료를 구한다는 것은 정말 일본 사람한테 배워야 할 거 같아요.

**전봉희:** 저 맞은편에 있는 포스코도 니켄에서 했던가요?

**윤승중:** 그거는 간삼에서 했지요. 아, 간삼하고 니켄에서 했어요. 니켄 안을 만들었다가 그것이 도중에 취소되고 포항으로 가기로 했다가 다시 돌아와서 지금 그 안은 니켄 안하고 굉장히 다른 거예요.

**전봉희:** 코엑스 옆에 있는 현대백화점 건물은 또 전혀 관계없는, 전혀 딴 사람이 했고요?

**윤승중:** 그건 현대백화점에서 했고요. 자리만 줘서.

**전봉희:** 처음부터 여기가 쇼핑 자리였던 거예요?

**윤승중:** 처음엔 아니었던 거 같은데? 하여튼.

**전봉희:** 쇼핑 기능만 넣었던 거예요?

**윤승중:** 다들 따라갔기 때문에. 그런 초고층 경험을 많이 했고요. 우리 원도시건축이 충실하게 일을 잘해서 한 가지 보너스를 받았어요. 옥외공간에 대한 조경설계를 보너스로 받아서 지금 보면 지하철 역 앞에 선큰 공간 있지요? 또 지금은 바뀌어서 가운데 보면 돔이 있고 그 아래 식당이 있는데 당시에는 거기가 중정이었다고요. 분수가 있는 중정이었어요. 지하층 전시보고 사람들이 나와서 쓰는 옥외 공간 전체를 우리가 했어요. 그것이 돔으로 바뀌고. 그런 식으로 해서 일단 큰 프로젝트 완성을 했습니다. 김정식 회장님하고 변용 씨가 진두지휘 했기 때문에 더 자세한 것은 잘 모르지요.

여의도
쌍용 투자 증권

그 다음이 〈쌍용투자증권〉. 이것은 엘러비 베켓하고 같이 공동으로 했어요. 이것도 처음에 우리가 일을 시작을 했었는데 사장으로 오신 분이 갑자기 큰 집인데 우리나라 업체만 해서 쓰겠냐, 그래서 엘러비 베켓을 끌고 왔어요. 장응재 씨를 미국 보내서 같이 작업은 했지만 사실 우리 작품이라고 크게 얘기할 순 없습니다. 왜냐하면 진짜 기본계획 안이 강한 형상으로 되어 있었기 때문에, 그걸 보면 1980년대 중반 미국의 하이라이즈 빌딩의 전형이에요. 유사한 집들이 꽤 있더라고요. 그때는 구조적인 타당성이 없이 건축가의 조형적인 생각을 구조가들이 살려주고. 실제로 기본적인 패턴을 따라가다 보니까 사실 오피스로서 불편한 점도 많이 있었습니다. 다만 한 가지 장점은 큰 오픈 스페이스 앞에 있는 타워이기 때문에 꽤 멀리서도 보이는데, 그렇게 정리된 형태로 보여진다는 것이. 옆에 나란히 있는 다른 집들과 비교해 보면 꽤 눈에 띄는 집이 되었죠. 기본적인 형식은 엘러비 베켓 안이고 그 안의 내용은 우리가 많이 관여해서 한국의 오피스 상황에 맞는 제안을 했고요.

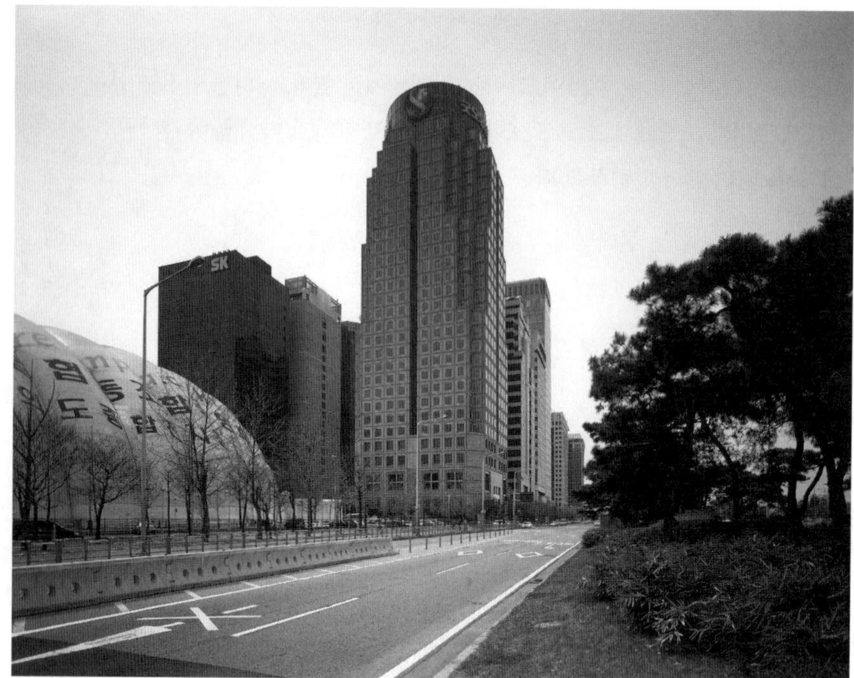




**그림9 _**

쌍용투자증권. 원도시건축 제공.

결과적으로 건축문화 대상인가, 은상을 받았어요.

여의도
일산방직본사

바로 건너편에 〈일신방직 본사〉 건물이 있는데, 아시는 것처럼 일신 방직의 CEO가 뉴욕 프랫을 나온 건축가[13] 입니다. 그분은 큰 기업을 운영하기 때문에 직접 작품은 못하지만 항상 생각을 많이 하고 욕심이 있지요. 그래서 그분하고 설계를 진행하기가 쉽지 않은데, 바로 전에 우리가 숭실대학교 안에 과학관 프로젝트를 했어요. 이것은 김 사장의 간섭을 비교적 적게 받고 마음대로 할 수 있었는데 민현식 선생이 주로 주관했고요. 괜찮은 집이 되었어요. 그것도 건축가협회 상을 받았고. 이어서 일신방직 본사를 짓게 되는데 그때는 김영호 사장이 자기 회사 본사이기도 하고, 그 안에다 자기 미술 콜렉션을 두는 전시장도 있고 해서 자기가 쓰는 맨 꼭대기 두 개 층은 깊이 관여했죠. 보시면 톱날 같은 유리가 보이는데 그거는 김영호 사장의 주문에 의해서 그렇게 했고. 여러 가지의 스터디 하는 과정이 있었어요. 어떻게 보면 합작이라고 볼 수가 있고. 그 앞에 보면, 작가 이름은 잊어버렸는데, 칼 같은 모양의 굉장히 커다란 조각, 공간 조각 작품이 있어요. 이태리 사람[14] 인데 꽤 유명한 사람이에요. 처음에 스케치를 보니까 칼날을 건물에다 탁 쳐가지고 일도양단(一刀兩斷)의 그런 스케치를 가지고 왔더라고요. 이 친구가 칼날로 건물을 썰려고 그러는 거지요. 보더니 아, 이건 안 된다고 그래서 앞에다가 했는데. 스케일이 큰데 집하고 잘 어울리는 거 같아요. 사진이 있을 거예요.

**전봉희:** 지난번에 봤습니다.

**윤승중:** 뭐, 이상은 지나가지요. 신도코리아는 제록스, 복사기 만드는 꽤 좋은 회사예요. 본사 사옥을 짓는데 그것은 변용 씨하고 민현식 씨 두 분이 같이 작업을 했어요. 큰 건물은 아니고 단순한 건물인데 스카이라인에 유리돔을 씌우는 방법으로. 그것도 건축가협회상을 받았어요. 지금까지 얘기한 것들이 1980년대 한남동에서 활동했던 작업인데요. 한남동에 우리가 있었던 집이 기억이 나십니까? 사다리꼴로 된 그런 집이 있어요. 그 건물은 가구점하는 변용 씨의 친구가 있었는데 그분이 한남동에 땅이 있어서 1층만 자기가 쓰고 나머지는 너네들이 써라, 그래서 설계해줬거든요. 한남동

테헤란로
신도리코 본사

13 _
김영호(金泳浩, 1944-): 연세대학교 건축공학과를 다니다가 도미하여 프랫 인스티튜트(Pratt Institute) 건축과에서 수학. 일신방직(주) 사장.

14 _
마우로 스타치올리(Mauro Staccioli, 1937-)

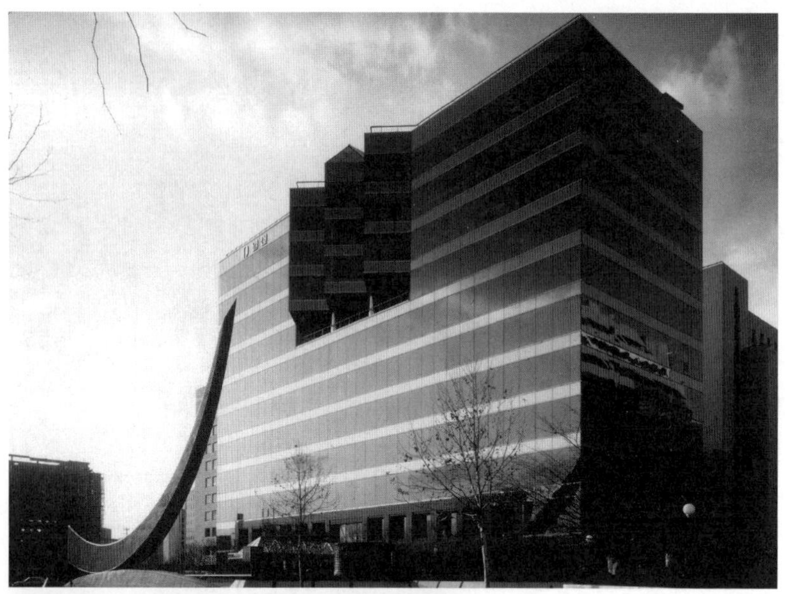



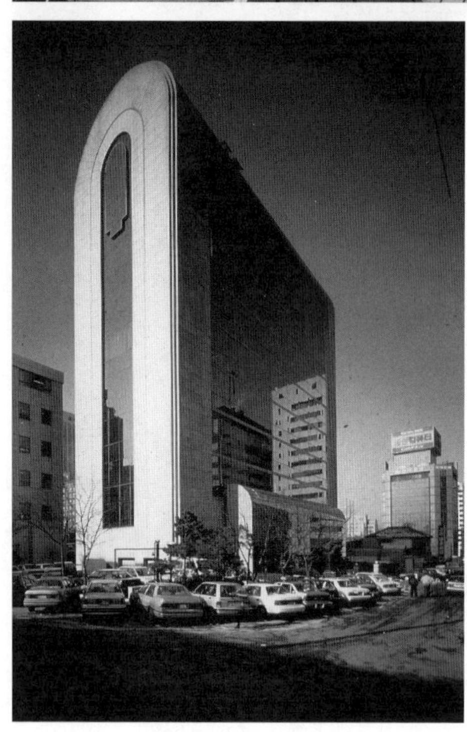

**그림10 _**
일신방직 본사(1988). 원도시건축 제공.

**그림11 _**
신도코리아 사옥. 원도시건축 제공.

대로변에 단국대학교 정문 조금 지나가서 있었는데 주거지역이면서 제4종 미관지구인가 그랬어요. 그래서 미관심의를 받게 되는데 주거지이기 때문에 북쪽에 인동간격, 사선제한을 받게 되거든요. 집을 크게 지으려다 보니까 사선제한을 받는 곳을 깎아냈죠. 정면을 면하니까 북쪽만 깎으니 이상하니까 남쪽도 같이 깎아내서 이런 모양이 되었어요. 창문은 케미컬 빌딩처럼 좁고 긴 창을 했어요. 굉장히 작은 집이지만 우리가 81년 4월에 설계했었죠. 진작 그럴 줄 알았으면 조금 더 설계를 잘할 걸. (웃음) 왜 이 얘길 꺼내냐 하면, 그것이 이상하게 하나의 건축의 형태로서 거리 풍경에 색다른 모양을 주었거든요. 근생 빌딩 이런 거 하는 사람들이 그런 형식을 굉장히 많이 쓰게 되더라고요. 서울시가 하도 장난을 치니까 법을 바꿔서 3종 일반주거지는 길에 면했을 때 그것을 안 지켜도 된다, 사선으로 안 해도 된다, 그것을 도발시킨 그런….

**전봉희:** 그래서 사옥을 89년에 짓게 되신 거예요?

**윤승중:** 아니요, 사옥을 89년에 지은 게 아니고 거기서 80년대까지 잘 지냈었는데 거의 우리 사옥처럼 썼었죠. 밖에서 알기로도 사옥으로 알고. 집 모양이 그래서. 그런데 큰 집이 아니라서 직원이 자꾸 늘어나니까 부족해졌어요. 그 근처엔 사무실로 쓰는 것도 없었고 해서 신사동에 짓고 있는 집으로 이사 갔어요. 처음에 갔을 때는 집 전체를 통으로 빌려서 입주했다가, 1997년에 IMF 때 신사동 부동산 값이 반 정도로 싸졌어요. 싸졌을 때 우리가 사가지고 증축하면서 앞에 스크린을 세우고 개조를 한 거죠. IMF 때 전부 고생을 했는데 우리는 오히려 땅값이 싸지는 걸 기회로 큰 집은 아니고 좋은 집도 아니지만 일단 사옥을 하나 지었어요. 그것이 신사동 사옥인데 처음에 갈 때는 우리 게 아니었죠.

한남동 시대
원도시 건축 사옥
1990–현재

대법원 청사

거기서 지금부터 〈대법원청사〉부터 시작을 할게요. 대학교 4학년 때 팀을 만들어서 대법원 청사 백지 플래닝에 응모해가지고 대법원, 대법원장 공관 두 가지 다 당선이 되어있었는데 상 받은 걸 잊어버리고 있었다가 우연한 기회에 1979년에 한남동에 대법원장 공관을 짓게 되었어요.

**전봉희:** 아, 그러셨어요? 공관을 설계하셨어요?

**윤승중:** 사무처장을 만나서 쉽게 설계를 하게 되었고. 10년이 지났을 때 1989년에 정규 대법원 컴페티션에 당선되었는데 우리나라에선 큰 공모전이었죠. 거기에 또 당선이 되어서 결과적으로 그때 대법원 하고 공관, 두 가지를 실현을 시키게 되었죠. 우연으로 기분 좋게 생각되기도 한데. 그러면서

사실은 뜻대로 잘 안 되었기 때문에 굉장히 마음이 불편하기도 합니다. 대법원이라는 것에 대해 좀 생각을 갖고 있었는데 컴페가 나와서 안을 만들게 되었어요. 재판관이라는, 법관이라는 전문직이 생긴 것이 그렇게 오래지 않아요. 아마 17세기 말인가? 그 이후에 법관이 생기고, 그 전까지는 대개 집정관, 지역의 수장이, 서양이나 동양이나 마찬가지로 보면 원로들이 재판을 하지요. 마당 코트에 모여 군중들이 있고 재판하는 거지요. 그러니까 우리가 생각한 것이 어떤 지역의 마당과 같은 개념이에요. 영어로 코트(court)라고 쓰는 이유가 그랬을지도 모르겠는데 아마 그건 그리스 시대부터 그랬을 거 같아요. 사람들이 모이고 재판하고. 그걸 건축화 시키면서 코트란 개념이 생기고. 또 한 가지 대법원이라는 것이 제도로 보면 모든 사람들이 무조건 순종하고 따라야 하는 최고의 결정기관이지 않습니까? 하지만 인간으로서의 대법관이 신과 같은 의미를 가진 그런 분들은 아닐 거란 말이죠. 두 가지 생각이 드는데, 하나는 대법원의 판결 자체는 존중되어야 하지만 실제로 대법관이라든지, 그런 인적 구성원들은 그럴 필요 없이 친숙하게 국민들, 시민들 편으로 깊숙이 들어가 줘야 한다, 두 가지 상반된 생각이 공존합니다. 그리스로 얘기하면 아크로폴리스냐 아고라냐 두 가지 개념이 있어요. 아크로폴리스는 인간하고 다른 신들이 사는 신성한 곳이니까 그 결정을 따라야 하는데, 반대로 아고라라는 것은 사람들이 모여서 서로 간의 대화를 통해서 합의를 이뤄내고, 이런 식의 좋은 시민 대화의 장이었잖아요? 근데 대법원은 그 중에서 어떤 것에 가까울까? 그것은 우리가 대법원의 이미지를 어떻게 보느냐에 달린 것인데 사실 대법원이 사람들한테 친숙한건 아니죠. 어디 있는지도 잘 모르고. 옛날 대법원이 어디에 있었는지 혹시 아시나요? 덕수궁 옆에 있었죠. 그것을 아는 사람들이 별로 없었다고요.

사이트로 주어진 곳이 약간 언덕이었기 때문에 남쪽에서 진입을 하면 꽤 언덕이에요. 거기다 집을 놔야 할 텐데 어떤 이미지의 집을 할 것인가가 그 당시에 참 고민이었어요. 그래서 아크로폴리스라면 좀 올려가지고 집을 놓고 우러러보는 그런 식의 분위기를 만들었겠죠. 아고라라는 개념이라면 법원은 가까운 이웃이다, 라고 생각을 하면 땅을 다 깎아내고 광장도 만들고 그럴 것이다. 이건 전혀 상반된 거잖아요? 나중에 응모안 보면 전부다 그런 고민을 했을 거예요. 반대로 법원 입장에서의 생각은 아크로폴리스죠. 왜냐하면 대법원은 아주 신성한 결정기관이라고 본거죠. 거리와는 격을 달리해서. 마침 본래 뜻대로 어느 정도 올라가야 하거든요. 덕수궁 쪽에서 바라보는 대법원은 그런 개념을 계속 갖고 있더라고요. 그걸 어떻게 알았냐 하면 대법관 중에 고등학교 동창이 있었는데 나중에 헌법재판소장하는 김용준[15]이라고

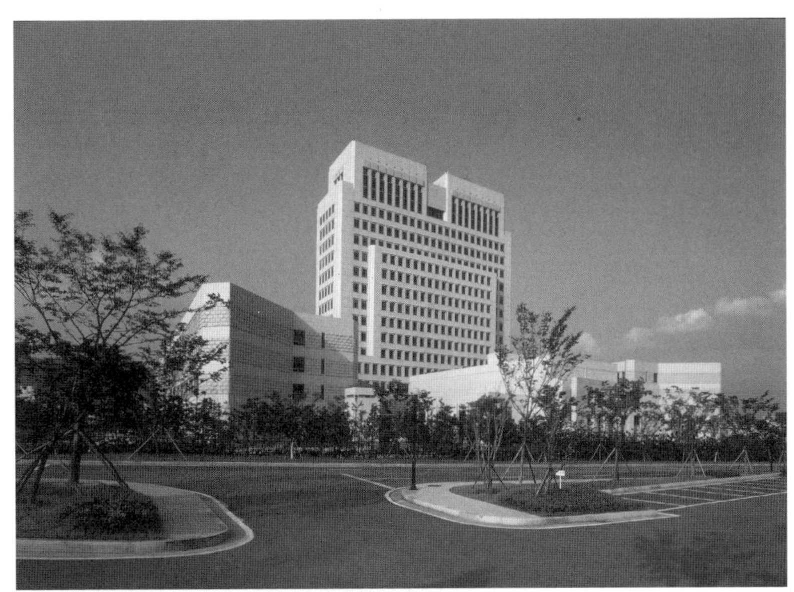

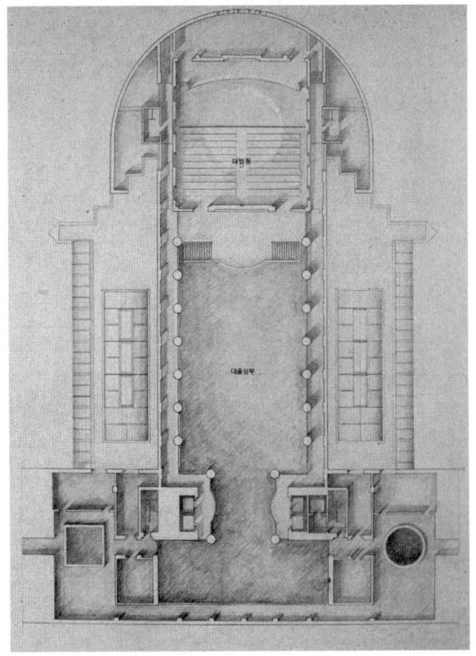


**그림12, 13 _**
대법원 청사(1989) 사진과 스케치. 원도시건축 제공.

있어요. 대법관을 몇 번 만나가지고 대법관의 일상이 어떤지 인터뷰를 했어요. 왜냐하면 대법원이라는 곳은 거의 대법관들의 거처이기 때문에. 김용준 그 양반을 자주 보면서 어떻게 되면 좋겠는가, 그 친구 생각은 대법관 사무실은 그냥 사무실이 아니라 아파트 같은 곳이다, 샤워도 할 수 있고 편하게 한번 출근하면 저녁때까지 있는 아파트이고 실제로 손님도 별로 오는 일이 없고. 왜냐하면 대법관이 다른 사람 만나면 안 되거든요. 격리가 되어 있고. 그런 이야기를 듣고 그러면서도 대법원이라는 것은 신성시 되는 곳이어야 하고, 아크로폴리스적인 제단이다. 자기는 상당히 민주적인 생각을 하면서도 그런 거죠. 우리나라 법원에 가보면, 그게 아마 일제강점기 영향일 거 같은데, 정문으로는 법관들만 들어갑니다. 방청하는 시민들은 보이지 않는 구석에 있는 조그만 문으로 들어가는데 정문으로는 시민들이 들어갈 수가 없어요. 그때까지 모든 법원이 다 그랬었고. 서양의 법원 같은 경우는 정반대예요. 법관들은 주차장에서 바로 올라가고 정문은 당사자들이, 시민들이 들어가는 곳이죠. 특히 미국에는 법관들을 자신들이 뽑았다고 생각하기 때문에 자기들이 주인이고 이런 식으로 생각하는 것이지요. 그런 얘기를 김용준 대법관한테 했더니 '그 생각이 좋긴 좋은데 그게 통할까?' 하면서 일단 정문은 역시 법관들의 입구다. 난 그러면 안 된다고 하다가 역시 아크로폴리스 보다는 아고라를 택하자, 해서 양쪽 길에 땅을 깎아 내려서 광장도 만들고 이런 식으로 접근했어요. 집의 구성이 대법관 오피스 컴플렉스, 거의 아파트 같은 곳이고. 그리고 대법관들이 최종 판결하는 대법정이 상징적으로 있고요. 실제로 일반 사람들이 잘 들어가지 못하는 곳, 그런 곳이 최종적인 판결하는 곳이죠. 법원을 전체를 관리하는 법원 행정처, 또 국회 도서관 같은 사법 도서관도 있고. 여러 가지 컴플렉스가 있거든요. 각각 독립적인 파사드를 갖지요. 그, 무슨 대로인가요?

**전봉희:** 반포대로요?

**윤승중:** 반포대로 쪽으로 법원 행정처가 정면에 있으면서 그것은 독립적인 공간이거든요. 또 반대편으로 저쪽 방배동 쪽에 사법 도서관을 조용한 곳에 두고. 정면에 광장을 둬서 그것이 법의 광장으로 사람들이 늘상 자유롭게 들어올 수 있고. 중심에다가는 타워를 세운 아파트, 법관들의 아파트 있지요?



**15 _**
김용준(金容俊, 1938-): 서울대학교 법학과 졸업. 전 대법관 법관 및 헌법재판소 소장. 현재 고문변호사로 활동.

그 사무실을 두고. 반대편 대검찰청이 있는 쪽을 향해서 대법정을 그쪽에 두는. 그렇게 해서 대법정 앞에 대검찰청하고 합의해서 광장을 만들려고 했는데 끝까지 안 되었어요. 경계를 자꾸 만들기 때문에. 그런 식의 배치를 생각했지요.

**우동선:** 밖에 선풍기 소리 때문에 집중이 잘 안 되는 거 같아요. 잠깐 쉬어서 자리를 저기로 옮겨야 할 것 같아요.

**윤승중:** 녹음은 되나? 다시 얘기할 수는 없는데…

**우동선:** 아, 예. 대법원까지 말씀하시다가.

(휴식)

**윤승중:** 당초 땅을 많이 깎아가지고 하는 그런 방식으로 생각을 했어요. 일단 안을 냈지요. 중요한 프로젝트였기 때문에 응모작이 스물여덟 개가 됐어요.

**우동선:** 스물여덟 개요?

**윤승중:** 그래서 심사가 쉽지가 않았는데. 그래도 보통, 큰 프로젝트를 제출하고 나면 심사시작까지 며칠은 걸리거든요. 우리는 전혀 모르고 있었는데 마감한 다음날 아침부터 심사가 시작됐더라고요. 그게 오히려 우리한텐 전화위복이었던 것 같아요. 우리는 로비는 못하는데 로비할 시간이 별로 없었어요. 전부다. 거기는 법관도 있고 변호사도 있고 심사위원구성이 좀 복잡했는데 합숙하면서 심사를 했기 때문에. 그것이 득이었는지 우리가 당선이 되었어요. 당선이 된 것은 전체 타워를 높이 올려서 법관 사무실이 전부 남쪽을 향해서 오픈되어 있었어요. 그런데 대부분의 안들이 절충을 해서 대법원 이미지가 타워로 가는 것보다는 낮게 펼쳐지는 그런 안들이 많았던 거 같아요. 당선이 되었으니 개인적으로 상당히 기쁜 일이었지요. 당선이 되고나서 당선안을 가지고 처음 대법관을 모시고 프레젠테이션하는 자리를 가졌거든요? 대법원의 높은 분들이 다 같이 모여서 하는데, 대법관들의 생각이 대법원하면 덕수궁 석조전 같은 집이어야 하지 않느냐, 그래서 이집이 어떻게 그렇게 되겠느냐, 이 양반들 이야기 하는 게 전혀 분위기가 다르더라고요. 그래서 일단 설계자가 정해졌으니까 전문가에게 얘기합시다. 석조전 같은 집을 지으라고 결정하려면 대법관들이 판결하면 다 끝난 거거든? 일단 그랬는데 대법관들 다 모인 데에서 열심히 주장을 했어요. 또 한 가지 문제가 김문채 사무관이란 분, 경력이 있고 추진력도 있고 본인 생각에 내가 스스로 건축가다, 법원은 내가 잘 설계할 것이다, 이런 식의

자신감을 갖고 있는 분이었는데 이 분이 건축과장이었거든요. 근데 우리가 일을 해보면 건축주 쪽에 건축전문가나 건축을 공부한 사람이 있는 게 제일 불편하다고요. 그런 분들이 있으면 대화가 잘 될 것 같지만 이 담당과장은 워낙 심하게 강한 자신감이 있기 때문에. 앞으로 할 일에 대해서 첫 번째 미팅을 할때 첫마디가 자, 이제부터 설계를 합시다. 자기가 막 그러면서. 내가 이게 무슨 소리냐, 아, 이건 이제 됐으니까 당신들이 요구하는 거 구체적인 거 다 해주겠다. 그런데 이 사람이 막무가내에요. 이렇게 막 옮기고. 그렇게 할 일이 아니라고 말렸죠. 법원 집행 행정처에 국장급 이상 부장 판사급 판사들은 또 어떻냐 하면 재판장에서 보면 여러 가지 전문가들이 와서 의견을 말하고 판단은 자기가 하거든요? 설명을 다 듣고 나서 판단하겠다 이런 식이에요. 전부다 법관들이야. 법관들은 판결을 자기가 하는 거거든요. 처음부터 그랬어요. 그분들하고 한 10개월 동안 기본설계만 가지고 씨름을 했어요. 설계기간은 1년인데, 10개월 동안 투쟁하니. 몇 가지 우리가 예상하지 못했던 것은 보링(boring)을 해야 하니까, 지질 조사를 하는데 전부다 강한 암반이 나와 가지고 우리가 처음 계획했던 것처럼 길에서 1미터 높이로 땅을 깎아 내려면 돈이 어마어마하게 필요했던 거 같아요. 그래서 할 수 없이 반만 깎아 내고 반만 올리는 그런 식으로 바꿀 수밖에 없었거든요. 그러다보니 어차피 정면으로 누가 진입할 것이냐 했던 것도 가운데 중앙에 대 홀을 하나 만들어서, 천정에 스카이라이트가 있고 메모리얼 홀인데 실내 광장 같은 그런 것을 만들어서 대법원의 상징적인 메이져 스페이스, 이런 장소로 만들려고 한 것이지요. 그런데 어떻게 누가 쓸 것이냐, 이런 게 문제가 되어서 결국은 시민들이 접근하기 어렵고, 거의 비워진 상태가 되었고요. 그런 것들을 계속 타협하면서 10개월을 보냈고. 또 한 가지 외관을 하면서 정면은 지붕이 없이 개구부도 그렇고 날렵하고 가벼운 디자인을 할 생각이 있었는데, 돌을 쓰고 질감도 혹두기로 하고. 원래는 화강석을 곱게 하는 그런 마감을 원했었는데 그것이 굉장히 돈이 많이 들기 때문에 거칠게 됐죠. 외부 디자인에서 우리는 타워가 지루하니까 공중정원을 두자 이런 식의 제안을 하는데, 법관들이 모인 미팅에서 전부들 가든을 관통 시켜서 공간을 만들면 어떻겠느냐 해요. 그 때 건축 자문위원이 이광노 교수님하고 손장열[16] 씨였어요. 그 분이 어떤 법관과 관련이 있어가지고.

**전봉희:** 동생이 대법관을 했지요, 손장열 씨가?

**윤승중:** 네. 그래서 계속 법원 관련 자문을 하셨는데, 대개 자문위원이 설계자를 도와주는 입장이 많거든요. 특히 이광노 교수님이 잘 도와주실

줄 알았더니 반대로 법관들의 여러 가지 주장들에 대해서 자꾸 동조하셔서 '이 사람아, 바꿔 와 봐.' (웃음) 자꾸 그런 식으로 하셔가지고 사실 우리가 하고자하는 많은 것들을 못 했어요. 그러다보니까 나중에는 쉽게 진행이 안 되니까 타협을 합시다 하고, 소수의 의견을 빼고 합의한 것이 현재의 안이 되었어요. 기본적인 어떤 형국은 지켜졌는데, 특히 건물 이미지라든지 이런 것들이 뜻대로 안되었고. 내부도 우리는 현대적인 방법으로 접근을 할 생각이었지만 안 되었고. 그래도 한 가지 이런 건 있었어요. 사법부라는 것이 삼권 중 한 기관인데, 행정, 입법부는 강한데 비해서 사법부는 존재감이 약했죠. 그래서 대법원 뿐만 아니라 행정처까지 복합 되는 곳이기 때문에 시각적으로 과장되게 보이게끔 하고 싶다. 그러니까 지금 저층부를 올려놔서 통합베이스를 만든 것도 그런 하나의 일이고.

**전봉희:** 선생님 생각이신가요, 법관들 생각이었나요?

**윤승중:** 우리 생각이었던 거지요. 처음 컨셉부터.

**전봉희:** 고층으로 하신 것도?

**윤승중:** 네, 저층 행정처하고 도서관을 크게 만들고, 대법원을 높게 볼 수 있게 오브제를 만든 거지요. 컨셉 자체는 살아있었지만 돌로 짓게 되니까 돌집 같은 그런 식이 되었죠. 근데 그것이 시메트리(symmetry)가 되었죠. 시메트리라는 것이 법원에서는 또 하나의 키워드 같기도 해요. 왜냐하면 법원에서 가장 큰 키워드는 밸런스, 중용, 균형이죠. 법원의 상징이 어떤 여신이 저울을 들고 있는 거거든요. 밸런스를 통해서. 법원에서는 좌우로 대칭인 그런 생각이 좀 있었어요. 그래서 대법원이 대표적인 관청이기 때문에 사법 행정처하고 사법 도서관이라는 것은 밸런스가 안 맞는 크기인데도 대칭을 만들었어요. 지형이 서쪽이 좀 높았기 때문에 이쪽은 4층이고 저쪽은 3층이고 한데 사람들이 볼 때는 이것은 틀을 갖춘 대칭으로 보이죠. 나중에 코멘트를 보면 굉장히 위엄 있고 좋다, 라는 것도 있고, 또 반면 건축계에서는 거부 반응도 꽤 많이 있었던 거 같아요. 시대착오적인 양식의 건축이다, 이런 말도 있고. 여러분들 보시기에는 어떤가요. 그런 생각이 좀 들지요?

16 _
손장열(1945-): 한양대학교 건축공학과 교수를 거쳐 현재 명예교수. 2008년에서 2010년까지 대한건축학회 회장을 역임했다.

**전봉희:** 법원 사람들은 굉장히 좋아해요. 지금도.

**윤승중:** 아, 그래요?

**전봉희:** 특히 대법관들은.

**윤승중:** 필요 이상으로 과장된 점은 좀 있어요.

**전봉희:** 말씀하신 것처럼 사법부 사람들이 상대적으로, 특히 판사랑 검사를 비교할 때 검사는 권력을 갖고 있는데 판사는 그 전까진 권력이 없잖아요? 재판까지 왔을 때만 그렇고. 그런데 검찰 쪽 건물들 보다 더 멋있고 크고 그렇게 보이는 거에 대해서 굉장한 자부심을.

**윤승중:** 아까 얘기한 대로 땅을 낮추는 건 예산 때문에 어쩔 수 없었고요. 대법정이라는 게 실제로 사람들이 많이 모이는 곳은 아니지만 상징적인 곳이에요. 그래서 입구를 검찰 쪽으로 내서 검찰청하고 사이에 시민들을 위한 오픈 스페이스를 만들어서 검찰 쪽을 한번 보고 이쪽을 한번 보고, 그렇게 생각을 했었는데, 검찰 쪽하고 사이에 펜스를 만들었어요. 왜냐면 검찰은 공개될 수가 없는 곳이잖아요. 그건 조금 잘못 설정한 거 같아요. 검찰이라는 건 디펜스가 필요하기 때문에 어쩔 수 없었을 거예요.

**전봉희:** 이걸 설계할 때 대검찰청이 같이 되었나요? 훨씬 뒤에 되었나요?

**윤승중:** 언제든지 그래요. 법원하고 검찰하고 대개 같이 하거든요. 그런데 다른데는 사이드 바이 사이드로 나가는데 이것은 앞뒤로, 근데 항상 법원은 일반공모를 통해서 안을 먼저 만들고 검찰은 그냥 수의 계약으로 조금 뒤에 안을 만듭니다. 일단 법원 안을 먼저 만드는 거지요. 이 경우도 마찬가지로 대법원 먼저 착수한 다음에 검찰청은 아마 선진 엔지니어링이 설계를 담당해서 진행했어요. 원래 컴페를 안 하는 이유가 거기는 비밀이 많기 때문에 프로그램을 공개할 수 없는 거예요. 그래서 컴페를 안 하거든요. 미리 사전에 설계를 하는.

**우동선:** 그러면 그게 잘못 전해진 얘긴데요, 검찰청이 나중에 지어졌다는 말씀이시죠? 제가 듣기로는 검찰청보다 더 높게 지으려고 했다는.

**윤승중:** 나중에 조정 했는지도 몰라요. 검찰 쪽에서. 우린 잘 모르겠는데.

**전봉희:** 대법원 지어지고 나서 검찰청 완성이 안 되었나요? 몇 년…

**윤승중:** 지어지기는 비슷하게 지어졌을 거예요. 근데 안을 선택한 것은 법원이

선택된 다음이에요. 일단 법원이라는 걸 대접해서 그런 거고. 검찰청하고 지하가 서로 연결이 되어있어요. 피의자 연결 통로가 있기 때문에. 여긴 피의자 통로가 없어요. 검찰청이 나중에 지어지고. 서로 신경을 쓰는 것은 전면 폭이 비슷해야 하고 높이를 비슷하게 한다는 것은 신경을 쓰죠. 대개는 법원이 먼저하고 검찰이 따라주죠.

**전봉희:** 이 경우는 현상하거나 설계하시는 과정에서는 검찰청 설계 안은 모르시고 위치가 뒤에 있다는 것만 아시고?

**윤승중:** 설계하는 과정에서 정해졌죠. 거기하고 계속 타협을 했어요.

**전봉희:** 그래서 약간 어긋나더라고요. 마주치지 않도록.

**윤승중:** 우리는 아까 얘기한 대로 대법정의 코트를 바라보면서 검찰청에서 바로 들어올 수 있게끔 그렇게 만들자고 그랬어요. 그런데 검찰에서 아마 끝까지 반대를 했어요.

**전봉희:** 제가 요즘 지나다니면서 보면 전면 마당, 대법원 앞쪽, 길 쪽으로, 거기까지도 테헤란로인지 모르겠습니다만, 전면 마당 쪽이 좀 좁다는 느낌이. 뒤로 물릴 수 없었는지?

**윤승중:** 지금도 별로 좁진 않을 걸요? 실제로 보면 상당히 넓은데 건물이 높아서 앞에서 보면 다가오는 것처럼 보이죠. 그렇지만 길이가 상당히 길어요. 지금 현재는 전면도로가 여기서 끝나고 돌아가 버리기 때문에 정면 역할을 못하죠. 왜 그러냐 하면 방배동 쪽으로 터널이 연결되기로 되어 있어요. 그러다가,

**전봉희:** 지금도 있지요.

**윤승중:** 아마 있을 거예요. 우리가 사실 현상 안에서 그렇게 선택이 많지 않았었어요. 반포대로가 큰 길이니까 거기에 검찰도 있고 법원도 있고. 대로 쪽으로 정면을 삼은 안들이 꽤 많았던 거 같아요. 사람들이 대각선으로 보고 진입하고. 반포대로를 향해서 상징적으로 정면을 만들고. 우리는 실험적인 정면을 만든 거죠. 행정처가 그쪽으로 있기 때문에. 그렇게 만든 안들이 별로 없었어요. 행정처들이 별로 대접 받는 게 없었는데 행정처는 대법원의 부속기능으로 인식되었기 때문에. 아마 그런 것들이 됐던 거 같아요. 우리 생각은 도시 틀을 만들려고 한 거죠.

**전봉희:** 지금 봐도 여전히 그건 숙제인거 같습니다. 어느 쪽을 정면으로 보는

것이 옳은가.

**윤승중:** 사실 두 가지, 사방이 정면이 되는 거지요. 그렇게 봐주었으면 좋겠네. 실제로 그렇게 평지가 아니었기 때문에 시각적인 거부감이 있지만. 그래도 나는 대법원이라는 것에 애착을 가지고 있었기 때문에 욕심냈었는데 타협하다가 시간을 다 써서 잘 안 되었고요. 나중에는 포기해 버려서 구석구석 계획들은 나도 잘 모르는 사이에 진행이 되었어요. 그래서 지나가다보면 참 아깝다는 생각이 들어요. 그래도 대법원을 설계했다는 점에서 볼 때는 좋은 기회였다고 생각이 들지요. 그 후에 다른 법원도 꽤 많이 응모를 했었는데 새로운 제안들은 안 받아들여졌어요. 법원에 들어오면 바로 시민을 위한 커먼스페이스를 두고 법관들은 좀 구석에 따로 있어라, 이런 식의 안을 계속 만드니까 잘 안 받아들여져서 한 두개 정도, 조그만 거 두 개 밖에 못했어요. 부천에 그러고 또 통영시에 조그만 법원이 있는데 그 두 가지만 우리가 했고 나머지 중요한 법원은 못했어요. 법원도 요즘 와서는 조금 달라져서 정문을 확장해서 일반 시민들도 들어갈 수 있게 하고, 시메트리를 많이 깨뜨리기도 하고.



**전봉희:** 대법원 일은 누가 주로 담당을 하셨나요?

**윤승중:** 여러 사람들이 같이 했지만 컨셉을 만든 것은 내가 주로… 컴페 때부터 그렇게 했다고 봐야지요. 거기에 실제로 건축주와의 교섭, 이런 쪽에서는 김석주 씨하고, 김규민 실장이 주로 했는데 법원에서 인기가 좋았어요. 이래저래 잘 통하고. 실제로 법원을 잘 이해하고 있어서.

그 다음에 80년대 후반의 〈태영 마포사옥〉. 변용 씨가 태영과 특별한 인연이 있어서 변용 씨가 주로 주관을 했고. 분당에 삼성플라자, 분당선의 서현역사, 분당 수내역 롯데백화점. 두 가지 꽤 큰 프로젝트가 있었어요. 분당 마스터플랜을 하면서 안건혁[17] 실장이 우리 사무실에 와서 같이 상의하고 그랬거든요. 그때 서현 역사 사이트가, 그때까지는 분당선 서현역 개통되기 전이었고, 먼저 시범단지 1단계 아파트가 지어질 때잖아요? 실제로 그걸 위해서는 커먼플레이스도 필요하고, 쇼핑몰도 필요하고. 그래서 그때 안건혁 씨 생각은 서현역 블록 중에서 삼성플라자. 그 장소를 정책적으로 아파트보다

분당 서현역 삼성플라자
(현 애경플라자)

17 _
안건혁(安建爀, 1948-): 1971년 서울대학교 공과대학 건축공학과 졸업. 서울대학교 공과대학 건설환경공학부 교수를 거쳐 현재 명예교수.

먼저 개발하자는 거였어요. 이것을 토지개발공사에서 직접 지어서 아파트보다 먼저 들어가도록 정책을 정했거든요. 난 그것에 동의 했어요. 아까 광양에서 박태준 회장이 먼저 인프라를 만들었지만 요즘 보면 거꾸로인 것이 굉장히 많거든요. 처음 입주한 주민들이 굉장히 불편하죠. 대개 민간들이 할 때는 수요가 안 생기기 때문에 처음부터 들어가려고 하지 않잖아요. 그래서 그것은 토지개발공사에서 정책적으로 쇼핑 플레이스를 만들어서 하자. 그래서 그것에 대한 마스터플랜을 우리한테 부탁을 했어요.

**전봉희:** 그 역이?

**윤승중:** 처음에는 서현역. 왜냐하면 시범단지가 먼저 되었기 때문에 진행되는 과정에서 서현역을 토지공사에서 직접 하겠다고. 처음에는 땅이 서현역을 중심으로 작게 잡혀 있더라고. 그래서 유효한 토지개발을 하려면 규모를 키워서 진짜 본격적으로 분당의 중심이 되는 장소를 만들자고 했어요. 그러려면 땅이 좀 더 커야 하고, 복합적인 오피스도 있고, 전체 분당 주민들이 인조이할 수 있는 도시의 플레이스를 만들면 좋겠다 해서. 당초에 역사용지로 구획했던 사이트의 면적을 두 배쯤 키우고 분당의 랜드마크로서 오피스 타워를 도입하는 그런 장소를 만들겠다고 했는데 나중에 우리한테 실제 설계 의뢰가 왔어요. 직접 받은 것은 아니고 거쳐서 나중에 우리한테 설계 의뢰가 와서. 그것이 왜 삼성플라자가 되었냐면, 처음에 토지개발공사에서 아이디어를 내고 시작을 했는데 토지개발공사가 그런 거 투자하는데 소질이 없으니까 삼성에다가 슬쩍 넘긴거죠. 그런 과정에서 전철역사하고 같이 굉장히 규모도 크고 본격적인 쇼핑센터가 되었죠. 지금도 분당의 시민들이 사랑하는 장소가 된 것이 물건을 사러 간다기보다는 그냥 즐기면서 가는 것이 많거든요. 그런 설계가 되었고. 그런데 지금은 애경이 인수해서 애경 플라자가 되었어요.

분당 수내역 롯데백화점

그 다음에 또 우연히 두 번째로 진행이 되었던 한 가지가 그 당시 청구건설이라고 아파트 전문으로 하는 회사가 수내역을 맡아가지고, 우리가 삼성과 일을 하게 되니까 같이 의뢰가 왔어요. 비슷한 요건이지요. 그러다가 롯데로 넘어갔어요. 결국 롯데백화점이 됐죠. 두 가지 컨셉이 상당히 비슷했는데 차이가 있었던 것은 삼성 쪽에서는 거의 우리 안을 끝까지 받아주다가 마지막 중심 광장만 끝에 개입해서 바꿨는데, 롯데 쪽에선 일본의 무슨 백화점에서 자문도 받고, 그런 과정에서 많이 달라졌어요. 서현역하고 수내역은 분위기가 달라요. 동시에 생겼어요. 그 프로젝트는 주관은 변용 씨와 김석주 씨가 했습니다. 사실은 어떻게 보면 건축적으로

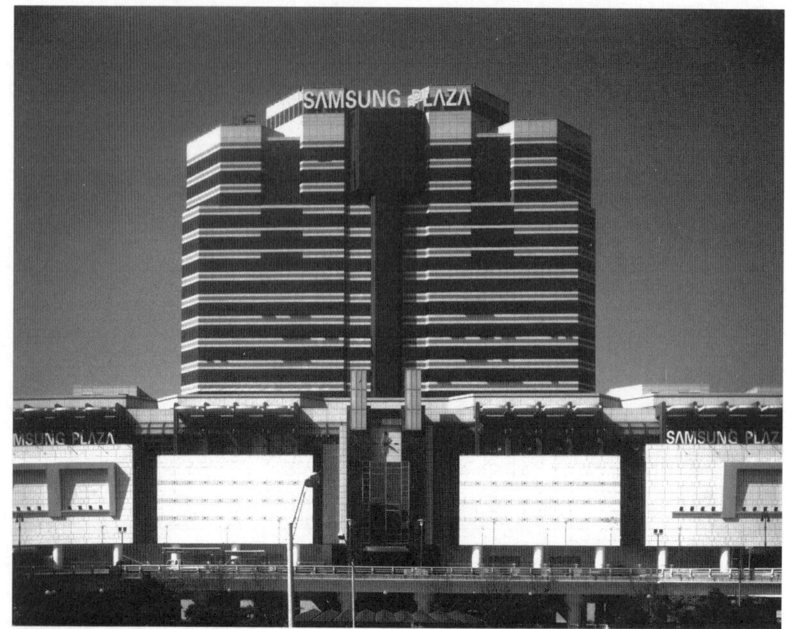


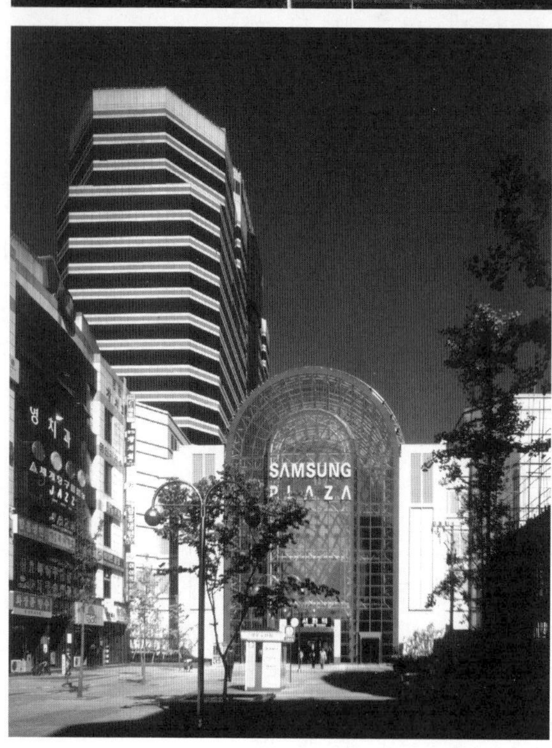


**그림14, 15 _**
분당 서현복합 민자역사 삼성플라자. 원도시건축 제공.

굉장히 재밌는 거였어요. 변용 씨가 한 작업들이 대개 시민들하고 가까운 도시 프로젝트였는데 원도시는 그런 작업이 드물거든요. 은행본점이라든지 오피스 빌딩이었기 때문에. 근데 이것은 시민하고 가까운 것이었죠. 사실 쇼핑센터라는 것이 외국에서는 일반적으로 건축에서 하는 일이 별로 없어요. 왜냐하면 서큘레이션 시스템만 만들어주고 나중에 쉘만 만들어주면 내부는 수시로 바뀌는 거기 때문에. 특히 입주자들이 큰 브랜드들이잖아요? 큰 브랜드들은 자기들 브랜드 디자인이 이미 있기 때문에 장소만 제공하는 것이지 건축적인 것이 없어요. 그 밑에 전철역이 지나가기 때문에 콩코스가 생기잖아요. 그렇기 때문에 조금 건축적으로 할 일이 있었던 거지, 그것도 없었으면 건축가가 할 일이 없었던 거지.

그런 과정에서 국토개발연구원과 어떤 교류가 있었는데 나중에 〈국토개발연구원 사옥〉을 우리가 맡게 되었어요. 그것이 안양에 있었는데, 사실 굉장히 흥미가 있었던 것은 국토개발연구원 사무실 사옥이 원도시 건축의 사옥이었으면 얼마나 좋을까 하는 생각으로. 각각 연구실들이 있고 중앙 데이터 풀이 있고, 큰 라이브러리가 있고, 편의시설, 컨퍼런스 등…. 그 규모가 꽤 큰데, 이것이 우리의 사옥이었으면 얼마나 좋을까 이런 기분으로 생각을 하는 거죠. 체계적으로 연구원들에 대한 행태를 스터디해서 기본적인 이미지를 만들고. 전체적인 체계를 논리적으로 만들면서 중간 층에다가 커먼플로어를 만들었어요. 구내식당도 있고, 라이브러리 있고. 전 층의 연구원들이 자기 방에서 나와서 모여들수 있는 그런 층이 있어서 중심에다가는 공중 정원. 그런 걸 만들어서 실제로 직원들이 즐길 수 있는. 말하자면 그 집이 평범한 집이지만 그런 특징 있는 집으로 했죠.

안양
국토개발연구원

**전봉희:** 올 연말인가요? 이사를 가야한다는데요? 세종시로.

**윤승중:** 세종시로요?

**전봉희:** 설계안 다 나온 걸로 알고 있는데. 그 집을 팔아야하는 상황인데.

**윤승중:** 욕심이 나긴 하는데. 목천에서 사시면 되겠네요. (웃음) 전체가 그런 연구소이기 때문에 부러웠어요.

**전봉희:** 바로 뒤가 그거 아닌가요? 조선일보…

**윤승중:** 맞아요. 그것도 우리가 맡아가지고. 조선일보 평촌사옥 땅이 커서 공장을 짓고 문화센터를 지을 생각이었는데 최근에 공장을 딴 데로 옮겼더라고요. 또 그 국토개발연구원 바로 옆에 그만한 빈 땅이 있었어요.

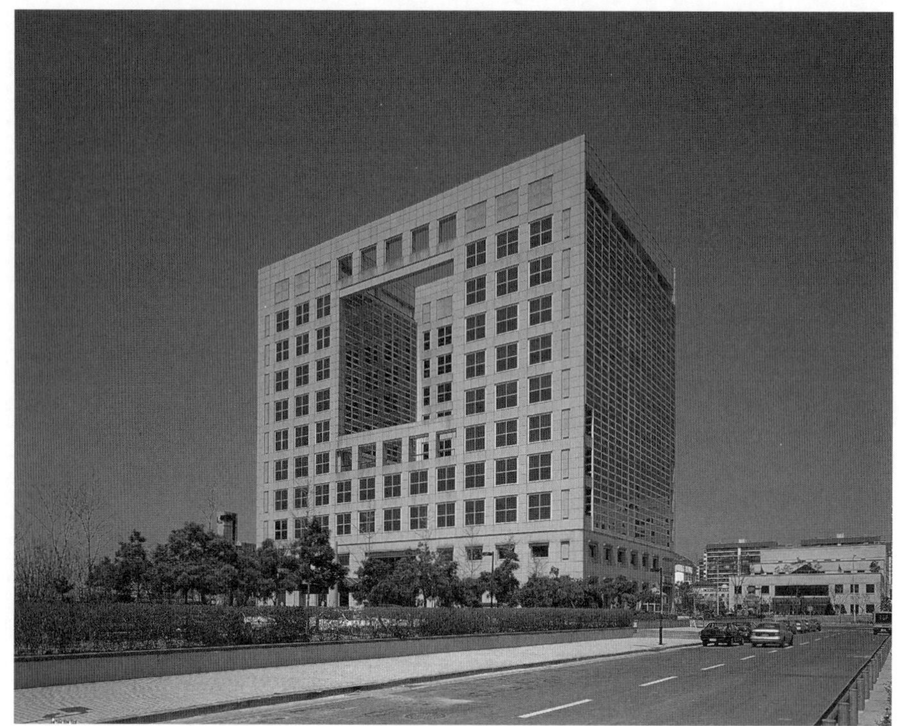



**그림16 _**

국토개발연구원 사옥(1990). 원도시건축 제공.

그걸 가지고 계획이 진행되다가 건축주가 영 실력이 없어가지고 아직까지도 진행이 안 된 거 같아요. 그렇지 않으면 그 블록 전체를 핸들링 할 수 있었을 텐데. 국토개발연구원 집 자체는 주변의 땅과 연관해서 괜찮게 되었어요. 규모가 크지 않지만 좋은 집이었는데, 혹시 이건영[18] 박사 아십니까? 이건영 박사는 그다지 만족하지 않는 거 같더라고요. 그때 내가 무슨 얘길 들었는데, 잘 기억이 안 나지만, 다 좋은데 너무 집을 논리적으로 지었다는 거지요.

**전봉희:** 풀어주는 데가 있어야 하는데.

**윤승중:** 예, 융통성 없이 지었다.

**전봉희:** 선생님, 이걸로 80년대를 마감하시고 90년대로 가셔야 하겠는데요?

**윤승중:** 영종도 공항을 좀 길게 얘기하고 싶어서.. 딴 데 기록이 잘 없거든요. 김정식 회장님이 하신 거, 좀 보충해야 할 거 같고. 몇 가지 더.

**전봉희:** 다음번에 하실까요?

**윤승중:** 그러면 〈산업은행 본점〉이 있는데요, 이것도 컴페티션인데요, 희림과 외국 회사가 같이한 안이 당선이 되었거든요. 근데 이것은 지난번에 정부종합청사 계획안 같이 가운데 큰 오픈스페이스가 있고. 물론 얕고 그렇긴 하지만 내 생각에 소위 여의도에 관례상 좋은… 밖에서 보는 은행이 아니라 안에 들어가서 사람들이 느낄 수 있는 그런 플레이스를 만들고 도시적인 장소이고 싶었는데. 브로셔에 있지만 산업은행본점도 참가했다가 낙선한 작품인데, 실패한 얘기들이지만 컴페티션을 통해서 건축적인 생각들을 주장할 수 있었기 때문에 기록으로 남겨두는 거죠. 이것도 컴페에 당선된 안인데, 장응재가 주관 했던 〈기상청청사〉가 있어요. 그게 아마 잘 보실 기회가 없을 텐데 서울시 건축상을 받았을 거예요. 원래 프로그램에는 없었지만 하나 제안한 것이 역시 기상 과학관이 있으면 좋겠다, 그렇게 크진 않지만 중심에 아트리움을 만들어서. 거기도 견학을 꽤 많이 오거든요. 이 기회에 작업하는 과정들을 볼 수 있게 코리도를 전부 유리로 만들어서 지나가면서 다 볼 수 있게끔. 집은 별로 큰 집은 아닌데, 일반 시민들을 위해서 그런 서비스나 이런 걸 꽤 많이 제안을 했지요. 처음 프로그램에 없던 걸 많이

여의도 산업은행 본점 설계경기

18 _
이건영(李建榮, 1945-): 1968년 서울대학교 공과대학 건축공학과 졸업. 제17대 건설부 차관, 국토개발연구원 원장, 중부대학교 총장 등을 역임했다.

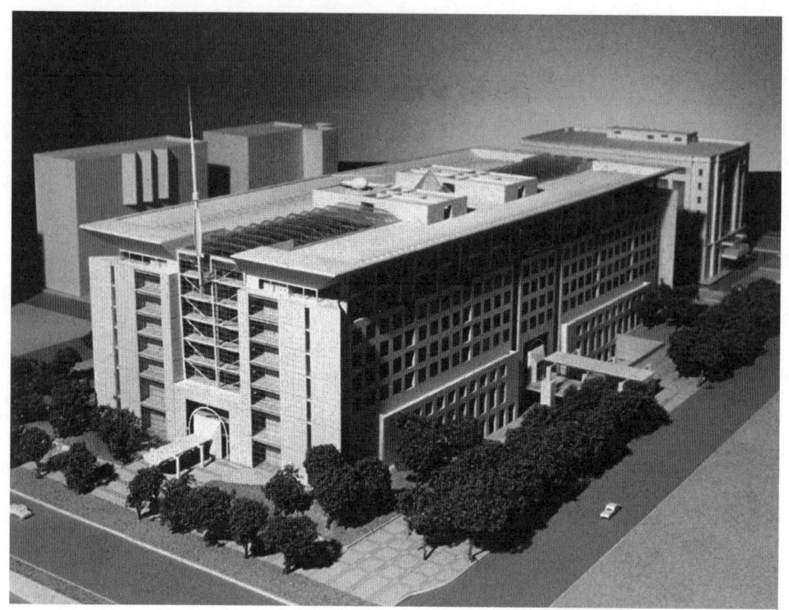



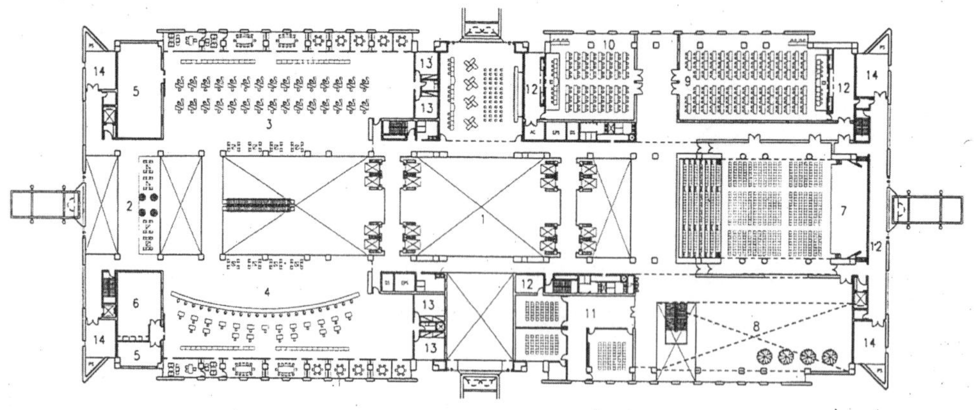

**그림17, 18 _**

산업은행본점(1994)모형과 2층 평면도. 원도시건축 제공.

제안을 해서 완성시켰어요. 전에도 말씀드렸듯이 건축주가 요구하는 것도 있지만 건축가는 시민들을 위해서 건축주를 숨겨서라도 작품을 만들어줄 필요가 있다고 생각이 들고, 그런 역할도 조금 했던 것 같습니다. 밖에서 볼 때 건축의 컨셉은 거의 다 눈에 보이지 않는 것들이죠. 이런 기회에 자세히 친절하게 얘기해 두는 것은, 우리끼리 한 얘기들이 아무 일 아닌 것 같아도 설계한 입장에서는 얘기해 두고 싶어서. 누가 보실 기회가 있을지 모르지만… 최후의 독자가 있어요. 우리 집 아이들이 보면 재밌어 하겠죠? (웃음) 그래서 얘기를 하는 거예요.

오늘은 그럼 여기까지 하고 다음에 영종도 공항하고. 원도시는 다음번으로 끝이 나는데. 독립기념관은 실제로 설계하지 않았지만 플래닝 추진위원으로 활동하였기 때문에 할 얘기가 있을 거 같고. 또 분당 하우징 페어인가요? 그것도 사실 굉장히 좋은 찬스였는데 실제로 진행이 잘못되어서. 토지? 주택공사였던가? 그것을 진짜 자기들이 투자해서 했었으면 꽤 이상적인 걸 만들 수 있었을 텐데, 자기들 방식으로 시공사들에게 땅을 나눠줘서 시공사들이 장사를 하려 했기 때문에. 그러다 보니 건축가들이 나중에 슬슬 빠져서 그런 경우도 있고요. 그런 찬스가 여간해서 있을 수 없는 거거든요. 건축가 스무 명 정도가 모여서 한 장소에다가 집을 만든다는 것이… 어쨌든 그런 것이 있었고. 또 몇 가지가 있어요. 찬스가 생길 뻔하다가 취소된 에피소드인데, 〈경동교회〉를 사실 김수근 선생님이 하셔서 명작이 되었잖아요. 근데 그 전에 강 목사님하고 어떻게 기회가 되어서 그 분에게 불려갔어요. 그때 얘기 듣기로 예산이 거의 3억이었는데, 3억 정도는 더 모을 수 있겠다고. 6억의 범위에서 설계를 해줄 수 있겠느냐 해서, 그러겠습니다 하고 일단 생각을 시작을 하려는 차에 갑자기 연락이 와서 김수근 선생님께 넘어갔지요. 두 분이 친하세요. 김수근 선생님께 가면 부담스러워서 일단 김수근 선생님 주변에서 했다가 다시 김수근 선생님께서, 그게 무슨 소리냐 해서 김수근 선생님이 하셨는데. 결과가 명작이 되었잖아요. 근데, 결과가 22억이 들었어요. (웃음) 아마 그랬으니 명작이 되었겠죠. 그 다음에 또 교육보험하고 인연이 있었는데, 천안에 가면 〈교육보험연수원〉이 있어요. 신 회장이 우리가 한일은행 연수원을 했었기 때문에 부탁을 했어요. '건축가협회 일 때문에 유럽에 갈 일이 있어서 당장 시간이 없으니까 한 두 주 후에 찾아뵙겠습니다', 했더니 2주일 동안 기다리기 어렵다고 하시더라고요. 그래도 도저히 스케줄 안 맞을 거 같아서 2주일 동안 기다리십시오. 했더니 결국 미국의 김태수 선생이 하게 되셨어요. 그것의 과정은 잘 모르겠어요, 왜 그랬는지. 그것도 좋은 작품이 되었으니 좋죠. 또 건축가협회 이야기를 한번 쯤 했으면 좋겠습니다.

**전봉희:** 한두 번 정도 더 하시면.

**윤승중:** 시간을 너무 많이 빼앗아 괜찮나?

**전봉희:** 아닙니다.

# 08

# 1990년대의 원도시건축 : 인천국제공항, 천년의 문 현상

**일시** 2012년 3월 22일 (목) 14:00 – 18:00

**장소** 서울특별시 강남구 삼성2동 142-22 2층 목천문화재단

**진행** 구술: 윤승중

참여: 김정식

채록연구: 전봉희, 우동선, 최원준, 김미현

촬영: 하지은

기록: 허유진

초벌 원고 수정 및 각주 작업: 김하나

**전봉희:** 오늘이 8번째입니다. 여섯 번째가 원도시 개소해서 70년대를 말씀해 주신 것이고, 일곱 번째가 원도시 법인화 된 이후의 이야기였고, 오늘이 여덟 번째인데요. 생각보다 예정을 많이 초과 했네요. 매번 항상 자료를 준비해주시고 저희보다 먼저 와주시고 저희들이 죄송하게 생각하고 있습니다. 오늘 여덟 번째 말씀을 청해서 듣도록 하겠습니다.

국제공항

**윤승중:** 음, 오늘은 〈영종도 국제공항〉 설계했던 얘기를 좀 해보겠습니다. 지금은 인천공항인데 대규모의 톱클라스 국제공항이 되었죠. 그런 규모의 프로젝트는 흔하게 만날 수 있는 것도 아니고, 국토 전체에 크게 영향을 줄만한 중요한 프로젝트였다고 생각되는데, 그 프로젝트에 처음부터 관여할 수 있는 기회가 생기게 되었어요. 그 기록을 남길 필요가 있다고 생각되는 것들을 얘기할게요. 사실은 김정식 회장님께서 컨소시움 4개사가 투자한 '까치'라는 조직의 CEO로 계시면서 실제로 실시설계 과정을 리드하셨기 때문에, 지난번 여기서 꽤 많이 기록을 남겨주셨지만, 그 까치가 생기기 이전 얘기를 조금 보충할 필요가 있는 거 같아요. 그 사실 인천공항이 생기기 전에 그 1978년, 77년쯤인가 노태우 대통령이…

**전봉희:** 87년이요.

**윤승중:** 아, 87년. 노태우 대통령이 공약으로 내세운 것이, 수도권 공항을 청주에다 짓겠다 였습니다. 아마 그건 대선에서 '신(新)수도' 공약처럼 정치적인 이슈를 포함해서 별로 크게 이점이 없는 청주에다가 수도권공항을 옮기겠다고 약속을 했는데 대통령이 되었죠. 청주라는 데가 수도권공항을 짓는 것이 불가능했어요. 왜냐하면 공항이 국제선이 많아지고 공항에서 중요한 요건 중 하나가 24시간 운영입니다. 그 선례가 일본의 나리타공항인데, 그것도 내륙에 있거든요. 그것이 주민들의 반대로 10시 이후에는 이착륙을 못하게 되어 있어요. 활주로 하나 늘리려고 노력했는데 결국 늘리지 못해서 할 수 없이 오사카 해상에다가 신공항을 짓는 계획을 시작을 했죠. 국제 컴페를 통해서 이탈리아의 저…

**전봉희:** 렌조 피아노요?

**윤승중:** 렌조 피아노. 그 오사카 간사이공항이 진행 중에 있었고요, 또 동남아시아엔 싱가포르 창이공항이 익스텐션해서 제2터미널을 진행 중에 있었고, 홍콩도 노만 포스터가 설계해서 첵랍콕(Chek Lap Kok) 신공항을 짓고 있었고… 전부 그것들이 바다 위였습니다. '24시간 운영'이라는 것이 공항의 큰 조건이 되었고요. 근데 청주는 내륙에 있기 때문에 그런 점에서 불가능한

일이었지요. 또 한 가지는 그 당시에 1960년대 후반에 점보 비행기가 나오고 항공교통이 굉장히 활발하게 되어서 지금까지 40년 이상 운영되어 왔는데, 보잉과 더글라스라는 미국의 양대 회사에서, 그 당시 소문이 시속 5마하 정도 되는 비행기를 개발해서 21세기 초에 실현이 될 것이다, 그런 뉴스가 있었어요. 사실 아직도 성공 못하고 있는데 그건 진행 중이라고 봅니다. 5마하라는 게 어떤 속도냐면 점보 비행기가 시속 900km인데요, 근데 1마하라는 것이 1250km정도. 지구의 자전 속도가 한 1.3마하정도 되거든요. 5마하라는 건 지구의 자전 속도보다 네 배 가까이 빨라요. 그걸 타고 미국을 가면 미국까지 한 2시간이면 되요. 그런 비행기를 개발 중에 있다 이거죠. 그렇게 속도를 내기 위해서는 성층권 바깥으로 나가서 일단 10분 동안 고공으로 올라가고 다시 성층권으로 들어오는 로켓으로 그렇게 하는데 소음이 엄청나서 내륙에서는 이착륙이 불가능해요. 전체 비행시간 중에서 가속, 감속하는 시간이 3분의 1정도 걸리면 그러니까 장거리 비행이 아니면 별로 효과가 없는 거죠. 그래서 자연스럽게 나온 것이 대륙별로 허브 공항을 만들어서 거기서부터 다시 지역공항으로 연결되는 시스템이 훨씬 더 가속화 될 것이다, 했지요. 그래서 우리나라에서도 청주에다가 새로운 공항을 짓는 것은 의미가 없다. 그렇게 얘기가 되어서 그때 서울에서 가장 가깝고 토지확보를 자유롭게 확장시킬 수 있는 곳이 영종도였어요. 아마 그런 이유로 부득이하게 새로운 수도공항을 청주에다 하지 못한다고 하면서 충청도가 난리가 났죠. 할 수 없이 규모를 줄여서 국제공항 기능을 갖춘 공항으로 지어주겠다, 그렇게 약속을 하고 청주공항이라는 것을 실제로 짓게 됩니다.

그 때까지만 해도 공항설계가 크게 기회가 많지도 않았습니다만은 대개 〈김포공항〉 하면서 관여된 설계사무실들, 교통부나 공항공단 출신 기술자들로 만들어진 조직들이 설계를 독점했어요. 근데 웬일인지 공항 설계자를 건축가들, 건축사무실 중에서 선택해 보려는 그런 생각이 있어 가지고 처음으로 공개해서 민간 대형 설계사무실 4군데를 지명해서 입찰로 설계회사를 선정하는 방식을 한 거지요. 그때 정림건축, 원도시건축, 공간, 희림. 이 4개 회사가 지명을 받았어요. 그래서 공항공단에 갔더니 설계의뢰를 할 텐데 대신 입찰을 하겠다는 거예요. 우리가 건축계에서 대표적인 사무실들인데 건축계가 입찰을 하는 건 원칙적으로 반대한다, 그래서 그것을 거절했더니 방법이 없겠느냐, 눈 가리고 아웅 하는 식으로 대신 프로포설(proposal)의 형식으로 바꿔서 하자고 했어요. 입찰이라는 건 함께 모아놓고 설계비를 써서 집어넣고 최저가로 결정을 하는건데 우리는 전문단 구성이나 설계 진행 방식 등 이런 제안서를 만들고 거기다가 설계비도 같이 포함해서 형식을 갖춰서 제출 할 테니 당신들이 심사해서 골라라, 했지요. 설계비가 들어가는 거니까 큰 차이는 없지만. 이렇게 프로포절 방식으로 바꿔서 응했는데 어떻게 해서 원도시가 선택이 되어서 〈청주공항〉 설계를 하게 되었습니다.

근데 난 개인적으로 1967년에 기술공사에서 〈김포공항 마스터플랜〉을 진행했었기 때문에 국제공항에 대한 기본적인 개념이나 주요기능, 그리고 전문 어휘들, 이런 것은 좀 이해하는 편이었죠. 그때부터 항공이 세계적으로 보급이 되면서 공항의 중요성이 부각되었죠. 60년대까지만 해도 대부분의 공항들이 대개 지방의 버스 터미널 정도의 프로세스를 가지는 건물, 그런 형식이었는데 공항 규모가 점점 커지기 때문에 공항 시스템에 대한 새로운 아이디어가 자꾸 나오기 시작했습니다. 대형여객기의 날개폭 때문에 최소 65미터에서부터 점보 같은 대형기는 75미터가 필요하거든요. 그런데 비행기를 점점 많이 세워야 하니까 처음에는 여러 가지 형태의 핑거시스템(finger system)이 등장했는데 제일 대표적인 케이스가 암스텔담의 스키폴(Schiphol)공항이죠. 또 파리의 샤를드골(Charles de Gaulle) 공항은 1단계에서 위성시스템(satellite), 다시 2단계에서는 분동방식이란 걸로 아주 대규모의 공항이 되었고, 사리넨이 제안했던 워싱턴의 덜레스(Dulles) 공항은 특이하게 150명쯤 수용하는 대기라운지를 대형버스처럼 움직여서 멀리 서 있는 비행기를 찾아가는 소위 무빙라운지 방식을 만들기도 했어요. 별로 보급되지는 않았던 것 같고, 가장 근래에 등장한 시스템이 지하통로로 연결되는 리모트 콘코스(remote concourse)방식인데 미국의 아틀란타 공항이나 시카고 오헤어 공항의 신관, 덴버 공항 그리고 우리 인천공항도 이런 방식을 채택해서 했잖아요. 주로 초대형 공항에 많이 사용하는데 사실 나는 이런 공항 시스템에 관심이 좀 있어서 그동안 출장이나 여행을 하면서 공항에 갈 때마다 유심히 돌아보는 편입니다.

다시 〈청주공항〉으로 돌아가 보면, 청주공항 설계를 하게 되어서 처음 미팅을 했는데 굉장히 큰 벽에 부딪혔어요. 공항에서 가장 중요한 것이 스페이스 프로그램인데, 어떤 부분을 어떤 크기로 할 것인가, 그런 정보를 난 공항에서 줄줄 알았거든요. 그런데 공항에서는 동시에 비행기 3대 정도가 접속할 수 있는 게이트 3개 정도의 공항이다, 스페이스 프로그램은 당신들이 알아서 만들어서 가져와라, 그러는 거예요. 그럼 그동안 김포공항에 대한 데이타 이런 것들을 다 내놔라 하니까, 엉뚱하게도 그건 다 보안 자료이기 때문에 줄 수가 없고 가서 열람만 하고 와라, 노트도 써가지고 오면 안 되고 보고만 오라는

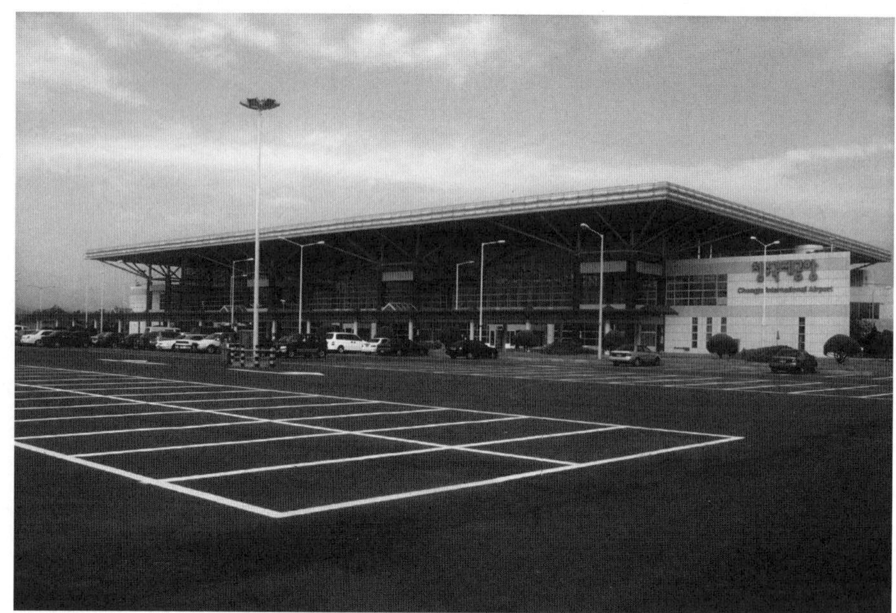

**그림1 _**

청주공항. 원도시건축 제공.

거예요. (웃음) 그리고 또 사무실에 와가지고 공항설계팀은 보안구역이기 때문에 안기부에서 막아놓고는 보안패스를 가지고 출입해라라든지. 아마 나중에 까치(KACI)도 그런 걸 받았을 거예요. 결국은 우리가 스페이스 프로그램을 만들어야 했었는데, 여러 공간들의 크기를 정하려면 승객수하고 관련이 되지 않습니까? 대개 세계 국제항공연맹[1] 같은데서 제공하는 기준들이 있는데, 주로 중·대형공항에서 운영하면서 만든 통계에요.[2] 그런 걸 보고 승객수, 게이트 개수 등을 우리보고 정하라는 거예요. 그런데 청주 같은 데는 들어오는 비행기가 하루 10번도 안되지만 동시에 3대가 올수도 있지 않느냐? 그래서 우리는 이 공식을 무시하고 점보비행기 2대가 동시에 왔을 때 엉키지 않고 처리하는 것을 기준으로 하겠다 했어요. 처음에는 반대하다가 한참 설명을 하니까 말이 되거든요. CIQ[3] 과정을 잘 처리할 수 있게끔 하겠지만, 어느 날 동시에 3대가 도착하면 불행한 날이 될 것이고, 그건 할 수 없다고. 그런 식으로 강행을 했어요. 짐을 찾아서 나가는 시간이 또 있잖아요. 그렇게 걸리는 시간데이터를 달라했는데 그것도 안준대요. 그래서 〈김포공항〉에 직원을 여러 명 보내서 보안구역까지 들어가서 몇 시간씩 지키면서 승객들의 통과시간이나 행태를 조사해서 어느 것이 효과적인지 분석한 보고서까지 냈어요. 그건 아마 나중에도 유용하게 쓰였을 거 같아요.

〈청주공항〉이 국제선과 국내선이 같이 쓰게 되는데, 모두 수요를 예측하기 어려운 거였죠. 청주라는 데가 위치가 애매해서 국내선은 제주도와 설악산 가는 편 정도 밖에 예상할 수 없었고, 국제선으로 가게 되면 나라마다 항공협정이라는 것이 있어서 총 편수가 제한되거든요. 그래서 가급적 수요가 많은 곳을 택하려고 하는데 그러니까 청주는 아무래도 불리하죠. 그래서 아이디어를 낸 것이 국제선과 국내선이 브릿지 3개 중 1개를 공유하고 무빙월을 도입해서 플랙시블하게 쓸 수 있게끔 제안했죠. 그러니까 국제선,

1_
국제항공운송협회(IATA: International Airport Transport Ass.)

2_
하루 출입편수에 탑승률을 곱해서 1일 승객수를 산정하고 그중에 약 15퍼센트정도가 피크아워(Peak Hour)에 몰린다고 봤을 때 적당할 수 있는 시설의 크기들을 산정한다고 함.

3_
CIQ: 세관(Customs), 출입국관리(Immigration), 검역(Quarantine)의 약칭. 출입국 때 반드시 거쳐야 하는 3대 수속이다.

국내선의 경계를 명확하게 안 주고, 아무튼 그런 과정을 거쳐서 〈청주공항〉 설계를 완성했어요.

거기서 얻은 부수적인 소득은 신공항에 대한 여러 가지 정보를 접할 수 있었던 거예요. 그 설계를 진행하면서 교통부항공국이나 공항공단 사람들과 대화할 기회가 많이 생겼는데, 영종도공항 추진에 관한 얘기를 많이 듣게 됐고. 장차 일본, 중국과 경쟁해서 동아시아의 허브공항을 만들려면 우선 규모도 연간 1억 명 수준을 목표로 한다는 거예요. 당시는 천 몇 백만 정도. 아마 지금도 이천만이 좀 넘은 정도인데 1억 명 규모면 전 세계적으로 몇 개 없을 거예요. 아시아의 중심적 허브공항이 되기 위해서 그런 규모의 공항을 목표로 한다. 그렇게 하기 위해서는 공항시스템 자체가 중요한데, 그때 전 세계적으로 이런 초대형 공항의 경우 대개 두 가지 방식이 있었어요. 하나는 지금 〈인천공항〉처럼 메인터미널이 있고, 지하로 연결되는 리모트 콘코스를 자꾸 증설해 나가는 방법이에요. 미국의 아틀란타에 이미 지어서 운영되고 있는 그런 방식이 있었고. 또 하나는 파리의 샤를드골공항이 2단계 계획에서 채택하고 있는 분동방식이라는 거예요. 적정규모의 단위로 나누어서 순서대로 지어가면서 이걸 연계시키는 방식인데, 두 가지가 장단점이 있죠. 물론 미국이나 여러 나라의 대형공항들이 이런 예가 많이 있지만 샤를드골의 경우는 미리 마스터플랜을 세워서 계획적으로 건설해 가는 방식이어서 당시 우리나라 공항당국에서도 상당히 관심이 있었던 걸로 압니다. 그런데 우리보다 좀 일찍 착수한 일본의 간사이공항의 경우는 40대[4] 정도가 동시에 들어올 수 있는 직선 콘코스를 택했는데,[5] 더 대형화하기에는 좀 한계가 있을 것으로 봤어요. 그러나 당시에 영종도공항 마스터플랜의 용역을 '벡텔'과 '유신코퍼레이션'이라는 데서 했는데 결국 아틀란타공항 같은 방식으로 한 거죠. 메인터미널과 4개의 리모트 콘코스,[6] 이런 리모트 콘코스들은 루프타입의 IAT를 지하에 두어서…

**전봉희:** IATA인가 그렇죠?



**4_**
인천공항의 경우 1단계에서 46대가 동시에 주기가 가능한 것으로 계획하였다.

**5_**
오사카간사이공항의 경우 장차 미러이미지로 1.6km의 직선 콘코스를 2배까지 늘릴 계획을 갖고 있었다.

**6_**
리코트 콘코스를 단계적으로 증설해 가는 계획으로 최종적으로 180개 게이트에 연간 1억 명 규모를 목표로 했다.

**윤승중:** 아, 당시 IAT(Intra Airport Transportation)라고 통칭했는데, 이 경우는 지하 경전철 같은 구내교통수단을 말하는 거였죠. 공항이 워낙 넓으니까 이런 구내교통수단들이 지상에 있는 것도 있고 여러 가지 방식이 있는데, 리모트 콘코스의 개념은 지상으로는 비행기가 지나가니까 지하로 연결하는 방식입니다. 그런데 아틀란타의 경우는 75퍼센트이상이 국내선이라 CIQ가 없고 대형 수하물이 적어요. 그래서 국제선 터미널은 하나가 별도로 운영되는데 반해서 대부분이 국제선인 영종도의 경우는 상황이 상당히 다른데, 벡텔이 이걸 간과했어요. 이것은 큰 오류였다고 생각합니다. 리모트 콘코스 두 개까지는 메인 터미널에서 처리할 수 있어서 그런대로 가능하지만 제2터미널 빌딩이 필요한 단계가 되면, 더 이상 통합된 운영이 어려울 걸로 보였거든요. 실제로 최근 2단계 터미널은 마스터플랜을 변경해서 반대편에 별도로 건설을 진행 중인 걸로 압니다.

우리가 처음 청주공항 설계를 진행하면서 이런 신공항 계획과 마스터플랜이 있을 거라는 정보들을 어느 정도 알게 되면서 공항에 대한 관심이 더 생기게 됐고, 그래서 당시의 거의 완성단계에 있던 싱가폴의 〈창이공항 제2터미널〉의 시공을 현대건설에서 하고 있었는데 거기에 부탁해서 자세히 견학할 기회를 만들었습니다. 우리 장응재 부사장과 둘이서 갔는데, 현대건설에서 잘 안내해줘서 1, 2터미널의 연결 IAT와 수하물 처리시스템처럼 보기 힘든 내용들을 상당히 자세히 볼 수 있었어요. 특히 수하물처리시스템(BHS: Baggage Handling System)을 직접 기계실에 들어가서 자세히 본 것이 인상적인데, 인천공항에서 채택한 DCV(Destination Coded Vehicle System)라는 방식보다는 한 단계 아래지만 당시 보기에는 상당히 신기한 장치였습니다. 〈창이공항〉은 특이하게 시내와 가깝게 있어서 국제회의장 등 여러 가지 편의시설들을 운영하며 극동지역하고 유럽지역을 중간에서 트랜스퍼하는 공항으로 이미 지금도 상당히 평판이 좋은 공항이죠. 한 가지 재미있었던 건 준공검사 과정에서 싱가폴 공과대학 건축과 학생들을 풀어서 체크 리스트를 주고 검증하라 했대요. 그때가 마침 준공 바로 전이었는데 학생들이야 신나게 하자를 찾아내고 했었지만 반대로 현대건설이 죽을 맛이 되었지요.

우리는 〈청주공항〉 설계를 하면서 앞으로 영종도공항이 구체화되면 뭔가 좋은 챤스가 있으면 좋겠다는 기대도 했고. 사실 공항이라는 게 국제적 규모의 프로젝트이기 때문에 우리단독으로 하기 보다는 컨서시엄을 만들어서 도전하는 것이 좋겠다는 생각도 하게 되었죠. 그래서 B·H·J·W컨소시엄(Bum, Heerim, Junglim, Wondoshi)이 구성되었고, 결국 국제 컴페티션을 거쳐서 설계까지 하게 되었습니다. 어떻게 보면 〈청주공항〉설계는 미리 예행연습을 한 셈입니다.

그런데 영종도국제공항추진을 발표하니까 큰 반대운동이 벌어졌는데 기억하시겠지만 그때 서울대학교 환경대학원의 김정욱 교수[7]가 중심이 되어서…

**우동선:** 김정욱 교수님이요?

**윤승중:** 혹시 개인적으로 아세요? 김정욱 교수가 앞장을 서서 여러 환경단체들과 조직적으로 반대운동을 벌였어요. 인천공항이 서울과 거리가 있지 않습니까? 서울이 거리가 멀기 때문에 교통문제가 있고 또 전국적으로 보면 편중되어 있기 때문에 간접비용이 많이 들것이고 갯벌, 자연보호지역인데 훼손이 될 것이고 또 어업이 그런 큰 피해를 볼 것이고…, 그런 여러 가지 이유로 적극적인 반대운동을 했지요. 그러나 이런 대규모의 공항은 거기 아니면 가능하지 않았기 때문에 강행을 할 수 밖에 없었다고 봅니다. 사실 그렇게 반대하기 시작하면 끝이 없죠. 갯벌이 일단은 훼손되겠지만, 10년, 20년 지나면 또 다른 방식으로 복원되고, 새로운 자연이 생기고 꽃피우는 것이 가능하지 않을까, 그래서 영종도공항이 추진되고 또 설계를 진행하게 되었지요.

**전봉희:** 이때는 건설기획단 자료를 보면 건교부인거죠. 교통부가 아니고? 교통부가 따로 있었나요?

**윤승중:** 국제공모가 1992년 5월에 응모신청을 하고 10월에 설계안을 제출하게 되어 있었는데, 그때까지만 해도 주체가 교통부 항공국이었죠. 우리나라는 좀 문제가 있는 것이 그런 규모의 국제공항이라는 것은 내셔널 플랜에 속하는 거잖아요. 물론 공항자체의 설계와 건설은 교통부 소관이겠지만 인프라나 배후 도시 등 건설부의 영역이 있는데, 이때까지는 국가차원의 협력이나 정보교환 등이 잘 안 되는 거 같았어요. 그러다가 두개 부서가 합쳐서 건설교통부가 되었지요. 초기에는 항공국과 별도로 신공항 기획단이 기획, 규모, 예산등과 마스터플랜을 추진했고, 후에 수도권 신공항 건설공단이 되면서 본격적인 신공항 건설을 주관한 것으로 기억합니다.



7_
김정욱(金丁勖): 서울대학교 환경대학원 환경계획학과 명예교수.

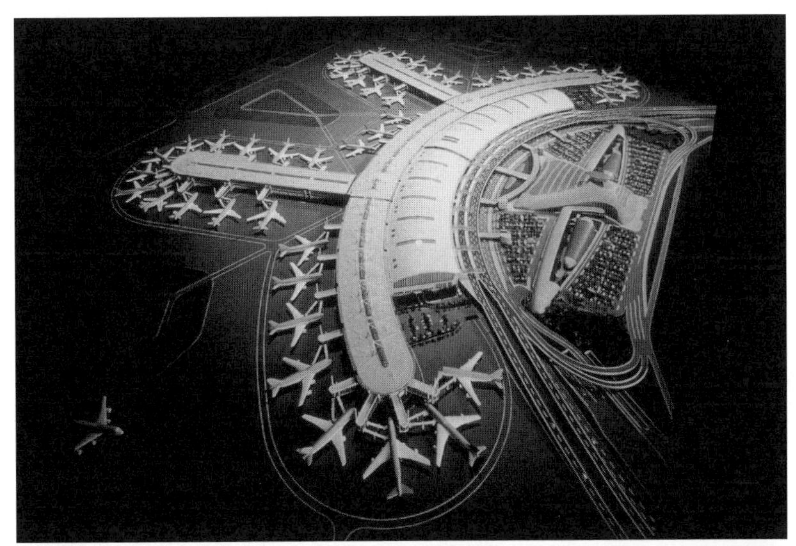

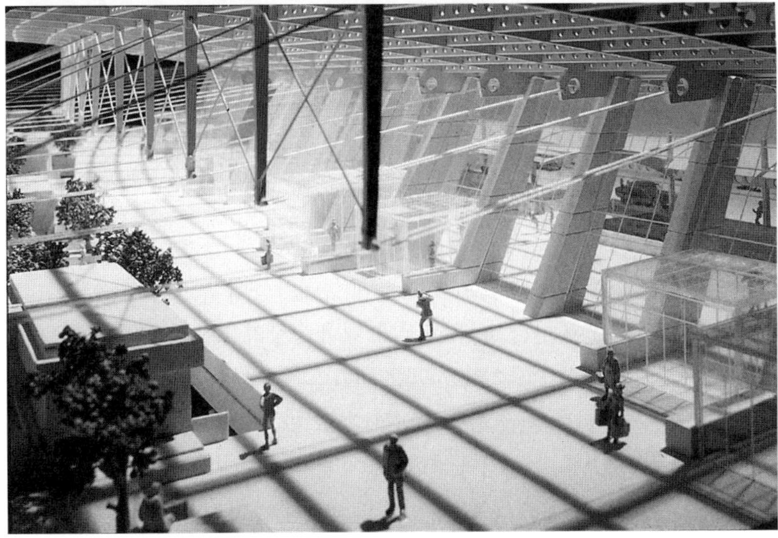

**그림2, 3 _**

인천공항 모형과 구조계획. 원도시건축 제공.

그래서 수도권 신공항의 기본구상[8]이라는 이름으로 마스터플랜과 터미널 빌딩의 국제공모를 하게 됩니다. 국제공모는 우선 마스터플랜에서 제안한 리모트 콘코스 방식을 기본으로 하지만, 나름대로의 대안을 낼 수 있도록 했어요. 그런데 워낙 큰 규모의 프로젝트여서 지명설계방식으로 진행하는데 국내설계팀이 있고, 하나는 반드시 대형공항설계 경험이 있는 건축사무실, 그리고 둘째는 공항 전체 설계의 전문성을 가진 엔지니어링 회사, 이렇게 두 전문가팀이 포함되어야 한다는 조건이 붙었어요. 심사를 해서 10개 팀을 선정하고 응분의 비용을 주는 방식으로 진행한 것입니다. 우리는 당시 이미 B·H·J·W 컨서시움을 합의한 상태였지만 두 종류의 외국전문가팀을 선정해서 합의해야 되는데 준비기간이 한 달밖에 없는 거예요. 마침 범건축의 이상준 부사장이 미국 유펜에서 공부하고 필라델리아에서 작품 활동을 했기 때문에 영어도 능통하고 미국통이라 직접 가서 인터뷰도 하고 선정 작업을 주도했습니다. 그런 과정을 거쳐서 합의한 것이 당시 건설 중인 덴버 공항을 설계한 덴버의 팬트라스(Fentress .H. Bradburn & Associates)라는 건축사무실과 시카고의 맥 클리어(Mc Clier Corp)라는 공항전문 건설턴트. 이렇게 두 팀과 B·H·J·W(범·희림·정림·원도시)가 컨서시움을 하는 것으로 결정을 했습니다. 당시에 공항당국에서도 덴버 신공항에 관심이 많았는데 시스템은 좀 다르지만 리모트 콘코스 방식이었고, 또 규모도 최종 1억명 정도라는 점 때문에 그랬죠. 일단 10팀을 뽑는 숏 리스트(Shot List)에 들어가는데 좀 도움이 되었을 것 같아요. 나중에 덴버에 가서 알게 된 건데, 덴버 공항의 기본설계는 플로리다의 올란도 공항을 설계한 건축가[9], 지금은 이름이 생각이 안 나는데 그분이 했고, 팬트라스는 패브릭으로 된 지붕과 내부디자인만 했다고 해요. 눈 덮인 록키산맥의 스카이라인을 연상시키는 디자인으로 주목을 받았는데 재미있는 건 그 올란도 공항을 설계한 그 팀도 '일건'과 합작으로 응모를 했던 거죠. 사실 우리 국내팀은 상당히 강팀인데 비해 두 외국팀은 다른 팀에 비해 상대적으로 좀 약한 편이었죠. 외형상 상당히 큰 프로젝트였기 때문에 국제적으로 막강한 회사들이 많이 참가했어요.

**전봉희:** 처음에는 자격심사만 했다는 거지요?



8_
수도권신공항 기본구상안은 마하 5의 초초음속기 시대에 대비해서 동아시아의 제1의 허브공항을 목표로 영종도에 1700만평의 부지를 확보하고 2020년까지 180게이트를 가지며 연간 1억 명 규모의 초대형 공항을 건설하고자 했다.

9_
산티아고 칼라트라바(Santiago Calatrava, 1951-): 스페인 건축가. 취리히 연방공과대학에서 토목공학을 전공하였고 교각, 기차역, 공항 등의 공공시설을 설계하며 활동 중이다.

**윤승중:** 그렇죠. 8개국에서 47개 회사, 15개 팀이 신청을 했는데 그중에서 10개 팀을 선정한 거죠. 사실 무슨 큰 중요한 프로젝트가 있을 때마다 외국회사와 합작을 강요하는 것은 좀 문제가 있지만은 인천공항의 경우는 국내 기술만으로는 어려운 경우였기 때문에 불가피했던 거 같습니다.

**전봉희:** 좀 쉬고 하죠. 선생님.

(휴식)

**전봉희:** 다시 시작할까요? 그래서 10개 팀에 선정되신 거네요.

**윤승중:** 예, 그래서 우선 작업을 시작했는데 첫 번째 만남은 덴버 팀의 팬트라스(Fentress), 브래드번(Bradburn) 두 대표건축가와 시카고 맥 클리어(MC Cilier) 팀의, 지금 이름은 기억이 안 나는데, 디렉터엔지니어 한사람. 이렇게 세 사람이 왔어요. 우선 원도시 사무실에서 모두 모여서 상견례를 하고 설계지침을 함께 스터디하고 일정을 의논했습니다. 일단 기본적으로 벡텔의 마스터 플랜은 ∧자로 꺾인 터미널을 생각했는데 그쪽은 H타입을 선호했어요. 백텔에서 만든 마스터플랜과 건물의 기본적 패턴, 기술적인 문제들도 검토했습니다. 다음날은 영종도 현장에 가서 땅을 봤는데 원도시의 장응재 부사장과 범건축의 이상준 부사장이 같이 현지에 갔어요. 나중에 팬트라스가 인천 쪽에 배들이 정박해 있는데, 사실 요즘 배들은 마스트[10)]가 별로 없지 않나요? 그런데 기중기 포스트 같은걸 보면서 팬트라스는 미국의 요트가 죽 서있는 그런 걸 상상했던 거 같아요. 덴버에 가서 초안을 보니 포스트를 세우고 케이블로 지붕을 매다는 구조방식을 제안하는데 실제로는 구조적으로 큰 의미가 없는 거였거든요. 반대로 인천 쪽에서 공항을 바라볼 때 그런 이미지가 되었으면 좋겠다 라고 자기가 생각했다고 그래요. 아무튼 그런 식으로 현장답사를 했고 산낙지도 먹이고, 또 점도 쳐보고 재미있었다고 해요. 2차 미팅은 정림 사무실에서 좀 더 구체적으로 논의를 진행해서 원칙적으로 미국현지에서 패널을 다 만드는 걸로 그렇게 합의가 되었어요. 그래서 그날 김정식 회장님이 초대해서 저녁도 대접하고 좋은 분위기를 만들었던 거 같아요.

**김미현:** 아, 그랬던 거 같은데요.

**윤승중:** 첫 미팅을 한 후에 실무적으로 공항설계경험이 있는 장응재 부사장과

10_
마스트(mast): 돛을 치기 위해 배 위에 세운 기둥

미국통이었던 이상준 부사장을 두 축으로 하고 정림의 문진호 이사 그리고 희림에선 지금 이름이… 나중에 독립해서 활동했던…. 이렇게 네 사람이 현지에 가서 함께 작업을 했어요.

작업은 그쪽에서 주로 했지만 2주일 정도 지났을 때 그쪽에서 원도시 사무실에 모두 모여 있어 달라고 연락이 왔어요. 우선 시카고 맥 클리어 사무실에 모여서 터미널 빌딩의 몇 가지 대안을 만들었는데 팬트라스(Fentress)와 회사 간의 합의가 잘 안 되어서 몇 가지 안을 팩스로 보낼 테니 보고 조정해서 결정해 달라. 안을 하나로 빨리 합의해야 되겠다. 그래요. 그래서 교신시간이 밤 10시 쯤인가로 얘기가 왔어요. 처음에 얘기했듯이 그쪽에서는 H타입으로 각진 모양이랑 그 밖의 몇 가지를 보내왔죠. 그런데 나는 좀 다른 생각을 하고 있어서 지금 완성된 모양과 같은 활모양의 유선형 패턴을 스케치를 해서 팩스로 보냈어요. 김정식 회장님은 그때 못 오시고 강기세, 이영희 회장과 셋이 의논해서 몇 가지 코멘트를 달아서 보냈는데, 맥 클리어팀의 사장이 보고서 이렇게 가는 것도 괜찮을 거 같다고 결단을 내려서 대체로 현재 안이 탄생된 겁니다. 그런데 이건 어디 기록에도 안 나와 있고 나하고 장응재 씨만 알고 있더라고. 그리고 20일쯤 더 지난 뒤에 안이 어느 정도 준비되었다고 해서 김정식, 강기세, 이영희 회장, 나 이렇게 넷이서 먼저 시카고 맥 클리어 사무실로 가서 준비된 안을 놓고 회의를 했는데 면적을 너무 초과해서 도착 로비 등 몇 가지를 조정하도록 하고 덴버의 팬트라스사무실에 가서는 구체적으로 디자인에 관한 것들을 합의해 나갔죠. 시카고 가는 길에 영종도공항 마스터플랜의 모델이 되었던 아틀란타공항과 시카고 오헤어공항 등을 방문했어요. 그런데 국내선 중심이어서 거의 100퍼센트 국제선인 우리 공항의 경우는 상당히 차이가 있었습니다. 그리고 텍사스의 포트워스(FortWorth)에 가서 최신 수하물 시스템인 DCV(Destination Coded Vehicle System) 공장을 방문해서 파일럿 시스템의 시연을 보았는데 목적지를 자기가 알아서 찾아가는 거였어요. 사실은 맥 클리어가 추천해서 덴버 신공항에서 채택했다는데 아직 개관을 안 했기 때문에 검증되진 않았지만 대규모 공항에는 필수적이라고 강력 추천했습니다. 나중에 공항당국에서 고심 끝에 도입했는데 다행히도 현재까지 성공적으로 잘 운영되고 있습니다. 이보다 먼저 노만 포스터가 설계한 홍콩의 신공항에 수하물시스템이 오작동 되서 한 달 동안 혼란에 빠졌던 경우와는 대조적인 경우였지요. 덴버의 팬트라스는 참 재미있는 사람이에요. 동부의 무슨 주립대학을 수석으로 졸업하고 아이엠페이(I. M. Pei)[11] 사무실에 근무하다가 페이가 덴버에 보행자 몰을 설계한 게 있는데 거기에 현장 감리로 왔다가 덴버에 정착하게 됐다고 해요. 상당히 탤런트가 있어서 컴페에도 많이 당선하고 잘 운영하고 있더라고요. 이 친구가 처음에 디자인 한 것이 아까 말한 자기가 현지에서 봤던 요트 이미지, 그래서 포스트를 죽 세우고 케이블로 지붕을 매어다는 그런 디자인을 제시했어요. 나는 어떤 생각이 들었냐면 바로 전에 한강의 행주대교가 서스펜션 시공을 하다가 무너져서 신문에 나왔었죠. 그래서 한국에서 그런 사고가 있어서 서스펜션 인상이 나빴죠. 실제로 스팬이 얼마 안돼요, 그러니 서스펜션 할 필요 없지 않느냐 했죠. 얼마 전에 헬무트 얀(Helmut Jahn)[12]이 시카고 공항의 신 터미널을 하면서 그런 걸 썼어요. 한국에서는 컴페티션이 미국처럼 좋은 안, 장점을 고르는 방법이 아니라 네거티브로 떨어뜨려나가는 방식이라 단점으로 걸리면 초장에 떨어질 수 있으니까 위험하다라고 하면서 반대했더니 자기는 컴페티션에서 안의 매력이 있어야 한다고 보기 때문에 이것을 꼭 살렸으면 좋겠다, 나중에 실시과정에서 바꿔도 좋지만 컴페에서는 꼭 쓰고 싶다. 이렇게 굉장히 강하게 주장을 해서 일단 그러면 가보자, 그렇게 되었죠. 실제로 분위기도 괜찮아요, 공항 그러면 포트지 않습니까? 이미지로도 통하고. 항구에서 그런 이미지도 있고 그래서 일단 그 느낌으로 갔어요. 실제로 나중에 프레젠테이션을 보고 상당히 잘 만들었다고 생각했어요. 인상도 좋고.

**전봉희:** 저기에 있나요? (김정식 이사장 사무실의 모델을 가리키며)

**윤승중:** 아니, 저건 아니에요. 저건 나중에 완공된 모델이지요. 공항에 관해서는 당시의 기록이 다 있거든요. 아마 공식적으로 리포트도 있고 그럴 거예요.

**전봉희:** 그때 10개 팀한테는 제법 넉넉한 돈을 주었나요?

**윤승중:** 액수는 잘 생각 안 나는데 몇 만불 정도, 기본적인 제작비 정도가 되지 않았을까.

**전봉희:** 그럼 4개사가 비용을 좀…

**윤승중:** 현지도 가고 돈도 보내줘야 했고. 일단 투자를 꽤 했어요. 심사에서 진짜 운이 좋게도 당선이 되었어요. 우리가 당선이 되고 차석이 국내의

11 _
이오 밍 페이(Ieoh Ming Pei, 1917-): 중국계 미국인 건축가. 1955년 I. M. Pei & Partners를 개업. 1984년 프리츠커 상을 수상했다.

12 _
헬무트 얀(Helmut Jahn, 1940-): 독일 건축가. 시카고에서 JAHN사무소를 운영.

'아키플랜'과 사를드골공항을 설계한 파리 공항공단이라고 국가기관 팀이었죠. 거기 대표건축가가 있는데 혹시 이름 기억하나요, 베이징에….

**최원준:** 폴 앙드레(Paul Andreu).



**윤승중:** 아, 폴 앙드레. 최근에 북경오페라 하우스를 설계했는데 그 사람이 굉장히 좋은 조직이 있어요. 그 팀이 차석을 했고. 당선된 우리 팀은 계획안대로 공항터미널빌딩을 설계하고 1차때는 리모트가 아니고 메인빌딩만 설계하는 계약을 했고 차석팀은 화물터미널과 부속건물을 설계하게 되었습니다. 일단 미국 쪽은 기본 계획까지만 하고 실시설계 단계에서는 어드바이스 하는 걸로 했기 때문에 4개의 회사가 설계요원을 파견해가지고 장소를 하나 만들어서 소위 공항설계팀을 구성을 했어요. 초기에는 장응재, 이상준 두 사람이 주가 되어가지고 한, 두 달쯤 진행을 했던 거 같아요. 그렇게 진행을 하면서 보니까 대외적인 문제도 있고 실제로 세무처리 등 여러 가지 문제들이 생겨서 임시로 만들어진 팀 가지고는 좀 힘들겠다, 그래서 4개 회사가 25퍼센트씩 투자해서 새로운 법인을 만들어서 거기에서 모든 작업을 하자. 단기로 하지 말고 프랑스 설계팀처럼 이런 노하우를 쌓아서 중국 등 해외 설계 용역까지도 진행할 수 있는 그런 전문 팀을 만들자, 그렇게 해서 만든 팀이 '까치'입니다. 까치의 공식 명칭은 코리안 아키텍츠 콜라보레이션 인터네셔널(KACI, Korean Architects Collaboration International)인데 거창하게 설계팀을 만들겠다 한 거죠. 설계하면서 맨날 공항 당국하고 같이 카운터파트로 대응해야 하는데 새 조직이 운영이 되기 위해서 4사외에 운영팀에 일정 비율의 쉐어를 주기로 했고 누가 '까치'를 운영할 것인가 의논하다가 처음에는 장응재 부사장 얘기가 있었는데 공항당국과의 관계 등을 고려해 김정식 회장님을. 김정식 회장님은 당시 정림 부사장이셨어요. 김정식 선배님한테 부탁을 하기로 했고, 김정식 회장님께서 승낙을 하셔가지고 까치팀을 맡아서 상주하시기로 정리가 되었습니다. 그래서 장응재 씨는 얼마 후에 원도시로 복귀하고 이상준 부사장이 남아서 김정식 회장, 이상준 사장의 체제로 유지가 되었죠. 이상준, 그 당시 사장. 사실은 그분이 인천공항의 큰 공로자입니다. 김정식 회장님이 계십니다만 실무에 깊이 관여 안하셨기 때문에 이상준 사장이 여러 가지 문제를 해결했고, 굉장히 많은 엔지니어 파트너들이 함께 했는데, 국제적인 규모의 이 공항의 큰 공헌자이고 지금 현재 공항 실시설계 중에서 가장 큰 경험자가 아닐까 생각합니다.

**전봉희:** 11월 11일 날이 기공식이었네요.

**윤승중:** 터파기도 하고…

**전봉희:** 바쁘게 돌아갔네요.

**윤승중:** 그 과정에서 교통부하고 건설부가 통합을 해가지고 건설교통부가 되어서 오히려 업무진행이 원활해졌죠. 그리고 공항공사의 새 사장으로 강동석[13] 항만청장이 오셨는데 이분이 또 대단한 능력자였습니다. 강동석 사장이 취임하면서 전 세계 최고의 미래지향적인 공항을 짓겠다하면서 설계 요율표 지침에 구속되어서 감사받을 걱정하고 이러면 되느냐, 필요한 만큼 돈을 써내라, 컨설턴트 방식으로 합의를 만들어서 구체적인 제안서를 제출했는데, 거의 400억 가까이 되었어요. 처음 70억의 5배 가까이, 그렇게 제출했는데 강동석 사장이 눈 딱 감고 승인해줬어요. 책임 내가 다 지겠다, 그래 가지고 그 당시로는 획기적인 결정을 해서… 실제로 설계 작업이 원활하게 진행 될 수 있었다고 생각이 됩니다만. 그런 입장에서 결정 안했더라면 우리가 설계를 포기했을 거 같아요. 그렇게 해서 잘 협력이 이루어지고 무사히 진행되었죠,

근데 도중에 구조에서 문제가 생겼어요. 구조에서 처음에 생각했던 것은 가벼운 구조로 케이블을 생각했는데 실제로 공항에서 관문이 되는 곳에 스판이 한 80미터 이상 되는 거 같아요. 케이블 된 그런 보 트러스(Bow truss)로 설계가 되었었는데 그렇게 해서 굉장히 가볍게 묶고 보니까 이것이 거꾸로 바람에 의해서 부력이 생길 때는 반대의 상황이 되요. 보 트러스를 잡아매야 되고 그렇게 되더라고요. 워낙 스판이 크니까 바람 때문에 뜨는 걸 막을 수 없어가지고 삼각형 트러스로 바꾸었어요.[14] 그렇게 여러 고비를 넘겼고 인천공항이 개항을 했는데 현재 몇 년째 세계에서 가장 좋은 평가를 받고 있는 공항이 되었어요. 물론 시설과 운영이 함께 평가 된 거겠죠. 그렇게 하여튼 여러 가지 과정을 거친 후에 꽤 근사한, 사치스러울 정도의 편의시설을 갖춘 세계적인 공항이 되었고요. 실제로 보면 여러분들이 가보지 않은 곳들이 많을 거예요. 트랜짓 존에 간이 호텔이 있고 영화관도 있고 별게 다 있어요. 그 팬트러스가 처음에 가졌던 이미지 중에서 케이블 서스펜션이 중요했었는데 이것은 결과적으로 보면 구조에선 큰 의미가 없었기 때문에 일부만 남겨둔, 이미지로만 남겨둔 거죠. 실제 공항이라는 것은 건축가의

13_
강동석(姜東錫, 1938-): 제 10대 해운항만청 청장, 수도권신공항건설공단 이사장, 제 12대 건설교통부 장관, 여수세계박람회 조직위원회 위원장을 역임했다.

14_
『김정식 구술집』,목천건축아카이브 한국현대건축의 기록1, (마티, 2013), 109쪽 참조.

작품을 초월하는 스케일이 되요. 우리가 1967년에 기술공사에서 〈김포공항 마스터플랜〉 할 때 큰 이슈가 뭐였냐면, 한 나라의 얼굴을 대표하는 상징적인 게이트냐, 게이트라는 것이 대표적인 이미지가 되니까 좀 과장해서 만들지 않습니까? 근데 당시 대부분 공항이 그랬거든요. 기억나는지 모르지만 지금도 공항에 가면은 이름이 크게 쓰여 있고 도시를 만나게 되죠. 그러다 보니 공항 터미널 자체가 권위를 갖게 되는데 그런 스페이스인가, 또는 승객들 통과하는 프로세스를 빠르게 처리하는 그런 과정의 스페이스인가. 이런 논의들이 한참 되었는데, 앞으로의 공항은 프로세스가 되어야 한다, 이런 결론이었던 거 같아요. 실제로 대규모 공항의 경우 전체의 모습을 한 번에 볼 수가 없죠. 워낙 길고, 긴 공항 파사드 속에 기억에 남는 것은 항공사 간판, 주차 빌딩이 있어가지고 터미널 사이로 지나기 때문에 공항 전체를 볼일이 없습니다. 그걸 보면서 지나가다 보면은 공항이 어떻게 생겼는지 기억이 안날 겁니다. 인천 공항도 이미지만 기억에 남고 공항 터미널 자체는 기억이 안날 거 같아요. 비행기가 도착해서 볼 때도 비행기가 많다는 인상 밖에는 느끼기 힘들죠. 안에 들어가서 보면은 실제로 프로세싱이 워낙 바쁘기 때문에 빨리빨리 지나가고 실제로 건축적인 스페이스는 기억에 안 남습니다. 처음에 도착한 승객에게는 공항 그라운드 레벨에 도착해서 전체 공항을 느껴본 적이 없어요. 처음 도착하면 생소하잖아요. 시간도 바쁘고 하니까 짐을 찾아서 그냥 나갔는데 실제로 공항을 지나갈 때 사람들의 기억은 코끼리 코 만지듯이 극히 한 부분만, 본인이 통과한 루트 하나만 기억할 수밖에 없는 거죠. 수십 개의 그런 루트들이 집합 되어서 공항이 되는 거기 때문에 공항을 하나의 건축이라고 얘기하기 어렵죠. 대신 출발레벨의 메인 콘코스는 요즘 대부분의 공항들이 구조 디자인이나 실내장치들을 대단히 신경 써서 어떤 분위기를 연출하는 거 같아요.



**최원준:** 도착하는 사람들은 바로 나가지만 출발하는 사람들은 대기하면서 대개 천정 구조를 많이 접하기 때문에 이미지가 남지 않을까요?

**윤승중:** 그래요. 출국 콘코스는 스페이스가 크니까 요즘 재밌는 것도 꽤 많아요. 〈슈투트가르트공항〉에 가보면 컬럼의 가지들이 뻗어 나가서 마치 숲에 들어간 것 같은, 또 노만 포스터가 한 영국의 〈히드로공항〉, 또 홍콩의 신공항이라든지 이런 것들이 구조체가 상당히 재밌습니다. 자꾸 새로운 아이디어를 내는 거죠. 시카고의 〈오헤어공항〉에 신관, 그것은 국내선 공항이기 때문에 혹시 가보신 적이?

**전봉희:** 없습니다.

**윤승중:** 쇼핑몰이 있죠. 그런 식으로 공항에 서로 다른 프로세스를 개발해 가는데, 문제는 비행기가 크기 때문에 웨이팅 라운지의 길이가 엄청 길어지지요. 그래서 그런 문제의 답을 내기 위해 건축가들이 적극적인 아이디어를 찾는 거죠. 그러면서 건축가가 진짜 독선을 부리는 경우도 있어요. 〈간사이공항〉은 컴페티션을 통해서 렌조 피아노가 설계했잖아요? 〈인천공항〉 설계하면서 견학을 갔었는데 〈간사이공항〉이 그때 공사 중이었어요. 일본의 가지마 건설[15]과 다이세이가 반씩 나누어서 시공하고 있었는데 아까 얘기했던 것처럼 게이트가 40개로 〈인천공항〉 보다 조금 작았어요. 근데 40개 게이트가 직선으로 있어요. 그래서 그 길이가 1.6킬로미터가 됩니다. 1.6킬로미터라는 건 우리가 한눈에 볼 수 있는 길이가 아니거든요. 니켄세케이에서 실시 설계를 해서 안내를 해주었는데, 하소연하는 것이 설계자 렌조 피아노가 어떻게 고집을 부리는지 아주 애를 먹는다고 했어요. 1.6킬로미터 길이에 폭은 뭐 한 30미터 되나, 이렇게 생긴 거죠. 가운데가 약간 볼록하고 점점 줄어들어드는… 수평, 수직으로 아주 느낄 수 없을 정도로 완만한 커브로 되어 있는데, 설계한 그걸 맞추기 위해서 아주 애를 먹는다고 했어요. 1.6킬로미터 중에서 커브가 눈으로는 잘 안 보이고 수치만 몇 미리 차이가 나는 거죠. 구조체 만들다보니까 몇 미리 차이로 같은 게 하나도 없어요. 가운데만 약간 높긴 한데 잘 느껴지지 않는 거죠. "직선으로 하자. 눈에 잘 띄지도 않으니까, 실제로 설계를 하고 있는데 공사비가 거의 두 배 가까이 될 것 같다, 당신 설계 맞추다 보니까…" 그랬더니 "그럼 반만 지으시죠. 뭐, 예산이 부족하다니깐요. 그거는 꼭 지켜야만 됩니다", "왜 그러냐", 하니까 자기가 쓴 커브가 지구의 수평선 커브와 맞추어 만든 거기 때문에 굉장히 중요한 컨셉이다. 뭐 할 수 없이 거기에 따르느라 유럽에서 제작을 해가지고 가져오는데 모든 부품마다 번호가 있어요. 여기서 하나만 틀려도 하나도 안 맞는 게 수천 개 수만 개 있는데 다 다르다는 거예요. 건축가가 이렇게 파워가 있고 대접받는 게 참 대단합니다. 〈간사이공항〉 가보면 몇 가지 놀랄 만한 게 있는데 건축가의 생각이 끝까지 유지가 되어서 매우 건축적이다 라는 생각이 들고요. 또 하나는 이거는 그 친구 잘못은 아닌데 짓는 과정에서 큰 문제가 생겼어요. 지반이 침하를 시작해가지고 다른 나라라면 포기했을 텐데 일본은 참 대단해서 삼천 개 기둥 있는 것을 전부다 자동 작키(jack)를 붙여가지고 400분의 1의 변화가 일어나면은 기계가 작동이 된다고 그래요.

15 _
가지마 건설(鹿島建設): 1840년에 설립한 종합건설회사.

모든 기둥들이 다 어느 날 보면 좀 올라가 있고 이런 식의 변화가 있는 거지요. 지상은 고정되고 그 지하에서만 충격을 수용했어요. 지하에 내려가 보면은 지하 기둥들이나 벽, 샤시까지 전부다 슬라이딩으로 되어 있어요. 내려가면서 변화할 수 있도록 그렇게 만들어 놨어요. 그렇게 만든 일본 친구들이 참 대단한 거죠. 그렇게 하다 보니까 여러 가지 공사비도, 유지비도 비싸가지고 공항 사용료가 굉장히 비싸요. 〈인천공항〉의 두 배 정도 된다 그래요. 인천공항 운영비가 간사이보다 훨씬 싸기 때문에 덕을 보고 있는 셈이죠.

〈간사이공항〉은 이상적으로 꽤 시스템을 잘 만들었고 그러고서는 장차 증축 계획을 미러 이미지로 뒤집어서 똑같이 짓게 되어 있어요. 그래서 두 배로 늘어날 수가 있죠. 공항이란 게 장기간에 걸쳐서 늘어나게 되는데 시카고의 〈오헤어공항〉은 미리 8백만 평을 초기에 확보해가지고 지금도 계속 확장할 수 있어서 세계에서 가장 큰 공항이 될 수 있었죠. 대부분의 공항들이 그러지 못하기 때문에 공항을 늘리려면 주변 토지를 확보해야하는 거거든요. 이게 불가능한 공항들이 대부분이죠. 〈인천공항〉은 필요할 때 주변 바다를 메꿀 수 있어요. 필요한 거, 4백만 평 필요하면 또 메꿉시다, 하면 되고. 한 천만 평이 확장이 가능하거든요. 그래서 영종도공항이 굉장히 경쟁력이 있는 공항이죠. 자연적인 문제, 환경 문제 이런 것들 빼 놓고는 그런 점은 이점이 큰 거라고 생각합니다. 만약 환경단체들이 요구를 세게 해가지고 못 지었으면 어떻게 되었을까. 김포공항으로는 도저히 안 되었을 거란 생각이 듭니다. 실제로 '까치'에서 실시 설계하는 과정은 내가 직접 관여 안했기 때문에 김정식 회장 말씀으로 아직도 기회가 있으면 할 걸로 보고… 아까운 것은 처음 만들 때 국제 경쟁력을 갖춘 설계 조직으로 키우려고 생각했거든요. 공항공단을 포함한 우리나라 관리는 "전문성을 가진 팀을 통해서 활용한다" 그런 식의 생각이 아니라 "하나의 이권을 준다"는 걸로 생각을 한다고요. 그래서 〈인천공항〉이 1차로 리모트 콘코스를 발주하는 과정에서 '까치'의 공항설계의 노하우나 경험을 인정하지 않고 그 당시 공항공사에서는 '까치'하고 했던 불만을, 까치에다가 마이너스 점수를 준거죠. 입찰 프로포절 통해서 설계 발주를 했는데 오히려 까치가 마이너스 점수를 받게 되요. 실제로 설계에 대해 이런 식의 항의를 했는데도 거기서 탈락을 했어요. 특별한 기여를 할 수 있었는데 이처럼 까치가 공항에 대한 기회를 얻지 못하니까 혜원이라는 데에 양도하면서 지금은 까치혜원, 까치로 되어 있지만 그 까치가 그 '까치'가 아닌 거지요.

**전봉희:** 실적을 이어가지 못하는군요.

**윤승중:** 지금도 큰 공항설계 어드벤티지는 받지 못할 거예요. 어드밴티지가 하나도 없는 특수한 상황인 거지요.

**전봉희:** 처음에 까치 만들었을 때 지도부는 구성하셨는데, 4개의 회사에서 신입을 뽑았나요?

**윤승중:** 처음에 출발할 때 파견해서 시작했거든요. 파견이 쉽지 않고 또 파견하는데 굉장히 좋은 인원이 오길 바라지만 보내는 쪽에서는 반대이기 때문에 조금씩 문제가 생겨서 까치가 새로 뽑아서 팀이 되고 어떻게 보면 독립된 회사가 되어버린 거죠.

**전봉희:** 그럼 장응재 부사장님이 공항 끝까지…

**윤승중:** 도중에 돌아왔기 때문에 끝까지 이상준 사장이 전체 핸들링을 했지요. 그런 큰일을 잘 성취했는데 그것이 일회성으로 끝났다는 것이 안타까운 일이죠. 우리나라의 특수한 것이 되어놔서. 그 과정에서 김정식 회장님을 비롯해서 이상준 사장 등 꽤 많이 공항 설계에 기여하신 분들이 있는데 공식적인 기록이 다 있을 거예요.

**최원준:** 90년대는 쇼핑시설이 늘어나고 그랬던 시기인거 같은데요, 혹시 영종도공항에서도 쇼핑시설이 중점을 차지하고 그런 게 있었나요?

**윤승중:** 유럽의 공항들은 우리나라하고 달라서 도시와 가깝게 있는데 〈인천공항〉은 도시에서 굉장히 먼 거리에 독립되어 있잖아요. 쇼핑센터가 공항 출입객들의 출국 면세점 정도인 거죠. 근데 지금도 상당히 장사가 잘 된다 그래요. 아까 〈스키폴 공항〉은 도심에 가깝게 있어서 도심처럼 이용하는 쇼핑센터가 되고요. 유럽공항이 대부분 다 그래요. 레스토랑을 도시 사람들이 평상시에 이용을 하고 여러 가지 컨퍼런스가 있고 회의장이 있어서 국제회의도 유치가 되고 조금 다른 용도로 이용이 됩니다. 미국에선 대도시의 부근에 큰 공항이 서면서 도시의 공항들은 컨퍼런스 센터로 굉장히 잘 활용이 되는 거 같아요. 예를 들면 설계 사무실들이 여러 컨설턴트하고 작업을 할 때도 전국의 여러 도시에서 모이거든요. 그러면 공항에서 만나서 바로 회의를 하는 경우가 많아요. 전국에 있는 사람들이 회의를 할 때 공항에서 하는 경우가 꽤 많아요. 서울의 공항과 달라요. 앞으로 어떻게 진행이 될지 모르지만 공항을 이용해서 그 주변에다가 배후도시를 만들고 국제무역 전시장, 국제 컨퍼런스 이런 것들을 유치할 계획이 지금도 진행 되고 있을 거예요. 다만 시간이 걸리는 거지만. 공항 자체 내에서 쇼핑센터를 갖고 있지 않습니다.

**우동선:** 공항 개항하기 전에 정림 직원이 벌인 해프닝이 있지 않았습니까?

**윤승중:** 자세히 기억이 안 나는데 부실 시공부분을 일부러 자료를 모아놓고 있었던 거 같아요. 이유는 잘 모르겠지만 사진도 찍어놓고. 지하에 보면 아까 그 터널이 많거든요. 근데 그것을 하는 과정에서 뭔가 좀 기술적으로 부족한 게 발생한 것을 일부러 기록을 해서 공개한 그런 케이스죠. 큰 공사 과정에서 보면 부실한 부분이 생기는 거는 있을 수 있는 건데 크게 확대해서. 우리나라에서는 그런 것들을 폭로하면 공로가 생기는 걸로 일반화가 되어가는 거 같아요. 난 좀 불만인 것이, 나라가 움직이는 과정에서 상처도 생길 수 있고 그렇지 않습니까? 상처만 들여다보고 그런 건 좀 그만했으면 좋겠다는… 물론 그것들이 큰 흐름을 바로잡고 이런 역할을 많이 하지만은 역시 큰 흐름은 있는 것이고 마이크로하게 상처만 들여다보는 게 일반화되는 것은 좀…

**전봉희:** 마스터플랜을 세우고 하는 초기단계에서는 도시 철도로 오가는 승객들의 철도 수송 분담을 어느 정도 생각하고 계셨던 거예요? 상당기간 철도 없이 버스로만 가다가…

**윤승중:** 교통부와 건설부가 통합하기 전에 시작했기 때문에 마스터플랜이 좀 문제가 있었지만 설계가 진행 중에 건교부로 통합되면서 문제는 별로 없었던 거 같아요.

**전봉희:** 철도는 교통부 공항은 건설부.

**윤승중:** 다 교통부이긴 한데 건설부의 전체 국토계획 상에서 그런 식의 소통이 없었다는 거지요. 좀 늦었어요. 여러 가지 문제가 있었던 것이 그때 임박해서 KTX가 진행이 되고 지금도 사실 철도가 운영이 됩니다만 아직도 일반적으로 보면 사람들이 많이 이용하지 않거든요. 그것은 〈인천공항〉이라는 것이 거의 100퍼센트 국제공항이기 때문에 짐이 많고 대중교통을 통해서 간다는 것이 쉽지 않은 거지요. 사실은 편리한 점은 있는데 서울역에서 수속을 밟은 다음에 탑승수속까지 하고 공항까지 가면은 바로 탑승구역으로 들어갈 수 있거든요. 이점이 있는데도 불구하고 활용을 많이 안 하고 있어요. 아직은 잘 이루어지지 않는 것 같습니다. 일본 같으면 〈간사이공항〉을 하면서 시내 터미널을 어디다 둘 것인가, 철도와 연결하고 이런 것들이 마스터플랜에 다 사전에 포함 되죠. 오사카 시에 세 군데 시티터미널이 있어요. 우리나라는 지하철이나 그런 베이직한 것들이 미리 준비 안 된 것들이 꽤 많았죠. 그런데 나중에 딱 닥치면 또 잘… 결과적으로 보면 하여튼 그래요.

**전봉희:** 지금 제가 통계로 아는 건 아닌데, 강남 고속터미널 행선지보다, 공항 리무진 버스의 행선지가 더 많다하더라고요.

**윤승중:** 좋은 현상이네요.

**전봉희:** 그런데 철도가 정착하기가 힘들어지는 거지요.

**윤승중:** 인천공항이 전철도 있지만 아직은 좀 정리가 덜 된 거 같아요. 근데 그러다 보니까 외국 사람들이 와가지고 바가지 요금으로 택시 타고 그런 문제가 생기지 않습니까? 그런 면에서는 조금 문제가 있습니다. 혹시 또 질문 있으면 하세요.

**전봉희:** 네, 이제 조금 휴식을 하고 다음으로 넘어가겠습니다.

(휴식)

**윤승중:** 자, 이제 원도시건축 마무리를 지어야 할 텐데, 공항이라는 것이 상당히 중요한 프로젝트였기 때문에 조금 길게 이야기했습니다. 이제 90년대 이야기를 할 텐데, 지난번에 잠깐 말씀 드렸지만 원도시에서는 건축가들이 어떤 공동 작업 하는 것으로 생각해서 비율로 이야기했을 때 70년대 초창기에는 내가 경험 많고 하니까 한 60-70퍼센트 정도는 컨셉 디자인을 했고, 80년대에는 파트너들과 50대 50으로 역할을 했고요, 90년대 들어와서는 거꾸로 30퍼센트 이하를 내가 했어요. 파트너들이 자리를 잡고 규모도 커지고 프로젝트가 다양해지고 하니까 사실 내가 좀 뒤로 물러나야 했어요. 첫 번째로 대외적인 명칭이, 그 전까지는 변용 씨하고 나하고 같이 항상 공동으로 '윤승중+변용'으로 발표했는데 90년대 이후에는 좀 물러나고 전부다 '변용' 이름으로 어플라이를 했어요. 컴페티션 계약도 그렇고. 공식 기록들은, 90년대 이후 기록은 전부다 변용이 아키텍트로 되어 있습니다. 파트너들이 많아지니까 일을 많이 나눠서 하게 되고 실제적인 요구들도 그렇게 되고요, 옛날부터 훈련받은 고정관념들이 아직도 남아있으니까 시대적인 요구가 있을 수도 있었겠죠.

**여의도 산업은행 본점 설계 경기**

오늘 몇 가지 얘기할 것들이 중요한 컴페티션, 컨셉들인데 거의 당선이 안 되었던 거예요. 우리나라 설계 사무실들이 컴페티션 열개 정도 참가하면 하나나 건질까, 그래서 몇 가지만 얘기를 하면… 우선 〈산업은행본점〉 이야기인데, 산업은행본점은 여의도에다가, 초기에 시청이 들어가려했던 자리에 내가 리드해서 안을 만들었어요. 플랜을 보시면 알겠지만 컨셉이 전의 종합정부청사처럼 가운데 큰 아트리움 있고 층수가 높지는 않지만 공간

시스템을 갖는 그런 안이었는데 나는 상당히 좋은 안이라고 생각했었는데 당선은 희림건축 팀이 되었죠. 희림은 단독이 아니고 외국회사하고 같이해서 지금 지어진 안이 되었을 거예요.

그러고 〈일본 국회도서관 서부 본관〉은 오사카에다가 지은 것인데 본래 도쿄에 있는 국회도서관은 마에카와 쿠니오라는 거물급 건축가가 설계해서 된 집이에요. 그 집은 가운데에 큰 서고가 ㅁ자 형으로 있는데 ㄴ서고가 가운데 갇혀 있으니까 자료실이 증축이 어려웠죠. 그래서 자료보관을 위한 서고 중심의 분관을 오사카에다가 짓기로 해가지고. 90년대 중반이니까 앞으로 전자화하는 것도 해야 할 것이고 그런 새로운 식의 도서관을 국제공모를 하게 되었는데 그때 원도시도 응모를 했어요. 지난번에 한번 보여드렸어요. 여기 있을 거예요. 책이… 완전 유리로 되어있는 서고를 중앙에 두어서 자료를 보관하는데, 아까 그 도쿄처럼 그것이 가운데 서고가 있고 주위를 돌아다니는 방식을 택한 것은 이 분관의 경우는 그렇게 사람들이 출입이 많지 않고, 사이드에 있는 한 동만 열람실이고 나머지는 세미나실 이런 것들이고 디지털라이즈하는 그런 공간들이에요. 어디서든지 들어 가면은 서가를 바라볼 수 있는 안을 냈는데 물론 좋은 결과는 없었고 당선안은 아주 엉뚱한 안이 되었어요. 나중에 지어진걸 보니까 응모안대로 그렇게 되지도 않았더라고요. 서가를 분산시켜서 단을 두어서 땅에다 사이사이 통로 유리로 만들어서 책 사이를 사람들이 누비고 다니는, 잘 이해하기 어려운 거였는데, 실제적으로 지어진 것은 전혀 다르게 지어졌어요. 전체적으로 큰 유리박스의 그런 식의 집이 되었지요. 보여드리는 이유는 나중에 〈고대 100주년 기념관〉 컴페에 우리가 응모를 했는데 그때는 거의 비슷한 시스템인데 가운데 서고 대신 〈100주년 기념관〉과 〈메모리얼 홀〉이라는 천창이 있는 대 공간을 만들었죠. 두 가지가 유사한 시스템을 가지고 있는데. 그동안 보셨던 〈부산시청〉이라든지 이런 컨셉하고 유사한 것이 있지요. 어떤가요, 너무 단정한가요? 1996년이었을 텐데 그때 식은 아니었는지 모르겠어요.

일본 국회도서관 서부분관



**전봉희:** 당선된 거는 일본 안이었나요?

**윤승중:** 예, 일본의 신인 건축가였던 것 같아요. 도서관 건물을 했고요. 근데 그때도 사실 좌우대칭으로 뭔가 프론트를 가지고 만든 것은 좀 그래요. 현대 건축 컨셉 중에 요즘은 해프닝, 우연을 표현하잖아요. 어떻게 해서든지 형식을 깨뜨리려고 하는데 공공건축이라는 것은 국민이 승복해야하는 그래서 관청은 뭔가 사람들에게 형식으로서 갖추었다고 보여 질 필요가 있겠다, 그런 생각을 합니다. 고전적인 생각일 수 있겠는데 공공건축은 좀 엄숙한

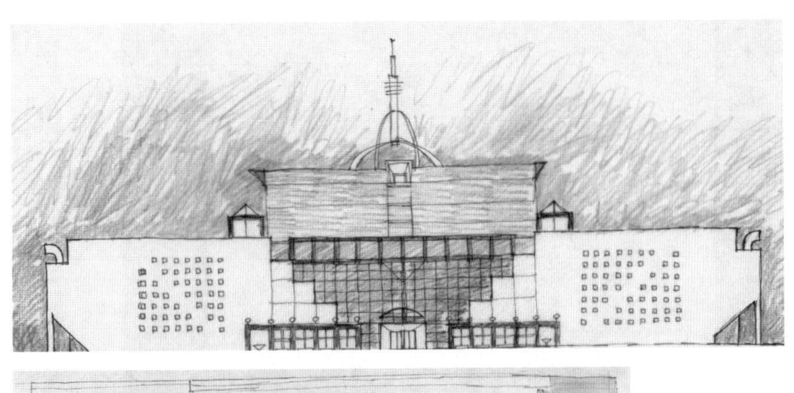

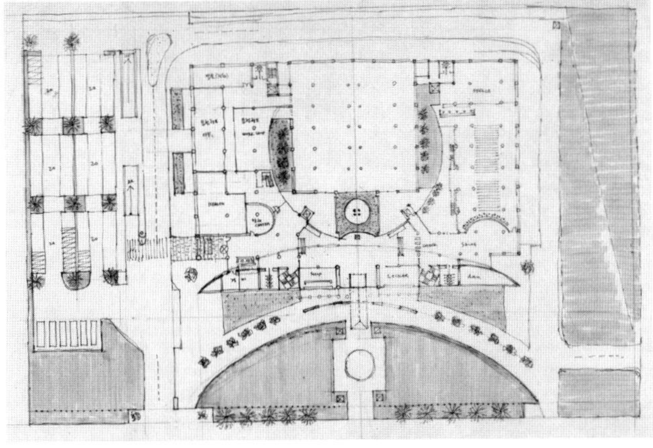

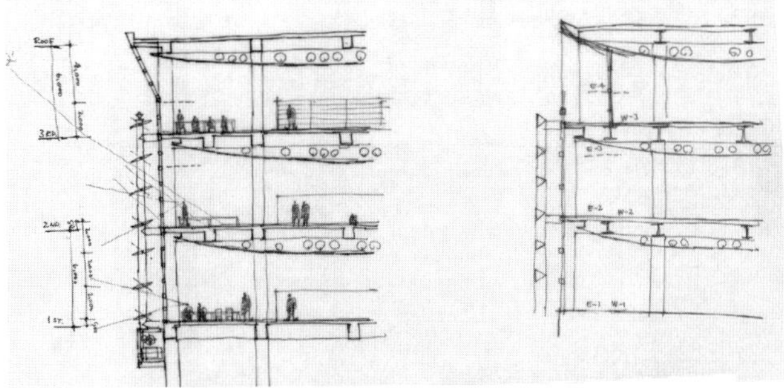

**그림4, 5, 6 _**

일본국회도서관 입면도, 배치도, 단면 디테일 스케치(1996). 원도시건축 제공.

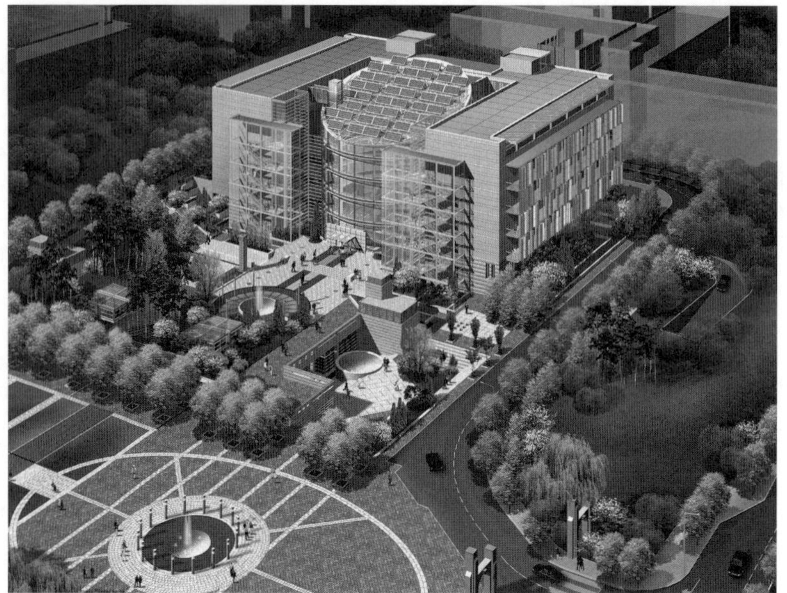

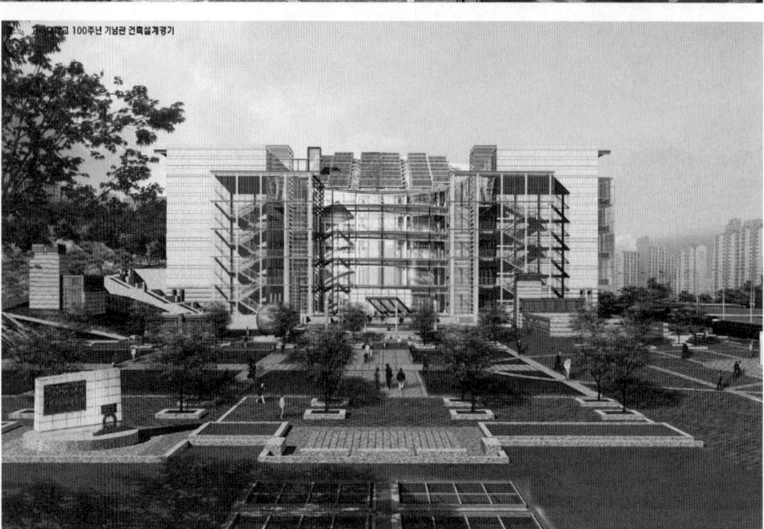


**그림7, 8 _**

고대100주년기념관 설계경기(2001) 조감도와 투시도.
원도시건축 제공.

형식을 주장하지요. 지난번 대법원도 좀 그런, 그 밖에도 우리가 응모했던 법원이라든지 구청, 이런 안들이 전부다 그런 것들이 있어요.

그리고 또 하나 도서관, 국회도서관 컴페가 있었네요. 〈국회 도서관 분관〉 그거는 특별히 내세울 거라기보다는 완전 디지털 라이브러리였기 때문에 중앙의 천창으로 들이고 열람실 외부 벽을 모두 막아버렸어요. 일단 자료 열람을 모니터로 본다는 이유로 그렇게 했는데 역시 이해를 못 얻었고 낙선했지요.

여의도 국회도서관 분관 설계 경기

줄줄이 낙선하는 중에 당선한 것도 있어요. 우선 〈대구실내체육관〉이라는 프로젝트가 있었고, 또 하나는 역시 〈대구학생체육관〉 컴페에서 당선해서 지었는데 이건 주로 장응재 씨가 주관을 했어요. 대구에서 아시안 게임 대비해가지고 메인 스타디움하고 몇 가지 체육시설 만드는 과정에서 실내 체육관을 설계 경기를 했는데, 지방 컴페티션 경우에 지방 팀과 같이 응모를 하는 그런 의무가 있어요. 대구에 있는 '합동건축'이라는 데하고 같이 응모를 했어요. 사실 당선이 되었는데 기본설계까지 진행을 하다가 대구에서 예산을 못 따가지고 중단된 상태인데, 아직도 중단되어 있습니다. 실현이 안 되었어요. 그거는 밑에서 쳐다보면 5미터 쯤 위에 약간 언덕 위에 집인데 우리나라 체육관은 보통 구조체들 때문에 외형이 좀 둔해 보이는데 굉장히 날렵하게 보이고 마치 인공위성이 언덕에 앉아있는 거 같이 보이도록 굉장히 가벼운 서포터들만 보이고 그것이 밤에 조명하게 되면 금방 떠나갈 것 같은 그런 이미지를 가지고 만들었어요. 직경이 한 120미터로 굉장히 큰 규모지만 가볍게 놓여있는 분위기를 바랬어요. 하여튼 완성이 되었으면 괜찮은 집이 되었을 텐데 좀 아깝습니다.

대구 실내체육관 학생체육관

그 다음에 또 하나, 문제의 〈천년의 문〉. 기억하시나요?

**전봉희:** 예.

**윤승중:** 1999년에 이르러서 대망의 2000년이 눈앞에 오게 되었는데 난 어떤 생각을 했었냐 하면은, "세 번째 밀레니엄이 언제부터 시작될 것인가:", 나는 2001년이라 생각했거든요. 왜냐하면 첫 번째 밀레니엄이 서기 1년부터 100년까지거든요. 0년이 시작이 아니죠. 그래서 세 번째 밀레니엄은 2001년서부터 3000년까지, 그러니까 2001년이 세 번째 밀레니엄의 시작이다, 그런데 보니까 공식적으로 2000년이더라고요. 아마 여러 가지 상업적인 이유 때문에 장사도 되고 하니까. 그래도 2000년은 잘못된 거 같아요. 2001년이 맞지 않아요? 그때 2000년을 맞이해서 밀레니엄 버그니 뭐니

상암동 천년의 문 설계 경기

공포감도 있었고 멸망할 지도 모른다, 대혼란이 올 거라고 그러면서도 새로운 시작이라는 거 때문에. 우리나라에서는 2002년에 월드컵을 앞두고 상암에 경기장을 만들었잖아요? 뭔가 상징적인 게 필요하니까 마침 2000년, 아마 김대중 대통령이었을 텐데, 그때 문화부 이어령 장관이 새천년을 맞이해서 300억 예산을 주고 서울의 상징이 될 만한 밀레니엄 타워를, 밀레니엄 게이트를 만들자고 했어요. 게이트라는 것은 "새로운 국면으로 들어가는 시작이다." 그래서 게이트라고 했던 거 같아요. 한편으로는 〈인천공항〉에서 들어오면서 서울의 관문이라는 의미도 있고요. 사실 게이트라는 말 때문에 의문이 있을 수 있겠는데 그렇게 컴페티션을 했는데 보시다시피 난 게이트를 전혀 다르게 생각을 했어요. 게이트만 만드는 것이 아니라 새로운 2000년은 과학의 시대이고 하니 '밀레니엄 과학관', 그런 기능을 가지는 베이스가 있고 그것을 상징적인 게이트로 한다, 이런 생각이었거든요. 그래서 나는 게이트란 말을 직접적으로 '대문'이라 해석하기 보다는 어딘가로 이동하는 단계가 되면서도 서울을 상징하는 새로운 기술시대의 하나의 상징으로서 오브제가 필요하다, 사실은 빈 땅에다 뭔가 만들면서 어떤 특별한 용도가 없는 것이 참 어려워요. 오브제를 만든다는 것이 의미를 두기 위해서. 거기다 시간이라는 축, 12시간이라는 것은 21세기의 새로운 시간. 전 세계 새로운 장소의 중심을 이 자리에 둔다, 원형이기도 하면서 대문 형상이기도 한 빛의 대문을 만든 거지요. 여섯 개의 게이트가 있는데 게이트를 LED같은 발광판으로 만들어 항상 빛을 발사하게 하면 그것이 나름, 뭔가 그냥 대문이 아니라 새로운 시대로 가는 하나의 시작이다, 이런 얘기를 가지고 안을 만들었어요. 장소가 상암 경기장 앞의 큰 광장이었어요. 그 옆에 지금 골프장이 있는 거기가 공원이 될 예정이었고, 장차 사람들이 꽤 많이 모이는 장소로 지나가면서 보는 게이트가 아니라 들어가서 가까이 즐길 수 있는 장소여야 한다, 그런 생각이었습니다.

실제 당선된 안은 직경이 200미터가 되는 서클을 세운 거지요. 우선 우리 안은 높이가 80미터 정도 밖에 안돼요. 높이에서 졌어요. 그래서 심플하고 상징적이라는 관점에서 200미터짜리 그 안이 당선이 되었어요. 나는 사실 게이트를 그런 식으로 생각하는 건 찬성할 수 없지만 우리 안은 공동 5등인가, 입선 작품이 되어서 좀 성과를 거두었죠. 그러니까 기록으로 남게 되었습니다. 당선작은 우대성[16]이라는 전혀 알려지지 않은 신인이었고 경희대의 이은석 교수가 프랑스에서 돌아와 가지고 같이 했는데 실현하는 과정에서 사실 모델처럼 날씬하게 설 수가 없었던 거 같아요. 구조체가 밑에 가서 굵어지고 투박해지고 조금씩 변화가 있어야 한다 그랬고요. 그렇게

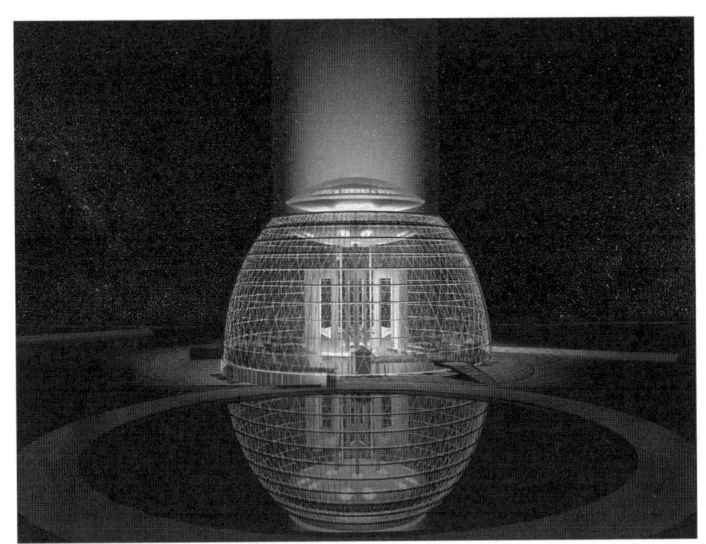

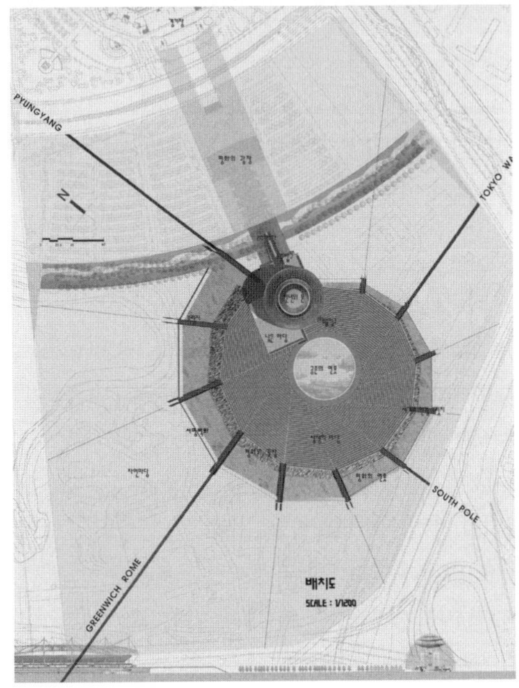


**그림9, 10 _**
천년의 문 설계 경기 모형과 평면도. 원도시건축 제공.

엄청난 크기로 만드는데… 그때 필요했던 예산이 한 800억쯤 되어서, 원래 300억인데 그 예산을 훨씬 넘게 된 거죠. 여러 가지 문제가 생기다 보니까 정부에서 슬그머니 짓지 않겠다, 예산을 회수해버리는 바람에 이걸 추진했던 '새천년 재단'이라는 데에서 아주 곤경에 빠지게 되었어요. 설계 오더가 중단되고 건축계에서는 중단하는 건 말도 안 된다, 중단하려면 돈을 다 주고 끝내라. 설계를 진행하다가 정부에서 예산을 회수하는 바람에 그 후에는 어떻게 되었는지 모르겠는데 뭔가 좋지 않은 결과가 되었고, 실패하게 되었습니다. 그게 지어졌으면 하나의 풍경이 될 수도 있었을 텐데. 근사하지 않았을 수도 있었겠지만. 저거는 지어졌으면 어땠을까요? 이미지가? 재미있다고 생각한 사람도 있었고 이것이 어떻게 게이트인가라고 생각한 사람도 있었죠.



**우동선:** 우주선 같은 이미지였네요.

**윤승중:** 그 밑에 들어가는 것이 과학관이었거든요. 21세기를 시작하는 첨단의 과학관. 위를 띄워놓은 것은 남대문 같지 않아요? 지붕이 떠있단 말이죠. 그런 이미지이고. 실제론 안에 빛의 게이트가 있죠. 그것도 스케일이 커요. 우리나라가 LED조명 나올 때라 그걸 이용해서 해보려고 했죠. 그것은 하나의 컬렉션으로 남게 되었습니다.

고대 100주년 기념관 설계 경기

그 다음에 잠깐 얘기했던 〈고대 100주년 기념관〉. 사실 조금 아까운 일인데 고려대학교가 박동진 선생님이 하신 돌집들, 꽤 괜찮은 돌집들이 있었는데 재단 쪽에서는 현대식 건물을 짓지 말라, 본관 같은 돌집을 지어달라고 했어요. 그전에 삼우에서 캠퍼스 안에 비슷한 방식으로 지은 건물이 있어요. 컴페티션 당시 고대가 100주년 되는 해이고 집 자체가 '100주년 기념관'인데 기존의 도서관과 연계해서 앞에다가 디지털 라이브러리와 박물관, 이 두 가지 기능을 동시에 갖는 걸 요구했거든요. 그런데 고려대학교 캠퍼스를 보면 가운데 원형 운동장이 있어요. 그걸 메꿔서 지하광장을 만들어서 학생회관과 쇼핑몰 그리고 주차장을 만들었죠. 그걸 사이에 두고 이집 건너편에다가 미디어 센터를 지어서 정면에 21세기를 지향하는 새로운… 이렇게 모토를 내세우면서도 집은 30년대의 박동진 선생의 닮은꼴로 하라는 조건이 붙었어요. 그래서 나는, 심사위원에 건축과 교수들도 있는데 설마 그렇게

16 _
우대성(禹大性, 1969-): 홍익대학교 건축공학과를 졸업하고, 1998년부터 건축사사무소 오퍼스 공동운영 중.

하겠느냐며 무시하고 미래지향적 이미지를 지어야 한다, 백년을 왔으니 앞으로 또 다른 백년이다, 21세기 가장 첨단의 창의적인 장소를 필요로 한다고 설명하고 디지털 라이브러리하고 박물관 두 개의 윙을 양쪽에 놓고 지하층과 연속되는 선큰(Sunken)을 가진 아트리움(Atrium), 즉 대 공간을 연출했죠. 사람들이 지나다니면서 가장 접촉이 많은 장소에다가 100주년 기념실, 기념공간을 만드는데… 그리고 아트리움 지붕에는 태양열판을 설치해서 24시간 불이 꺼지지 않는 고대도서관을 만들겠다는 주장을 했어요. 상징적으로 유리박스 안의 계단으로 학생들이 움직이고 이런 것들이 가장 정면으로 나올 수 있게 간판으로 만든 거죠. 디자인도 전체적으로 상당히 현대적인 분위기로 한 거였는데 학교에서는 돌집이 아니니 뭐 볼 것도 없다는 결론이었죠. 삼우에서는 역시 상당히 유사한 돌집으로 냈고 그것이 당선되었어요. 어떻게 보면 전제 조건을 안 지켰으니까 그런 거죠. 건축과의 교수들도 심사위원인가 그랬었는데 별로 의견의 힘이 없더라고요. 언제 한번 만나면 물어보려했는데 기회가 없었어요. 아까운 것도 있고….

서울시청 설계 경기

그 다음에 또 한 가지가 〈서울 시청〉. 2005년에 진행됐는데 아주 이상한 방식으로 진행됐어요. 아시겠지만 일반 공모를 통해서 베스트 7을 고르고 일곱 개를 통해서 2차를 턴키로 하고… 건축계에서 굉장히 반대가 있었지만 중요한 프로젝트이니까 일단 1차 응모 했거든요. 그때 조건이 서울시청, 지금 현재 있는 시청은 역사적인 장소이기 때문에 가치 있는 집은 아니지만 남겨둔다, 당시의 트렌드였고 집을 남겨둬서 서울시 기념관 이런 걸로 쓰고 그 뒤의 땅에다가 짓자. 그래 가지고… 꽤 규모가 컸던 거 같아요. 한 2만 평정도 되어있네요. 근데 한 가지 문제는 덕수궁이 문화재여서 50미터 범위 그런 조건을 지켜야 하고 워낙 땅이 별로 넓지 않아가지고 거기다가 그런 규모의 집을 짓는 게 무리한 요구였던 거 같긴 해요. 고심 끝에… 혹시 여기에 나와 있나요?

**최원준:** 여긴 2002년까지 나와요.

**윤승중:** 지난번에 보여드렸을 거예요. 오피스를 ㄱ자로 놓고 다섯 개의 실내광장, 한 개의 옥외광장 이렇게 여섯 개의 광장을 가지는 안을 만들었거든요. 1층에 있는 광장은 엔트란스 홀과 연결되고 영업부분은 민원실하고 홀이 되고 그런 몇 개 층이 있고 여러 가지 집회실이 있는. 그 다음에 대강당이 있고 그러고 또 옥외 마당이 있고. 전에도 말씀드렸듯이 시청이라는 것이 한 80-90퍼센트가 오피스이거든요. 시청은 사무 공간인데도 시청을 이해하기로는 사무실로만 이해하지 않습니까? 시민의 전당

같이 그런 대상으로 이해가 되는 장소라. 꽤 고층이기 때문에 하나로 하지 않고 그때그때 필요에 따라서 여러 개 오픈스페이스를 만들어 실내로 만들면서 쓸 수 있는 장소를 제안했어요. 특이한 생각이었던 거 같아요. 1차로 7개를 고르는데 베스트 7까지는 갔어요. 1단계는 통과했어요. 2단계는 턴키로 진행하는데 턴키가 되려면 시공회사의 간택을 받아야. (웃음) 잘 맞는 시공회사하고 평상시 잘 접대하고 준비를 해야 했는데, 우리는 그런 준비를 별로 안했기 때문에… 결과적으로 보면 간택을 못 받았기 때문에 2단계 본선에는 가지 못했어요. 오히려 베스트7에 들지 못한 안들도 선택이 됐는데 우리는 간택을 못 받아서 2단계는 참가 못한 거죠. 문제는 그 후에 또 생겼어요. 왜냐면 2단계까지 통과해서 당선된 안이 삼성건설하고 삼우건축이었는데, 당선된 후에 오세훈 시장, 아, 그 전에 진행 과정에서 문화재위원회에서 덕수궁하고 트러블 때문에, 너무 높이 짓는 거에 대해서 클레임 걸었어요. 여러 번 통과가 안 되고 있다가 오세훈 시장으로 바뀐 다음에 "어떻게 했으면 좋겠느냐", 혹시 문화재위원회 아니시죠?



**전봉희:** 아닙니다. (웃음)

**윤승중:** 턴키라서 그렇게 되면 안 되는 건데 계속 다른 안을 만들게 하고. 명분은 문화재 위원회였지만 서울시 자체에서 지금 모양이 마음에 안 든다, 이런 생각으로 끌어왔던 거 같아요. 오세훈 시장 때 와가지고 "그럼 어떻게 하면 좋으냐", 해서 또다시 컴페티션을 했어요. 몇 사람을 인바이트 해서 거기서 뽑힌 게 유걸 씨가 낸 안이죠. 지금 짓고 있는 안이 당선이 되었는데, 그 때 당시 유걸 씨는 그 동안 문화재 위원회에서 높이가 이슈였기 때문에 집을 좀 낮춰 옆으로 키우고 사무실을 몰아놓고, 전면에 퍼블릭 스페이스를 두어 전혀 다른 개념의 안을 만들었는데 사실 어떻게 될지 궁금해요. 큰 아트리움에 나무를 끌어들여서 수직으로 서있는 광장이라든지, 맨 위에 큰 퍼포먼스홀 두는 것 등 생각들은 좋은데 문제는 실제로 대부분의 오피스가 콤팩트하게 전체 유리케이스 안에 갇혀있어서 오피스 환경이 걱정됩니다. 일단 아직까지 감동을 줄 수 있는, 느낌을 줄지… 문제는 또 한 가지가 있어요. 당선작이 되었는데 유걸 씨에게 그때 약속한 것이 비용을 줄 테니 집에 가시죠, 턴키로 계약이 되었기 때문에 이것은 삼우가 실시설계를 하고 삼성건설이 집을 지어야 한다, 약속이 아직도 살아있다, 아이디어를 당신한테 받은 것이니 이 아이디어로 삼우가 설계를 할 테니 걱정 마시고 집에 가십시오, 이런 말도 안 되는 소리를 했죠. 참 이상한 우리나라의 역사에 남을 만한 사건인거 같아요. 그렇게 해서 삼우에서 실시설계를 하는데 유걸 씨의

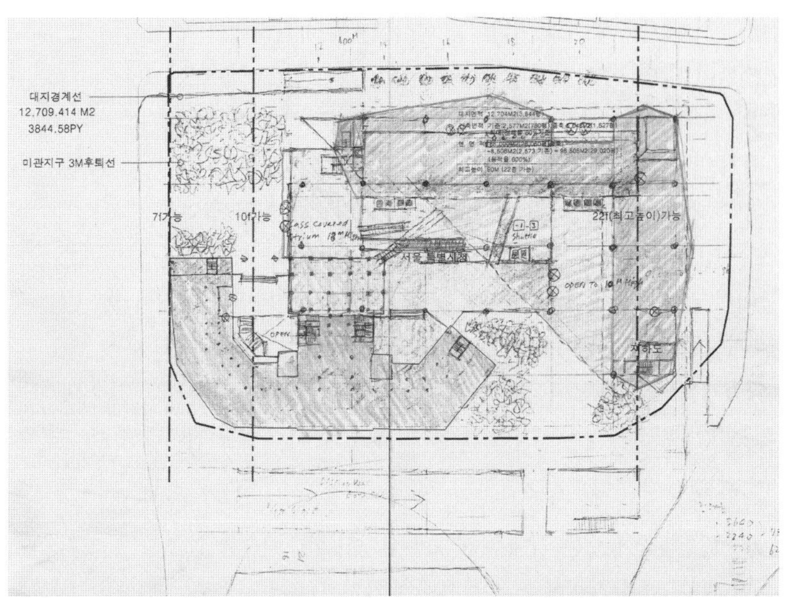


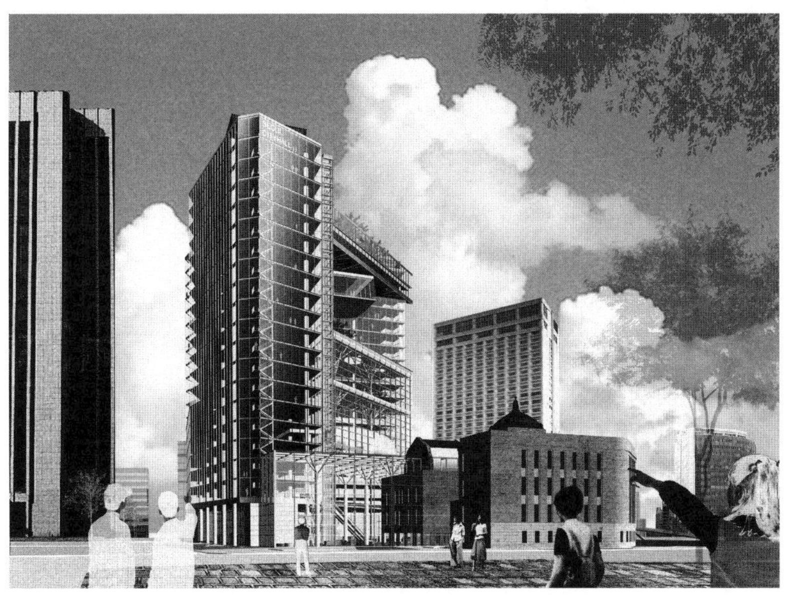

**그림11, 12 _**

서울시청 응모안 스케치와 투시도. 원도시건축 제공.

작품이 주장이 강하기 때문에 이 아이디어를 실시설계에서 살려내는 게 쉽지 않죠. 이렇게 진행이 잘 안 되고 있다가 삼우에서 오히려 고민스러운 것이 설계비는 다 썼죠, 더 이상 설계자가 없고 특별한 컨셉 디자인을 실시설계 한다는 것이 쉽지 않지 않겠어요? 서울시가 보고 있으니까 이상하잖아요. 유걸 씨한테 어떤 제안을 드렸냐하면 제너럴 코디네이터랄까, 현장에 와서 상주하면서 모든 것을 총괄하라, 감리자, 시공자 총괄 권한을 줄 테니까 총 감독을 하라, 이런 권한을 얼마 전에 주었어요. 실제로 일이 얼마만큼 해결이 되었는지 모르지만 설계자가 관여를 하게 된 거죠. 그 전까지는 설계자는 구경만 하고 있었거든요. 그것도 이상한 일이지만, 하여튼 유걸 씨가 총 지휘하게 되었으니까 조금은 상황을 다르게 볼 수 있죠. 워낙 특별한 집이라서 그 집이 끝까지 잘 될지 걱정되긴 돼요.



조금 유사한 게 사실 미국에 있는 김태수 선배가 설계한 현대미술관 있죠. 서울의 김인석[17] 씨, 두 분이 동기에요. 실시설계 해가지고 공사 시작했는데 그때 조달청에서 발주했거든요, 공공건축은 감리도 조달청에서 한 적도 있었어요. 조달청에서 감리하다보니까 그 집도 보통 집 아니잖아요. 일반 관청건물하고 다르니까 진행하다보니 잘 모르겠고 잘 안되어서 김태수 선생한테 따로 한번 올 때 항공편과 비용을 드릴 테니 한 달에 한 번 씩 감리를 해 달라, 그런 식의 지위를 주어서 완성 시켰어요. 우리나라가 제도적인 문제 때문에 자꾸 그런 일이 생깁니다. 문화수준은 높아지고 있는데 아직도 건축은 건교부에서 생각하기를 그것은 건설과정의 용역이다, 라고 생각을 해요. 대체로 많은 사람들이 설계자에게 기회를 주는 것을 이권을 주는 것이다, 그런 식의 생각을 하는 거죠. 그 사람이 필요해서 그 사람의 아이디어가 필요해서, 인바이트하는 것이 아니라, 내가 당신에게 이권을 주는 것이다, 그렇게 생각하는 것이죠. 그것 때문에 지금도 보면 설계자하고 감리자하고 항상 다르고, 감리를 따로 입찰을 통해서 한다든지 이상한 일이 아직도 벌어지고 있어요. 가장 대표적인 걸 다 모아놓은 것이 〈서울시청〉인데… 또 의외로 잘 될 수도 있어요. 그동안 오세훈 시장이 자기가 문화의 페트론이란 생각을 가지고 있어서 여러 가지 사업을 많이 벌였잖아요? 문제도 참 많았죠. 근데 〈서울시청〉도 기본적으로 유걸 씨가

17_
김인석(金仁錫, 1932-): 1963년 서울대학교 공과대학 건축학과 석사 졸업. 현재 일건IS건축사사무소 대표이사.

인볼브가 되어왔는데 최근에 박원순 시장께서 또 다른 생각을 갖고 오세훈 시장이 한 것 다 바꾸어야 한다, 이런 방침들이 많이 진행이 되었기 때문에 또 한 번 타격을 받을 수 있을 거 같아요. 〈서울시청〉인데 〈서울시청〉이란 개념이 사람들한테 애정을 갖게 하고 잘못되면 안 되는 건물이고 또 많은 투자를 해서 어렵게 된 것이니까 어떻게 해서든 잘 성공을 했으면 좋을 거 같습니다. 이 시기는 이런 식으로 아이디어 콜렉션만 하고 끝이 났습니다.

〈인천공항〉도 그렇고 전부다 우리나라가 건축가들을 보는 관점, 특히 제도, 시스템 이런 것들이 문제인거 같아요. 공항 설계했던 팀들이 다음에 여러 공항설계에서 어드밴티지 하나도 받을 수 없다든지 참 국가적으로 손해라고 봐야겠지요.

광주 과학관

사실은 2000년대까지 와서 2008년까지만 사무실에 출근하고 2009년부터 사무실을 은퇴했어요. 2008년 마지막으로 스케치한 게 〈광주 과학관〉. 거의 지금 다 지어져 가는데 사실 궁금합니다. 당시에 광주과학관의 주제는 '빛'이에요. '빛고을'이라 과학 중에서도 '빛'이라는 주제를 가지고 과학관을 짓게 되었어요. 그 옆에 광주 카이스트가 있고 과학자들이 모이는 장소인데 땅이 꽤 컸었어요. 거기다가 과학관을 설계를 하는데 이상한 방식으로 한 것은, 먼저 과학전시디자인이 컴페티션을 해가지고 전시설계에 안이 나와 있어서 그 프로그램을 가지고 설계 컴페를 한 것이죠. 그때가 전라남도에 나라호 발사 기지가 있기도 해서. 또 한 가지 제안하고 있는 것이 우주과학이 지향 목표였기 때문에 이걸 하면서 '빛'과 '우주'라는 두 가지를 주제로 한 거예요. 그 동안에 몇 몇 과학관이 지어진 걸 보면 굉장히 의욕적으로 집의 형태를 만들고 했지만 그것이 유니크하게 이미지를 보여주는 건 힘들었어요. 사람들이 지나가면서 봐도 이것은 과학관이구나, 그런 것이 필요했어요. 그래서 이 프로젝트의 사이트를 처음 접하고 스케치한 이미지가 물 위에 내려앉은 우주선 개념으로 했죠. 거기다가 사방 120미터쯤 되는 폰드(pond)를 만들고 우주선체 같은 메탈 스킨을 가지는 유선형의 덩어리를 놓는데 이것이 해보니까 너무 규모가 큰 거예요. 길이가 한 120미터 정도 되고 큰 덩치가 앉게 되니까. 내가 웬만한 것들은 도면으로 스케치를 구상하면서 스케일을 머릿속으로 생각하고 정확하게 상상을 하는데 이 집은 아직도 상상을 못하겠어요. 120미터 길이의 큰 메탈매스가 어떨까 싶어서. 그것도 역시 중간에 빛을 필요로 하죠. 일단 과학전시관이라는 것은 외부창을 두지 않기 때문에 가운데 유리지붕의 큰 콘코스를 통해서 빛을 받는 방식을 생각을 한 거죠.

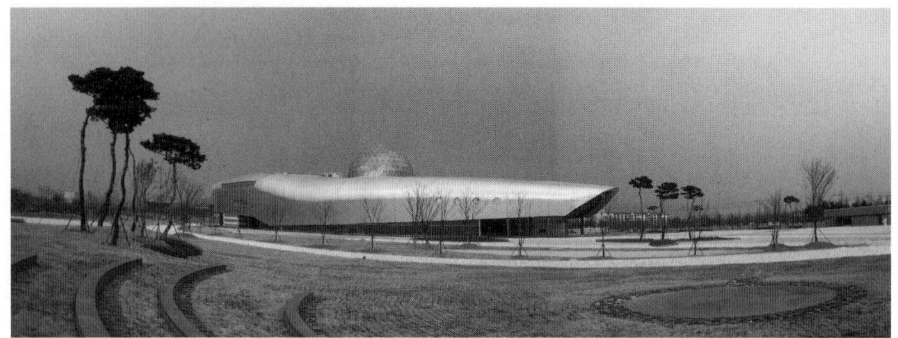

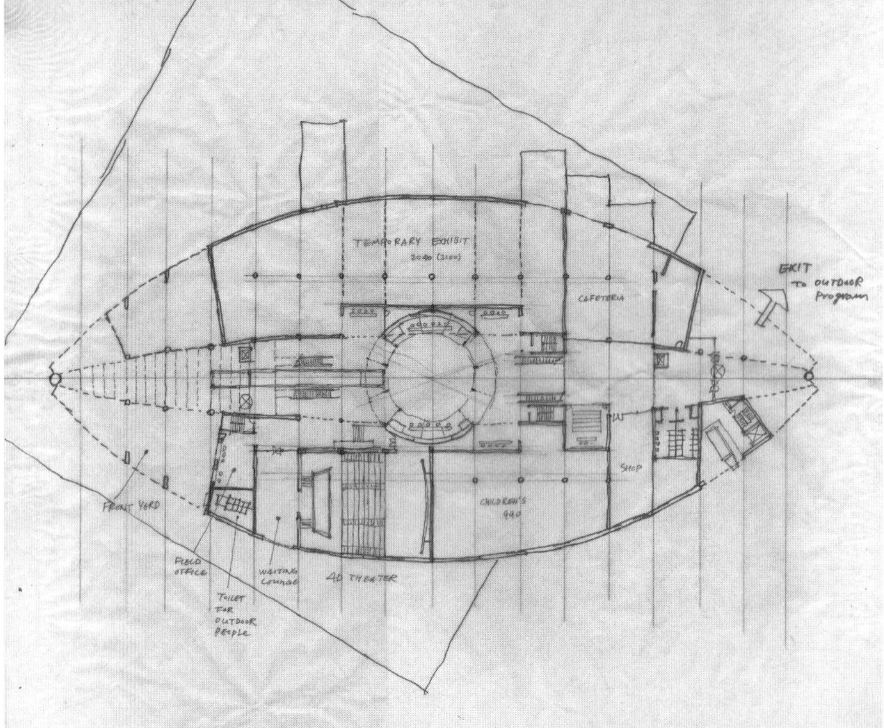


**그림13,14 _**
광주과학관(2008)사진과 평면 스케치. 원도시건축 제공.

연못에 떠 있는 데크를 지나서 일단 안으로 들어가요. 큰 유리돔이 보이는데 우주인들이 매달려서 떠있으니 뭔가 진짜 딴 세상에 온 거 같죠. 바닥도 유리라 유리 바닥에 서있으면 우주 공간의 유리 하늘이 보이는데 우주인들이 공중에 떠있는 그런 분위기를 만들어서 잠깐 동안 딴 세계로 이동하게 만들어서 지금부터 과학관 경험이 시작된다, 이런 걸 연출하려 그랬죠. 그렇게 한 바퀴 돌면 주어진 프로그램이 있어요. 빛을 주제로 한 과학관 체험을 하게 되는 거예요. 처음 스케치대로 그런 안을 만들고 시뮬레이션 영상을 내도록 해야 했어요. 꽤 많은 투자를 해서 제출했는데 다행히 당선이 되었고, 나중에 감리는 또 입찰을 해서 다른데서 했어요. 감리가 원도시 건축팀하고 잘 매치가 안 된 거 같아요. 어떻게 됐는지 궁금합니다. 그렇게 일단 지금 현재 짓고 있는데 아직은 완성이 안 되었고 잘 진행이 되다가 최근에 예산 때문에 중단되었는데 곧 준공 된다고 하더라고요. 지금까지 이야기한 것이 원도시를 통해서 작업한 내용들이에요.

분당 주택 전람회

〈분당 주택 전람회〉. 사실은 이것이 꽤 근사한 프로젝트가 될 수 있었던 기회였는데 그것도 역시 토지개발공사 관료주의 때문에 성공 못했죠. 당시 국토개발연구원에 안건혁 도시계획 실장 있었는데 우리 김석주 전무하고 친해요. 설계사무실에 놀러 오기도 하고. 사실은 삼성플라자 일이라든지 처음에 일을 같이 많이 했었는데 그때 나온 얘기가 〈분당 주택 전람회〉에요. 20세기 초에 독일 슈트트가르트에서 주택전람회가 있었는데 당시 유럽에서 주택의 모더니즘 진행과정에 굉장히 큰 영향을 주었잖아요? 의견을 나누다가 아이디어를 낸 게 대표적인 건축가들을 초대해서 장소를 주고 그런 주택전람회, 실물 전람회를 해보면 어떨까, 재밌겠다 싶어서 했던 것인데, 안건혁 씨가 그걸 살려가지고 마스터플랜을 하면서 일부 땅을 할애해서 토지개발공사에 시킨 거지요. 일단 20명을 초대해서 실제로 주택 실물전시를 하는 데까지 실현은 되었어요. 근데 안건혁 씨가 슬그머니 빠지는 바람에. 토지개발공사에서는 자기들이 예산을 투자해 집을 먼저 공공성을 살려서 완성한 후에 비싸게 팔았으면 좋았을 텐데 골치 아프니까, 단독주택 땅 스무 개, 집합주택 땅 스무 개 만들어 놓은 다음에 거기다가 번호를 매겨서 건축가들을 뽑아서 배당을 하고 집합주택하고 단독주택을 설계시키고 거기다가 현재 아파트를 짓고 있는 건설회사들을 열 몇 군데 초대해가지고 그걸 하나씩 나눠주면서 "당신들이 집들 지어서 사업을 해라." 세운상가 할 당시에 시공회사에게 책임 지운 것과 마찬가지로 이 땅에다가 시공회사를 붙여주니까 짝짓기가 일어난 거죠. 어떻게? 시공사가 정해졌는데. 그러다보니까 장사가 되는 쪽으로 진행이 되겠죠? 또 초대된 건축가들도 실제로 경쟁적으로 잘해보려는 생각이었던 것이 김이 빠지고 그래가지고 결과적으로 그냥 좀 색다른 집이 많이 지어진 동네, 그렇게 된 거죠.

사실은 내가 진행위원장을 맡게 되어 건축가들 모아놓고 우리들끼리라도 공동의 이슈를 만들어가지고 미래지향적인 한국의 주거에 대해서 메시지를 주자, 이렇게 얘기들을 했어요. 그래가지고 공통적인 어휘들을 찾아보려고 꽤 많이 애를 썼는데 결국은 가시적으로 만들고 몇 가지 좀 자잘한 것들을 합의하려 했지만 안에 대해서 어떤 주장도 별로 없이, 진행이 잘 안 되었어요. 개성이 강한 건축가들인데다 바쁘고 많이 모일 수가 없어서 결국 각자가 서로 이웃집들을 의식해서 하자, 이런 정도로 되어서 자율적으로 집을 지었죠. 시기적으로 일정하지 않았고. 아마 자세히 들여다보면 재밌는 것들이 있어요. 결과적으로는 사회적 이슈를 만들지 못하고 분양해버리고, 사는 사람들이 그곳을 '예술 마을'이라고 그럽디다. '예술 마을에 산다'란 프라이드를 갖고 있는 거, 그 이외에는 큰 공헌을 하지 못한 거죠. 그것도 꽤 아까운 경우였다고 생각합니다. 그것이 1993년이었었는데 이것이 성공했으면 꽤 좋은 결과가 나왔을 거예요. 사실은 내가 제안했던 것들은 연립주택인데 대개 다른 안들은 지하주차장이 있고 겹쳐서 만든 집, 그런 방법을 썼거든요. 근데 나는 땅을 병립으로 짓는 그런 식으로 계획을 했죠.

그런 안이 스무 개 중 3개 정도 있었을 거예요. 나는 앞에다 정원, 마당을 갖게 하고 서울에서 떨어져서 집을 갖는 다는 것은 뭔가 아파트하고 다르다 라는 측면을 생각했죠. 전용 마당을 가지는. 그리고 중간 마당을 가지는 계획을 보여주려고 했어요. 결과적으로는 〈분당 주택 전람회〉라는 것이 별로 사회적 이슈를 만들지 못했다, 그렇게 얘기하고 싶고 아깝다고 생각을 합니다.

그리고 〈국립중앙박물관 국제 컴페티션〉. 원도시는 참가를 못했는데, 왜냐하면 제가 건축가협회 회장을 맡고 있었어요. 문화관광부에 대고 공식적으로 UIA 승인을 받은 국제 컴페로 진행을 하자. 돈을 받고 진행을 건축가협회가 맡았어요. 굉장히 잘 만들어진 설계 프로그램이 필요해요. 국제 컴페 자리에 가다보면 자료가 정말 잘 만들어져 있거든요. 그 당시에 박물관에 대해서 특별히 연구한 서상우 팀장이 따로 팀을 구성해서 상당한 비용을 들여 가지고 설계 프로그램을 잘 만들었고요, 강석원 부회장이 UIA하고 잘 연결되기 때문에 거기에 강 부회장을 통해서 심사위원 구성이라든지 여러 가지 일을 진행 시켜가지고 본격적인 국제 컴페를 처음으로 하게 되었습니다. UIA 규정에 보면은 설계 프로그램을 만들었거나 컴페티션 주체로 되어 있는 어떠한 관련 있는 사람은 응모를 못하게

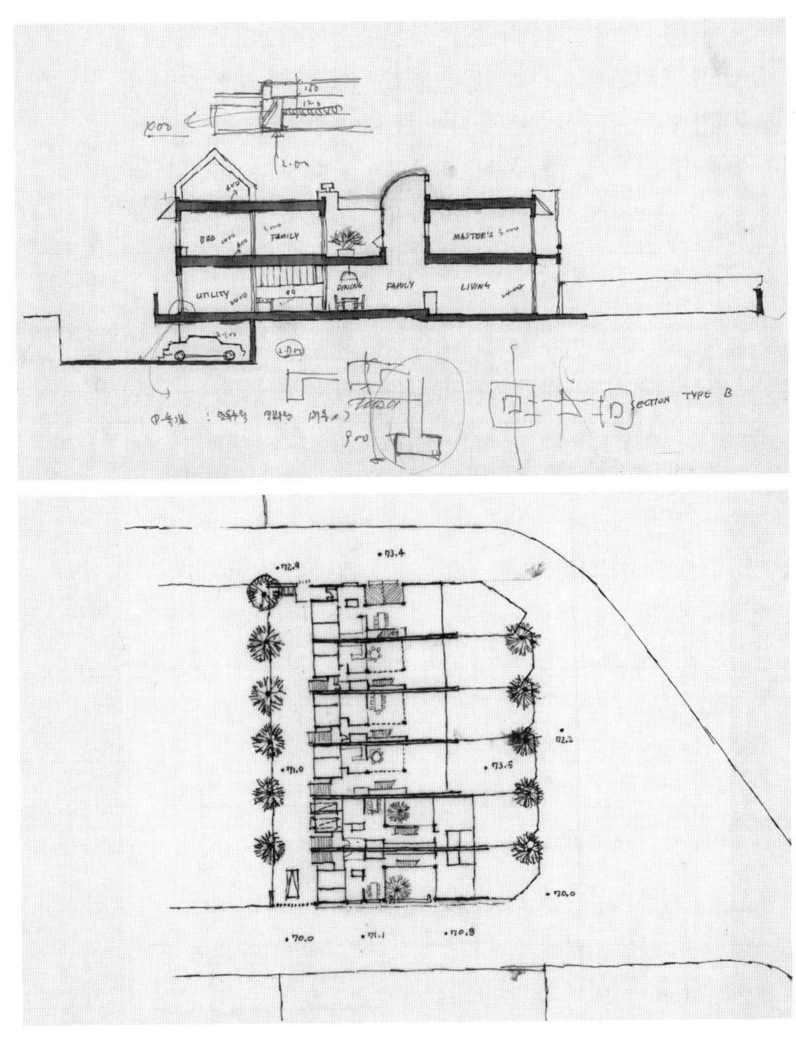


**그림15, 16 _**

분당 7-9 블록 연립주택 계획 스케치. 원도시건축 제공.

되어있어요. 내가 원도시 파트너 중 한사람인데, 건축가협회 회장이고. 난 사실 프로그램 심사도 안 하니까 실제 해당되진 않는다 말이죠. 원도시가 응모할 수 있느냐 없느냐, 우리끼리 논의가 되었었는데 나중에 군소리 듣지 말고 포기하자, 건축가로서는 멋진 프로젝트 아닙니까? 근데 아깝게도 일단 포기했지요. 했어도 아마 안 되었겠지만은 기회가 있는 프로젝트였죠. 다만 건축가협회 회장으로서 전체 총괄하는 역할을 했어요.

(휴식)

**윤승중:** 원도시를 이제 마무리해보려고 합니다. 작은 개인 사무실보다는 규모가 크고 점점 커지고 복잡해지는 프로젝트에 대비하기 위해서는 어느 정도 규모가 필요하고, 그런데 개성 있는 건축가들의 집합으로 유지가 되었으면 좋겠다는 생각이 있었어요. 처음 시작은 변용 씨와 둘이서 했는데 점점 파트너가 늘어나는 방식으로 이제까지 왔습니다. 그런 과정에서 변용 씨 외에 장응재, 민현식, 김석주, 박석현, 정현화, 민상기, 허서구, 이렇게 늘어갔지요. 식구들이 자꾸 늘고 그렇게 되는 과정에서 그것이 하나의 설계조직이라기 보다는 건축 아카데미 같이 그런 건축가 교육, 그런 과정. 이런 의도가 있어서 사무실 프로젝트를 수행하는 과정에서도 그런 것도 좀 했어요. 물론 다른 사무실도 그렇게 한다고 생각하지만은 명칭을 "원도시 아카데미"로 해서 사내 세미나도 진행을 해 왔었고.



원도시 아카데미
원도시 세미나

90년부터는 규모가 커져서 직원들을 공개 모집을 했는데 경우에 따라서 추천을 받고… 장단점이 있어요. 공개 모집하면 굉장히 많은 인원이 많이 응모를 해서 고르는 경우도 있어서 7,8명 정도 뽑는데 한 250명, 300명 와요. 그 과정이 굉장히 복잡할 뿐만 아니라 포트폴리오라는 것이 전부다 잘 만들어져 가지고 경쟁이 안 되죠. 어떨 때 각 대학 교수들한테 추천을 받아가지고 그 중에서 스케치를 한다든지 하는 과정을 거쳐서 모집할 때도 있고. 하지만 10퍼센트정도는 꼭 모집을 했고 심지어는 1997년 선발하고 났는데 IMF발표가 있었거든요. 그러고 나니까 대부분 프로젝트가 중단되고 그러는 바람에 설계사무소 뿐만 아니라 대부분이 기업들이 신입사원 모집을 취소를 했었어요. 그런데 우리는 약속을 했기 때문에 새로운 사람 받아들이는 걸 중요하게 봤고요. 무리하게 강행을 했습니다.

일단 우리 원도시 식구로 만들기 위해 신입사원을 뽑으면 풀타임 교육을 시킵니다. 실제로 학생 때 했던 프로젝트를 다시 현실적인 관점에서 재작업해보는 과정도 거치게 되고 설계에 다른 분야들도 있잖아요? 그분들을 초빙해서 협력관계나 이런 것들 강의 듣기도 하고. 대개 풀타임으로 두 달 정도 교육을 시킵니다. 이렇게 해서 단순한 설계 조직이 아니게 하려고 노력을 해왔어요. 그러고 1999년부터는 아까 얘기했던 원도시 아카데미를 발전시켜 공개 세미나를 갖기로 해서 지금까지도 우 교수님이 몇 년 동안 하신 것처럼, 매년 주제를 정한 다음에 대학교수를 커미셔너로 모셔가지고 그 분이 그해의 주제와 강사들을 선정해서 실행하게 했죠. 사실은 내가 바라기는 그것이 학생, 직원들에 대한 강의가 아니라 초대한 분들끼리의 격렬한 토론이 이루어져서 건축적인 새로운 이슈에 대한 발전적인 프로덕션이 되기를 바랬는데 그건 잘 안 이루어졌던 것 같아요. 대부분 우리나라 건축가들은 모이면 서로 대접해주고 논쟁이 잘 안 일어나는 거 같아요. 지금까지 계속되고 있는데 15년 째 진행을 합니다. 그래서 사실은 조금 더 건축계에 기여했으면 좋았을 텐데. 서울대 아우릭(auric) 사이트에 동영상이 나오고 있고, 원도시 홈페이지에서 동영상을 볼 수 있을 거예요. 근데 누가 잘 보겠습니까? 좋은 강의를 해도 그것이 썩 잘 보급이 되는 거 같진 않아요. 사무실 직원조차도 두층만 내려가면 되는데 많이 안가요. 특히 일본은 어떤 설계 프로젝트가 끝나면은 그것에 대한 토론을 하고 리뷰를 꼭 합니다. 우리는 사후관리나 이런 것들이 잘 안 되는 거 같아요. 그런 식으로 해왔고.

끝으로 같이 활동했던 변용 씨에 대해 조금만 이야기하면, 저는 김수근 선생과 작업하면서 치프 디자이너로 작업을 해서 사실 말단 노릇을 해본 적이 별로 없었거든요. 뭐랄까요, 그런 어시스턴트로서의 훈련 기회가 별로 없었어요. 변용 씨도 마찬가지로 학교 졸업하자마자 2년 정일건축에 있었는데 삼주빌딩을 통해서 직접 설계를 맡아서 했기 때문에 거의 처음부터 독립적으로 작업을 해온 셈이죠. 그래서 사무실에서 보스 지향적인 그런 게 있어요. 사실은 파트너쉽으로 한다는 것이 썩 쉬운 일은 아닌데, 우리가 40년 넘게 함께 작업을 한 게 서로 간에 잘 맞추려고 함께 노력을 했고 또 서로를 존중해 왔기 때문이라고 생각합니다. 내가 좀 뒤로 물러나고 변용 씨를 앞세워서 체제를 바꿔나갔습니다. 변용 씨는 교회에서 장로이거든요. 그래서 교회 설계에 대한 생각을 꽤 많이 합니다. 개인적으로도 교회 설계를 꽤 많이 했고. 교회설계를 물론 정림건축이 제일 많이 합니다만 변용 씨도 교회건축에 대해서는 자신의 원리와 애정이 꽤 있고요, 그거는 거의 다른 사람이 관여를 못하죠. 또 태영이란 특별한 클라이언트가 있기 때문에 관련된 좋은 프로젝트를 많이 해서 브로셔에 보면은 그런 종류의 작품들이 꽤 많이 있습니다. 그렇게 해서 원도시가 지금까지 왔고 이제 앞으로 언제까지 갈지는 모르겠지만은, 일단 원도시에 관한 거는 이걸로 끝을 내려고 합니다.

# 09

# 한국건축가협회 활동

**일시** 2012년 4월 3일 (화) 15:00 –

**장소** 서울특별시 강남구 삼성2동 142–22 2층 목천문화재단

**진행** 구술: 윤승중

참여: 김정식

채록연구: 전봉희, 우동선, 최원준, 김미현

촬영: 하지은

기록: 허유진

초벌 원고 수정 및 각주 작업: 김하나

**전봉희:** 본격적인 구술 작업부터 시작하면 아홉 번째[1]가 되고요, 그래서 지난 시간까지 주로 작품 중심으로 말씀이 있었고, 오늘은 전에 말씀하신 대로 건축계 활동 중심으로 하시고. 그 다음에 만약 마지막이 된다면 끝에는 당부나 소감 말씀을 청해서 같이 듣는 걸로, 그렇게 해볼까 합니다.

**윤승중:** 그러면 또 시작을 해볼까요? 오늘은 건축 얘기가 아니기 때문에 재미가 없을 수도 있는데요. 그렇지만 또 한편으로 생각하면 자기 작업뿐만 아니라 사회에 도움이 되는 역할을 한다는 의미에서는 이런 단체 활동은 중요한 의미가 있다고 생각합니다. 더구나 요즘은 모든 게 정리가 되어서, 국제적으로 인정도 받고 있지만 처음 사회적으로 활동을 시작했던 1960년 전후만 하더라도, 지금으로부터 50년 넘게, 옛날이죠? 그때만 하더라도 아직도 건축이라는 것이 사회적으로 전혀 알려져 있지도 않았고 건축가의 사회적인 지위라든가 역할, 그것도 상당히 낮았기 때문에 이런 단체들을 통해서 건축이라는 것을 계몽적으로 알릴 필요도 있었고, 또 정책적으로 뭔가를 만들어가는데 기여할 수도 있는, 그런 사명감이 있었다고 생각을 합니다. 아시다시피 한국에는 오랫동안 건축 3단체[2]가 있었다가, 몇 년 전에 새건협, 새건축사협의회라는 새로운 단체가 생겨서. 사실 한편에서 3단체가 통합을 해야 한다고 굉장히 주장하는 마당에 새 단체가 만들진 거죠. 요즘 건축 3단체 통합, 하면 건축학회가 빠지고 다른 세 단체가 들어서게 생겼고. 근데 사실은 이런 단체들이 서로 적대적이거나 해를 끼치는 것은 아니었던 거 같아요. 왜냐하면 서로 역할이나 다른 아이덴티티들이 다 있어서 나름대로 잘 발전해왔는데요. 한편에선 그것이 목소리를 크게 내기 위해서는, 다른 나라들처럼, 특히 UIA 같은 데 가서 보면, 내셔널 어소시에이트(national associate)가 하나인 경우가 많더라고요. 근데 한국에는 건축가협회하고 건축사협회, 두 개로 되어 있으니까, 그쪽에서 볼 땐 이상하게 보기도 하고 불편한 점이 많이 있기는 하지요. 두 단체가 태생이 다르기 때문에 지난 몇 년 사이에 통합을 추진했는데도, 아직은 성공을 못하고 있지요. 오늘은 우선 그렇게 건축을 위해서 사회적인 활동을 하는 단체들에 대해서 내가 한 역할을 조금 기록을 남겨두려고 합니다.

대한건축학회

이 세 단체 중에서 대한건축학회가 1995년인가요? 50주년 기념행사를 했어요.

1_
프리 미팅을 포함하면 실제로는 열 번째다.
구술인터뷰의 전체 진행에 대한 사전 미팅 성격으로
구술자와 채록자간의 첫 번째 만남이 있었다.

2_
대한건축학회, 한국건축가협회, 대한건축사협회.

국제 세미나도 하고, 출판도 하고. 그때 알게 된 일인데 대한건축학회가 한국의 학술 단체 중에서 제 1호라고, 그렇게 들었어요. 1945년 8월 15일 해방이 되었잖아요? 그런데 그 해 9월 1일 날 설립한 걸로 되어 있어요. 그 당시에 여러 정치, 사회단체들이 생겨났지만 학술 단체로 혼란 중에서도 정신 차리고 등록했다는 것이 저는 대단한 사건이었을 거 같은데, 근데 등록이라는 것이 어떤 뜻인지는 잘 모르겠어요. 기록상으로는 9월 1일 날 설립된 거 같아요. 그래서 1995년에 50주년 행사를 했죠. 잘 아시겠지만 그 당시에는 '조선건축기술단'이라는 이름으로 등록이 되는데, 회장은 김세연[3] 선생이라는 분이었고요. 일제강점기 중에는 박길룡[4] 선생하고 몇몇 분들이 활동하셨지만은 대부분의 건축 설계가 일본 사람들이 많이 했고, 그 중에서 총독부 영선과에 속해있으면서 설계를 했기 때문에 건축가란 개념이 정립되지 않았을 때였어요. 건축학회가 건축기술단이란 이름으로 된 것도 건축가 개념보다는 전체적인 건축 공학, 또는 건축 기술 그런 단체로서 모임이라고 볼 수 있겠지요. 내가 알기론 초창기부터 1980년대까지 꽤 오랫동안 경성고공 출신의 몇몇 선배 분들이 리드를 해서, 도중에 김형걸 교수님이라든지 함성권[5] 같은 분들이 계셨지만, 80년까지는 거의 고공 출신 분들이 회장을 역임하셨고 그런 정통 그룹이 생겨있는, 그런 단체였습니다. 내가 학교 다닐 때 우리과 주임 교수님이 이균상 교수님이셨어요. 그 분이 오랫동안 건축학회 회장을 지내셨는데, 한 십 몇 년 간 했을 거예요. 그 분의 집념이 자기보다 후배인 사람들을 불신하시는 경향이 있어가지고 내가 아니면 아무것도 못한다는 생각이 있으셔서 총회 때가 되면 동원을 해서라도 회장을 해 나가셨는데. 그런 연유로 학교를 졸업하면 회원 자격이 생기는 거예요. 졸업하는 날 입회원서를 다 나누어주고 싸인해서 가입을 했어요. 나도 대학을 졸업하는 날 학회회원이 되었다고. 이균상 선생님이 회장 출마하셨을 때 도움을 주기 위해 그런 목적이 좀 있었던 거죠. 사실 그보다 좀 더 먼저, 지난번에 『현대건축』 얘기하면서 동국대학교 이문보 교수 얘기를 했지요? 그 분이 나하고 동기인데, 건축과 학생 때부터 건축학회의 회지



3_
김세연(金世演, 1897-1975): 1920년 경성공업전문학교 건축과 졸업. 조선총독부 근무. 박길룡이 타계한 1943년 이후 박길룡건축사무소를 운영했고 1948년 김세연건축사무소를 설립했다.

4_
박길룡(朴吉龍, 1898-1943): 1919년 경성공업전문학교 건축과 졸업. 조선총독부 근무, 1932년 박길룡건축사무소 설정했다.

5_
함성권(咸性權, 1918-2000): 1944년 일본 와세다대학 건축학과 졸업. 1952년부터 한양대학교 교수를 역임했다.

편집을 맡아서 했어요. 그때는 일 년에 두 세 번 나오는 책이었지. 거기 가서 교정도 하고 광고 디자인도 하고 그렇게 도왔어요. 명동에 건축학회 사무실이 있었어요. 거기 자주 가서 비교적 인연이 있었던 거죠. 학교 졸업하자마자 회원이 되었고. 60년대 후반 쯤 이문보 선생도 역시 편집위원을 하셨기 때문에, 나도 같이 편집위원이 되어서 『건축』지의 표지 디자인을 했어요. 60년대 후반부터 70년대 초반까지 편집위원을 했었고요. 요즘은 건축학회에 논문 한번 게재하려면 줄서서 로비를 해야만 될 정도로 학회잡지 문턱이 높아졌는데, 그때만 해도 편집위원이라는 사람이 전부 원고 수집하러 다니는, 그런 게 편집위원이 하는 일이었거든요. 격세지감이지요. 얇은 책이지만 그걸 채우는 게 굉장히 힘들었는데 얼마 지나고 나서 보니까, 건축학회가 국제적으로 인정받는 논문집 잡지로 등록이 되어서 논문 게재하는 것이 필수가 된 거예요. 논문이 너무 많이 밀리게 되니까 나중에는 논문집도 따로 만들 정도로 된 거죠. 그 후에 편집위원을 했으면 참 좋았을 텐데, 아주 어려울 때 했어요. 76년부터 총 6년간 이사를 했었고.

건축가 협회는 1970년부터 이사를 해서 건축가 협회 분위기에 익숙했는데 건축학회 이사는 처음 가서 굉장히 놀랐어요. 왜냐하면 건축학회는 초창기부터 원로들을 모시고 했기 때문에 거기는 서열이 아주 분명해요. 요즘도 그런지 모르겠는데 이사회 나가보시면, 그때는 회장단이 옆에 모여 앉아 계시고 그분들끼리만 서로 이야기를 하고 보통 말단, 평 이사들은 저 멀찌감치 앉아서 말씀만 듣다가 끝이 나기도 하고, 어쩌다가 한번 잘못 발언하면 회장님께 혼도 나고. 건축가협회는 아주 화기애애하고 가족적인데 이런 분위기에 익숙하다가 건축학회 이사회 가서는. 그 당시에 신무성(愼武晟) 회장님 이었는데 신무성 회장님이 꽤 무섭죠. 여러분은 잘 모르겠지만 관료 출신이시고. 그때 총무이사를 앞에 세워놓고 막 호통을 치시는데, 어떻게 학회 이사회가 이럴 수 있을까, 내가 이사를 괜히 했다, 이런 생각 할 정도로 조금 그런 분위기더라고요. 이사회 풍경이 그랬었던 거 같고, 요즘은 좀 달라졌겠지요. 그렇지만 권위적이고 서열이 강했던 거 같아요. 학회가 대개 학자들, 교수 중심으로 구성되어서 그런지 모르겠는데. (좌중을 보면서) 세 분 다 교수님이지만, 학교 교수님들이 세계가 참 좁잖아요? 학교에서만 있으니 서열이 분명하고, 학생들하고 사이에서 그런 권위적인 모습을 보이기 때문에 그런 분위기가 학회까지 같이 연결되는 건 아닐까, 그런 생각이 듭니다. 지금은 건축학회가 대단한 게 사옥도 두 번째로 짓기도 하고 조직도 엄청나고. 최근에 와서 건축학회가 고민인 것은 건축역사학회로 시작해서 전문분야별로 자꾸 독립해 나가는 그런 경향이 생겨가고 있죠? 그러게 되면

수습하는 일도 쉽지 않을 텐데. 그런 건축학회가 있었고.



아까 말씀대로 '건축기술단'이란 이름은 2년 후, 1947년도에, '대한건축학회'로 명칭을 바꾸었어요. 그런데 대한건축학회 중심에 고공 출신들의 주류가 있었다면 이에 비해서 조금 자유스러운 비고공 출신의 건축 작가 분들, 건축가들이 꽤 여러 분 계셨어요. 그런 분들이 따로 종로에 '신건축연구소'라는 걸 만들어서 나중에 활동을 하시게 되죠. 거기엔 조금 로맨틱한 그런 건축가들, 건축 작가들이 활동 하시는 모임이었는데 그 분들이 자주 모이시면서 우리가 건축가들 중심의 단체를 새로 만들어야 되겠다 한 거예요. 건축학회라는 것은 기술, 건축기술 중심의 그런 단체니까 우리는 '건축가'라는 걸 조금 더 알리기 위해서 건축가 단체를 만들자, 그래서 건축학회가 생기고 12년 후 1957년에, 기록상으로는 2월 18일 날 성북동의 '청수장'이란 데서 창립총회를 열었다고 되어 있어요. 내가 1988년쯤인가 '건축가협회' 편집위원장을 하면서 예총의 의뢰를 받아서 『건축가협회 30년사』를 집필한 적이 있었거든요. 창립 당시에 계신 분들 중에서 생존해 계시는 분들 찾아뵙고 말씀 듣고, 그 당시 사실을 좀 추적 하려고 시도를 했었어요. 사실은 그 때 만나 뵌 분들이 전부 다 기억을 뚜렷하게 갖고 계시지 않아서 정확하게 어떤 상황인지는 잘 모르겠어요. 대체로 기록상으로는 57년 2월 18일 창립을 했고 그때 창립총회 당시 창립위원 멤버들이, 14분인데, 이천승, 정인국, 김희춘, 김태식, 배기형, 강명구, 엄덕문, 김정수, 박학재, 김중업, 홍순오[6], 나상진, 이희태[7], 이명회 이렇게 14분입니다. 이 분들이 거의 설계 전문, 설계를 전공하신 분들이시고 대개가 건축사무실을 그 당시에 갖고 계셨던 분들이지요. 그 중에서 이천승, 김정수, 김희춘, 세 분만 고공 출신들이고 다른 분들은 전부다 고공 출신이 아닌. 학회 입장에서 보면 비주류에 속하는 분들이라 할 수 있어요. 오히려 건축 설계하는 입장에서 볼 때는 이 분들이 주류이지만. 그때 이천승, 김정수 두 분이 하셨던 종합건축이 주로 고공이나 서울공대 중심으로 되어있는 설계 조직, 가장 중심이 되는 설계 조직이었고, 신건축연구소라는 것은 그 밖의 다른 분들이 모여서 시작하셨다가 나중엔 각각 독립하는 그런 상황이었던 거죠. 그래서 건축가협회는 건축학회에 비해서 대외적인 입장에서 좀 다른 주장을 가지게



6_
홍순오(洪淳五, 1924-1968): 1943년 경성공립공업학교 건축과 졸업. 하얼빈공과대학 건축과를 다니다가 해방후 귀국하여 1946년 홍순오건축사사무소를 설립했다.

7_
이희태(李喜泰, 1925-1981): 1943년 경기공립공업학교 졸업 후 조선주택영단 건축과 근무. 1976년 건축가 엄덕문과 건축설계사무소 엄이건축을 설립했다.

되었죠. 취지문에 보면, 건축을 '문화예술로서 표현하는 창작활동이다', 이런 식의 정의를 내리고 건축가의 사회적 지위라든지, 사회적으로 논의되고 있는 것을 해결하는 것을 목적으로 하는 단체로 출발을 했습니다. 이것도 처음에 출발할 때는 '한국건축작가협회' 라는 걸로 출발했고, 이천승 선생이 초대 회장이 되십니다. 그때 만나본 분들 기억으로는 이천승 선생께서 사실은 처음엔 같이 시작하셨지만 잘 안 맞아서 뒤로 물러나 참석을 잘 안 하셨다고 그래요. 그래도 나중에 이천승 선생이 회장이 되셔야 되겠다 해서 추대해서 종합건축이 빠지려고 생각하다가 합치게 된 거죠. 그렇게 건축가협회가 만들어졌어요. 작가협회로 출발했다가 건축가 협회로. 처음에 출발은 14분이 작가, 4.3그룹 같은 그런 서클로 시작이 되었다가 자꾸 확장이 되면서 1959년에 '한국건축가협회'란 이름으로 개칭을 했고.

1962년 1월 달에, 그러니까 제3공화국 때겠지요. 그때 문화공보부에서 여러 예술 단체들을 통합해서 통제할 필요가 있어서 만든 '한국예술단체 총연합회'라는 것이 있었습니다. 여러 가지 방면에 10개 단체가 있는데 미술협회, 문학협회, 음악협회, 연극협회, 영화협회, 국악협회, 사진협회 이런 식으로 여러 장르의 예술 단체들을 다 통합해서 예총이란 단체를 만들게 되는데 거기에 건축가협회가 추천을 받았어요. 그때부터 예총 멤버가 된 거죠. 건축가협회 같은 사단법인이라는 것은 관리를 받게 되거든요. 예총이 문공부에서 주관하는 단체였기 때문에 건축가협회도 자연스럽게 문공부 산하가 되었죠. 건축학회가 혹시 무슨 부서에 속하는지 아세요?

**전봉희:** 국토부입니다. 국토부.

**윤승중:** 어떻게 생각하면 과학기술부 같기도 한데 사실은 그게 아니라 국토부죠. 나중에 건축사협회도 국토건설부에 속하게 되지요. 두 단체는 건설부 소속인데, 근데 건축가협회는 문화공보부, 지금은 문화관광부가 됐지만, 거기에 속해 있기 때문에 어떻게 보면 소속 자체가 달라서 나중에 통합도 문제가 되고. 건축가협회는 그때부터 건축기술 쪽 보다는 건축 예술 문화라든가, 그런 쪽에서 활동을 시작했어요. 일단 설계라는 커리어를 평가할 필요가 있었기 때문에 처음부터 회원자격을 건축설계경력 5년 이상으로 제한을 했었어요. 다른 단체에 비해서 회원이 소규모로 된 이유가 아마 그런 자격 조건이 있었기 때문이죠. 가협회의 문턱이 높았달까. 가협회는 비록 제일 작은 단체지만 그렇게 해서 스스로 건축가협회의 아이덴티티 만들었다고 볼 수 있습니다.

또 한 가지는 1963년에 세계 건축가연맹에 정식으로 멤버 승인을 받았어요. 그것이 꽤 오랫동안 건축가협회의 큰 자산이었었죠. 국제적으로 대표적인 단체인 UIA, 세계 건축가 연맹의 멤버로 국제 컴페티션등에서 자격을 인정받을 수 있었고, 세계 건축가 연맹 총회 참석을 해서 1975년인가 이사국이 되어요. 그것도 건축가협회의 아이덴티티를 정하는데 큰 역할을 했다고 볼 수 있습니다. 그렇게 건축가협회 규모가 커지면서 김수근 선생님이 1964년쯤인가 이사로 활동하게 되는데, 그때 김수근 선생께서 나하고 공일곤 선생에게도 갑자기 회원가입을 해라. 사실은 별로 잘 모르고 있었다가 가입을 했어요. 당장 김수근 선생님께서 저희들을 써먹을 때가 있었던 거 같아요. 국립 박물관 컴페티션이 1966년 초에 있었는데, 국립 박물관이 민족의 예술 유산을 전시하는 것이기 때문에 건축 자체도 전통적인 양식으로 하라는 조건이 붙어 있었거든요. 건축가협회가 이에 저항하는 긴급 이사회도 하고 그랬는데 회장단하고 김수근 선생님께서 5.16 후에 군 출신으로 국장을 맡았던 하갑청 문화재 관리 국장을 방문해서 여러 가지 모순되는 점들을 잘 설명하고, 그런 간담회를 하기로 되었어요. 그때 거기 가져갈 자료들을 준비하라고 해서 건의서를 만들어서 같이 갔는데, 나는 실제 위원은 아니었지만 같이 수행을 해서 가서 만나봤죠. 그것이 건축가 아닌 일반 시민의 생각으로는 맞는 말일 수도 있어요. 왜냐면 외국 관광객들이 왔을 때 창덕궁이나, 경복궁은 복원되기 전이고, 창덕궁, 비원, 종묘를 보면서는 감탄하고 감동하는 데에 비해서 한국의 현대건축은 그 당시 60년대 초반이니까 현대건축이 별거 없었지만, 그것은 전혀 관심 밖이죠. 그런데 박물관을 그렇게 지어서 되겠느냐, 이런 식으로 논리를 폈던 거죠. 그래서 한참동안 그것이 박물관 건축 자체도 문화인 것이고 당신들이 주관해서 지은 박물관이 앞으로, 다음 세대의 문화유산으로 주어질 것이기 때문에 그것을 위해서는 창작이어야 한다, 이런 주장을 했는데 맨 처음엔 안 통했어요. 결국엔 지난번에 헐어버린다고 이야기 했었던 그런 집을 지었죠. 그것이 아마 내가 건축가협회 회원으로서 한 처음 일이었고, 〈부여박물관〉 일이 있었을 때도 건축가협회에서 세미나 하고 현장 방문도 하고 실무 얘기도 하고 그런 식으로 건축가협회가 조금 발언을 하게 되었죠. 나는 1970년 2월 총회에서 처음으로 이사로 선정되었어요. 회장단 포함해서 이사가 20명인데 대개 창립 멤버들이 이사셨고 소위 건축계의 원로들이죠. 사실 나이 얘기 나왔었지만, 원로들이라는 분들이 50대 초반에서 후반이었지만 당시에는 원로였어요. 나는 그 때 신인, 그런 입장이었고. 이사 20명 중에서 30대의 젊은, 요즘 젊은 피라고 그러나요? 신인들로 참석한 2세대가 30대 이상. 안영배, 송종석[8],

송기덕[9], 원정수, 이정덕[10], 윤승중. 이 분들이 전부다 30대였어요. 건축가협회 이사회는 본래 창립 위원으로 멤버들과 한 3분의 1정도는 거기에 선발된 신진그룹, 이렇게. 처음 이사회에 참석했는데 우리 교수님들도 계시고 다, 부담스럽기도 했지만 건축가협회는 건축학회와 다르게, 그때의 건축학회 분위기를 잘 모르지만, 건축가협회는 전혀 그렇지가 않았어요. 서로 간에 프리토킹 하고 회원들 간에 얘기도 잘 되고 겁도 없이 새로운 제안도 하고 그랬으니까. 어른들께서는 젊은 놈이 괘씸하다고 혹시 속으로 그랬을지 모르지만.

1970년에 처음 이사가 되었을 때 처음 제안한 것이 건축가협회상이었어요. 그때만 해도 우리나라에서 1년 동안 지어지는 집들이 몇 개 안되었기 때문에, 그 중에 골라서 베스트 5를 준다는 건 불가능했던 거고 아직은 시기상조이다, 그래서 실행이 안 되다가 그래서 1978년에 제작분과 위원장으로서 건축가협회상이라는 걸 제안했고 지금까지 진행하고 있거든요. 10년이 지난 후에 베스트 7이 실현된 거죠. 그 때 엄덕문 선생님이 회장이셨는데 총회에서 이사를 선임하고 첫 이사회에서 각 분과 위원회의 보직을 발표를 하시는데, 제작분과 위원장을 나한테 맡으라고 그러셨어요. 내가 거기서 제일 최연소였고 30대 초반이었으니까 어른들 앞에서 그런 분과위원장 한다는 게 전혀 뜻밖이었고. 건축가협회가 UIA 멤버가 되면서 UIA 규정을 따라야했는데요. 유럽에서는 여러 가지 분야가 다 아키텍트란 개념으로 포함되어있는데 건축가로서 활동하는 프랙티스 아키텍트(practice architect), 스트럭쳐 엔지니어(structure engneer), 인테리어 디자이너(interior designer), 어반 디자이너(urban designer), 이런 4가지 분야 기본 커뮤니티가 있어야 한다는 UIA 규정이 있어서 건축가협회도 거기에 맞추어서 4가지 분과위원회를 만들었어요. 구조, 도시, 실내는 잘 번역이 되었는데 프랙티스 아키텍트는

8 _
송종석(宋種奭, 1930-2005): 1955년 서울대학교 공과대학 건축공학과 졸업. 에든버러대학교 공학박사 취득. 종합건축연구소, 한국산업은행 ICA주택기술실 등을 거쳐 1968년 연세대학교 건축공학과 교수를 역임했다.

9 _
송기덕(宋基德, 1933-2013): 1957년 서울대학교 공과대학 건축공학과 졸업. 종합건축연구소, 국토건설단, 구조사건축연구소 등을 거쳐 1963년 정일엔지니어링종합건축사사무소를 개설했다.

10 _
이정덕(李廷德, 1933-): 1957년 서울대학교 공과대학 건축공학과 졸업. 동대학원 공학석사 취득. 종합건축연구소, 한국산업은행 ICA주택기술실 등을 거쳐 고려대학교 건축공학과 교수로 부임. 현 명예교수.

번역하기가 어려워서 제작분과 위원회란 말을 썼어요. 그 '제'자가 만들단 제(製) 가 아니가 제정할 때 제(制). 제작분과 위원회, 프랙티스 아키텍트란 뜻이고. 회원의 대다수가 제작분과 위원이지요. 건축가협회에서 하는 일의 90퍼센트를 제작분과 위원회에서 관장하고 있었거든요. 건축가협회는 편집위원 하고 제작분과, 두 가지 밖에 할 일이 없었어요. 그래서 아마 엄덕문 회장께서는 제일 일거리가 많으니까 실무적인 일을 좀 젊은 친구를 시켜서 하자고 생각하셨던 거 같은데, 그래서 제작 분과장을 맡게 되었어요.

건축신인상 공모전

그 당시에 당장 할 일이 뭐가 있었냐면, 그 전 해부터 건축신인상이라는 제도가 있었는데 문공부에서 지원금을 주고 학생들을 대상으로 콩쿨을 하는 거죠. 1970년 제2회 때였어요. 그때 처음 2회 주제를 정해버린 것이 고속 도로변에 휴게소, 휴게시설, 이런 프로그램이었어요. 휴게소 그런 걸로 제목이 정해졌더라고요. 그걸 제작분과 위원회가 진행을 했는데. 1회 때는 어떻게 했냐면, 심사도 이사 중에 그냥 시간 있는 사람들끼리 모여서, "시간 있어? 그럼 나와." 이런 식으로. 학생들 안을 그렇게 중요하게 보진 않았었던 거 같아요. 말하자면 심사제도가 좀 불확실 했던 거지요. 근데 그렇게 해선 안 되겠다, 우리가 학생들 교육을 위해서 하는 것인데 책임을 져야 한다, 그래서 생각해서 모집요강을 새로 만들었어요. 먼저 이사회에서 정했던 '휴게소'라는 제목을 무시하고, 지금 현재 건축대전과 거의 유사하게, 주제는 자유롭게 오픈하고. 학생들이 학교에서 한 과제들, 졸업 설계 같은 것들도 출품해도 되도록. 부담스럽게 따로 만들 것이 아니라 주제를 주지 말고 오픈을 하겠다 그런 생각이었고. 또 심사위원을 미리 정해놓고 발표를 한다는 것. 심사는 30대 젊은 이사들이 몽땅 들어갔어요. 이 분들이 지금 보면 다 원로지만 그 당시의 원로들이 볼 때는 아이들인, 젊은 사람이죠. 그렇게 구성하겠다, 미리 발표했어요. 왜냐하면 콩쿨이라는 것은 심사위원이 사실 중요하고 그렇게 하고 알려야 한다는 생각을 가지고 있어서 그렇게 하고, 심사과정도 공개를 하겠다. 지금 건축대전이 그렇게 운영되고 있는데요. 실제로 입선작을 한 30명 쯤 뽑아서 프레젠테이션을 시키고 같이 토론을 하고, 나중에 끝난 다음에 심사위원들과 대화하는 기회를 만들어 주겠다, 이런 약속들을 해서 모집요강을 새로 만들었어요. 그걸 이사회에 냈더니 속으로는 전부다 여태까지 해왔던 것과 전혀 다른, 그렇게 생각했겠지만 일단 외형상 그럴싸하잖아요? 일단 잠자코 계셔서 통과가 되었습니다. 근데 유감스럽게도 『건축가협회 20년사』, 『30년사』 만들면서 그 당시 이사회 기록을 꽤 많이 조사했는데 이상하게 1970년부터 1972년까지 내가 제작분과 위원장을 했던 2년간의 그 기록이 싹 빠져버렸어요. 그 당시 요강이라든지 에피소드가 남아 있었으면 좋았을 텐데 나도 안가지고 있고 찾으려고 해도 못 찾겠어요. 그래서 이렇게 말만 남기지만 그 요강을 보면 지금 갖다놔도 괜찮을 정도의 이상적인 요강을 만들었고. 그렇게 해서 꽤 많이 응모했어요. 한 70-80명 응모를 해서… 실제로 그 사람들을 불러서 같이 프로젝트 개념을 설명 듣고. 어떻게 보면 요즘 대학에서 크리틱 하는 방식으로 진행을 했지요. 코멘트도 해주고. 그런데 문화공보부의 지원이 중단되어 유감스럽게도 그 행사가 끝이 났어요. 나중에 1982년도에 건축가협회에서 건축대전을 도입하면서 그때 또 마침 제작분과 위원장을 맡게 되어서 규정이라든지 기초 작업을 내가 다시 할 수 있었죠.

**전봉희:** 말썽 생긴 게 이때 쯤 아닌가요? 건축대전에서 무슨 저, 유명한 분 표절.

**윤승중:** 아, 그건 건축대전이 아니고 국전.

**전봉희:** 국전인가요?

대한민국 전람회
국전

**윤승중:** 예, 국전이라는 게 있었는데, 본래가 《대한민국 미술 전람회》인데요, 1948년인가 그때 쯤 처음 생겼어요. 원래 일본 미술전이 유명한 미술가들의 등용문이지 않습니까? 그 당시에 《조선미술전》이라는게 있어서. 속칭 선전(鮮展)이란 곳에서 주최하는 콩쿨을 통해서 등용 되는 분들이 굉장히 많았죠. 후에 대한민국 미술전람회라는 걸 만들었는데, 처음에는 건축부가 없었다가 1951년인가, 52년쯤에. 1955년인가? 52년인가? 여기 기록이 있을 거예요. 그때 부산이었으니까 52년쯤이었겠네요. 윤효중[11] 씨라는 조각가가 계셨는데 그분이 건축에 관심이 있어서 자기 집을 조그맣게 직접 집을 지을 정도였어요. 그분이 홍익 대학에 건축학과를 만들기도 했고 또 국전에 건축부를 만들어야 한다고 했죠. 그래서 건축부가 미술전람회 5회부터 생겼고 '국전 건축부'라는 것이 생겼어요. 그래서 1981년까지 진행하다가 1982년에 건축가협회가 그걸 인수해 대한민국 건축대전이 되었거든요. 그래서 그때까지는 문화관광부에서 진행을 해왔었는데, 그때 어떤 분께서, 지금

11 _
윤효중(尹孝重, 1917-1967): 1937년 도쿄미술학교 조각과 목조 전공. 1940년 조선미술전람회 입선, 1949년 부터 홍익대학 미술학부 교수를 지냈다. 위인들의 동상 건립에 깊이 관여하였다.

누구라고 이야기 안 하겠지만은, (김정식 재단이사장 등장) 아, 예. 어서 오십시요.

**김정식:** 내가 참석해도 됩니까?

**윤승중:** 예, 어떤 분이 외국대학의 졸업 작품을 뒤집어서 내 가지고, 처음에는 몰라서 대통령상인가 큰 상을 받으셨는데 그러다가 누군가가 그런 걸 찾아내는 사람들이 있었던 거 같아요. 발견을 해가지고 나중에 크게 사회적 이슈가 된 적이 있었죠.

**전봉희:** 그게 80년도?

**윤승중:** 그건 건축대전 되기 이전에. 국전 시절에. 1982년에 건축가협회가 시작하는데 그 전이었으니까요. 아마 70년대 후반쯤 되었을 거 같아요.



**전봉희:** 제가 대학 들어오고 난 다음이었던 거 같은데… 아무튼 그게 크게 문제가 되어서.

**윤승중:** 건축가협회가 받은 게 1982년 이었어요. 그냥 들으시겠습니까?

**김정식:** 아, 예.

**윤승중:** 오늘은 제가 건축가협회하고, 다른 단체 이야기를 하려고 그래요.

**김정식:** 예, 예. 건축가협회 전에 뭐 있었죠? 옛날에 있었는데.

**윤승중:** 아, 건축가협회가요, 1957년에 '한국건축작가협회'라는 이름으로 처음에 창립이 되었거든요? 그랬다가 2년 후에 건축가협회로 개칭을 하고 예총에 회원이 되고, UIA 회원이 되고 그랬죠. 그, 처음 이사를 하신 것이 몇 년 쯤 되시죠?

**김정식:** 어디요?

**윤승중:** 건축가협회에.

**김정식:** 이사는 잘 모르겠고.

**윤승중:** 저보다 조금 늦게 하셨던 거 같아요. 이상하게 제가 조금 일찍 해가지고요. 그때 이야기를 하고 있는 거거든요.

**김정식:** 작가 협회인지 초창기 멤버로 들어갔다고요, 나는.

**윤승중:** 창립멤버는 아니시고요 몇 년 뒤에 가입하셨어요.

**김정식:** 지금 세종문화회관 뒤에 있을 때

**윤승중:** 그게 건축가협회예요.

**김정식:** 그게 건축가협회예요?

**윤승중:** 예, 세종문화회관 뒤에 동양통신사 사옥이 있었는데 거기에 예총이 들어가 있었어요.

**김정식:** 조그만 낮은 건물이었었는데?

**윤승중:** 아, 그건 또 더 전인가 보네.

**최원준:** 당시 잡지도 나와 있었는데 잡지 출간에는 관여를 안 하셨어요?

**윤승중:** 나는 편찬위원은 그땐 안 했었거든요. 70년대는 원정수 선생님이 편찬위원장이었어요. 잡지는 꽤 초창기부터, 1960년대 초반부터 일 년에 두 세 권 씩 만들기 시작했는데요. 규격도 그렇고 여러 가지로 지금 보면 좀 그렇지만 내용을 보면 괜찮은 내용이 많더라고. 그런 잡지를 만드는 일 때문에 아까 그 사무국장이 온 거예요. 사무국장이 대학교 다닐 때 학생회장도 하고 출판 이런 거에 굉장히 관심이 있어가지고 실제로 그런 역할을 했고, 잡지 만드는 실무를 그 친구가 다 했던 거지요.

「현대건축」 발간

내가 처음 제작분과 위원장을 했던 기간이 2년 간 인데, 그때 엄덕문 회장님께서 또 한 가지 특이한 일을 하셨어요. 엄덕문 선생님은 참 엉뚱하신 분이었던 거 같아요. 최연소 위원장을 시키신 것도 그렇지만, 더한 것은 당시 스물 한 일곱 여덟 정도 밖에 안 되었을 김석철 씨를, 김석철 씨가 나보다 6년 후배입니다. 김석철 씨 꼬임에 넘어가셨는지, 또는 엄덕문 선생님이 김석철 씨를 그렇게 아껴주셨는지. 그 당시 김석철 씨가 건축사협회 강명구 회장하고 관계가 생겨가지고 건축사협회 잡지를  만들어 주고 있었거든요. 강명구 선생님이 추천을 하셔서 엄덕문 선생님과 인연이 생겼는데 엄덕문 선생님께 김석철 씨가 건축가협회가 잡지를 이런 식으로 만들어서 되겠습니까 본격적으로 만듭시다, 라고 제안을 했어요. 60년대 초반에 나온 작은 『현대건축』이 아니고 제대로 된 국배판 큰 사이즈의 『현대건축』이라는 잡지를 창간을 했어요. 기억을 하고 계시죠? 4권인가 나왔을 거예요. 그 내용을 보면, 로버트 벤추리의 『러닝 프롬 라스베가스』라는 유명한 글도 실리고, 소위 포스트 모더니즘이라는 것을 한국에다 소개하기도 하고, 또 한국에 새로운 건축 바람을 일으키는 내용들이 꽤 많이 포함되었거든요. 편집위원이 있고 그랬지만 김석철 씨가 거의 혼자 만들다 시피해서 꽤 훌륭한 책을 4권 만들었는데, 그 책이 나오면서 『건축가』지는 잠시 중단을 했었어요.

두 가지를 동시에 다 하기가 어려웠기 때문이죠. 그렇게 『현대건축』이란 책이 나오게 되었는데 이것도 엄덕문 선생님의 큰 업적 중의 하나이죠. 이것이 더 이상 계속되지는 않았는데, 그 스폰서를 구하기가 어려웠던 거 같아요. 그 당시만 해도 잡지를 팔아서 운영하는 것이 불가능했기 때문에 그래서 보통 『건축가』지라는 것은 회원들한테 그냥 주는 그런 건데 이건 실제로 유가지로 만들었으니 운영하질 못한 거죠. 4권은 나왔으니까 반쯤 성공했는데 더 이상 지속이 안 되었어요. 지속이 되었으면 『공간』하고 대결되는 굉장히 좋은 잡지가 되지 않았을까.

**최원준:** 잡지가 기획되고 있을 때 선생님께서 이름에 대해서 반대하시진 않으셨나요? 예전에 하신 거하고 겹친다고…



**윤승중:** 아, 그때는 왜 반대를 하지 않았는지 모르겠는데, 안 했어요. 그것 때문에 『현대건축』 하면은 어떤 거 생각해요? 건축가협회 것 생각해요? 60년대 초반 거 생각해요?

**전봉희:** 건축가협회 것도 몇 권이 안 나왔다고요?

**윤승중:** 4권이었던 거 같아요. 4권인지 5권인지. 학교 도서관에 좀 있겠지요. 엄덕문 선생님이 건축가협회 오셔서 2년 동안 활발히 활동을 하셨는데, 그때 내가 볼 때는 굉장한 원로이신 것으로 생각했는데 지금 보면 한 50대 후반 정도이지 않았을까. 엄덕문 선생님이 몇 년생이신지 아시나요?[12)]

**김정식:** 작년에 우리가 만났나? 재작년에? 93세라고 하셨던 거 같아요, 그 당시에. 그러니까 지금 95세.



**윤승중:** 40년 전이잖아요? 그러니까 53-54세였던 거 같아요. 그러니까 그 당시 원로 그러면 50대고 중견 그러면 30대고. 엄 선생님께는 좀 죄송한 문제가 있었어요. 한참 지난 후에 내가 건축가협회 회장을 할 때 문화관광부에서 추진하는 예술원 회원 추천이 있었어요. 그보다 2년 전에 엄덕문 선생님을 추천했는데 1차 통과가 안 되었어요. 내가 회장 맡고 있을 때 또 한번 그런 찬스가 생겼는데 건축가협회에선 이광노 교수님을 추대하기로, 왜냐하면 엄덕문 선생님은 이전에 패스 못했기 때문에 다시 내도 소용없지 않을까 해서

12 _
엄덕문(嚴德紋, 1919-2012).

13 _
이승우(李丞雨, 1931-): 1954년 서울대학교 공과대학 건축공학과 졸업. 1953년 종합건축 설립. 현 대표이사. 1982년부터 1984년까지 건축가협회 회장을 역임함.

이광노 교수님을 추천하기로 결정을 했어요. 부득이 내가 그 결과를 가지고 엄덕문 선생님께 가서 설명을 드리게 되었거든요. "이렇게 결정되었습니다." 하고. 근데 죄송해도 어떻게 합니까. 그렇지만 회장이다 보니까 찾아뵙고 어렵게 설명을 했어요. 한 번 거절되면 또다시 되기 어렵다고 그러더라, 그래서 "이번 기회는 이광노 교수님께 했으면 좋겠습니다." 한참 동안 말씀 안하고 계시다가 "젊은 사람이 건축가협회 회장이 되다 보니 별짓을 다 하는구만" 이러시더라고요. 그 당시 엄덕문 선생님이 회장하실 때 보다 내 나이가 훨씬 더 위였거든요? 당시가 한 쉰여덟, 아홉 될 때니까. 근데 선생님이 보실 때는 젊은 사람이라고 이렇게 보시는 거지요. 그래서 더 이상은 말씀 안하시지만 뵙기가 민망할 정도로 죄송한 일이었지요. 그러고 나서 하시는 말씀이 "예술원에는 예술가들이 가야 하는 거 아니냐?" 이러시더라고요. 그러니까 엄덕문 선생님이 생각하실 때는 본인이 예술가이시지만 이광노 교수님은 예술가가 아니다, 이렇게 주장하시는 거지요, 그렇게 어렵게, 어렵게 해가지고 이광노 교수님이 되셨어요. 그나마 건축가계에서 처음 예술원 회원이 되셨기 때문에 건축가협회에서 꽤 노력을 했지요. 예술원 중에 문학, 연극, 영화, 미술 중에서 미술 쪽에 건축은 같이 포함 되었어요. 미술 중의 하나, 건축 미술로. 예술원 회원이 되려면 위원 모두의 동의를 얻어야 하는데 그렇게 되기가 어려워요. 이광노 교수님이 추대가 된 것도 사실은 하도 여러 번 거절했기 때문에 좀 미안해서 겨우 한번 쯤 해주시는 게 아닐까 이런 분위기였죠. 건축가협회에서 문광부에다 여러 번, 전 세계적으로 건축이라는 것은 미술이 아니라 독립된 하나의 장르로 독립을 시켜야 한다, 별도의 다른 티오(TO)를 만들어 달라 했는데 아직은 안 통했어요. 사실 건축가협회가 할 일 중의 하나가 예술원이라는 걸 건축의 한 무대로 생각한다면, 지금 현재 체제로 간다면… 그 후에도 몇 분들이 했다가 한 번도 성공 못했지요. 엄덕문 선생하고 그렇게 몇 년 동안 지낸 것이 내가 건축가협회에서 처음으로 활동했던 내용입니다.

**회장 선출제도**

그 다음에 또 한 가지 이벤트가 생겼어요. 건축가협회가 1957년에 처음 시작해서 1970년대까지는 한 3분의 1정도가 대개 초창기 멤버들이 이사를 맡고 계셨는데, 요즘 식으로 표현하면 물갈이랄지, 세대교체가 적극적으로 필요하다, 그런 의견이 있었어요. 그때 총대를 메신 분이 이승우[13] 회장. 그런 아이디어가 늘 많은 분이었어요. 내가 생각했을 때 그 분은 건축가협회도 그렇고 건축학회 다음번 집행부는 어떻게 한다, 그런 계획을 세워놓은 분이었죠. 그래서 1972년 총회가 다가왔을 때 이승우 회장이 몇 사람을 모아서 미팅을 했어요. 나도 이사였기 때문에 불려갔고. 모아놓고선 뭔가 바뀌어야 한다, 뭔가 신진대사 좀 시켜야지 되겠다, 명분은 그거죠. 다행히도 그 전까지는 회장, 부회장이 있으면 부회장하시는 분이 다음 회장으로 자연스럽게, 조그만 단체이기 때문에 화기애애하게 진행이 되었었는데, 총회에서 일단 투표를 진행하게 되어요. 어떻게 뽑을 것인가, 누군가가 후보를 세워가지고 진행하면 반대할 수 없고 아무도 반대 하지 않았기 때문에 그렇게 되어 오다가. 그때 이승우 선생이 나서가지고 뭔가 바꾸자, 그러려니까, 마침 부회장으로 계신 분이 나상진 선생님인가, 이희태 선생님인가[14] 두 분이 중간에 사퇴를 하셔서 현직 부회장이 안 계셨기 때문에 제 3의 인물을 내세워서 일종의 쿠데타 같은 걸 하자, 그렇게 해서 제3자의 인물로 찾은 분이 어떤 학파에도 속해있지 않은 최창규[15] 선생이었어요. 최창규 선생님이 꽤 정열적이고 그랬지만 그 당시 입장으로서는 건축가협회 회장을 하실 만한 분은 아니었어요. 최창규 선생이 만주에서 교육을 받으시고 국내 건축학과에는 관련 없는, 적이 없는 분이죠. 그분을 회장으로 내세워가지고 회원 중 몇 사람을 일부러 참석시켜 투표를 하면 되거든요. 그렇게 최창규 선생을 회장으로 선출하고, 회장단에서 이사 구성을 하니까 거기서 상당히 많이 변화를 주었죠. 아마 김정식 회장님이 그때 이사가 되셨을 거예요. 이승우 회장님도 들어오고 그렇게 3분의 2정도가 좀 젊은 사람들로 이사가 구성됩니다.

그 후에도 부회장 하시는 분이 회장이 되는, 이런 관례로 진행 되다가 1976년이 되었는데 그때 한정섭[16], 김수근 두 분이 부회장이었거든요. 회장님은 정인국 선생님이시고. 그런데 서열상 한정섭 선생님이 먼저 오셨기 때문에 수석 부회장을 하시고 김수근 선생님이 차석 부회장, 보통 수석 부회장이 회장을 해야 하니 한정섭 회장이 되셔야 하는 거죠. 그런데 그 분이 당시 주택은행 건축부장이셨거든요. 건축계에서 아무래도 건축가협회인데 어떻게 은행 부장으로 계신 분을 회장으로 모시느냐, 이런 명분을 내세워서



14 _
나상진, 김태식의 두 명이 부회장이었다.

15 _
최창규(崔昌奎, 1919-1991): 1942년 동경흥아공학원(東京興亞工學院) 건축과, 동경 일본군 근위사단 건축기술원 양성소 졸업. 해방 후 주식회사 남익사(南益社)를 거쳐 주식회사 오성사(五星社), 신진건축설계사무소 등을 경영. 1972년부터 1974년까지 건축가협회 회장을 역임했다.

16 _
한정섭(韓鼎燮, 1925-): 1952년 서울대학교 공과대학 건축공학과 졸업. 서울시 도시계획위원회, 국가재건최고회의 기획위원회 등을 거쳐 1972년부터 단국대학교 교수를 역임했다.

좀 반대를 했어요. 대안이 뭔가, 그래서 그 다음 분인 김수근 선생을 회장으로 하자, 그러니까 사람을 모아서 총회를 하면 되거든요. 조그만 총회를 해서 편들 사람 조금만 모이면 투표하면 되게 되어 있어요. 그때 또 역전이 되지요. 말하자면 순서가 뒤바뀌었으니 쿠데타가 되지요. 거기 또 새로운 이사가 많이 참가해서 장석웅[17] 씨는 그 때 그 공로로 공신이 되었죠. 김수근 선생 회장할 때는 옛날 초창기 분들은 다 퇴진하시고 새로운 사람들이 이사진이 되면서 소위 신진 대사가 많이 되었다고 볼 수 있습니다.

**김정식:** 그 얘긴 안하시나? 가협회가 언제부터인지 학교별로, 한번은 홍익대학에서 하면 한번은 한양대학, 한번은 서울대학, 순번을 돌아가는 걸 원칙으로 만들어 놨었다고.

**윤승중:** 제가 상당히 정확하게 아는 데요, 나중에 끝날 때쯤 건축가협회 문제들 가운데서 그 얘기를 하려 그래요. 그것 때문에 건축가들에게 굉장히 마이너스가 된 게 있어요. 회장을 선출하지 않고 순번제로 한다고 공격을 받아가지고, 건축가협회라는 게 더 이상 기대할 수 없다, 해서 중견 멤버들이 거의 다 빠지게 되고요. 그래서 건축가협회에 상당히 마이너스가 되는데. 사실은 진실을 보면 꼭 그렇지도 않은데 오해도 있고. 또 실제로 건축가협회가 그 후에 경선제로 바뀐 다음에 큰 혼란에 빠졌어요. 경선제를 하게 되면 자기 파워, 고정표를 많이 확보해야 하기 때문에 건축가협회하고 거의 성격이 맞지 않은 사람들까지 끌어들여서요. 건축가협회는 그동안에 굉장히 순수한 건축가 중심의 단체로 쭉 유지하다가 최근 몇 년 사이에 완전히 분위기가 바뀌었거든요. 이걸 경선의 후유증이라고 나는 얘기합니다. 극단적으로 얘기하면 건축가협회는 더 이상 기대할 것이 없다 라고 얘기하고 싶을 정도로. 이건 나중에 좀 이야기를 할게요.

건축가협회 얘기를 일부러 하는 이유는, 내가 물론 건축가협회에 깊이 관여해서 여러 가지 역할도 했지만 내가 건축가협회와 건축학회, 건축사협회와 조금씩 관계를 가져봤는데 그 삼 단체를 비교해보면 건축가협회는 아주 근본적으로 비교가 안 될 특징을 가지고 있거든요. 그래서

**17 _**
장석웅(張錫雄, 1938-2011): 1960년 한양대학교 건축공학과 졸업. 김중업건축연구소, 홍익대 생산미술연구원 등을 거쳐 1968년 아도무건축연구소 개소. 1992년부터 1994년까지 한국건축가협회 회장 역임했다.

건축가협회가 그렇게 평가절하 되는 건 상당히 아깝다고 생각이 되요. 이제 건축가협회는 아이덴티티가 많이 사라지지 않았을까, 이럴 정도가 되었어요. 아깝다고 생각하기 때문에 건축가협회의 역할, 좀 기록을 남기고 싶어요.



그리고 내가 두 번째로 제작분과 위원장을 맡은 것이 1978년인데, 그때는 한정섭 회장 때였어요. 그때 두 가지 작업을 하는데, 하나는 1970년 처음 이사회 때 제안했던 건축가협회상이라는 제도를 다시 진행시켜서 AIA 제도라든지, AIA 어워드 등 여러 가지 사례 조사를 해서 한국 사정에 맞는 상 제도를 만들자 했던 거예요. 그 후에 건축상들이 굉장히 많이 생겼어요. 그래도 본격적인 건축상이 생긴 것이 이것이 거의 최초일 겁니다. 상 규정 초안을 내가 만들어서 이사회를 통과시켰거든요. 그때 만든 것 중에 이런 게 있어요. 그때 미국은 AIA 어워드가 베스트 10이었는데 꽤 오랫동안 지속이 되었고 아직도 지속이 되죠. 작품 자체만 아니라 건축가가 종합적으로 성취한 성과에 대해서 상을 주는, 어떻게 보면 아카데미 상 같은 거라고 볼 수가 있지요. 건축가협회상도 처음에는 굉장히 크리에티브한 작가한테 줄 것이냐 생각했었는데 건축가협회라는 것은 많은 사람들하고 만나는 곳이기 때문에 보편적으로 전반적으로 건축적 성취를 이루었을 때 그 상을 주는 것이 좋겠다, 성격을 그렇게 정했어요. 그래서 종합적으로 성취를 한, 종합적 성취란 말 속에는 건축의 디자인도 있고 새로운 기술도 되고 또 그것이 훌륭하게 세워지고, 건축적 기획이 잘 되고 그런 것들이 다 포함되는 그런 것이죠. 나중엔 불만들도 있었지만 건축가협회이기 때문에 그렇게 해야 된다는 생각이여서 그렇게 정하고. 또 하나 정한 것이 자기가 신청하는 건 쑥스럽잖아요. 그래서 건축가협회에서 직접 찾아서 상을 드린다, 그런 개념으로 봤고요. 세 번째로 건축가도 상을 받지만 작품도 상을 받는다, 기록으로 남긴다, 그래서 동판에다 성취문을 써서, 이 집은 이런 성취를 한 곳입니다, 라는 것을 알려서 동판을 붙이도록 처음 제도를 만들었어요. 상은 건축가하고 건축주하고 시공자 모두에게 기념패를 주는 거죠. 베스트 7으로 선정되도록 만든 공로자입니다. 그런 개념의 특별한 상을 만들었던 거였죠. 심사 할 때는 반드시 현장을 꼭 확인한다는 규정을 만들어서 1979년부터 시작을 했습니다. 그래서 정림건축이 제일 상을 많이 받았을 거 같은데, 처음부터 시작해서 베스트 7, 상패가 사무실에 굉장히 많이 있을 거예요. 이젠 여러 가지 상이 생겨서 상금을 받거나 유럽 여행 시켜주거나 그런 좋은 혜택이 있는 상들도 있지만 건축가협회상은 전혀 그런 게 없거든요. 다만 명예랄지 그것만 있는데 아직까지도 유지가 되는 걸 보면. 그 후에 서울시 건축상이란 것도 생기고, 건축사협회상, 한국건축문화대상, 김수근 상, 이렇게 여러 가지 건축상들이 생겼는데, 각각 성격은 좀 다르지만 한 가지 같은 것은 전부다 상패를 만들어서 주는 거였잖아요. 건물에 붙이도록. 이건 건축가협회상을 따라한 것 같아요. 그거를 벤치마킹이라 그러나? 그 형식을 따른 상들이 굉장히 많이 생겼어요. 처음에는 제작분과 위원회에서 3배수 추천을 해가지고 그 중에서 심사위원이 선정하는 방법이었는데 나중에 규정이 조금 바뀌고 심사위원도 좀 바뀌었어요. 그 외에는 아직까지 그대로 유지가 되고 있고. 건축가협회상을 사실은 1970년대 만들려고 하다가 못했는데 8년 만에 다시 부활시켜서 만들었고요. 그리고 건축가협회 주최로 여러 토론회가 있었는데, 매년 고정적인 행사로 만들어서 아직까지도 유지가 될 겁니다. 주제를 정하고 공개해서 건축토론을 진행하고 있고요.

**김정식:** 도록도 나오고 있지요?

**윤승중:** 도록이요? 도록은 저거죠, 건축대전.

**김정식:** 대전만이 아니고, 베스트 7도 도록을 만들곤 했는데.

**윤승중:** 대전 도록을 만들면서 거기에 같이 들어가는 거죠. 좀 뒤에 토론회하고 건축가협회상하고 82년에 건축대전을 만들면서 묶어서 건축가 축제, 조금 다른 이벤트로 형식을 만든 거예요. 그런 기록이 다 역사적인 자료가 될 것 같아요.

**김정식:** 가협회에서 좋은 일을 많이 했어요.

**윤승중:** 건축가협회에서 여러 가지 출판물을 많이 만들었는데, 다른 단체와 비교해보면 건축가협회의 출판물들이 훨씬 수준이 높고 완성도가 높았다고 볼 수 있지요. 그러다가 1982년에 세 번째로 제작분과 위원장을 맡게 되었는데 그때는 이승우 씨가 회장. 그동안 연속해서 제작분과 위원장, 편찬위원장을 맡아왔고 너무 시간을 많이 빼앗기니까 이승우 회장님 때는 제작분과 위원장을 내가 사양을 했거든요. 황일인 씨를 통해서 전화가 왔는데 방배동에 있는데 좀 보자 해서 갔더니 이승우 회장이 같이 계신 거예요. 제작분과 위원장 꼭 맡아 주어야겠다고. 나는 시간을 빼앗기고 해서 극구 사양을 했거든요. 그랬더니 그게 아니라 꼭 할 일이 있는데 그것이 문화부로부터 건축대전을 이어 받기로 약속을 받았다. 건축대전을 만들면 그것을 오거나이징(organizing)하고 일을 시작해야 할 텐데 당신이 꼭 좀 해야지 되겠다. 그러니까 슬슬 욕심이 생기죠. (웃음) 좋은데, 그 대신 여러 가지 오거나이즈 하는 과정을 나한테 일임을 해 달라, 그랬더니 딱 한 가지만 조건이 있다고 그랬어요. 이런 일이 건축가협회만의 일이라기보다는

대한민국 건축대전

건축계 전체의 사건으로 만들어야 되겠다, 그래서 삼 단체와 뭔가 협의하는 그런 식의 관계를 만들었으면 좋겠는데 그것만 꼭 조건으로 하자 그러셔서 "좋겠습니다." 했죠. 사실 난 개인적으로는 캐릭터가 없어질 수 있어서 찬성을 안했었는데. 혹시 김 회장님도 국전에 출품하셨었나요?

**김정식:** 창피하지만 내가 2회 때인가 1회 때인가 출품을 했는데 그게 봉은사…

**윤승중:** 실측한 거.

**김정식:** 실측한 거. 그것 때문에 가협회인지 예술협회인지에서 실측한 게 무슨 창작이냐, 해서 퇴짜 놓으려고 했죠. 건축 작품이 없어요, 그 당시만 해도. 그러니까 "그냥 이거라도 주자." 해서 상을 받았는데, 게다가 특선인가, 그런 거 하나 받긴 받았어요.



**윤승중:** 그때만 해도 사실 학생들에게는 국전이라는 것이 건축 콩쿨로 꽤 기대되는 것이었고, 나중에 조사해보니 국전 출신, 본선 수상한 분들이 나중에 건축가로 크게 활동을 많이 하시더라고요 그때부터 그런 의지를 가졌던 분들이 끝까지 가는 거지요. 그것을 어떻게 오거나이즈 할 것인가, 이것이 쉬운 일이 아니었어요. 처음에 국가, 문광부에서 주관하다가 민간단체로 넘기기 시작할 때라서 미술협회하고 사진협회는 다 인계 받은 다음이었거든요. 그것이 텍스트가 되었지요. 국전에서 전혀 다른 개념이 생긴 것이 '초대작가전'이라는 걸 만들어서, 몇 번 특선하면 초대작가는 종신제였습니다. 그게 프랑스의 어떤 관례를 받은 거 같아요. 그런데 미술협회에서 그걸 바꿨어요. 종신 제도를 없애고 또 몇 가지 새로운 규정들을 다 수집해가지고 종합적 연구를 해서 건축에 맞는 제도로 만들고자 했는데. 그때까지만 해도 건축의 국전이라는 것이 유일한 콩쿨이었기 때문에 건축계의 굉장히 큰 관심을 받고 있었어요. 그리고 심사위원 분들, 초대작가 하시는 분들이 주인의식을 갖고 계셨거든요. 그냥 지나갈 수 없으니 그분들을 초대를 해서 말씀 드리고, 또 3단체 회의를 갖고. 이렇게 어려운 과정을 거쳐 오거나이징을 했어요. 초안을 만들어서 먼저 원로들, 대개 국전 초대작가이신 분들 모셔놓고, 초대작가 제도에 대해서 건축 운영위원회를 만들어서 운영위원회에서 매년 건축적으로 주제를 정해 거기에 맞는 분들을 초대하는 기획전으로 하겠다, 초대작가라는 개념 자체가 기획전에 초대하는 작가이지 종신으로 하는 신분이 아닙니다, 라고 설명했더니 그분들이 또 너도 한번 늙어봐라, 늙으면 어떻게….

**김정식:** 젊으니까 모르는 거예요

대한민국 건축대전 초대작가

**윤승중:** 어떤 작품을 어떻게 만들겠냐, 그러시면서 노발대발하시고… 그래도 일단 다 동의를 받아냈어요. 또 다른 분야가 그렇게 하고 있기 때문에. 다른 나라 예들도 보이고 그것을 일단 동의를 받아냈어요. 그 대신 한 가지 약속을 한 것이 처음 몇 년 동안 원래 초대작가였던 분들은 작품에 관계없이 계속 초대를 한다, 그런 조항을 붙여가지고 그렇게 하겠습니다, 했고요.

또 한 가지, 학생들에게 자격을 줄 것인가 말 것인가의 문제였는데 미술 쪽에서는 오래전부터 학생들에게 자격을 주지 않았어요. 실제로 작가 등용문이었기 때문에 너무 일찍이 진입에 관심 갖는 것은 오히려 해롭다고 그랬는데, 건축은 학생들이 안 내면 참 어렵잖아요. 화가들은 내면 그것이 바로 작품이고 입선하면 비싼 값에 팔리는데 건축은 거기 내는 것이 작품이 아니죠. 실제로 가치를 갖는 일이 아니고 일부 전시용으로 만드는 거기 때문에 젊은 건축가들이 따로 일부러 작품을 만드는 것은 어렵지요. 반대로 학생들이 내기 시작하면 그런 길이 더욱 막혀버리기 때문에 고민을 했었는데. 하지만 당장 막으면 콩쿨 자체가 성립이 안 될 수도 있겠다, 왜냐하면 그 전까지 국전 건축부에서 보면 응모작 한 10-15개 정도 밖에 안 될 정도였었어요. 근데 건축가협회가 한다 그러면 오히려 더 힘들지 않을까. 그래서 일단 학생을 포함하고 장차 바꾸어 가겠다, 그렇게 생각했는데 그것이 아직까지도 못 바꾸고 있어요. 학생들이 한번 점령하고 나니까 그것을 바꾸기 어려운 거죠. 결국 고민 끝에 학생들 참여를 시켰고. 세 번째로 합작에 대한건 나중에.

대한민국 건축대전 운영위원회

또 한 가지 삼 단체가 공동 운영하기로 그렇게 약속했기 때문에 그것도 고민 끝에 건축대전 운영위원회라는 규정을 만들어서 구성을 하고 각각 삼 단체로부터 운영위원들을 파견받게 했어요. 묘한 장치를 만든 것이 다 동수로 만들면 다른 두 단체가 합작을 했을 때 건축가협회가 일을 진행할 수 없게 되잖아요. 그래서 삼 단체가 2명씩 파견하고 건축가협회에서 3명을 추가해서 두 단체가 거부를 하더라도 건축가협회 단독으로 진행할 수 있게 했는데 이러면 다른 두 단체가 반대를 할 것 아닙니까? 그래서 묘한 수를 둔 것이 초대작가 선정 권한이었어요. 초대작가를 선정할 때는 3분의 2이상의 찬성이 있어야 한다, 그래서 두 단체가 반대하면 초대작가가 안 되게 되어 있어요. 그런 식의 장치를 만들어서 겨우 설득해서 운영위원회를 만들었지요.

**김정식:** 묘수를 많이 부리셨네요. (웃음)

**윤승중:** 예, 지금까지도 진행이 됩니다. 규정 만들기가 간단치가 않아요.

그것이 객관적으로 설득력이 있어야 하기 때문에. 그러다 보니까 건축가협회 여러 규정들 중에서 건축상 운영 제도라든지 이런 것들을 내가 굉장히 많이 만들었어요. 건축가 축제 운영 규정이라든지.

건축 대전을 1982년에 처음으로 하는데 다행스럽게도 초기 응모작이 55점인가 들어왔어요. 그 전까지 열 몇 명 정도였는데 그 다음부턴 계속 늘어나서 90년대 쯤 와서는 1200명인가 응모를 했어요. 천여 명이 응모하면 예술의 전당이 아주 대 장관이 되는 거예요. 꽉 채워져서 심사가 거의 불가능할 정도 되어서 할 수 없이 그 다음 해부터 2단계 심사를 하게 되었죠. 처음에는 페이퍼로 먼저 받고 2단계는 200점 정도로 추려가지고. 건축 대전이 어떻게 보면 하나의 학생들을 위한 콩쿨로는 자리를 잡았다고 볼 수 있어요. 그 후에 건축사협회 것도 있고 지방 콩쿨도 그렇고 건축 콩쿨이 꽤 많이 생겼는데 아직도 그 순위가 1위인 거 같아요. 학생 건축 콩쿨로는 성공적으로 이루어졌고, 초대작가도 초창기에는 좀 기틀이 안 잡혔지만 근래에 와서는 주제를 가지고 인바이트하는 식으로 잘 되고 있는 것으로 보더라고요. 한 가지 처음 기대했던 것과 좀 차이가 나는 것은 이것이 신인 건축가 등용 콩쿨이었으면 좋겠는데, 그때 생각한 신인 건축가는 경력 4-5년 정도 된 건축가로서, 신인들이 컴페티션하는 장소였으면 했죠. 아직도 학생들 중심의 콩쿨인 것은 처음에 의도했던 거하고는 다르지요. 그렇지만 학생들과의 약속이기 때문에 그것을 지금 막기가 상당히 어려운거 같아요.

도중에 몇 가지 규정을 바꾸었는데, 처음에 합작을 허용했다가 두 세 번째인가부터 단독 작품으로 바꾸었어요. 세 명까지 합작을 허용하니까 한 두 사람은 놀면서 상을 받는, 상을 받으면 그것이 하나의 자기 커리어가 되지 않습니까? 놀면서 받지 말고 본인이 받으라, 그런 의미에서 작가 명을 한사람으로 제한했지요. 그리고 몇 번째부터는 1970년대 처음 시행했던 공개심사. 공개심사까지는 조금 어렵고 마지막에 프레젠테이션은 지금도 시행하고 있을 거예요. 응모하고 나서 심사위원과의 대화라든지 이것이 하나의 건축계의 이벤트로서 도움을 줄 수 있는 성과가 되야 하기 때문에 그런 안을 낸 거죠. 내 생각에는 건축가협회가 프라이드를 가질 수 있는 것은 다른 단체들도 많이 하지만 그렇게까지 깊이 생각을 안 한 게 아닐까, 아마 학생들 기회를 준다, 정도로 생각할 수 있는데 건축가협회는 그동안 작업들에 책임감을 가지고 있었고, 또 건축가협회는 젊은 건축가들에 의해서 교육적인 이벤트도 되기를 지금도 바라고 있고 그렇게 되었으면 좋겠습니다. 그 후도 신인 건축가라는 것에 대해서 계속 요구를 받는데 아직도 잘 못하고 있어요.

처음에 초평상이란 것이 생겼을 때 김정수 선생님께서 아마 회갑 기념 모임에서 모금, 돈을 모아서 건축가협회에 상금을 내놓으셨거든요.

**김정식:** 4천만 원인가.

**윤승중:** 아니요, 300만원쯤. 그 당시로는 꽤 큰돈이죠. 그것을 건축가협회 특별상으로 하고. 상 규정도 만들고 상의 성격도 만들고 하는 과정에서 나는 그때도 신인 건축가들한테 상을 주는 제도로 했으면 좋겠다, 했는데. 그 상을 주관하신 분은 종합 건축의 이승우 회장이었기 때문에 건축계에 공로가 있는 분께 드리는 것으로. 한참 뒤에 엄덕문 선생님도 꽤 많은 돈을 기증하셔서, 그 당시에 3천만원 정도 되었던 것 같아요. 엄덕문 상이라는 것이 생겼는데 그때도 신인건축상을 제안을 했었다가 그것도 선생님께서 언더 포티(under 40)는 신인이라기에는 뭔가 애매하고 세계 유례를 봐도 그런 경우가 별로 없더라고요. 35세는 또 어떨까 했는데 35세 이하 사람들은 그때까진 아직 작품이 없어요. 35세 이전에는 성취를 했다고 볼 수 있는 작품이 없기 때문에 그것도 어렵고. 그래서 애매하게 그냥 건축상이 되었지요. 세 번째로 아천상이란 것이 있어요. 김경환이란 분이 건축가라기 보다 이화여자대학교 계시면서 건물 짓는 것을 총 관리한 분이죠. 그 분의 호가 '아천'입니다. 그래서 아천상이라는 걸 만들었는데 처음 기금이 천만원, 그리고 최창규 전 회장이 기증한 양남상이 있는 그 상이 제일 규모가 작았어요.

한국건축가 협회 특별상

**김정식:** 500만원인가 그랬어요.

**윤승중:** 아천상은 전통이라는 의식을 가지고 성격을 규정한 경우라 조금 다르게 진행을 하고 있지요. 사실은 건축가협회가 신인 건축가에 대해서 꽤 배려를 했는데도 불구하고 건축가협회가 좀 젊은 건축가들에게 배척을 받고 있는 상황이 되고 있어요.

**김정식:** 다른 데서 하는 데도 없잖아요? 건축가들한테 하는 것이….

**윤승중:** 그죠, 별로 없지요.

**김정식:** 사협회도 없죠. 학회는 더군다나 관심도 없고.

**윤승중:** 문화관광부에서 하는 게 있습니다. 신인건축가상이 있어요. 신인건축가 몇 사람에게 훈장도 주고 상을 주는 게 있어요. 그동안 내가 제작분과 위원장을 할 때마다 이런 역할을 해서 건축대전까지 하게 되었고요.

한국건축 100년사

이제 그 다음에 회장단, 내가 부회장이 된 게 1990년이었거든요. 몇 가지 기록에 남길만한 것이 『한국의 현대건축』[18]이라는 책을 아시죠? 건축총람. 그 당시에 윤도근[19] 회장이 뭔가 그런 책을 만들면 좋겠다고 발의를 해서, 황일인 씨가 집행을 맡고, 내가 연구담당 부회장이었는데 황일인 씨와 편찬위원들이 모여서 이 책을 어떻게 만들 것인가 논의했는데요. 처음에 황일인 씨가 기획한 것은 한국 건축을 평론적인 관점에서 평가하는, 어떻게 보면 이데올로기를 가진 관점에서 건축계를 보는, 당시 건축의 사조 같은 것을 조명하는 그런 책을 만드는 걸 처음에 제안을 했어요. 나는 그거보다는 당시에 포커스가 개항 100년, 1890년이 개항이후 100년이 되는 해에 그걸 기념하는 역사적인 이슈로 『한국건축 100년』 책을 만들어 보면 어떨까 했죠. 나는 건축가협회라는 것은 어떤 이데올로기의 집단이기 보다는 건축계의 100년 동안 있었던 여러 가지 이벤트들을 가장 정직하게, 오리지널에 접근해서 기록으로 남겨두었으면 좋겠다, 그래서 특별한 칼라가 없는 역사 기록집을 만들어보면 어떨까, 이렇게 제안을 해서 합의가 되었죠. 그때부터 시작했는데, 그것이 굉장히 어려운 작업이었어요. 왜냐하면 우리가 기록문화라는 게 충실하지 않을 뿐만 아니라, 여러 군데에 있는 것을 비교해 보면 서로가 다르고 옛날 잡지라든가 출판물에 발표된 것을 보면 정확하지 않은 것들이 너무 많아요. 녹취, 인터뷰해서 보면 또 과장되게 말씀해주시고. 처음에 그렇게 시도하다가 보통 일이 아니겠구나 했죠. 총람편찬위원회를 만들어가지고 수십 번 정도 만나면서 일을 진행했는데, 처음에는 한 1년 정도면 책이 완성되지 않을까 해서 윤도근 회장이 발간사를 써주시고 했는데 임기가 끝날 때가 되어도 책이 완성되지 않았죠. 결국은 2년이 더 지나서 내가 회장이 된 그때 발행이 되었어요. 1994년 10월에. 책 앞에 발간사가 4개가 있는데 처음에 윤도근 회장이 써놓았던 것, 두 번째 장석웅 회장, 처음에 자문을 맡으셨던 김희춘 교수님이 돌아가셨어요, 그것도 일단 남겨야 되겠고 내가 회장이니까 현역으로, 이렇게 발간사가 4개가 있습니다. 다 기록에 남는 셈이지요. 문제는 그 책을 만들면서 무색으로 만들려고 했지만 집필자가 정해지고 집필하다보면 자기 칼라가 드러나고 시각이 드러나거든요. 나중에 보면 상당히 컬러가 있어요. 하지만 굉장히 많은 자료를 일단 확보했고, 어떤 점에서 볼 땐 너무 많은 자료를 좀 망라해놓은 책이 되었습니다. 그렇게



18 _
사단법인 한국건축가협회, 『한국의 현대건축: 1876-1990』 (기문당, 1994).

19 _
윤도근(尹道根, 1935-): 1958년 홍익대학교 건축미술학과 졸업. 김중업건축연구소, 구조사건축기술연구소 등을 거쳐 1961년 홍익대학교 건축학과 교수를 역임했다. 현재 명예교수.

오래 걸린 이유가, 어느 정도 자료를 다 모아놨는데 다른 데하고 비교해보면 정확하지 않은 거지요. 잡지하고 비교해 보면은. 그 중에 홍익대학 건축과가 생기는 과정을 보면 엄덕문, 강명구, 몇 분들 녹취록과 나중에 다른 기록 보면 너무 다른 거예요, 과정들이. 그래서 이것도 정리할 필요가 있고. 그 밖에도 여러 가지 기록들을 보면 다르잖아요. 나중에 영구히 안 밝혀질 것 같은 자료는 위원회에서 다수결로 정한 것도 있어요. 서로 연도가 다르다든지, 다를 경우에 이것이 도저히 밝혀질 수 없을 거 같고 후세 사람들이 봤을 때 곤란할 거 같으면 지금 우리부터 정리하는 게 좋겠다, 그렇게 중요하지 않은 것들은. 물론 아주 중요한 사항은 미지로 남기겠지만. 다수결로 정한 것도 있고, 여러 루트를 통해서, 심지어는 지방에 연수원을 빌려서 여러 날 작업 한 적도 있고요. 그런 과정들을 다른 분들이 잘 모를 거예요. 건축계에서 한번 만들어주면 이것이 하나의 텍스트가 되고 기준이 될 수 있겠다 라는 욕심이 있었기 때문에 그렇게 책을 만들었어요. 근데 그것이 실제 나중에 발견되기는 쉽지 않거든요.

**김정식:** 책이름이 뭐지요?

**윤승중:** 『한국건축 100년』이란 타이틀이고요.

**김정식:** 사무국장, 우리 가지고 있지?

**윤승중:** 여기서 꼭 확보하셔야 합니다. 왜냐하면 굉장히 많은 자료가 있어요. 시중에서는 안 파는 걸로 알고 있는데 기문당에서 나와 있어요. 그렇게 어렵게 발간을 했는데 문제는 또 있어요. 책이 국배판이니까 보통 것보다 훨씬 큰 거죠. 잡지만한 책으로 822페이지이니까, 그것도 굉장히 작은 폰트로 출판되어가지고 그 안의 내용이 어마어마하게 많아요. 그걸 출판을 해야 할 텐데 너무 어려운 책이기 때문에 전부다 원하지 않다가, 기문당에 그 양반 이름이 뭐더라? 강해작 사장, 그 분에게 신신당부해서. 기문당이 그동안 건축가협회 책을 꽤 많이 만들었거든요. 이것은 하나의 당신 작품이오, 하면서 기문당에서 만들어서 발간했거든요. 기문당에서 사실은 도저히 승산 없다고 생각하며 발간했어요. 우리가 생각한 것이 이 책이 워낙 비싼 책이기 때문에 기증을 할 수 없어요. 그래서 회장한테까지도 기증을 안 하고 다 팔았거든요. 그렇게 하다보니까 책이 안 팔리는 거예요. 기문당 강해작 사장이 그 이유를 자기가 안대요. 책이 나오면 상당 부분을 교수들한테 기증을 하는데. 이 책은 교수들만 필요한 책이라는 거지요. 교수는 책을 안사고 기증을 받으셔야 하는데 (웃음) 기증을 안 하니까. 그래서 한창 고민 고민했죠.

지금까지도 책이 아마 남아있을 거예요, 처음 초판 발행했던 것이. 사실 참 아까운 책인데 보급이 많이 안 되었어요. 혹시 본 적 있나요?

**최원준:** 2008년에 샀는데요. 저는 『개념사전』[20]을 하면서 많이 참조를, 도움이 많이 되었는데요.

**윤승중:** 지금도 텍스트가 되지요. 거기 없는 게 없어요. 물론 좀 캐릭터가 있기는 하지요. 특히 박길룡 교수가 쓴 그, 현대건축론 과정 보면은 박길룡 교수 특유의 캐릭터가 있기는 하지만. 상당히 정직하게 하려고 했지요. 그런데 너무 많이 망라하다 보니까 그 책은 보기가 어려워요. 이것은 처음부터 분책을 했으면 어땠을까 하는 생각이 있는데. 이것은 진짜 작품, 건축가 협회의 작품이라고 볼 수 있어요. 아마 다른 단체는 못했을 거예요. 건축학회가 그동안 책을 만들어왔는데 건축학회 책들이 그렇게 완성도가 높지가 않더라고요. 또 한 가지 중요한 게.



**전봉희:** 잠시만 쉬었다가 하실까요?

**윤승중:** 이렇게 길게 할 건 아닌데.

**전봉희:** 다른 데와는 다르신데요? 뭔가, 더 사명감이.

**윤승중:** 처음 듣는 얘기가 많은가요? 가치가 있는 지는 잘 모르겠어요. 건축가협회가 어떻게 해서 만들어졌는지, 건축대전, 이런 과정들은 기억될 필요가 있을 거 같아요.

**전봉희:** 건축가협회상을 일 년에 딱 하나만 줬으면 더 대단했을 거 같은데.

(휴식)

**전봉희:** 80년대에서 90년대 넘어가는 그 시기가 대학 건축과 정원수가 무지하게 늘어나는 해였대요. 그래서 아까 말씀하신 것처럼 출품작이, 학생들 공모전 수가 기하급수적으로 늘어나는 게 그거랑 연관이 있을 거 같은데요.

**윤승중:** 어떤 영화 작가가 기록영화를 만들었으면 굉장한 것이었을 텐데. 예술의 전당 마당에 광장이 있잖아요. 근데 건축쟁이들이 하는 게 마지막 단계를 마지막 마감 날 아침에 빈 패널 판을 들고 와서 거기서 작업하는

**20_**
김봉렬·배형민·전봉희·우동선·이강민 편저. 『한국건축개념사전』(동녘, 2013).

친구도 있고, 모델 만드는 친구도 있고, 그러니까 가운데 마당에 학생들이 꽉 차요. 마감시간이 5시인가 그런데, 5시 전까지 아무도 출품을 안 한대요. 더 그리느라고. 그래가지고 규정상으로는 5시 마감인데 5시부터 시작을 해가지고 새벽 2시나 3시에 접수가 끝나거든요. 접수하면 미술관 전체가 꽉 차고. 그걸 심사하는 것도 참 쉽지가 않았고. 그 정도로 학생들한테 인기가 있었어요.

그래서 묘한 소문이 났던 것이 어떤 해는 홍익대학 학생들이 출품을 많이 안 해요. 왜 안하냐 했더니 금년은 홍익대의 순서가 아니다, 심사위원 구성을 보면은 그렇잖아요. 우리는 전혀 모르고 있는데 심사위원 구성을 보면 금년엔 안 된다고… 또 한양대학 쪽에서는 대상을 받거나 수상을 하면 장학금을 엄청나게 주고 등록금도 면제해주고, 이런 식으로 장학금 주기 때문에 건축대전이라는 게 대학에서 굉장한 사건이었습니다. 지방 대학에서는 학생들 작품들 보고서 순위가 2, 3위 안에 들면 건축대전, 너는 어디, 이런 식으로 다들 분류해준답니다. 다 이렇게 배당 받기도 하고. 또 어느 대학에서는 버스에다 실어가지고 교수가 전부 인솔해 가지고 와서 아침부터 저녁까지 감독, 지휘하는 곳도 있고. 하여튼 건축대전이란 것이 학생들한테는 아주 대단한 사건이었던 것 같아요. 아마 여기 세 분은 작품 같은 거 별로 안했기 때문에 할 일이 없었을지 모르지만….

**김정식:** 학교에서 교수들이 도와준다는 얘기도 들리고 여러 가지 얘기들이 있었어요. 사실인지 아닌지 모르지만.

**윤승중:** 기성 건축계에서는 건축대전을 좀 평가절하 하는 경우도 있어요. 그렇게 에너지를 발산하는 거에 비해서 성과가 뭐냐 이러는 것도 있고. 실제로 젊은 건축가들은 기회가 안 되니까, 그렇지만 그렇게 해서 통과하고, 수상한 사람들이 나중에 또 활동을 잘하는 거 같아요. 역시 성과가 있긴 있었다라고 얘기할 수 있을 거 같아요.

**김정식:** 내가 건축 대전에 출품했다는 것을 굉장한 영예로 생각해가지고 학교도 동원 돼, 교수들도 동원돼, 또 동창 중에는….

**윤승중:** 어느 대학 가면 플랫카드 크게 써서 입선. 근데 유감스럽게도 아직도 언론에서는 별로 관심이 없어서 조그만 박스에 나죠. 건축물의 준공식 행사에서도 보면 건축가들이 대접 잘 못 받잖아요. 어떤 회사가 시공했다는 얘기는 써도 누가 설계했단 말 잘 안 쓰거든요. 그 이유를 알았어요. 그것을 문화부 기자들이 취재했으면 건축가 이름을 생각했을 텐데 대부분 사회부

기자가 간답니다. 사회부 기자들은 관심이 없어서 설계자가 누구인지 생각을 안 한대요. 아직도 좀 그렇죠?

**김정식:** 아직도 그래요.



**윤승중:** 94년에서 96년까지 또 하나 중요한 일이 국립중앙박물관 국제설계경기에요. 그것을 건축가협회가 거의 주관하다시피 했어요. 사실은 서상우 교수의 역할이 큰데요. 서상우 교수는 박물관 건축으로 박사학위를 받았고 그 다음부터 박물관 건축에 관심을 가지고 있었어요. 이때 서상우 교수의 의견이 용산국립박물관을 설계를 할 때, 국제현상으로 해야 하는데 국제현상을 하려면 UIA의 정식 인정을 받는 형식으로 해야, 그래야 국제적으로 유명 건축가들이 참가할 테니까 그렇게 해야 한다, 그렇게 하려면 건축가협회를 통해야 한다, 이렇게 설득을 해서 결국은 건축가협회가 모든 진행을 대행하기로 문광부와 협약을 맺었어요. 그러고 건축가협회는 또 UIA하고 협약을 맺었어요. 심사위원 구성이라든지 심사위원 파견, 심사 과정 관리 등을 모두 UIA에서 직접 관리해서 사람들이 오고 그랬거든요. 설계 프로그램을 국제적으로 수준 있게 만들어야 하는데 그걸 서상우 교수가 주축이 되서 꽤 자세하게 만들고, 실제로 박물관 쪽에서 몇 가지 오브제가 될 만한 자리와 그에 대한 전시물들을 미리부터 자리를 잡도록 요구를 했고 실제로 박물관 설계의 기준 중에서는 잘 만들었던 거 같아요. 그렇게 기준을 만들어서 국제 응모를 했는데 이것이 또 대단한 성과를 냅니다. 국내에서 234개 회사, 국외 620팀. 합계가 854팀인데요. 이것은 UIA가 주관하는 국제설계 중에도 꽤 높은 수치라고 그래요. 중요한 프로젝트였고, 나중에 도록[21]을 보시면 정말 그 중에는 장난 같은 안들도 있고, 학생들이 낸 것들, 습작 수준도 있고 그래요. 또 국제적으로 알려져 있는 유명한 분들인데도 어떻게 이런 걸 냈을까 하는 것들도 있고. 국제 컴페라는 게 좀 이상한 게 장난스럽게 접근한, 그런 컨셉만 가지고 안을 만들고 그런 경향이 좀 있는 거 같아요. 우리가 하는 것처럼 진짜 리얼하게 만들고 이러진 않는 거 같아요. 실제로 외국에서 심사위원들이 여러 명 왔고요. 기록에 다 있으니까 얘기를 안 하겠습니다. 그렇게 문화관광부하고 건축가협회 공동으로 진행을 했어요.



이것이 국립박물관인데, 60년대 할 때는 심지어 전통적인 스타일로 해야

21_
(사)한국건축가협회, 『국립중앙박물관 국제설계경기 작품집』(기문당, 1995).

한다는 주문까지 붙었던 중요한 프로젝트 아닙니까? 그런데 이번엔 국제 컴페티션이다 보니 진짜 외국 건축가가 당선이 되면 어떤 분들은 국립박물관을 외국 건축가에게 주다니, 그런 얘기가 실제로 있었죠. 한편으론 조금 걱정도 되었는데 정림 건축이 아주 분발하셔가지고 당선작이 되었어요. 그러니까 이것은 우리나라를 위해서도 참 유익한 일이었단 생각이 듭니다. 공정하게 진행이 되어서 국제적으로 인정받는 컴페티션을 통해서 국내 건축가 팀이 당선되었으니까요. 그리고 거의 그대로 실현되었잖아요? 60년대에 했던 국립박물관과는 격이 달라졌다고 생각이 되고. 그것이 내가 회장으로 있는 동안에 건축가협회가 주관을 해서. 우리나라에서 여러 가지 국제 공모가 있었지만 대개 형식만 국제였지 심사위원만 몇 사람 초대하는 정도였는데 이것은 처음부터 끝까지 UIA와 협약을 맺고 진행된 본격적인 컴페티션이었고요, 사실 2등 안이 포잠박(Portzamparc) 사무실의 안인데, 이것이 당선이 되었으면 굉장히 큰 문제가 있었을 거란 생각이 드는 안이었습니다. 디자인이 상당히 강렬하고 그렇습니다만, 혹시 보신 적이? 기억이 나시나요? 사각형으로 큰, 거기에 코어가 붙어있는 그런 형식인데 한 바퀴 도는 과정이 400미터이거든요. 그렇게 해서 3,4개 층을 돌게 하는데 미국에서 보는 좀 작은 갤러리들은 그런 게 있어요. 하지만 이렇게 큰 박물관을 그렇게 만들어 놓으면 문제가 생기는 것이, 400미터를 한 번 보려면 지치고 힘들죠. 어떤 통계를 보면 전시회에서 집중해서 볼 수 있는 시간이 30분, 40분인데 이게 지나면 건성으로 보게 되죠. 그러니까 보다가 쉬고, 다르게 볼 수 있는 변화도 주고, 그렇게 하려면 트랙을 만들면 안 되는 거지요. 그것을 프랑스에서 온 심사위원, 그분이 이름이 또 생각이 안 나네.

**최원준:** 시리아니.

**윤승중:** 시리아니가 심사하러 왔는데 프랑스가 30개 정도가 응모했다고 와서 사실 은근히 자기네 거를 미는 거지요. 하여튼 그것이 일단 2등이 되었고. 3등 안은 서울대학의 김현철 교수 그 팀. 김현철 교수하고 어디 외국 사람이랑 같이 했는데.

**김정식:** 외국 사람하고 같이 했는데.

**최원준:** 금성건축이라고.

**김정식:** 금성이 같이 했는지 몰라도 외국 사람이랑 같이 했어요.

**윤승중:** 3등 작품은 색다르게 물을 건너서 들어가면 입구가 나오고 드라마를 만드는 거였어요. 그것이 큰 박물관으로서는 문제가 있지 않았을까 하는

생각이 듭니다. 일단 정림건축 안이. 그것이 어떻게 보면 왜 당선 되었는지 자세히는 모르겠는데 혹시 호수 때문이 아니었을까요. 또 가운데 큰 오픈 스페이스를 두어서 남산이 보인다, 라는 컨셉이었는데, 근데 실제로 보면 안보여요.

**김정식:** 거짓말 했지. (웃음)

**윤승중:** 그런다든지. 실제로 길이가 400미터 되는 게 그것이 굉장히 강렬하지요. 지붕을 일자로 400미터 길이로 놓는다는 것이 굉장히 사실 대담한 아이디어이지요. 지금도 나는 가끔 박물관에 가는데 참 재미있어요.

**김정식:** 그게 1차에 5팀을 뽑았다고. 5팀에게 또 다시 몇 개월을 줘가지고 현상을 시켰다고.



**윤승중:** 제가 알기론 아닌데요? 다른 걸 기억하시는 거 아니에요?

**김정식:** 아니에요. 기록 다시 보세요. 우리가 직접 했는데 뭐. 다섯 팀에 처음에 우리가 들어갔어요. 야, 이거 참, 난 사실 바라지도 못했는데 들어갔더라고. 또 현상을 한다니까 걱정이 많이 됐는데. 그때 대부분의 우리나라 팀들이 외국 사람하고 손을 잡아요. 2차로 할 때 3개월인가 6개월인가 또 줬어요.

**윤승중:** 제가 기억하는 것은요, 심사과정에 들어가진 못했지만 밥도 사주고 하면서 들어봤거든요. 한 이틀 동안 심사를 했어요, 1차를. 1차후에 저녁때 발표를 했습니다. 정림건축 당선되었다고 발표를 했거든요. 2차로 할 이유가.

**김정식:** 그건 최종이라고.

**윤승중:** 한, 몇 백 개 놓고 심사를 했어요.

**전봉희:** 이거는 뭔가 확인을 해야 할 거 같은데요. 저도 기억이 왔다 갔다 해서.

**최원준:** 제가 그때 김현철 교수님 수업을 듣고 있었거든요. 뭔가 한 번 더 했던 기억이 나기도 한데.

**윤승중:** 그럼 그것이 2단계였나요? 좀 잘못 기억하고 있군요.

**김정식:** 다섯 개를 뽑고, 다섯 개를 또 현상을 시켰다고.

**윤승중:** 저는 회장이라고 심사위원 밥도 사주고 하면서 밖에서 지켜봤거든요. 서상우 교수는 기술 심사위원으로 참석을 했고, 장석웅 씨는 후보 심사위원으로 참석을 했어요. 심사위원 중에서 혹시 문제가 생길 때를

대비해서 후보가 한두명쯤 있는데. 끝까지 기회가, 문제가 안 생겨서 투표는 못하셨는데 토론도 같이하고. 투표할 때는 빠지는. 투표는 못하지만 참석을 해서. 장석웅 교수는 돌아가셨으니 물어볼 수도 없고. 서상우 교수한테 물어보나? 하여튼 그렇게 되었고요.

**최원준:** 이런 경우 심사위원 장은 어떻게 선발이 되나요?

**김정식:** 정양모[22] 씨가 들어갔지요?

**윤승중:** 심사위원으로는 들어갔어요. 근데 위원장은 아니었을 거예요.

**최원준:** 심사위원장 시리아니. 그런 경우는 어떻게 선발되는 건가요?

**윤승중:** 심사위원들이 모이면 심사위원 중에서 자기들끼리 선출하니까요. 처음 심사위원을 발표할 때 심사위원장을 발표하는 것이 아니라 심사위원들만 발표하는 거지요. 심사위원들이 첫 번째 모임을 시작하기 전에 위원장 뽑고 그렇게 했겠죠. 거기에는 심사위원 외의 사람들은 참석 못하기 때문에 들여다만 보고 실제로는 들어가진 못했어요. 국립박물관은 그렇게 국제 현상을 통해서 정식으로 했고.

**베니스 비엔날레**

그리고 그 후에 베니스 비엔날레에 첫 참가를 성사 시켰어요. 베니스 비엔날레에 건축부문이 몇 년 전에 생겨가지고. 본래는 2년에 한번 씩 미술 비엔날레를 하고 그 사이사이에다가 건축 도시 비엔날레라는 걸 만들어서 몇 번 진행이 되었는데 그때 마침 베니스에 비엔날레 각국관이 있는 자르디니(Giardini)공원 그 안에다가 김석철 씨가 한국 전시관을 설계해서 지었거든요. 김석철 씨가 베니스 비엔날레 때문에 왔다갔다 하다보니까. 그 당시 문화부 장관이 이어령 씨였는데. 김석철 씨가 나보고 한국도 이제 건축 비엔날레 가야 된다고 했었는데, 생각해보니까 돈도 들고 그게 가능하지 않더라고요. 그래서 같이 문화부 장관도 만나고 문예진흥원의 도움도 받고 일단 1996년인가에 처음으로 비엔날레 참가를 했습니다. 그 다음부터 지금까지 쭉 문예진흥원에서 진행하고 있고 건축가협회는 회장이 선정 위원으로 되어있죠. 처음에는 건축가협회가 주관을 해서 베니스 비엔날레에 참가를 하게 되었죠.

**22 _**
정양모(鄭良謨, 1934-): 1958년 서울대학교 사학과 졸업. 1962년부터 국립중앙박물관, 국립경주박물관에서 근무. 1993년부터 1999년까지 국립중앙박물관장 역임했다.

그러고 건축 정보센터라는 것을 만들었는데, 컴퓨터가 필요하잖아요. 서버가 필요하고. 그 당시에 마침 이사 중에 삼우의 김창수[23] 이사가 있었는데 꼬셔가지고 삼우가 이럴 때 기여를 해라, 김창수 사장이 삼성에다 얘기해서 컴퓨터 장비를 4-5천만 원어치 기증을 했어요. 그래서 컴퓨터실을 만들어놓고 기계를 기증 받아놓고 운영하려다 보니 프로그램을 새로 만들고 하는 것이 기계 값보다 더 비싸더라고요. 기계는 몇 천만 원에 샀는데 프로그램 만드는 비용이 1억이 넘게 들어요. 소극적으로 조금씩 진행을 하다가 크게 활용을 잘 못하고 있었던 차에 몇 년 지난 후 2000년에 황일인 씨가 회장할 때 문화 관광부에서 IMF 이후에 실업자 보조해주는 프로그램이 있었어요. 건축 인력들을 보조해주는 비용을 줄 테니 그걸 가지고 데이터베이스를 만들어라. 한 2억 정도 받아서 그때 두 가지를 만들었어요. 하나는 우리나라 고건축 실측 실사 해놓은 자료가 많이 있는데 그걸 이상해[24] 교수가 관리하고 있더라고요. 그것으로 고건축 실측 자료 데이터베이스를 만들고. 또 하나는 근대건축가들 한 천 오백 명 정도를 커리어, 작품을 모아서 건축가 정보를 수집하고. 서버를 만들어서 아릭(arick) 이란 이름으로 건축정보센터를 처음 개장했습니다. 근데 그것이 계속 유지가 되려면 1년에 2억 가까운 돈이 들어가요. 이를 위해서 건축정보센터라고 이름을 정식으로 만들어서 정보센터 운영위원회를 만들어서 내가 위원장을 맡게 되었어요. 한 2,3년 동안 운영을 했는데 이것을 제대로 업데이트하려면 인력이 필요하지 않습니까? 그걸 진행하다가 보충이 잘 안되니까, 데이터들이 활용이 잘 안 돼요. 김 회장님도 있을 텐데, 보시면 김 회장님 사진도 있고 다 있어요. 커리어가 다 나오거든요. 사무실, 작품도 다 있고. 근데 그것이 업데이트가 안 되어요. 요즘 같으면 각자가 본인이 하게끔 만들 텐데. 시간 지나고 나니까 그게 활용이 안 되고. 뼈저리게 생각한 것이 투자해서 무언가 만들어 놓으면 투자비가 회수가 되어야 하는데, 우리나라의 인터넷이 문화라는 것이 처음 출발이 잘못된 게 모든 게 무료로, 접속을 많이 하면 배너가 많이 걸리니까 무료로 진행되는 방식으로 해놨기 때문에 사람들이 무료가 아니면 접속을 안 해요.

**김정식:** 돈을 받아요?

**23 _**
김창수(金昌壽, 1945-): 1968년 고려대학교 건축공학과 졸업. 중앙개발(주)을 거쳐 1976년 삼우건축연구소 개설. 현 대표이사. 한국건축가협회 회장 역임했다.

**24 _**
이상해(李相海, 1948-): 1970년 서울대학교 공과대학 건축공학과 졸업. 코넬대 박사. 한샘건축연구소, 아키반건축연구소 등을 거쳐 1986년부터 성균관대학교 건축학과 교수를 역임했다. 현재 명예교수.

**윤승중:** 아니, 그래서 돈을 받아야 하는데, 못 받는 거지요. 돈 받으면 접속를 안 하니까요. 결과적으로 그렇게 하다 보니 운영이 안 되지 않습니까? 거의 사라진 거 같아요. 자료는 다 있는데 운영을 못하고 있어요. 이건 좀 아깝습니다.

**김정식:** 담당자는 있나요?

**윤승중:** 최근엔 제가 알아보지 않았어요. 굉장히 아까워요. 그걸 만들면서 건축 삼 단체와, 또 서울대학교 건축과 관련한 정보센터가 있지요? 이름이 뭐더라?

**전봉희:** 아우릭(auric)

**윤승중:** 아우릭. 거기 대표하고도 만나고 그렇게 몇 번 미팅을 했어요. 우리가 투자해서 만들었지만 우리가 갖지 않고, 건축 단체들끼리 공동으로 운영해서 서클을 만들자, 그래서 책임영역을 정해서 각각 데이터베이스를 만들고 서로 연결이 되면 되니까… 어느 정도 원칙을 두고 합의했는데 진행이 안 되어가지고 지금은… 그렇게 잘 되었으면 좋았을 텐데.

**김정식:** 참 좋은 건데.

**윤승중:** 그때는 건축가 정보만이 아니라 유료로 제공되는 건축 디테일, 사무실에서 개발한 디테일을 내놓으면 보상하는 것까지 만들려고 했어요. 유료로. 만약에 병원 섹션이 필요하다 하면 자료를 사는데 책보다 싸게 사는 거지요. 비용을 지불하면 자료를 제공하는 그런 체계를 만들어서, 말하자면 저자한테 인세처럼 주는 거지요. 그런 계획을 세워서 해보고 싶었는데 프로그램이 잘 안되고, 실제로 유료가 안 되고, 제공하는 데도 없고요. 몇 군데 제공을 받아 봤었어요. 특수한 부분 디테일을 데이터화 시키려고 해봤는데. 그것이 성사가 안 되었으니까 사실은 별로 할 말은 없습니다.

협회 운영진

대체로 건축가협회에서 맡아서 했던 활동들을 얘기했는데요. 마지막으로, 건축가들이 한국 건축에 대해서 처음 출발할 때부터 건축은 기술보다 설계, 디자인이다, 창작이라는 걸 정립시켜가는 그런 역할을 가지고 시작을 했잖아요? 그래서 등록도 문화관광부가 되고, 예총의 일원이 되고. 실제로 멤버들도 건축 뿐 아니라 실내 디자이너들, 여러 가지 분야의 회원이 확보되고, 회원도 5년 이상의 작품 경력을 실제로 심사를 해서 선발했기 때문에 다른 단체들보다 훨씬 수준 있었고요. 이런 기준을 오랫동안 지켜왔고 책임 의식을 갖고 있었는데 그렇게 노력한 거에 비해서 실제로 사회적인 평가가 도와주지 못하는 거 같아요. 어떤 단체가 계속 이어지려면 멤버들이 리프레쉬가 되고 신진대사가 이루어져야 할 텐데, 처음에 출발할 때부터 작은 가족 같은 단체였기 때문에 집행부 구성에서는 추천해서 부회장이 되고, 부회장하시는 분이 회장이 되고. 그렇게 되는 것은 협회 운영에 참가해서, 또 협회를 굉장히 사랑하기 때문에 그렇게 잘 진행을 해왔었거든요. 도중에 1972년하고, 1976년에 몇 번의 반란이 있었긴 하지만 그런 식으로 이어지다가, 1981년 이승우 회장 차례에서. 이승우 회장이 부회장이었고 그 다음 회장을 하게 되는 때였는데, 그때 나상기 선생도 부회장이었어요. 나상기 선생께서 내가 더 나이도 많은데 왜 당신이 먼저 회장을 하느냐고. 그 분이 홍대 교수였으니까, 홍대 회원들을 은근히 가입을 시켜서 분위기를 만드니까 이승우 회장이 또 나서고. 그래서 치열한 경쟁이 되어버렸어요, 처음으로. 그전까지는 경선을 하더라도 신경 안 쓰고 그랬는데 그때 처음으로 신경전이 일어나고. 부작용이 생길 정도로. 경선을 했는데 이승우 씨가 회장이 되고 나상기 부회장은, 사실은 그렇게 경선 하시면 그만 두셔야 하는데 또 부회장을 수락해서 하셨어요. 그렇게 되는 걸 보고 그때 먼저 회장을 했던 김수근 선생님이 총회에서 건축가협회가 가족적인 단체인데 그렇게 치열한 싸움을 하면 앞으로 바람직하지 않으니까 앞으로는 회장을 전제로 해서 부회장할 사람만 경선을 통해서 새로 선출을 하고, 나중에 자연스럽게 수석부회장에서 회장까지 자연스럽게, 평화롭게 하는 것을 불문율로 정하는 것이 좋지 않을까 하는 제안을 했어요. 그 당시의 분위기가 경쟁을 하고 후유증 많이 봤기 때문에 좋겠습니다, 해서 다 찬성하고 결정이 된 거지요. 그것은 정관이 있는 것이 아니고 그런 식으로 진행하면 좋겠다고 많은 사람들이 동의를 한 것이지, 뭐랄까요, 규정은 아니에요. 그런데 그렇게 된 후에 이상하게 건축가협회는 마치 다 그렇게 하는 걸로 알려져서. 실제로 신임 부회장 경선도 별로 치열하지가 않고, 분과위원장을 오래하고 건축가협회에 대해서 관심 있는 사람들이 되는데, 대개 드러나지 않습니까?

이승우 회장이 경쟁을 거친 이후이기 때문에 또 한 가지 룰을 만들었어요. 새로 부회장을 뽑을 때도 경쟁하지 말고 메이저 3개 대학, 서울대가 먼저 생겼고, 한양대학, 홍익대학, 이렇게 3개 대학의 역사가 제일 길지요. 한참 후에 연세대학교, 고려대학교 이렇게 나갔죠. 당시 고려대학이나 연세 대학교 출신은 몇 명 안 될 정도였기 때문에 자연스럽게 세 대학이 경쟁하지 말고 건축가협회에 많이 기여한 순서대로 그렇게 하면 되지 않을까, 라고 제안을 해서 대체로 그렇게 불문율이 된 거죠. 하다보니까. 이승우 회장은 매년 총회 때가 되면 각 대학 대표를 모아서 자, 이번엔 너네 학교에서 하는데 누가 좋으냐, 밀어주고, 그런 식으로 했었어요. 그런데 그게 우선 3개 대학이 아닌 쪽들의 수가 늘어나고, 3개 대학 중에서도 실제로 그런 속에 안 들어가 있던 사람들이 불만이 생기고, 밖에서 볼 때는 건축가협회는 몇 사람이 모여서 끼리끼리 한다, 재미없다 이런 식으로 조금씩 반발이 시작되었고요. 그러다가 건축가협회 분과위원장도 하고 많이 일했던 김영섭[25] 소장이 어떤 책에다가 "건축가협회, '3색 물통'인가" 이런 타이틀을 붙여서 건축가협회를 마치 동네에 가면 물통을 전부 다 줄서서 기다리는 듯하다, 3가지 색깔이 칠해져 있고 뭐 하면서 그런 식으로 비유하면서 굉장히 크게 비난을 했어요. 그게 소문이 잘못 나가지고. 대체로 4.3그룹 같은 새롭게 시작되는 중견 멤버들, 4.3 멤버들이 건축가협회 회원들이고 실제로 활동 많이 하는 분들인데 그런 반발을 해서 건축가협회를 개혁을 하던가 불신을 하겠다, 이런 글을 쓰고 그러니까 젊은 건축가들은 건축가협회 재미없구나, 가봐야 자기한테 역할이 없겠구나, 이런 식의 인식을 심어준 거죠. 지도적인 선배들이 그렇게 얘기하니까. 그 이후에 건축가협회 신입회원들이, 젊은 사람들이 줄어들고 그렇게 되어가는 것이 큰 문제였어요.

그래서 '건미준'이라는 것이 생겼지요. 4.3그룹, 건미준은 1993년에 김영삼 대통령이 처음 되었을 때, 김영삼 대통령도 초기에는 굉장히 개혁적이었습니다. 아들 김현철을 통해서 아주 엄청난 개혁을 주장했거든요. 청와대에 김현철 주변에 젊은 친구들이 꽤 많이 포진해가지고 소위 사회 각계에 영향을 미칠 때였는데 그때 거기와 연결되는 멤버들이 있어가지고 건축계에서도 새로운 바람을 일으킬 사람들이 누구냐, 그렇게 집결한 게 대개 4.3그룹 중심으로 서클이 만들어진 거죠. '건축의 미래를 준비하는 모임'. 그래서 이름이 건미준이예요. 당시에 활발하게 활동하는 적극적인 사람들이었고, 사회적으로도 기대를 받는 분들이었기 때문에 영향력이 있었죠. 그런 식의 백업까지 받으니까. 1993년 6월인가, 7월인가에 처음 창립총회 그런 행사를 열었어요. 근데 그 전에 건축가협회가 시카고에서 UIA총회가 있었는데, 우리나라에서 1999년 총회를 유치하려고 장석웅 회장과 집행부가 거의 다 현장에 가서 유치운동을 했거든요. 가기 전에

건미준

25 _
김영섭(金瑛燮, 1950-): 1974년 성균관대 건축공학과 졸업. 박춘명 건축설계사무소 삼성그룹 기획설계실 등을 거쳐 1982년 (주)건축사사무소 건축문화를 설립. 현재 성균관대학교 건축학과 교수.

건미준에서 몇 사람이 날 보자고 해서 한 번 만났어요. 그때 건축가협회 수석부회장 된지가 얼마 안 되었을 때였는데 건미준 이야기를 하면서 앞에 설 대표가 필요하다, 대표를 좀 해달라고 했어요. 보다시피 내가 건축가협회 부회장을 맡고 있는데 유사한 주장을 가진 건축가 모임에 대표를 어떻게 하느냐, 건축가협회에 들어오면 건축가협회 내에 좋은 역할을 줘서 중심이 되게끔 해줄 테니 건축가협회로 들어오라고 계속 설득을 했는데 그렇게 할 이유가 없었겠죠. 준비가 되어 있었으니까.

내가 시카고 가 있는 동안에 김석철 씨를 인바이트 해가지고 김석철 씨가 대표가 되어서 정식으로 건미준이 출발을 했어요. 시기에 굉장히 잘 맞는 찬스였어요. 선언한 내용이 건축계의 불합리한 제도를 바꾸고, 이를 테면 건축 허가과정에서 생겨나는 부조리를 없애고, 건축가들이 전부다 자기 선언을 해서 뭔가 보증서를 받고 이런 찬스를 만들어서 근사하게 건축 선언문을 만들고 언론 플레이를 하니까 언론 쪽에서는 이건 굉장히 프레시한 일이고 김영삼 대통령의 초기 정책과 딱 맞은 일이었던 거지요.



또 한 가지는 그 단체가 에너지 많고 능력 되는 분들이 모였기 때문에 건설부 같은데서 이슈를 주면 건축사협회, 건축가협회 이런 단체는 별로 대답이 없고, 한참 만에 오거나, 애매모호한 대답을 하는데, 이 건미준 친구들은 밤을 새워가지고 즉시 확실하고 구체적인 대답을 해주니까 점점 어필하게 된 거죠. 사실 2-3년 동안 건미준이 굉장히 활발했었어요. 나중에 건미준 보고 그러지 말고 지금이라도 건축가협회를 들어와서 건축가협회를 개혁해라 했죠. 그 당시 건미준에서는 멤버를 늘리려고 했거든요. 처음에 출발할 때는 50-60명 정도 되었는데 한 300명 정도 구상한다고 해요. 그런데 멤버가 많아지면 집행부를 새로 만들어서 집행부가 모든 걸 추진하게 되는데 집행부가 생기면, 그런 코어가 생기면 주변은 다 변두리가 되고 그 사람들은 떨어져 나갈 것이기 때문에 건축가협회와 똑같은 것이 될 것이다, 몇 사람만의 단체가 된다. 끝까지 하려면 인원을 늘리지 말고 코어 멤버만 가지고 끝까지 해라, 이렇게 어드바이스를 했죠. 사실 200명 정도 사인하고 그런 거 같은데 결국 나중에 그런 불평들로 끝이 났습니다. 싸인하고 했는데 아무런 연락도 없고 할일이 없거든요. 그러다 보니 내가 건미준인가 아닌가, 하다 보니 점점 관심이 없어지고 김영삼 정부의 계획도 조금씩 퇴색되고. 건미준이 아마 지금은 사라졌지요? 아직도 있나요?

**전봉희:** 지금 없지요?

**윤승중:** 내가 보기엔 2-3년 동안 활동하다가. 건축가협회와 계속 충돌하는 것이, 나하고 특히 문제가 된 것은 회원들이 감리문제라든지 여러 문제로 고전하는데 건축가협회가 왜 아무런 발언을 안 하느냐, 그것이 문제였어요. 그런 실무적인 것은 건축사협회가 있으니까 거기를 독려해서 하게 만들어야지 건축가협회까지 나서서 감리 문제라든지 설계 문제 이런 걸가지고 주장하는 것은 옳지 않다, 건축가협회에서는 그것보다 조금 더 장기적인 비전을 보여준다던지 또는 건축의 정책의 파트너가 된다든지 건축주의 사회적 기여에 대해서 계몽한다던지 이런 방향으로 가야하는 거 아니냐, 우리는 실무적인, 실제적인 문제들은 좀 직접적으로 이야기하기는 싫다, 건미준은 그것이 불만이었던 것이죠. 어떻게 보면은 젊은 건축가들이 오히려 더 현실적인 것 같아요. 직접 업무에 대한 관심이 있었고, 그런 주장 꽤 많이 했거든요. 마침 그것이 건설부와 청와대에서 바라는 개혁과 잘 맞아 떨어졌어요.

**전봉희:** 그때 누가 찾아왔었습니까?

**윤승중:** 대체로 앞장섰던 사람들이 조성룡[26], 김영섭, 김인철[27]. 그런 분들이었어요.

**전봉희:** 최명철[28] 씨는 안 찾아오셨고요? 함인선[29] 씨는?

**윤승중:** 최명철 씨와 함인선 씨 관계는, 그건 좀 더 전에. 80년대 중반쯤 한국청년건축가협의회 때. 몇 년도인지 기억나시나요? 청건협을 창립한다고.[30]

**전봉희:** 그 사람들이 거기 건미준에 들어갔잖아요.

**윤승중:** 최명철하고 함인선이 청년건축가협의회 만들겠다고 준비해오고

청년건축가협의회

**26 _**

조성룡(趙成龍, 1944-): 1966년 인하대학교 건축공학과 졸업. 우일건축연구소를 거쳐 우원건축 설립. 현 조성룡도시건축연구소 대표.

**27 _**

김인철(金仁喆, 1947-): 1965년 홍익대학교 건축학부 건축과 졸업. 엄덕문건축연구소를 거쳐 아르키움(주) 설립했다.

**28 _**

최명철(崔命喆, 1955-): 1977년 서울대학교 공과대학 건축학과 졸업. 서울대 환경개발연구소, 서울건축(주) 등을 거쳐 단우건축을 창립하였다. 현 대표이사.

**29 _**

함인선(咸仁善, 1959-): 1982년 서울대학교 공과대학 건축학과 졸업. 현대건설을 거쳐 1988년 인우건축 창립했고, 건원엔지니어링, 선진엔니니어링 사장을 역임했다.

**30 _**

1987년 10월.

있었거든요. 그 때 나는 자격이 없었죠. 왜냐하면 회원 자격이 40대 미만이니까. 나한테 고문으로 도와줬으면 좋겠다 했는데 그때도 똑같은 어드바이스 했어요. 뭔가 색다른 이데올로기를 갖는 집단을 하고 싶으면 절대로 수를 늘리지 마라, 수를 늘리지 말고 뜻이 있는 사람들끼리 모여서 주장하고, 강하게 나가라. 그래야지만 기성 건축계에 대해서 쇼크를 줄 수 있는 것 아닌가. 건축가협회와 또 다른 젊은 건축가협회를 만들지 말라, 이거였죠. 창립할 때 축사도 해주고 그랬었어요. 그 친구들도 결국 회원을 늘리더라고요. 그래서 아마 한 200-300명 되었었어요. 역시 집행부 중심으로 운영 되다 보니까. 처음에는 사회 어두운 쪽을 찾아서 비춰주고 그런 역할을 해서 대형아파트 문제라든지, 판자촌 이런 데에 직접 찾아가서 문제를 발견하고 이런 식의 접근을 꽤 했거든요. 약간 사회적인 관점에서.



**전봉희:** 설계 노조이기도 했지요.

**윤승중:** 예, 근데 그게 누구 생각이었는지 모르겠는데, 사실 최명철 씨나 함인선 씨는 그런 개념의 사람들은 아니거든요.

**전봉희:** 그 밑에 또 있지요..

**윤승중:** 근데 거기는 의식화 되어있는 단체여서 그것이 조금 더 발전하였으면 건축 노조 같은 것이 되지 않았을까, 그런 생각도 했었지요. 그러다가 끝이 났죠. 나중에 최명철 씨나 함인선 씨도 건미준에 참여했겠지요. 건미준의 뜻은 기본적으로 건축가 스스로 반성하고 깨끗해지자, 그런 의미로 시작했거든요. 건미준에서 인증마크.

**전봉희:** 에이(a) 마크.

**윤승중:** 인증해주는 게 있었어요. 건축 부조리 같은 걸 없애고 하면, 스스로 자신이 생기면 자기 도면에 인증 마크 도장을 찍고 이렇게 하기로. 그런데 그것이 악수였던 거지.

**김정식:** 받았소?

**윤승중:** 제가 어떻게 받습니까. (웃음)

**김정식:** 그거 못 받으시면서.(웃음)

**윤승중:** 내가 그 문제에 굉장히 도움을 줬었어요. 정림이나 몇 개 사무실서 사람을 보내가지고 실무팀 역할을 했고 우리도 몇 명 쯤 보내서 도움을 줬고. 원도시에서 회의실 빌려줘서 집행한 것도 한 열 번 쯤 되죠. 그런 식으로

그쪽에 도움을 주었는데. 상당히 좋게 출발했는데 결과적으로 보면 그렇게 된 것이죠.



**김정식:** 요새 또 새건축사협회? 새건축가협회?

**윤승중:** '새건축사협의회'입니다. 그것도 또 스토리가 있어요. 이상하게 그런 게 생길 때 마다 찾아와서 자꾸 도와달라고 하는데.

**김정식:** 다 잘 못 지도를 해 주셨구만. 잘 해주셨으면 다 잘 되었을 텐데. (웃음)

**윤승중:** 바꾸려고 하는데 엮였으면 좋겠는데, 엮이지 않는 바람에 문제가 생겼을 수도 있고요.

**김정식:** 사실 그동안 건축계에 말이에요, 부조리는 아주, 아주 심했어요. 지금도 아직도 횡행하지만. 지금은 많이 나아진 거예요

**윤승중:** 클린 운동은 좀 계속 되어야 할 거에요.

**김정식:** 되어야 할 거예요. 뭐 현상이고 뭐고 간에 돈 보따리 들고 다니지 않으면 안 되는 걸로 정평이 나 있었다고요.

**윤승중:** 턴키 시스템이 바뀌어야 할 텐데.

**김정식:** 그것도 그렇고. 한 가지 턴키는 다행인 것이 건축가가 직접 찾아다닐 필요는 없다고. 건설 회사에서 주로 하거든.

**윤승중:** 그 대신 건설 회사의 간택을 받아야 하는데 저희는 간택을 못 받아서 기회가 없잖습니까.

**김정식:** 간택을 받더라도 우리가 직접 돈 보따리 싸들고 다니고 그런 건 안 해도 되지요.

**윤승중:** 사실은 이점이 있어요. 오픈 컴페로 하면 일방적으로 투자를 하는 거잖습니까? 턴키로 하면 최소한의 비용을 받고 하니까 재미는 없지만 실제로 사무실 입장에서 봤을 때 메이저 오피스들이 그에 대한 반발을 별로 안 하는 거지요. 근데 문제는 그것이 건설사가 끼니까 단위가 커지고 부조리가 생기고.

**김정식:** 요새 큰 프로젝트는 거의 다 턴키라고.

**윤승중:** 여러분들은 설계 교수가 아니라서 턴키 심사 안 하나요?

**우동선:** 전혀…

**윤승중:** 턴키 심사 하게 되면 안 뽑아 줄 수가 없는 거지요. 왜냐하면 찾아와서 하다보면 안 뽑아 줄 수가 없어요. 건설회사에 끼워서 키우니까 그러는 거예요

**김정식:** 웃기는 거는 턴키에 심사위원으로 할 교수들이 얼마나 많아요? 전국에 말이에요. 누가 될지 모르는 거예요. 누가 될지 모른다고. 근데 그걸 대략 짐작을 해서 다 찾아다녀요.

**윤승중:** 미리부터 평상시에.

**김정식:** 미리 가고 찾아가기도 하고.

**윤승중:** 중요한 분들에게는 기회를 자꾸 만들더라고요.

**김정식:** 그것도 좀 곤란한 것이 공무원들이 심사위원에 한 절반 정도 낀다고. 기술위원이라고 해서 말이야, 설비다, 뭐다, 뭐다 해서 건축에 전혀 관계없는 사람들이 낀다고. 그러니까 심사하는 것이 어떻게 갈지 모른다고.

**윤승중:** 자 이제, 끝을 낼 때가 되었으니 한, 두 가지만 더 얘기하고 건축가협회 끝을 낼게요. 아까 서두에 말했던 건축가들 문제. 집행부 구성 때문에 반발을 일으켜서 건축가협회에 문제가 되었잖아요? 그 이후에 경선을 했어요. 경선 이후에 굉장한 문제가 생겼어요. 경선을 하면 좋은 인재를 잘 골라서 성과가 있을 것이라고 기대하는데 실제로 경선은 그렇지가 않거든요. 자꾸 자기편을 만들고 그 과정에서 불합리한 일들이 생기고. 그것이 배보다 배꼽이 더 커지게 되는 경우지요. 건축가협회가 바로 그런 입장이 되었어요. 2000년대 중반 이후에 본격적인 경선이 되었고 지금은 이렇게 합니다. 수석 부회장에서 회장이 되기로 하고, 수석 부회장은 경선을 통해서 뽑아요. 다음번 차기 회장을 뽑는 셈이지. 그것이 경쟁이 되면서 지난 두세 번에 걸쳐서 건축가협회 회원이 갑자기 수백 명이 늘어났어요. 그러니까.

**전봉희:** 지금 얼마나 되었어요?

**윤승중:** 지금 한 이천 명 될걸요. 건축가협회가 그동안 유지되었던 것도 건축가 회원들에게 아무런 보상이 없으면서도 순전히 명분만으로 당신은 건축가협회가 인정한 건축가다, 건축계를 위해서 봉사를 해야 한다, 그런 명분을 가지고 활동을 해왔던 거거든요. 이런 것은 건축가의 프라이드가 있고 건축가협회에 대한 애정이 있었을 때 가능하지 않겠어요? 바쁜 사람들이 그 만큼 봉사하려면. 그렇게 적격한 범위가 정해져 있잖아요. 그런데 그걸 또 확장해서 자꾸 회원으로 가입 시키면서 회비도 대납해주는 경우도 있고. 그렇게 자꾸 회원을 늘인 것이 엄청나게 많아졌어요. 그렇게 번갈아하면서

몇 번 하니까, 한 세 번 쯤 그렇게 한 것 같아요. 엄청나게 회원이 갑자기 늘어나고. 공개적으로 이야기하기는 좀 미안하지만, 현재 보면 건축가협회 회원의 반 정도는 건축가라는 프라이드나 건축가협회에 대한 애정이 거의 없는 회원들로 구성이 되어가지고 건축가협회의 기본, 어떤 캐릭터가 없어질 거 같아요. 아직까지는 집행부가 그대로 유지가 되지만 조금 더 지나고 나면. 또 어떻게 집행될지 모르잖습니까. 그래서 결과적으로 보면 경선이라는 좋은 제도에 나쁜 전례가 나와 있는데, 난 건축가협회 뿐만 아니라 건축사협회도 마찬가지고 건축학회도 비슷한 것 같아요. 별 차이가 없겠지요. 금년에는 전회원이 다 참가하는 회장선거를 했잖아요. 그런 식으로. 그러면 조금 나을 수도 있을 거 같아요. 워낙 회원들이 많으니까 컨트롤하기가 어려운거지. 전체 총선이 체육관 선거보다 나은 이유가 그거예요. 수가 많기 때문에 조작하지 못하는 거지. 체육관 선거라는 것은 어떤 점에 서 볼 때는 엘리트들이 모여서 좋은 사람들을 뽑으면 이상적으로 더 좋을 수도 있거든. 아무나 하는 게 아니라 뽑힌 사람들이 고르는 것이니까. 근데 조작할 수 있다는 문제가 있다는 거지. 근데 지금 건축학회는 전체 몇 천 명이 다 참가하기 때문에 조금 좋아진 것 같지만은 일단 경선이라는 것이 굉장히 후유증을 많이 가지고 있죠. 건축가협회는 그동안 아직까지 지켜왔던 개성을 잃어가고 있어서, 사실은 나 스스로가 좀 건축가협회에 대한 애정이 자꾸 떨어지는 그런 경우인 것 같고. 그런 와중에 '새건축사협회'라는 것이 생겼지요.

**전봉희:** 네.

**윤승중:** 대체로 건축가협회에서 활동하던 분들인데 건축사협회를 대체할 것을 만들자, 건축사법에서 복수 협회를 인정해주기 때문에, 회원이 1,000명 이상이 모이면, 1,000명인가요? 800명인가? 아, 전체 개업 사무소 회원의 10퍼센트 정도의 회원이 모이면, 협회로 인정해 주는 그런 식의 규정이 있어서 그 목표로 일단 출발을 했어요. 또 집행부하고 여러 번 만났었어요. 그 당시엔 변용 회장일 땐데. 어떻게 보면 건축가협회, 친건축가협회적 건축사협회가 새로 만들어 질 뻔한 거죠. 나는 건축가협회에 건축사 자격을 가진 사람들이 굉장히 많으니 그런 사람들끼리 모여서 또 하나의 협회를 만들어서 그것을 등록을 시키면 되겠다, 따로 만들지 말고 건축가협회하고 공존해서 만들자, 그렇게 주장을 했단 말이죠. 많이 협력을 해서 처음에 미팅에 몇 번 참석을 했었고. 그런데 내가 태도를 바꾸었어요. 그러다가 이 사람들이 800명 정도 필요한데 확보가 잘 안되니까 우선 건축가협회같이 건축사라는 말을 쓰지 않는 사단법인 형태로 등록하는 걸 추진했어요. 아마 문광부하고

교섭하고, 건교부하고도 교섭하는 소문을 들었어요. 3단체가 통합을 하자고 주장을 하는 마당에 또 하나의 젊은 건축가협회를 만들겠다는 것이냐, 그건 내가 찬성할 수가 없다, 창립총회에 나오라는 것을 거절하고 그런 식의 '새건축사협회'가 만들어지는 것은 찬성하지 않겠다고 그랬었어요. 결국은 건교부에다가 등록을 했더라고요.

**전봉희:** 문광부지요.

**윤승중:** 문광부가 아니고 건교부에 등록이 되어 있습니다.

**전봉희:** 아, 그런가요?

**윤승중:** 예, 건축사법에 의한 협회가 아니고 그냥 건축가들의 모임으로.

**전봉희:** 사단법인으로요?

**윤승중:** 아마 그렇게 등록이 되었을 거예요. 그건 내가 봤을 때 잘못한 거 같애. 최종적으로 봤을 때 건축가협회로 지금이라도 들어와라, 들어와서 총회 때 한 백 명, 백오십 명 정도만 총회 참석을 해서 누구를 지지, 지원하면 회장단을 다 당신들이 구성할 수 있고, 그럼 이사도 당신들 맘대로 구성할 수 있으니까 건축가협회를 접수하는 것이다, 그렇게 주장했는데도 결국 안 통했지요. 젊은 사람들이 조직을 만들어 왔는데 거기 그렇게 오고 싶겠습니까? 겨우 독립해가지고 했는데. 난 오히려 어떻게 보면 잘못된 선택인거 같아. 왜냐하면 건축사협회를 또 만드는 건 의미가 있다고 생각돼요. 건축사협회가 사실 법적으로 우리나라를 대표하는 법적 근거를 가진 집단인데, 그동안은 건축가협회가 UIA를 가입해서 한 몇 십 년 동안 해왔잖아요? 근데 건축사협회가 생각하니까 억울하거든. 자기네들은 UIA에 인볼브 안되니까. UIA에 레터 보내가지고 건축가협회는 조그만 사설 단체이고, 우리가 진짜 대한민국을 대표하는 건축가 단체이다, 건축사라는 것이 영어로 다 아키텍트 아닙니까. 그런 식으로 여러 가지 정보들을 보냈어요. 그동안 건축가 협회가 협력적인 관계를 만들어 놨었는데 그걸 건축가협회 모르게 보내니까 사실은 굉장히 큰 바이올레이션(violation)입니다. UIA협회 사무국에서는 오랫동안 잘 지내왔기 때문에 건축가협회 쪽으로, 이런 게 왔는데 이게 무슨 소리냐 물어와서 그때 처음 알았어요. 그래서 여태까지 건축가협회가 이렇게 왔고 건축사협회는 참, 설명하기 어려운데 좀 차이가 있는 단체이다, 이런 식으로 얘기했더니 UIA에서 볼 때는 건축가협회와 인연을 끊을 순 없고, 또 굉장히 수가 많은 단체가 주장을 하면 골치 아프니까 그 쪽에서 애드 학 바디(ad hoc body), 임시 집회 단체라고 해요. 이런 집합체를 구성해서 한국의 단체들이

통합해서 활동을 하면 되지 않겠느냐, 그런 식의 공고를 해왔어요. 그 후에 만들어진 것이 이름이 Federal Institute of Korean Architects, 피카(FIKA)라는 걸 만들고 그것을 3년 전에 협약 맺어가지고 UIA에 보내서 지금은 피카로 이름이 등록되어 있어요. 건축가협회에게는 큰 바이올레이션이었지만 국제적 관계는 어차피 통합이 되어야 하니까, 건축가협회는 그걸 좀 더 발전 시켜서 3단체들이 피카를 상당히 중요한 역할을 하게 만들어주면 그걸 통해서 3단체를 통합하는 의미가 있지 않나, 국가 정책 자문이라든지 대외적인 것을 전부 피카를 통해서 추진하려고 했어요. 그런데 건축학회는 좀 입장이 다르고, 사협회는 더구나 자기들이 중심이 되고 싶어 하고. 그래서 아직까지 해결이 안 되고 있거든요. 이건 건축가협회에서 바이올레이션을 할 뻔했어요. 뭐냐 하면 새건협을 이용해서 건축가협회가 건축사협회를 등록을 하려고 추진을 했었어요. 그러다가 성사가 안 되었는데. 건축가협회하고 새건협은 서로 연합하는 걸로 협약이 맺어져 있습니다. 대체로 밀접한 관계가 되어있고. 그러고 나서 건축학회는 스스로가 빠지겠다고 했어요. 왜냐하면 건축학회는 건축가 단체가 아니기 때문에. 건축학회는 본인은 어른이고 나머지는 다 아들로 생각합니다. 아들 노는 곳에 안 끼겠다, 스스로 빠져서 지금은 현재 건축가협회, 건축사협회, 새건협 삼 단체가 되었지요. 또 삼 단체를 통합하는 논의를 꽤 오래 했어요. 거의 성사 단계까지 갔었는데 사협회 쪽에서 또 반발한 게 이렇게 하다보면 우리가 건축가협회에 먹히는 꼴이 될 것이다 그랬어요. 우리 생각엔 반대인데, 왜냐하면 그쪽이 다수거든요. 수가 많으니까 건축가협회가 사협회에 흡수될 것이다… 사실 나는 좀 반대하는데. 또 건축사협회는 반대로 오히려 건축가협회가 칼라가 강하고 주장이 강하니까 잘못하면 건축가협회에게 흡수가 된다 이래서 이사회에서 거부를 했어요. 그래서 아직까지 실행이 안 되고 있는데. 나는 세 단체가 억지로 통합하는 건 반대예요. 건축가협회라는 건 여태까지 아이덴티티가 있어서 특히 문화관광부와 관계를 유지해왔는데, 따로 있어도 해롭지가 않으니까요. 말하자면 건축사협회가 정상화가 되어서 건축 정책에 건교부의 파트너가 되는 것에 대해서 조금도 해를 끼칠 이유가 없으니까. 그냥 그대로 유지가 되는 것도 좋다고 생각해서 개인적으로 반대인데 하여튼 현재까지는 성사가 안 되고 있어요. 그런데 대부분 사람들은 통합하는 걸 찬성하는 거 같아요. 난 오히려 이 체제로 따로 있다가, 건축가협회가 역할이, 존재 이유가 없어지면 50년을 주기로 사망하자, 말하자면 역할 다했다고 생각하면 건축가협회는 이미 색깔이 없어졌기 때문에 존재하기가 의미가 있느냐, 이렇게 주장할 정도로 나는 3단체 통합에 반대합니다. 건축가협회는 지금 굉장히 위기인거 같아요.

**김정식:** UIA에 말이예요, 말씀하셨지만 거기에서는 회원 1인당 얼마씩 받는다고요.

**전봉희:** 연맹, 세계 연맹에 내는 회비요?

**김정식:** 네, UIA에 내는 돈이. 근데 사협회하고 합하면 말이에요, 사협회 인원이 많으니까 말이야, 그쪽에서는 좋지 나쁠 거 하나 없다고요. 그래서 가능하면 같이 하라고 얘기가 된 거 같고. 아까도 말씀하셨지만 회장 뽑는 게 말이에요, 선출로 하다보니까 학교별로 누가 나온다 하면은 학교 동문들 다 끌어들이는 거예요, 회원으로.



**윤승중:** 제가 후유증이라고 말한 게 바로 그거예요.

**김정식:** 그래서 갑자기 늘어나는 거예요. 몇 천명이 되었다고 그러는데 사실 그 사람들이 회비를 제대로 내는지. 선거 끝나고 나면 그거 없어지고 만다고. 그분들은 말이야. 그러니까 그렇게 해서 선출된 분들이 사실 가협회에 애착을 그렇게 많이 가질 수가 없다고. 그것도 문제고. 내가 수 십 년 지켜 본 결로는 가협회 제일 문제점은 재정이에요. 아까 정보센터도 좋은 아이디어인데 유지하려니까 방법이 없는 거예요. 왜냐하면 돈 때문에 그러는 거예요. 재정이 항상 문제다. 지금 저렇게 유지하고 있는 것만 해도 대단한 거예요.

**윤승중:** 점점 어려워지고 있죠. 예전에 건축대전 만해도 1년에 1억씩 건설사에 찬조금을 받고 해왔었는데 그런 게 점점 어려워지고 있고. 앞으로 건축가협회가 어떻게 될지는 전망이 확실하지 않은 거 같아요. 여기 김정식 회장님 계시지만 건축가협회와 상당히 인연이 많으시거든요. 70년대 후반에 김수근 선생이 UIA이사였을 때 교체 멤버로 UIA 이사회 여러 번 참석하셨었죠? 그러고 이제 건축가협회 이사도 여러 번 하시고. 한동안 평화롭게 세 학교가 교대로 하는 과정에서 사실은 서울대학교가 손해를 봤어요. 초창기부터 역사가 기니까 건축가협회에 활동했던 분들이 많아서 인재들이 적체가 되어 있는데, 예를 들면 안영배 교수님도 계시고, 원정수 교수님도 계시고 김정식 회장님도 계시고. 다 건축가협회 회장을 하셨어야 되는 분들이 적체가 되었는데. 다른 대학들은 부족해서 계속 찾아야 하는 입장임에도 불구하고 계속 순번제로 하는 규칙이 생기니까. 그 바람에 사실은 패스하신 분들이 많은데 거기 김 회장님도 그런 분 중 하나인데.

**김정식:** 나는 자격이 없는 사람이니까 논할 거 없고.

**윤승중:** 사실 패스를 하고 내가 회장이 되었으니까 사실 참, 김 회장님한테는 좀 그런 면이 있습니다.

**김정식:** 아니, 이렇게 열심히 하는 분이 회장이 되어야지. 나처럼 무식한 사람이 어떻게 합니까. 여하여튼 내가 볼 때 가협회의 문제가 지난번 이광만[31] 회장이 얘기하는데 이광만 회장이랑 정림에서 같이 일하지 않았어요? 문화관광부, 아우리, 아카이브 얘기도 있었고. 그런데 재정이 없으면 조직이니 전문인력이 가능하겠어요?

**윤승중:** 아까 정보센터 제안할 때 아카이브라는 개념도 있었고 그때 그런 얘기도 있었어요. 안양시인가요? 거기하고 건축가협회하고 얘기가 있었던 것이 지하에 큰 빈 공간이 있는데 거길 제공할 테니까 건축가협회가 와서 전시를 하고 그런 제안이 있었어요. 1999년 건축 문화의 해에 그때 만든 중요한 자료가 있었거든요. 그것을 주고 우리가 전시를 하고 컬렉션도 하는 제안이 있어가지고 추진 됐었는데 아마 잘 성사가 안 된 거 같아요.

**전봉희:** 한국건축 100년도 거기서 하지 않았어요?

**윤승중:** 문광부에서 후원하는 '한국건축의 해'가 1999년 1년간 진행됐는데 그중에서 현대미술관에서 하기로 한 '한국건축 100년'이라는 프로젝트에 고문을 맡았었어요. 실제 집행은 방철린 건축분과위원장이 집행했고. 나는 고문이니까 그냥 가만있으면 되는 거잖아요. 그런데 방철린 씨가 일 시작을 안 하더라고요. 시간이 정해져 있는데. 그러다가 계획서 보니까 현대미술관에다 부탁을 해서 거기서 건축가 몇 십 명이라도 골라주면 그걸 모아서 전시하겠다고 생각을 하고 있더라고요. 건축가 선정을 거기서 골라주는 대로 하겠다고 해서, 그 와중에 그렇게 하면 안 된다, 건축가협회가 나서서 해야 하기 때문에 우선 내가 나서가지고 연구과정을 거쳐서 해방 이전, 근대와 해방 이후 초기, 최근 현대 이렇게 크게 3개의 시대로 나누어 각각 독립된 전시를 하자, 그러면서 제안한 것이 한편으로 건축 백년에 대한 여러 가지 행사, 작품들을 쭉 늘어놓는 연표를 만들자, 이렇게 두 가지를 제안했거든요. 진행위원들을 위촉해서 원도시 지하실에다가 사무실을 두고 한 열 다섯 번 정도 모여서 작업을 했어요. 그렇게 100년 연표를 만들고 전시하지

31_
이광만(李光萬, 1952-): 1975년 홍익대학교 건축학과 졸업. 정일건축, 정림건축을 거쳐 1983년 간삼건축 개설. 현 대표.

않았습니까? 그것을 현대미술관에서 컬렉션 해주기를 바라고 교섭했더니 아직도 건축에 대해서는 자료가 많지 않으니까 스페이스를 줄 수 없다고 거절당하고, 그 때 마침 안양 시청에서 제안이 와서 다 넘겨줬거든요. 그 중에서 본래 가족한테 돌아간 것도 있고 현재 어떻게 되었는지 잘 모르겠어요. 서로가 애매하니까 목천재단에서 나중에 크게 박물관을 지으시면 거기다 갖다 놓으셔도 좋을 거 같아요. 근대건축 작품을 모델을 만든 것도 있고. 모델을 너무 크게 만들어가지고 보관하기 어렵게 되어 있는데….

**김정식:** 안양시에서 건축에 대한 관심이, 건축박물관한다고 거기서 얘기도 했잖아요? 그래서 김중업 씨 것도 거기 가있고..

**윤승중:** 지방 자치단체들이 그런 식으로 아이템을 잡아가지고 개성을 갖게끔 만들더라고요. 어떤 데는 교향악단을 만들고 그런 식으로…



**전봉희:** 안양이 좀 늦었죠. 부천이 오히려 몇 가지를 가지고 있잖아요.

**윤승중:** 아마 그런 생각으로 시작했던 거 같아요. 사실 건축가협회가 공적인 입장에서 아카이브를 만드는 건 필요하다고 생각이 돼요. 다만 그런 식의 서포트가 안되니까. 건축가협회가 그런 장소를 가지고 있으면 좋을 텐데. 나는 장소만 있으면 건축 잡지 컬렉션을 하면 좋겠는데. 보면 대개 잡지들 많이 가지고 있는데 한참 지나고 나면 처치곤란하고 버리긴 아깝고. 들춰보면 재미있는 것도 있거든요. 그런 걸 지금이라도 모으기 시작하면 많이 모을 수 있겠죠. 그걸 거기다 버리라고 해서 모이면 그 중에서 골라서 전시를 하고 나머지는 버려주고. 그렇다면 그렇게 버리고 싶은 사람이 꽤 많을 거 같아요. 이태리에 대학들 보면 그런 라이브러리에 잡지 100년 치를 소장하는 도서관들도 있고, 대개 건축대학들이 그런 일이 있다고 해요. 그래서 목천재단도 사옥을 잘 만드셔서 거기다가 라이브러리를. 일반 책을 다 모으긴 어려울지 몰라요 하지만 잡지라는 건 다르지 않을까.

**김정식:** 한 가지 더 이야기 하면 이광만 회장이 시장을 만난대요. 잘됐다고, 시장보고 박물관 하나 좀 만들어달라고 얘기를 해라, 가협회에서 회장이 할 일이다. 땅이 되든, 건물이 되든.

**윤승중:** 이광만 씨 큰일 났구만. 지금 박 시장 가지고는 안 통할 거 같은데. 박 시장은 건축가협회 보는 관점이, 상당히 부르조아들의 모임으로 볼 거 같은데.

**김정식:** 여하여튼 시장을 만난다 하니까 얘기를 하라고 했지.

**전봉희:** 시장 만날 때 보니까 5단체란 말도 쓰더라고요. 또 하나가 뭐냐면

여성건축가협회예요. 시장이 5단체 회장을 만난다 그랬거든요.

**김정식:** 여성단체가··· 회장이 누구지? 정림에 옛날에 있던 사람이에요.

**윤승중:** 근데 건축가협회 입장 보면 1973년인가 최창규 회장이었을 때 여성위원회를 만들었거든요. 그러다가 1990년에 와서 여성 위원회를 없앴어요. 여성이라는 걸 앞에 쓰는 것 자체가 실례이다, 여성이란 걸 특별히 내세울 때는 여성이 마이너리티일 때지, 요새는 여성이 더 힘이 좋고 근데 여성을 따로 취급하느냐, 실례이다, 그래서 없앴거든요. 사실 잘한 거 같애. 그러고 나니 지금 여성건축가협회 입장이 애매해지지요.

**전봉희:** 어찌되었던 5단체란 말을 만든 거잖아요? 그래서 만날 때 같이 만날 수 있으니까. 아닌 게 아니라 아직 여성이 많이 했다 그래도 단체장에 여성이 나오기는 아직 나이가 안 된 건지?

**윤승중:** 삼 단체는 어려울까? 혹시 대통령이 나오면 나오지 않을까? (웃음)

**전봉희:** 기관장 할당제 할 수도 있겠죠. 30퍼센트 여성으로 할당하자.

**윤승중:** 사실 할당제라는 건 의미가 없는 거 같아요.

**전봉희:** DJ 들어와서 각종 위원회에 여성을 30퍼센트씩 할당했더니 여성들이 바빴잖아요. 여기 갔다가 저기 갔다가.

**윤승중:** 경력 차이가 많이 나는 거지요. 같은 국정이라도. 자, 이제 그러면 질문 있으면 하고 끝을 내지요.

**전봉희:** 뭐, 가협회에 대한 말씀을 주로 하셨고 그러면 자연스럽게 다음번에는 목구회 말씀을 짧게 하시고 저희들 그동안에 궁금했던 질문을 하는 걸로 하겠습니다.

**윤승중:** 또 한 번 해야 하겠네.

# 10

# 건축계와 사람들

**일시** 2012년 5월 15일 (화) 16:00 –

**장소** 서울특별시 강남구 삼성2동 142–22 2층 목천문화재단

**진행** 구술: 윤승중

채록연구: 전봉희, 우동선, 최원준, 김미현

촬영: 하지은

기록: 허유진

초벌 원고 수정 및 각주 작업: 김하나

**김미현:** 오늘 최원준 교수님은 좀 늦으세요. 못 오실 거 같아요. 아주 늦게 오시거나 그렇게 이야기 하셨는데, 좀 어려우실 거 같아요.

**전봉희:** (윤승중 선생님이 유년시절 살았던 주택의 스케치를 살펴보며) 안방이 굉장히 큽니다, 안방 문짝이 여덟 개 달렸네요.(41쪽 그림 참조)

**윤승중:** 아랫방이요?

**전봉희:** 안방. 안방하고 대청 사이에 미닫이가, 문짝이 여덟 짝이에요. 큰 대청이 있었다니. 어느 방을 사용하셨어요, 선생님은?

**윤승중:** 저 건넌방. 형이 위층을 썼고, 사랑방엔 동생들이 있었고.

**전봉희:** 이 뒷채같이 생긴 여기는 일하는 사람이 사용했나요?

**윤승중:** 그때 아시는 분이 와서 좀 같이 살고 그랬었어요. 하와이에서 오신 분이었는데 그분이 사실은 성공회 신부님하고 연이 있는 분이거든. 친척 분이셔서.

**전봉희:** 다 오신 건가요? 제가 이런 책을 한번 내보고 싶다는 생각을 해본 적이 있어요. 건축가들한테 자기 어렸을 때 살던 집을 그려달라 해서 기억을 적어 달라 하면 그거야말로 그대로 지금은 없어진 주택사를 만들 수 있다고 생각했어요.

오늘은 저희들이 마지막이 될 것 같은데요. '목구회'(木口會) 말씀 듣고, 저희들 그동안 하면서 여쭙고 싶었던 그런 것들을 질문하는 시간을 갖도록 하겠습니다.

**윤승중:** 오랫동안 얘기했는데 오늘 마무리를 잘 지어야 할 텐데. (웃음) 지난번에 '목구회'를 이야기하려 했는데 시간이 부족해서. 사실 독자적인 아이템으로 삼을만한 큰 이슈는 아닌데요.

목구회 창립

처음에 창립 미팅을 한 것이 1965년 4월 1일이었거든요. 지난 4월 달로 해서 만 47년 동안 유지가 되었어요. 사실은 몇몇 사람들의 프라이빗 클럽 같은 성격이라서 그렇게 특별한 의미를 두고 싶진 않은데, 다만 오랫동안 지속이 되었고 밖에서 기대감도 있고 해서 조금 이야기를 하려 합니다. 이것은 아까 말씀드렸다시피 프라이빗 클럽인데 오랫동안 지속되었던 이유가 특별한 미션를 갖지 않고 자유로운 모임으로서 커다란 책임을 주지 않았기 때문에 지속이 될 수 있었던 거 같아요. 중요한 미션을 주게 되면 조금씩 부담이 되어서 오래 못가는 경향이 있더라고요. 두 가지 측면인데 하나는 그냥 아주 사적인 친한 사람들끼리의 클럽으로 봐 줄 수가 있고, 또 한편에는 처음에 시작했던 멤버들이 확장이 되어가면서 그 후에 비중 있는 건축계 인물들의 모임으로 성장을 하였기 때문에, 멤버들 때문에 밖에서 볼 때는 '목구회'에 대한 기대감이 좀 있었죠. 그런 사람들이 모여서 건축계에 좀 더 역할을 할 수도 있는데 왜 안 하느냐, 이런 식의 지적이 있을 정도로 존재감, 이런 것들이 있었어요. 그런데 '목구회'를 보고 홍익대학 출신 중에서 건축 디자인하는 사람들끼리 모여서 '금우회'라는 모임을 만듭니다. '금우회'를 만들 때 홍익대학이 좀 후발이고 늦게 시작했기 때문에 '목구회'를 대접해서 목요일 다음날인 금요일 모임 '금우회', 그런 후발이라는 것을 표현한다고 얘기하더라고요. 한양대학 출신은 '한길회'라는 것이 있었어요. 두 가지 단체와 성격이 다른 것이 '목구회'는 거의 다 서울대 출신 구성이지만 서울대 동창이란 느낌이 전혀 없어요. 그런 거에 비해서 '한길회', '금우회'는 한양대학교하고 홍익대학교 출신 인물들로 만들어진 작은 동창회로 볼 수가 있고 실제로 세력화가 되어서 여러 가지 사회활동에서 역할을 했죠. 그런데 '목구회'는 끝까지 그렇게 되지 않고 서울공대를 대표하는 의미가 전혀 없었던 거지요. 다만 '건축가협회'하고는 상당히 인연이 있어서 대개 70년대, 80년대 기간 동안에는 '건축가협회'에 이사 중에서 서울공대 출신들의 티오(TO)가 보통 일곱 명 정도 되었는데 다섯 명인가 여섯 명이 '목구회' 멤버 중에서 될 정도로 이상하게 건축가협회와 상당히 인연이 많이 있었어요. '건축가협회' 회장을 역임한 사람이 세 분 쯤 있고, '건축가협회'하고는 상당히 인연을 갖는 그런 식의 단체가 되었습니다.

처음에 창립 멤버가 열 한명인데. 처음에 김원 씨가, 학교 졸업한 게 1965년이었는데, 학교 다닐 때부터 구상을 해서 사무실에 가면 건축가들 서클 모임을 만들었으면 좋겠다 했었대요. 졸업하자마자 김수근 건축연구소로 왔는데 친한 유걸 씨하고 모여서 그 당시에 설계사무소 중에서 실제로 실무 책임 역할을 하는 사람들끼리 모여서 프로젝트에 대한 얘기, 건축에 대한 얘기를 하는 그런 식의 서클을 만들어보자, 나한테 그런 제안을 하더라고요. 그래서 추진해보라고 했더니 김수근 연구소에서 공일곤, 나, 김원. 이렇게 세 사람이고, 이거는 창립 멤버들입니다. 무애 건축에서 원정수, 김병현, 유걸. 정일 건축에 안영배, 송기덕, 조창걸. 구조사(構造社)에 장종률[1],



1_
장종률(張宗律, 1934-1994): 1957년 서울대학교 공과대학 건축공학과 졸업. 총무처, 구조사(주) 등을 거쳐 1967년 건우사 건축연구소를 설립하여 대표를 역임했다.

김현석[2] 그리고 아마 사무실 이름 생각이 안 나는데 최장운[3] 씨라고 혹시 아나요? 최장운 씨가 나보다 일년 후배인데 독립 사무실을 갖고 있었던 거 같아요. 꽤 아이디어가 많은 분이었어요. 하여튼 이렇게 연락이 되어서 첫 번째 모임을 1965년 4월 1일 날, 동숭동 의과대학 구내에 '함춘원'이라는 고급 식당이 있는데.

**전봉희:** 건물은 모릅니다.

**우동선:** 자장면 팔았던 덴데요.

**윤승중:** 아마 조선시대부터 있던 걸 베이스로 해서 만들었는데 그 당시는 중국요리 집이었어요. 꽤 분위기 좋고 해서 의과대학 교수들 사이에서는 의과대학의 교수회관으로 통할 정도의 그런 집이었어요. 처음에 모여가지고 무슨 일을 할 것인가 하면서 지금 기억으로는 세 가지 정도 얘기가 되었는데, 하나는 당시에 설계사무실에서 안영배 선배하고 송기덕 선배 두 분은 실제로 소장이었으니 다르지만 다른 사람들은 대개 다 실무자, 또는 아주 신인들이었어요. 각 설계사무소에서 자기들이 하고 있는 프로젝트를 교대로 프레젠테이션을 하고 디스커스하고 코멘트 듣고 그런 식의 모임을 하자는 거하고, 두 번째는 사회적인 이슈가 될 만한 것들을 우리끼리라도 자유롭게 토킹을 하자. 세 번째는 사회적인 명사들을 초대해서 강의를 듣고 말씀을 나누고 그런 것들 일 년에 두세 번 정도 하자. 이런 식으로 대개 원칙을 정했고요. 한 몇 년 동안 그런 식으로 실천을 했지요. 거의 매달 한 번씩 모여서, 주로 건축에 관한 얘기를 실컷 한다.

**전봉희:** 매달 한 번 정도 모임을 갖는다고요?

**윤승중:** 예, 누가 명칭을 하나 지어야 되겠다 해서. 공일곤 선생이 배가 고프면 화를 내고 참지를 못하는 분이에요. 그래서 이야기가 좀 길어지다 보니까 "야, 먹고 합시다." 하고 주장을 했는데.(웃음) 그래서 보니까 우리가 주로 모여서 먹는 거하고 얘기하는 건데, '목구회' 괜찮군 했는데 너무 직설적이라서. 마침 그날이 목요일이고 음식 먹는데 입을 쓰고 얘기하는데도 입을 쓰니까 '목요일에 만나서 입만 쓰는 모임이다' 이렇게 한 거지요. 사람들이 생각했을

2_
김현석(金顯錫): 1961년 서울대학교 공과대학 건축공학과 졸업. 종합건축연구소, 구조사건축기술연구소, 김중업건축연구소 등을 거쳐 1968년 삼정건축을 설립.

3_
최장운(崔莊雲): 1961년 서울대학교 공과대학 건축공학과 졸업. (주)한숲디자인 대표이사.

때 목구회라고 하면 이상하게 생각하지요. 화가들 모임 중에 '목우회'라고 있어요. 벗 우(友)자 쓰는 유명한 서클이 있었는데 보통 그렇게 연상을 해서 끝까지 '목우회'라고 알고 있는 분들이 많이 있었어요. 그렇게 목구회가 시작이 되었고, 그러고 교대로 사무실 돌아가면서 얘기도 하고 명사도 초대를 해서 얘기를 듣기로 했는데 첫 번째 오신 분이, 이구[4] 씨 아시죠?

**전봉희:** 네.

**윤승중:** 이구 씨가 MIT 졸업하고 한국에 와서 작업을 좀 하시면서 국내에 있었어요. 이구 씨를 일단 초대를 했더니, 이 분께서 감사하게도 자기가 저녁을 내겠다고 해가지고 초대한 곳이 어디냐면 청와대 앞에 칠궁이라고 있지요. 왜 거기였냐 하니 당시 칠궁이 청와대 옆으로 길이 있는데, 길이 확장이 되어서 칠궁 마당 일부가 헐려서 잘려 나게 되었어요. 그런 것이 이슈가 되고 그랬거든요. 그러니 칠궁에 가서 실제로 보고 하자, 그래서 칠궁에 갔어요. 처음 간 거죠. 그때 이구 씨가 그런 얘기를 하더라고요. 앞에 마당이 있는데, 밖에 대문에서 들어가면 처음에 전정이 하나 있고 또 대문이 있고 안에 들어가면 별채가 있는데 그 마당이 약간 사다리꼴로 생겼어요. 칠궁 가보셨어요?



**전봉희:** 네, 가봤습니다.

**윤승중:** 이구 씨는 퍼스펙티브 효과를 처음부터 주고 깊이를 느끼게 하기 위해 그렇게 만들었다고 하는데 실제로 그런지는 잘 모르겠어요. 길하고 집 사이가 약간 얕고. 그러고 칠궁이 소박한 한식 가옥인데 완전히 백지로만 도배가 되어 있었고, 나무에도 아무런 색칠 안 하고, 그게 아마 칠궁이 궁에서 쫓겨난?

**전봉희:** 왕비가 되지 못한 생모들.

**우동선:** 자식이 왕이 되었는데 자신이 왕비가 되지 못한.

**윤승중:** 그래서 굉장히 소박하게 있던 집인데, 소박하다는 것이 굉장히 근사했고, 디자인이 오히려 정궁이나 그런 것들 보다 훨씬 아름답다고 감탄할 정도였죠. 지금은 어떻게 되었는지 모르겠어요. 마당이 헐렸나?

4_
이구(李玖, 1931-2005): 영친왕의 아들. 1956년 MIT 건축과 졸업 후 아이엠페이(I. M. PEI)사무소에서 실무. 1963년 11월에 귀국, 1965년부터 대학에서 건축설계 강의. 1966년-1978년까지 건축설계회사 트랜스아시아 부사장을 역임했다.

**전봉희:** 어느 마당 말씀하시는지?

**윤승중:** 길에서 들어가면 담이 두 겹이 있더라고. 한번 더 들어가면 안채가 있는데, 바깥마당이 헐린다는 말이 있었어요. 담으로 있고 대문이 있고, 앞마당 대문이 또 있고. 바깥마당이 패러럴하지 않고 사다리꼴 형식으로 긴 마당이 있었어요. 근데 나무도 없고 그냥 흙바닥에다가 검소하고 그런 분위기가 좋았죠. 얘기도 듣고 참 좋은 시간이 되었습니다. 그런 식으로 정인국 선생님, 김중업, 장기인[5], 지휘자 원경수[6] 선생님, 김종성, 미술평론가 이구열[7] 선생, 박서보 선생, 그리고 김태수 씨가 잠깐 귀국했을 때 모시고. 이런 식으로 두세 달에 한 번씩 인바이트해서 다른 분야의 전문가들을 모시고. 원경수 선생님은 원정수 씨의 형님 되시는 분이거든요. 당시 미국 스택튼이라는 조그만 도시의 교향악단 지휘자였는데, 미국서 좋은 평가를 받는 분이었어요. 시립교향악단 지휘자를 얼마 동안 하고. 지금은 정명훈 씨가 굉장히 세계적이지만, 처음에 그렇게 수준을 높인 분이 원경수 선생님이에요.

**전봉희:** 시향을 맡으셔가지고요.

**윤승중:** 그런 분들을 초대해서 이야기를 듣고. 또 장기인 선생님은 한옥에 대해서 얘기하고. 김종성 씨는 교환 교수로 충남대학인가 어딘가 잠깐 와계시는 동안 인바이트 해서 그때 미스에 대한 이야기를 직접 들었지요. 기억에 남는 것이 미스의 작품 중에 시카고에 레이크쇼어 트윈 아파트 있잖아요. 그 집에 대해 물어보니까 그 집이 입주하겠다고 대기하고 있는 사람이 2년 정도 밀려있답니다. 근데 재밌는 거는 2년 기다려 가지고 들어오면 3개월을 못 견디고 나온대요. 벽이 전부 유리로 되어 있어서 사람들이 다 보이고, 빛은 바로 들어오고. 바로 앞이 레이크 쇼어였으니까 기가 막힌 곳이긴 한데 너무 살기 불편하고 그래가지고 3개월 이상 사는 사람이 없대요. 그렇게 소문이 안 좋은데도 불구하고 잠깐 동안이라도 살아보려고 대기자가

**5_**

장기인(張起仁, 1916-2006): 1938년 경성고등공업학교 졸업. 한양대학교 교수를 역임했다. 삼성건축사무소 설립하였다.

**6_**

원경수(元京洙, 1928-): 서울대학교 음악대학 졸업. 미국 신시내티 음악원, 인디아나 대학교에서 수학. 뉴올리언스 필하모닉 오케스트라, 서울시립교향악단, KBS 교향악단 등의 지휘자를 역임했다.

**7_**

이구열(李龜烈, 1932-): 미국일보, 경향신문 등의 기자를 거쳐 미술평론가로 활동했다.

그렇게 밀려 있다고. 미스 작품이 다 그렇다면서요. 사실 나중에 미국 가서 미스 작품들 보면 유사하게 생긴 미스 부류의 집이 꽤 많지 않습니까? 근데 그런 집들하고 미스 작품하고는 굉장히 차이가 있어요. 그것이 무엇일까, 아무리 생각해도 잘 모르겠는데 프로포션이랄지 완성도라든지에서의 차이가 아닐까. 미스가 특히 완성도를 중요하게 생각 했었어요. 미스의 거의 마지막 작품인 토론토에 있는.

**전봉희:** 시청이요?

**윤승중:** 토론토에 있는 도미니언센터, 은행건물인데요. 그걸 보고 감탄 했어요. 보통 커튼월 있고 그런 미스류의 그런 작품들과 비교했을 때 완전히 다른 분위기였어요. 김종성 교수가 얘기를 하더라고요. 몇 년 후에 직접 가볼 수 있었는데 정말 어떤 격을 느꼈어요. 초청 인사들 중에서 가장 인상적이었던 분은 김중업 선생님이신데요. 김중업 선생은 1955년인가 귀국하셔서 전시회를 하셨어요. 내가 고등학생 때인가 가서 그 전시를 보고 1957년 대학교 2학년 방학 때 김중업 사무실에 실습을 하게 해달라고 했다가 자리가 없어서 못 들어갔지요. 몇 번 뵈어서 알고는 있었지만 김중업 선생님도 사실 나에 대해 꽤 알고 계셨어요. 왜냐하면 김수근 연구소의 설계실 치프로 있어서 김중업 선생님이 볼 때는 조금 부럽다고 생각하셨는지, 어쨌든 그런 식으로 알고 계셨어요.

강연에 초대했더니 김중업 선생님께서 프랑스 대사관을 직접 보여주고 나서 저녁을 먹자고 하셔서 실제로 멤버들하고 프랑스 대사관을 가서 자세히 봤는데, 그건 또 진짜 감동이었어요. 그 당시 건축 중에서 뭐랄까요, 메시지가 있는 건축으로 그런 것이 참 감동적으로 보였어요. 완만한 언덕을 잔디로 덮어서 풍경이 만들어지고 그 위에 집이 있는데, 밑에서 쳐다보는 분위기가 자연과 집, 이런 관계가… 거기서 생겨지는 차양 같은 지붕 있잖아요. 그것이 코르뷔지에로부터 나온 것인데 공간의 한정, 휴먼 스케일로 공간을 한정하는 장치로 쓰인 것이죠. 김중업 선생이 그것을 한옥의 지붕 곡선을 써서 아주 자연하고 잘 어울렸지요. 두 집을 연결시키는 브릿지가 있어요. 곡선을 써서 배가 쳐진 콘크리트로 된. 그것도 굉장히 잘 어울리는 좋은 인상을 받고. 저녁을 먹으면서 김중업 선생님의 코르뷔지에 사무실에 가서 연수를 했던 이야기를 처음 직접 들었어요. 그 분의 코르뷔지에 사무실에서의 생활 과정, 이것을 좀 기록을 남겨두고 싶어서 조금만 이야기를 할게요.

**전봉희:** 네.

**윤승중:** 김중업 선생님께서 하신 그 말씀을, 나는 그 얘기를 네 번 들었어요. 그때하고 나중에 국회의사당 설계하실 때 우연히 방문했다가 직접 얘기 듣고. 또 TV에서 두 번 하셨던 것이 있었는데 그 네 가지 얘기가 시차가 있지요. 처음은 65년에 얘기하고, 나중의 것은 70년대, 80년대 중반 쯤 되었어요. 한 20년에 걸쳐있는데 얘기가 너무 발전해가지고 처음 들을 때가 거의 오리지널에 가까운 것 같은데. 사실 나중에 TV에서 말씀하신 것은 완전히 픽션이 되어 있었고.

6.25 전쟁 중, 1952년인가 그때 베니스에서 비엔날레가 열렸는데, 부산에서 건축가들이 다들 모였어요. 비엔날레에 대표를 보내고 싶어서. 한 사람을 뽑아서 돈 모아서 보내자 했죠. 그때 우리나라가 올림픽에도 참가하고 그랬잖아요? 화가들도 모이는데 건축가들도 비엔날레에 대표를 보내고 싶어 했죠. 시간들이 많고 할 일이 없으니까 다들. 그 당시 김중업 선생님께서 서울공대 건축과 강사였거든요. 강명구 선생님을 비롯해서 그 당시 건축가들이 돈을 조금씩 내고 해서 참가비를 마련해서 김중업 선생님한테 한국 대표로 갔다 오라고, 사실 그런 식으로 베니스를 간 거죠. 그때는 건축이 아니고 미술 비엔날레였는데 건축은 훨씬 뒤에 생겼어요. 그 때 마침 코르뷔지에가 초대를 받아서 렉처(lecture)를 하고 돌아갔대요. 근데 김중업 선생님이 렉처를 들으시고 코르뷔지에 사무실에 가서 일을 하고 싶다 했대요. 베니스는 섬이기 때문에  코르뷔지에가 배를 타고 돌아가잖아요? 쫓아가서 코르뷔지에를 붙잡고 내가 당신 사무실에 가서 좀 일하고 싶다 했더니 그 양반이 배타고 가면서 그냥 무심하게 "한번 와봐", 하면서 갔나 봐요. 근데 이 양반이 진짜로 갈 생각을 하고 갔단 말이에요. 비서한테 가서 사연을 얘기했더니, 그렇게 오는 사람이 1년에도 수십 명이 되니까 그거는 약속이 아니다, 그런데 나는 한국에서 왔는데 돌아갈 수 없다, 하면서 문 앞을 지키면서 버티고 있으니까 비서가 치프한테 이야기 했고, 이런 친구가 있는데 열의를 봐서 도면창고 같은 드로잉 모아놓는 곳에 들어가서 좀 볼 수 있도록 해주면 안 되겠느냐. 오케이하고 처음에 한 달 동안 열심히 보셨대요. 너무 열심히 하다 보니까 치프라는 분이 감동을 해서 한 달 만에 자리를 잡았다는 거예요.

코르뷔지에 사무실이 큰 저택 같은 집에 좁고 긴 복도가 한쪽에 있고 그 복도가 스튜디오인 모양이에요. 좁고 긴 복도라고 하지만 천정이 엄청나게 높은 스페이스죠. 맨 뒤에 코르뷔지에 사무실이 조그맣게 있고. 코르뷔지에는 자기 사무실을 자기 모듈러에 맞춰서 폭 가로 세로 2미터 26. 모듈러 인체 사이즈를 2미터 26으로 썼잖아요? 그래서 그렇게 만들어서 스케치 드로잉을 했대요. 그때 감동스럽게 사무실에서 자리를 잡고 과제를 하나 받았는데, 찬디가르에 일을 하고 있을 때였어요. 찬디가르 정부청사가 있었어요. 조금 긴 집이었는데 코르뷔지에가 루프 가든을 얘기했죠. 거기에 루프 플랜을 딱 주면서 거기다가 루프 플랜을 디자인을 하라는 과제를 주었대요. 그렇게만 하고 아무런 가이드도 받지 않고 계속 무작정 스케치하고 누가 봐주는 사람도 없고 한참 지내고 나서 여러 가지 그렸겠죠. 하루는 코르뷔지에가 지나가다가 보더니 한참 얘기를 했대요. 이 양반이 얼마 안 되었을 때니 무슨 말인지 모르고 있었는데 코르뷔지에가 가버리고 나서 뒤에 앉은 친구가 너 지금 칭찬 받았다, 이렇게 해보라고 했대요. 처음으로 그걸 베이스로 해서 찬디가르 정부청사 루프 가든에 참여를 했다고 그렇게 주장했어요. 그렇게 한 2년 정도 계시면서 우리 전시회에서 했던 그런 조그만 빌라도 있고 몇 가지 일들을 하셨어요. 그때 열 몇 명 밖에 없었데요. 사무실 직원이.



**전봉희:** 코르뷔지에 사무실 직원이요?

**윤승중:** 예. 대개 코르뷔지에 사무실 사람들이 여러 나라에서 왔는데 거의가 중견 건축가들이 되는 거예요. 근데 코르뷔지에가 또 성질이 아주 고약해서 어느 날 갑자기 누굴 부른답니다. 중업이 와봐라, 하고서 부르는데 그때 마침 자리를 비워서 화장실을 갔다든지 하면 못가잖아요? 그 다음에 가보면 문 앞에 조그만 메모에다가 집에 가서 편안히 지내라. 이런 식으로 메모지에 써서 문 앞에다 붙여놓는데요. 그러면 사람들이 놀라야하는데 놀라지도 않고, 하도 그러니까. 문 열고 들어가 보면 버럭 소리를 지르면서 너 때문에 세계 사람들을 놀래킬 만한 아이디어가 없어졌다, 너한테 뭘 시키려고 그랬는데 자리에 없어서 날아갔다는 거지요. 그런데 그걸 그대로 김중업 선생님이, 사무실에 있던 친구들 얘기 들어보면 그러는데, 일 하다가 맘에 안 들면 "이 세상에서 가장 대가리 나쁜 놈아"로 시작해서 막 욕하시는데, 욕하는 방법이 코르뷔지에가 하는 방식이었다고 해요. 장응재 씨가 거기 몇 년 동안 있었거든요. 하여튼 혼나는 겁니다. 그런 식으로 2년 얼마쯤 계시면서 몇 가지 프로젝트를 하고 왔지요.

근데 그 후에 TV에서 방송하시는 맨 마지막 것을 보면 일본 대학에서, 요코하마인가? 거기서  졸업을 했는데 1등을 해서 천황으로부터 시계를 하사 받았다고 하셨는데 알고 보니까 졸업생 다 주는 거였고.(웃음) 전국 일등을 한 셈이라고 본인이 직접 말씀하시고요. 또 베니스 비엔날레에 가서 코르뷔지에를 만났더니 너 같은 사람이 우리 사무실에 꼭 와야 한다, 회의 끝나면 나한테 꼭 와라, 저는 한국에 가서 학생들을 가르쳐야 합니다, 아니 그게 문제가 아니라 내가 지금 찬디가르 설계를 시작을 하는데 당신 같은 사람이 와서 꼭 맡아 줘야하겠다, 라고 강력히 초청받았다는 거예요. (웃음) 당장 갔더니 찬디가르 설계를 시작하는 설계 치프를 맡기셨다는 거예요. 그런 식으로 과장이 되어가지고 그걸 듣고 있으면 이분께서 아마 그렇게 자꾸 생각하시다 보니까 자기 확신이 생긴 것 같기도 해요. 이거는 그렇게 믿지 않으면 안 되는 거잖아요? 그렇게 되어가지고 코르뷔지에의 가장 수제자이시고, 내가 한국으로 돌아가겠다 했더니 펄펄 뛰면서 그게 무슨 소리냐, 한국에 돌아가서 무얼 하겠다고 그러느냐, 이런 식으로 했다고 말씀하셨어요. 대단히 훌륭하시긴 한데 참… '목구회'에서 초대해서 말씀을 들었는데 그건 아마 거의 사실에 가까웠던 거 같아요. 또 일하시면서 밤에 밖에 나가서 와인 마셨다는 얘기도 하셨고, 휴가 때 오토바이를 타고 독일까지 갔던 이야기도 하셨고. 한번은 한국 돌아가는 길에 핀란드에 알바 알토, 같이 있던 사람 중 하나가 알바 알토 사무실에 가 있어서 코르뷔지에한테 한국 돌아가는 길에 잠깐 알바 알토 사무실에 들렀다가 가고 싶다고 그랬더니, 펄쩍 뛰면서 그 사람이 무슨 건축가냐, 이러면서 절대 그러지 말라고 말렸다고 하시고… 그것이 아마 사실에 가까운 얘기였던 것 같아요.

그런 과정에서 실제로 처음 창립 멤버에서 혹시 김현석 씨 아시나요? 구조사에 있던 분인데 굉장히 탤런트가 좋은데 일찍 세상을 떠나는 바람에… 한샘에 있던 김영철[8] 씨, 울산대학교에 임충신[9] 교수가 컬럼비아대학을 졸업하고 돌아와서 합류했고. 그 다음에 황일인, 김환, 김석철, 변용, 우규승[10], 박성규, 이상순. 이런 분들이 계속 인바이트가 되었어요.

**전봉희:** 임충신 선생님은 직이 없을 때였어요? 울산대는 아직 아니실 거 아니에요.

**8 _**

김영철(金英哲, 1939-): 1963년 서울대학교 공과대학 건축공학과 졸업. (주)구조사, 정일건축연구소를 거쳐 1970년 (주)한샘을 창립. 현 (주)퍼시스 회장.

**9 _**

임충신(林忠伸, 1940-): 1963년 서울대학교 공과대학 건축공학과 졸업. 해군본부 시설감실에서 근무 후 콜럼비아대학교 석사학위 취득. 1972년 울산대학교 건축학과 교수 부임. 현재 동 대학 명예교수.

**10 _**

우규승(禹圭昇, 1941-): 1961년 서울대학교 공과대학 건축공학과 졸업. 이후 동 대학원 석사, 콜롬비아대학교 건축학과 석사, 허버드대 도시설계학 석사를 취득. 김희춘건축설계사무소 등에서 실무를 익히고 MIT 교수 등을 역임한 후 1979년 우규승건축사사무소 설립, 현 대표.

**윤승중:** 한국에 돌아오자마자. 그 때부터 쭉 몇 번 나오시다가 그때 울산대학으로 간 거죠.

**전봉희:** 아, 일찍 가셨네요.

**윤승중:** 그때는 울산에 있었기 때문에 나중에는 참석을 잘 못하고, 요즘은 은퇴해서 돌아왔기 때문에 참석을 하죠. 창립 멤버가 열 한명인데 현재 여덟 명이 아직 남아 있어요. 그러고 그 후에 오신 분들, 한 열 댓 분 오셨는데 모임에는 보통 한 일곱, 여덟 분이 오십니다.

근데 재밌는 것은 1960년대 후반쯤엔 다들 월급도 적고 다 가난할 때임에도 불구하고, 그래도 건축가는 좀 멋있게 놀 줄 알아야 한다 해서 '목구회' 모임은 아주 좋은 식당만 찾아갔어요. 맨 처음에 함춘원 갔다 그랬지요? 또 종로 신신 백화점 안에 양식 그릴이 있었는데, 그 당시 유명한 집이었어요. 미도파 백화점 뒤에도 고급그릴이 있었고. 남산에 외교구락부라고 유명한 데가 있어요. 거길 한 몇 년 동안 가서 매니저가 우리를 특별 초대할 정도로. 돈도 없으면서 일단 식당들은 좋은데 해야 한다. 그렇게 열심히 모여서 이제 먹고 말하고 했지요.

**전봉희:** 비용은 각자?

**윤승중:** 각자가 분배를 해서. 근데 몇 년 지나다 보니까 이제 좀 흔적을 남기자 해서 전시회를 한두 번 쯤 했고요. 첫 번째 전시회가 1969년 6월 달에 있었어요. 지금은 헐렸지만 세종로에 가면 예총회관이라고 있었어요. 거기 전시장을 잡아서 첫 번째 전시회를 했고. 두 번째 전시회는 신세계 백화점 화랑에서 했습니다. 일단 전시회는 끝이 나고, 또 여기저기 글을 썼던 것들이 있어서 발표했던 글들 모아서 「목구회 평론집」이라는 것을 1974년에 발간을 했고. 그리고 한참 뒤에 평론집과 작품집을 해서 1981년에 책을 냈고. 그러고 이제 1988년에 〈2000년대 한국인의 주거〉 이런 제목으로 3집을 냈어요. '목구회'는 서클이었기 때문에 회장 이런 제도가 없고 소집을 책임지는 총무 한 사람만 있는데 막내가 총무를 했어요. 보통 모임이 그렇잖아요? 오랫동안 김원 씨가 막내라서 총무 하다가 김석철 씨가 와서, 학교 1년 후배가 되거든요. 그래서 총무를 했고. 그 친구가 또 아이디어가 많고 그래서 뭔가 우리가



11_
이광규(李光奎, 1932-2013): 서울대학교를 졸업한 뒤에 오스트리아 빈대학교에서 문화인류학 박사학위를 취득하였다. 서울대학교 인류학과 교수를 역임했다.

컨트리뷰트(contribute)를 하자 그래서 우리네 주거를 세미나 같은 걸 통해서 연구하고 기록으로 남기자 해서 시작했는데 생각보다 잘 되진 않았었어요. 여러차례 세미나를 했는데 다 기억은 안 나고 여기 보시면 서울대학교에 문화인류학 교수 중에 이광규[11] 교수라고 있어요. 이광규 교수님을 초대해서 양반의 주거와 양반의 가족제도에 대해서 얘길 들었는데. 재밌는 얘기를 해주시더라고요. 우리나라하고 중국하고, 그걸 뭐라고 하지요? 가족들이 모여서 사는 것 뭐라고 하지요?

**우동선:** 친족?

**윤승중:** 대가족제도. 그 제도가 중국과 우리나라 차이가 있는 것은 우리나라는 장자가 제사 같은 걸 승계하고 같이 모여 사는 대가족 제도를 얘기하는데요. 우리나라 대가족이라는 것은 옆에다 집을 지어줘서 이웃에 살기는 하지만 한 집에 살지는 않는다, 그것이 한국의 대가족 제도이고. 중국은 한 울타리 안에다가 같이 모아놓고 이상하게 가족들이 모여서 주방을 같이 쓰잖아요? 옛날에 토루 같은데 보면 여러 세대가 모여 살면서 주방을 하나를 만들었어요. 주방 공동체를 만드는 거지요. 중국은 여러 형제들이 한 집에 살면서 전부 다 같이 식사하고 같이 하는 그런 식의 대가족 제도였는데 우리나라는 그것이 좀 달라져서 장자 중심이고 그 주변에다가 차남들, 동생들이 모여 사는 그런 식이었다고 얘기를 해주셨어요. 양반가의 구성, 그런 식의 이야기도 했고. 그렇게 스스로 공부를 했어요. 조원재란 분 혹시 아시죠?

**전봉희:** 네.

**윤승중:** 조영무 씨 아버님 되시는 분인데, 그 조원재 씨가 당시 아주 대표적인 도편수이죠. 그 분을 모셔다가 한옥에 대한 이야기를 듣고. 또 연세대학교 조혜정 문화인류학과 여성학 교수. 고대 물리학과의 김정흠[13] 교수. 아주 재밌는 분이에요. 그 분 말씀이 지구 나이를 24시간, 하루라고, 놓고 볼 때, 지금 같은 현재 인류가, 호모 사피엔스 사피엔스라고 하는데 그렇게 된 것이 대개 2만년 정도 밖에 안 되었다는 거예요. 호모가 태어난 것은 한 60만 년 전일 뿐인데, 지구의 나이로 따지면 우리 인류가 태어난 것은 자정 직전에

13_
김정흠(金貞欽, 1927-2005): 1951년 서울대학교 물리학과 졸업. 로체스터 대학 이학박사. 1953년부터 고려대학교 물리학과 교수와 명예교수를 역임했다.

밤 11시 59분 40 몇 초. 그때쯤 현생 인류가 태어났다는 거예요. 지구 나이랑 비교해서 인류의 역사는 매우 짧다. 우리끼리 여러 세미나를 통해서 공부를 하고.

**전봉희:** 옛날 신문 자료를 보니까, 김정흠 선생이 신문에다가 미래는 이렇게 된다고 썼는데 핸드폰이나 디엠비(DMB) 얘기를 썼더라고요, 이미 80년대 초에. 앞으로는 벽돌만한 크기겠지만 전화기를 들고 다닐 거다, 집에 안 있고. 앞으로는 TV도 들고 다닐 거다, 그런 이야기를 하셨어요.

**윤승중:** 그게 한 87-88년 정도 되었거든요.

**전봉희:** 그러게 말이에요, 그런 얘기를 많이 하셨나 봐요.

**윤승중:** 그러다가 조금 변신을 하고 싶어서 요즘 말로 젊은 피의 수혈을 하자 했어요. 같은 멤버로만 운영하다 보니까 변화가 필요하겠다 싶어서 제 2세대 정도를 인바이트하자. 여기 있는 거처럼 김진균[14], 이상해, 민현식, 이범재, 승효상[15], 조건영[16], 장세양[17] 등 엘리트 후보자들을 소집을 해서 모아놓고 2세대 멤버로 영입하겠다 했었죠. 이 사람들이 처음에 좋다고 몇 번 모였었는데, 2세대들이 와서 얘기하는 거 보니까 자기가 기대했던 거와 다른 게 있고, 큰 거를 기대해서 참가했다가 하나씩 둘씩 빠지고 조건영 씨만 가끔 참석을 하고 다른 사람들은 슬금슬금 빠져서 별로 잘 성사가 안 되었어요. 그러니까 수혈이 안 되었어요. 혈액형이 잘 안 맞았던 거 같아. 수혈하는 것을 실패했습니다.

**전봉희:** 그게 언제쯤이죠? 80년대 후반이에요?

**윤승중:** 80년대 후반 쯤 되었을 거 같아요. 그때 이상해 교수가 한 가지 결정적으로 한 말이 있어요. 왜 참가 안하느냐 했더니, 전부 의견이 떠나가는 기차 뒤에 매달려 가고 싶은 생각 없다고. (웃음) 4.3그룹 시작하고 그럴 때라서 '목구회'는 늙은 멤버들, 떠나가는 사람들이고 우리가 왜 뒷 차에 매달려서



**14 _**
김진균(金震均, 1945-): 1968년 서울대학교 공과대학 건축공학과 졸업. 울산공대 건축학과 교수를 거쳐 1981년부터 서울대학교 공과대학 건축공학과 교수를 지냈고, 현재 명예교수. 대한건축학회 회장을 역임했다.

**15 _**
승효상(承孝相, 1952-): 1975년 서울대학교 공과대학 건축학과 졸업. 공간연구소 등을 거쳐 1989년 건축사사무소 이로재 설립. 현 대표이사.

**16 _**
조건영(曺建永, 1946-): 1968년 서울대학교 공과대학 건축공학과 졸업. 구조사건축기술연구소, 설계사무소 기인그룹 등을 거쳐 1985년 (주)건축사사무소 기산 설립. 현 대표이사.

**17 _**
장세양(張世洋, 1947-1996): 1973년 서울대학교 공과대학 건축공학과 졸업. 김수근의 타계 이후 '공간'을 이끌었다.

가느냐, 그런 분위기였던 거 같아. 그 뒤에 다른 모임들이 생겼는지는 모르겠는데, 그런 얘기는 없지요? 하여튼 '목구회'는 결국은 그렇게 지금까지도 남아있게 되었습니다.

최근에는 주제가 있는 여행을 만들어서 네 번쯤 갔는데, 첫 번째는 미국에 콜로라도에 메사 베르데(mesa verde)[18]라고 있지요? 거기 나는 참석을 못했었고. 또 2005년에는 중국에 복건성(福建省)에 토루(土樓)를 보러 부부 동반으로 갔거든요. 보통 여자들하고 여행하면 쇼핑센터도 가고 그러는데 토루라는 게 다 산 속에 있다고요. 내리자마자 여섯 시간 버스타고 갔다가 또 버스가 길을 잘못 들어서 한참 가다가 밤에 가서 도착하고, 하루 종일 토루를 보고. 토루 외에는 아무 것도 볼 게 없는 거죠. 우리는 감동적으로 보지만 부인들께서는 그렇지 않았겠죠. 토루 세 군데 쯤 보고 지방 도시 한 두 군데 보고 상하이에 왔어요. 상하이에 비행기가 저녁 7시 넘어서인데, 4시 쯤 도착해서 그냥 비행기 타고 왔거든. (웃음) 1주일 동안 있는 동안에 쇼핑센터 근처도 못가보고. 토루에 가면 좌판 같은 조그만, 이만한 파는 거 있잖아요? 그런 거 두세 개 사고. 다신 안 가겠다 그러겠지 했는데, 그 다음에 또 같이 가겠다 그러더라고요. 그 다음에는 중국 실크로드를 갔어요.

**우동선:** 더 오지 아닌가요? (웃음)

**윤승중:** 실크로드는 다 사막이에요. 시안(西安)가서 하루 보고, 나머지는 계속 사막이었거든. 물론 실크로드 쪽은 감동적인 게 많기 때문에 다들 즐기면서 여행했고. 그런데 부인들 데리고 가는 여행으로는 심했던 거지. 근데 안 가겠다고는 안 하거든. 그 다음에는 조금 분위기를 바꾸어서 동유럽 보자는데, 동유럽은 주제를 하나 정해서 주로 이제 음악가들에 관련된 유적들을 보기 위해서 심지어 카라얀[19]의 무덤도 가보고, 동유럽은 상당히 좋아했지요. 체코에서 슬로바키아, 부다페스트, 비엔나, 잘츠부르크 다녔는데, 그것도 뭐 쇼핑센터 근처에도 안가고 음악회관만 다녔는데. 동유럽은 굉장히 좋았던 것이 여행사가 어레인지를 잘 해줘 가지고 음식 같은 것도 꽤 괜찮게 나왔었어요.

18 _
메사 베르데(mesa verde): 1906년에 국립공원 지정. 1978년 세계문화유산 지정. 푸에블로(Pudblo) 인디언들의선조인 아나사지(Anasazi) 인디언들이 거주했던 다층구조의 절벽 주택 유적이 있다.

19 _
헤르베르트 폰 카라얀(Herbert von Karajan, 1908-1989): 오스트리아의 지휘자. 1955년부터 1989년까지 베를린필하모니의 종신지휘자, 예술감독 등을 역임했다.

**전봉희:** 몇 분 정도 씩 가셨어요?

**윤승중:** 부부 합쳐서 열여섯 명?

**전봉희:** 한 일곱, 여덟 커플이…

**윤승중:** 부부가 다 간 건 아니었고. 앞으로 몇 번이나 더 갈진 모르겠어요. 전부 다 어르신. 멤버들 건강이 안좋아졌기 때문에. 제일 막내가 김원 씨였거든. (웃음) 김원 씨가 지금 70살이니까. 부인은 황일인 선생 부인이 제일 젊은데 65살 정도 되었을 거예요. 언제까지 다닐지 모르겠지만. 처음에 시작할 때 안영배 선배님이 그런 얘기를 했어요. 미국에 어떤 동창들 모임에서, 하나씩 세상을 떠나는데 그러다가 맨 마지막에 한 사람이 남아 가지고 같이 약속했던 날 참석했는데 아무리 기다려도 아무도 안 와서 이제 그만해야 되겠다 하면서 갔다고. 그런 말씀을 하시면서, '우리도 그렇게 합시다', 근데 그렇게 될 거 같아요. (웃음) 차례차례 떠나고 나면 '목구회'가 사라지겠지요. 근데 건축계에 그만큼 알려진 모임이 그렇게 많지는 않지요. 그런 좋은 멤버들끼리 모임을 하게 되었습니다.

**전봉희:** 지금도 개인적으로 제일 가까운 그룹은, 친목 모임은 이건가요?

**윤승중:** 그렇죠. 대개 많이 참석하시니까. 진짜 부담 없이 모였으니 좋지요. 사실은 제일 원로로 계신 분이 이상순 선배이신데 이상순 선배님하고 김석철 씨 차이가 10년 쯤 되거든요. 거의 격의가 없이 얘기할 수 있으니까. 격식을 갖추거나 이런 게 아니라 시작도 없고 끝도 없이 얘기할 수 있으니까 편한 거지요. 사실 몇 번 사회적인 역할을 해보려고 시도했는데 그렇게 썩 성공적이진 못 했어요. 워낙 개성 있는 사람들이기 때문에 뭔가 모아서 한다는 건 쉽지가 않았어요. 오히려 서로가 서로를 감시하는, 서로 간의 견제가 된 셈이지요. 적어도 그 안에 있는 이상 서로를 의식을 해서 내가 적어도 이것을 하면 안 되겠다, 그런 식의 교훈을 주는 관계이지 않을까, 그것도 큰 의미가 있다고 생각을 해요.

**전봉희:** 요즘도 정기적으로 만나시나요?

**윤승중:** 예, 한 달에 한번 씩.

**전봉희:** 몇 번째 목요일, 이렇게 되어있어요?

**윤승중:** 첫 번째 목요일로 정했는데 혹시 무슨 사정이 있으면 두 번째 목요일. 일 년에 한두 번 제일 더울 때와 제일 추울 때는 방학을 하고. 그래서 사실은

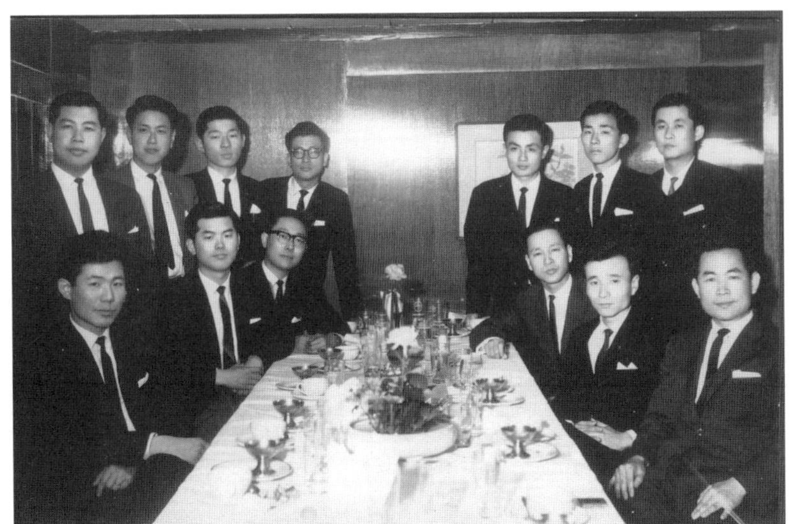

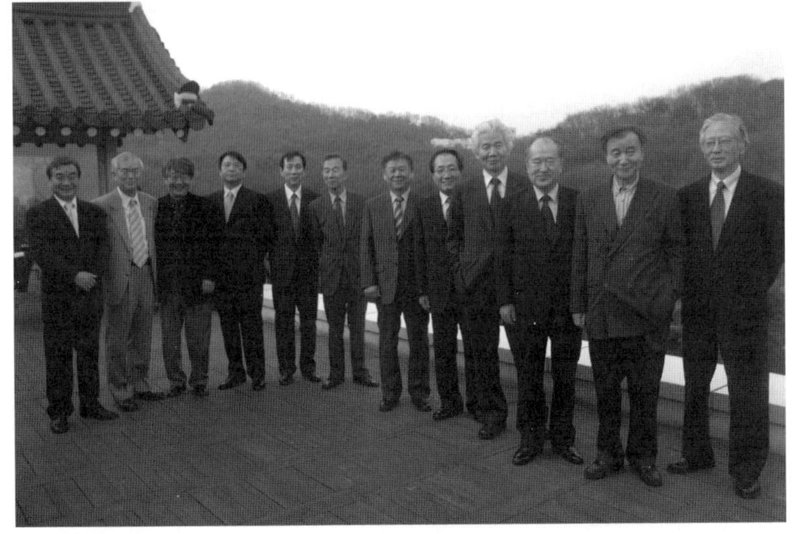

**그림1 _**

목구회 1주년 기념(1966).

**그림2 _**

목구회 창립40주년 기념(2008, 한샘연구소): 왼쪽부터 김원, 원정수, 김석철, 변용, 김환, 공일곤, 임충신, 황일인, 조창걸, 이상순, 윤승중, 김병현. 윤승중 제공.

4.3그룹 같은 그런 모임이 꽤 있었던 거 같아요. 좋은 발전을 바랬었는데 그렇지 못했지요. 혹시 실크로드 가보셨나?

**전봉희:** 아니요.

**윤승중:** 엄청 감탄을 했지요. 어떻게 그런 곳이 있을까. 이상하게 중국은 실크로드에 석굴 같은 게 굉장히 많은데 전부 다 불교에 대한 어떤 공력 같은 거. 거기서 재밌는 것은 19세기 후반 영국, 독일 학자들이 가서, 학자들이라고 하지만 사실 학자들이 다른 의도도 좀 있는데, 벽을 떼어내 가지고 그것을 수백 개의 박스에 넣어서 유럽으로 보내고 그랬어요. 우리를 어떤 젊은 중국학자가 안내를 했어요. 실제 그런 설이 있거든요. 그 당시 그냥 내버려 두었으면 현지인들이 다 파괴시키고 지금 아무것도 남는 것이 없을 텐데 유럽의 박물관들이 그것을 보관하고 있으니까 오히려 중국의 문화를 우리가 지켜준 것이다, 유럽 사람들이 이런 식의 주장을 하거든요? 책에서 그런 것도 보고 그래서 그 중국학자한테 물어봤더니 벌컥 화를 내면서 그 놈들은 도둑놈 들입니다, 다 도둑질한 겁니다 하면서 갑자기 굉장히 무섭게 화를 내는데. 실제로는 그러지 않았다면 사라졌을 수도 있는데. 혜초(慧超)의 『왕오천축국전』(往五天竺國傳)이라는 것이 둔황 석굴에서 발견되었잖아요. 그런데 그것을 아무도 몰랐던 거지. 그것을 나중에 알게 되어서 지금까지 보존이 되었잖아요. 지난번에 전시회를 한번 보셨나요? 그건 감동적이에요. 복사본이지만. 글씨라든지 문구가 완벽한 거예요. 직접 붓으로 써서… 그런 것들을 도둑놈들이 가져갔기 때문에 지금까지 보존이 되었다라고 얘기할 수도 있는 것이지. 우리나라도 거기에 한몫해서 우리나라 국립박물관에도 있습니다. 그런 미술이 곳곳에 있어가지고 석굴 뿐 아니라… 건축가들이 꼭 가볼 만한 곳이죠. 건축가 부인들도 가볼만한 곳인데… (웃음) 사실은 건국대학교 건축대학교 이야기를 하려고 그랬는데 그거는 안했지요? 그거는 얘기가 또 길어지니까.

**전봉희:** 만들 때 관여를 하셨던가요?

**윤승중:** 그러니까 처음 시작한 것이 1996년이었거든. 이호진[20] 교수를



20_
이호진(李好璡, 1939-): 1963년 연세대학교 건축공학과 졸업, 종합건축연구소, 삼원사 건축설계사무소 등을 거쳐 1976년부터 건국대학교 건축공학과 교수를 역임했다. 현재 명예교수.

건축가협회에서 만났는데 한번 따로 만났으면 좋겠다 해서 만나서 얘기를 했는데, 그 때 또 강병근[21] 교수라고 있어요.

**전봉희:** 아, 예. 독일에서 공부하신….

**윤승중:** 독일 가서 공부하신 분. 그렇게 두 분이 건국대학교에서 건축대학원을 신청해서 허가를 받게 되었는데 시작할 때 같이 했으면 좋겠다 했어요. 그 때가 전문대학원 법이 처음 생겨서 경기대학교 건축대학원이 1년 전에 처음 만들어지고. 다른 대학들도 그랬는데. 이호진 교수님이 왜 부탁했냐면 그동안 건축가협회에서 건축가 교육을 꽤 많이 다루었거든요. 계속 건축가들이 학교가 교육을 잘못 시키고 있다고 컴플레인 했거든. 그러니 건축가 교육을 당신들이 직접 시켜보라, 기회를 줄 테니까 직접 교육을 시켜서 써라, 그런 이야기하면서 와서 겸임 교수 해달라고. 그때 겸임 교수가 처음 생겼을 거예요. 사실 나는 1982년서부터 15년 동안 성균관대학교에서 가르쳤는데, 그때는 시간강사죠. 그런 부탁을 받았을 때가 나이가 육십 살이 되었을 때고 건축가협회 회장을 끝낼 때쯤 이었어요. 내가 지금부터 뭘 또 새로 시작하겠느냐, 하면서 사양했거든요. 그랬더니 김석철 씨에게 부탁을 해서 우선 두 분이서 같이 시작을 했으면 좋겠다고 했더니 김석철 씨가 좋다 그랬다, 그러니 꼭 해주셔야겠다, 나중에 물어보니까 김석철 씨한테도 똑같이 그렇게 이야기 했다고 해요. (웃음) 같이 했으면 좋겠다, 해서 둘이서 시작을 했지요. 그때는 학교 건물도 만들어지기 전이고 그래서 처음에는 한 2년만 하겠다고 시작을 했다가 12년 동안을 했습니다.

**전봉희:** 97년부터요?

**윤승중:** 96년서부터 2007년까지인가 했어요. 지금 현재 건축대학원이 여러 군데 있었는데 다 운영이 안 되어서 일단 다 문을 닫고 건국대학교 건축대학원만 남아 있는 상태이지요. 대부분이 5년제 하는데 건국대학에서는 4년으로 그냥 하고 4년 플러스 2년 하게 하니까 그렇게 주장을 해서 건국대학은 지금 5년제 안 쓰고 있거든요. 그때 생각에는 건축과를 졸업하면 상당한 수가 대학원으로 올 줄 알았더니 잘 안 오더래요. 2년을 더 한다는

21 _
강병근(姜秉根, 1952-): 1980년 건국대학교 대학원 건축공학과 석사, 1985년 베를린 공과대학교 건축과 박사 졸업, 1986년부터 건국대학교 공과대학 건축공학과 교수.

것이 상당히 등록금도 비싸고 하니까. 건대가 한 학기 등록금이 500-600만원 하지요?

**전봉희:** 사립대학은 비쌀 겁니다.

**윤승중:** 아마 건축대학은 더 비싸죠. 그래도 아직까진 잘 유지하고 있고. 건축 전문대학원이라는 것이 프로페셔널 디그리(degree)를 주기 위한 것이기 때문에 설계스튜디오 중심 교육을 시키고. 좋은 것은 거기 오는 학생들이 설계를 꼭 배우겠다는 일단 욕심을 가지고 온 학생들이기 때문에 열심히 해요. 성균관대학교 해 보면 거기서는 그 당시에 설계 관심 있는 사람이 한 20퍼센트 밖에 안 되거든요. 다 공무원 아니면 시공사로 갈 사람들인데 설계를 내가 왜 하느냐, 마지못해서 설계하는 거니까 설계시간이 좀 그랬죠. 근데 설계할 친구들은 자기는 잘 하는데 일반적으로 설계 전문과정이 없었어요. 근데 여기는 일단은 열심히들은 하는데 한 가지 문제는 뭔가 학교를 업그레이드하고 싶어서 왔다든지, 조금 기초가 약한 학생들이 좀 있었죠. 열심히 하면서 보완이 되는 거지요. 또 거기 온 교수들 보면은 전부다 미국의 아이비리그를 나와서 스튜디오를 그런 식으로 운영하려하는데, 교수들이 자기가 가장 임프레시브했던 스튜디오를 모델로 삼아 가지고 전부 다 그런 식으로 하다보니까 모든 대학들이 거의 같은 굉장히 컨셉추얼한, 어떻게 보면 현실적인 건축과 관련이 없는 주제를 가지고 하더라고요. 그런데 그렇게 하는 것이 과연 옳은가, 나는 좀 더 프랙티컬한, 좀 현실에 근거를 두는, 실제로 졸업한 후에 사무실에서 필요한 역할을 할 수 있는 실질적인 교육은 필요하다, 그런 식의 생각을 했는데, 아직도 어느 것이 맞는지 모르겠어요. 요즘 대부분 설계 스튜디오들이 지나치게 컨셉츄얼하게 가니까.

**전봉희:** 그 부분은 영원한 숙제인거 같아요.

**윤승중:** 요즘 서울대학교는 어때요?

**전봉희:** 서울대학교도 그런 경향이 있지요.

**윤승중:** 서울대학교는 가르쳐 봐서 알겠지만, 크리틱 가보면 확실히 책 보는 수준들이 높아요. 이론적인 수준은 굉장히 높은데 한 10년 쯤 전에는 생각을 실제로 그려내지는 못하는 거지요. 건축대학원은 실제로 사무실에 가서 유용하게 활용할 수 있는 실질적인 건축가교육을 시키는 곳이죠. 미국에서 보면 주립대학에서 하는 식으로. 우리나라는 전부 다 아이비리그를 생각하니까. 전국에서 탑 클래스들만 모여 있는 학교인데 거기를 따라갈 수는 없는 거지요. 학생들 앞에서 그렇게 이야기 할 수 없으니까, 그게 잘 안 통하는

거지요. 그래도 건대 대학원 졸업하고 취직해서 좋은 사무실가서 열심히 일해요.

**전봉희:** 아닌 게 아니라, 선생님이 지난 한 오십 년 정도 건축계에서 활동을 하신 거잖아요. 대학 졸업 하시고 난 다음부터 지금까지 오십 년 되는데 그 사이에 우리나라에 워낙 어마어마한 변화가 있어서 다 짚을 수는 없지만 직접 관계 되시는 부분에 있어서 '건축가'라는 직업이랄까 직능이랄까, 이 자체가 좀 바뀌는 거 같지 않습니까?

**윤승중:** 전 교수는 어떻게 바뀌었다고 생각하나요? 전 교수는 객관적으로 볼 수 있으니까. 난 스스로가 건축가라는 입장에 들어있기 때문에…



**전봉희:** 목구회 말씀도 자연스럽게 나왔었고 50년 동안을, 저희가 충분하게 듣지는 못했지만, 브리프하게 말씀해 주셔서 넘어 갔는데요. 이런 표현을 써도 괜찮을지 모르겠지만 80년대가 가장 재미있었다 라고 말씀하실 수는 있을 거 같아요. 직업적으로 전성기라는 표현은 적당하지는 않지만. 그리고 제가 잠깐 기억하는 80년대는 재미있는 분위기가 있었던 거 같은데, 그 전과 후를 비교하자면 분명히 굴곡들이 있는 거 같거든요. 지금은 자본의 논리가 워낙 강력해서 건축가나 디자이너가 그들로부터 후원을 받거나 연결되지 않고 그들의 자본을 좌우할 수 있는 것이 힘들지 않는가, 이런 생각이 들고. 아주 초기에는 또 다른 논리가 있었을 거 같아요. 이전은 제가 전혀 경험한 바가 없지만. 80년대 초만 해도 건축사, 설계라는 말 자체가 생소해서 신문 기사에 기계설계학과가 계속해서 기계설비학과라고만 나왔거든요. '설계'라는 말을 기자들이 잘 모르는 상황이었던 걸로 기억이 나요. 6,70년대는 더 했을 거고. 선생님들은 때를 잘 만나서, 사람을 잘 만나셔서 건축가 대접을 받는 몇 분과 작업 하셨지만 굉장히 드문 케이스일 거고. 많은 분들은 그런 기회가 없었을 거 아닙니까? 크게 보더라도 한 세 시기 정도로 나누어진다고 보이는데, 저는 객관적이라고 하시지만 그냥 방관자, 국외자 입장이고. 당사자가 보시기에 어떠신지?

**윤승중:** 이럼 어떨까? 외국, 특히 유럽에서는 아키텍트라는 것이 역사적으로 가장 오래된 대접받는 프로페셔널 직업이고 실제로 유럽에 가보면 관광 안내하는 사람들이 건물 소개하면서 설계자를 꼭 알려주거든요. 그런 식으로 보편적으로 건축가란 개념이 있었던 데 비해서 우리나라는 처음에 서양 건축이 들어와서 일본 사람들이 건축이란 용어를 쓸 때 처음에는 '조가'(造家)라는 말을 썼어요. 집을 만든다. 그런 말을 쓰다가 '건축'(建築)이란

말로 일본 사람들이 바꾸었는데 난 그 용어 자체가 잘못된 거 같아요. 건축 보면 축(築)자 들어가고 세운다, 그러니까 꼭 컨스트럭션의 뉘앙스가 있잖아요? 영어의 아키텍처라는 것은 근본적인 것에 대한 도전이고 인류의 가장 근원적이고 신성한 직업이다, 그런 컨셉이 있는 거에 비해서 건축이란 말이 뭐랄까요, 자체가 잘못한 것인데, 그나마 '가'(家) 자 붙여서 뭔가 이룬다는 뜻이 있어서 나왔는데 나중에 사(士)자로 바뀌었잖아요. 자격자로 된 거지. 용어 자체가 사람들로 하여금 아키텍트의 분위기를 잘 전달하지 못하고 있는 거 같아요. 아까 얘기대로 사실은 1970, 80년대까지도 건축가란 개념이 잘 정립이 안 되어 있었어요. 그 가운데서도 김중업, 김수근 두 분은 일반 사람들까지도 훌륭한 건축가였다더라, 다 아는 정도로 네임 밸류를 얻었다는 것도 신기하게 생각하는데. 요즘 승효상 씨라던가 몇 분 알려져 있는 건축가들도 있지만. 「말하는 건축가」[22] 정기용조차도, 대통령이 사는 집을 설계했다, 이렇게 건축가를 일반 사람들이 알거나 그러진 못하지 않습니까? 건축을 생각할 때 이 집의 아키텍트가 누구다, 이런 것은 아무도 생각 안 하는 거지. 그런 점에서 그다지 크게 변하지는 않은 거 같아요. 건축가라는 직업이 TV 드라마 통해서 돈도 벌고 멋있게 살고 그런다더라 하지만 서양에서의 전통적인 그런 이미지는 아직 주지 못하고 있는 거 같아요. 쉬운 이야기인데 왜 그렇게 안 될까? 건축가들이 스스로 잘못 해서 일수도 있겠지만. 해방 후에 프로모션이 많이 된 직업을 들 때 화가하고 교수가 있는 거 같아요. 근데 건축가는 그 대열에 끼지 못하거든요. 70- 80년대 그때만 해도 자력으로 무엇을 성취를 한다는 느낌을 가지고 사는 건 있었어요. 요즘은 굉장히 작은 아틀리에 사무실은 그럴 수도 있을 거 같아요. 대형 사무실들은 그런 의식이 상당히 약해져서 팀 작업에 의해서 '생산된다'는 식의 분위기가 되는 거지요. 엄청나게 많은 양을 생산하는. 또 요즘 초고층 건축물도 생기는데 여기에 대해 사람들이 존경심 별로 없는 그냥 물건이다, 건축가들도 그런 것을 생산하는 사람이다, 이런 생각이 되는 거 같아서 아까워하고 있습니다. 쌍용에서 여의도에 쌍용증권 지을 때 처음에 아이 엠 페이(I. M. Pei)를 인바이트해서 왔는데 페이가 여의도 사이트를 보고서 자기는 어느 도시에서나 가장 심볼이 되는 그런 집 아니면 안 하겠다고, 가서 보니까 당신네 집은 그런 수준이 아니다 하면서 가버렸거든. 무슨 얘기냐면 싱가폴에 가면 페이가 설계한 통신회사 타워(OCBC)가 있는데 그것이 싱가폴의 심볼이 되었고, 또 보스톤에 가면 존 핸콕 빌딩(John Hancock Tower)인가? 그게 보스톤의 심볼이 되어서 도시 어디에 가나 보이고. 또 홍콩의 차이나 뱅크(Bank of China Tower). 최고의 건물이 되었죠. 그런 프라이드가 있지요.

설계비 주고 일을 준다고 해도 이런 프로젝트 안 할래 하는 배짱. 또 이런 설도 있어요. 아이 엠 페이가 제일 나중에 만든 것이 루브르 뮤지움의 피라미드 아닙니까. 프랑스에서 부탁을 했을 때 페이는 나한테 일 시키려면 5년 기다리라고 했는데 괜찮다고 해서 했다고. 아까 김중업 선생이 하신 말씀과 비슷한데. (웃음) 또 소문에 의하면 페이가 먼저 스케치 가져가서 제안을 해서 그 쪽에서 받아주었다, 이런 얘기가 있거든. 어느 게 맞는지 모르겠는데. 적어도 건축가가 그런 프라이드가 있으면 참 좋겠는데 우리나라는 굉장한 일을 하면서도 그렇지 못하거든. 용산에 새로운 안들을 만들면서 아키텍트를 발표했는데 다 외국, 스타들이거든요. 전 세계를 다니면서 하고 있잖아요. 전 세계적인 트랜드인데. 한국 건축가가 그런 식으로 된다는 걸 생각해본 사람들이 없다는 거지요. 실제로 못하지는 않거든요. 아직도 그렇다는 것이 우리나라 건축가들이 불행한 상황이지요. 지금 사무실들이 몇 백 명 조직을 만들면서도 프라이드를 못 가진단 말이에요. 외국회사가 프린시펄 아키텍트로 있고 한국회사는 서포트하는 그런 경우가 많지요. 80년대까지는 그런 일이 없었거든. 남들이 알아주진 않더라도 우리가 프라이드를 가지고 있었죠. 그런데 요즘은 그렇지 않은 거 같아요.

그리고 왜 그렇게 초고층 건축 많이 짓는가. 초고층 건축이란 것은 페이 얘기대로 도심에 한 두 개만 있어서 심볼이 되는 것이지, 전혀 경제적도 아니고. 왜냐하면 높이 자꾸 쌓아 올라가니까 밑에 부담을 견딜 수 없지. 근데 우리나라에 백 층 넘는 건물이 몇 개 씩 지어지고 있다는 것이 굉장히 허세이고. 그럴 때 마다 토론장에서는 스타라는 것이. 그래서 지난번에 오 시장이 겉으로 내세우기는 서울을 디자인 수도로 만들려고 했지만 끝까지 한국 건축가들한테다가 일을 준적이 없죠. 아, 저기 있구나. 시청. (웃음) 유일한 한국 건축가로 외국 건축가 개입이 안 된.

**전봉희:** 보셨어요? 최근에 껍데기를 벗겨 놓았는데.

**윤승중:** 최근에 지나가지는 않고 TV에서만 봤는데, 하여튼 명작이 되겠지. 내 생각에 시청이라고 하면 기본적인 용도가 시청 업무를 보는 것이란 말이에요. 그러니까 오피스가 되는 거지요. 오피스를 모아서 밀집되게 만들어 놨거든. 근데 그게 어떻게 될지 궁금해. 공용스페이스를 많이 만들다 보니까. 아무튼 그 집도 참 어렵게 되어서 나중에 기록에 남을 일일 거 같은데.

22_
건축가 정기용의 건축과 삶의 모습을 그린 다큐멘터리. 정재은 감독의 2012년 개봉작.

**우동선:** 맨 처음 희림 아니었어요?

**윤승중:** 삼우가 맞지요.

**우동선:** 그전에. 이명박 시장 때… 그게 보전 문제 때문에 어떻게 되어가지고…

**윤승중:** 처음은 이명박 시장 때 일 거예요.

**전봉희:** 이명박 시장도 처음 생각은 옮기고 싶었죠. 뚝섬이나 이런 곳에. 〈도쿄 도청사〉처럼 크게 짓고. 시내엔 여전히 문화재로 지정되어 제한되었으니까… 지금 보면 그게 더 나았을 거란 생각이 들어요. (웃음) 뭔가 다른 변화가…

**우동선:** 부도심이 생길 수 있었겠죠.

**전봉희:** 그러니까요. 질문 더 드려도 되요?

**윤승중:** 네. 어려운 거 하지 마시고..

**전봉희:** 선생님 설계를 한 마디로 말씀 드릴 수는 없지만 이렇게 쭉 보면서 받은 느낌은 굉장히 이성적 설계라는 느낌을 좀 받았습니다. 그야말로 설명되지 않으면 안 되는, 한 치도 의미 없는 선이 못나가는 이런 느낌이에요.

**윤승중:** 그래요?

**전봉희:** 네, 굉장히 리즈너블(reasonable)한 이런 느낌을 받는데, 건축에서 보면 약간 장난스러운 것도 있지 않습니까? 경우에 따라서. 어떠십니까, 그런 걸 보면?

**윤승중:** 건축에서 유머라고 볼 수 있죠. 실제로 지어진 집에서는 볼 수 없을지 몰라도 우리가 생각할 때는 그런 것을 많이 집어넣었어요. 지어지지 않은 것들도 있고. 조그만 사옥인데 직원들을 자연스럽게 넣고 가운데 보스가 있는 방을 만든 안을 제안했는데 지어지지는 않았죠. 또 서소문에 있는 〈케미칼 빌딩〉에서는 장을 일정하게 생략하고. 일종의 조크라고 할 수 있지요. 그런 식의 변화를 준다든지. 그런 걸 꽤 하려고 했는데 잘 되지 않고 끝까지 못 갔죠. 사실 지난번에 보여드린 〈한일은행 본점〉이 지어지기 전에 신축본부에서 했던 안이 있었어요. 이 안을 두 번째 전시회 때 전시했거든요. 김수근 선생님께서 그것을 보시고서 "자네 아직도 래쇼널(rational)에서 벗어나지 못했구만." 그러시더라고요. 김수근 선생님이 조금 변신하시려는 시기였어요. 1970년대 초반. 어쨌든 그런 느낌을 주었던 것 같아요.

**전봉희:** 그런 평을 한번 아주 일찍부터 다른 분들한테도 받으셨던

모양이에요?

이성적 건축

**윤승중:** 아니 그때 그냥 김수근 선생님한테 그런 말씀을 들었던 거지. 왜냐하면 김수근 선생님하고 있었던 10년 동안 그런 역할을 맡았던 게, 김수근 선생님은 막 스케치를 하신 것을 나는 그것을 가지고 논리를 만들고 질서를 있게 해야지만 된다고 생각을 해서, 그렇게 그런 일을 쭉 담당을 해왔거든요. 김수근 선생님은 그게 좋으면서도 벗어나고 싶은. 그때까지 그렇게 잘 지내왔는데 70년대 초반에 그 분이 많이 달라지지 않습니까? 그런 과정에서 제 3의 공간 얘기도 하시고 얼티메이트 스페이스(ultimate space) 얘기하고. 그건 관념적인 얘기였는데 이성보다 더 깊이 있는 거지. 그런 생각을 가지셔서. 그날 느낌이, 특히 그 집이 굉장히 논리적인 집이었거든요. 진짜 이성적이고 좋은데, 뭔가 벗어났으면 더 좋겠다고, 충고하시더라고요. '아직도'란 말을 쓰신 거 보니까… 사실 나는 내가 구속되었다고 생각 안하고 있는데 남들은 그렇게 보네요.

**전봉희:** 저는 굉장히 긍정적으로 보는데, 어떠실지 모르겠지만 전에 민현식 선생님이 설계한 것 보고도 비슷한, 두 분이 같다는 것이 아니라, 비슷한 느낌을 받았거든요. 굉장히 이성적인 설계를 하는구나….

**윤승중:** 나하고 한 10여년을 같이 있었거든요. 민현식 씨는 김수근 선생하고 2년 정도 밖에 같이 안 있었어요. 김수근 보다는 나하고 있었던 것이 길고, 자기도 모르게 받아들였겠고. 상당부분 공유하는 부분이 있어요.

**전봉희:** 선생님 보시기에도 민현식 선생님이 하신 걸 보면 조금씩은 닮았단 생각이 드시나요?

**윤승중:** 그렇죠. 그게 아마 민현식 씨 주변에 승효상이나 보면.

**전봉희:** 그쪽은 많이 다르죠.

**윤승중:** 그런 쪽하고는 다르죠. 민현식 씨 하는 얘기 들어보면 한 마디로 하는 어휘가 있더라고요. 일종의 그런 이성적인 것이 들어가 있는. 단어가 생각이 안 나는데, 그 느낌이 뭐 이성적 로맨티스트인가 그런…

**전봉희:** 술 드실 때는 로맨티스트인데… (웃음) 설계할 때는 이성주의자라서 그런 거 아닌가요?

건축은 질서인가

**윤승중:** 학교 다닐 때부터 어떤 질서라는 것을… 또 그 당시 건축적 분위기가 그랬어요. 코르뷔지에가 찬디가르나 롱샹 이런 부분에서는 자유분방한데,

코르뷔지에가 초창기에는 엄청나게 모든 것을 논리화시켜서 심지어는 형태까지도 체계를 만들려했고, 비례 감각까지도 모듈러를 쓰고. 그래서 코르뷔지에가 한 얘기 중에 모든 건축은 질서이다. 대개 60-70년대까지는 그것이 세계를 지배했죠. 심지어는 메타볼리스트들도 어떻게까지 이야기하냐면, 일상생활의 작은 가구에서부터 우주까지 하나의 체계로 생각한다. $5^0=1$ $5^1=5$, $5^2=25$, $5^3=125$를 뭐 이렇게 해서 우주 체계를 만들기도 하고. 모든 걸 구축화하고 체계화 시키려는 경향이 있었어요. 또 대학교 2학년 때인가 어떤 교수님 강의 중에서 '공공의 질서' 라는 게 있는데, 그것이 뭐냐면 요즘 얘기로는 '블랙 매터리얼'? '흑 물질' 또는 '진공'인데, 진공이라는 것이 물질과 물질 사이에 아무것도 없어야 하잖아요. 지금 뭔가 가득 차있다는 거지요. 그 양반 얘기가 뭐냐면, 우주에 존재하는 것 중에 물질이 있으면 반물질(反物質) 같은 게 있어가지고 합치면 영이 되는 그것이 진공이다, 그 얘기는 이 우주의 모든 것들이 같은 종류의 질서로 꽉 채워져 있다는 거지요. 건축이라는 것도 그런 식의 질서 속에 있다는 것인데 모든 체계들이 다 질서가 있다고 생각하는 경향이 있었어요. 그래서 자꾸 자기 훈련이 되었다고 볼 수 있지요. 어떤 것을 그릴 때 그것에 무슨 근거가 있어야지만 된다고 생각했고. 심지어는 커브를 그리면서 커브에서 규칙을 만들어서. 자유롭게 그리는 것이 아니고. 음악에서 얘기하면 카운터포인트(conterpoint), 대위법인데. 그것은 대칭이 아니라 모양도 다르고 다르지만 대등한 지위를 가지는. 그런 식의 관계를 만들어 가는 거지요. 그래서 아직도 거기서 벗어나지 못했을 수도 있고. 어떻게 보면 예술이란 것이 아트라는 말을 쓰잖아요? 아트라는 게 한편으로는 기술이잖아요? 그래서 예술은 기술을 먼저 마스터한 이후에 그 이후에 생겨나는 여유 같은 것이 아닐까. 이를 테면 피아니스트가 굉장히 어려운 곡을 한참 훈련해가지고 생각을 하고 이렇게 할 것이라고 생각하면서 칠 수가 없어요. 기술을 다 마스터한 다음에 저절로 손이 가서 음과 음 사이 음의 강약 같은 고급스러운 것을 더 만들어 넣기 시작하는데 그것이 바로 예술이지 않을까. 건축도 마찬가지로 결국 실제로 건축이라는 게 용도가 있고 목적이 있어서 지어지지 않습니까? 그것에 맞게끔 되는 단계가 있고. 그럼에도 불구하고 뭔가 가치 있는 것이 되기 위해서는 그것을 뛰어넘는 예술이 되어야…

예술이라는 것이 건축에서는 애매해요. 나는 '격'이라는 말로 표현하는데, 격이 있다, 근데 그 격이라는 말이 상당히 설명하기 어렵죠. 왜냐하면 격이란 게 어떤 역사적인 가치일 수도 있고, 뭔가 실용적인 어떤 수준을 뛰어 넘는 게 만들어 졌을 때 격이라고 할 수가 있겠죠. 건축도 그런 것이 필요한데.

대학교 때 읽었던 여러 아티클 중에 이런 것이 있었어요. 프랭크 로이트 라이트의 구겐하임 미술관을 코멘트하는 글에서 그것은 도저히 이성적으로 설명이 안 되는 건데, 미술관으로서는 성립이 안 되는 작품으로 알고 있는데 그럼에도 불구하고 이것이 위대하다 라고 얘기할 수 있는 것은 무엇인가? 그 안에 인텐지블 팩터(intangible factor)가 있다. 우리가 만질 수 없는 그런 가치를 가지고 있기 때문에 우리는 그것을 위대하다고 하는 것이다. 라는 아티클을 봤어요. 건축에는 좋은 집이 있고 위대한 집이 있어요. 좋은 집은 실제로 용도에 맞게끔 사람들에게 평안하게 해주는데, 보편적인 기준을 가진 집을 우리가 좋은 집이라고 부르죠. 위대한 집은 그걸 뛰어 넘고 거기서 벗어난 요소들을 가지고 있어야만 위대한 집이 아닐까, 실제로 우리가 위대하다고 생각하는 집들을 보면 굉장히 불합리한 것이, 아마 20세기 가장 대표적인 건축이라고 생각되는 것이 시드니 오페라 하우스가 있잖아요? 근데 그것이 만들어지는 과정을 보면 굉장히 불합리한 건축이에요. 처음에 생각했던 것과 상당히 다르게 되었고. 또 엄청나게 돈이 많이 들었고. 어떻게 보면 설명 할 수 없는 그런 점을 갖고 있는 집인데, 그렇기 때문에 더 위대해 질 수 있었던 거 같아요. 아마 김수근 선생님 작품도 그런 거라 볼 수 있겠지요. 나는 거기까지 이르지 못해서…. (웃음)

**전봉희:** 아니, 지금 하시면 될 거 같은 데요.

**윤승중:** 잘해야 좋은 건축이라고 얘기할 수 있을 진 몰라도 위대한 건축을 결국 남기지 못했다고 스스로 생각을 합니다.

**전봉희:** 계속 들으면서 느낌은, 오늘 뿐 아니라 지난 열 번의 말씀을 들으면서 좀 가르치셨으면 좋겠다는 생각이 들어요. 약간 활동을 접으시려고 하시는 거 같은데.

**윤승중:** 접었죠. 옛날에 접었죠.

**전봉희:** 책을 좀 내시던지. 이런 지나온 얘기는 말고 방금 말씀하신 것은 현재의 얘기, 진행 중인 이야기들이잖아요. 그런 것들이 좀 따로 정리된 것이 있으면. 회고에 대한 것 말고요.

**윤승중:** 옛날 교육을 받고 살았기 때문에 완전히 벗어나기는 어려울 수도 있어요. 요즘 방식은  오히려 아무 근거도 갖고 있지 않는 상태에서 생각을 해야 하는데, 너무 우리 생각이 무거운 거지요. 그래서 요즘 활동에 적응 못하고 있는 것이 아닐까 생각이 듭니다. 그런 관점에서 볼 때 건축이라는 게 더 문제가 되는데 건축이 오랜 역사를 거치면서 굉장히 엄숙한 명제로

만들어져 왔단 말이죠. 건축이라는 것은 오랜 시간 활용할 가치가 있어야 하고, 또 오래 지속되잖아요. 근데 요즘 식으로 생각하면 건축이라는 것도 쉽게 생겼다 사라졌다 하는, 그렇게 될 가능성도 꽤 있는 거지요. 실제로 건축가의 역할이 없어지는 거 같아요. 여태까지는 건축가들이 구석구석 작은 부분의 디자인까지, 심지어는 미스 같으면 손잡이까지 직접 디자인하고 그 안에 가구도 자기가 직접 한다고 생각했거든요. 근데 요즘은 건축을 공장에서 냉장고 만들듯이, 어떤 팀에서 만들어서 건축의 부분들을 공장에서 파는 거지요. 우리가 LG, 삼성을 선택해서 사듯이. 어떤 벽을 하나 사면 그 안에 오디오도 있고 TV 등이 다 내장되어 있는 이런 벽이 삼성 것이 좋은지, 엘지가 좋은지… 개인들이 그런 부품들을 모으면 집이 된다는 말이죠. 실제로 그런 집들이 꽤 있어요. 예를 들면 병원에서 수술실을 만들려면 상당히 복잡한 디테일이 필요했는데 이젠 공장에서 사다가 벽을 설치하면 된단 말이죠. 그러고 나면 건축가가 누구냐? 아까 그런 식으로 공장 한군데가 아니라 여러 가지 브랜드를 갖다가 맞춰 놓으면 기능적으로 원하는 집이 되고. 그러면 실제 그 집의 아키텍트가 없잖아요. 그렇게 될 가능성도 있지 않을까? 그러고 보니 1970년 EXPO때 21세기에는 주택이 내구성 소비재가 된다는 예언이 생각납니다.



**전봉희:** 있을 거 같습니다.

**윤승중:** 건축가의 존재의 의미가 이젠. 옛날엔 종이를 놓고 컨셉부터 시작해서 그려서 완성을 시켰잖아요? 요즘은 컴퓨터로 여러 가지 이미지를 조합하면서 만들어내기 때문에 건축가의 역할, 방법도 달라지고 집을 짓는 소재도 달라지겠죠. 옛날 같으면 돌 쌓아서 집을 지었었죠. 심지어는 우리가 학교에서 배울 때는 모더니즘에서는 그 물건이 가지고 있는 고유한 성질을 물성이라 했어요. 유리를 가장 유리답게, 콘크리트를 가장 콘크리트답게. 그래서 옛날에 19세기 때까지는 장식을 통해서 감추고 했던 것을 재료 그대로 드러내서 스틸은 스틸대로 드러내고, 그런 것을 우리는 아름다운 것으로 보자고 주장했던 것이 근대건축인데. 근데 요즘 젊은 건축에서 물성이란 말은 유리를 어떻게 가장 유리답지 않게 쓰느냐, 유리를 구조재로도 쓰고, 유리가 갖고 있는 전혀 보이지 않던 잠재적인 것을 끄집어내서 드러내는 것을 물성이라고… 맞나요?

**최원준:** 그런 사람들도 있는 거 같습니다.

**윤승중:** 다 그런 거 아니에요?

**최원준:** 다 그렇진 않은 거 같아요.

**윤승중:** 요즘 얘기하는 것들을 보면 물성이라는 걸 그렇게 보는 것 같아요. 또 전통적 건축은 중력과의 싸움이었거든요. 건축에서 구조적으로 큰 공간을 만들기 위해 했던 것은 중력을 어떻게 극복 할 것인가, 그런 과정에서 큰 아치를 만들고 볼트를 만들고 해온 것이 건축의 역사였단 말이지. 그러니까 중력에 대해 정직했던 것에서 요즘은 어떻게 하면 중력을 안 느끼게 만들 것인가가 주된 명제가 되었잖아요? 이런 식으로 건축가의 역할에 따라 생각하는 방법도 달라지고 소재, 용도, 기술도 달라진 것 같아요. 그렇다면 지금까지 우리까지 해온 건축과는 전혀 다른 것이 되어야 할 텐데 그렇게 되려면 그런 베이스를 가지고 있지 않을수록 오히려 유리하다고 볼 수 있을지 모르죠. 아마 스티브 잡스가 주장한 것이 바로 그런 거였던 거 같아요.

**전봉희:** 무슨 주장이요?

**윤승중:** 전혀 다른 것을 만든다는 거지요. 여태까지 전화기가 전화기가 아니고, 그런 식으로 생각하잖아요. 그런 주장에서 더 극단적으로 나가면, 건축가라는 것이 그렇게 엄숙하게 할 필요가 없다. 왜냐하면 지오 폰티[23] 같은 분이 주장한 것은 건축가하고 성직자, 교사 이렇게 세 가지를 성직이라고 그랬어요. 의사는 고급 기술자이면서 기술만 좋으면 되지만 성직자하고 교사하고 건축가는 그 사람의 멘탈이 필요하다, 윤리적이어야지 되고. 그렇게 차원이 다른 쪽으로 엄숙하게 생각했거든요. 그런 식의 건축가라는 것이 자꾸 없어지는 거라고 봐야겠지. 얘기가 조금 비약되었나?

**전봉희:** 아닙니다, 저 스스로도 그런 생각이 듭니다. 건축가라는 프로페션이 저희들이 소망하는 것처럼 멋지게 자리 잡은 것이 결국 르네상스 인들의 노력인데, 그 시절에는 짓는 방법도 굉장히 제한되어 있어가지고 사실 건물 전체의 질을 결정하는데 건축가의 기여가 결정적이었죠. 다 그걸로 조적으로 지을 수밖에 없는 상황에서 누가 프로포션을 어떻게 하는지, 누가 오더를 어떻게 쓰는지, 그래머(grammar)를 누가 알고 있는지라고 하는 것이 그야말로 디시시브(decisive)했었는데 지금 와서는.

**23 _**
지오 폰티(Gio Ponti, 1891-1979): 이탈리아의 건축가, 산업디자이너, 가구디자이너이자 건축잡지『Domus』의 창간자. 1921년 밀라노공과대학 건축학부 졸업 후 밀라노에서 공동설계사무소 설립. 밀라노공과대학 건축학부 교수를 역임했다.

**윤승중:** 그때는 정말 디자인이었던 거 같아. 창문 하나라도.

**전봉희:** 이제 와서는 건축물 하나를 만드는데 참여하는 사람이나 관계들의 변수가 너무 많아져서, 그 역시 영향을 미치는 거를 보면은 과연 건축가가 어느 정도 포션(portion)을 차지해야 하는가, 그거를 냉정하게 봐야 하는 게 아닌가, 이런 생각이 들어요. 르네상스 인들이 만든 건축가의 상을 되살리는 것은 지나간 일이 아닌가…

**윤승중:** 르네상스 이야기를 하기는 너무 멀고, 근대 건축, 20세기 초반의 근대 건축이 아키텍트를 굉장히 부각시켰다고 봐야죠. 그 전까지는 대개 양식이 있어서 그 양식 속에서 어떻게 세부를 더 완벽하게 만드느냐 하는 과정이었다고 본다면, 20세기 이후의 건물은 건축가가 자기 컨셉을 가지고 전혀 다른 제안도 하고. 우선 장르 자체가 달라졌고요. 20세기 들어와서 건축이 얼마나 다양해졌습니까. 새로운 건축도, 20세기 건축은 건축의 혁명이었다고 생각해요. 건축가의 역할도 혁명적으로 확장 되었고. 그러다보니 자만심이 생겨가지고 세상을 다 건축가가 만든다, 심지어 사회개혁까지 건축가가 한다고 하는 바람에 반론이 생기고 하는 것 아니겠어요? 사실 포스트모더니즘 이후에 해체주의까지 와서는 건축가가 스스로 좀 포기한 게 있어요. 상당 부분 우연이라든지 해프닝이라던지, 어떤 것들을 컴퓨터 툴을 통해서 망가뜨리기도 하고 변형시키기도 하고 자기가 결과가 어떻게 나올지도 모르는 것을 가끔 만들기도 하고. 건축가의 의지가 사라지는 거잖아요. 그것이 건축가가 스스로 자기의 능력, 역할을 조금 포기했다고 볼 수 있을 거 같아요. 게다가 요즘 같이 21세기에 와서는, 아직까지는 아닌데, 앞으로는 어떤 메커니즘이 사용되는 툴에 의해서 건축가가 역할을 박탈당하는, 그렇게 될 수도 있지요. 의상 디자이너를 보면은 몇 사람은 예술적인 걸 발표하기도 하지만, 대부분은 디자이너들이 기업들이죠. 기업들이 옷을 유행시키거나 작품을 만들면 실제로 그것은 예술적인 가치가 있다기보다는 사람들을 어떻게 현혹 시켜가지고 한 시즌을 유행시킬 것이냐 하는 생각으로 접근을 해서 옷을 발표하면 몇 달 후에 시장에 나가고 전 세계를 지배하게 되지요. 그러다가 몇 달 후에 또 바꾼단 말이죠. 그 디자인은 그 다음 번에는 전혀 다른 색깔로, 텍스쳐로 바꾸고 하다보니까 실제로 일시적인 소위 트렌드를 만드는 거지. 아마 건축은 그거보다는 생명이 길겠지만 옛날엔 건축이라는 것은 신성시했던 것으로부터 건축이 자꾸만 유행에 따라서 패션을 만들어나가는, 거기에 건축가가 동참을 해야 하는, 전 세계가 그렇게 되어버리면 혼자서는 할 수 없으니까 조직의 시스템을 통해서 뭔가 좀 다른

것을 만들어내고 그런 역할을 하게 되는 거지요. 건축가를 패션 디자이너라 할 수도 있지 않을까, 그런 생각을 하게 됩니다.

**최원준:** 저는 주변에 모더니스트들이 많아가지고 현실 감각이 좀 없어서..

(웃음)

**윤승중:** 젊은 데도 그렇구만.

**전봉희:** 영화계랑 친하지 않아요? 영화감독은 어때요?

**최원준:** 영화 만드는데 있어서 감독의 역할이요?

**전봉희:** 사실 내용적인 부분에 있어서 절대적이죠. 많은 부분이 아직도.

**최원준:** 작품에 따라 다른 거 같아요. 영화감독도 자신의 포지션에 따라서 여전히 전면을 다 컨트롤하는 사람들도 있고.

**전봉희:** 제작사가 제 맘대로 하는 경우도 있고. 심지어는 배우가 자기 마음대로 하는 경우도 있고… 건축가의 상황이 지금 현재 영화계 상황과 많이 비슷한 거 같아요. 건축가가 다 주도할 수 있는 사람도 있고, 경우에 따라서 제작자들한테 끌려 다니는 사람도 있고. 여러 위상을 둘 수 있을 거 같습니다.

**윤승중:** 건축보다 영화는, 예산도 좀 적고, 또 사이클도 짧고. 영화감독의 메세지가 강하게 보여질 수도 있지요. 건축가는 그거보다… 결국엔 누구를 위해서 만드느냐 인데, 영화감독이 관객을 위해서 만드나?

**최원준:** 감독들이 자기의 예술을 위해서 하지요.

**윤승중:** 관객들이 자기를 따라와 주길 바라는 거 아니겠어요? 근데 건축가는 그렇게 못하지요. 왜냐하면 건축주가 있기 때문에. 일단은 건축주를 위해서 만드는데 건축주는 하나가 아니고, 돈을 낸 사람이 일단 1번 건축주이고, 두 번째 건축주는 그 집에 사는 사람들 전부에요. 세 번째 건축주는 그 집을 지나가는 사람들, 주변 사람들. 또 네 번째 건축주는 건축가 본인이라고 난 그렇게 생각하는데. 네 가지 건축주를 다 위해서 생각해야지 않습니까? 그렇기 때문에 자기가 맘대로 못하는 거지요. 건축주를 위해서 만들었음에도 불구하고 역사적인 가치를 평가받기를 바라고. 그렇게 네 번째 건축주, 자기를 위해서 역사에 남게 되면 해피한 것이고. 일단은 1, 2, 3번의 건축주를 위해서 세운 것이기 때문에. 근데 영화감독은 그렇지 않은 거 같아요. 물론 투자자들의 의견을 받긴 받겠지만 영화를 투자자를 위해서 만들진 않거든요. 또 투자자도 자기를 위해서 만들길 바라지도 않을 거예요. 투자자들도

자기를 위한 영화보다는 잘 팔릴 영화를 만들어 달라 그러겠지요. 영화는 영화감독이 상당히 중요한 건데, 건축가는 그거보다는 좀 재량권이 없지요.

**최원준:** 이미 나온 질문이 될 수도 있는데요, 선생님께서 합리적으로 건축에 접근을 하시는 것이 결국은 아까 말씀하신 제어의 측면에서 작품의 많은 면들을 제어하고 싶으신 욕망도 있을 거 같은데요. 작품들을 보게 되면 컨셉 단계에서 공통점이 많이 보이는데 재료라든지 디테일에 있어서는 다양한 느낌을 받았어요. 원도시라는 규모가 있는 조직을 끌고 나가시면서 어느 단계까지를 일반적으로 컨트롤 하시려고 하신 건지?

**윤승중:** 상당히 날카로운 질문인데요, 가장 후회스러운 것은, 처음부터 끝까지 한 것이 거의 없어요. 학교 다닐 때부터 계속 그랬어요. 마지막에 제작은 다른 사람들보고 만들라고 하게 되었고. 사무실 하는 동안에도 컨셉을 만들고 진행을 하다가 보면 조직이 있으니까, 또 어떤 경우에는 내가 혼자 다 하기가 미안하기도 해서 역할을 주고 이렇게 하다보니까 현장에 가서 보면 전혀 다른 것이 생기게 되죠. 안도 타다오가 굉장히 컨셉이 강하고 주장이 강하잖아요? 집의 완성도도 강해요. 그 사람은 굉장히 부지런해서 그럴 수도 있고 캐릭터일수도 있겠는데. 전에 TV에서 안도 타다오 사무실을 보여줬는데, 사무실이 있으면 가운데가 오픈되어 있고 맨 밑에 플로어에다가 자기 데스크를 두어서 보면 직원들 일하는 게 다 보이고, 그래서 사람들이 밖으로 나갈 때 자기를 꼭 지나가게 되어 있다고 해요. 그 얘기는 반대로 얘기하면 모든 디자인들이 자기 손을 거쳐서 확인을 받아야지만 출력이 되는 거지요. 처음부터 끝까지 자기가 총 지휘를 하고 시스템도 그렇게 되어 있다고 해요. 그게 참 부럽습니다. 왜냐하면 나는 그렇게 못한 거지요. 변명 같기도 하지만 집이 다 지어진 다음에 너무 많이 달라져가지고. 규모도 커지고 집도 커지면 그렇게 될 수밖에 없는 거죠. 그래서 요즘 젊은 건축가들 조그만 집에서 끝까지 잘 만들어서 상도 타고 하는 걸 보면 부럽죠.

**최원준:** 가보시고 생각하셨던 것과 다르게 느끼셨던 거는 결국엔 머릿속에는 완성된 디테일까지도 다 가지고 계셨던 건데…

**윤승중:** 비교적 전체적인 아이디어를 잘 설명하는 것이 플랜인데, 지금 남아 있는 스케치들도 거의 다 플랜이에요. 플랜을 생각할 때 그냥 플랜으로만 생각하는 것이 아니라 전체를, 입체도 생각하고 실제로 재료라든지 거기까지도 어느 정도, 물론 백 퍼센트는 아니겠지만 생각을 가지고 플랜을 만들기 때문에 플랜 안에 대개 그런 것들이 녹아 있다고 봐야 하겠지요.

실제로 완성하는 과정에서 그것이 잘 안 되기도 하지만. 실제로 우리나라에 설계 메커니즘이 일본하고 좀 다른 것은 일본에서는 건축가가 생각을 하면 서플라이어나 시공회사 기술팀에서 거의 샵 드로잉(shop drawing), 실제 디테일 도면을 보여줍니다. 그걸 가지고 선택을 하니까 훨씬 완성도가 높지요. 우리나라는 그렇게 못해서 설계하는 과정을 보면 완성도 면에서 또는 기술적으로 못 따라가는 것이 많아요. 그렇게 되고 나면 아깝죠. 또 어떻게 보면 부지런하지 않아서일 수도 있어요. 좇아다니면서 자꾸 보고 그래야 하는데 귀찮아서 안하고. 또 우리나라에서는 근본적으로 '감리'라는 말을 해요. 감리라는 것이 설계자가 자기가 설계 디자인을 드로잉을 통해서 표현하지 못했던 것을 현장에서 실물을 확인하고 보완하는 시간인거죠. 내가 보기에 감리의 크게 세 가지 역할이 있어요. 하나는 건축이라는 게 도시에 있고 공공적인 책임이 있으니까 그렇기 때문에 법이라는 것이 있잖아요. 건축이 그런 것을 다 지키고 있는지 보는 거지요. 그건 관청에서 하는 일이거든요. 공무원들이 큰 부분에서 법규를 잘 지켰는지 확인하는, 관청에서 하는 일인데 그것을 우리나라에서는 주로 감리라고 생각하죠. 아까 얘기한 것처럼 설계자가 드로잉에서 들어가지 못했던 부분을 디벨롭시키는 걸 감리라고도 하고, 세 번째는 상당히 어려운 기술을 썼을 때 전문 기술팀이 지도를 해서 완성시켜나가는 걸 또 감리라고 하고. 그런 것들이 있어요. 그것은 굉장히 어려운 겁니다. 규모가 크다든지 복잡하다든지 하면 특별한 감리가 필요하지요. 세 가지가 혼재해서 감리란 말을 쓰고 있는데 그 과정에서 건축가들이 현장에 나와서 감리를 하다가 부조리가 많이 생기기 때문에 설계자가 현장에서 감리하지 못하게 하는 제도가 생겼지요. 그런 일을 역할로 생각하지 않고 하나의 용역으로 보기 때문에, 설계를 하면 감리를 따로 입찰하는 이상한 체계가 만들어졌지요. 그래서 가장 필요한 건축가가 현장에서 완성해야 할 부분이 빠진다던지, 실제로 도면상으로 모두 완성시킬 순 없거든요. 그런 부분이 현장에서 빠지기 때문에 우리나라 건물의 완성도가 좀 떨어지는 거지요. 그 말에 대해서는 대답이 되나? 좀 다른 가요?

**최원준:** 네 됩니다. 머릿속에 처음에 평면을 그리시면서 어느 정도 다 구상을 하신다는..

**윤승중:** 그렇게 생각을 하는데 근데 그것이 끝까지 잘 전달이 안 되죠. 또 현실적으로 어려운 문제도 있고. 그래서 불만족스러운 점이 있어요.

**최원준:** 저는 궁금했던 게 건축의 본질이 디테일한 부분보다는 공간의 전체적인 구성이라든지에 있다고 믿으셨기 때문에 오히려 작은 부분은

실무자들에게 놓아주신 건 아닌지 했어요.

**윤승중:** 물론 그런 부분들도 있지요. 다른 역할일 수도 있어요. 내가 생각할 때는 건축가가 거의 완성 단계까지 하기를 바라는 거지요. 규모가 커지면 내가 다 볼 수는 없지만. 건축가에게 가장 어려운 점은 작업할 때 보통 스케일, 축척된 도면을 가지고 하잖아요? 예를 들어 200분의 일, 이렇게 줄여가지고 볼 때 그것 가지고 실물을 상상하면서 봐야하는데 그런 훈련이 상당히 어려워요. 그래서 학교에서 나는 학생들에게도 처음에 조그만 줄자를 꼭 가지고 다니라고 합니다. 지나가다 뭐가 마음에 드는 게 있으면, 심지어는 창틀 하나가 있는데 보기가 좋더라 하면 그냥 보지 말고 꼭꼭 재서 메모하고 다녀라. 조그만 스케치북하고 줄자를 가지고 다니고. 또 한 가지는 몸을 자로 만들어서. 걸음이나 신체 부위를 가지고 상당히 정확히 잴 수 있거든요. 나는 걸음으로 재면 한 90퍼센트까지 맞출 수 있습니다. 현장에서 볼 땐 자로 잴 수 없잖아요. 어느 장소, 어느 공간에 있을 때 그것이 기분이 좋았다 하면 재라, 그렇게 해서 기억을 하는 거고. 숫자로 생각했던 것을 실제 크기로 익히는 것이 필요해요. 그렇게 하라고 하는데 지키는 사람들이 없어요. 처음에 사무실 가서 제일 처음에 드로잉하면서 실패한 것이 그런 부분이에요. 핸드레일 그리는데 이만하게 되기도 하고, 전혀 느낌이 없어서, 숫자이고. 근데 요즘은 편해진 것이 미리 되어 있는 것을 차용해서 많이 쓰기 때문에… 그렇지만 축척된 것을 실제 크기로 몸으로 느끼는 게 꼭 필요해요.



**우동선:** 선생님 처음에 메타볼리즘, 단게 겐조를 말씀하시고, 세계적으로 유명했던 건축가들, 그룹을 말씀을 많이 하셨는데요, 평생 의식을 했다 그럴까, 관심을 가졌던 분은 어느 분이라고 볼 수 있을까요? 김수근 선생님 말고요.

**윤승중:** 그때 그때마다 변하겠죠. 제일 먼저 접했던 분이 2학년 여름방학 때 세미나 했을 때 미스를 내가 담당했거든요? 그때 미스 공부를 하면서 영향을 받았던 거 같아요. 미스 디자인은 전혀 닮지 않았지만 전체 우주 속에서 건축을 생각하는 원리를 많이 배운 거지요. 미스가 상당히 인상적이었던 것이, 미스가 〈판스워드 주택〉(Farnsworth house) 만들었잖아요? 그것이 미스가 생각하는 건축의 기본 단위예요. 대지 위에다가 플로어 만들고 플로어라는 것은 중력에 대응해서 수평 땅보다 조금 띄워서 사람이 살 수 있는 걸 만들고. 주변에 공기로부터, 기후로부터 자유로워지기 위해서 유리를 씌운다. 유리를 쓴 건 주변이 숲이었기 때문에 유리를 썼지만 다른 환경에서는 솔리드(solid)한 것이 될 수도 있겠죠. 그리고 그 안에 프라이버시를 위해서

파티션을 만들고, 주방 툴을 만들고, 그것을 서포트하는 기둥을 세우고. 이게 그 사람의 건축의 기본 단위인데 미스의 건축물을 보면 전부 그것들의 집합체인 것이지요. 그래서 〈시그램 빌딩〉(Seagram Building)을 보면은 〈판스워드 하우스〉같은 컨셉의 집합체. 이것은 주택이 아니라 오피스임에도 불구하고. 창문에 보통 허리정도 높이의 창틀이 있고 그러잖아요? 근데 미스는 일단 바닥과 천정이 있고 나머지는 유리로 하기 때문에 창틀을 될 수 있는 대로 낮춰서 했어요. 더 이상 못 낮춘 것은 에어컨 등의 파이프가 지나가기 때문에 그 위에서 25센티 정도 두고 만들고 낮췄어요. 천정에 가서는 유리창을 천정보다 더 끌어올려가지고 천정 마감에 유리창 프레임이 안 보이는 것이지. 말하자면 유리가 없다고 생각하는 거죠. 그것이 〈판스워드 주택〉과 똑같은 생각이거든요. 그렇게 생각하는 것은 굉장히 큰 우주 속에서 휴먼스케일에 맞는 공간을 잡아내는데 바닥과 천장이 필요하고 이런 것들을 끌어들여서 휴먼스케일의 단위공간을 만든다, 그렇게 생각한 것이 〈판스워드 주택〉이 되고, 그것이 집적돼서 〈시그램 빌딩〉이 되고. 그런 식의 상당히 일관된 생각이었다고 봐요. 물론 그 당시에는 〈시그램 빌딩〉이 없었죠. 시그램 빌딩은 1950년대 후반이었기 때문에.. 그때는 레이크 쇼어 아파트가 있었고. 그 다음에 또 초반 작품으로 유럽에서 벽돌로 된 주거 계획이 있었어요. 지어진 집은 아닌데. 전체를 도시 안에서 윤곽을 만들어 놓고 몇 개의 벽을 가지고 공간을 만들어서….

**전봉희:** 브릭 컨츄리 하우스(brick country house)인가요?

**윤승중:** 그렇죠. 그런 생각들. 실제로 미스 식 방법을 내가 하진 못했지만은 가장 오랫동안 가지고 있던 생각이었고. 김수근 선생님은 같이 작업하고 했으니까 좋아했다고 봐야하지만 내가 김수근 선생님처럼 생각하진 않았기 때문에 조금 거리가 있다고 봐야겠죠. 그때그때 좋은 생각을 보여주는 건축가들은 다 도움이 되었고, 나는 다른 건축가들을 어떤 분이든지 간에 상당히 인정하는 편이라 어떤 하나로 한정하지 않고 다양한 생각들을 일단 다 평가하고 인정하는 것 같아요.

**우동선:** 대개 잘 인정 안 하시는데요. (웃음)

**윤승중:** 나는 외국 건축가 뿐 아니라 국내 건축가도 일단 좋게 봐요. 어떻게 보면 좀 주장이 없는 건가? 그래서 민현식 선생이 나보고 자기가 어떤 생각을 하다가 혹시 윤 선생님이 이렇게 생각을 할 테니까 조금 다르게 해서 보여주면 난 또 울타리를 더 넓혀서 쳐놓고 항상 울타리 속에 있다는

거지. 그래서 자기는 또 좀 많이 지나갔다 생각하면 또 울타리가 쳐지고… 그래서 원도시를 떠나야 되겠다. 아마 미안하니까 그런 식으로 표현하는지 몰라도, 어떻게 보면 나는 상당히 받아주는 일이었는데. 아까 얘기한 건국대학교에서도 최하 점수가 B플러스였으니까. 열심히 하는데 현재 생각이 조금 부족하다고 해서. 일단 성의를 보였으니까 나중에 그거가지고 직장에 갔을 때 기록이 안 좋을 수도 있으니까 기록을 좋게 만들어주기 위해서. 그런데 어떤 다른 분들은 굉장히 박하더라고요. 그것이 어느 것이 좋은지 모르겠는데 어차피 졸업은 시켜야 할 텐데 좋은 점을 찾아 칭찬을 해서 졸업시키는 게 좋겠다고 생각을 해서…

**전봉희:** 건축계의 미래에 대한 이야기나 가벼운 질문도 몇 개 있었는데 아까 말씀 중에 답이 나와버렸습니다. 돌이켜 보면 건축 작품도 그렇지만 건축계 활동만 봐도 선생님 주변에 좋은 사람들을 가까이에서 볼 수 있는 기회를 가지셨잖아요. 가벼운 질문이지만, 누구의 무슨 재능이 갖고 싶으셨는지 여쭤보고 싶어요. 우리나라 건축가들 중에서…

**윤승중:** 저는 정말로 해피한 것이 김수근 선생님을 가까이서 뵈었고요. 사실 이 '목천건축아카이브'를 사양하다가 수락을 했던 것이 김수근 선생님과의 1960년대의 기록을 남기고 싶었던 것이 있었고요. 그 당시 김수근 팀에서 일했던 분들 중해서 유걸, 김석철, 김원, 그분들. 지금도 쟁쟁한 사람들이 주변에 있어서 그것이 상당히 해피했지요. 그런 분들 없이 했으면 아무것도 못했을 수도 있어요. 또 원도시를 파트너로 같이 한 변용 선생이 있었고. 장응재, 민현식, 김석주, 여러분 잘 모르시겠지만 정현화[24]라고 일본에서 병원건축으로 박사학위를 딴 엄청난 건축가로서 그런 분들도 있고, 또 원도시를 아꼈던 분들이 있고. 하여튼 주변에 좋은 사람들이 같이 작업했던 것이 상당히 해피했던 거지요. 근데 그런 분들이 다 탤런트가 있어요. 김수근 선생님은 말할 것도 없고요. 김수근 선생님은 진짜 그런 거 같아요. 천부적(gifted)이라고 하지요. 김수근 선생님의 특별히 장점이 뭐냐면 세상을 보는 관점도 다양하고 소위 출력 능력이 상당히 뛰어나세요. 열을 집어넣으면



24 _
정현화(鄭賢和, 1948-): 1971년 영남대학교 건축학과 졸업. 일본 동북대(東北大) 석사 및 박사 취득. (주)합동건축, (주)이건축 등을 거쳐 1978년부터 (주)원도시건축에 근무, 2000년부터 구간건축 대표이사.

열둘 정도를 만들어내는 능력이 있어요. 대단한 거예요. 보통은 열을 집어넣으면 둘 밖에 안 나오니까 손해지. 그런데 대부분이 다 그렇거든요. 그런데 이 분은 굉장히 창작력이 뛰어나고. 그뿐 아니라 모든 사람들을 만나면 다 자기 사람으로 만드는, 주변을 장악하는 능력이 있었는데 나는 아무리 해도 배울 수가 없는 능력이었어요. 부럽죠. 한편으로 보면 타고난 능력을 너무 한꺼번에 많이 소진하셔가지고 태어나실 때 90세까지 쓰실 거를 갖고 태어났는데 남들보다 미리 다 쓰셔서 일찍 돌아가시지 않았을까, 쉰여섯에 돌아가셨는데 요즘으로 치면 젊은 나이죠. 그럼에도 불구하고 딴 사람들이 칠십, 팔십 세까지 했을 것보다 더 많은 일을 하셨죠. 보통 사람하고 좀 다른 거였어요.

또 유걸 씨도. 유걸 씨를 특별히 칭찬하고 싶은 것은 근본원리를 이해하는 그런 능력이 있는데다가 또 그것을 자기 걸로 주장하는 것이 굉장히 강해요. 남이 어떻게 걱정하고 생각하든 전혀 개의치 않고 뭐 어때서, 이런 식으로 주장하잖아요? 큰 강점이지요. 지금 시청 같은 것도 밀고 나가는 것도 그렇게 강한 주장이 있기 때문에 가능한 거고 이런 것들은 우리가 배울 만한 거였던 거 같아요.

또 김원 씨 같은 사람은 만능인데 참 불가사의한 것 중에 하나가 어느 분야건 거의 가는 곳마다 뚜렷한 역할을 가지고 있고, 환경 운동 같은 것도 지난번에 굴업도라는 데에서 CJ 그룹이 골프장을 만들려는 걸 환경운동가들이 막는데 김원 씨보고 꼭 와서 봐 달라고 해서 가서 봤더니 자기가 나서야겠더래요. 전혀 엉뚱한데 가서 주장을 펴서 그렇게 실현 시켰을 거예요. 골프장 못하게 만들었고. 또 피아니스트 백건우 팬클럽 회장인데 얼마 전에 파나마인가 어디서 콘서트를 하는데 공연 다 따라다니고. 젊은 건축가들이 베트남에서 하는 무브먼트가 있는데 거기에 불려가서 거기도 갔다 오고. 이런 식으로 하여튼 한번 보기 어렵다고. 근데 가는 곳마다 빛을 발하고 있고. 그뿐 아니라 언론이고 문화계고. 얼마 전에는 또 환경연합인가 조직위원장이 되었어요. 아무튼 그런 식으로 진짜 무소불위(無所不爲), 없는 것이 없다, 그 정도로 하는데. 실제로 작품도 꽤 많이 하는데 사무실에 가면 별로 사람이 많지 않거든요. 그런 조직을 가지고 어떻게 그런 일을 하는지 신기하고. 그럴 정도로 탤런트가 있지요. 그런 김원 씨를 내가 몇 년 동안 부려먹었으니 얼마나 해피합니까. 부럽긴 한데 주변에 좋은 사람이 많이 있었어요. 그런 분들을 근처에다 두자는 생각을 했죠. 항상 활용을 하는… (웃음) 나는 그렇게 타고나진 않은 것 같아요. 학교 다닐 때 선생님들이 그런 얘기를 했는데, 평균 우등. 나쁜 것일 수도 좋은 것일 수도 있는데, 우등이니까 좋은 거긴 하죠. 특출한 것이 별로 없이 골고루 다 조금씩 합치면 우등이 되는데 한 가지가 뛰어난 것이 없다, 그런 얘기 많이 들었거든요? 그래서 꼽으라면 별로 없지만 모아서 얘기를 하다보면 꽤 뭔가 많이 한 거 같고요. 평균 우등이라는 것도 좋은 평가이고. 일단 좋은 건축을 하려고 했다는 것 정도이지, 절대로 위대한 건축가는 아닙니다. 근데 마찬가지로 위대한 사람들은 문제가 있는 사람들이 많거든요. 위대한 사람이 되는 거보단 좋은 사람이 되는 게 내가 하고 싶은 거죠.

**최원준:** 안도는 직원들을 때리기도 한다고 하더라고요. (웃음)

**윤승중:** 그래요?



**우동선:** 그런 소문이 있긴 있었지.

**윤승중:** 권투 선수였거든. 때리면 아마 무서울 거야.(웃음) 안도도 성공했지. 사실 일본에 성공한 건축가들 보면은 뭐죠? 윗세대에 세계적으로 알려진 이소자키. 배경엔 다 스폰서, 패트론이 있어요. 자기도 능력이 있지만 또 그런 것도 필요하다. 우리나라 건축가들이 세계적으로 뜨지 못하는 것은 그런 파워를 가진 패트론이 우리나라에는 없는 거지. 세계를 지배하는 사람들의 보이지 않는 그런 파워들이 있다는 것이지요. 건축계도 필연적으로 그래야 하는데 우리나라는 아직 그런 분들이 전무해서 세계적인 건축가가 없다고 할 수 있는 거지.

**전봉희:** 시간이 벌써 많이…

**윤승중:** 그동안 진짜 수고 많았어요. 생각보다 두 배가 된 것이지요?

**전봉희:** 그런가요? 처음에도 여섯, 일곱 차례는 생각을 했지요. 두 배까지는 아니었고요. 선생님이 많은 분들을 접하셔서 그런 것 같습니다. 선생님 보다 한 10년 아래쪽에 마당발이 또 몇 분 있지요.

**윤승중:** 내가 마당발이라고?

**전봉희:** 사교적인 측면에서 그런 건 아니었지만, 많은 분들을 일로 접할 수 있었고. 덕분에 저희들이 아주 귀중한 말씀 많이 들었습니다.

# 약력

## 인적사항

| 구분 | 년도 | 내용 |
|---|---|---|
| 출생 | 1937 | 서울생 |
| 학력 | 1956.2 | 서울고등학교 졸업 |
| | 1960.3 | 서울대학교 공과대학 건축학과 졸업 |
| 활동경력 | 1961 – 1966 | 김수근건축연구소 계획실장 |
| | 1966 – 1969 | 한국종합기술개발공사 도시계획부장 |
| | 1966.2 | 건축사자격취득 |
| | 1969.12 | 원도시건축연구소 개설 |
| | 1973.3 | 변용과 파트너십. 원도시건축연구소 공동대표 |
| | 1985 - 2003 | (주)원도시건축 대표이사 |
| | 2003 - 현 | (주)원도시건축 회장 |
| | 1970 – 1988 | 한국건축가협회 이사 |
| | 1976 – 1980 | 대한건축학회 이사 |
| | 1982 – 1990 | 독립기념관 건립기획위원 |
| | 1990 - 1994 | 한국건축가협회 부회장 |
| | 1990 – 1996 | 한국문화단체총연합회 이사 |
| | 1994 - 1996 | 한국건축가협회 회장 |
| | 1996 - 현 | 한국건축가협회 명예회장 |
| | 1998 - 2000 | 문광부 건축문화의해 조직위원 |
| | 1999 – 2003 | 김수근문화재단 이사장 |
| | 1982 – 1996 | 성균관대학교공과대학 출강 |
| | 1996 – 2007 | 건국대학교 건축대학원 겸임교수 |
| | 현재 | (주)원도시건축 회장 |
| | | 한국건축가협회 명예회장 |
| | | 대한건축학회 참여이사 |

## 수상 경력

| 년도 | 내용 |
| --- | --- |
| 1989.10 | 예총 예술문화공로상 (건축부문) |
| 1995.4 | 대한건축학회상 (작품부문) |
| 1996.7 | 대통령표창 (대법원청사설계) |
| 1996.10 | 예총 예술문화상 대상 (건축부문) |
| 1998.2 | 한국건축가협회 특별상 (엄덕문건축상) |
| 2001.2 | 한국건축가협회 특별상 (초평상) |
| 2003.10 | 문화훈장 옥관장 |

## 주요 작품

| (주)원도시건축 | 년도 | 지역 | 작품명 |
|---|---|---|---|
| | 1973 | 부산 | 부산 피닉스호텔 |
| | 1976 | 서울 | 한국화약 본사 사옥 (한국건축가협회상) |
| | 1977 | 서울 | 한일은행 연수원 (한국건축가협회상) |
| | 1978 | 서울 | 한일은행 본점 (한국건축가협회상) |
| | 1978 | 서울 | 대한화재 본사 사옥 (한국건축가협회상) |
| | 1977 | 부산 | 인제대학부속 부산병원 (대한건축사협회상) |
| | 1979 | 경기 수원 | 성균관대학교 자연과학캠퍼스 |
| | 1981 | 서울 | 삼천리산업 본사 사옥 (한국건축가협회상) |
| | 1983 | 서울 | 제일은행 본점 (서울시 건축상) |
| | 1983 | 서울 | 한일투자금륭 본사 (서울시 건축상) |
| | 1983 | 서울 | 동아투자금륭 본사 |
| 주요완공작품 (+수상) | 1984 | 경기 수원 | 성균관대학교 체육관 (대한건축사협회상) |
| | 1984 | 서울 | 서울대학교체육관 |
| | 1984 | 서울 | 조선일보사 신사옥 (서울시 건축상) |
| | 1985 | 전남 광양 | 포항제철 중앙연구소 |
| | 1986 | 서울 | 한국무역센터 |
| | 1986 | 경북 포항 | 포항제철 광양연구소 |
| | 1986 | 서울 | 숭실대학교 과학관 (한국건축가협회상) |
| | 1987 | 서울 | 한국무역센터 조경 (서울시조경상) |
| | 1987 | 서울 | 신도사무기 본사 사옥 (한국건축가협회상) |
| | 1987 | 경북 포항 | 포항공과대학 체육관 (한국건축가협회상) |
| | 1987 | 서울 | 쌍용투자증권 본사 사옥 (한국건축문화대상) |
| | 1988 | 서울 | 일신방직 본사 사옥 (한국건축가협회상) |
| | 1990 | 서울 | 대법원청사 (한국건축문화대상) |

| | | |
|---|---|---|
| 1990 | 충북 청주 | 청주국제공항 (한국강구조학회상) |
| 1991 | 성남 분당 | 분당 삼성플라자 한국건축문화대상) |
| 1991 | 대구 | 대동은행 본점 (대구시건축상대상) |
| 1991 | 안양 | 조선일보 평촌사옥 (한국건축가협회상) |
| 1992 | 서울 | 중랑구청사 (한국건축문화대상) |
| 1992 | 부천 | 인천지법 부천지원 |
| 1992 | 서울 | 기상청 청사 (서울시건축상) |
| 1996 | 인천 | 인천광역시 연수구청사 (건축문화대상) |
| 1997 | 고양시 | 사법연수원 |
| 1997 | 서울 | 건국대학교 문과대학 교수연구동 |
| 2009 | 광주시 | 광주과학관 |

## 저서

| 출판사 | 년도 | 작품명 |
|---|---|---|
| 간향 | 1997 | 『건축되는도시, 도시같은건축』 |
| 건축세계 | 2003 | 『PA 원도시건축 작품집』 1집, 2집 |

# 찾아보기

## ㄱ

## ㄴ



## ㄷ



## ㄹ

## ㅁ



## ㅂ

『아키텍추럴 포럼』 — 91, 157

## ㅈ

### ㅊ



### ㅋ



### ㅌ



### ㅍ

## ㅎ

국립중앙도서관 출판시도서목록(CIP)

윤승중 : 구술집 / 채록연구: 전봉희, 우동선,
최원준. -- 서울 : 마티, 2014
p.236 ; 170×230mm. -- (목천건축아카이브
한국현대건축의 기록 ; 4)

ISBN 979-11-86000-07-6 04600 : ₩35000
ISBN 978-89-92053-81-5 (세트) 04600

건축가[建築家]
한국 현대 건축[韓國現代建築]

610.99-KDC5
720.92-DDC21
CIP2014035070

채록연구: 전봉희, 우동선, 최원준
진행: 목천건축아카이브
이사장: 김정식
사무국장: 김미현
주소: (110-053) 서울 종로구 사직로 119
전화: (02) 732-1601-3
팩스: (02) 732-1604
홈페이지: http://www.mokchon-kimjungsik.org
이메일: webmaster.mokchon-kimjungsik.org


초판 1쇄 인쇄 2014년 12월 7일
초판 1쇄 발행 2014년 12월 12일

발행처: 도서출판 마티
출판등록: 2005년 4월 13일
등록번호: 제2005-22호
발행인: 정희경
편집장: 박정현
편집: 박혜인, 강소영
마케팅: 김영란, 최정이
디자인: 땡스북스 스튜디오

주소: 서울시 마포구 서교동 481-13번지 2층, 121-839
전화: (02) 333-3110
팩스: (02) 333-3169
이메일: matibook@naver.com
블로그: http://blog.naver.com/matibook
트위터: @matibook

ISBN 979-11-86000-07-6 (04600)
가격: 35,000원